U0621476

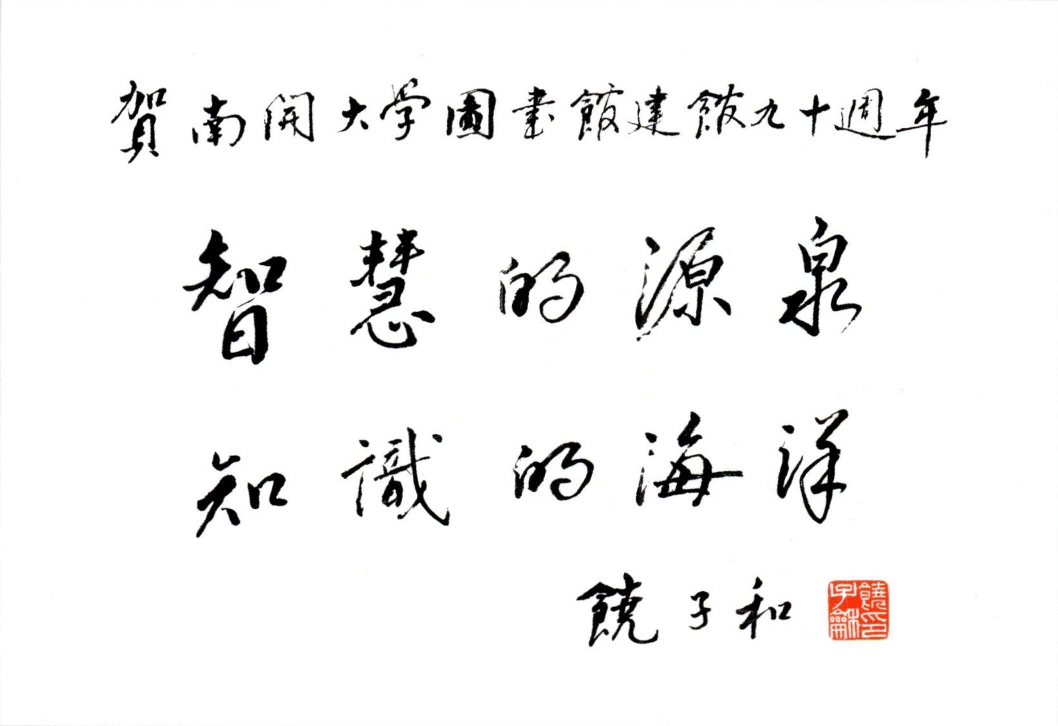

饶子和校长题词

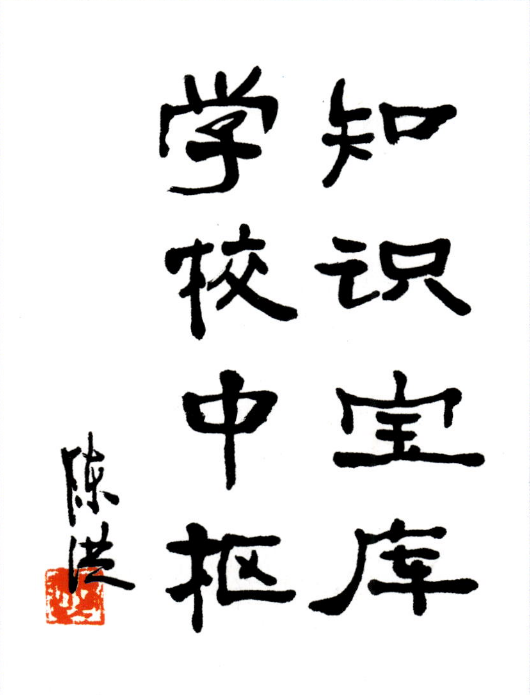

陈洪常务副校长题词

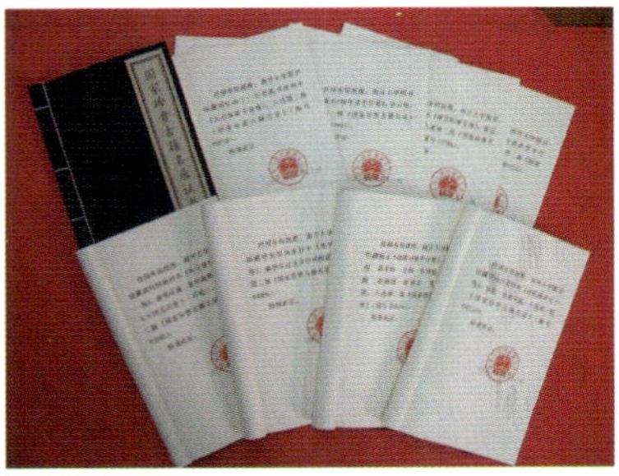

图书馆被认定为“全国古籍重点保护单位”，10部馆藏珍贵古籍入选《国家珍贵古籍名录》

图书馆被认定为“CASHL学科中心”

图书馆被认定为“教育部科技查新工作站”

2006年，经济学分馆装修后重新开馆，薛进文书记、
逄锦聚副校长参加剪彩仪式

校长饶子和、常务副校长陈洪视察图书馆

2003年，接受日本学者金山彦喜教授赠书

馆长 张毅教授

党总支书记 孔令国副教授

现任领导班子(从左至右)：穆祥望、孔令国、张毅、李培、李广生

2006年，与保加利亚索非亚大学图书馆签定两馆交流合作协议

香港中文大学图书馆馆长施达理、高级助理馆长黄潘明珠来馆访问

2008年，赴天津商业大学图书馆交流访问

图书馆全体同仁合影（2009年9月）

南开大学图书馆建馆九十周年
纪念集

1919～2009

南开大学图书馆　编

南开大学出版社
天　津

图书在版编目(CIP)数据

南开大学图书馆建馆九十周年纪念集：1919～2009 / 南开大学图书馆编. —天津：南开大学出版社，2009.10
ISBN 978-7-310-03274-7

Ⅰ.南…　Ⅱ.南…　Ⅲ.南开大学—院校图书馆—1919～2009—纪念文集　Ⅳ.G259.256-53

中国版本图书馆 CIP 数据核字(2009)第 177270 号

版权所有　侵权必究

南开大学出版社出版发行
出版人：肖占鹏
地址：天津市南开区卫津路 94 号　　邮政编码：300071
营销部电话：(022)23508339　23500755
营销部传真：(022)23508542　　邮购部电话：(022)23502200
*
天津市蓟县宏图印务有限公司印刷
全国各地新华书店经销
*
2009 年 10 月第 1 版　　2009 年 10 月第 1 次印刷
787×1092 毫米　16 开本　25.875 印张　8 插页　632 千字
定价：90.00 元(精)

如遇图书印装质量问题，请与本社营销部联系调换，电话：(022)23507125

本书编辑组成员

主　编　张　毅

副主编　孔令国　李广生　李　培　穆祥望（常务）

编辑组　翟春红　李力文　贾　睿　杜　芸　庞　佳

目 录

下　编

序 言

来新夏

中国是世界上的图书大国。中国的图书事业有着两千余年的悠久历史,完整的保存体系,藏用结合而走向以用为主的一贯宗旨和仁人爱物的人文精神。自周秦以来,藏书楼与藏书家已成为中华传统文化的重要构成部分,下迨19、20世纪之交,西学东渐,维新思潮纷起,西方图书馆观念渐有浸润。旧有藏书楼多趋向于对社会公开,具近代图书馆之雏形,而新建近代图书馆亦将喷薄出世。1898年,清廷颁布《京师大学堂章程》之第一章第六节即明确有建立大学堂藏书楼之规定,称"今设一大藏书楼,广集中西要籍,以供士林流览,而广天下风气",为高校设置图书馆启其端。20世纪头十年,各省如安徽、浙江、湖南亦相继建公共馆,甚至私人如绍兴徐树兰建古越藏书楼,公开个人藏书,筹措经费,购书以应民众所需。据一种统计,1901至1911年,正在筹建和已经开办的图书馆有四十多所。辛亥革命以后,近代图书馆的发展势头日强。五四运动的民主与科学宣传更是一大推动力,适逢其会,南开大学于1919年成立,而校图书馆亦相应设置,至今殆九十寒暑矣。

南开大学图书馆初建之际,难称规模,仅有津门学者名流严范孙、李炳麟、卞苇卿等个人捐赠书籍数百册与购书费若干。历经十余年,在社会关注与有关人士之努力下,图书馆发展迅速,抗战前夕——1936年底,馆藏图书经各方捐赠和历年采购已达20余万册,并有元、明刊本的珍善本图书数百种,馆藏略具规模。不幸于1937年7月,日寇发动侵华战争,南开大学图书馆馆舍毁于日军炮火,而内运图书又于辗转途中遭到日军劫掠,损失惨重。抗战胜利,虽向日方索回部分图书,已非旧观!历年经营,至上世纪五六十年代,已颇见规模,跻于高校大馆之列,孰知"文革"动乱,正常工作几陷停顿,幸事先有所措施,损失较小,及80年代,拨乱反正,各项事业渐趋正规,而馆龄已逾花甲!

1984年3月,我奉派出掌馆务,绠短汲深,惟敬谨从事,以求无愧我心。入馆之初,正值建馆七十年间,秉承前人优良遗规,以应政通人和之际遇,上下同心,清理积书,调整设置,安排人事,俾老有所安,中有所为,少有所学,一切趋于平稳自然,而以建成新馆为终结。1990年连任即将期满,方谋安排新旧馆配置,胸中粗有擘划,而继任者急于就任,先期入馆理事,未获倾心相告,匆匆离任。迨李治安教授就任馆长,重加调整,适与我原所擘划暗合,不禁欣然自慰。"十步之内,必有芳草",信哉斯言!世纪之交,全馆同仁竭尽心力,团结奋进,成就显著,藏书已达数百万册,现代化设备亦大体完备,于各高校大馆中称翘楚焉。

2009年为建馆90周年，回忆既往坎坷，不禁怅然久之；而瞻望未来前景，又不禁跃然而起。际兹民族振兴，国家崛起，社会和谐，万众尽力之际，得全馆团结一致，海内外人士频加关怀，则日新月异，必将有始料不及之成就。我曾忝任馆职两届，今近望九之年，犹能面对盛景，得不欢然！馆方为积存有关历史资料，广征图文，成纪念集一册，嘱我作序，义不容辞，命笔略缀小文。设有不当，尚祈贤达正之。

是为序。

2009年6月下旬写于南开大学邃谷行年八十七岁

[**作者简介**]

来新夏，男，南开大学教授，1984年至1990年任图书馆馆长。

序 言

张 毅

今年正值南开大学建校90周年,同时也是校图书馆建馆90周年,经过九十年的发展和积累,南开大学图书馆已经成为拥有丰富物理馆藏和数字化馆藏的现代化、网络化的综合性图书馆。目前,根据学校的学科建设需要和长远发展目标,我们正以“加强资源建设,提高服务水平”为载体,努力加快现代大学研究型图书馆的建设步伐。

高水平大学应当具有一流的图书馆。南开大学作为“211工程”和“985工程”重点院校,以“国际知名高水平大学”为发展方向,在提高优势学科在国内领先地位的同时,建设新兴学科和交叉学科,进一步增强承担国内外重大科研任务的能力,争取成为培养高素质创新型人才的中心、知识创新的基地和创新文化的重要发源地。这需要有一套现代大学图书馆的服务体系做支撑,所以我们把支持重点学科和新兴学科的发展作为中心,以满足提高教学科研水平的需求为导向,在完善物理馆藏的同时,构建数字化信息资源保障体系,优化学术信息资源结构,努力使图书馆的读者服务达到国内一流水平,为学校的学科发展、学术研究和科学创新提供文献情报方面的保障。

为了实现这一目标,在学校领导和各职能部门的大力支持和帮助下,我们克服了近些年来经费有限的困难,做到了物理馆藏与数字馆藏并重,并适当向数字信息资源倾斜。作为天津市高校唯一具有“重点古籍保护”资质的图书馆,我们今年通过了国家古籍保护中心的检查,成为“全国重点古籍保护单位”。在整理传统文献资源的同时,电子信息资源的建设工作也在加紧进行:

一是引进国内外学术界具有较高学术性和较高检索利用价值的数据库系统。截至目前,我校图书馆通过参加CALIS集团采购、天津高等教育文献信息中心和自主采购相结合的方式,共引进国内外高水平学术数据库系统62个,其中包括子库281个。在CALIS集团采购成员馆中,像SciFinder Scholar、ACS、RSC等化学类专业数据库,Emerald等经济管理类数据库,南开的利用率都是排在第一位的;一些综合类的数据库利用率也很高;还有一些生物、工程类的数据库也非常好,如EI工程索引,我们是在111个成员馆中排进前10位。

二是结合学校特色学科和优势馆藏,自建了一系列专题数据库。如跨国公司专题研究数据库、本校博硕士学位论文数据库、面向21世纪课程教材数据库、馆藏随书光盘系统、CALIS高校教学参考书全文数据库、南开大学教参信息系统等。现在,南开著名学者电子文库以及南开大学博士后出站报告数据库、曹禺与戏剧专题数据库等也在紧张的建库筹备过程中。

三是信息资源的数字化建设工作。图书馆成立了由信息部、数字资源部和技术部共同组建的馆藏电子信息资源数字化建设中心，其核心任务是要系统整合部分重点学科的核心电子出版物信息、网络免费全文信息，以及本校、本馆的特色收藏建成数据库，供南开师生检索使用，该项工作将是一个需要长期建设与维护的系统工程，也确实是一种有较高检索与利用价值的信息获取和积累途径，目前各项工作正在紧张有序地进行过程中。

四是资源导航工作。目前已经完成了对各种外文期刊全文数据库的12000余种电子期刊的整合，最终形成19个学科的分类导航。2007年，图书馆参加CALIS重点学科网络资源导航库系统建设，建立数学学科网上资源导航库，该导航库的数据已成功被CALIS网络资源收割器收割，并获得CALIS资源项目一等奖。

回顾近百年来图书馆的发展，经历了从传统的图书借阅到自动化图书馆，再到数字化图书馆的过程。数字图书馆是以海量数字信息存储为主要特征的，但是单纯的高端技术和数据资源，如果离开了图书馆员的高层次主动服务，就只能相当于一个被动的、静态的数字化信息库，而不能称之为完整意义上的数字化图书馆。数字化图书馆的意义不在于单纯的文献资源数字化，而在于以资源为基础，以技术和设施为手段，以读者需求为中心的数字化服务。也就是说，在加快信息建设、数字化建设的同时，要尽快将资源推向实用，将图书馆的服务由以信息资源为主转向以人为主，构建以用户为中心的服务主导型的资源服务保障体系。

我们在国内较早建立了学科馆员制度，目前有10位学科馆员承担了大部分的用户培训与教育工作。这方面的工作主要从两个渠道展开：一是借助于lib2.0平台，面向更广泛用户开展更具人性化、个性化的用户咨询与教育服务。其中的“RSS信息订阅”，采用基于XML技术的因特网内容发布与集成技术，通过RSS阅读软件，便可直接将个人定制的最新信息源聚合到一起即时推送到用户桌面，从而为图书馆开展有针对性的用户服务提供了交流互动的广阔平台。二是结合学科专业特色和资源内容特色，有重点、有针对性地对用户进行电子信息资源检索与利用的专门培训。如定期举办信息资源与服务宣传月；结合院系教学科研需要，深入院系进行学科专题用户指导；给本科生开设文献信息检索的公共选修课，开展面向本科新生的专题培训等。

我们还针对不同的读者层面，开展面向学科带头人、教授、研究生等的馆际互借与原文传递服务，并从紧张的图书经费中给予一定的补贴，以满足全校师生对特定文献的信息需求。作为CASHL学科中心馆和CALIS服务馆，我们通过“网上自助提交委托”受理并完成原文传递请求，包括期刊论文、学位论文、会议论文、科技报告、专利文献的原文复印件或电子版等。通过馆际互借与原文传递服务，充分发挥了资源共知、共建、共享的优势，有效弥补了馆藏资源不足的缺憾。

为了解决部分师生因家住校外或外出开会而无法检索图书馆电子信息资源的问题，我们想了很多办法，如延长电子阅览室的开放时间，提供RSS信息订阅服务等。特别是在经费紧张的情况下，优先购买了数字资源远程访问系统——IP通，从技术上实现了校内外IP的转换。这样就从根本上解决了教师和研究生的资源利用问题。据统计，目前已经有1000多个用户正在使用该项服务。在住校外的师生日益增多的情况下，这一举措为学校教学科研的正常开展和有序进行，提供了基本的信息服务保障。

在信息化、网络化的今天，图书馆早已经不再是封闭的藏书楼，其信息获取渠道和信息服务领域，已经随着网络延伸和扩展到世界的各个角落。因此，在学术研究、业务开展等方面，我们积极进行多种形式的对外交流与合作，与教育部 CALIS、CASHL，天津高等教育文献信息中心，以及兄弟院校图书馆建立了良好的协作关系，目的是通过协作共建、资源共享，学习兄弟馆的成功经验。除了派人参加学术会议和交流以外，我们还鼓励和发展基于网络平台的交流模式，如博客圈、电子论坛、读者沙龙、MSN，RTX 及时通讯等。这些突破时域界限的交流共享模式，为与国内外同行和读者的交流互动提供便捷的途径，能及时了解图书情报领域的发展动态和读者需求，以便我们采用先进的管理方式和技术手段，不断提高现代大学图书馆的服务水平。

有诗云：潮平两岸阔，风正一帆悬。

[**作者简介**]

张毅，男，南开大学文学院教授、博士生导师，现任南开大学图书馆馆长。

上　编

励精图治勤耕耘

——南开大学图书馆创新发展十年

（1999～2009）

南开大学图书馆自1919年建馆以来，秉承“允公允能，日新月异”的校训，坚持以服务读者、服务教学科研为己任，经过几代人的辛勤耕耘和不懈努力，在不断拓宽服务领域、不断深化服务内容、不断提高服务质量、不断创新服务理念上走出了一条坚实的发展之路。特别是最近十年，图书馆适应信息技术飞速发展和信息资源多媒体化的新形势要求，抓住“211工程”、“985工程”建设和南开大学实施“十五”规划、“十一五”规划的有利时机，积极推进自动化、网络化、数字化建设和科学化、标准化、规范化管理，努力构建信息资源全方位保障体系，基本实现了由传统图书馆向信息复合型现代化图书馆的转变。图书馆面向教学科研的信息资源保障能力得到明显提升，在南开大学打造国际一流大学中的文献信息基础作用日益突出。

回顾南开大学图书馆近十年来的发展历程，我们欣喜地看到她坚实的步履，感受到她发展的脉动。

第一部分　概　况

南开大学图书馆始建于1919年南开大学建校之时，是中国最早的私立大学图书馆。1927年卢木斋先生捐资兴建了著名的“木斋图书馆”，1937年毁于日军炮火。抗战期间，南开大学与北京大学、清华大学在昆明组建西南联合大学时，成立了联大图书馆。经九十年的历史沿革和几代人的艰辛努力，南开大学图书馆目前已发展成为在全国高校图书馆中居重要地位的综合性图书馆。作为“中国高等教育文献保障系统”(CALIS)的成员馆、教育部科技查新工作站、教育部美国“亚洲之桥”外版图书转运站和天津高校文、理科文献保障中心，南开大学图书馆在全国高等教育的资源共享和天津市高校数字化图书馆建设中也发挥着核心作用。

1. 馆舍

南开大学图书馆目前共有老馆、新馆（逸夫楼）、迎水道校区分馆和经济学分馆四座馆舍，总面积29110平方米，拥有阅览座位2000余席。加上泰达学院图书馆和数学分馆面积共计33810平方米。

在使用功能上，新馆以文科图书的收藏和借阅为主，同时兼具管理中心职能；老馆以理科图书和期刊的收藏与借阅为主；经济学分馆专门收藏与借阅经济和管理类中外文书刊；迎水道校区分馆主要入藏和借阅文科一年级本科生的教学参考书。

2. 文献

经过九十年积累，南开大学图书馆现有馆藏文献325余万册。近年来，图书馆在不断加强文献资源建设的同时，还着力进行数字化图书馆建设，力求形成纸质文献与电子文献齐头并进的馆藏格局。截至2009年6月底，可访问数据库系统62个、数据库281个。这些数据库覆盖了南开大学的绝大部分学科领域，文、理科并重，为全面提高学校教学科研和学科建设水平提供了信息资源保障。

3. 机构和员工

图书馆现任领导班子成员有：馆长为文学院博士生导师、“长江学者”张毅教授，党总支书记为孔令国副教授，副馆长为李广生研究馆员、李培副教授、穆祥望副研究馆员。

图书馆内部业务和管理机构共包括八部一室和两个分馆，即：采编部、流通借阅部、期刊部、信息咨询部、古籍特藏部、技术部、数字资源部、文献服务部、办公室及经济学分馆、迎水道校区分馆。

截至2009年8月30日，图书馆有在岗职工141人，其中研究馆员5人、副研究馆员43人、馆员53人、助理馆员13人，具有高级职称人员占职工总数的34%。具有大专以上学历的有127人(其中博士5人、硕士31人)，占职工总数的90%。

第二部分　现代化建设

进入21世纪以来的近十年，是互联网和信息技术加速发展的时期，也是南开大学图书馆加快现代化建设的重要时期。随着现代化设施、设备的投入使用以及软件系统和文献数字化加快建设，现代图书馆所应具备的计算机网络化、管理集成化、信息资源数字化、服务信息化、业务规范化、标准化等要素，在南开大学图书馆得到了实现。南开大学图书馆基本实现了由传统图书馆向现代图书馆的转变。

1. 软件建设

高校图书馆作为高等院校的文献信息中心，面对新世纪信息网络和知识经济的国际化、信息化发展趋势，应当充分利用网络、计算机等现代化信息控制和管理手段，构建以电子信息资源为基础的新型管理和服务模式。借助“211工程”项目建设的东风，南开大学图书馆2000年初从美国SIRSI公司引进了的UNICORN图书馆自动化集成管理系统，使图书馆采访、编目、典藏、流通、阅览、书目检索、期刊以及参考咨询服务等工作环节都实现了计算机网络化、集成化管理，各项工作均纳入规范化、标准化轨道，形成了一个稳定可靠的网络系统，全馆各业务部门、管理部门以及大型多媒体电子阅览室，全部连入CERNET和INTERNET，图书馆服务进入了网络化、信息化发展阶段，现代化信息服务水平也步入国内一流行列，为广大师生提供了良好的网络信息环境。

为确保信息网络系统稳定可靠运行，2003 年安装了双机热备软件，主服务器系统实现双机热备的工作模式，确保了服务器和磁盘阵列全年 365 天、每天 24 小时连续开机工作。一旦设备发生物理性损坏，可以在不中断系统运行的情况下将数据自动切换至备用服务器上，提高了整个网络系统的中心服务器故障自动恢复能力。

适应图书馆信息资源数字化的需要，为了加强数字图书馆建设和信息整合与安全管理，先后购进了特色库 TRS 系统软件和 TPI 及 DESI 等数据库建设与管理系统软件，构成了一个完备的信息资源数字化的系统平台。

全面更新了电子阅览室计算机软件系统，并根据读者需求安装了一批实用软件，为读者上网阅览提供了技术保障。

2. 硬件建设

十年来，随着学校对图书馆投入力度的加大，图书馆信息化设备得到了更新换代和逐步升级，硬件基础得到强化，硬件环境发生了跨越式变化，形成了支持图书馆数字化和网络化、管理集成化、办公自动化的良好平台。主要硬件建设包括：

为保证日益增多的电子信息资源的正常运行，装备了容量为 2TB 的大型磁盘阵列，建成了光盘镜像网络系统，为各种类型数据库的开通运行提供了良好的工作平台。

引进了 SAN 架构的存储设备，将自动化系统纳入独立的磁盘阵列，提高了系统处理的速度和存储能力。

为加强服务器安全防范性能，在局域网内安装了网络防火墙，增加了入侵监测、流量控制和 IP 访问控制等功能，保证了图书馆网络安全运行和流量畅通。

为加强数据存储，防止数据流失损坏，一方面在硬件设备上采用 RAID5 校验技术，另一方面配合图书馆自动化系统软件版本升级，对硬件也做了相应升级。为适应数字化建设不断发展，对存储设备进一步扩容，安装了数字化软件服务器端，为数据信息整合创设了平台。

购进了缩微阅读系统 MS—2000，可供读者阅读缩微胶卷和平片，可在微机上进行技术处理、打印及上网，该系统是当前国际缩微阅读系统中先进型号之一。

为了满足本科一年级学生获取电子信息资源的需求，于 2003 年建成迎水道校区图书馆电子阅览室，拥有阅览面积 200 平方米，设有 60 个机座。于 2006 年建成经济学分馆电子阅览室，设有 30 个机座。同时，还完成了总馆电子阅览室设备更新换代和整修工作，并对其网络布线和网络设备进行了升级改造。

全馆各业务工作环节也实现了计算机设备的逐步更新换代。2004 年全馆拥有服务器 10 台，分别支持自动化系统、图书馆主页平台、镜像数据库及数字图书馆软件平台的运行，向校园网用户提供包括书目检索、全文检索、自建资源发布等服务。磁盘阵列存储设备容量 6TB，磁盘阵列内部为全光纤接口，与服务器的连接上采用了主流的 SAN 方式，便于日常管理和日后的扩容，数据容量超过 3TB，日访问量在 15000 次以上，形成了集成、智能、高效的多功能管理体系。

在此基础上，为满足不断增长的镜像数据库、自有特色数据库、网站建设和管理等工作的需要，2004 年以来将现代化建设重点逐步转移到数字化的后台建设上来，进一步改善软、硬件环境，不断提高处理器的速度和存储能力，不断对服务器、磁盘阵列等设备进行升级补充，加强安全性能，保障了网络畅通。

2006 年，购置 SUN 高性能服务器两台，并完成数据移植工作，服务器采用新型 UltraSPARC IV+ 处理器，能够处理多线程工作负载，书目查询速度得到大幅度提升，系统各功能模块的运行更为顺畅和稳定。

2007 年建成面向天津市各高校读者提供电子资源培训与检索等服务的“天津市数字图书馆培训基地”，内设 50 个机座。接受南开大学社会经济发展研究院捐赠 15 台计算机，用于经济学分馆。

截至目前，图书馆拥有服务器 17 台，存贮容量达 8TB，数据容量 8TB，业务用 IP100 个，读者用 IP220 个。

3. 数字化建设

为加强数字图书馆建设，近年来在重视引进学术数据库的同时，也加强了南开大学自身资源的数字化建设。到 2002 年底，共完成全校（包括各院系资料室）的书刊书目数据建设近 40 万条。由于我馆的编目数据规范化程度较高，被天津数字图书馆管理中心和 CALIS 大量采用，大大提高了南开大学图书馆的影响力和在全国高校中的地位。

适应文献资源数字化建设加快发展的需要，2003 年底成立了数字资源部，专门负责挖掘、开发我校、我馆的重点资源和特色资源，并承担特色资源的数字化建设和整合任务，开展专题资源数据库建设工作。

几年来，根据教学科研和重点学科的重点科研项目的需要，与研究生院、经济学院跨国公司研究中心、APEC 研究中心、档案馆等单位密切合作，汇总南开大学重点学科信息资源优势，协作开发和建设了一批专题特色数据库。目前已建成的专题馆藏资源特色数据库包括：CALIS 高校教学参考书全文数据库、CALIS 高校学位论文库、CALIS 跨国公司研究专题数据库、馆藏随书光盘数据库、面向 21 世纪课程教材数据库、南开大学博硕士论文文摘库、中华典籍与传统文化网 。其中“跨国公司研究”专题数据库集网络资源、音频、视频多媒体于一身，数据总量 7.9 万条，全文数据量 1.6 余万条，为研究跨国公司领域的海内外专家学者和相关企业及政府部门提供了有效的专业文献资源保障。在 CALIS“十五”全国高校专题特色库结项评审中，该项目获得二等奖。另外，“南开大学博硕士毕业论文数据库”已基本具规模，数据量达 3000 余篇，并根据作者协议完成了千余篇的全文转换、加密和发布工作，读者可以进行检索和浏览。

目前在建专题数据库包括：“教参书全文数据库”，现有 165 册电子书供浏览、下载，同时还建立“南开教参信息数据库”、“CALIS 高校教学参考书全文数据库”、“CALIS 中国高校教学参考信息数据库”。2008 年开始进行“南开大学知名学者信息库”的资源搜集和数据整合工作。

这些数据库的建成，扩大了我校文献资源共享的范围，大大提高了我校研究生学位论文的利用率；化解了多年来教学参考书复本量少、难以保证学生学习需求的矛盾；解决了多年来随书光盘不能流通，只供在阅览室使用的不便；充分发挥了我校重点学科文献资源的优势，也取得了良好的社会效益。

为了挖掘本馆珍惜古籍文献，与广西师大出版社合作编辑出版《南开大学图书馆稀见清人文集丛刊》，已经完成全文扫描工作，正在撰写提要。

为了方便读者使用电子期刊的信息资源，最大限度地发挥各种外文数据库的作用，从 2002 年开始对本馆拥有的所有外文期刊类数据库的数据进行整合，按学科专业编制了外文电子期刊学科导航库。同时，参加 CALIS 的专题数据库导航项目，编制了“数学学科网络资源导航”，实现网络资源的规范搜集、分类、组织和有序化整理，形成一个系统的、完整的数学学科网络资源导航库平台，大大方便了数学专业师生查找网络学术资源。总数据量达5000余条，远远超出项目要求，质量得到评审组一致肯定，在CALIS导航库项目管理组结项评审中，该项目被评为资源建设一等奖。

为了加强对学生进行中华传统文化素质教育，弘扬中华传统文明，于2006年建立了“中华典籍与传统文化网站”，网站分为四部丛谈、中国书史、目录学、版本学、校勘学、古代藏书和馆藏善本7个板块，面向非古籍、版本研究专业的大学生，普及古籍常识，介绍馆藏善本图书。

图书馆通过连续几年的技术现代化和资源数字化建设，自身的整体水平显著提高，从而成为天津市CNKI技术中心和培训中心，被天津市教委认定为天津市数字图书馆文、理科中心，被教育部中国高等教育文献保障系统（CALIS）评估委员会晋升为B级成员馆。南开大学图书馆现代化水平目前在天津市处于领先地位，在国内重点高校图书馆中也位居于先进行列。

第三部分　文献资源建设

经过九十年的建设，至2008年底，南开大学图书馆馆藏文献总量达325万余册，以数学、化学、经济学、历史学等文献见长，在全国高校中居于重要地位。其中，中文书218万余册，包含着中文线装书2万种，近30万册；外文书58万册，各语种专业工具书2万余种；中文报刊29万册，外文报刊20万册，其中，连续收藏100年以上的国外著名刊物100余种；引进数据库系统62个，包含数据库子库281个。目前已形成馆藏丰富、独具特色、文理兼备、多语种、多载体的综合文献保障体系。

十年来，在学校的大力支持下，图书馆文献资源建设投入力度不断加大，1999年经费投入为721万元，2008年达到2256万元。为了提高文献信息保障率，以有限的资金投入最大限度为读者提供信息资源，图书馆在文献资源建设上重点加强了以下几方面工作：

1. 坚持学科发展导向，保障文献资源覆盖面

在学校的统筹下，图书馆以“211工程”和“985工程”为契机，从1999年开始，着力进行电子信息资源建设，同时，不忽视传统纸质文献建设，逐步形成纸质文献与电子文献齐头并进的馆藏格局。配合学校的学科建设，建立了以不同层次的学生数、专业数、重点学科和重点课程等重要参数的经费分配体系，既保障重点学科的发展又兼顾学科的覆盖面。此外，还致力于全校文献建设的统一协调，在有关部门的支持下，制定了购置文献必须经过图书馆查重的制度，规范了文献采访工作的流程，避免了文献的重复购置，使全校文献经费利用更加有效。

自1999年开始，在教育部CALIS（高等学校文献信息保障系统）项目经费支持下，图书馆开通了OCLC的Firstsearch中的12个数据库。2002年又向CALIS中心申报中国高等教育文献保障系统“十五”期间数字图书馆基地，通过参与CALIS集团采购、自主购买、数据库试用等多种形式，引进了一批高质量的数据库。2002年，图书馆已购中文学术期刊数据库、二十五史全文阅读检索系统等6个网络版或光盘版中文全文数据库；购买Springer Link、EBSCO等5个西文全文数据库；购买CA、EI等4个西文文摘索引数据库。这些电子文献的引进大大增强了图书馆对学校教学科研的文献保障的能力，受到广大师生的欢迎。图书馆的文献建设实现了新的飞跃，馆藏文献实现了从单一纸质文献到与电子文献齐头并进的转型。

接下来的几年，图书馆购买电子文献的经费逐年增加，2004 年突破 400 万元，2005 年近 600 万元，2006 年至 2008 年基本上保持 500—600 万元，截至 2008 年底，图书馆拥有国内外高水平学术数据库系统 62 个。这些数据库覆盖了我校绝大部分学科领域，对教学和科研起到了基本保障支撑作用。从近年来数据库使用统计情况来看，这些数据库在全校教师和学生中普遍使用较好，受到了师生的欢迎和好评。

在纸质文献建设上，图书馆充分利用“985”和“211 工程”的资金投入，使纸本文献资源建设有了可靠保证。2004 年图书经费已达 320 万元，新增中文图书 59507 册，外文图书 2988 册；购期刊经费达 620 万元。2005 年图书经费 380 万元，中文图书经费突破 200 万，新增 64507 册，外文图书 2173 册，较上年度增加了近 15%；期刊经费仍保持 620 万元。2006 年，文献建设工作以达到“本科生教学评估指标”为目标，加大采购力度，用于购置中、外文图书的经费增至 550 万元，新增图书合计 116003 册，达到了评估指标，是近年来图书新增量最大的一年。

2. 优化文献资源结构，保障重点学科需求

图书馆建立了与重点学科长期与稳定的信息保障协同关系，定期了解教学、科研的发展情况，了解学术活动开展情况以及对文献信息需求的变化情况，不断提高文献采访工作的透明度，文献购置紧紧跟着学科发展走。根据我校的学科专业、课程设置及我校教师承担的教学科研项目，有针对性地全面收藏各学科基础理论著作及相关图书，以及着重收藏本校教师论著，在条件允许下力求收齐本校教师全部作品。重点加强“211”重点学科、新增设专业及学校重点科研项目的相关文献建设。对于那些与本校专业相关的最新出版的工具书、本馆缺藏的古籍线装书的影印本、以及能反映学科发展前沿以及交叉学科、边缘学科的书籍，图书馆都作为重点文献补充到馆藏之中。

图书馆还将专业教学骨干和专家教授请进来，重建“图书文献资源建设指导委员会”，邀请他们参与选书，紧密结合学科需要，听取对文献建设的意见，共同商讨存在的问题，妥善解决学科建设供需之间的矛盾。

在文献建设中，图书馆还注意保持期刊的系统性和连续性，特别是外文期刊。凡已订购的外刊，一般不应轻易停订。若因经费问题确需减订，也多方征求意见，并经相关院系同意后进行。对于已购全文数据库中包含的外刊，原则上不再增订。近年来，图书馆还注重图书馆与各院系资料室之间文献资源建设的协调关系，避免或者减少文献的订购重复，为实现全校文献资源共建共享打下良好的基础。

3. 拓宽图书购置渠道，保障师生阅读需要

1999 年以来的十年间，图书文献经费基本上呈上升趋势，为了提高图书经费利用效率，不断创新采访工作思路，制定完善文献资源建设的发展规划，保障图书采购的质和量，保障馆藏的专业性、学术性和系统性。

“读者第一，服务至上”是图书馆的宗旨，文献建设重点考虑的就是师生的阅读需求，因此，采访人员着力加强了“访”的力度，加大采访工作的广度、深度与力度，立足于学科建设与发展，完善馆藏结构，制定周密的采购计划，尽全力赋予文献建设工作的前瞻性。

随着图书出版量增大、发行渠道多样，图书馆采取了立体交叉式的采访方式，以保证采购渠道的畅通。首先进行现场采购,将书商引进图书馆,建立“新书展厅”,采访人员现场采书,师生读者长期参与推荐。其次充分利用网络,关注书商网站,及时了解新书信息,采访人员将征订书刊目录提供给关心文献建设的教师和专家,他们通过邮件反馈给采访人员;广大师生可以根据自己的阅读需要,通过图书馆主页“读者荐书”,推荐订购图书。采访人员定期搜集读者推荐信息,经过查重筛选后及时交给书商订购。再次补充馆藏不足,有针对性地组织教师和学科专家前往现场采书,还加大赴外省市采选图书的力度,补充馆藏“地方版”和我馆理科图书不足的空缺。

外文图书采访工作在认真用好文、理科专款的同时,扩大参与国外赠书遴选的工作。由教育部认定的美国“亚洲之桥”图书转运站于 2005 年在图书馆正式挂牌启动,面向全国高校提供赠书转运服务,从该年起图书馆充分利用这一平台补充馆藏,并帮助资料室遴选图书。迄今为止共选图书 8000 余册,节省经费近 400 万元。

第四部分　读者服务

进入 21 世纪,信息化、数字化浪潮以前所未有的强劲冲击着社会生活的各个领域和层面,打破了人们习惯的秩序,促使传统的观念和存在方式发生着空前的变革。面对新形势,图书馆开始探索、实践,树立新服务理念,摒弃传统图书馆的呆滞因素,重组适于现代图书馆发展的新秩序,构建现代信息服务的新格局,营造和谐的人性化信息服务环境,不断加强现代信息服务,塑造人性化服务的新形象。

营造和谐的人性化信息服务环境,实际上就是要在现代信息服务中构建人文精神,营造一个以人为本的和谐服务环境,但这种环境绝不仅是一种看不见摸不着的抽象氛围,更是由蕴涵着人文精神的具体信息服务方式、内容项目、措施等因素构成。为了营造这样的服务环境,在原有传统服务的基础上,图书馆不断强化现代图书馆信息服务的元素,基本形成了适于现代图书馆发展的服务模式。

1. 强化意识,树立“以人为本,读者至上”的现代服务理念

现代图书馆的信息化、数字化改变了传统图书馆的馆藏结构和服务方式,使图书馆与读者面对面的传统借阅服务方式逐步退出主体地位,代之而起的是现代信息服务。新的服务方式的信息载体是电子资源,传递信息资源的方式是信息网络。图书馆可以不受时间和空间的限制,通过信息网络向读者传递信息、提供服务,反之,读者也可以不用与图书馆面对面地接受服务,这个巨大变化使图书馆与读者双方都处于服务的新秩序之中。与传统服务相比,现代信息服务中的服务者与被服务者的地理距离远了,读者与图书馆直接打交道的机会少了,双方面对的多是计算机、信息网络、电子信息资源。它要求图书馆的服务理念要更加熔铸人文精神,更加注重以读者为本,尊重、理解、关心、帮助读者,一切从满足和方便读者出发,从更深层次上对读者给予深刻的人文关怀,这应该是蕴涵于信息服务中的思想与灵魂。

近十年来,图书馆正是坚持这样的服务理念,在信息服务的实践中探索着自己的路,在服务理念上体现了人文精神,有两个层面:一个层面是图书馆在自身发展中探寻如何最大限度地满足和方便读者的服务方式;另一个层面是关注读者理解和接受现代信息服务的状态与程度,并帮助他们充分享用现代信息技术。这就是说,在现代信息服务中,图书馆不能只顾自身的发

展变革，而无视读者的感受与接受程度，服务与被服务双方形成了相辅相成的和谐统一体，使图书馆的情报职能和教育职能得到空前的扩展，也促使图书馆员的角色发生了巨大变化，不再仅仅是传统意义上的文献传递者，而要成为信息导航员和教育者，在进行信息资源建设、信息处理的基础上，教育和引导读者更快捷有效地查找和利用信息。

2. 开拓服务新领域，增加现代信息服务项目

(1)开展馆际互借和文献传递服务

现代信息网络化的实现和 CALIS 馆际互借系统的建立，为实现更深入、更广泛、更规范的资源共享提供了技术平台。图书馆充分利用这个平台，积极开展各种类型文献传递服务。为了鼓励读者积极利用这项服务，图书馆还出台优惠政策，出资补贴，期刊论文补贴 80%，原书除补贴邮寄费外，服务费由原来每本 20 元降低到 10 元，读者得到了较大实惠，业务量得到了迅速扩大。目前文献传递服务已成为读者获取文献信息的一个重要途径。

图书馆积极开发、共享网络资源，先后与 CALIS、CASHL、国家图书馆、国家科技图书文献中心、天津市数字化图书馆建设管理中心等单位建立了馆际互借与文献传递协议，不断拓展文献传递服务范围。通过复印＋邮寄、扫描＋E－mail 传递等方式为校内外用户提供国内外学术期刊论文、会议论文、学位论文、图书、专利等文献传递服务，有力地延伸了图书馆的服务对象和可利用资源。这种资源的增值作为无形资产具有越来越大的生存空间和发展潜力，成为图书馆新的服务增长点。

在原文传递服务工作中，图书馆同样遵循一贯的“以读者为本”宗旨，尽可能地将优惠留给在校师生，最大限度地为读者提供原文，减少传递成本。除了积极利用 CALIS、CASHL 的优惠政策以及相关的免费服务活动外，2005 年图书馆从紧张的图书经费中拨款 10 万元用于原文传递的补贴，受到师生的好评。这一服务既满足了读者的个性化信息需求，提升了图书馆的服务层次和质量，也有效延伸了图书馆的馆藏和用户范围。2005 年完成 1289 件原文传递和馆际互借服务，其中图书馆实施补贴前 6 月份为 54 件，9 月开始进行补贴，当月上升到 141 件，而从 11 月 15 日至 12 月 15 日短短一个月就受理完成 600 余件。通过广泛的原文传递提升图书馆信息服务在学校乃至全国图书馆中的影响力。

为了适应教学、科研的需要，图书馆不断拓源挖潜，2006 年又加入了 OCLC 国际馆际互借组织，还将获取文献资料的渠道由大陆扩大到香港，提高了本校读者的资源保障度，同时馆藏资源利用率得到进一步提高。该年完成原文传递 4973 件(其中包括和香港中文大学传递文献约 50 件，通过 OCLC 国际馆际互借组织向美国、加拿大等国申请原书和缩微文献 12 册，期刊文献 14 篇)，从国家图书馆借阅原书 433 余册。2007 年又与德国的馆际互借组织建立合作关系，进一步拓宽为校内外用户提供文献的渠道，全年完成原文传递 5560 件，其中对外请求传入文献 4499 件，通过图书馆和院系资料室提供给文献服务 1061 件，从国家图书馆进行馆际互借 439 册。2008 年，图书馆重点开展面向学科带头人、教授、研究生等的馆际互借与原文传递服务，通过“网上自助提交委托”受理并完成原文传递请求 6913 件，其中借入文献 5149 件，传出文献 1764 件，从国家图书馆借入图书 630 册，借出图书 219 册。

图书馆还积极为国内高校和社会读者提供服务，提升南开的影响。组织“天津高校原文传递服务经验交流会”，牵头开展天津市高等教育文献信息中心的“天津市高校馆际互借项目”，与天津市十几所学校签订了原文传递服务协议。图书馆的文献传递服务在赢得用户的好评的同时，还荣获了CALIS"十五"建设期间"文献传递服务"二等奖，并成功申报获批CASHL学科中心，扩大了原文传递的服务范围，全方位的满足教学科研对文献的需求。

(2)开展科技查新服务

2004年，图书馆被教育部认定为"部级理工类科技查新工作站"，以此为契机，开展了科技项目咨询及成果查新、论文收录及引用查证、专题/定题检索等一系列高层次的信息服务。截至目前，已完成科研课题查新项目1024项，其中国内575项、国外449项；论文的查收查引报告559项，EI、SCI认证1444份，为校内外科研工作者的科研开题、立项、成果鉴定、职称评定、奖项评定等提供了详实科学的参考信息。

为加大服务力度，图书馆组织了精干人员，配置了较完备的硬件环境，着力开展了查新的基础准备工作，制定了用户宣传和走访计划，在校内外广泛进行宣传推送查新与信息服务，深入院系，听取教师的需求与建议，走访天津地区有关研究机构与查新用户，并与之建立了良好的合作关系，形成查新用户网络。同时，经常按照不同项目立项时段，有针对性地通过E－mail向用户推送查新服务。通过广泛的宣传，查新用户不断增加，用户群逐步从本校扩展到天津地区的高校、科研院所和公司企业，用户对查新站的认知度不断提高。至2005年完成85个课题的查新和查新报告的撰写，其中校内课题43项，校外课题42项。完成近百项收录引用检索，出具检索报告218份。

2006年与泰达图书馆签署了资源共享与查新服务合作协议，依托图书馆的人员、技术和资源优势，以泰达馆作为信息服务节点，辐射整个滨海新区，该项目不仅实现两馆之间的文献资源共享和信息服务合作，还填补了开发区科技查新服务的空白。图书馆还与北方技术市场、医科大学总医院图书馆、天津技术师范大学图书馆合作培训查新馆员，为进一步开展信息服务合作奠定了基础。

2006年完成的课题项目明显增加，共完成国内外课题查新160项，完成检索报告129个，查引查收126项，定题检索5项。2007年完成查新课题293项，承担上万篇论文的收录引用检索，为教师申报奖励、申请重点学科等出具检索报告137份。2008年的查新工作突出了两个特点，一是校外课题量增幅较大，占整个查新课题的69%；二是创新型企业查新量增加，使得我们的服务区域和领域辐射面更加宽泛。2008年全年完成科技查新课题381项，出具检索报告125份。

为了配合学校加强对博士毕业生的管理，2005年起图书馆与研究生院合作，承担了全校博士生论文SCI、EI收录认证工作，为博士生资质认证管理提供了可靠的保证。截至2008年底为600余人出具SCI、EI收录认证报告1035份。

(3)开展代查代检服务

现代信息服务方式的建立是图书馆发展历史上前所未有的变革，读者短时间内难以完全适应。在一些人还不掌握电子信息资源检索方法的情况下，为了帮助读者尽快找到所需文献信息，开展了代查代检服务，其内容包括连续性的跟踪定题检索、一次性专题检索、单篇文献检索等，为广大读者解决文献需求之急。

(4)开展网上实时咨询服务

为了随时倾听读者呼声，及时为读者解决利用图书馆过程中遇到的疑难问题，图书馆于2001年在主页上设置了网络虚拟咨询台，设立了理工学科、人文学科、经济管理学科、期刊、数据库等5个咨询服务区，设专人随时解答读者提出的各类疑难问题。将现代信息手段和传统服务方式有机结合在一起，为读者架设了与图书馆沟通交流的信息平台。

(5)开展用户信息素养培训

为了帮助广大读者尽快适应图书馆现代信息服务方式，近年来图书馆注意加强对读者进行电子信息资源检索方法与技能的教育。坚持每周在图书馆举办数据库培训；坚持在每年新生入学时，对新生开展如何利用图书馆的入学教育；成立信息素质教研室，为全校本科生和研究生开设文献检索与利用课，使广大读者逐步掌握现代信息检索获取的方法与技能。

3. 建立学科馆员制度，开展专题服务

在服务中我们发现，虽然近年来图书馆已主动培训了一批又一批师生读者，取得了较好效果，但是部分教师，尤其是一些中老年教师仍习惯于利用传统的印刷型文献资源，而对日益增加的电子信息资源的利用存在畏难情绪。这些教师都是教学科研中的骨干，担负着跟踪国际水平、培养高质量人才和高水平科研成果的重任，他们在教学科研的过程中对知识和信息都有更新更多的迫切需求，而不适应现代信息服务方式与他们对文献信息的高需求形成了尖锐的矛盾。如何使广大教师读者学会利用浩如烟海的电子信息资源，就成为图书馆信息服务的重要工作。为此，图书馆建立了专为各学科广大教师和研究生服务的学科馆员制度。先后在化学学院、生命科学学院、环境科学学院、经济学院、国际商学院、文学院、历史学院、马列学院、政法学院、外语学院等单位试点推行。采取专职和兼职相结合的方式，选派具有相应工作能力和专业知识背景的资深馆员担任学科馆员。其主要工作任务是在图书馆与各对口院系间架起信息沟通的桥梁，负责图书馆与对口院系的信息交流与联系、数据库培训与辅导，为教学科研提供主动的深层次的信息服务。每个学科馆员都与对口院系主管教学的负责人建立了固定的联系，主动向各院系宣传图书馆建立学科馆员制度、深化信息服务的新举措。近几年以学科馆员制度为依托，主要开展了四方面工作：

一是开展调查研究，了解广大教师利用图书馆的状况。为了解教师们的信息需求和使用电子信息资源的状况，于2003年3月和2005年10月，两次对全校不同学科和层次的教师进行了抽样问卷调查。通过调查，了解到不同阶段教师对电子信息资源的认知、利用状况、存在问题以及意见和要求。在分析研究调查结果的基础上，制定了改进工作、推行人性化信息服务的措施，并在实践中落实，促进信息服务不断向纵深发展。

二是提高教师对信息服务的认识，促使改变旧的传统观念。在调查中发现，影响广大教师利用电子信息资源的因素是多方面的，除了方法技能因素外，在部分教师、尤其是年龄偏大的教师中，存在着一些旧的传统观念也不可忽视。因此，学科馆员撰写“图书馆数字化与传统治学手段的变革”等文章，通过《南开周报》、南开新闻网、《南开教育论坛》和《读者之友》等传媒，在广大教师中大力宣传近几年图书馆数字化建设的发展趋势，及其对传统治学手段的影响。同时，学科馆员还深入到对口院系，向教师宣传图书馆现代信息方式及其发展，使广大教师认识到改变传统的阅读方式和治学手段的迫切性，从而增加紧迫感和危机感，提高接受现代信息获取技能的自觉性。

通过宣传人性化信息服务，图书馆与读者的心理距离越来越近，广大读者深深获益，读者适应现代信息检索方法的能力和程度大幅度提高。通过近年来两次对全校各学科不同层次教师利用电子信息资源状况的抽样问卷调查可以看出，广大师生对图书馆现代信息服务方式及电子信息资源的了解适应和掌握使用状况，发生了巨大改观。两年前，60%以上的人尚处于

“不太了解”、“不常用”的状态，而通过图书馆不同形式的宣传培训辅导，两年后无论是文科还是理科教师，对于图书馆的现代信息服务方式与电子信息资源的了解认知程度都有大幅度提高，文科教师“非常了解者”提高到 57.3%，理科教师提高到 46.5%；使用数据库的人数比例比第一次调查时也有大幅度提高，文科增加了 66.9%，理科增加了 56.9%，而“不会用的”文科降低了 66%，理科降低了 57.7%；教师参加图书馆举办的各类培训辅导的人数比例明显上升，参加学科馆员在对口院系举办的定期培训人数比例文理科平均达到 54.3%。

三是加大对图书馆电子信息资源宣传的广度和力度。利用多种途径和方式，加大对图书馆电子信息资源宣传的广度和力度，让广大教师充分了解电子信息资源。不仅充分利用本馆主页和馆办刊物、数据库使用指南等途径，随时宣传电子信息资源，还在学校主页和校报等更具影响力的阵地进行宣传。及时在学校主页上通报图书馆的相关信息，在校报上发表系列电子信息资源的介绍性文章。学科馆员还将数据库使用指南资料发放到对口院系每个教师手中，并随时利用电子邮件直接向对口院系教师通报介绍相关数据库的最新信息。同时，图书馆还在 2003 年 9 月和 2005 年 3 至 5 月先后开展了以“贴近读者，主动服务”和“电子信息资源与服务”为主题的宣传月活动，2004 年 9 月举办了图书馆现代信息服务大型展览。通过多种方式宣传，使不同层次的教师都能了解图书馆的现代信息服务方式和电子信息资源，使他们无处不感受和接触到浓郁的现代信息服务的氛围。了解到这些电子信息资源后，许多院系主动要求图书馆对教师进行培训。还有不少已经开始学着使用数据库的教师也纷纷请求学科馆员帮助他们解决使用数据库中的疑难问题。

采取集体培训和个别辅导相结合的方式，对教师进行数据库辅导培训。除了每周在图书馆电子阅览室对全校用户定期进行培训外，学科馆员还到各对口院系对教师进行相关专业数据库使用方法和基本信息检索方法的培训。近年来，到院系开展了 6 次 100 余场大规模的专题数据库培训活动，参加人数达 110000 余人次。在此基础上，学科馆员对老师有求必应，先后到对口院系 320 余名中老年教师的办公室、实验室和家中，手把手地个别辅导。对部分年龄大的教师还重点进行计算机基本操作、网络知识及常用软件的辅导培训，使他们对现代化信息技术有更多的了解，逐步提高他们适应图书馆数字化的能力。

这种集体与个别、馆内外相互结合的培训方式，既有重点、有针对性地进行了数据库的宣传，又大大方便了各院系师生，使文献信息服务做到有的放矢，形成了图书馆人性化、个性化的现代信息服务特色。

2007 年，配合学校本科生教学评估，强化教育职能，学科馆员的培训重点开始从教师、研究生转向本科生，结合专业学科有重点、有针对性地对本科生进行图书馆文献信息资源的宣传，完成新生培训 33 次，4000 余人参加；利用馆刊《读者之友》面向本科生宣传普及使用、检索文献信息的方法；每周邀请学科馆员或数据库商为师生开展不同数据库的培训与咨询解答。

四是编制电子期刊学科导航。随着图书馆数据库数量的不断增加，用户获取信息资源的渠道和范围越来越广泛，为方便读者充分利用本馆电子期刊信息资源，快捷地查阅到自己所需的文献信息，学科馆员对外文数据库中的 12283 种电子期刊信息按 19 个学科进行了分类整合，编制了“学科导航”，挂在图书馆主页上，供读者使用。

为了方便用户，提高其检索效率和质量，使信息资源更为有序化，图书馆利用 TPI 平台，对外文全文电子期刊和馆订纸质外文期刊的数据分学科进行整合，编制了化学、环境科学、生物学、物理学、医学、计算机、经济、管理、人力资源、法律、图书馆学、语言文字、文学艺术、历史、教育、心理学、宗教哲学等17个学科的分类学术资源导航，整合数据5720条。读者可不在线就能检索阅读数据库中的外文期刊全文。在图书馆主页增加信息资源导航栏目，内设“本馆电子期刊目录”、“外文期刊导航”、“网上免费资源导航”、“SCI资源导航”、“CALIS特色数据库”等子栏目，受到广大读者的欢迎。

4. **优化传统服务方式，创新育人环境**

为了使流通阅览等传统服务不断适应发展变化的新形势，图书馆在注重不断加强现代信息服务的同时，还十分注意在现代信息服务和传统的文献服务之间寻找结合点，努力将现代信息技术的优势运用到传统服务中去。从2000年开始，南开大学图书馆在全国高校图书馆中最早推出了每年一次的“爱馆、爱书、爱读者优质服务月”活动，并持续开展至今。以“优质服务月”活动为契机，年年都有服务新举措，推行“精品服务”，不断更新服务内涵，创新服务形式，不断满足读者的个性化需求，使传统服务方式更适应于现代图书馆的人文精神，塑造传统服务的新形象。

2000年的“优质服务月”的主题为“电子文献资源宣传与利用”，同时推出了七项服务新举措：一是向全校师生宣传图书馆引进的UNICORN图书管理系统及其和读者关系密切的图书流通、读者检索等模块，并向全校师生开通网上续借、网上查询等功能；二是免费举办电子信息资源利用系列讲座；三是免费提供试用部分国内外重要数据库；四是为贫困新生进行免费上机培训；五是《读者之友》开辟专栏宣传电子信息资源；六是改版图书馆主页，增加信息量；七是为校内院士及学术带头人宣传介绍国内外电子信息资源。

2001年“优质服务月”的主题为“面向学科建设，深化信息服务”，同时推出八项服务新举措：一是向全校师生进一步宣传图书馆提供的馆际互借服务；二是利用网络优势，拓展信息资源，坚持开展代查代检服务；三是开展定题服务，深化和提高信息服务层次；四是建立网络虚拟咨询台，为各服务部门搭建与读者沟通交流解答咨询的平台；五是针对用户类型开展多种形式免费培训；六是建设我校重点学科导航库，为重点学科提供信息保障；七是文理科和期刊阅览室开展书刊配套光盘阅览服务；八是《读者之友》增发网络版，进一步加强与读者的交流与沟通。

2002年“优质服务月”的主题为“以人为本，服务至上”，同时推出了六项服务新举措：一是延长开放阅览室时间，部分阅览室从早6:30至晚23:30连续开放17小时，周开放时间达102小时，为全国高校图书馆之最；二是挂牌上岗服务；三是为65岁以上教授电话预约借书和送书上门；四是采用美国Blackwell集团网上选书系统，师生均可利用该系统向图书馆推荐图书；五是调整电子阅览室资费政策，将原来按照机时和数据流量收费改为单纯按照机时计算费用；六是建立学科馆员制度，实行院系对口服务。

为配合学校七次党代会的召开，2003年“优质服务月”活动以“贴近读者，主动服务”为主题，举办了“发展中的南开图书馆”宣传展，集中介绍图书馆近年来的发展，从图书馆到教学区、从校本部到迎水道校区，进行巡回展示，同时展点设立咨询台，向读者和新生介绍图书馆的服务举措和资源，发送介绍利用图书馆的宣传材料，再配合各种形式的读者培训、专题讲座。

为了深化图书馆改革，2004年“优质服务月”的主题为“以人为本，树立服务新理念；关爱读者，塑造馆员新形象”，将传统服务与现代信息服务有机结合，使之相辅相成，互相兼容，为读者利用文献信息创造方便与快捷。

2005年，图书馆服务呈现空前活跃局面，从5月即开始开展“优质服务月”活动，主题为“提高馆员素质，拓宽服务领域，申请关爱读者，共建和谐南开”，在大规模地向全校师生开展“图书馆电子信息资源与服务宣传”活动的同时，推出五项服务新举措：一是在图书馆主页开通了“文献请求”功能，在阅览室配备“新书推荐单”，读者向图书馆推荐新书，采访工作人员定期汇总，根据需要补充馆藏；二是向读者提供“爱心伞”，施行人性化服务；三是举办“纪念抗日战争胜利六十周年专题书展”；四是在新馆文科参考阅览室设立大学生文化素质教育新书专架，校区分馆在主页上编制馆藏优秀图书和期刊大学生文化素质教育推荐书目；五是举办“素质教育讲座”，请校内外著名专家学者为馆员做文学鉴赏讲座。

2006年是学校“十一五”事业发展规划的开局之年，是在新的历史起点上全面推进创建国际知名高水平大学的重要一年。图书馆围绕学校发展建设总目标，结合自身实际，以提高服务质量为工作重心，以“服务立馆、精品兴馆、人才强馆”为指导思想，加大自身改革发展力度。同时，为迎接教育部本科生教学评估，图书馆的流通阅览等传统服务部门，提倡创新意识，更新观念，变被动接纳式服务为主动创新的参与式服务，改“人找资源”为“资源找人”，进一步施行人性化全方位服务。在“优质服务月”活动中采取了五方面措施：一是为了提高库本书的使用效率，在新馆502室教参阅览室增设新书专架；二是更新学生文科参考室服务功能，将学生文科参考室由侧重“自习”转变为向读者提供专题参考咨询、配置文科类专业参考书等服务；三是建设“电子教学参考信息资源网”，内容包括教学参考信息库、教学参考书电子全文库、辛勤的耕耘者——名师伴我大学生活；四是借书处、阅览室调整了借阅布局，为读者营造温馨宁静、舒适方便的阅览环境；五是开展对全校学生的利用图书馆状况问卷调查，并根据调查反馈信息进行分析研究，有针对性地改进服务工作。

本科生教学水平评估是2007年的重要工作，为了确保达标，图书馆“以评促建”在馆舍面积不足，深挖潜力，提升为本科生服务的水平与质量。在“优质服务月”中推出了五项改进服务的新举措：一是进一步延长阅览室、借书处的开放时间，将读者利用率高的新馆学生文科阅览室和老馆中文期刊阅览室实行早8:00至晚22:00全天连续开放，开放时间由原来每天10个小时增至14个小时。同时，新馆文科借书处和学生文科参考阅览室取消了保持多年的每周五下午半天闭馆学习时间，向全校师生开放，实现无闭馆日；各借书处改变了双休日休息的常规，周六上午向全校读者开放借阅；二是增加电子阅览室座位，向全校师生开放天津教委在我馆建设的“高等教育文理科文献中心”的电子阅览室，使中心馆的电子阅览座位由原来的236个增加到284个；三是建立lib2.0网上平台，坚强与读者的互动；四是提供及时的新书阅览服务，与北京图书大厦联合，在新馆304室设立新书预览室；五是开办“图书馆论坛”，充分发挥图书馆第二课堂作用。

为了进一步拉近图书馆与读者的距离，让全校师生更充分了解图书馆的发展变化，加强与读者的沟通与交流，2008年面向全校师生开展了“优质服务宣传月”活动，利用学科馆员的不同形式的培训，向全校师生全面介绍图书馆近年来的新服务及其信息资源，对全校新生采取集中讲座培训和实地参观、发放《图书馆使用指南》及资源使用导航等资料相结合的形式，进行学习基本素质技能和方法介绍的全方位的入学教育。

通过对传统服务工作进行不断改进，图书馆在服务环境、服务条件以及服务水平等方面都有了明显的提高，在2007年10月的本科生教学水平评估中，赢得了评估专家的一致好评，专家们对于图书馆提供的深层次服务给予了充分的肯定，他们一致认为南开大学图书馆虽然在馆舍等硬件设施方面存在一些不足，但是始终坚持把为学校教学科研，为本科生人才培养提供信息支撑，深入挖掘潜力，充分发挥人才和技术的优势，通过不断拓展服务领域，深化服务内容和提升服务层次，努力营造出了具有人文关怀的服务育人环境，可以说，软件方面建设是非常成功的！图书馆因此获得“2007 年度本科生教学水平评估工作优秀奖”。

第五部分　管理工作

随着信息技术的发展、知识经济时代的到来，现代化的技术和设备在图书馆得到了日益广泛的应用，图书馆的服务内容、服务方式发生了重大变化，以图书借阅业务为代表的被动型服务范围在不断缩小，以信息导引、信息搜集整理等业务为代表的主动型服务范围在扩大，图书馆员作为“信息领航员”和“信息工程师”作用在增强。工作内容、工作方式的变化，使得工作人员的机动灵活性进一步增强，管理工作的效能发挥更具弹性。因此，这十年间，图书馆在管理工作中引进新思维，采取新举措，构建新秩序，重组新格局，营造和谐的人文环境，将管理工作的重点放在业务的保证和监督上，通过创新服务理念，提倡“以人为本”的管理模式，不断提高管理水平。

1. 重组业务机构，理顺业务流程

2000 年，图书馆引进了美国 SIRST 公司的 UNICORN 图书管理系统，使图书馆采访、编目、典藏、流通、阅览、书目检索、期刊以及参考咨询服务等各工作环节都实现了计算机网络化、集成化管理，各项工作均纳入规范化、标准化轨道，形成了一个稳定可靠的网络系统。为适应 SIRSI 图书管理系统的运行，进一步理顺业务流程，对业务机构进行了适当调整，将原编目部、采访部调整为中文采编部和外文采编部。

为加强文献资源数字化建设，充分挖掘、开发全校和图书馆的特色资源，抽出骨干人员于 2003 年 12 月成立了数字资源部，负责对特色资源进行采集、整理、存储、评估与整合，建立专题资源数据库。

2006 年，考虑到原文科借阅部与理科借阅部在服务功能、管理模式上的相似性与互通性，图书馆决定将两个部门合并成为流通阅览部，使之在管理上实现“大阅览大流通”的运作模式。统一管理方法、改进服务方式，在部内全体工作人员的不懈努力下，各项工作初见成效，逐步落实轮岗制度，力求科学管理。

为更好地理顺工作流程，最大限度地激发工作热情，释放工作潜力，2008 年，将中、西文采编部合并成为采编部，并对部门主任和重点岗位人员进行轮换、调整，在馆内营造出了一个人才成长环境。

为充分利用和进一步挖掘可资利用的信息资源，信息部、数字资源部和技术部共同组建“馆藏电子信息资源数字化建设中心”，逐步将部分重点学科的核心电子出版物信息、网络免费全文信息，以及本校、本馆的特色馆藏建成数据库，供我校师生检索使用。

2. 引进适度竞争机制，坚持因材施用

图书馆在管理中一向注重发挥职工的作用，形成了重大事项由全体职工参与决策的制度。引进适度竞争机制，通过公开聘岗，建立了职工能进能出、干部能上能下的动态管理模式。按

照"按需设岗、公开竞争、择优聘任、严格考核"的原则建立了岗位责任制，在平等竞聘中，注意对不同类型的职工进行因材施用，及时选拔和任用到适合发挥其才能的岗位上。如把实干正直、具有驾驭全局能力的人放在管理岗位，把为人热情、精于业务的人放在读者服务部门，把责任心强、具有现代技术的人放在技术部门，把踏实肯干、具有专业知识的人放在文献建设部门……对业绩显著的专业人员委以重任，力求做到人尽其才，事得其人，人事相宜，促进个人和图书馆事业的全面发展。

自 2000 年起，学校实行岗位聘任，至今已经五个聘期，图书馆以此为契机，大胆改革，在人事管理方面进行新的尝试。针对图书馆具体情况，充分考虑人员层次多，同类岗位由不同人员承担，以及人员的职称变化等因素，设计出了比较适应图书馆实际情况的岗位方案，将学校统一的岗位级别进行了细化，对津贴进行了相应调整，同时做好聘后管理和检查监督，逐步实现由职务管理向岗位管理过渡。

每一学年度，按照学校统一安排，图书馆进行岗位考核工作，本着"客观公正、民主公开、注重业绩"的原则，采取分级考核的方式，通过自评、职工与干部互相打分考评，部门评议综合打分，最后由馆考核领导小组确定考评结果。及时通报考核结果，向职工公布考核内容、考评方法和程序，听取反馈意见。

3. 加强队伍建设，提高综合素质

图书馆历来重视职工教育，组织干部职工学习政治理论和业务知识，讲求实效，坚持"时间固定，形式灵活，点滴入脑"的学习方法。"时间固定"是坚持每周五下午的图书馆干部职工学习政治理论或业务知识的学习制度；"形式灵活"指采取集中学习与个人自学相结合，一般领会与专家辅导相结合，阅读文件与专题板报相结合等多种学习方式；"点滴入脑"是指编写适合图书馆工作人员实际的《学习纲要》，保证所有的同志都有所收获。做到既武装头脑，又推动工作。在加强组织学习的基础上，通过四个"面向"加强干部队伍建设：

一是面向教学科研，提倡"一专多能"。将图书馆建立学习型组织，不断自我加压，鼓励馆员一专多才，既是图书馆文献信息专家，又是某一学科领域的行家里手。遵循"稳定大局、强化激励、提高管理"的原则，结合图书馆自身特点，制定了适合本馆实际的人才培养计划，充分发挥每个工作人员的兴趣、爱好、特长和个性，把人的个性看成重要价值，大胆任用能独当一面的人。从 2004 年开始对部门主任做了较大的调整，动员多年从事管理工作、年龄偏大的老主任承担业务指导工作，让年富力强、专业背景强的中青年骨干充实部门主任岗位，在 23 个管理岗位中有 16 位同志为新上任，较好地完成了"传帮带"。

二是面向事业发展，开展岗位培训。建立了全员教育、终身教育的培训机制，采取分层次、多渠道、灵活多样的方法和形式，全面培养职工的综合素质。2005 年图书馆将岗位培训提到议事日程上来，逐步实行岗位资格认证。在学校职能部门的支持下，从该年起在图书资料系列进行职工岗位资格培训，培训由若干门课程组成，考试合格后取得单科合格证书，最后取得岗位资格证书。岗位资格认证将成为岗位聘任、职称晋升等的必要条件。

三是面向学科发展，加强业务交流。图书馆多方开展与国外图书馆界同行之间的学术交流活动。与美国辛辛那提大学、印地安纳大学、英国兰卡斯特大学、德国海德堡大学、保加利亚索非亚大学、日本早稻田大学、韩国江源大学、俄罗斯 Ikutsk University、越南河内国立大学以及中国香港中文大学等图书馆建立了馆际间的业务和学术交流、资源共享、人员互访与共同研究等方面的馆际合作协议。十年间，图书馆创造机会，选派业务骨干分别派往美国、英国、德国、日本、韩国、香港等国家和地区的高校图书馆进修访问。选派骨干参加国内外图书馆专业学术会议和业务培训，每年都参加国际图联大会，并对所在国家的图书馆进行访问交流，如法国巴黎、德国柏林、挪威、丹麦、瑞典、芬兰、阿根廷布宜诺斯艾利斯以及中国香港、澳门等地区的公共图书馆和高校图书馆。

图书馆还推荐青年馆员在职攻读硕士、博士研究生，不定期地将业务骨干集中起来举办专题培训班；还采取"走出去"与"请进来"的方式，积极参加国内图书馆界的数字化建设、自动化系统、读者服务、文献资源建设、信息资源管理与服务、联机编目、资源共享、图书馆发展等专题内容的学术研讨会；邀请国内图书馆界专家来馆讲座；积极参加 CALIS 组织的各种培训；坚持选派各部业务骨干轮流到各地高校图书馆进行参观、学习和考察。总之，通过培训学习，使馆员个体知识结构不断完善，达到群体知识结构的优化，最终建设一支服务过硬的高素质图书馆人员队伍的目标。

四是面向队伍发展，创造科研环境。为配合南开大学创办研究型大学的定位，图书馆也在向研究型图书馆的方向努力，鼓励职工在做好本岗位工作的同时，积极开展学术研究，不断提高职工的学术水平和专业素养，在图书馆营造良好的科研学术氛围，以科研促工作。图书馆馆党政领导班子积极鼓励职工进行科研，尽最大努力创造条件，让职工申报各级各类科研课题。图书馆工作人员承担了教育部科研课题、CALIS 科研课题、天津市教委科研课题、学校社科处科研课题，科研经费总额多逐年增加，在图书馆专业的期刊上发表有关图书馆建设和业务管理方面的学术论文数量也在增加。

4. 改善基础设施，营造良好环境

馆舍面积是一座现代化图书馆的重要要求，馆舍面积小是发展的瓶颈。按教育部《普通高等学校图书馆规程（修订）》规定，生均 3 平方米的建筑面积，我校图书馆建筑面积应达 6 万平方米。"十一五"期间，学校经过深入详尽的调研和论证，决定建立一座与我校国际知名高水平大学相适应的信息资源中心——研究型的图书馆。这对于图书馆来讲，无疑是一件激动人心的好事，也是图书馆多年的期盼，因此，图书馆全力配合，积极做好前期准备工作。

图书馆新馆建设工作于 2008 年正式启动。选址位于西区经济学院以北、规划崇明路以西区域，建筑面积 58000 平方米，包括图书馆和部分文科用房。图书馆建筑设计方案采取公开招标形式进行，由多位国内著名建筑专家对方案进行评审，选出三个入围方案。然后向全校师生员工、海内外南开校友广泛征求意见；召开新馆建设咨询委员会第一次会议，由校内专家、学者对新馆方案进行论证；在综合各方面意见后，最终选定清华大学建筑设计院的设计方案。目前，图书馆就自身业务和服务的实际工作需求，提出修改意见，积极与学校相关部门和设计单位沟通，完善新馆设计方案。

图书馆还争取多方支持，修缮馆舍，改善环境。2006 年 6 月和暑假，在校区管委会和经济学院的大力支持下，分别完成了对经济学分馆和校区分馆的装修改造工作，实现了改变面貌、提高档次、完善功能、增加库容的目的，阅览环境大大改善。2007 年暑假，完成了图书馆新馆和老馆的改造。2008 年正在进行新馆房顶的维修改造。

第六部分　党建工作

图书馆党总支以马列主义、毛泽东思想、邓小平理论、“三个代表”重要思想和科学发展观为指导，按照学校总体部署，通过党政密切配合、齐抓共管，在图书馆现代化建设和精神文明建设中发挥了党组织的政治核心作用和战斗堡垒作用。

1. 注重理论学习，不断加强领导班子思想政治建设

图书馆党组织历来十分重视理论学习，制定了“党员职工自学、理论中心组研究讨论、请专家辅导”三个环节的学习计划，每一个年度都有学习的重点内容。坚持中心组学习制度，认真完成学习计划，提高理论政策水平；以基层党支部为单位，组织党员和群众进行政治理论和业务知识的学习，采取自己学习与集体讨论相结合，学习政治理论与研究业务工作相结合的方式，力求组织生活讲求实效，做到既武装头脑，又推动工作。大多数党员都能做到“会上谈体会、会后写心得”。

通过学习牢固树立正确的权力观、地位观、利益观和科学的发展观、人才观、政绩观，坚持理论联系实际，不断增强班子的决策水平和解决实际问题的能力。班子成员思想政治素质、业务能力和领导水平不断提高，在传统图书馆向现代化图书馆转化的进程中充分发挥了领导核心作用。

2. 坚持和健全民主集中制，进一步改进工作作风和领导作风

坚持和健全民主集中制。领导班子成员对图书馆的思想政治工作和各项业务管理工作做到既分工明确，又密切配合，制订和完善了馆务会议、总支委员会议、班子成员的双重组织生活等方面的制度，坚决执行重大决策征求意见制度，凡涉及图书馆工作全局的重大决策、重要人事任免、重大项目和大额度资金使用等问题，都坚持由图书馆党政领导班子参加的馆务会集体讨论决定。凡领导班子集体决定的事情任何个人无权擅自改变。馆党政班子团结一致、相互支持，并教育全体党员领导干部牢固树立全局观念，确保了各项工作任务的顺利完成。

加强领导班子的党风廉政建设。制定了《南开大学图书馆党风廉政建设责任制暂行规定》，坚持每年填写《南开大学党风廉政建设责任书》，坚决执行党员领导干部廉洁从政的各项规章制度，并结合图书馆的具体情况制定了有关经费开支、订购书刊、物资采购与管理的相关规定。图书馆还把党风廉政建设列入党建工作计划和重要议事日程，带头执行党员领导干部廉洁从政的各项规章制度，认真开好领导干部廉洁自律民主生活会，积极开展批评与自我批评，及时将专题民主生活会情况报告学校纪委和监察室。

3. 注重实行馆务公开，不断加强基层单位民主政治建设

在干部职工关心的图书馆发展规划、校内岗位聘任、职称评定以及各种评优活动、财务管理工作等方面都注重馆务公开。在做好与干部职工切身利益密切相关的工作中，就干部职工关心的问题反复征求教代会、工会和民主管理领导小组的意见，馆党政联席会则认真审议每一个工作程序和环节，认真组织贯彻实施，按照“三个代表”重要思想和科学发展观的要求，真正发扬民主，努力做好政策公开、规章制度公开、工作程序公开，最大程度地满足了广大干部职工

各方面的要求。

4.加强组织建设和党员教育，充分发挥党总支政治核心作用、党支部的战斗堡垒和党员的先锋模范作用

完成党总支换届工作。经校党委批准，2006 年 6 月开展图书馆党总支换届工作。通过换届选举，总结了图书馆党总支五年来工作中的成绩、经验与不足，确定了今后工作的发展目标和主要任务。新一届党总支以此为新的起点，围绕中心抓党建，各项工作创一流，切实做到“图书馆建设坚持政治化、推动行政工作坚持规范化、关心群众生活坚持人性化”，充分发挥各级党组织和全体党员的战斗堡垒作用和先锋模范作用，为振兴图书馆事业、建设国际知名高水平大学图书馆提供坚强的政治和组织保证。

健全党支部组织生活制度。图书馆党总支下设 5 个党支部，各支部结合工作实际认真学习、严格执行《中共南开大学基层支部工作细则》，建立健全基层党支部的组织生活制度，规范党支部的各项具体工作程序，支部书记认真履行工作职责，支部各项活动及时写入《南开大学党支部工作手册》，支部工作更加制度化、规范化。同时，每个支部都与一位领导班子成员建立联系，做到领导与基层之间互相学习、相互监督，遇到问题随时沟通、及时解决。

重视党员教育和培养，加强党的队伍建设。通过支部的组织生活，力求学习讲求实效，在深刻领会、认真贯彻党的方针政策的同时，以此为动力，践行在实际工作中，专题讨论在新的环境下党员如何发挥先锋模范作用等问题，达成共识：决心将图书馆建设为宣传先进文化、弘扬民族精神的重要阵地，进一步增强大局意识、责任意识，紧紧围绕图书馆的办馆宗旨，全心全意为教学科研提供更加优质、高效的服务，为南开的发展做出更大、更突出的贡献。

图书馆的广大中青年业务骨干政治上要求进步，积极要求入党，党总支对这种积极向上的政治风气十分关注并给以积极的正确引导。党总支提出了“积极沟通，主动帮助，重点培养‘双高’，共青团随时‘推优’”的组织发展工作的思路。由于图书馆党组织的党员发展问题形成了“申请人积极争取，党组织认真培养”的良好风气，吸引了越来越多的群众积极向党组织靠拢，有的申请入党积极分子的政治愿望坚持多年不动摇，还有的同志原来打算加入民主党派而转向申请加入中国共产党。

为了在图书馆掀起学习先进、争创先进、赶超先进的热潮，党总支在总结图书馆管理、服务工作中涌现的先进事迹的基础上，推选出校级和馆级优秀党员，设立光荣榜，旨在激发党员和职工的积极性和创造性。十年中，在校党委的评选活动中第一党支部荣获红旗党支部，阎世平同志获得“五一”劳动模范称号；赵铁锁、夏家善、穆祥望、王莉、湾世平等同志先后获得优秀共产党员称号，李广生、李文祯、穆祥望、刘建岱等同志先后获优秀政治思想工作者和优秀党务工作者。

5.创新组织生活方式，积极参加校党委“创最佳党日活动”

图书馆党总支深入开展学习“三个代表”重要思想和科学发展观的实践活动，创新开展灵活多样的组织生活。

2003 年在校党委组织部统一部署的“创建最佳党日”活动中，图书馆各基层党支部都积极参加，开动脑筋，开展了多项富有特殊意义的主题党日活动。第一党支部开展“‘八一’同颂鱼水深情，军民共话‘三个代表’”的主题党日活动，获得“创最佳党日”活动一等奖。第二党支部以“缅怀革命先烈光辉业绩”为主题，参观了周邓纪念馆；第三党支部利用多媒体的形式，开展了寓教于乐的“学习十六大精神和党的知识”竞赛活动；迎水道校区党支部与塘沽区图书馆就基层党建工作和业务工作进行了交流往来；经济分馆党支部党开展了“走进老城厢，喜看津门新变化”的主题党日活动；这些富有特色的基层党支部的主题党日活动，在“创最佳党日”活动中全部获得纪念奖，图书馆党总支也获得“创最佳党日”活动最佳组织奖。

2004 年度“创建最佳党日”活动中，第一党支部的“老一辈洒热血，求民族解放；新一代献青春，建全面小康”主题党日活动获得一等奖，第二党支部的“邓小平生平与邓小平理论馆藏文献展”主题党日活动获得优秀奖。

2005 年党总支组织党员和申请人到刘胡兰烈士的故乡开展了“缅怀英雄生死情，永保党员先进性”主题党日活动，通过党日活动，党员和入党申请人们普遍开阔了视野，增长了见识，增强了民族自豪感与责任心，更加增进了党员之间、党员与申请人之间的联系与沟通，从而增强了党组织的凝聚力，更好地发挥了支部的基层工作中的战斗堡垒作用。

2006 年“七一”前夕，在建党 85 周年之际，举办“党的旗帜耀南开，图书馆人献力量”的主题图片展，以党的诞生和发展壮大的光辉历程为主线，以党史、南开校史、图书馆馆史为基本线索，选取那些曾经为党和国家浴血奋战、为学校发展建设做出卓越贡献，同时又与图书馆密切相关的人物作为展览的切入点，“用人物体现历史、用历史烘托人物”，从而激发了党员同志继承光荣传统、发挥先锋模范作用的决心与信心，激发广大职工爱党、爱国、爱校、爱馆的热情。此次活动在南开大学校党委 2006 年度创“最佳党日”活动中再次获得二等奖。

2007 年，党总支开展了主题为“学先辈，战天斗地开凿红旗渠；励吾侪，齐心协力构建和谐馆”的党日活动；第一党支部开展了主题为“观升旗，弘扬爱国主义；精选书，提高业务水平”的党日活动。均获得创“最佳党日”活动纪念奖。

2008 年，党总支结合丰富的馆藏资源，策划组织了为期一个月的特殊党日活动——“发挥资源优势，见证辉煌成就：纪念改革开放 30 周年系列活动”，党日活动在评选中分获一等奖。

6. 充分发挥教代会、工会的参政议政作用，增强凝聚力

图书馆教代会、工会机构健全，委员分工明确，在党总支的领导下紧密围绕图书馆中心任务独立自主地开展工作，工作有计划、有落实、有总结，发挥他们在党组织与干部职工之间的桥梁和纽带作用，增强职工的凝聚力。在关心职工生活、改善工作条件、积极参政议政、开展丰富多彩的文体活动中，注重提高职工健康水平，同时培养集体主义精神，增强整体凝聚力，营造一种团结奋进的氛围。馆工会开展的各项群众活动，如：校运动会、新年联欢活动、健康讲座、瑜伽练习、太极拳培训等，都得到党总支的大力支持，充分显示出图书馆整体的凝聚力和活力。

2006 年，南开大学开展第四期岗位聘任工作，在党总支的领导下，由馆教代会牵头、馆工会具体实施，开展了图书馆职工问卷调查活动，了解全馆职工对图书馆聘岗和未来发展的期望与要求，为新一期岗位聘任提供决策信息。教代会和工会为图书馆工作献计献策，为广大职工群众传达心声，真正成为领导的智囊团、职工的贴心人。

重视退休职工工作，掌握职工个人和家庭的生活情况，关心退休职工，凡学校有新的改革举措和国家有特别的事件都及时传达给退休职工，组织他们领会精神，耐心、细致地解答他们的问题。如，在抗击“非典”时期，主动询问情况，叮嘱加强运动，做好预防；对医疗制度改革、住房补贴发放等，积极配合学校，通知退休职工，做好解释工作。每年为退休职工寄上新年贺卡，

明信片虽小，表达了图书馆的心意，让老同志们倍感温暖。

重视引导、扶持团员青年的政治热情和工作激情，把团总支作为建设现代化图书馆人才资源库。召开了青年团员政治思想动态恳谈会，结合工作实践培养考察团员青年，认真做好“推优”工作，几年来向党组织推荐了多名优秀共青团员加入党组织。

组织团员开展应用技能培训活动、知识竞赛、辩论赛等，培训课程和各项活动的组织策划都是由具有一定业务专长的团员青年完成的，以此启发、鼓励优秀青年团员在工作中肯于奉献，敢于冒尖，培养他们真正成为建设现代化图书馆的骨干力量。

（撰稿人 穆祥望 王淑贵）

我与近三十年的南开图书馆

李治安

南开大学图书馆创建90周年之际，我想在这里说说自己与南开图书馆30年来的情缘和随想。

我是1978年全国恢复高考后幸运地考入南开大学历史系的。与南开图书馆的"结缘"仅30年，不算太长。但是，经历与角色颇为多样，有9年是学生，21年是教师，其中还有3年兼任馆长。由于这三种不同角色，我与南开图书馆的关系丰富多彩，相关的随想感触也比较深切绵长。我似乎能够从学生、教师和馆长三种身份，回忆和见证改革开放30年来南开图书馆的发展变迁。

1978年后的9年间，我在南开大学历史系读本科生、硕士生和在职博士生。因为入学时我已届而立，十年荒废，痛心疾首，所以当时挺用功，一心想把耽误的学业重新弥补回来。从大学本科和硕士生那几年，我的很多时光是在新开湖畔的图书馆度过的。我阅读了大量的书刊，常常漫游在中外文史名著的海洋里，流连忘返。可以说，南开图书馆是我名副其实的"第二课堂"，在那里，我猎取了许多丰富的知识，打下了比较坚实的史学功底。

1986年以后，我开始执教南开大学历史系，经常以教师身份去图书馆借书和查阅资料。数十年来，南开图书馆又成了我从事教学、科研的文献信息方面的有力支撑。直到前几天，我还带着手提电脑到图书馆五楼、四楼阅览室和古籍部，核对论文资料。

30年来，无论是前9年当学生，还是后21年做教师，我曾先后得到诸多图书馆馆员的热情的辅导和帮助，至今令人感铭在心，难以忘怀。

1997年到2000年，我还担任了三年图书馆馆长，那又是一段让人难忘的不平凡经历。三年间，我在图书馆广大同仁的鼎力支持下，做了四件比较有意义的事情。

第一，持续开展新学年"优质服务月"活动，优化对师生的服务。

我刚当馆长时，学校经费困难，摊到图书馆的年度经费仅200余万元，图书馆对教学科研的支撑功能得不到充分发挥，多数老师、学生对图书馆工作不甚满意。我从自己当学生和做教师的经历，深切感到大学图书馆的宗旨和基本职能应该是为教学、科研服务，为广大学生和教师服务。上任伊始，在做了一些调查研究之后，我就和领导班子商议决定，从每个新学年开始的9月1日，举办"优质服务月"，有针对性地推出各种新的服务项目或改进措施，尽最大努力为师生的教学科研解决一些实际困难。此项举措推出后受到学生和老师们的普遍好评，对端正图书馆的基本工作方向也发挥了积极的作用。我还倡导在图书馆举办"南开学术论坛"，邀请母国光、侯自新、程津培、李竞能、卢桂章、韩维桓、乐国安、陈永川、耿运琪、熊性美、陈炳富、魏宏运、刘泽华、冯尔康、陈晏清、陈洪、逄锦聚、冼国明等著名学者做学术讲演，让南开学子跨学科地获取丰富的学术营养，也提升图书馆学术殿堂的品位。另一方面，我觉得，图书馆员的工作与教师类似，也主要是付出和奉献，他们的劳动，理应得到尊重与赞誉。所以，又决定每年教师节期间在图书馆举办“馆员节”，特别为工作30年、20年左右的老馆员过节日，馆长和书记亲自为他们颁发光荣证书及纪念品。这个活动，看似规模有限，但效果颇佳，收到了以服务、奉献为荣的激励功效。同时又表达了我作为原学生、教师和馆长，对广大馆员辛苦工作的感恩与回报。

第二，创建大型电子阅览室，加速书目数据库建设和信息化管理。

从上个世纪80年代末，南开图书馆在来新夏、冯承柏二位老馆长的主持下启动了图书文献的信息化建设，做了很好的基础性准备工作。然而因为经费困难，又举步维艰。我上任不久，正赶上学校“211工程”一期建设。于是，我趁热打铁，以解决师生急需为理由，向学校争取了一笔“211”经费，及时创建电子阅览室和加速信息化建设。根据专家论证和教学科研需要，我们在新图书馆设计、组建了144台微机的大型电子阅览室，为广大师生提供了网上遨游的优越空间。那年，阅览室几乎整天“爆满”，微机规模和服务水平曾经在国内大学中居领先位置。师生们好评如潮，也增添了图书馆工作人员的荣誉感和信息化的积极性。与此同时，我还组织工作人员利用假期加班加点“突击”进行图书文献数据库建设，逐步推进图书借阅及采编的信息化、自动化。我至今还记得，馆员们不顾暑假的高温酷暑或寒假的严寒，分早晚两班，争分夺秒地进行数据录入，付出了极大的艰辛劳动。由于他们不懈的努力，短短一年间，图书馆的图书文献数据量迅速增加了2倍，为馆藏图书全面实施开放式借阅和计算机管理提供了必要条件。在此基础上，我们又通过反复、认真的考察论证和投标、竞标，购置引进了美国SIRSI公司先进的UNICORN计算机管理软件。因为投资较大，我们尽可能把考察论证做得十分细致周密，最后立足于技术先进性和与北大CALIS体系资源共享的长远考虑，作出了决策。

第三，筹建经济学分馆，举办80周年馆庆。

1999年，学校领导和经济学院提出有意将原经济学院资料中心划归图书馆统一管理。当时我有些犹豫，因为图书馆数据库建设、电子阅览室建设等，已经让馆员们筋疲力尽，再收编经济学院资料中心，工作负担会加重不少。最后，还是以学校大局为重，决心筹建经济学分馆。我特意邀请老同学张伯山出马，负责经济学分馆工作。从整修馆舍、图书编目、调整和延长开放时间，许多馆员忙碌了一大阵，总算改建起了面貌焕然一新的经济学分馆。此举有力地支持了我校的经济学科的教学和科研，直接受惠的师生人数近万，著名经济学家魏埙、钱荣堃、熊性美等对改建后的经济学分馆赞不绝口。1999年10月，我们迎来南开图书馆建立80周年。除了召开庆祝会外，我们编辑出版了纪念文集，很好地回顾总结了80年来图书馆走过的辉煌岁月，还刊载馆员们的数十篇学术文章，以志祝贺。我还借迎接校庆及馆庆之机，请求学校拨款，彻底改造翻修了新图书馆屋顶。此事虽然不算大，但一直困扰图书馆长达十年。新馆屋顶出水设计开始就存在纰漏，玻璃屋顶嵌装在四楼五楼之间的方形天井内，雨水道则从天井墙内走，致使新馆建成不久门内大厅即开始漏雨。一到雨天，常常摆几只塑料桶接水，连全校建筑模型也需要加盖塑料“雨披”。这实在是件影响观瞻的事。此次改造中，我摈弃过去的局部修补方式，建议采用抬高玻璃屋顶至五楼之上，以保证雨水直接排到建筑体之外，结果彻底解决了漏雨，新馆大厅亦显得敞亮庄严，重新成为宾客参观图书馆及学校的窗口之一。顺便说说大厅内范曾先生《观沧海》画作一事。新馆大厅内范曾先生《观沧海》的宏大画作，本来是图书馆的镇馆之宝之一，由于某种原因，居然遮盖黑布帘八年之久。我亦以迎接校庆及馆庆有碍观瞻为由，断然撤掉黑布帘，终于让范曾先生的宏篇巨作得以重见天日。

第四，搬迁藏书，按文、理科调整馆舍和相关服务。

数据库建设基本就绪后，开放借阅场地又成了大问题。原有的借书处是旧馆后面的一座四层破旧小危楼。当研究生和教师时，我经常进去找书。楼板是木头的，几个人同时走，楼板都颤动，那里不可能承受起上百人同时开放借阅。其他馆舍也都装满书刊，空闲空间很少。经过广泛征求意见和反复论证，我和领导班子决定：必须对现有藏书进行大搬迁，按文、理科调整馆舍，以解决开放借阅场地和实现全面的计算机管理。搬迁藏书，说起来简单，其实是很繁重艰难的工程，需要搬动的书刊达到169万册，工作量极大。而且，作为教学科研支撑服务机构的图书馆，不可能在正常学期内关门停止服务来搬迁，只能利用暑假。天津的暑假，气温高达36度以上，甚至40度。图书馆除善本库和电子阅览室外一概没有空调设备，馆员们全体动员，各尽其力，顶着酷暑高温，硬是在短短的40天内，完成了169万册书刊的下架、打捆、搬运、重新上架整理等繁重的工作。许多同志搬运折腾一个来小时，就大汗淋漓，如同桑拿浴一般。尽管干活的同志们有说有笑，乐观得很，我在旁边看着，心里却很不是滋味。到9月1日开学，原先文理科混合藏书阅览的新、旧馆，改为新馆为文科藏书和电子阅览室，旧馆为理科藏书和期刊阅览室，而且文、理科全部开始实行了开放式计算机管理。这就大大方便了广大师生的借阅，大大提高了图书馆的信息化管理水平。望着出入开放借阅处的同学们的一张张笑脸，我百感交集，感触良多。搬迁工作算是大功告成，但百余名图书馆工作人员当初为此流淌的滴滴汗水，却久久让我难以忘怀。有时回想起来，我都禁不住热泪盈眶。我会永远感谢为搬迁付出诸多劳动的馆员同仁们！南开学子也会永远记住他们的！

我还要记住当年并肩艰苦工作的领导班子成员：李文桢、夏家善、李广生、李培，中途病逝的曹焕旭，办公室主任与秘书：范郁林、穆祥望。还有各部主任：陈啸山、何翠华、江晓敏、张伯山、刘建岱、王慕义、李建军、张红云、杜芸、路泽荣、蒋琳洁、冒乃健、程莉莉、孔德利、张玲、齐伊伦等。

转眼间，三十年过去。学生、教师、馆长三种不同角色，把我的心紧紧地和图书馆连在了一起。学生时代，图书馆是我的第二课堂，是我奠定史学功底的殿堂。做教师，图书馆是我不可或缺的文献信息园地。当馆长，图书馆又让我干了几件有益的事情，服务师生，回报母校。三十年，南开图书馆沐浴着改革开放的春风，沿着服务教学科研、信息化枢纽和学术殿堂的康庄大道一路走来，有坎坷，有奋斗，更有辉煌与欢乐。图书馆诸多工作人员的敬业奉献精神和对我的多方面支持帮助，给我留下许多永恒的美好记忆。尤其是当年突击搬迁藏书和搞数据库建设挥汗如雨的情景，常常让我心潮澎湃，感慨系之……

[作者简介]

李治安，男，南开大学历史学院教授、博士生导师，1997年至2000年任南开大学图书馆馆长。

21世纪初的南开大学图书馆

阎世平

2009年迎来了南开大学建校90周年和南开大学图书馆建馆90周年。图书馆领导邀我写一点东西纪念图书馆90华诞。好久没有写东西啦，不知写些什么，思来想去，就以时间为题将我经历的图书馆那几年的变化写下来，和图书馆的同事们一起纪念图书馆的生日吧。

我是2000年秋到图书馆任职，2007年4月底离开图书馆的，在图书馆工作了近7年的时间。记得当时在图书馆界，人们说的最多的是图书馆现代化、数字化、网络化。可是对于我来说，这些却是一片空白。但是，随着时间的推移，我不仅懂得了图书馆，而且对图书馆的事业，对图书馆的同事们产生了深深的感情，回想起图书馆近七年来发生的变化，数了数也不少，但是我觉得最大的变化莫过于图书馆从传统图书馆基本上转变为一个现代化的图书馆，图书馆的服务从内容到质量和水平发生了深刻的变化，师生们对图书馆工作的满意度大大提高了。下面仅记述发生在这七年间的几件事情。

一、从传统图书馆转变为现代化的图书馆是历史发展的必然

20世纪末21世纪初，面对世界范围的信息产业的迅猛发展，信息高速公路的建设，计算机技术、通讯技术、网络技术、多媒体技术的日臻完善，给图书馆的发展带来了前所未有的机遇。图书馆也随之进入了一个转型期。我校图书馆于2000年引进了世界先进的图书馆自动化集成管理系统——美国SIRSI公司的UNICORN管理软件，随之对部分馆藏进行了数字加工，为图书馆的现代化建设打下了基础。从此，我校图书馆的现代化建设步入了一个崭新的时代。众所周知，现代化建设并非一蹴而就，有了先进的自动化管理系统只是图书馆现代化建设进程中的第一步，图书馆以后的变革将是更深刻、更关键的。

二、大力推进图书馆的转型

1.努力加强文献资源建设，特别是电子文献资源建设

构成现代图书馆的核心要素之一是馆藏的现代化。它不但包括传统的印刷文献，而且电子文献资源已经成为建设现代图书馆的重要物质基础，又是建设创新型大学的信息资源平台。

还是在2001年初，学校召开我到任以来的第一次“图书工作委员会会议”，参加会的有主管副校长、各院系负责图书资料的副院长以及该委员会的成员（大多是热心图书文献资源建设的教师）。会议讨论的中心问题集中于一点，就是图书馆文献资源现状与教学科研的需求的突出矛盾。记得曾有人说图书馆是“三无”图书馆，即“无经费，无图书，无人才”。虽说不十分恰当，但却反映了当时的部分现实。这种情况不仅我校图书馆存在，估计全国高校在不同程度上

都存在，用于购置图书的经费远远满足不了师生对文献的需求以及图书文献量的爆炸性增长。这次会议反映出的问题得到了校长的高度重视。从长远讲，为了建设世界一流大学，必须建设与之相适应的一流的图书馆。校领导的重视，加上当时图书馆领导班子的一致努力争取，以及当时本科教学评估的要求，学校拨给图书馆的经费逐年增加，除正常经费有了一定的增加外，又从"985"或"211"专项经费中拨出专款用于文献资源建设。从2002年的七八百万元，增加到2007年的1800余万元。图书馆迎来了文献资源建设的黄金时代。学校对图书馆的重视与投入，使图书馆的馆藏资源(纸本的和电子的)跻身天津市高校图书馆文献资源建设的排头兵，处于国内高校的前列。2006年统计显示，我校图书馆藏书已达320万册，中外文期刊3200余种，大型数据库39个，涵盖了我校所有学科，尤其是重点学科和新增重点发展学科，大大提高了图书馆在学科建设和学科发展上的文献信息中心的支撑作用。

需要指出的是，在图书文献信息资源建设上，图书馆贯彻落实了校领导的"兼顾教学和科研，本科生和研究生的需求，保证重点学科和新兴交叉学科的需求，文理兼顾，纸质资源和电子资源统筹安排，合理用好图书经费"的指示精神。考虑到我校学科布局和发展，每年度都制定年度经费使用计划并呈报学校审批。用于购置图书文献的经费基本上呈现"三分天下"，即图书占近三分之一，中外文纸本期刊占三分之一，电子资源占三分之一稍强的格局。

还应指出的是，在图书文献经费的使用上，图书馆针对个别学科的需求，在广泛征求教师意见的基础上，适度增加了纸质图书和工具书的采购，以满足教师教学和科研工作的需要。

对个别使用电子资源较少的院系的老师(尤其是中老年教师)，图书馆加大推广使用，馆员下到院系或老师家中，讲解使用方法和检索技巧。如"中国基本古籍数据库"的使用，学科馆员多次深入院系和教师家中具体指导，充分发挥了这些资源在教学和科研中的作用，受到老师们的好评。

在图书馆工作人员的努力下，我校的电子资源使用情况非常好，几年的年终统计数据表明，几个大型数据库的使用率位居全国高校前列。在我校的教学和科研上发挥了越来越大的支撑作用。我校图书馆的馆藏和电子文献资源的建设已成为现代化图书馆、数字化图书馆的核心竞争力之一。

2.注重人才的培养与使用

建设一个现代化图书馆的核心要素不单单是丰富的馆藏资源，最重要的是人，是图书馆馆员的业务水平、创新能力、服务水平。但是图书馆的现状与之存在不少的差距，尤其是一些关键的技术岗位，馆员的专业基础明显不足。针对这种情况，图书馆采取了全体馆员培训，如每学期举办四次业务讲座，以及每周五各部门的业务活动等，在此基础上还采取了系列的措施，鼓励馆员业务进修提高。

(1)鼓励有条件的馆员在不影响工作的前提下读在职研究生；几年来通过读在职研究生获得学位的人数近40名，现在他们均已成为业务部门的骨干力量。

(2)创造条件，出国交流。选派业务骨干出国考察与学习，开拓馆员的视野，提高业务水平，学习国外图书馆先进的管理理念，激发馆员爱馆敬业的精神。

(3)有计划地组织馆员申报研究项目，承担研究课题。在实践中锻炼提高研究能力和水平。每年组织申报课题，得到学校科研经费支持的研究课题数在10至20项。课题选题以解决图书馆现实问题为主，通过课题调研、分析、检索文献资料、讨论解决方案，最后写出研究论文。此项活动，不但锻炼提高了馆员的科研能力，积累了科研成果，又解决了部分实际问题，一举多得，效果很好。与此同时，图书馆经过认真组织与申报相关科研课题，几年来承担了多项国家和天津市科研项目，实现了零的突破。如 CALIS 的特色数据库的建设 3 项，天津市特色数据库 1 项，较好地完成了项目研究内容，锻炼了队伍，展示了图书馆的研究能力，扩大了图书馆在国内的影响。

(4)引进人才与年度招聘并举。几年来，图书馆不但注重馆内现有馆员的培养与使用，还对特殊的技术岗位积极引进本馆急需的专门人才，创造良好的工作条件，兑现承诺，充分发挥其聪明才智，推动图书馆事业的快速发展。在每年的招聘新工作人员中，适度提高被聘人员的学历要求和专业技术要求，逐步调整馆员的知识结构层次和学历层次，以适应建设现代图书馆的要求。

(5)大胆培养与使用年轻干部。从 2004 年起对部门主任做了较大调整，让年富力强，有专业学科背景的中青年优秀馆员充实部主任岗位，在 23 个管理岗位上有 16 位为新上任，完成了“传帮带”。大胆提拔任用年轻干部，先后聘用了 3 名馆长助理，后 1 名提拔为副馆长，为学校输送 1 名副处干部。

3. 以人为本，构建和谐图书馆

在大力推进图书馆现代化建设中，人是最积极的因素。任何规章制度的贯彻执行，任何政策决定的付诸实施，都是靠人来实现的。图书馆领导集体一向非常重视发挥每个馆员的积极性和创造性。在人员安排、岗位设置上，尽量做到人尽其才，发挥每个人的特长，组建和谐共事，不搞内耗的工作团体，使大家在图书馆有一个愉快的、舒心的工作环境。除此之外，几年来图书馆还特别做到以下几点：

(1)建设一个和谐共事的领导班子。全馆是否和谐，首先看领导。回想在图书馆七年期间，我不但认识结交了图书馆一百多位同事，他们爱馆敬业，不求名利，勤勤恳恳，任劳任怨，顾全大局，默默奉献，图书馆人的精神我终身难忘。更令我欣慰和感激的是，图书馆班子成员为了图书馆的发展大业，毫无保留的支持我这个“外行班长”的工作。我想，没有他们的支持和帮助，我在图书馆将一事无成。

(2)关心馆员的切身利益。2000 年，学校实行岗位聘任制。这是学校人事分配制度上的一次重大改革。事关全局，涉及人们的切身利益。搞得好，有事半功倍之效，搞不好，搅乱了大局，影响团结，妨碍工作。应对这一政策性非常强的岗位聘任工作，馆领导没有简单从事，在认真谋划全馆的岗位设置后，与校领导及时沟通，制定了比较符合图书馆情况的细化方案，既落实了学校岗位聘任的精神，又使每位职工“有岗有贴”。开创了一个安定团结，和谐发展的新局面。每两年一次的岗位聘任，都贯彻了创建和谐图书馆这一理念，逐步完善聘任方案，解决遗留问题，维护全馆的和谐氛围。

职称晋升工作事关图书馆事业的发展和大家的切身利益，是一项政策性强、人称“指挥棒”、做起来令人头疼的工作。学校给的晋升指标，往往与大家的期盼有很大的差距。在这种情况下，除严格按照学校的文件精神，晋升标准和条件公开、公正和公平的原则外，尽量向校领导反映图书馆的困难和事业发展的需要，争取学校领导的理解与支持。几年来，解决了部分馆员的职称问题，激励了他们的积极性，也使相关人员看到了希望，使图书馆的人员结构更为合理，人才队伍不断壮大。

(3)扶持和爱护青年人的成长。年轻人是图书馆的希望和未来，几年来图书馆有意识的选拔培养年轻的馆员，争取国内外学习考察的机会，让他们在工作中锻炼成长，多挑重担，多长见识。对他们的成长给与鼓励，对一时一事的缺点与不足，热心帮助，而不是全盘否定、一棍子打死，给他们改正的机会。金无足赤，人无完人。尤其是对年轻人，更多的要看到他们的优点长处，从而在馆内创造一个宽松的和谐的人际关系氛围。

三、提高图书馆的服务水平，实现由传统向现代化图书馆的转型

“读者第一，服务至上”是图书馆的优良传统。图书馆员依靠自己的辛勤劳动，默默奉献，为全校师生提供优质服务而得到师生的赞誉和尊敬。这一优良传统通过图书馆员代代传承下来，直至今日更加发扬光大之。跨入21世纪，新世纪新时代对图书馆的服务提出了更高的要求，服务的内容，服务的对象，服务的形式都不同于传统形式下的读者服务。

1.正确理解图书馆在高校中的定位

对图书馆的定位通常决定着图书馆的发展方向。教育部《普通高等学校图书馆规程》把图书馆定位为学术性机构。但是实际上在学校的业务活动中，往往或者说绝大部分高校硬是把图书馆划到学校的服务体系中去，令人难以理解和接受。不过从图书馆承担的工作性质来看，似应把图书馆定位为学术性的服务机构，而不同于纯学术机构，这样既区别于纯服务性构，又区别于纯学术机构。事实上，为读者服务才是图书馆唯一的目标，也是图书馆工作的根本出发点和终极意义。几年来，图书馆遵循这一定位，除了继续发扬多年来形成的优良的服务传统外，推出了新形势下做好读者服务的多项新举措。

2.转变服务理念

早在20世纪90年代，图书馆已经施行了开架借阅，计算机管理。总体来看，服务理念还存在某些不适应现代化的要求。服务理念的转变不是一朝一夕能完成的，也不是喊几个口号、贴几条标语就能奏效的，它是一个长期要解决的问题。尤其是主动服务，个性化服务。在自动化、网络化、数字化的大潮中，图书馆员如何定位，如何开展工作，做哪些工作，读者需要我们提供什么样的服务等等，都需要馆员在实践中认真解决。几年的认真实践可概括为：爱国、爱馆、爱书、爱人的精神凝聚力和对读者的人文关怀。几年来，图书馆利用各种形式的学习、宣传、参观、调查(走访和问卷)，总体上服务理念有了根本的转变。

3.设立专业学科馆员，开展个性化的服务

在国内我们较早地设立了专业图书馆员，选调既有专业背景又有一定业务能力的馆员从事这一个全新的工作，同时由一名副馆长负责。作为一个研究型大学的图书馆，其服务内容有别于一般院校的图书馆。除了服务本科生的教学外，研究生以及从事科研的广大教师的信息服务应该成为图书馆个性化服务的对象。图书馆的读者服务因势利导，与时俱进，及时组建了学科馆员部门。实践证明，这一工作的开展，深受教师的欢迎。图书馆收到了很多教师发给图书馆员的表扬信，赞扬他们的工作，感谢他们的帮助，解决了不少实际问题。同时，这一实践活动为其他高校所仿照，并多次作为经验在全国高校图书馆学术会议汇报和交流。

4.成立数字化部，实现资源共享

文献资源的数字加工与整理是图书馆馆藏资源更好地为教学科研服务的需要，是实现资源共享的需求。尤其是建立我校图书馆的特色数据库是体现我校学科特色、学科发展的需要。几年来，图书馆不但将硕博论文实现了数字加工整理，建成了“硕博论文特色数据库”，而且完成了“跨国公司数据库”、“数学学科网络资源导航”以及面对本科素质教育的“中华典籍与传统文化网站”等。这一工作仅仅是开始，要实现全校文献资源的共享仍有大量工作要做。

5.馆际互借，是图书馆馆藏的极大补充，又是资源共享的必由之路

在全国高校 CALIS 和 CASHL 的推动下，我馆加入了馆际互借资源共享系统。这是一件利国利校利民的天大好事。任何一个图书馆，不论其经费多么充足，也不可能将所需图书资料全部购齐，而且也不必要。馆际互借保证了读者充分利用校外资源，方便快捷地获取所需资料。为了鼓励读者充分利用馆际互借，图书馆出台了补贴优惠政策，使读者在使用中受益。这项服务推广后，很少听到读者再抱怨图书馆缺书少刊。

6. 成立科技查新站，服务科研创新

科技查新站是在校领导的亲切关怀下，经过全馆的共同努力，而获得教育部批准成立的，它隶属教育部，是教育部设在我校的机构。早在 20 世纪 80 年代，科技部将科技查新站部署在工科院校(除北京大学外)。随着形势的发展和需求，教育部首次在高校设立科技查新站。这是我校图书馆的一次极好的机遇。校领导亲自过问，并指示务必争取到。2004 年经过专家组对我校图书馆进行实地考察和专家评审，终获成功。科技查新站的设立，扩大了图书馆在国内外业界的影响，大大提升了图书馆馆员的工作精神和凝聚力。几年来，查新站的人员常常加班加点，完成师生的课题查新任务，科研褒奖、科研立项、研究生论文的选题、科研成果的鉴定等等，都离不开科研查新人员勤勤恳恳地工作。查新站的工作人员为图书馆的发展与扩大图书馆的影响力做出了贡献。与此同时，为了扩大服务范围和领域，为天津市开发区的发展作贡献，他们把科技查新工作扩大到开发区和整个天津市的科研单位和企业。2006 年图书馆与天津市泰达图书馆签署协议，联合为天津市开发区的发展提供科技查新服务。

四、积极开展国内外学术交流，提升图书馆的现代化水平

一个现代化的图书馆应该是开放型的，而绝不能是一个封闭式的图书馆，要利用一切机会和条件，开展对国内外的学术交流是建设现代图书馆以及提升图书馆管理水平和业务能力的要求。借鉴他人的先进经验和管理理念，在建设一流大学图书馆中显得特别重要。在对外交流方面，图书馆遇到的第一个难题就是图书馆自己没有专项经费可用于对外业务交流，尤其是参与国际交流。另一方面，在对外交流中，学校很少将图书馆列在计划之中。面对这一现实，几年来，图书馆积极争取，首先是利用国内召开学术会的机会，争取让第一线的工作人员参加，如全国的图书馆学会年会、华北五省市图书馆学术年会、各种专业交流或培训等，尽量让一线工作的人员参加。为了提高知名度，每次学术会议前都认真组织，准备材料，选派代表发言。这样与会的研究论文多次获奖，在国内图书馆界扩大了南开图书馆的知名度和影响。参加学术会议，不但与会者开阔了视野，学习了经验，也在馆内营造了一种重视科学研究、积极进取的学术氛围。在国际交流方面，我们仍有不少困难。首先，我们的人员能够走出去进行交流的不多，其次，“关系网”没有建立起来。尽管如此，图书馆积极开拓交流渠道，现已与香港中文大学、香港大学建立了定期学术交流关系，与韩国江原大学等五所大学共同发起并成立了“东亚大学图书馆协议会”。尽管如此，图书馆在对外业务交流方面，尤其是与国外一流大学图书馆的交流方面仍需坚持不懈的开拓渠道。

总之，在图书馆工作了近七个年头，见证了图书馆在新世纪初与时俱进，跨越传统奔向自动化、网络化、信息化的现代化的图书馆这一历史进程，我为之兴奋与骄傲。我看到研究生和老师们在各自的计算机前孜孜以求，浏览着国内外的最新科技文献时，看到他们将一篇篇满意的科研成果发到国际知名的学术期刊上……心中感到无比的欣慰。但我仍清楚地记得，我刚到图书馆时，有人说我是南开第一位有理科背景的馆长，又有朋友对我说，恐怕这是“空前绝

后"的。我想任何这方面的推测或断语都是毫无意义的。让我们一起为图书馆更加美好的明天加油吧！

[**作者简介**]

阎世平，男，南开大学化学学院教授、博士生导师，2000 年至 2007 年任南开大学图书馆馆长。

稀世宝典　嘉惠南开

张宪春

1993年春，国家教委在广州召开部分高等学校图书馆文献资源建设工作会议。会议期间，我从与会的馆长中，听说净空法师向大陆七所大学图书馆赠送了稀世孤本《四库全书荟要》。作为南开人，又是当时图书馆的负责人，我很希望能与净空大师联系上，如有缘也能为南开大学图书馆赠送一套。但净空大师乃当世名僧，大师经常应邀赴各地弘法普教，居无定所，如何联系，是否接待，苦于无门。在会间休息闲谈时，从复旦大学图书馆馆长处，听说净空大师之弟在其大学任教授，于是通过复旦辗转与净空大师取得了联系。净空大师平易近人，对我们的要求非常重视。他说，南开也是一所知名的重点大学，他欣然同意，也赠送南开一套。当时我非常高兴，将此好消息汇报给学校。此后的半年内，全套五百册精装《四库全书荟要》，从台湾分批运抵我校图书馆。经分编后，庋置于新图书馆工具书室，供师生阅览。

净空法师，俗姓徐，字业鸿，安徽望族。早年负笈南京，壮年从戎报国。后到台湾，心向佛乘，潜心圣典，博览经纶，弘宗演教，倡导念佛。现为台湾藏精舍住持，是当世名僧。

《四库全书荟要》与《四库全书》同时修纂于清代乾隆三十八年。当时乾隆皇帝已63岁高龄。《四库全书》卷帙宏富，工程浩大。乾隆深恐在有生之年难以亲睹全书面貌，遂萌发浓缩《四库全书》的意念，决定撷取精华，缮为荟要。于是下令成立《荟要》修书机构，遴选国内鸿儒专才，全力心赴，以达成命。《荟要》分缮正副二部。乾隆四十三年，历时五年，正部誊缮完成，依高宗本意庋藏于故宫内坤宁宫御花园的摛藻堂中；越两年，副部也誊缮完成，送圆明园长春园的味腴书屋贮藏。可惜的是咸丰十年，英法联军入侵北京，圆明园被焚时，味腴书屋《荟要》尽化成灰烬。摛藻堂《荟要》成为仅存孤帙。但因时间久远，人事变迁，已不知正部《荟要》的下落，很长时间都怀疑其在名存实亡中。直到逊帝溥仪迁出皇宫，清点故宫文物图书时，才发现此书尚在，尘封原处。上世纪40年代末，被运往台湾，庋藏于台湾故宫博物院。80年代初期，净空法师为弘扬中华民族传统文化、宝藏中华典籍，与台北世界书局筹划，捐资影印了《四库全书荟要》，可谓功德无量。

《四库全书荟要》全书共收书463种，其中经部173种，史部70种，子部81种，集部139种，凡20828卷、11178册。《四库全书》和《荟要》皆为中华民族的文献瑰宝，可谓双璧同辉。但《荟要》与《全书》相较，更有其独特的学术价值：其一，《荟要》修纂之初，立意在专供皇帝私人检玩，因此慎选古来图书精华，搜集重要典籍及基本图书于一堂，选英萃菁，卷帙精约。其二，《全书》修纂时，高宗敕令凡不利皇室统治和诋毁清人的文字，一律删除或抽改。《荟要》因专供御览，对《全书》阙残之处，尽量予以补全，这样就弥补了《全书》的不足，为保存文献原面貌校勘考证，提供了可靠的参证。其三，《荟要》使用图书馆范围广泛，既有内库刊本、藏本，又有各地采进本，其中不乏流传绝罕的珍贵旧本，为日后传存了旧本图书的原貌。其四，《荟要》因专供皇览，修书官员在校勘中不敢掉以轻心，且编纂人员都是各有专长的硕学鸿儒，这为校勘文献提供了可供参考的学术价值。其五，《荟要》字体、墨色精洁，纸绢、装订典重，保存了珍贵的文化精品。

1994 年 5 月的一天深夜，突然接到净空法师的电话，他说因事已来北京。当时，我已调离图书馆，我便向学校有关领导建议，借净空法师来京之际，邀请他来南开，为他举办一个赠书仪式，以表谢意。学校非常重视，安排负责图书馆工作的副馆长王大璲先生和图书馆负责接待。第二天一早，我与图书馆副馆长驱车进京欢迎净空法师。净空法师和台湾华藏图书馆馆长韩瑛女士一行来到南开。在新图书馆举行了热烈隆重的赠书仪式，并介绍了图书馆和《四库全书荟要》庋置和使用情况，净空法师非常高兴。韩馆长还以华藏基金会的名义向图书馆捐赠了款项。

净空法师捐资影印出版稀世珍本《四库全书荟要》，为弘扬中国传统文化、宝藏文献精品、支持南开教育事业作出了功德无量的贡献，使南开人对净空法师的高尚品格由衷地敬佩。《荟要》典藏南开，也给南开大学留下了难忘的回忆和美好的纪念。

[作者简介]

张宪春，男，南开大学商学院，研究员，1984 年至 1993 年任南开大学图书馆党总支书记兼副馆长。

我在南大图书馆的业余科研活动

夏家善

今年10月17日，是南开大学建校90周年纪念日，南开大学图书馆也伴随着学校的发展走过了90年的历程。在这90年中，我在南开大学图书馆工作了25年。

25年，应该回忆的事情很多，我觉得可以一记的，还是我在南大图书馆的业余科研活动。

我毕业后留在系里从事教学工作，因得罪了领导，不得已于1982年秋被迫离开教学岗位，来到南大图书馆，当了一名管理员。

说实在的，刚来图书馆的时候，我的心情是不舒服的。从一名教师到一名管理员，从走上讲台传道、授业、解惑，到坐在服务台值班、跑库、借还书，落差实在太大了。这时，图书馆的领导找我谈心，语重心长地开导我。慢慢地我也发现，图书馆的老师们都在默默无闻、不计名利、一心一意为师生服务，这些都深深地感动了我。我想，自己是一名共产党员，既然当了管理员，就应该放下教师的架子，在图书馆平凡的岗位上好好工作，用自己的实际行动，服务师生，服务教学，服务科研。基于这样的出发点，我虚心向图书馆的老师们请教，认真学习图书馆知识，努力熟悉图书馆的馆藏文献。无论值班、搬书、为同学解答咨询，我都一丝不苟，认真去做。图书馆的老师们也热情地帮助我，耐心地指导我，使我在图书馆的知识宝库中，开阔了眼界，陶冶了身心，丰富了知识，提高了思想境界。在以后的工作中，由于我认真负责、踏实肯干、服务热情，曾受到不少师生的好评，以至后来多次被评为优秀共产党员和优秀教育工作者。

图书馆的工作辛苦、忙碌，白天紧张了一天，八小时以外消闲一下，也是正常的。但是，工作时间长了，我就开始思考这样一个问题：自己是教师出身，有进行科研工作的能力，也熟悉文献检索方法，守着文献资源极为丰富的图书馆，条件实在太优越了，自己应该做个有心人，趁年富力强，在做好岗位工作的同时，抓紧业余时间做点研究工作，以弥补“文革”中失去的青春年华。事也凑巧，就在这个期间，我得到这样一条信息：周总理生前曾对戏剧家曹禺先生谈到，写中国话剧史，要把天津和北方其他各地的早期话剧运动写上去，并要求整理这方面的史料。由于种种原因，周总理的夙愿一直未能变成现实。于是，我开始考虑，为了给话剧史家研究中国话剧运动提供全面的史料，应该做点这方面的工作。我在有关史料中看到，南开学校校长张伯苓先生早年从欧美直接引进话剧，在学校倡导话剧，课余时间组织师生编演话剧，周总理在南开学校读书时，曾是话剧活动的积极分子，南开学校的话剧活动曾轰动华北、闻名全国，被新文化运动的先驱胡适称誉为“中国顶好的剧团”，应该搜集、整理南开学校早期话剧运动的史料。确定了这样一个目标，我就开始在南开大学图书馆解放前的旧报刊中查阅这方面的资料。经过查找发现，南开学校早期话剧活动的史料相当丰富。但是，由于南开大学图书馆在抗日战争中遭受日军轰炸，图书资料损毁严重，有关南开早期话剧的史料保存不够完备。为了搜集到南开早期话剧的完整史料，我克服了图书馆工作不能离开岗位的困难，利用晚上值班倒休的时间、周日和寒暑假，多次往返京津，去北京大学图书馆、清华大学图书馆、北京师范大学图书馆、首都图书馆和国家图书馆，翻阅查询解放前的报刊文献。在那资料封锁的年代，这些单位的同行们给了我热情的帮助。经过几年不间断的努力，搜集、挖掘出比较系统的南开早期话剧运动的史料，后同合作的同志一道，经过加工整理，编写出版了《南开话剧运动史料》一书。该书的出版，填补了我国北方话剧研究缺少史料的空白，引起话剧界的广泛重视，曹禺和一些话剧理论家在《人民日报》等报刊上撰文推荐和评价该书。戏剧大师曹禺先生称“这是一本值得一读的好书”；中央戏剧学院教授田本相先生称“该书具有较高的历史价值，是研究中国话剧史的珍贵文献”。南京大学董健教授根据该书提供的史料，在编写《中国话剧发展史》时，用了较大篇幅集中论述南开早期话剧。北京师范大学黄会林教授还专门为学生开设了南开话剧研究课。《南开话剧运动史料》一书，也于 1986 年获得天津市科研优秀成果奖。

《南开话剧运动史料》出版之后，我又利用业余时间着手于研究南开早期话剧，陆续发表了《南开早期话剧初探》、《新发现的我国早期话剧的两个剧本》、《南开话剧的艺术实践》、《张伯苓兄弟和南开话剧》、《张伯苓对中国现代话剧的历史贡献》、《〈新村正〉——中国话剧最早的创作剧本》、《曹禺早期的艺术活动》、《南开话剧的几度辉煌》等一批论文。这些文章对中国北方话剧的产生、发展和历史作用，作了广泛的探讨，丰富了中国的话剧研究。

上世纪 90 年代，中国掀起了传统文化热，我也投身到这股热潮中，开始潜心于中国古代家训的搜集、整理和研究。中国古籍浩如烟海，大批家训资料散佚在众多的典籍中，挖掘、整理资料的工作难度很大。我利用休息日和节假日，在收藏古籍相当丰富的南大图书馆广泛查阅，又多次前往天津市图书馆和国家图书馆查找，几经周折，才将众多典籍中的重要家训资料搜集齐备。之后，拟定编写体例，选择整理资料，逐册进行编排，然后组织专家进行标点、注释，主编了一套《中国历代家训丛书》(共 12 册)。稿成之后，又全面校阅书稿，修改润色文字，逐册统一体例，最后编定全书。历时八年，我的业余时间大都花在了这套丛书上。该书出版之后，引起新闻界的关注，《天津日报》和《天津书讯报》撰文评价该书，称“这套丛书是中国古代家训研究最为完备的史料”。

在进行南开早期话剧和中国古代家训研究期间，我还利用南大图书馆丰富的馆藏资源和自己平时积累的资料，潜身研究语文教学和思想教育问题，先后出版了《华夏八十年作文大观》、《旧苑撷英》、《高考作文指南》、《高考作文失误例谈》、《劝学趣闻》、《青春与美德》、《留学生的足迹》、《一个真正牧马人的自述》等教育普及读物多种。

1998 年，我担任了南开大学图书馆党组织的主要领导工作，并兼任副馆长。这以后的日子，考虑图书馆全局的事多了，属于自己的业余时间少了，但我仍挤时间进行研究工作，并不时有书籍出版和文章发表。

我在南开大学图书馆工作了 25 年，回忆那些日子，我的业余时间大都是在利用文献资料编写书籍和撰写论文中度过的，每天夜晚人们都进入了梦乡，我还在挑灯夜作，节假日也很少休息和娱乐，家务劳动几乎全由家属承担。25 年，我共编写出版了各种书籍四十多本，发表了各类文章一百多篇。虽然付出多一些、累一些、辛苦一些，但日子过得很充实，收获的成果也颇为丰硕。现在我已经退休了，回忆这25年，是我没有虚度光阴的一段时日，也是我永远留恋的一段日子。

[**作者简介**]

夏家善，男，研究馆员，1993年至1998年任南开大学图书馆党总支副书记，1998年至2003年任党总支书记兼副馆长。

在图书馆的五年里

柯 平

2002年4月，我作为南开大学引进人才进入商学院任教，成为南开园的一名园丁。同年9月，我被任命为南开大学图书馆副馆长，至2007年9月因商学院系主任聘任而辞去副馆长一职。在图书馆整整五年，颇多获得，颇多心得。值此建馆九十周年图书馆纪念文集索稿，回顾旧事，举要二三。

编目管理上水平

编目数据是图书馆的重要资源。我在图书馆，一开始主要负责编目工作。鉴于我馆中文采编和西文采编分立两部，我向馆长提出实行大采编制。尽管体制变革未能如愿，但编目作为图书馆的基础平台，我将重点放在三个方面：一是抓流程改革。当时遇到最大的问题是大量的旧书没有加工，而教学评估新书迅速增加，必须取消传统过时的旧方法，减少中间环节，提高工作效率，同时提高数据质量。二是书目数据共享。这是校内资源共享的前提。为建设全校书目数据库、推动院系资料室数据库建设，先后对历史学院、文学院、马列学院等进行资源调查和人员培训，为有关院系进行标准编目，将其资源链接到图书馆主页，供全校读者查询。三是扩大编目在全国图书馆界的影响。经CALIS中心专家评估委员会对成员馆的书目数据质量的评估，我馆被评为优，从C级晋升为联合目录中文B级、西文B级成员馆。2002年11月，我和编目部主任张红云一起参加了全国CALIS联机合作编目中心成立大会暨用户委员会第一次会议，我馆成为全国联机合作编目首批成员馆以及用户委员会首批成员馆。组织参加全国高校图书馆规范数据工作，从2003年9月至2004年3月，外文采编部完成西文个人名称规范标目60040条；中文采编部也按规定完成了中文规范标目任务。截止到2004年4月10日，我馆向CALIS提交的中文编目数据2183条，西文编目数据41785条。我到馆后，深感图书馆员缺乏研究，于是和馆长一起掀起了图书馆的科研风气。图书馆一次获得校内社科自选项目11项，由我和李广生副馆长负责科研管理。我组织西文采编部杜芸、陈成桂等承担了“西文电子资源的编目研究”课题，在《图书馆理论与实践》等核心期刊发表了系列论文。

南方考察出成果

为谋求图书馆的发展，图书馆制定了南方考察计划。2003年11月5～13日，我带领图书馆技术部、古籍部、编目部、信息咨询部和办公室的5位部主任前往武汉大学、华中科技大学、深圳大学、中山大学（包括中大的珠海校区）、华南师范大学五所高校图书馆及深圳市图书馆、盐田区图书馆两所公共图书馆进行了为期一周的考察和学习。目的是了解近年来南方各高校图书馆的经验、工作流程和在数字化资源建设中取得的成就和经验。这次考察，是我到馆后的第一次带队远行，时间紧、任务重。出发前进行了周密的计划与分工，考察团刘忠祥负责交通，唐承秀负责业务联系，王海欣负责路上电脑工作，张红云负责生活。我们来往乘坐火车、汽车，从一个图书馆赶到另一个图书馆，如同行军打仗，短短 8 天，到达 4 个城市考察了 7 个图书馆，其工作强度和工作效率是极高的。为了节省时间，我们从食堂买上快餐，尽量利用坐车过轮渡的时间吃饭；为了按约定时间提前赶到所考察的图书馆，大家拉着行车箱一路小跑，10 日下午我们乘中大校车从珠海到广州，到中山大学时，天黑了，人很乏，晚饭也未吃，江晓敏年龄大些，走在路上摔了一跤，起来还说没事。大家干工作都有一股拼劲，这么辛苦从没怨言，事后我觉得心痛，因为我的“工作狂”没有把大家照顾好。这是我这么多年出差最为紧张的一回，然而却是收获最大的一回。考察沿途受到了各馆同仁的热忱接待，均安排馆领导和各部主任与我们座谈、交流，彼此就共同关心的问题进行切磋、探讨，双方都感到受益匪浅。在考察中，我们问得极为详细，各馆在各自的发展过程中形成的独特工作经验，以及一些具有开创性的举措是我们此行的一大收获，对于我馆工作的开展和改进都具有很大的借鉴意义。我们边考察，边整理资料，回来后，完成了五万多字的《南方高校图书馆考察报告》和 5 个分报告《南方高校考察报告—古籍部篇》(江晓敏)、《南方高校考察报告—技术部篇》(王海欣)、《南方高校考察报告—信息部篇》(唐承秀)、《南方高校考察报告—编目部篇》(张红云)、《南方高校考察报告—办公室篇》(刘忠祥)。带着这些成果，我还在天津高校图工委的会上以及天津理工大学图书馆作了报告。

创学科馆员的“南开模式”

2002 年 9 月初图书馆决定正式建立学科馆员制度。我一到馆，馆里就将这一任务交给我负责。当时我考虑两个问题：第一，学科馆员是新事物，国内只有极少数高校刚刚起步，必须从调研开始。10 月 30 日，我带领刚选出的唐承秀、董秀敏、米瑞华、王淑贵、胡安朋、梁淑玲 6 位学科馆员去北大清华调研，图书馆的那辆旧面包车还特别争气，载着我们一个来回没出任何问题。我们与北大图书馆和清华图书馆信息部主管学科馆员的负责同志进行了交流，学习归来立即向馆领导汇报工作。第二，叫我负责这项工作，要么不做，要做就得做到最好，我提出不能照搬北大清华乃至国外模式，必须走自己的路，做南开的特色，创出南开的模式。于是，我提出了学科馆员“一个中心、两个桥、三项基本任务”的工作思路与模式，组织学科馆员建立了科学合理的工作机制，制定了学科馆员工作计划与系列制度，建立了定期交流机制与汇报总结机制。刚开始，人们很少听说图书馆有学科馆员，就连馆内也对学科馆员了解甚少，这使学科馆员工作一是开展起来难，二是面临很大的压力。我坚持两点：一是在校内加强宣传，二是给学科馆员鼓劲，每次在学科馆员交流会上说的最多的是要坚定、要创新。我要把学科馆员做成一种文化，给每个学科馆员做了名片，名片正面除个人信息外还有学科馆员徽标，根据我提出的用“e”代表数字时代学科馆员特征的设想，由学科馆员组长制作完成；名片背面不仅有学科馆员职责，而且有“热诚、质效、卓越”大字作为学科馆员宗旨。我提出要注意将专业理论与实践相结合，学科馆员不仅要探索也要开展研究，为此学科馆员开展了两次全校性的读者调查。学科馆员在馆内从事学科资源建设，做数据库导航，编写了使用指南 24 种，全校发放资源指南 17 种彩页 27360 张；走出馆外，深入院系乃至老教师家中做培训和信息咨询服务，架起院系与图书馆的桥梁。我们的工作得到了馆领导的大力支持，信息咨询部学科馆员组以一种新的姿态、新的工作方式，以特别坚强的毅力和特别认真的精神，在全校打开了局面，赢得了院系的称赞和老师们的尊重，获得了校院领导的好评。我很感激他们，他们的许多事让我感动，年长的宝刀不老，真正传帮带；年轻的勤奋努力，业务很棒。我经常给其他馆的馆员讲，我们的工作需要感动与被感动，与其说是我感动了学科馆员倒不如说是学科馆员感动了我。

我们的探索与经验逐渐在全国有了影响，我和学科馆员组长唐承秀合作的《高校图书馆学科馆员工作创新——兼谈南开大学图书馆开展学科馆员工作的经验》一文在《大学图书馆学报》2003 年第 6 期发表，受到业界的好评。为宣传学科馆员的"南开模式"，我应邀在全国作关于学科馆员的报告，重点推广南开经验。2006 年 6 月 1 日，我应邀在中国科学院文献情报中心和中国图书馆学会专门图书馆分会"图书馆学科馆员制的理论与实践"研讨班上作"创新与艺术——南开大学学科馆员制的探索与实践"学术报告。2007 年 4 月 19 日，中国图书馆学会在首体宾馆举办"国内外学科馆员制度与学科馆员服务研讨班"，我应邀介绍南开大学的图书馆学科馆员制度与服务经验。此后，我作的关于学科馆员的报告有：中南六省高校图书馆学术年会"大学图书馆学科馆员的理论与实践"（2007 年 11 月 2 日）、国防科技大学图书馆信息素养教育活动周学科馆员报告（2007 年 11 月 6 日）、中国科学院文献情报中心学科信息服务培训班"图书馆学科馆员的实践"（2008 年 4 月 17 日）等。《高校图书馆工作》杂志要我将这些报告整理发表，于是在 2008 年第 3、5 期发表了《学科馆员工作十步走——大学图书馆学科馆员实践研究之一》和《学科馆员服务与学科馆员艺术——大学图书馆学科馆员实践研究之二》。

我领导的学科馆员这几年将南开的牌打出去了，有点影响，个人也有点成绩。其实这都算不上满足，最令我自豪的是：三年的工作成就了一种模式，成就了一批学科馆员；最令我骄傲的是：这些学科馆员与我在"创业"中建立了深厚的友谊，他们给予了我最大的支持和创新的动力。2006 年 5 月 24 日我收到学科馆员王淑贵的一封电子邮件："柯馆长：近几年在您的思路指导下，学科馆员的工作取得明显成绩和效果，每项工作基本都有总结性的研究文章，材料我都转给小邓了。真的感谢您的支持与指导帮助，真的怀念那一段在您的领导下工作的日子。学科馆员工作是新生事物，我们默默地顶着压力努力着，充分发挥自己学科专业特长，并把原来的弱势逐步变为优势，将传统方式与现代信息服务方式结合一起，形成了我馆学科馆员信息服务的自己特色，创出了南开自己的路子。我觉得我们的一些做法在全国高校图书馆中还是没有的，我们感到很欣慰。我们写的《从两次读者问卷调查看学科馆员的人性化服务》一文受到中国图书馆学会的重视，被评为 2006 年学术年会论文一等奖。我们会继续努力、不断创新的。感谢您的支持与重视。"在我不再负责这项工作以后还能得到学科馆员这样的肯定，心中如同"灌蜜"一般。

数字资源建设领先

随着高校数字图书馆的创新发展，数字资源建设愈来愈受到国内外图书馆界的重视，成立数字资源部是一个新举措。馆长决定将这一新工作交由我来做。2003 年 12 月，经过数字化工作调研，从中文采编部、西文采编部、信息咨询部三个部抽调了人员成立数字资源部。经过紧张的准备工作，2004 年 2 月，该部软硬件设备正式到位并调试完成。在对几所大学图书馆的数字化工作调研的基础上，开始了我馆的数字化工作。该部的主要工作内容是围绕专题数据库建设系统、建设内容和方式等进行探索，以数据处理和数字资源整合为基本任务，是生产特色数字产品的开发部门；除此之外，还将协助馆领导制定馆藏各类文献资源的数字化规划并落实实施。我负责该部，组织承担重大任务：一是数字资源规划，支持天津市数字图书馆中心的相关工作。二是建设特色资源库。2003 年 12 月，我作为主持人代表南开大学图书馆向教育部 CALIS 申报了“跨国公司研究专题数据库”项目。该项目经过全国专家评审，于 2004 年 4 月获得 CALIS“十五”期间专题特色库立项（项目编号：4401－2－035）。在该部努力下，这一特色数据库项目结项并获奖。三是学位论文全文提交和数据库建设。经过大量调研，向学校提出研究生提交学位论文全文的建议，得到有关领导的支持。之后进行了软件调试并组织实施。2004 年 4 月图书馆与研究生院联合的《关于南开大学研究生提交学位论文的通知》以南办发[2004]10 号文件下发。组织数字资源部职工加班加点，在线接收全校研究生毕业生提交论文，同时，组织建立本校博士硕士论文文摘数据库。在原中编部的题录数据基础上建设，为用户提供多种途径进行查询。四是组织建立系列教学参考书数据库。由于多年来教学参考书复本量少，难以保证同学们的学习要求，为了满足师生的教学需要，组织数字资源部根据教务处提供的最新教学参考书目，从重点学科开始，逐步建立教学参考书数据库。此外，着手建立“面向 21 世纪课程教材”数据库、双语教学英文参考书数据库，以支持学校教学信息化和双语教学工作的开展。五是组织建立随书光盘数据库。鉴于我馆多年来随书光盘不予流通，只提供在阅览室使用，使学生深感不便的现状，组织建立该库，解决这部分资源的利用问题。

图书馆服务的“两翼”

图书馆服务要创新，除了传统的借阅服务和新型的信息服务，必须利用新的平台与工具。我负责读者教育与文献课教学，对图书馆服务质量与水平提升起着直接的作用。我将读者教育工作分解在方方面面的工作中，从小小的馆刊《读者之友》和信息窗入手，召集《读者之友》主编穆祥望以及编辑开会，提出要使馆刊上水平、上台阶的新举措。从 2002 年 12 月开始，改季刊为双月刊，年发放 2 万份，在排版、内容与形式等各个方面创新，全面报道图书馆工作动态，进行阅读指导，交流经验，使之成为图书馆职工园地和读者园地。从第 22 期开始将《读者之友》上网。利用网络、主页、各部宣传栏、板报等多种途径宣传图书馆。向学校办公室、校报、电视台等报送稿件，宣传图书馆，让更多的人了解图书馆、支持图书馆。在 2003 年四五月抗“非典”期间，利用主页、《读者之友》等多种形式宣传科学预防知识，制作专题板报，增强自我保护意识，营造健康文明的氛围。进一步加强信息工作，本着便捷高效的原则，建立信息沟通网，通过各种媒体对图书馆的工作和服务举措进行宣传。我到馆后，迅速组织文检课教学立项，2004 年 1 月我带领信息咨询部申报的“‘信息素养概论’课程建设”获得南开大学“新世纪教学改革工程”立项。改革全校公选课“文献检索与利用”课教学，从 2004 年上半年开始将文检课改名为“信息素养与信息检索”，确定新的教学内容，在全馆公开选聘文检课教师，组织信息素养专题培训小组。2004 年 3 月，天津高校信息素养推动协调组成立，我被推选为首任组长。我组织本馆文检课教师何翠华、邓克武、翟春红等编写的《信息素养与信息检索概论》一书，2005 年 6 月由南开大学出版社出版。

做副馆长的心得

《新华书目报 · 图书馆专刊》2007 年 6 月 5 日以“柯平：图书馆界的‘德鲁克’”为题发表了关于我的专访。都知道德鲁克是世界管理学界的泰斗，记者称我为“德鲁克”，我真是愧不敢当。要是这篇报道让我修改，一定改成了“图书馆界的一老兵”。在这篇专访里，我谈了当馆长的酸甜苦辣。当记者问到“做正馆长和副馆长有什么不同”时，我说：“我觉得有价值的工作都需要去尝试。我做过系主任，做过馆长，副馆长我也要尝试去做。这种体验对于我关于图书馆学、图书馆管理的研究很重要，也是我当时要做这个副馆长的初衷。另外，我刚到南开，也很想为南开做贡献。在我来之前，图书馆学系原来没有博士点，现在有了两个博士点，在全国的图书馆学教育中有了自己的地位。我当时的心态非常好。我对自己说，一定要改变角色。这些年我在南开最大的一个收获，就是深刻体会到了副馆长在图书馆中的作用。”

前不久，我到昆明在中国图书馆学会高校分会举办的图书馆馆长培训班上讲高校图书馆需要什么样的馆长与领导，提出图书馆馆长必须是科学的决策者、卓越的管理者和优秀的公关者，除了要具有强烈的事业心、责任感和奉献精神外，还必须具有管理艺术、理论素养、开拓精神、国际视野，必须从交易型领导行为转变为转化型领导行为。然而，“馆长≠Leadership”，后者被称为 L＝f（l，f，s），即 leader、follower、situation 三个变项的函数。因此，如果说我们需要好的图书馆馆长，不如说我们更需要好的 Leadership。

我想，一个人在事业上无论成功与否，都有相对的尺度，重要的并不是别人的评价，而是自己真正尽心尽力问心无愧；一个人在工作中无论是主角还是配角，都有极大的空间，重要的不是给你什么角色或位置，而是如何把自己的角色做到极致无怨无悔；一个人在组织里无论时间长短，都有恒隐的 marks，重要的不是组织给了你什么而计算功苦是非，而是你给了组织什么留下什么而心怀坦荡。

离开图书馆一年多了，回首作为副馆长的五年，感到做事做人认真最为重要，工作开拓创新最为紧要，管理协调配合最为必要。回想在图书馆那五年的一件件大小事：参加组织部举办的中青年管理骨干培训班和“三个代表”干部培训；春节期间晚上睡在图书馆值班；代表图书馆在申报教育部查新站会上汇报；为全馆职工作讲座；和图书馆党员一起到上海一大会址和嘉兴南湖革命纪念馆过主题党日；负责全国高校图书馆馆长培训班的教学工作；起草《图书馆“十一五”规划》；尝试为全校图书资料人员队伍开展岗位培训；参与图书馆国内外交流接待；担任教育部第一届、第二届高等学校图书情报工作指导委员会委员；参加全国高校图书馆活动等。这许许多多让我久久不能忘怀。图书馆——这里有我洒下的汗水，有我的热爱，有我的成就，还有我的留恋。

[作者简介]

柯平，男，南开大学商学院教授、博士生导师，2002 年至 2007 年任南开大学图书馆副馆长。

南开大学图书馆建馆九十周年大庆祝贺辞

杨敬年

知识宝库，智慧泉源。
馆藏丰富，服务殷勤。
发展创新，成效显著。
共同参与教学科研事业，
陶铸了一代又一代英才。
创造了累累的文化硕果，
深深赢得了广大师生员工和社会各界人士的赞誉。
敬祝——
充分发扬南开精神，
事业日益发展壮大！

我于 1936 年来南开，是经济研究所第二班研究生。当时，研究所设在木斋图书馆底层，楼上阅览厅宽敞明亮，座位舒适，每座各有台灯，读者自启自闭。研究生可以入库找书，非常方便。

1948 年，我从牛津大学毕业回母校任教。60 年中，更是和图书馆结下不解之缘。在教学和科研工作中，我充分利用了图书馆先进的设备，得到了全馆同仁的大力帮助，我要再次表示衷心的感谢。

我还要特别感谢朱万忠老师，他在牛津大学进修时，为我补办了博士学位证书(原证书在“文革”时遗失)。

感谢李志毅老师，她帮助北京方露茜女士多方查找和复印其父方显廷先生的著作，尽心尽力。

[**作者简介**]

杨敬年，男，南开大学经济学院教授、著名经济学家、政治学家和翻译家。

乘风驾翅　如鱼得水

——我与图书馆的电子信息资源

罗宗强

面对现代信息数字化、网络化飞速发展的新形势，传统的阅读方式和治学手段受到强烈冲击，我这位年逾古稀的老教师，在图书馆学科馆员的宣传指导下，对图书馆的巨大变化深有感触。我也决心要努力适应现代信息社会的发展变化，改变传统的阅读方式和治学手段，学习和掌握现代信息的检索与利用方法，让传统的中华文化研究真正驾上现代信息技术的翅膀，感受治学研究的如鱼得水、自由欢畅。

我的研究领域是中国古代文学思想史。我研究工作的着眼点，首先是历史还原。知道文学思潮的发展段落，了解每一个段落的主要特点是什么，要做到这一点实在不容易，需要将存世的、能够找得到的作家的作品全部找来研读，一部一部地读。但只是读作品也还不够，如何解释一种新的文学思想潮流的产生，又涉及当时的政局、社会生活环境、哲学思想潮流和作家的人生遭际等问题，这必然是跨学科的研究，需要花费大量的时间和精力来收集和研究相关的资料。

大概从 1999 年起，我开始学着从互联网上搜索需要的资料。开始时对电脑一无所知，是真正的"脑盲"，但是，我感到，我们已经置身于信息时代，现代信息技术的浪潮已经汹涌澎湃地冲击着传统社会的各个领域，我们每个人也必将被裹挟其中，这是势不可阻的社会发展潮流。跟不上，就会落伍。我做了一辈子学问，读了一辈子的书，自认为在书山学海中漫步还是轻车熟路的，但是，面对电脑，却一片茫然。于是，我就向自己的小孩学，向院里的年轻人学，向图书馆的工作人员学，甚至向自己的学生学。慢慢地，我能上网了。当时，网上有关古籍方面的信息资源还不像现在这样丰富，而且，图书馆也没有现在这样多的各类数据库，更没有古籍方面的数据库。所以，当时还是习惯翻阅传统的纸本文献，不太习惯利用电子信息。但是，近年来图书馆注重电子信息资源的建设，各类型数据库逐步增多，尤其是近两年古籍方面的数据库越来越多，如二十五史全文检索系统、书同文全文数据库、《四库全书》全文数据库、中国基本古籍库等，从不同角度和层面揭示了中国古籍的丰富内容，逐步激发起我使用电子信息资源的兴趣，现在已由原来以查阅纸本文献为主，到须臾离不开电子文献资源了。

现在网上和数据库中的信息资源太丰富了，检索功能又很强，检索起来太方便快捷了。我从事古典文学研究需要查阅的文献非常多，以前要经常跑图书馆，而且只能靠手工翻查资料，再靠手抄、笔写和粘贴、剪辑的方法制作卡片，这样不仅速度慢，还非常繁杂，而且还受到时间、空间的限制；毕竟图书馆不是天天，也不会 24 小时开放呀，真不知这一生为搜集资料耗费了多少时间和精力。现在自己年龄大了，利用网上和数据库电子信息资源，足不出户，就可以坐拥书城，不受时间与空间的限制，随时可以检索到所需要的资料，其方便自不必说，最使我高兴的是：需要什么文献，只需输入一个书名就可以即刻检索到这本书；要某个人的资料，输入作者，相关资料顷刻间就展现在眼前；要检索某专题资料，只需输入关键词，相关资料尽收一处。这在以前查阅纸本文献真是不可想象的，且不说费时费力，主要是不会将所需要的资料搜集得这么齐全。

以前，查资料经常需要借助书目索引及其他专门工具书，查检起来很不方便。现在的数据库，无论是古籍的，还是现代书刊文献的，都具有书目索引查询功能，有的还可以跨库检索，尤其是古籍类数据库，都带有阅读所需要的功能强大的辅助工具，免去了翻检查找各类工具书的繁劳。检索的结果还有丰富的相关知识链接点，使所需要的信息形成一个互相关联的知识网，下载保存起来，就是自己的专题资料库，真是太神奇了！我再也不用一张一张抄写卡片了。

我的年龄大了，要干的事情还很多，感到时间很紧迫。现在好了，我从传统手工搜集资料的繁琐及劳累中解放出来，可以腾出更多的时间了解和掌握最新学术信息的前沿动态，可以更深入地分析和研究更多的学术问题了。这真是延长了我的学术生命啊！

现代信息社会，作为一个学者，无论年龄多大、学术成就多高，要想继续深入从事学术研究、不断提高学术成果的质量与水平，严谨的治学精神和必要的学养固然重要，但如果固守传统的治学手段，就无法跟上时代发展的步伐。人啊，人老心不能老，更不能因循守旧，要不断学习、不断进步，才能奏出时代最强音。

[**作者简介**]

罗宗强，男，南开大学文学院教授、博士生导师。

（注：本文素材取自罗宗强先生访谈，由图书馆数字资源部董蓓整理。）

我和图书馆一起成长

孙立群

日月如梭，似乎不经意间，我在南开大学学习、工作已经38年了。在这几十年中，南开给我印象最深刻的是什么？我觉得，印象最深刻的有两个：一是教过我的那些德高望重的老师，是他们把我引入了知识的殿堂，教会了我如何做人、做事，我今天能有一些进步和成绩，离不开老师辛勤的培育；另一个就是图书馆了。对我而言，老师是传道、授业、解惑者，图书馆是吸取知识、从事研究的唯一去处。

几十年来，我与南开大学图书馆建立了深厚的感情，自己每前进一步都离不开图书馆的滋养。岁月流逝，我虽然已年近花甲，但是图书馆似乎永远年轻，永远散发着时代的气息，因为它始终站在知识和学术的最前沿，为我们提供丰富的精神食粮，这是我们从事教学和科研的动力源泉！是我们度过有意义人生的加油站！写至此，我不禁想起了利用图书馆的点点滴滴。

上世纪60年代，我上中学时，天津市少年儿童图书馆坐落于东门里文庙里面。当时，这个图书馆就已经令我着迷了，几间房子里都摆满了书。放学后我经常去这里借书、看书，一待就是一下午，直到工作人员催促才恋恋不舍地离开。后来进入南开大学，我才感受到什么是真正的大学图书馆。

南开大学图书馆坐落在新开湖畔，朴实庄重，没有一丝奢华，一看到它，脑海里就萌生出强烈的求知欲，心里也沉静了许多。来南开后，我默默下定决心，一定要好好读图书馆的书！上学期间，我们住在第九宿舍，离图书馆很近，所以我几乎每天都泡在里面。我记得当时最好的读书时间是在假期。寒、暑假里，外地同学都回家了，宿舍里就剩我一个人，图书馆人也较少，我把平时没时间看的大部头书借出来，在宿舍里静静地看，或躺或坐，十分随意。最惬意的是下雨天，外面是淅淅沥沥的雨声，不时有凉风吹来，一本好书在手，仔细品味，那种读书的感觉真是妙不可言！

充分利用图书馆，频繁地借书、还书，查找资料，为自己奠定了较好的专业基础，扩大了学术视野。几十年来，我养成了一个习惯，每隔一段时间，必须到图书馆看看，浏览新书，充实自己。近些年，图书馆不断改进工作，面对鱼龙混杂的图书市场，不盲目购书，进新书有档次、重精品。为方便读者，特设新书专架，虽然借阅时间较短，但能让读者及时了解最新的研究成果，实在是件大好事。

由于常到图书馆，我和许多图书馆工作人员都很熟悉。我很钦佩他们的工作，十分辛苦，付出很多，任劳任怨。没有他们默默无闻的工作，我们不可能看到新书、好书。在此特向他们表示真诚的敬意！图书馆工作人员辛苦，读者也应配合，在此，我"自夸"几句，我应算遵守馆规的"文明读者"。因为我很在意还书的时间，几十年来，无论出差或有事，首先检查有无到期的图书——不是怕被罚款，而是不愿意破坏了图书馆的规矩。“按时还书”也应该是中国文人的美德之一吧！

如今，当年教过我的不少老师已步入高龄，有的已经故去。这是人生的规律。新开湖畔的图书馆也显得陈旧了，但教育事业的发展规律决定了图书馆不应该落伍！它应该与时俱进，历久弥新。高水平的大学一定要有高水平的图书馆，这可以从两个方面来理解：一方面，它应该拥有深厚的历史积淀。令我们自豪的是，经过多年积累，我校图书馆现有藏书 325 余万册，馆藏文献以经济、历史、数学、化学等学科最为丰富。另一方面，高水平的图书馆应该是现代化的。我们欣喜地看到，我校图书馆紧跟时代的发展，在不断加强文献资源建设的同时，还着力进行数字化图书馆建设，力求形成纸质文献与电子文献齐头并进的馆藏格局。截至 2008 年底，可访问的数据库系统 62 个、数据库 281 个。这些资源覆盖了南开大学的绝大部分学科领域，为全面提高学校教学科研和学科建设水平提供了信息资源保证。面对丰富多彩、使用便捷的数据库，我常常感叹不已：数字化给我们提供的空间太大了，这真是知识爆炸的时代，只有不断更新知识、学习新技能，才能跟上时代的脚步。

我校图书馆和南开大学是同时诞生的，已经行进了 90 年，它的命运和南开息息相关。办好图书馆是振兴南开的重要一环。作为南开人，真希望雄伟、壮观、现代化的新图书馆早日建成，让我们共同享受图书带来的幸福和愉悦！

祝我们的最爱，南开大学图书馆越办越好！

[**作者简介**]

孙立群，男，南开大学历史学院教授、博士生导师。

世界史研究与图书馆 CASHL 原文传递服务

赵学功

我是南开大学历史学院的一名普通教师、教育部人文社会科学重点研究基地“世界近现代史研究中心”的研究人员，主要从事美国史、国际关系史和冷战史的教学和研究工作。在从事世界史的研究与教学工作中，各种图书、期刊、会议论文等文献信息是我从事教学与科研工作的基础，因此，图书馆就成了我们工作中十分重要的一个支撑部门。不论是借书处，还是阅览室，都曾留下我的身影。进入网络和数字化时代，图书馆的各种数据库和网络资源都是我经常要使用的重要研究资源。特别是在近几年图书馆推出了 CASHL（中国高校人文社会科学文献中心，China Academic Social Sciences and Humanities Library）系统的文献传递服务后，通过 CASHL 系统查找一些学校没有收藏的文献信息资源就更成为我和学生们经常使用的重要的文献获取渠道。在我的教学和研究过程中，曾多次通过 CASHL 查阅到了一些重要的相关文献，同时，我所指导的研究生也经常使用学校提供的文献传递服务，从中获益匪浅，大大提高了我们的科研和教学质量。

众所周知，中国的世界史学科在中国的发展时间并不长，世界史的研究水平要远远落后于中国历史的研究水平，更不用说与国外学术界比较了。原因固然非常多，但制约中国世界史研究发展的一个重要因素就是缺乏足够的外文文献资料。没有充分的、扎实的资料，我国的世界史研究就不可能有大的提高。

2006 年 10 月，中国社会科学院世界历史研究所和南开大学历史学院在天津共同举办了第三届中国世界史研究论坛，来自全国各高校和研究单位的百余名学者就我国世界史研究的现状、存在的问题等进行了讨论。大家普遍关注的一个问题就是感到缺乏足够的外文文献资料，特别是一些地方院校，这一问题尤为突出。因而，CASHL 作为全国性的、唯一的人文社会科学外文期刊保障体系，对世界史研究的保障作用显得更为重要和迫切。

CASHL 收集文献期刊种类的齐全，恐怕是任何一所学校的收藏所不能相比的。尽管很多高校几乎都订阅了人文社科类外文期刊，但由于外文期刊费用普遍较高，一所学校难以订阅全部的外文期刊，即使是某一领域的核心期刊。毫无疑问，这给研究者查阅文献带来一定困难。CASHL 系统的引进与开放，则为师生查阅外文文献提供了便利，在一定程度上弥补了这个不足。

就历史学科而言，CASHL 共收录了 279 种外文期刊，内容极为丰富，涉及世界历史的各个方面，其中少部分与中国历史有关。期刊来源大都是美国、英国、法国、德国、澳大利亚、加拿大、日本、俄罗斯等国家以及中国台湾地区出版的有较高学术影响的学术期刊。就时间段而言，涵盖了史前史、古代中世纪史、近现代史、当代史等领域。就地域来说，包含了美国史、英国史、欧洲史、非洲史、拉丁美洲史、大洋洲史、太平洋地区史、中东史、亚洲史等内容。还有不少专史期刊，诸如社会史、思想文化史、经济史、政治史、外交史、宗教史、军事史等。应当说，任何一位世界史研究者，不论属于哪一领域，都可以从中找到与自己研究领域相关的期刊。

CASHL 所提供的文献大都是从上个世纪 90 年代到今天最新出版的内容，有利于使用者跟踪国际学术前沿，便于读者更快地掌握最新的学术研究成果，了解国外的学术发展动态和信息。我本人在进行美国与东亚关系史研究时，就通过 CASHL 收集了《美国与东亚关系》杂志上的相关论文。这份杂志因为出版时间短，只有 5～6 年，一般学校图书馆都没有收藏，或者收藏不全。但通过 CASHL，却基本可以满足我的文献需求。在撰写一篇有关核武器与美苏冷战的论文过程中，我也通过 CASHL 获得了自己所需要的原文文献。

使用 CASHL 系统，发送文献传递请求后，一般可在一周之内得到所需原文，并且是通过电子邮件传递。这样直接打印出来就可以使用了，非常及时，同时也节省了费用，省去了自己劳累奔波之苦，大大提高了教学和研究效率。其低廉的获取费用和便捷的获取方式，为使用者获取研究资料提供了一个有效途径，自己对此深有体会。以往为了获得一篇急需的文献，或者通过国外的朋友复印邮寄，或者自己到国家图书馆或北大、人大图书馆复印，或者麻烦朋友在其他学校图书馆复印邮寄，既费时，又费力，非常不方便。

我不仅自己使用这一服务，也经常鼓励研究生使用 CASHL 系统。有一位研究生在撰写论文中几次转引了《国际历史评论》上的一篇论文。因为论文比较重要，我建议直接引用原文。这位同学随即在南开大学图书馆馆际互借与文献传递办公室老师们的帮助下，通过 CASHL 系统发出文献请求，很快就获得了文献原文。在撰写毕业论文过程中，很多研究生也都通过这项服务获取了自己需要的文献资料，为他们高质量地完成论文提供了可靠的文献保障。不仅如此，通过不断地检索最新的学术期刊，学生们也拓展了自己的研究视野，了解到国外最新研究信息。

毫无疑问，南开大学图书馆引进和开展 CASHL 系统馆际互借服务两年多来，对于促进高校人文社会科学的教学和科研起到了很好的作用，收到了良好的社会效益，其成效有目共睹。但在使用中也存在一些问题，我想结合自己在使用这一服务中的感受，就如何进一步发挥 CASHL 在教学和研究中的作用，提出几点不成熟的想法，敬请诸位不吝赐教。

首先，在期刊建设方面，还应再加大投入力度，进一步有计划、有系统地引进国外人文社会科学期刊，不断扩大和丰富馆藏，为高校的人文社会科学教学和研究提供更高水平的优质服务。主要包括两个方面：

(1)目前 CASHL 外文文献检索库还有待进一步完善，期刊的种类和数量应逐步增加。有些文献虽然在目次库上体现了出来，但却不能进一步检索期刊目录，因而读者不能获得文献全文。有些新出版的期刊则没有列入，例如 2000 年英国伦敦政治经济学院出版的《冷战史杂志》就没有列入，但这却是一份具有相当专业水平的学术期刊，已经成为国际冷战史研究的代表性杂志。另外，有些期刊收录的卷、期并不连续，应设法尽快补齐，确保文献收藏的连续性，特别是对那些 Jstor、Ebsco、Proquest 等数据库没有收录或收录不全的期刊尤应注意。

(2)充分发挥 CASHL 的协调功能，使各个图书馆在购置昂贵的外文期刊方面能尽量避免或减少重复，使有限的资金能够最大限度地利用。在图书方面，尽快实现外文图书的馆际互借服务，使 CASHL 成为权威的人文社会科学信息资源平台，为高校师生提供全方位的信息和资源服务，真正实现全国高校的信息资源共享，满足用户的不同文献需求。

数量丰富的外文期刊对科研工作的意义自不待言，充分的外文书籍对于促进教学和研究工作同样至关重要，两者缺一不可。对于人文社会科学来说尤其如此。热切盼望 CASHL 能在逐步完善健全外文期刊文献查阅和传递服务的基础上，尽快提供外文图书的馆际互借和文献传递服务，满足读者对外文图书资源的迫切需求，从而更好地为人文社会科学研究提供可靠的文献保障。这样也可以极大地提高文科专款外文图书的利用率，使这些图书更好地发挥效益，实现资源的优化配置和充分利用。

我想在这里举一个小例子。2004 年 6 月，我到香港大学美国研究中心从事短期学术研究。在港大图书馆查阅有关冷战研究的学术论著时，我自己检索到 100 种较为重要的论著。然后再检索国家图书馆和北京大学图书馆的相关收藏，发现在这 100 余种书中，国家图书馆和北大图书馆加在一起，只有 80 余种。有近 20 种是这两家图书馆没有收藏的，其中包括英国出版的《英国外交文件》部分系列。我又查阅了港大图书馆所收藏的港台文献，发现内地的收藏同样不及香港大学图书馆一家的收藏。因而，中国高校人文社会科学文献中心作为国内唯一的人文社会科学文献保障体系，应大幅度扩充资源类型和资源数量，为高校人文社会科学研究的发展提供切实可靠的文献保障。

目前，教育部在各高校建立了百所人文社会科学重点研究基地，这些基地承担着一些重大研究项目。为确保这些研究项目高水平地完成，可以考虑 CASHL 与这些基地建立某种形式的合作关系，为基地项目提供有效的文献保障；可以考虑建立不同学科的咨询委员会，由各高校相关学科带头人或学术骨干参加，在书刊购置、中心服务等方面向中心提供参考意见；或在主页开辟一个论坛，鼓励读者自己推荐购买书刊，并对系统服务提出建议。这样可以促使 CASHL 系统不断提高和改进服务质量。

作为高校一名普通的教师和研究人员，在多年的教学科研中，我深深感受到图书馆为教师的科研与教学提供了强有力的支撑和保障作用，特别是在进入数字信息时代后，图书馆的网络信息资源、便捷的文献传递途径和图书馆老师们热情、周到、及时的服务大大提高了我们科研的效率与效果。作为图书馆服务的受益者，最后我想衷心感谢那些为我们提供快捷、优质服务的辛苦工作的老师们。同时，期盼着 CASHL 系统发展得越来越好，为高校人文社会科学的教学和研究提供更便捷、更高水平的文献保障，彻底解决外文文献资源短缺、流通渠道不畅的问题，更好地满足广大用户的各项需求，为繁荣我校和国家的人文社会科学研究不断作出新的贡献。

[**作者简介**]

赵学功，男，南开大学世界近现代史研究中心教授、博士生导师。

研究生时代的我和图书馆

余新忠

在南开大学90年的历史中，我只是一个新兵，对于她厚重的历史或特色之类，显然没有资格说东道西。实际上，这方面也早已有不少著名的前辈学者从不同的角度发表了他们的卓见。不过他们往往都是以一个南开教师的身份来谈的，而我这个后学，虽也忝列南开教师之列，但我的南开生涯是从研究生时代开始的，对图书馆很多深刻的记忆也发生在学生时代，而且离现在也还不远。所以还是拾遗补漏，从一个研究生的角度来谈点自己对南开图书馆的印象和认识吧。

对于人文科学研究来说，若要说最重要的两个条件，我想就应该是馆藏丰富且使用便利的图书馆和良好的学术氛围了。图书馆对学术研究特别是文科学术研究的重要性，早已为学界所公认，自不必赘言。于此想说的是，我很庆幸，在自己学术生涯的起步之时，便有一座很好的图书馆一直助我、伴我。一路走来，我从中得到的嘉惠实难以尽述，内心一直充满感念之情。

我是1994年考入南开大学的，跟随冯尔康教授读研究生。从江南第一次来到北方，生活上似乎感觉有不少不如意的地方，但我的心情还是很愉快的，其中有个重要的原因，就是学校有座馆藏颇为丰富且利用方便的图书馆。那时，新馆落成使用的时间还不长，进入南开以后，看到新、老两个图书馆如此多的藏书，很是兴奋，记得当时迫不及待地拿到借阅证以后，一有空便去馆里转悠，熟悉馆藏情况，当时印象最深的还是新馆二楼的外文书库和五楼的文科参考阅览室。虽然我一直很爱书，但接触的外文书，特别是原版书十分有限，故当我第一次进入外文书库时，看到整个屋子的各种语言的外文（主要以英文和日文为主）原版书时，特感新奇。其实我当时只懂英文，而且阅读能力也有限，但我很清楚，要做好学问，必须有国际的视野，要了解国际学术发展的动态。所以当时虽然浏览起来有些费劲，但我还是很耐心地将书库里的英文书检视一遍，凡是K类的历史著作，特别是中国历史的著作，则一一翻阅。经过这样一番调查，我发现与我专业相关的书其实并不多，但我还是很满足，选了两本有兴趣的书借了回去。

而五楼的文科参考阅览室，则可以说是我的最爱了，在南开六年的学生生涯中，在学校的日子，除了宿舍以外，那里无疑是我待的时间最久的地方。阅览室很大，“高高在上”，显得宽敞明亮；开放时间也很长，除了周五下午和周六的下午及晚上，其余时间每天从上午八点到晚上十点，分三个时段开放。再有，也是最重要的，那里摆放了很多经常需要使用的资料书，比如四库系列、地方志丛刊、明清档案、明清实录等，还有不少重要的中文和外文的学术著作。所以每天只要不是上课或有别的事，我总喜欢去那儿学习，不论是查资料，还是自学。有时看一种书累了，就到靠近门口的推荐书架上随意浏览，记得那几个书架上摆放的都是相关的老师推荐的书籍，中外文都有，这种浏览每每会有意外的收获。记得到南开后不久，我就在推荐书的书架上看到了柯文(Paul Cohen)的 *Discovering History in China : American Historical Writing on the Recent Chinese Past*，当时并不知道柯文是何许人也，但读了几页，就感受到他的论述有种高屋建瓴的气势，而且他对“冲击—反应”模式的概括和反思对我有种特别的新奇感和吸引力，同时我想还可以借此来了解美国中国史研究的最新趋向，于是我就颇有兴致地借助字典从头阅读起来。有一阵子，每天下午，只要没特别的事，我都会去阅览室啃这部书，这是我第一次认真而完整地阅读一部外文学术专著，虽然颇有些困难，但我坚定地认为，这是自己学术之路必须过的关口，故一口气把它读完了。尽管还有不少困惑之处，但感觉自己的思路一下子开阔了很多，也思考了很多问题。就在原版书即将读完的时候，我又在书库里找到了该书的两本中译本，一是台湾李荣泰组织学生翻译的繁体字本，题名“美国的中国近代史研究：回顾和前瞻”。利用这个译本，我将自己阅读英文本时感觉有困难和疑惑的地方做了一些对照，释然了很多问题。没几天，我想，是不是大陆也有译本呢？一查，果然有，是林同奇翻译的中华书局本，不仅译文更优美顺畅，而且还有个足以让我了解相关背景知识的序言。发现这本书，我特别开心，遂决定从头再细读一遍。通过这次对该书英、中文本的阅读，不仅提高了自己外文阅读的能力，更重要的，自己吸收了众多令我长期受益的学术养分。我以为，这次阅读，对日后自己的学术视野、思考问题的方式以及对学术发展趋向的把握与概括等多个方面都产生了重要的影响。有意思的是，前不久在香港开会，遇到了柯文先生，闲聊时，我跟他谈到这本书和我的阅读经历，他除了称扬林同奇的译文好外，还特别提到台湾译本他的中文名字——“柯保安”。我问：“您有两个中文名字吗？”他说那是50年代用的名字，当时不太了解“保安”现代的含义，后来知道了，就觉得是个不好的名字，就不用了。我猜想，台湾的译者翻译时可能没跟他联络，就用了他后来已经不喜欢的名字。

当然，若换一种角度来看，南开大学图书馆最有价值的收藏还应是善本与线装书，事实也的确如此。图书馆有比较多的线装古籍，其中清人文集等方面的收藏相当丰富，是特色馆藏。这些一开始导师就告诉我了。但第一学年，因为课业和英语考试的负担较重，没有真正写过论文，也就没有阅读线装书的实际需要，而且线装书库一般是闭架借阅，没法进入书库，所以对此并没有什么实际的体验。对线装书库的利用是从第二学年写我第一篇还算像样的论文《清中后期乡绅的社会救济——苏州丰豫义庄研究》开始的。第一学年结束之际，导师冯先生要我在第二学年尽力写出一两篇像样的论文，于是假期中我便开始琢磨从何入手，恰好我大学时代的同窗好友、当时在南京农业大学农业遗产研究室工作的吴滔邀请我去南京相聚，到了那儿，他带我参观了他们的资料室，向我介绍了一本出身苏州宰宦之家的潘曾沂所编纂的农书——《丰豫庄本书》，这虽说是一部农书，但内中却有不少社会救济的内容，而这正好是我感兴趣的议题。与此同时，他们那儿编辑出版的当期《中国农史》上正好有一篇介绍这部著作的文章，文章提到丰豫庄即丰豫义庄，是苏州潘氏的宗族义庄(实际上不是)，而宗族问题因是冯老师主要研究领域之一，故而我也颇为关注，于是就决定从这个问题入手完成老师的任务。当时就把书中的主要内容作了摘抄。开学后，在征得老师的同意后，我便开始着手该文的写作。在老师的帮助下，我借助工具书，查到了潘曾沂本人、其家族以及朋友的不少资料，比如族谱、年谱、地方志和文集等，当我第一次带着一沓书单进入善本库阅览室时，那儿的老师很热情地接待了我，告诉我该如何查阅目录。出乎意料的是，我从各种渠道查到的相关资料，特别是文集类，竟大都在这里找到了，当时感觉特别幸福，也因此让我能够安心细致地研读相关的原始资料，而不用为资料的查找多费心、费力、费钱。大约有两个月的时间，这篇两万字左右的论文就顺利写成了。在我的印象里，这是自己第一次利用第一手文献写成的研究性的论文，不仅顺利地于《南开学报》发表了，而且还被人大复印资料全文转载，这应该说是我学术的起点。后来，我常常想，如果没有图书馆较为丰富的藏书和良好的服务，我的这篇论文一定不会写得这么顺利，我也不可能因此从学术研究中获得如此多的信心和乐趣。

从此以后，线装书库成了我经常造访的地方，渐渐地也就和那里的老师熟悉了，有时还破例让我进书库阅览，这往往让我有意外的收获。记得上博士后，有一次写一篇有关道光三年苏州大水的论文时，我在书库搜寻资料，意外地发现了一本专门描述当年大水的诗集《绘水集》，里面有不少对这次水灾生动的描述，这一发现，让当时的我好不兴奋。

博士论文的主题是关于清代江南瘟疫的，这个题目过去没有人做过，资料十分零散，搜集起来很是不易。由于相关的资料随机地散落在清代诸多文献里，所以我只能采取对地方志、笔记小说、文集以及医书等主要的文献拉网式排查的方法来加以搜集。这一过程自然是十分辛苦的，不过，感谢图书馆这方面资料馆藏的丰富和使用的便利，像地方志、四库类以及一些大型的丛书，全部摆放在五楼的阅览室开架阅览，而且开放时间很长，让我可以非常便捷地一本本细致翻检。到了1999年9月，其他计划中的资料基本都翻检完，但文集部分只利用了《四库全书》和《四库全书存目丛书》中所收的部分，显然远远不够。图书馆古籍部的清人文集收藏颇多，有近2000种，但线装书，按规定是闭架阅览，若是这样，我的工作显然就无法展开，于是我就跟古籍部的老师商量，他们很开通地在库里给我找了一个离文集所在书架很近的书桌，让我自己在那里阅览。书库里灯光有些昏暗，空气也不够流通，但对我的阅读来说，方便是最重要的，我每天可以在文集所在的那两排书架前一一翻检，看到与江南有关的人士的文集，就拿到书桌上阅读摘抄。这样，大概有两个月的时间，只要是工作日，我几乎每天都会出现在那里。虽然不是天天都会有收获，但两个月的时间，我还是积累了很多重要的资料。我的博士论文中引用的基本史料有400多种，众多的专家和读者都对论文资料的丰富印象颇深。这里我要说，这些资料中的绝大部分，都是我在南开大学图书馆阅读的。我不能不为自己拥有这么好的图书馆感到庆幸。

回头想来，南开图书馆的馆舍实在无足称道，馆藏，若和那些国际著名大学相比，大概也算不上丰富，不过图书馆许多人性化的服务却给我留下了很多温馨的回忆。除以上所说，还有不少具体的事例让我至今感念在心。比如，读博期间，我需要找一本有关浙江农村调查的书，这本书属于“经研所特藏”，当时还放在老馆，正在整理之中，当我找到那个堆满书的阅览室时，那儿的老师见我看书心切，就让我自己于正待整理的书中寻找，可能因为着急，我终究没能找到，正遗憾地准备离开，有个瘦小的年纪比较大的女老师叫住了我，让我把书名和联系方式留下，我留下了，但也没报太多希望。没有想到，大概过了一个多星期，在系里的信箱里看到了一封来自图书馆的信，告诉我书已找到，让我去看。还有一次，我急需一本书，卡片上有（当时还没电脑检索），但书架上却没有，我找了好久也没有找到，只好向库本库的老师求救，当我把索书条给他们后，有一位老师二话没说就去了书库，一时没有找到，就楼上楼下帮我联络其他部门的老师一起找……

他们这种敬业的精神，至今想来，依然感动。

写上这些，一者是想表达自己对图书馆深深的感激之情，没有她的滋养，我学术上的成长肯定会困难很多，甚至会有很多的不可能；二者也希望将自己的感受和认识与南开的莘莘学子共享，万一自己的感受还能对师弟师妹们的学习有点滴的触动，则幸莫大焉。

[**作者简介**]

余新忠，男，南开大学历史学院教授、博士生导师，中国社会史研究中心副主任。

图书馆助我前行

薛敬孝

图书馆是知识的海洋，是智慧的源泉。我从小学到现在，一直和图书馆有着不解之缘。在我学习和科研道路上，图书馆是我的良师益友。我利用过很多图书馆，但利用最多的还是南开大学图书馆。

1957年，我进入南开园学习的时候，图书馆发给学生每人3张图书卡片，也就是说，一次可以借到3本书。借阅期限也很短，印象中是两周时间。当时，对我来说，没有能力去买更多的参考书，所以借书卡利用频率极高。当时的南开大学图书馆坐落在马蹄湖北侧原"木斋图书馆"旧址之上，是一座二层小楼。图书馆进门左手一楼是阅览大厅。因为缺少自习教室，阅览大厅实际上变成了学生自习的地方。宿舍里不安静，所以我经常选择阅览大厅作为我晚自习的场所。

1958年，新开湖北侧的图书馆落成了，图书馆移址到此。这就是现在的"老图书馆"，可当时我们都称之为"新馆"。由于1958年之后招生规模扩大，教学楼和学生宿舍却没有增加，学校一度不得不把图书馆四楼阅览大厅改成学生宿舍。我也曾在那里住过将近一年时间。那时候，图书馆的自习座位就更显紧张了，不得不提前占座位，同学间偶有因座位而引发的争执。为此，图书馆为各系、各年级发放了座位牌，学生可持牌就坐。我们只好轮流去图书馆自习。

1960年，我作为预备教师，1962年作为正式教师在经济学系任教。助教期间，我领到了10张图书卡片，一次可以借阅10本书，而且借阅期限延长至一学期。60年代初期，图书馆还开辟了工具书阅览室，这也是我经常光顾的地方。

1975年，陶继侃、张士元、熊性美老师和我组成了一个"经济危机课题组"；1977年魏埙、高峰老师和我组成了一个"军事化条件下的再生产"课题组，从事专题科研工作。这是我利用图书馆书库最多的时期。当时书库并不是完全开放的，但教师可以进入书库随意选书。因为课题研究的需要，我每隔两三天就去书库一趟。当时图书馆管理员很少，和教师很熟，有些书馆藏中没有，他们就通过馆际借书，主要是从北京图书馆邮寄过来。

1990年，逸夫楼新图书馆启用。同一时期，经济学院的资料中心也就是现在的经济学分馆也建成了。我利用经济分馆的机会相对多了起来，但是新图书馆的工具书阅览室在查找资料时还是必不可少的。进入21世纪，一个最大的变化是计算机网络的普及。图书馆从上世纪90年代就对计算机的应用给予了高度重视，引进和自建了很多数据库。这为读者查阅各种论文和数据提供了很大的方便，使读者可以随时在办公室或寓所下载自己需要的文献。最近，我在撰写一篇文章时，不仅方便地查阅到了相关馆藏书籍，通过图书馆数据库下载了数十篇有参考价值的论文，还请图书馆的老师帮我下载了2009年度最新的美国总统经济报告。

在回顾图书馆对我帮助的同时，我也深知图书馆的历届领导和工作人员的艰辛。在上世纪 90 年代初，我曾一度任经济学院副院长，当时我曾分管过经济学院资料中心(现在的经济分馆)的工作。其间我深切体会到：第一，由于经费不足，图书馆在订购图书，特别是外刊的工作中，经常要面临很多的矛盾和问题；第二，图书馆工作人员很是辛苦，不但有正常班工作，还有晚上和假日开馆时的夜班和加班，给他们带来不少困难，如此等等。

在校庆 90 周年之际，在感谢南开大学对我培养的同时，也要感谢图书馆对我的帮助，特别要感谢图书馆历届领导和全体工作人员的辛勤劳动。

[作者简介]

薛敬孝，男，南开大学经济学院教授、博士生导师。

我与图书馆

郭鸿懋

我与图书馆有着一种特殊的感情，这种温馨的“图书馆情结”来自我的成长过程和我的教学生涯，我经常想，图书馆就是我的精神家园。

1952年10月，全国高等院校调整，我被通知提前毕业，并在新建的天津师范学院政治经济学系担任助教，从此开始了我的教学生涯。为了备好课，我经常到图书馆借阅相关书籍和资料。尤其是50年代，我负责教学单位的资料室工作，经常从校图书馆借入图书，与图书馆的联系日益密切。由于工作上的关系，我可以直接进入书库浏览图书，也与编目、采购、借阅部的老师有了更多的接触，开始学习一些图书馆学的专业知识，特别是图书分类法，这对我查阅和管理图书帮助很大。也正是由于进入到书库中，才使我初步感受到什么是知识的海洋，激发了我旺盛的求知欲。于是，我有空便到书库来，一待就是一个单元，常常忘记了下班闭馆时间。

在图书馆，我广泛涉猎社会科学、人文科学的各种书籍，不拘泥于专业的限制，得到了很多意外的收获，我现在把这种现象称为“阅读的外部性”。这种阅读，既提高了我的文化素养，又提高了教学质量。

“文化大革命”期间，为了消磨时光(当时尚未复课)，便有了学习阅读中国古籍的想法，我便利用暑假期间，先学会查阅中国经、史、子、集四部丛书的大型工具书——《图书综览》，继而阅读了明万历宰相张居正的《张太岳先生全集》及相关传记资料，了解了他一生推进改革的业绩，初步尝到诵读史书的乐趣。这当然受益于图书馆的馆藏与服务。

粉碎“四人帮”后，1977年9月，我调入南开大学经济学系，圆了我的“读书、深造，拥有更好的工作”的梦想。在南开园当好一名教师就必须进行科研，没有科研的创新就没有教学的创新。为此，我还是坚持选择从图书馆的丰富馆藏中吸取营养。当时，系、所、图书馆的阅览室，特别是外文资料和工具书阅览室，是我经常光顾的地方。为了研究中国产业结构的发展，借助于工具书，我经常阅览《经济学家》、《时代周刊》、《新闻周刊》、《日本东洋经济》、《日本产经新闻》等刊物。这使我从产业经济研究最发达的日本书刊中获得不少信息，也第一次了解到物业这一产业部门。1984年我转入城市经济的教学与研究工作，在完成几个国家社科研究基金项目“城市经济运行的微观基础”、“城市宏观经济运行”和“城市空间经济与经济运行”的过程中，从未间断过从图书馆、经济学分馆，以及系、所资料室中查找和搜集资料的工作。这些资料的获取也与日常在图书馆获得的“阅读的外部性”非常有关，因为没有这样的通读和浏览，就得不到研究的视角与灵感，也谈不上对于学术命题的专业搜索了。

进入90年代以后，我兼任南开大学出版社社长和总编，与图书馆的关系又增添了新的内容：

其一，我的前任是中国近代史专家来新夏教授，他在任出版社社长的同时还兼任南开大学图书馆馆长，在如何当好出版社社长和总编问题上常给我以指点(既是出版社社长又是图书馆馆长，二任于一身，实际上是在图书市场上既懂得供给，又了解需求)，使我获益匪浅。而作为一个大学的出版社，必须选择和出版有品位的图书，以推动学科的建设和发展，这也需要我从图书馆方面了解图书的发展前沿与需求。出于这一考虑，在任期间我主持开辟了"南开大学博士丛书"这一品种，并注意新学科的推进工作。

其二，图书馆与出版社都是学校的窗口，两个单位需要紧密合作，共同为学校和社会作出贡献。在这方面，图书馆在时任馆长冯承柏教授的主持下对出版社给予了很大帮助。在接待外宾方面，特别是庆祝南开大学出版社成立64周年暨重建10周年的活动中，图书馆为我们提供了大会会场和图书展览厅等场地，在物力、人力等各方面提供了兄弟般的援助。

其三，出版社利用图书馆的藏书资源组织出版。其中也不乏成功之例，如我在书库阅览时曾发现一本书，即解放前民国资源委员会李洛之、聂汤谷编著的《天津的经济地位》，这是一本有关解放前天津经济发展的、资料最全面最详细的专著，在全市仅存3本，南开大学图书馆收藏其一。在城市经济学专家蔡孝箴教授的指导下，经与图书馆协商，得到大力支持，允许借出并制版，由出版社正式出版。在出版过程中得到天津市政府顾问方放同志亲自筹划的资金支持并为书作序。这本书出版后受到各界的重视，天津市市委、市政府研究部门，各系统研究部门都视为珍藏，为天津经济研究提供了极为重要的文献。

进入新世纪后，图书载体发生了巨大变革，网上阅读成为最先进的阅读方式，互联网的建立也为图书的传递提供了最先进、最便捷的手段。图书馆特别是经济分馆在这方面做了大量的创新工作，及时帮助我做好了研究生获取文献的指导工作，在此深表谢意。

[作者简介]

郭鸿懋，男，南开大学经济学院教授、博士生导师。

环境科学学科发展与图书馆文献资源建设

朱　坦　卜欣欣

光阴荏苒，转眼间已是南开大学建校90周年华诞，亦是南开大学图书馆庆生90载吉辰。寒来暑往，老图书馆、逸夫楼厚朴依然，书香溢满南开园。作为南开年轻的重点学科院系，26年来环境科学与工程学院和校图书馆携手并肩，在校领导的支持与关怀下，共同为南开大学的学科建设和持续发展作出了应有的贡献。抚今追昔，我们深深地感谢学校和图书馆对环境科学迅速发展壮大所给予的大力支持。

作为一门交叉学科，环境科学从化学、生物学、地学、物理学、数学、医学、毒理学、工程学以及社会学、经济学、法学、管理学等相关学科中集萃精华，渗透思维，整合学科力量，凝练学科方向，搭建学科平台，逐渐形成了南开大学环境科学学科的优势和特色。在这一过程中，我们从校图书馆的资源建设中获得了巨大的支持，从最初纸版文献的订阅查询到近年来电子资源的获取，越来越丰富的国内、外专业文献见证了环境科学学科的迅猛发展，也为我们的教学科研提供了更全面有效的资源保障。同时，这些年来我们也极尽所能，从图书经费支持、服务开展与推广等方面积极配合图书馆的运作，互扶互助、相得益彰、共同发展。

1. 受益帮扶

上世纪80年代建系之初，环境科学系白手起家，一切从零开始，图书资料尤为困顿。作为一门新兴的前沿学科，环境科学的发展亟须充分的文献信息支持，特别是能够及时反映国际技术前沿的外文资料。当时，学校和图书馆立即补充订购了十几种环境科学类中外文期刊，包括 *Atmosphere Environment*，*Environment Abstract*，*Environment International*，*Pollution Abstract*，*The Science Of Total Environment* 等国际权威环境科学专业文摘和期刊；以及《国外农业环境保护》、《环境保护》、《环境工程》、《环境化学》等重要的国内刊物。这些刊物的及时订阅，如同一场及时雨，对于我院初建之时迅速把握学科前沿发挥了积极的作用。

值得一提的是，上世纪70年代末国家外汇极度匮乏，当时南开图书馆和化学系经费亦捉襟见肘，如何加强国际学术交流，并以有限的经费尽可能获取更多有价值的国外学术文献，成为学科发展的当务之急。时任南开大学图书馆馆长的冯文潜教授与化学系系主任建议，以戴树桂先生的名义加入美国化学会，这样，就能够以极低廉的价格获得该学会旗下的学术期刊出版物。这样延续数十年，使得化学院和环科系的老师们能够接触到该刊反映的先进的环境保护技术，为环科系早期的科研工作提供了珍贵的精神食粮。

2.鱼渔并授

1993年，环科院筹建资料室，校图书馆热情援助书架若干，并指导报刊的订阅工作。当年7月，随着信息资源管理系毕业生卜欣欣的调入，资料室乃逐步走上正轨。其后，学院资料室开始系统地订购和收藏重要的专业报刊和图书，直接为本院教学科研服务。与此同时，校图书馆亦连续订阅若干重要的环科类刊物存于图书馆报刊阅览室供全校师生共享。随着环科院资料室规模的不断扩大，管理也越来越规范，图书馆对环境科学文献提供的支持逐渐转向外文期刊工作。图书馆时任期刊部主任的陈啸山先生多次努力，帮助我们联系外文原版学术期刊的影印版，使我们得以以极度匮乏的经费购置了一批关键英文学术专业刊物。其后至今，期刊部每年夏季都会协助我们完成外文原版期刊的订购工作。1998年后，随着"985工程"的启动，特别是环境科学学科的迅速发展壮大，我院获得越来越充裕的经费支持，包括"211"专款和"985"一期、二期经费逾400万元，均用于文献资源的购置。为了帮助师生进一步接触国际环境科学技术主流，时任图书馆外文采购部主任的王刚老师多次协调安排我院学科教授赴京参加国际图书博览会，并积极协助购置推荐书目，补充到图书馆的外文原版图书馆藏，为我院教师学习了解国外主流技术方法、参考国外环境科学教学并开展双语教学提供了有力的支持。

进入21世纪以后，随着互联网在国内的飞速发展，图书馆订购了一批中外文电子数据库，这些全文或文摘数据库内容丰富，检索便利，深受广大师生喜爱。为了帮助师生更有效率地使用电子资源，李培副馆长携环境科学对口学科馆员米瑞华老师和邓克武老师做了细致的需求分析和检索指导工作，并数次不辞辛苦亲赴我院，对广大师生现场培训SCI、EBSCO等关键数据库的检索使用方法。资深馆员深入浅出的讲授为面对浩瀚网络无所适从的师生打开了一扇窗，进一步推动了环境科学，特别是环境化学专业科研工作的深入开展和学科的发展壮大。

3.提升共建

21世纪是信息制胜的时代，知识乘上互联网的超音速快车，以前所未有的速率迅速普及更新。在这样的背景下，高等教育和学科的发展也必然提升信息竞争力。一方面，互联网使我们能够及时获取海量信息，另一方面，也为我们的发展提供了新的平台。一个优秀的学科不能关门作业，必须走出去与世界广泛交流。正是基于这样的认识，2004年教育部启动"循环经济哲学社会科学创新基地"项目时，我们便开始筹建国内一流水平的循环经济资源共享平台——循环经济数字图书馆动态网站。

项目启动之初，没有相关经验，缺乏专业设备和技术人才，仅凭区区数人在短短1年间建立高水平的循环经济专题信息共享平台绝非易事。当时我们慕名求教于李培副馆长，并有幸得到李馆长热心而专业的帮助。特别是在平台硬件配置和应用软件选择方面，作为经验丰富的情报和互联网技术专家，李馆长无私指点、慎重把关，为基地落实循环经济网站的软硬件平台争取了宝贵时间，同时，也在网站功能架构设计上为我们提出了具体有益的建议。毫不夸张地说，没有李馆长当时手把手地指点和提醒，就没有一年后循环经济网站的成功。难以忘记，最初开发网站的一年间，度过了多少个不眠之夜，为了攻克建设过程中频繁出现的种种技术难题，开发小组成员是如何废寝忘食地携手作战，为一个个模块设计而绞尽脑汁，为数万条数据的加工而放弃休息，为确保系统的稳定运行而反复测试……在这期间，校图书馆阎世平馆长、李广生和李培两位副馆长，均给予了我们巨大的支持和鼓励。

现代数字图书馆的建设离不开图书文献实体，循环经济基地项目进行的5年间，用于图书资料建设的经费达到数百万元。与此同时，阎世平馆长与李广生副馆长全力支持循环经济平台和环境科学学科的发展，加大相关中、外文图书报刊的购置力度，并特批补充购置了EVA和LexisNexis环境大全两个重要的电子数据库。这些专题资源的及时补充，有力地支持了循环经济共享平台的建设，对南开循环经济学术队伍的培养和科研进展起到了积极的作用。网站的成功运行有效推动了国家“发展循环经济、建设资源节约型和环境友好型和谐社会”战略的执行，通过互联网宣传普及了循环经济理念与方法，并成为国内循环经济理论和实践研究的信息龙头。循环经济信息平台建设的完成，促成了环境科学与经济学、人口学、法学、管理学、社会学等学科的进一步渗透融合，使得我院环境经济与管理专业大步发展起来。其后，随着网站功能的完善与技术的成熟，我们逐步将循环经济数字图书馆覆盖的学科范围扩大到整个环境科学范畴，成为环科院资料室的正式网站，持续更新维护，更好地为环境科学的教学与科研服务，为南开环境科学的学科发展服务。如果没有图书馆领导和馆内各部门的大力支持与合作，仅以我们一己之力来建设如此高端的网站并提供现代信息服务是非常困难的。

为了更好地配合图书馆的工作，我们在积极配合图书馆学科馆员进行数据库宣传和检索培训的同时，也于2005年开设了面向本科生的选修课“环境科学信息检索与利用”，2007年又开设了同名研究生课程，以指导学生熟悉掌握环境科学专业信息资源检索方法，培养信息检索和利用能力。这个课程，一方面，在客观上协助图书馆做好了信息宣传工作，使得学校图书馆购买的电子资源能够更充分地发挥作用；另一方面，有力支持和促进了环境科学教学科研工作的顺利开展。近年来，我校环境科学在环境化学、环境评价、环境经济与管理、环境毒理学等优势领域迅猛发展，学科触角不断拓展和深入，这与图书馆的信息服务和信息检索与利用教育是分不开的。

校图书馆与本院资料室及循环经济网站的协调合作不仅为学科发展提供了必要的养分，而且有助于环境科学研究以及学科发展快速适应新形势下国家环境保护和生态安全的需求，积极为许多重大环境问题的解决和国家决策提供有效的办法。此外，畅捷的信息渠道亦有助于师生在国际高水平、有影响的刊物上发表学术论文，进一步扩大了南开环境科学研究的影响力。

4. 展望未来

在我国，党和国家历来十分重视环保工作，加强环境保护工作已成为我国长期的基本国策，成为支持我国可持续发展的重要一环。伴随着越来越高的环境保护呼声，环境科学专业越来越“热”。作为一门朝气蓬勃的新兴学科，它的诞生本身就是社会需求和科技创新相结合的必然结果，也必然要以解决国际重大生态环境问题为宗旨，以保证资源、经济和社会的协调、可持续发展。在学科建设与发展的过程中，新的课题层出不穷，涉及多层次特别是高级环境保护人才的培养以及重大生态环境问题的预警、治理和修复等。

作为一门科学技术领域年轻、活跃且具有影响力的环境学科，值此90周年校庆之际，我们愿与校图书馆继续携手、密切合作，为南开大学的发展贡献一己之力！

[**作者简介**]

朱坦，男，南开大学环境科学与工程学院教授、博士生导师。

卜欣欣，女，南开大学环境科学与工程学院资料室主任、副研究馆员。

图书馆科技查新在科研工作中发挥的重要作用

周明华

作为一名高校教学科研工作者，学校是我们进行科学技术研究、开发、试验和应用推广工作的基地，图书馆的各种资料是我们开展工作的重要信息源和参考依据。在我们的科研工作中经常要委托学校图书馆进行科技查新工作。科技查新服务通过对相关文献信息的检索和分析，为我们科研立项、成果、专利、发明等的新颖性、先进性和实用性提供评价依据。图书馆的这些资源与服务有效避免了科研工作中的重复浪费，为科研管理、选题、立项、评估等提供了依据，在科研工作中发挥了重要作用。

1. 图书馆科技查新服务的意义与作用

1.1 为科研立项提供参考借鉴

科研课题的研发价值首先在于具有新颖性。在正式立项前，首先要全面、准确地掌握国内外相关文献报道，以了解本课题的原有历史基础、现状、发展趋势及国内外研究现状与趋势，即他人是否进行过研究或正在研究；研究的深度和广度，哪些问题已解决，哪些问题尚未解决，未解决的关键原因等。

当今社会科技迅猛发展，文献量激增，且出版分散、内容交叉重复，任何一个科研专家、科研管理人员和科研人员都无法全面掌握本学科领域的最新研究动态和研究内容，仅靠自己掌握的有限资料和工作经验来管理课题和立题难免带有较大的盲目性。科研选题前的科技文献查新检索，能帮助科研人员开阔思路、明确方向、掌握最新动态，以使选题具有新颖性、科学性。由此可见，查新在科研立项中具有方向性及相应的调节性作用，可为所选课题是否具有新颖性提供客观依据，防止因重复研究开发而造成的人力、物力、财力的损失。

1.2 为科研人员提供可靠而丰富的信息

科技查新能为科研工作的顺利开展提供有效的研究思路、方法和手段。在科研实施阶段，需要随时进行相关信息资源的检索查新，借鉴已有的成果经验，引进最新的研究方法与技术，及时掌握一些新的研究数据、实验方法，尤其是相关学科的专题资料和国内外有关研究的新成果、新进展、新动向。只有有效调整研究思路、方法和手段，才能更有助于科研课题的顺利实施。

有关研究表明，科研技术人员查阅文献所花的时间约占总工作量的 50%，若通过查新人员检索则可以大大提高检索效率。查新机构拥有丰富的信息资源，内容涉及各种学术期刊和会议论文、技术报告、学位论文、政府出版物、科技图书、专利、技术标准和规范、报纸杂志、通告等。查新服务通过整合多种介质和渠道的信息资源，能够较好地保证信息的回溯性和时效性，满足科技工作者的信息需求。

1.3 为科技成果的鉴定、评估、验收、转化、奖励等提供客观依据

科技查新可使科研总结报告更具价值和优势。对科研课题进行总结，一方面可以较为系统地整理课题研究人员对课题的深入研究程度和研究思路、方法与手段；另一方面，可以将自己的科研成果与科技查新人员提供的相关信息资源进行对照，这既是不断学习、借鉴和吸收的过程，也是一个开拓思路、创新思维，使研究成果不断修正、深化、精炼和升华的过程。

科技查新可保证科技成果的科学性和可靠性，为科研评审专家和科研工作人员提供客观的参考依据。科研评审专家在立项审定和科研成果的鉴定过程中，通过科技查新报告和科研总结报告，可以较为全面地了解课题的研究情况，使科研立项和成果鉴定更具科学性和严谨性。科研人员也可以将这些报告中提供的相关信息和技术参数作为依据，对专家提出的各类问题给出更为全面、准确的答复。

2. 南开大学图书馆开展科技查新服务的优势

南开大学图书馆从 1989 年成为全国最早使用 Dialog、ESA 国际联机检索系统的用户开始，就一直联合有关单位开展科技查新工作。同时，凭借自身丰富的信息资源和人力资源优势，于 2004 年正式成为教育部科技查新工作站。查新服务范围涉及科研立项，申报科技成果奖励，以及科技成果的鉴定、评估、验收、转化，专利申请，技术咨询(如技术的引进与转让、新产品开发、专题调研等)，博士论文开题等。其优势具体体现在以下几个方面：

2.1 拥有丰富的信息资源

科技查新工作是以相关文献的检索和对比分析为主要任务的，因此，要做好查新工作，就必须拥有丰富的信息资源。南开大学图书馆历来非常重视资源的收藏与利用，在信息资源建设方面具有一定的优势和特色，不仅拥有大量的纸本科技图书和科技期刊，还非常重视电子信息资源的引进和网络免费资源的整合与利用，这些资源涉及科技报告、会议文献、学位论文、专利文献和技术标准等。经过多年的建设，图书馆围绕学校重点学科和新兴学科，逐步奠定和形成了信息资源的专业化和特色化基础，为学校的学科建设提供了有效的信息资源保障。

2.2 拥有较为完备的信息检索与利用系统

作为中国高等教育文献保障系统(CALIS)的成员馆、中国高校人文社会科学文献中心(CASHL)的学科中心、教育部科技查新工作站以及天津市高校数字图书馆建设的文理科文献保障中心，南开大学图书馆截至 2008 年底，可访问的资源包括 62 个数据库检索系统的 281 个数据库。这些资源覆盖了我校绝大部分学科领域，为全面提高学校教学科研和学科建设水平提供了较为充足的信息资源保证。

图书馆的科技查新服务方便快捷，校内外用户均可直接从南开大学图书馆主页上查看科技查新工作流程、资源列表及服务程序，下载查新委托合同书等。各项人性化的服务与工作流程确保了图书馆能够为用户提供更加优质、高效的科技查新服务。

2.3 拥有综合业务素质较高的专业人员队伍

科技查新是一门实践性和理论性都很强的工作，它要求查新人员必须具备一定的专业知识、良好的情报理论基础及扎实熟练的情报检索技能和较高的外语水平。我校图书馆工作人

员素质普遍较高，既有熟练的操作联机检索系统和网络数据库的检索实践技能，又有丰富的手工检索经验，特别是拥有较强的沟通、交流，以及文献对比分析能力，各项综合素质比较高，能够高效率地完成查新任务，让用户感觉到图书馆高层次、高水准的信息服务能力，并得到大多数用户和科研人员的信任。

21 世纪，要保持我校的综合实力与竞争力，必须融入到高校科技创新工程中，整合科技资源，加强自由探索和对交叉学科的研究，发展高新科技，并实现产业化，力争取得重大的原创性科研成果，提高学校的国际声誉和影响力。如果我们能将科技查新作为科研项目的重要环节来管理，一方面科技查新部门结合学校专业特点，长期关注和跟踪一些技术和项目，并且定期反馈给科研项目管理部门，作为立项的参考依据；另一方面科研项目的管理与科技查新加强协作，共同组织和资助一些好的项目去申报和立项，将会更好地提高和保障申报成功率。同时，还可以为查新课题统一建档，记录详细过程，这样积累起来的资料就可以供科研人员参考、借鉴。总之，使科研项目管理和科技查新之间密切协作，在信息上互通有无、取长补短，在管理上协调一致、分工合作，在服务上相辅相成、共同提高，将更有利于创造良好的科研环境，充分发挥图书馆的重要作用，使广大师生真正从图书馆中受益。

[作者简介]

周明华，男，南开大学环境与科学工程学院教授、博士生导师。

南开大学图书馆与古籍书店

曹式哲

今年是南开大学图书馆建馆九十周年，承蒙馆方不弃，约我就国营书店与南开大学图书馆数十年来的业务合作和传统友谊写点儿什么，这在我是义不容辞的。屈指算来，我在天津市古籍书店(以下简称古籍书店)供职十六年，对古籍书店与南开大学图书馆的业务合作和传统友谊耳闻目睹了不少，于是慨然允诺。兹列举数端，以为佐证。至于外文书店、高教书店、天津图书大厦等兄弟单位，虽然亦与南开大学图书馆有过很好的业务合作，怎奈我所知有限，了解不深，只好付之阙如，有负馆方所托了。

一、流动供应，功在双赢

古籍书店的前身是新华书店天津分店古籍门市部，1956 年 6 月 1 日在劝业场对面的和平路 317 号正式开业。1980 年更名为古籍书店。文学大师茅盾先生题写的匾额“古籍书店”四字，苍劲有力，高雅超逸，一直延用至今。

53 年来，古籍书店虽然历经“文革”动乱、店堂拆迁、市场竞争的风风雨雨，但是始终遵循“古为今用”、“洋为中用”的指导方针，坚持“为读者找书，为书找读者”的服务宗旨。

建店之初，古籍书店既设有面向广大读者的门市部和收购部，又设有面向各单位的流动供应部。流动供应部由业务精、服务好的流供员组成。主要服务对象是南开大学、河北大学等高校的图书馆和系资料室，以及天津市人民图书馆、历史研究所等对口单位。古籍书店与南开大学图书馆的业务合作和传统友谊即是从这一时期开始的。《南开大学图书馆建馆八十周年纪念集》第二编“八十年沧桑”第二章“图苑英华”在介绍朱鼎荣先生的业绩时，提及“朱先生还负责圈选天津古籍书店送来的线装书目，工作勤勤恳恳，兢兢业业”，可为南开大学图书馆与古籍书店早年业务交往之佐证。

古籍书店当年规定，每个对口单位均需有流供员专人负责，并要求流供员每月甚至每周前往对口单位一次。具体任务则是了解南开大学图书馆等对口单位对古旧书籍的需求，然后从库存及新近收购的古旧书籍中挑选对口单位可能需要的，及时送达，以供选购。古籍书店还规定，凡属新近收购的古旧书籍，一律由流供员先行挑选，然后再调拨各门市部销售或存入书库。古籍书店对流动供应部工作的重视，对南开大学图书馆等对口单位工作的支持，由此可见一斑矣。

建店之初至“文革”前夕，古籍书店的老职工王振永先生一直担任流供员，所负责的对口单位即包括南开大学图书馆。王振永先生每次前往南开大学图书馆送书都是骑自行车，风里雨里，十分辛苦。书至南开大学图书馆，采编人员先行查阅馆藏目录，然后根据馆藏图书和购书经费的情况确定买哪些书，买多少书（这种传统的手工操作与如今的电子检索、计算机管理自是不可同日而语）。因此，对图书馆馆藏图书的了解，对图书馆缺书状况的了解，对图书馆购书经费及其分配情况的了解，便成为决定退书率高低的重要因素，成为检验流供员工作态度、业务能力、专业水准的重要标准。王振永先生经常泡在南开大学图书馆，不是了解各方面的情况，便是查阅馆藏目录。古籍书店的职工发现，王振永先生送到南开大学图书馆的古旧书籍，退书率极低，即便发生退书现象，也往往是南开大学图书馆购书经费不足的缘故。有一次，王振永先生送书到南开大学图书馆，采编人员表示需要查阅馆藏目录，不料他很有把握地说："这种书，你们馆没有，我已经查过馆藏目录了。"王振永先生的敬业精神和专业水平每每受到南开大学图书馆业务人员的好评，人们尊称其为"王先生"，并不直呼其名。

王振永先生的敬业精神和专业水准还表现在尽心竭力为老教授服务方面。有的老教授欲开新课，教学参考书不凑手，便请老朋友王振永先生协助查找。据说河北大学的李光璧教授讲授晚明史，也曾请他帮助查寻过有关图书资料。

我有幸拜读过王振永先生所撰《贩书随笔》一文，印象颇深。《贩书随笔》前附古籍书店老职工、版本学家雷梦辰先生小序，简述王振永先生籍贯生平，颇通版本鉴别，兀自钻研不息，酷嗜成瘾，以及《贩书随笔》的由来与评价，为后人解读王振永先生其人其文提供了有益的参考。内文多为王振永先生1958年的售书记录，包括版本鉴别、作者考证、内容提要、基本评价、售出日期、售书金额、售归单位诸项，不厌其详。其中记载售归南开大学图书馆明清古籍善本八部，居售归单位六家之首。这六家是南开大学图书馆、河北大学图书馆、天津师范学院图书馆、天津市人民图书馆、北京中国书店、北京图书馆。又有雷梦辰先生诸多按语，涉及版本鉴别和作者考证的补充说明，同时还披露了王振永先生售书期间的逸闻趣事。凡此种种，可视为有益的研究线索。

南开大学图书馆前馆长来新夏先生近日发表《我与古旧书》一文，提及上世纪五十年代帮助馆里采购古旧书期间，结识了张振铎、王振永、刘熙刚三位"古旧书业的行家"。说来这三位先生都是古籍书店的老职工，张振铎先生曾任古籍书店经理，著名古籍版本、碑帖书画鉴定专家。据南开大学图书馆古籍特藏部的江晓敏女士介绍，上世纪八十年代中期，南开大学图书馆学系举办全国古籍普及培训班期间，张振铎先生应邀讲授过版本学知识。王振永先生不消说了，刘熙刚先生业务纯熟，当年亦主要跑南开大学图书馆。由来新夏先生这段回忆文字亦可印证南开大学图书馆与古籍书店交往之深远。

二、文庙购书，千载难逢

"文革"初期，由于极左思潮的干扰和破坏，古籍书店各门市部的大批图书被指斥为"封资修"、"大毒草"而下架、封存、处理，仅剩复本颇多的各类政治书籍、学习文件、样板戏剧本等充数，书架上空空荡荡，店堂内冷冷清清，经营古旧书籍更被诬蔑为"厚古薄今"而陷于全面停顿状态。

然而这种不正常的局面不得人心，终难持久。1969年下半年至1970年初，古籍书店将天祥商场二楼门市部存放的古旧书籍（其中包括"文革"初期接收或收购的大量古旧书籍）搬迁至东门里文庙。经过一年多的粗略整理，并报呈上级领导批准后，古籍书店开设了当时全市唯一的古旧书门市部——文庙古旧书门市部。初期，科技类、中医中药类古旧书籍开放出售，文史哲类古旧书籍及碑帖类则属内部供应。在出版物品种单一、图书市场几近无书可售的特殊历史时期，此举虽然尚不够开放，但是对广大读者以及南开大学图书馆、天津市人民图书馆等单位来说，无疑是天大喜讯。一时间，前来选购古旧书籍的社会各界人士络绎不绝，多年遭受冷落的文庙大殿、侧殿也有了生气。据古籍书店一些老职工回忆，南开大学图书馆副馆长曹焕旭先生以及朱鼎荣先生当年经常到文庙古旧书门市部为馆方选购古旧书籍。2002 年 7 月末，国家图书馆善本特藏部的程有庆先生来津参加古籍书店举办的线装古籍展销活动期间对我提及，上世纪八十年代初期，他亦曾多次到文庙古旧书门市部为馆方选购古旧书籍。由此可以推知，文庙古旧书门市部当年的销售活动具有比较广泛的影响。

当时，文庙古旧书门市部的书架上、书柜里摆满了古旧书籍，品种丰富，版本多多，价格亦很便宜，有的明版古旧书籍每部售价仅数十元。对广大读者和对口单位来说，此时购买古旧书籍无疑是千载难逢的大好时机。然而，岂止读者囊中羞涩，各对口单位为经费所限，也只能量入为出，并不敢随心所欲。

文庙古旧书门市部的销售业务一直持续到 1985 年 7 月，即库存古旧书籍搬迁至佟楼新华书店业务科，将文庙交还天津市文化局以后。

三、特色售书，深受青睐

“文革”前，新华书店天津分店曾有规定，只要是古籍类图书，不论旧版还是新版，线装还是平装，均属古籍书店的经营范围。古籍书店从自身实际出发，决定以古旧书籍销售为主，新版古籍销售为辅。经销古旧书籍，古籍书店具有传统优势，自不待言。经销新版古籍，则尚须付出新的努力。为此，古籍书店与中华书局、上海古籍出版社、商务印书馆、三联书店、人民出版社、人民文学出版社等出版单位建立了密切的业务关系，长期经营新版古籍（后又增添了新版艺术类书籍），在广大读者中间享有良好声誉。古籍书店这种经营特色恰好适合南开大学图书馆的需求，从而奠定了双方数十年互利双赢的合作基础。

“文革”后，图书事业蓬勃发展，新版古籍大批问世，深受读者欢迎。根据形势发展的需要，古籍书店的天祥商场二楼门市部、和平路门市部相继转换为以经营新版古籍为主。1982 年 4 月开业的烟台道门市部、1986 年 1 月开业的原古文化街文运堂门市部不但经营新版古籍、新版艺术类书籍，而且分别与中华书局、文物出版社、上海古籍出版社、江苏古籍出版社、齐鲁书社、巴蜀书社等出版单位建立了特约经销关系。至此，新版古籍由于经营品种不断增加，营业面积日益扩展而在古籍书店诸类图书中占有突出位置。

上世纪八十年代中期，为了进一步扩大新版古籍销售，古籍书店在加强门市部销售的同时，先后制定了两项重要的促销措施。

其一，成立机关服务部，加强与南开大学图书馆等对口单位的业务合作。那时候，机关服务部只要收到新版古籍出版目录，必送达南开大学图书馆，供采编人员圈选。若有出版社特约发行的重点图书，也必送至南开大学图书馆。

当年，南开大学图书馆馆长来新夏先生以及丁义恕先生、王莉女士、王刚先生等采编人员都是古籍书店的常客。据王刚先生回忆，上世纪 80 年代中期，他常到烟台道门市部选购新版古籍，几乎每周一次。通常情况下都是他先选书，然后由机关服务部负责打包运送。如果选重了，还可以退换。王刚先生迄今记得，《明实录》、《清实录》册数较多，不易配齐，幸蒙机关服务部的刘熙刚先生热情相助，终得解决。购回的新版古籍还包括《大藏经》、《丛书集成》等印数较少的大部头，都是难得的好书。如今，这些大部头价格居高不下，而且很难买到了。那时候，南开大学图书馆每年在古籍书店购买新版古籍所花经费，少则三四万元，多则五六万元，而南开大学图书馆每年的购书经费也就五六十万元。

其二，逐步加强和完善流动售书的传统作法。每逢重要的节假日，古籍书店便组织货源到南开大学图书馆，以及中文系(今文学院)、历史系(今历史学院)摆摊售书。此举既方便了师生购书，又有适当优惠折扣，因而深受青睐。南开大学图书馆对古籍书店开辟第二卖场的举措十分欢迎，鼎力支持。1990 年以前，古籍书店的流动售书活动在图书馆老馆门前举办，1990 年以后，又移至图书馆新馆二楼大厅。一般每年两次，至多三次。应该说，古籍书店的流动售书活动对活跃南开园的读书风气和学术氛围，具有一定的促进作用。我于 2002 年 3 月间撰写的通讯《南开校园学子乐，阳春三月售书忙》，真实地反映了古籍书店当年在南开大学图书馆举办流动售书活动的动人场景。原文不足千字，兹照录如下：

3 月 11 日至 13 日，古文化街古籍书店、烟台道特价书店在南开大学成功地举办了一次图书展销活动。

11 日上午九时许，笔者来到南开大学图书馆(新馆)二楼大厅，即见迎面展台挂有巨幅红色布标，上面赫然书写着"天津市古文化街古籍书店图书展销"十五个大字。又见环形展台上井然有序地陈列着新版古籍和特价图书，或精装或平装，五颜六色，煞是好看。笔者注意到，新版古籍多为近来陆续从国内百余家出版社组织的货源，特价图书也多为精心选择的新进品种，计约数百种。据两家书店经理介绍，春节期间，书店举办的图书展销活动曾经吸引了包括大学生在内的众多读者。目前高校业已开学，鉴于大学生没有更多时间逛书店，书店决定"送货上门"，将门市部的销售活动延伸至高等学府。为了满足更多读者的专业需求，这次不但带来了许多专业性、学术性较强的文史哲类图书，而且精心选择了其他一些社科类、人文类、科普类、经济管理类的最新图书。

值得一提的是，营业员们的活动构成了展销活动另一道亮丽的风景。他们微笑着迎接每一位读者，以十分到位的服务赢得了读者的心。展销活动期间，他们始终站着忙个不迭，也没个歇息处。午饭更无暇出去吃，干脆来个简易、便捷的盒饭了事。

书店热情、周到的服务终于赢得了回报。南开园的莘莘学子纷纷前来选购图书，不少老教授、研究员、干部、工人亦闻讯而至，一时间，环形展台四周热闹异常。为了报答南开师生的厚爱，书店决定新版图书一律九折优惠，特价图书最低竟达六折，这一举措使购书热陡然升温。直至 13 日下午展销活动结束，仍有姗姗来迟的读者。

据两家书店经理介绍，南开大学图书馆领导历来对古籍书店的售书活动十分支持，这次也一无例外地提供了诸多方便。笔者在环形展台前巧遇夏家善、李广生两位馆领导，他们热情地对图书展销活动提出了不少建设性意见。

这里，还应该提及南开大学图书馆在古籍书店遇到特殊困难期间所提供的帮助。进入本世纪以来，天津市加快了城市改造的步伐，这是好事，不料却给古籍书店等国营书店带来了前所未有的困难。2001 年 5 月至 2007 年 11 月间，古籍书店的南门里门市部、原古文化街文运堂和文林阁两门市部、烟台道门市部、和平路门市部、滨江道门市部相继拆迁，东搬西挪，动荡不定。由于营业面积锐减，图书销售急剧下滑，古籍书店的生存和发展受到了严重威胁，与此同时，图书行业内部的竞争(包括公平竞争和不公平竞争)愈演愈烈，更使古籍书店雪上加霜。古籍书店迎难而上，多方寻求应对之策。对策之一便是加大开辟第二卖场的力度，之二则是向南开大学图书馆租借临时库房。当此之时，南开大学图书馆作为古籍书店的长期合作伙伴，对古籍书店所面临的困境十分理解，及时给予力所能及的帮助，使古籍书店上下迄今感怀于心。

经南开大学图书馆同意，古籍书店还曾于1991年底在新开湖畔开设门市部(时称"南开书亭")，后又移至图书馆老馆西侧，经销各类新版古籍，极大地方便了师生购书。至2002年撤出，前后经营了十二年。

四、两度携手，合作出版

我是1991年12月底由包头师专中文系调入古籍书店复制出版部从事编辑工作的。1993年6月，古籍书店与天津古籍出版社合并，统称天津古籍出版社。同年9月，复制出版部更名为天津古籍出版社第二编辑部。对复制出版部的编辑人员来说，这些变化意味着此后不但可以继续从事碑帖画册、线装古籍的影印出版，而且可以相对独立地开发新版古籍方面的选题。复制出版部的同事们为此而感到欢欣鼓舞。不料若干年后事情又发生了变化，为免生枝蔓，姑且按下不表。

1993年上半年，我因参与编纂《中国少数民族文艺理论集成》一书，首次到南开大学图书馆新馆查阅图书资料。我在馆内边走边瞧，由衷羡慕在阅览室里埋头苦读的莘莘学子，不由自主地回想起自己在包头师专图书馆教师资料室读书、备课与写作的美好时光。

我走进宽敞、明亮、肃静的古籍特藏部，目睹满架的线装古籍，想到自己又可以徜徉在书海之中，不禁心花怒放。在这里，我与业务人员贺恒祯、夏春田二位先生由相识而相熟，进而发展到探讨选题开发，并经二人介绍与时任南开大学图书馆党总支副书记的夏家善先生结识。于是便有了《中国历代家训丛书》的策划与出版(夏家善先生任主编，我与同事许大年先生为责任编辑)，并在审读书稿的过程中与王宗志先生、穆祥望女士等注释者结识。由于种种原因，《中国历代家训丛书》没能出齐，仅出版了《颜氏家训》、《温公家范》、《袁氏世范》、《双节堂庸训》、《帝王家训》、《名臣家训》六种，这是我一直感到十分遗憾的事。

1995年，我又先后与南开大学图书馆副馆长李广生先生以及刘建岱先生相识，历尽周折，终于出版了《书海语林中的精彩世界——中外名人名言荟萃》一书(李广生先生任主编，刘建岱先生任副主编，我为特约编辑)。在此期间，我又得以与范郁林女士等编者结识。

在策划与出版《中国历代家训丛书》、《书海语林中的精彩世界——中外名人名言荟萃》的过程中，我深深地了解了南开大学图书馆这些笔耕者严谨治学的精神、深厚扎实的功底，以及平易近人、诚恳待人的好品质、好作风。我万万没有想到，这两部书的问世使我在南开大学图书馆结交了这么多的好朋友。我更没有想到，这两部书已问世多年，而我与南开大学图书馆这些好朋友的友情一直延续至今。

这是南开大学图书馆与古籍书店交往史上又一段以书为缘、为书交友的佳话。

2008年12月29日，我参与编辑的内蒙古四子王旗知青回忆录专集《情在第二故乡》第一至七集终于出齐，计约200万字。2009年1月7日，我受编委会之托，通过南开大学图书馆副馆长李广生先生将两套《情在第二故乡》捐赠南开大学图书馆收藏。1月12日，我接得南开大学图书馆馆长张毅先生热情洋溢的致谢函、赠书回执，以及印制精美、大方的赠书纪念卡。赠书纪念卡端端正正地印有"敷畅文明，功著教育"八字，让我感动不已，想不到南开大学图书馆给予赠书者如此之高的评价。对我来说，这只能是一种鼓励和鞭策。赠书纪念卡内封面插图是南开大学图书馆新馆静谧、典雅的外景，此乃情理之中的选择。封底插图则是一幅颇见功力的山水画，题名《源泉》，促人联想。这是我与南开大学图书馆又一次令人难忘的交往。

五、古籍修复，功在千秋

说起南开大学图书馆与古籍书店的业务交往，线装古籍修复亦为话题之一。

千百年来，线装古籍修复以其独特的工艺形式，将那些由于虫蛀、鼠啮、霉蚀、粘连、酸化、老化而损坏的线装古籍整旧如旧，发挥了抢救、保护祖国优秀文化遗产的重要作用。然而，这门带有民间传统色彩的绝技，却存在着如下两个令人忧心的现实问题，一是因为线装古籍修复工艺基本停留于师徒之间口头传授的传统模式，没能以文字的形式记载下来，所以有关线装古籍修复的专著很是少见。二是一向少有人重视，以致从业人员稀少，几近失传。

据我所知，线装古籍修复在古籍书店素有传统，而且还有一位名副其实的传人。此人便是古籍书店古籍修复部的技术带头人施维民先生。施维民先生从1979年进店参加工作之日起，即师从张世顺、杨福春二位先生，潜心学习线装古籍修复。二位先生退休后，施维民先生一个人接着做，三十年来，默默无闻地修复线装古籍逾万册。目前，五十四岁的施维民先生在古籍修复部带有一男二女三个徒弟，言传身教，可谓薪尽火传，后继有人。施维民先生迄今记得，上世纪八十年代，张世顺、杨福春二位先生以及他本人曾经多次为南开大学图书馆修复过线装古籍。据施维民先生回忆，南开大学图书馆来人先到古籍书店善本室挑选线装古籍（当时的善本室负责人是老职工刘家云先生），如果选中的线装古籍有残损，便交张世顺、杨福春、施维民师徒三人修复，然后再付款提书。在善本室存放的线装古籍，封底大多钤有"天津市古籍书店"、"定价"、"册数"等字样的营业章，相信南开大学图书馆购自古籍书店善本室的线装古籍多有这样的印迹。

我调入古籍书店较晚，完成这篇时空跨度如此之大的文章确有难度。幸赖南开大学图书馆诸多朋友、古籍书店诸多同事热情相助，使我终能不负馆方所托。专此致谢，恕不一一。

值此南开大学图书馆建馆九十周年之际，谨以此文表示衷心的祝贺。同时祝愿南开大学图书馆的未来蒸蒸日上，更加辉煌；祝愿南开大学图书馆与古籍书店几代人数十年来通力筑就、精心呵护的业务合作和传统友谊日新月异，不断发展。

2009年8月23日于津门寓所

[作者简介]

曹式哲，男，天津市古籍书店副编审。

往事点滴

陈　平

一、新馆员——我

1997年秋，为支持妻子从事她所喜爱的专业，我随她一起调入南开大学，被安排在图书馆工作。来到南开大学图书馆，我首先要适应两种转变：角色的转变——从处级干部转为一般工作人员；工作内容的转变——从行政管理到图书馆业务。前一种转变我能以平常心态对待，后一种转变对我来说则是要从头做起，工作内容是全新的。自那时起，我成了一名南开大学图书馆的新馆员。

按照图书馆的业务性质和管理惯例，新馆员一般都要先到书库从头做起，当然我也不例外。虽然我在书库里的时间不长，只有一个多月，但体会颇深，学到的东西也不少。书库让我真正感触到它是图书馆最苦最累的地方，也是新馆员必须历练的岗位。

在后来的二年多时间里，我一直在学生文科阅览室工作。刚开始在阅览室值班的时候，我就像个守门人，只是验证发牌，整理书架，工作虽轻松但很单调。最初，让我不安的是，学生向我咨询问题时，我常常要面临一问三不知的窘迫。于是，我很想尽快改变这种状况，做个称职合格的新馆员。可是，这绝非一朝一夕的事情，需要长期的学习积累。那段时间我的想法就是以勤补拙，多学多问。既然在学生阅览室工作，就要以学生为本，围绕学生做好服务，为学生创造安静整洁的读书环境，同时努力学习，弥补自己在图书馆学和其他相关学科的知识。我是这样想的，也是这样做的。我坚持每天提前20至30分钟上班，尽量减少同学们在门口的等候时间，让同学们能够早一点进入阅览室读书；每次早班都要清理擦拭阅览桌，并坚持每周清洁一次书架；无论早班晚班，每班至少全面整架一次，而后根据情况随时整架，整架时注意记忆架上书目，以备解答学生询问；平时面对学生的问题，尽可能做到每问必答，回答不了或解释不清的，立即查资料或请教其他馆员，然后及时回复学生。这样时间一长，我发现喜欢我的学生和主动向我提问的同学多了，愿意与我交流思想的同学也在增加，这让我有了一点点成功的感觉。

记得97级图书馆学专业的一位学生给我的留言里写道："您是一位热忱为我们学生服务的图书馆员，我毕业后也要做像您这样的图书馆员。"还有一位从澳门考入南开的学生对我说："您是我到南开大学四年里遇到的第二位对我态度最和蔼的老师，您的态度让我在南开感受到了温暖。"最让我难以忘怀的还是2000年元旦晚上所值的那个班，这是我在南开大学图书馆值的最后一个晚班，第二天我就要到文学院报到了。阅览室本该晚7点开门，我6点半就去值班，与往常一样，同学们在门口排队等候开门。开门时我对大家说："今后你们可以稍晚一点来，我明天就离开图书馆了，别的老师家务忙，可能不会这么早就来开门。"当时，有好几位同学对我表示了遗憾和不舍之情，其中两位同学眼睛都湿润了。还有位同学真诚地说："老师，您离开图书馆是我们南开学生的损失。"这句话在我脑海里回荡了好久好久。那天晚班我坐在值班台前，心里如同打翻了五味瓶，甜酸苦辣说不清是什么滋味，我有些舍不得学生读者，觉得我这位新馆员还有好多事情应该做……

离开图书馆已经整整9年了，我常常回想起2000年元旦的那一晚，学生们的话让我一辈子都难以忘怀。我领悟到，无论是怎样的角色、无论在什么岗位上，只要尽心尽责，就会受到尊敬，就会实现自己的人生价值。

二、老馆员——殷老师

我到图书馆工作时，殷子纯老师已经退休了，他的职称是研究馆员，返聘在阅览部作咨询工作。殷老师其貌不扬，由于长期胃病折磨，显得干瘦背弯。我与殷老师是一般的同事关系，一同值班，一起开会，相处时间并不长，然而，殷老师对我的影响却非常深刻，他在我心中的形象始终很崇高，令我敬佩不已。

首先让我敬佩的，是殷老师学富五车的学识，凡遇学生向他咨询，或我们馆员向他请教，他少有不能作答的，而且总是把问题来龙去脉说得清清楚楚。望着他我总想，这就是我们图书馆专业真正高水平的馆员吧。

其次让我敬佩和感动的，是殷老师对物质生活的需求非常有限，对知识的求索又是那样的无限。从他简朴的衣着上就能看到，殷老师在生活上对自己几乎近于苛刻。但在工作中，他却有学不完写不完的东西。每次在阅览室看到他，总见到他在查阅着什么、书写着什么，密密麻麻的。我想，在图书馆这样浩如烟海的知识殿堂里，要想穷尽知识是做不到的，但如果没有孜孜不倦的追求精神，也就永远达不到研究馆员的高水平。

还让我佩服感动的，是殷老师对别人的关怀和帮助，每每有年轻馆员因育儿教子晚班调不开，他都乐意为他(她)们代班。平时，他还经常教导年轻馆员，讲解如何做好图书馆工作的一个个范例，帮助大家解决工作中的难题，指导我们读书修业。最难能可贵的，是他长期坚持指导中青年馆员撰写学术论文，数不清有多少馆员请教过他，无论是谁，只要找到他，他都不会拒绝，总是耐心地与求教者讨论，交换写作意见。他指导别人发表了多少篇文章已无法计算，经他指导我发表的论文就有4篇。这4篇文章后来成为我被评聘为副高级职称的主要成果。我非常感谢殷老师，也很感谢图书馆的工作环境，在这里工作的短短二年多时间里，是我精神境界得以升华，知识得以丰富的一段重要经历。

殷子纯老师代表着南开大学图书馆一大批兢兢业业工作一辈子的老馆员，他们一代又一代的默默奉献，铸造着南开大学90年来令人瞩目的基业和成就。

三、临时馆员——小纪

小纪，他的名字我至今还记不清楚，不过，只要是现在南开图书馆工作了5年以上的馆员们都可能认识他。之所以称小纪为"临时馆员"，是因为小纪是临时工，像这样的一批"临时工"对图书馆的工作有着特殊的贡献，值得尊重和肯定。

勿庸讳言，图书馆在过去和现在以及将来的时间里，都请过也将继续聘请临时工协助工作。这些临时工总是做着那些大家觉得累点脏点或影响休息时间的活儿。他们收入很低，工作（当然有的是技术含量低一些的）也没少做。所以我认为，我们不应该忘记这些“临时馆员们”，就像我们城市人不能忘记用双手垒起城市高楼的农民工一样。

我认识小纪，是刚到图书馆在书库工作的时候，小纪是书库里的一把好手，排书上架的技能娴熟。当时我算是个“学徒”，他很热情仗义，主动向我传授书库管理员的业务知识，这对我日后的工作有很大帮助。图书馆的排书上架既是重活儿又是费眼神的活儿，小纪似乎天生就具备这方面的长处，他排起书来比谁都快，比我强好几倍。平时他在学生中还挺有人气，因为他对读者的态度比较好，不少学生都喜欢他，据说还有学生把他当作具有高级职称的馆员来尊敬。1998 年，图书馆重新规划成文科馆和理科馆，挪书排架的任务非常艰巨，全馆人员辛苦了整整一个暑假，小纪成了抢手货，哪个部室都欢迎他加盟。当时有的部室为抢进度一天分两班，早起上班，延后下班，多数正式馆员只干一个班就累趴下了，小纪常常是要干两个班。后来，小纪的名气也传到了专业学院资料室，据说有好几个资料室曾出“高价”请他在业余时间帮助排书。这些学院细算过，请小纪排书比自己干快多了，花点钱值得。

小纪是山东德州人，家在乡下，一人在外打工。他在南开图书馆干了十几年。我在图书馆那会儿，他的生活十分节俭，吃用一月不超 100 元，很多馆员都很同情他，经常给他带些吃的用的。为能多挣钱，小纪还兼值阅览室的晚班，22 点以后再兼值夜间保卫班。这样一个月，他可再多挣些钱。我曾对他开玩笑：“小纪，你是在 24 小时挣钱呀”，他的回答只是淡然的苦笑。玩笑话一出口我也一阵酸楚，觉得他这样的临时馆员真不容易呀！小纪为了生计，把全部青春时光留在了南开大学图书馆。听说小纪前两年到别的地方去了，不知他现在过得怎样，真诚希望他能过上好日子。

[**作者简介**]

陈平，男，曾在南开大学图书馆流通阅览部工作，现任马克思主义教育学院副院长。

忆海拾贝

——我与图书馆和《读者之友》的点滴

张　伶

从没想过，时光会如此匆匆，恰如马蹄湖中的清荷，悄无声息地开，悄无声息地落，却把淡淡的香气和美丽的姿态留下。

春去夏来，又一个荷花即将绽放之际，我离开图书馆已近9年。当凌晨的雨声把梦推醒，当朦胧的双眼惊见窗外雨丝潇洒飘落，有缕清凉，有些欢喜。于是被这初夏的细雨温润了心情，感染着情绪。微瞌双眼，用心的轻颤，共鸣那遥远的回忆……

图书馆是我的第一份工作。对于大学图书馆，我从小就有一份神圣与崇敬，想象中它包罗万象，汇集百家，有天之高远，海之广阔。现在我居然已成为这里的员工，每天能够徜徉于一架架整齐的图书之中，这该是怎样的惬意啊！

第一天上班，便被告知来新夏馆长要见我。先生的大名仰慕已久，但一直未曾谋面。想象着大学者的威严，脚步便如灌了铅一般。轻轻推开虚掩的房门，一缕沁脾的书香扑面而来，整面墙的书架、满桌子的典籍和一个戴着宽边眼镜专心致志读书的学者，阳光透过窗棂，带来满屋的金色，构成了一幅和谐完整的画面。书因人而生香，人因书而高远，书与人原来是可以如此浑然一体的啊！

看到我好似懵懂的学徒拜见大师般的忐忑不安，先生跟我聊了一些家常，当我不再那么拘谨之后，先生问我为什么选择这个职业，"因为我喜欢读书，今后就不用攒钱买书了！"当我为脱口而出的稚气感到后悔的时候，我听到了先生爽朗的笑声还有笑声里流露出的宽容与欣赏。拭去笑出的眼泪，先生说"读书的起步要乐于读书。整天愁眉苦脸，如坐针毡，那是读不好书的。人常言'学海无涯苦作舟'我认为应改成'学海无涯乐作舟'。你喜欢读书，看来已经具备读书的基本条件，好好努力吧！不过，图书馆员的工作主要是为读者服务，让读者在最好的环境中读好书是我们的第一要务，明白吗？"我郑重地点了点头。从馆长室出来，我感到自己分外幸运，为这个职业，为有这样的馆长，我知道自己找到了精神的家园。

在这个精神家园里我一干就是11年。11年中我到过两个部门，一是阅览部，一是期刊部，都是图书馆的窗口，是最贴近读者的部门。在服务他人读书和自己读书的过程中，既体会到了学海无涯，也体会到了读书人的几分乐趣与惬意——书尽兴时，能知天大地广；阅愈深时，可晓宁静高远。

对图书馆、对书和对读书的理解是我在图书馆工作期间最深刻的体会，这种体会和理解将影响我的一生。

在图书馆，我还承担了一份影响我日后职业生涯选择的工作——参与创办《读者之友》并担任副主编。

1997年初夏，也是一个荷叶刚刚将尖尖的叶角伸出水面的季节，馆务会决定编辑出版一份面向读者的，由图书馆工作人员自己创办的报纸，让我担任副主编，具体执行该项工作。

那时候真年轻啊！委以重任的我仿佛全身的血液都涌动起来，稚气的脸上也浮起了朵朵红霞。带着青春的热烈与豪情，《读者之友》创刊了！这其中有成功的喜悦，也有痛苦的沉思。但苦得是那么淋漓尽致，甜得又是那么沁人心脾！

接下来的办报经历让我知晓了作一个合格的编辑除了热情、兴趣和文字功底之外，独到的眼光和思索问题的视角更是至关重要的，这些均源于自身知识的积累和沉淀，而这些积累和沉淀又源于在图书馆读过的那些书。

《读者之友》在众多图书馆自办报纸中存活下来了，没有过拖期，更没有过中断。三年下来，虽是"小荷才露"，但其清幽精致、恬淡亲和的风格却也自成一家。

2000年初，我调到商学院，成为一本管理学学术期刊的专职编辑，虽然仍在南开，毕竟从专业上与图书馆和《读者之友》渐行渐远了。

刚到商学院时，《南开管理评论》刚刚创办一年多，只是天津市二级期刊。经过几年的努力，现在已是国家期刊奖提名奖得主，拥有"北方十佳期刊"和"天津市特别荣誉期刊"等众多桂冠。伴随着刊物的成长，我个人在学术上也收获了许多。每每沉浸在读书的快乐之中时，我都会想起来新夏先生的教诲，先生的那句"学海无涯乐作舟"成为我享用终生的财富，使我在晦涩的管理学理论和枯燥的实证数据面前仍然感到学术的乐趣和生活的多彩。

虽然我已成为图书馆和《读者之友》的过客，但我真的要感谢与图书馆和《读者之友》一起度过的那段时光，更要感谢帮助我成长的图书馆的领导和老师们！他们不仅在我图书馆工作生涯中关照我成长的点点滴滴，即使在我离开图书馆9年后的今天仍然对我关怀如初，那份剪不断的情愫时常沐浴着我的心田，沁心于无边的关爱之中，那份幸福是无法用语言表达的。佛家有曰："前世的五百次回眸，才换得今生的擦肩而过。"我与图书馆的缘分真的是上苍的厚爱啊！

世事无常，沧桑变化。偶尔，我也会与浮躁的心灵对话，与茫然的眼神交流，但每每撩动那段美好岁月的痕迹，心灵就会平静下来，眼睛就会发出宽容的光芒！当岁月褪尽铅华，站在人生的高点，年轻时的迷惘、热烈、青涩、悲伤、豪情，都凝结成了一份恬淡的心情，一份豁达的胸怀，一份人生的感悟，一份超然的睿智！仰慕来先生对坡公《定风波》的阐释，敬畏先生"江山依然风月，人生依然故我"的淡然，此生若能修此境界，便觉没有枉来。

窗外，雨还在下着。雨天的美看在眼里，记在心头。或许，这样的美，只是一个人的感觉罢了。但无论怎样，这样的天气总会让人心里踏实。希望这如丝的雨能够带给图书馆和《读者之友》更加清新、纯净的气息，以保持其精致、恬然的风格，因为读者接受那份清爽，喜欢那份亲切！

［**作者简介**］

张伶，女，曾在南开大学图书馆流通阅览部和期刊部工作，现任《南开管理评论》编辑部副主任。

王文田(南羲)在津的诗文写作

——记一位“老南开”早年的不凡经历

殷子纯

1987年10月17日,南开大学校友会集会,欢迎一位从美国回校参加校庆的老校友:王文田。时任校友会会长的黄钰生,在致词时热情地赞扬说:王校友是“向张伯苓校长申请增设南开女中的带头人”,是重庆南开中学与复校天津的南开大学行政管理上的主要负责人之一(女生部主任,兼南大代理训导长)。总之,她是“对旧南开有功的人”。

其实,她早年在津还有一段她自己较少说及,而校友中也少有人知的不凡经历,即她在20年代初期,还曾追随青年革命家邓颖超参加妇女解放运动,是一位有抱负的进步青年;同时,她又在当时的青年作家赵景深的引领下,走过一段文学之路,是一位热心写作、颇有才气的文学青年。

上世纪80年代中期,我在业余时间参与了几部书稿(如:《天津女星社》等)的编写;为此,曾在本市及京、沪等地搜集相关史料。其间,查见了邓颖超及“女星社”成员的一批文作,其中就有署名“南羲”[①](即女星社员的“王南羲”、南开校友的“王文田”)的部分诗文,共约三十余篇(以诗为多)。诗以明志抒怀,文以叙事、论理,现以其中部分诗文(以诗为主),以“例说”之法,在简介、浅析中,展现“南羲”当年的思想境界与诗情文才,并述及相关的人与事(如:赵景深与新文学运动,邓颖超与进步妇女运动)。

一、王文田与赵景深及新文学运动

王文田(南羲)试写文学作品,始于1922年进入“中西女学”读书之时。受“五四”新思潮的影响,当年的新书、新刊她“都设法找来看”[②],从中获得启示,也产生了写作、投稿的意愿;而助她从“读者”转而为“作者”的,则是创办于1920年9月的进步报纸《新民意报》,以及它的“文学附刊”主编赵景深(从南开中学走出的著名文学家,也是天津二十年代初期新文学运动的领导人物之一)。“文学附刊”,由赵景深于1922年8月接编之后,经改革,专登新文学作品及作家评论,从而面貌一新,改变了以往新旧兼有、杂七杂八的状况,并定为“日刊”,载稿量也大增,于

① 1989年,王文田在给笔者的信中说明:“南羲”是她的本名,又是所在教会学校(中西女学)按校规为她取的英文名“Nancy”的中文音译。

② 引自1989年王文田给笔者的信中所说的话。

是吸引了越来越多的新文学作者，一时达"百人以上"，其中就有"邓颖超、王南羲"[①]；南羲自己也在给笔者的信中说："彼时我所写的稿件，大部分都投往《新民意报》的附刊，该刊由赵景深先生主编"。（可惜，1922 年 8 月－12 月的这份"附刊"已经缺失。因而邓颖超与南羲于"附刊"上的文稿，也未能得见。）

1923 年 1 月，《文学附刊》又经革新，改名《朝霞》；同年 2 月，赵等又创建了新文学社团"绿波社"，并依托它办《朝霞》，联络市内外更多的文学作者。王南羲适逢其时，她在读书、参加妇女运动的同时，也作为绿波社"社友"，更多地参与赵景深组织的文学活动；同时，也更多地在《朝霞》等刊上投稿（仅在该年的 1－8 月，就发表新诗 16 首，另有文论及译作数篇）。下举数例，以反映她在这一段时间的文学创作与文学活动。

1."写诗的讨论"（赵景深等）——《诗》（南羲）

1923 年 1 月间，勤于写作新诗且颇有见地的赵景深，在《朝霞》上开展了关于"写诗的讨论"，刊载了他与于庚虞（绿波社社员、诗人）的四次"笔谈"，表述了各自关于什么是诗以及如何写好诗等问题的见解。赵在"笔谈"中认为：诗是因外在事物在人心的"感应而生"，"必须有感才写诗，不是无病呻吟"；同样，"有深的感想才写诗，内情奔放写出的诗自然是好诗"。同年 5 月间，他还以"诗"说诗，写了一首仅四句的短诗《诗意》："羽冠华裳的仙女，趁你不备时来敲你的心门；若不急速的将她捉住，她又渺茫而无踪影。"它是说，由外在事物在内心引发的"诗意"，就如华美的"仙女"，会突然降临，也会瞬间滑逝；因而作诗者，就要迅速捕捉，尽情发露。在写诗上得到过赵景深指点的"南羲"，对赵等的"笔谈"，自然也颇为关注，并从中获得启示。于是，她也以"诗"说诗，写了一首题为《诗》的八行小诗（刊于同年 6 月 21 日的《朝霞》）。诗中写道："欲哭，就痛哭，欲笑，就狂笑；笑出来的旋涡之痕，哭出来的泪珠之花，才是艺术之果呀！"她以人的"哭"与"笑"作比，说明诗是内心情感的蕴含，只有真情实感，并尽情渲发，才会是好的诗："艺术之果呀！"因此，当"诗潮涌于笔锋上"，就要"尽力地写罢，不要辜负了大自然呀！"可以看出，这诗与赵诗所喻示的诗理也是相通的。

2."西沽的桃花——朝霞特刊"（赵景深等）——《西沽桃林之感》等（南羲）

1923 年 4 月，正是春光明媚、踏青寻芳的好时节，绿波社社长赵景深，组织该社部分社员与社友，于这月上旬的一天，到津门胜景西沽"桃花堤"郊游、咏诗。他们乘船而行，到达后，在观赏桃林美景的同时，也捕捉灵感，酝酿诗情；有的即景口占，有的归去草成。其后，赵把集得的诗作，以"西沽的桃花——朝霞特刊"为题，在当月的 14－19 日的 5 天中，分 5 辑刊出，合共 20 首，写诗的作者共 13 人，大多为一人一首，最多的 2 人各 3 首，而"南羲"即是其中之一。

如果说前次在《朝霞》刊出关于"写诗的讨论"，是有关写诗理论的探讨，而这次"西沽咏诗"，则是新诗创作的一次实践；而就作者言，也是诗情、诗才的一次展示。南羲写的三首诗，内有意蕴，讲求诗艺，因而颇具特色。如三首之一的《风船》，与当时焦菊隐（著名导演、戏剧家，早年在津也是一位诗人）写的《船上》都是写去西沽船行时的乐趣，但二诗同题而异趣：焦诗是直接表露"站在向导船上的豪迈的愉快啊！"而王的诗则以船行时"风"、"水"、"船"的动势，衬托作者欢快心绪："风儿飘飘，水波荡荡，船身摆摆，摇动得我的心儿亦活泼泼的乱跳！"加之，诗中用语，采用叠字、排比等手法，从而使诗富有韵味而更显生动。王诗三首中的另一首《西沽桃林之感》，则意趣高远，构思甚巧。它赞美桃花的艳丽，且着笔于桃林下有贵贱之分的"观花人"；进

① 见赵景深《天津的文学界》（载《文学周报》113～119 期）。

而联想到当时的社会,人分阶级,人世不平,于是借花咏志,激情地呼唤道:"桃花呀,不分等级的桃花呀,将种子撒在全球上吧!"从而表述了自己希望在全世界实现平等社会的美好理想。

3."美国诗人朗弗落特号"(赵景深等)——《朗弗落最好的诗》等(南羲)

在编出1922年的"文学附刊"时,赵景深就注重译介外国作家作品,出过王尔德(英)、哥德(德)等的"专号";1923年1月改刊《朝霞》后,又于2月间筹出"美国诗人朗弗落 congbellow 特号"。由于当时有关朗弗落的作品、传记等相关的中文资料极少,这给赵等写稿与组稿带来困难;于是赵就请时在中西女学(美国教会办)读书的王南羲帮忙,王也尽力而为,除从图书馆借出能借的资料外,还把不能外借的作了抄录或摘记,供赵与他人参考。于是在2月的《朝霞》上如期刊出了"特号";在这月的3日—27日之间,共用14天,分别登出朗翁的译诗共37首,评介文章18篇,而参与的作者也有15人(大多为绿波社的社员或社友)。其中,仅赵景深自己就译诗5首,译写传论文章9篇(如《朗弗落的生平和他的著作》、《儿童诗人之朗弗落》等)。南羲自己,也在课余译诗一首《一个乡村的铁匠》,撰文一篇《朗弗落最好的诗》(分别载《朝霞》2月7日与8日)。赵景深后来回忆此事时,还心怀感激地说:"美国诗人朗弗落的百年纪念,我请王南羲在中西女学图书馆里替我抄来资料,我就根据这些资料写文章"①。

1923年8月,赵景深离津去湖南长沙岳云中学任教,并组"绿波社"长沙分社。其后,又去上海,任编辑、当教授,并著译不辍,成为著名的文学家、编辑家。在1922年8月至1923年8月的一年间,(王)南羲随赵景深参加了津门早期的新文学运动,在创作上也小有成绩,显示了她的文学才能。

二、王文田与邓颖超及妇女运动

1922年以后,邓颖超等原觉悟社在津社员,先后组建了"女权运动同盟会直隶支部"(1922年11月成立)、"女星社"(建于1923年4月)等"妇运"组织,积极开展妇女解放运动。在"五四"时期就与邓颖超等觉悟社社员相识的王南羲,其时刚进中西女学读书;在"故友"邓颖超的引导下,她也成为这些"妇运"组织的骨干成员,并在《女星》、《妇女日报》等报刊上发表诗文(以文为多)。这些诗或文(包括刊登于文学刊物上的新诗),突出地反映了她当年的思想理念、人生追求;她与邓颖超还诗歌往还,展现了邓与她的战友情谊,以及邓对她的关切、帮助与影响。

1."赠诗"(邓颖超)——《绝望的慰安》(南羲)——《答友》(邓颖超)

题中所示的这三首诗,是邓颖超与(王)南羲二人的赠答之作。先是邓的"赠诗"(其诗语,只在南羲的诗中转引了数段,未见全诗);接着,是南羲写的谢友邓颖超"慰解"之诗;然后,邓又作诗回应,诗题为《答友》(诗内写明"友"为"南羲")。

《绝望的慰安》(载《朝霞》1923年1月27日),所表述的是作者自己在1922年冬的一段时间内由"忧愤"转为"感奋"的思路历程。诗的一开头,作者就写道:"闷坐愁,哭断了肝肠;仰首前望,黑云遮断了星星之光!"如此苦闷、悲观,是为何因?这涉及作者当年求学路上的一段烦心事。1984年,陈学荣(王文田的同学,时为天津大学退休干部),在一篇文章(《回忆南开女中的成立》②)中,曾谈到她们当时的具体想法:"我们是朝气蓬勃的青年,无神论者",对学校里"每天课前读经、祈祷等宗教礼仪十分反感,尤其是对圣经是必修课更为不满,那里的气氛令人

① 见赵景深《"文学副刊"与"潇湘绿波"》(载人民日报《战地增刊》1979年5期)。

② 收入《邓颖超与天津早期妇女运动》(中国妇女出版社1987年出版)。

愤闷”；于是她们想转学，又“苦于别无出路”。因这种“无出路”而引发的“愤”与“闷”，正是南羲在开头那几句诗语中所表述的心境。——这时，她的一位“故友”（邓颖超），为她的“忧”而忧，于是好言宽解，并赠诗慰安：“你须勿愁，你须勿愤，你须勇敢地向前努力，终能寻着星星之光！”她还告诫说：“切莫因求学不逮，就放弃了我们的使命！”真是语重心长，南羲猛醒：“呀，如梦初醒！”重又想起自己作为一个进步青年应负的“使命”——“谋人类根本的解放，谋人类永远的安全”；于是，她在诗中重表决心：要“一手牵着劳动的兄弟，一手携着可怜的姐妹，协同一致地向前驱！”邓见南羲的诗后，甚为欣慰，遂又写诗一首——《答友》（载 1923 年 3 月 1 日《朝霞》），再予鼓励。她先在诗中，回应王的赞谢，自谦地表示：“难当你的光明路上导线的赞谢呢！”（南羲在她的诗中称邓颖超：“你是我光明路上的导线啊！”）邓还恳切地说：“我们，直率诚挚的我们，除了互相慰勉外，更有谁人？”邓为南羲的醒悟与振作，感奋不已，她欣喜地写道：“哈！好了！你竟毅然驱退了烦闷苦恼之魔，活泼泼地努力奋起！你给我许多的欣慰，我更要为你的前途祝祷！”邓在诗的末尾，还为南羲鼓励、加油：“南羲哟，奋起！”《答友》诗意真淳，诗情浓烈，字里行间充溢着多么深沉、炽热的友情啊！这八十多年前的诗歌赠答，记下了邓颖超热诚待友的动人一幕，也是当时天津新文坛的一件雅事，可以传为佳话。

在邓颖超的关怀与鼓励下，王文田果然奋起了。她与陈学荣等联络外校女生，推举代表，联名向“南开”校长投书陈情，继又面求张伯苓增设南开女中（其时，男女分校，南开中学不招女生，故“女代表”同时也要求“开放女禁”）。事后，“南羲”还写了一篇记事散文《与张伯苓先生的谈话》（载《女权运动同盟会直隶支部特刊》第 2 期）；在文中，她介绍了与张谈话的经过，说张支持她们的要求，准备筹集资金，把女中办起来。当年秋，王南羲与陈学荣等如愿以偿进入已筹办就绪的南开女中就读。进校不久，她就当选为学生自治会主席，并在潜心学业的同时，依旧走在进步运动的前列。

2.《张嗣婧略史》（邓颖超）——《妇女今日应持的精神及应负的责任》（南羲）

这是在同一场合先后所作的二篇讲演稿，作演讲的，前者是“邓颖超”，后者为“南羲”。

1923 年 3 月 24 日，原觉悟社社员张嗣婧，受旧婚制、旧家庭的迫害，不幸早逝；邓颖超等以“觉悟社”、“女权运动同盟会直隶支部”等团体的名义，于 5 月 26 日在直隶女师礼堂举行追悼会。邓首先讲话（演词题为《张嗣婧略史》，后又扩写为四千余字的《张嗣婧传》，载《女权运动同盟会直隶支部特刊》三期），追述张的历史，分析致死原因，强调指出：“伊的一生遭遇和惨死之由，确含着许多现在社会中急需解决的问题”。（王）南羲继而发言，她说：“嗣婧先生的历史同死的原因，已蒙邓先生述说过了，我听了她的历史及死的原因，使我感到‘妇女今日应持的精神及应负的责任’”（以此为题的“讲演词”，载于《女星》五期）；接着又据邓演说中之着重点——“急需解决的问题”，进而强调：应化悲痛为力量，“去改革能以使我们这样死的制度与组织”，并“携起手来，振起精神，以谋女子的解放及人类前途的光明”。显然，王的“讲话”，是听了邓“演讲”后的有感而发，其内容、论点也是与邓的“演讲”相应和的。

其时，邓颖超等所有确定的“妇运”方针是：在争取妇女切身权利（如教育平等、婚姻自由、经济独立等）的同时，更要从“制度”上求根本的解决，即改变旧制度，建立新社会。王南羲也在题为《妇女解放的根本问题》（载《女星》二期）一文中，阐说了同样观点；她针对改良主义的“妇运观”，强调指出：“要使妇女解放得到真处，就要先改革现代的经济组织；同时与受压迫的男子携手，以革命的方式，打破一切旧制度、旧礼教”。

3.《实践之灯》（邓颖超）——《我愿》（南羲）

《实践之灯》是邓颖超的一首诗，刊登在《妇女日报》创刊首日(1924 年 1 月 1 日)的头版上。它针对当时革命队伍中存在的不良倾向，倡导求实、奋进的革命精神。邓在诗中批评了轻视实践的“空言家”与怯于实践的“弱者”，说他们“只给人间添了惆怅!”;她还以形象的诗语，把“实践”比作为照亮黑夜、指引胜利前程的明灯，号召人们要“掌着实践之灯”团结朋友，朝着宏伟的目标，“一步一步向前进!”此诗作为一首说理诗，在朴实的语言中，寄寓了深邃的思想，是邓颖超早年“实践观”生动的艺术体现。

就在《实践之灯》刊出两个多月后，也是在《妇女日报》(1924 年 3 月 19 日)上，登出了“南羲”的一首诗:《我愿》。它也以“喻示”之法，表述“我”做人的“心愿”。此诗共四节;前三节，都以“我愿”开头。一愿:“是那皎洁的月儿，……与群星共舞，照着夜间旅行者的路途!”二愿:“是那珍珠般的雨点，……奏些幽曲，慰解人的寂寞、苦闷!”三愿:“是那苍老的农夫……拿着镰刀，一步一步地砍去荆棘之路!”——这“三愿”共同表示自己愿做一个对他人有益、对社会有用的高尚之人。最后一节，则把“理想”与“事实”比作亲密无间、血脉相连的“姐妹”:她们“同来到脑海之滨啊!”以此喻示:上述“心愿”是自己头脑中的“理想”，但要实现，还要见之于“事实”，从而做一个言行一致，勇于实践的人。

此诗以“诗”示“理”，宣示人生的追求;它与邓颖超的《实践之灯》，虽然所表述的角度不同，但在强调言行统一，躬行实践这一基点上，则是一致的。当王南羲在两个多月前读到邓的《实践之灯》时，也定会引发思考，获得启示。

以上三例:其一，前赠后答，互通心声;其二，你说我讲，前后呼应;其三，此诗彼诗，诗理共见。可见，其时的“邓”与“王”，是坦诚相见的挚友，携手共进的战友;时为学生的王南羲，又视邓颖超为她光明路上的“导线”，而这又体现在邓的言传身教，以及诗文中的启导。

1987 年 11 月上旬，王文田在参加南大校庆之后，又转去北京，受到时任全国政协主席的邓颖超的亲切接见，两人长谈近一小时，畅叙旧情，共忆往昔的峥嵘岁月。这“岁月”，既留在她们的记忆里，也反映于当年她们的诗文之中。

以上，通过“例说”，追述了王文田早年“学生”以外的一段“别样人生”;而她留下的部分诗文，也见证了她人生中这颇显光彩的一页。对于她既是“友”、更是“师”的邓颖超与赵景深，都分别从不同方面给予她有益的影响;而邓颖超当年对她的鼓励与诱导，更使她终身受益。人生的道路不尽相同，人的经历也会是多样的。邓颖超离津之后，继续为革命事业奋斗不息，成为卓越的无产阶级革命家;而赵景深则继续走自己的文学之路，也卓有成就。其时作为在校学生的王文田，在当时的历史条件下，也要继续自己的学业，从中学、大学到出国留学，回国后又多年服务南开，成为旧南开的有功之人，从而也践行了她早年在《我愿》这首诗中所表述的人生志愿:做一个有益他人，有利于社会的人。在欢庆南开 90 华诞之际，追记王文田早年的一段史事，或许有助于人们全面了解她的一生，从而也为“南开”校史增添一点史料。

[**作者简介**]

殷子纯，男，南开大学图书馆流通阅览部研究馆员，退休。

建国以来史学期刊及史学问题之我见

张焕宗

本人所学专业为历史学，70 年代中期至 90 年代末在历史系资料室主管期刊工作。在多年的工作实践中，我体会到既要致力于将自己的专业与信息服务工作紧密地结合起来，又要从信息服务的本职工作出发，积极主动地为历史学科的教学与科研服务。基于这一认识，我在日常工作中对史学期刊格外关注。1999 年，我由系资料室调到图书馆流通阅览部工作，虽不再负责期刊工作，但对史学刊物仍情有独钟。今逢"建馆 90 周年纪念集"征文，撰此文以作引玉之砖。

一、史学期刊

新中国成立以来，历史学科的研究取得了辉煌的成果。史学期刊比较全面和集中地反映了这一期间史学发展的水平及动向。

建国初期，最早诞生的史学期刊是 1951 年 1 月创刊于天津的《历史教学》月刊及河南的《新史学通讯》；此后，又有《历史研究》、《史学集刊》、《近代史资料》、《中学历史教学》、《历史教学问题》、《中国史学史资料》6 种刊物出现。十年浩劫阶段，历史受到歪曲，史学受到破坏，史学期刊亦不复存在。1978 年中共十一届三中全会之后，大地回春，原有史学刊物相继复刊。此外，由于不少高校新增加了历史系、科，各种史学会的勃兴以及史学专题讨论的广泛开展，史学队伍空前壮大，社会读者面及需求迅速扩大，不少新刊也破土而出。目前，全国公开发行的史学期刊已有 30 多种，为建国初期的 3 倍多。

1978 年以来，史学期刊呈现出以下一些特点：

1. 由综合型走向专科型或单一型，并逐渐形成系列。《中国史研究》、《世界历史》、《近代史研究》等刊物的问世和理论探讨、档案资料、信息动态、知识普及等专门刊物的出现，反映了史学研究的深入，史学期刊内容也表现出了专业性强的特色，可大致划分为以下五类：(1)学术研究类，如《历史研究》、《中国史研究》、《史学理论研究》、《近代史研究》、《中共党史研究》、《史学史研究》、《清史研究》、《抗日战争研究》、《世界历史》、《史学月刊》、《史学集刊》及《史林》。(2)信息动态类，目前有《中国史研究动态》、《中国抗战研究动态》，原有的《史学情报》和《世界史研究动态》(已停刊)。(3)历史教学类，由《历史教学》、《中学历史教学》、《历史教学问题》、《中学历史教学参考》等汇聚而成。(4)档案资料类，包括《历史档案》、《民国档案》、《档案与历史》、《近代史资料》、《党史资料与研究》等。(5)历史知识类，包括《纵横》、《民国春秋》、《炎黄春秋》、《党史文汇》、《党史文博》、《党史天地》、《党史纵览》等，原有的《历史大观园》(已停刊)。应该说明，在上述教学类刊物中亦不乏有较高学术价值的研究性论文，而知识类刊物中也会出现一些比较难得的资料。

2. 中国近代史、中共党史方面的刊物增势明显。继 1979 年创刊的《近代史研究》和 1988 年创刊的《中共党史研究》之后，又有《纵横》、《民国春秋》、《炎黄春秋》、《党史文汇》、《党史文博》、《党史资料与研究》等刊物问世。这一发展状况也反映了改革开放以来，对广大人民群众尤其是青少年进行爱国主义教育的重视。

3. 不少刊物在栏目设置上生动活泼，不拘一格，一改史学刊物开卷即使人感到呆板、枯燥的缺欠。如《历史教学》高校版就设有：专稿、古代史研究、近现代史研究、世界史研究、教学研究、教学参考、学术综述、党史札记、考证、新书评介、史苑撷英、学术动态等 10 多项栏目。

4. 对问题的研讨逐渐深入、广泛，开创了史学研究的新局面。以学术研究类刊物为主，以教学、档案资料、信息动态及知识普及类刊物为辅，对诸多史学理论、历史现象、事件、人物等都展开了比较充分的探讨。

二、史学问题

史学期刊所载论文集中反映了史学研究热点和动向，归纳 80 年代以来主要讨论的问题有：

1. 中国史方面的问题主要集中在：(1)古史分期问题重新提出后，诸家立论有所深化，具体问题的研究有新进展，"西周封建说"、"战国封建说"、"魏晋封建说"，三种主要意见都有突破。研究范围也较以前有所扩大，争鸣围绕中国奴隶社会的源头、中国古代社会特点、先秦社会的上层建筑等新命题展开。(2)对分期理论的探讨相当重视，"单线制"的五种社会发展形态学说的"禁区"被冲破，提出了人类最早阶段社会可以是封建社会的观点。(3)中国封建社会长期延续问题，较以往受到更大的重视，对长期延续的具体原因的探讨分歧也更大，主要有：中国封建社会没有完成"封建化"过程，中国封建社会形态高度并充分发展，中国封建社会的特点，中国封建社会形成了一个超稳定系统等不同意见。(4)宗族史研究、下层社会研究乃至生态环境研究成为近年来的研讨热点。(5)对评价历史人物的一般理论进行了新的探讨，有"阶段论"、"方面论"、"历史条件论"、"综合论"等观点提出；对具体人物的评价，有孔子、秦始皇、诸葛亮、武则天、岳飞、文天祥、李秀成、左宗棠、曾纪泽、蔡锷、杨度、胡适、陈独秀等。(6)中国近代史发展主线、清末新政意义估量、近代三农等问题，近年研讨较多。(7)洋务运动史研究，涉及总体评价，"中体西用"思想评价、洋务企业的性质及作用等问题，研究水平明显突破了"文革"前。(8)戊戌变法史方面一再出现研究高潮，对变法的性质、历史作用、失败原因与帝国主义关系等问题的探讨均有深化。(9)民国史的研究涉及民国人物、近代军阀、国民党及其统治史、两次国共合作史、中共土地革命等。(10)抗日战争史为近年来研究热点，对抗日战争在反法西斯战争中的地位与作用、抗日战争中正面战场与敌后战场的地位与作用、日本帝国主义侵华罪行等很多问题进行了探讨。

2. 世界史方面的问题主要集中在：(1)古代城邦问题的探讨，涉及古代城邦的概念、城邦的产生和存在范围、城邦的阶级关系、经济基础和政治体制，以及从奴隶制城邦到奴隶制帝国的发展规律等问题。(2)亚细亚生产方式问题重被提出后，有人认为如果把亚细亚生产方式作为一个独立的历史阶段来看，历史上的生产方式就不是 5 种，而是 6 种等新观点，表明了学术思想的活跃。(3)中世纪西欧城市问题的探讨比较热烈，着重考察了西欧封建城市兴起的历史作用，并与中国封建城市进行了比较研究。(4)世界历史上农本与重商问题的研究，成果亦很显著，促进了中世纪史研究的发展。(5)资产阶级革命是近年来着力探讨的主要课题，认为英国资产阶级革命保守、法国大革命以热月政变为分期标志的一些传统看法均被重新认识。(6)美国史的研究发展迅速，涉及城市史、政治史、外交史等诸多方面，最突出的成果是开展了关于由一般垄断资本主义向国家垄断资本主义过渡问题的研究。(7)日本明治维新运动是近年来颇受重视的一个研究课题，对其性质、成功原因等问题的探讨，分歧不小。(8)历史人物的研究与评价亦是一个重要课题，但主要围绕近现代史方面的哥伦布、拿破仑、罗伯斯比尔、克伦威尔、布哈林、F.罗斯福、戴高乐等人物展开。(9)国际关系史、国际共运史、第二次世界大战史、拉丁美洲史、战后非洲史等方面的研究，也有不同程度的进展，其中有些专题研究，填补了国外的空白。

三、问题与建议

史学期刊随着时代的步伐向前发展的同时，也还存在着一些有待改进的不足与缺欠。在学术研究类刊物中，有些文章太长，又缺乏内容提要，因而给读者带来诸多不便。如何加强学术争鸣，使史学研究更好地为改革开放和建设有中国特色的社会主义服务，应是这类刊物的最大课题。信息动态类刊物的削减，《史学情报》和《世界史研究动态》的停刊，使广大史学工作者深感遗憾与不便。主办单位在商品经济的大潮冲击下，难免有经费短缺的苦衷，但处于信息时代的今天，还是应该有弥补之策的。《世界历史》能将原《世界史研究动态》中信息性、资料性较强的"研究综述"、"学术动态报道"、"外国史学流派"、"外国史学家介绍"、"史料与资料"等栏目收入的做法，就很受读者的欢迎和称赞。教学类刊物目前为数不少，但应注意避免雷同，侧重发挥各自的优势和潜力，形成鲜明的特色，只有这样才能更好地为历史教学服务。《历史教学》月刊为兼顾学术研究与教学研究的不同特点，于2007年改版为半月刊，上半月针对中学，下半月针对高校的做法就很可取。档案资料类刊物任重而道远，由于我国档案史料浩如烟海，亟待发掘、整理并予以公布的内容又相当多，因而如何办好这类刊物，使沉睡了多年的档案史料更多、更快、更好地为现代化建设服务，确是一个还需要认真研究的重要问题。

[作者简介]

张焕宗，男，南开大学图书馆流通阅览部研究馆员，退休。

我与图书馆三十年

王宗志

如果从我1952年入南开中学学习时算起，至今已逾半个世纪，也可以算是一个“老南开”了。但我真正算是“南开大学图书馆”人，则应从上世纪70年代后期调入图书馆工作时算起。此前，我曾教过书，作过行政工作，编辑过刊物。

关于图书馆，过去人们有过各式各样的说法。有人说它是“藏龙卧虎”之地；有人说它是“藏污纳垢”之所。这些说法都有它特定的时代背景，我们且不细论。我的实际体会是，它确实是个培养人的地方。

在图书馆的这三十多年，我退休前一直在文科参考室和辅导部工作。

首先，这里的人文环境培养人。年长于我的都堪为老师。比如，殷(子纯)老师的博学；赵(霖)老师的敬业；刘(敏)老师的多才；林(惠华)老师的文笔。由于林老师已经作古，我多说两句。林老师的文笔，凡是对她稍有了解的人，都颇赞叹。了解浅的人赞其华美；了解深的人夸其准确。其实，这一切都源于她的认真。文章不论篇幅长短、影响大小，她都字斟句酌、认真推敲，总是用最简炼的语言表达最准确的思想，不达满意，决不示人。她自认为是慢工，其实是公认的巧匠。有一次，我半开玩笑地说：“以后，我的墓志铭要烦林大人推敲了。”(当时我们都互相戏称“大人”)她当即应道：“不用推敲，现在就可以定稿：‘王大人是个好人。’”事情已过去了十几年，犹历历在目。年幼于我的，也颇多让我学习之处。比如李(广生)老师的老成；范(郁林)老师的干练；王(莉)老师的谦和……这些亦师亦友的同事们，对我的品格修养、学识拓展都颇多裨益。

第二是这里的工作环境培养人。在文科参考室，除了日常的服务、管理工作外，我主要负责解答读者咨询。此前，我还以为自己知之不少，即便够不上一个“杂家”，也算是个知识面较宽的人。在这里工作一段时间后，我才明白了：自己不是知之不少，而是知之者少，不知者多。因为这里接触的读者面极宽，所涉及的知识包括文、史、哲、经等各大学科领域。要想能帮助读者解决一些问题，就需要自己多学习、多掌握有关工具、多涉猎原始文献、多请教有关专家。而文科参考室正具备这样的条件。有一件事我印象极深：一个读者给我拓来一个“字”，笔画极多，问我这个“字”念什么？并强调这个“字”见于正式文献，决非杜撰。我查了收字最多的工具书，可是它比工具书里笔画最多的字的笔画还多诸多。无奈，我辗转请教了我上中文系时的老师邢(公畹)先生。老先生对这个“字”只看了一眼，就干脆地说：“这不是个字，这是道士画的符！”见识的多寡，判若天壤。文科参考室的工作，要求这里的工作人员博学多闻，而这里丰富的馆藏为我们具备这一素养提供了可能。再者，由于接触读者面宽，其中不乏各个方面的专家，使我们求师方便。我们就是当个“二传手”，也会大长学问、大长见识。

在辅导部的时候，我们开了全校的公选课《社科文献检索与利用》。我主要讲中文工具书部分。从某种意义上讲，讲课本身并不难：老师准备什么就讲什么，学生听什么就考什么。难的是课程本身要“与时俱进”，不断地融进新东西；而解决课下“答疑”时学生们提出的问题，就更显功夫。上世纪 90 年代初，古装剧大量出现。有同学提出了一个问题：古代四人抬轿子究竟是怎么个抬法？是四个人并作两排，一人抬着一根轿杠呢，还是串成一串？电视剧上怎么抬的都有。究竟哪种抬法是正确的？我给予了解答。前者的抬法显然不对：坐轿的危险（不稳），抬轿的受罪（四个人不易保持平衡）；而后者串成一串（中间有轿隔开）则有歌为证：“头杠扬眉吐气（领先），二杠不敢放屁（后面就坐着老爷），三杠昏天黑地，四杠亦步亦趋。”其实，这样的“杂学”，也得益于丰富的馆藏。

此外，我的软笔书法较幼年读私塾时有所长进，也全赖在图书馆写写书背、做做宣传所赐。所以，我一直认为图书馆是个培养人的好地方。

[**作者简介**]

王宗志，男，南开大学图书馆流通阅览部研究馆员，退休。

我与图书馆的情缘

沈国强

从20世纪40年代末到今天，我已经走过了60年的图书馆工作历程。这其中，既有喜悦与欣慰，也有无奈和失落。但是，我始终热爱图书馆工作，忠诚于图书馆事业，学习勤奋，工作执着，痴迷于书山学海。可以说，我与图书馆有着剪不断的极深的情怀。

一、几经周折，与书结缘

早在20世纪40年代末，按照三叔沈立诗的安排，我在连县基督教青年会图书室做义工。50年代初，又在连州中学、连县图书馆当过义务馆员。在工作中，我逐渐意识到图书馆是读书、学习的好场所，盼望将来能够一直留在图书馆工作，成为一名图书馆学专家。1957年，我高中毕业参加高考，毫不犹豫地以第一志愿报考北京大学图书馆学系，并被录取，自此开始与图书馆事业结下了不解之缘。经过四年的专业学习，还参加了社会实践与图书馆的实习活动，更坚定信念，要将自己的一生毫无保留地贡献给祖国的图书馆事业。

1961年毕业后，我被分配到天津图书馆，从事科技文献服务工作。在老馆长黄钰生教授的领导下，我们创建了文献检索室。三年经济困难时期，我们缺吃少穿，夏天，顶烈日冒酷暑；冬天，穿着单薄的旧棉衣，骑着自行车深入到工厂、研究所，开展送书上门和编制对口目录服务。不仅如此，我们还热情、主动地为天津市的生产和科研提供定题跟踪服务，并取得了一些成效。当时，我们开展的这种带有创造性的信息服务活动，成为全国图书馆和情报界学习的榜样。

1970年6月8日，受"文革"影响，我被迫离开所热爱与钟情的图书馆，到郊区参加农业劳动。当时，感到十分的无奈与苦闷，觉得自己的事业和理想都被残酷的现实粉碎了，也许这一辈子再也无法从事图书馆工作了。

到了农村，我的图书馆情怀并未泯灭。在艰难的条件下，我克服资金缺乏、没有房舍与场地等种种困难，自力更生、因陋就简地办起了图书室，在农民中开展图书活动，为农业生产服务。

1973年4月，我被分配到南郊区文化馆，又开始与图书工作结缘了。在开展群众文化活动的同时，还开展图书普及与辅导工作，全力以赴帮助全区各个公社和大队办起了16个公社图书站与259个大队图书室；还开办了哲学与文艺讲座，开展了科技文献服务工作。

二、来到南开，成就事业

1978年，粉碎"四人帮"后，知识分子又迎来了温暖的春天。1980年1月，为了更好地发挥我的专长，我被调到南开大学图书馆。在这里，我开始在事业的长河中扬帆远航。其间，虽然我有机会调到图书馆学系从事教学与科研工作，但我还是毅然选择留在图书馆，与书为伴，为师生服务。我珍惜这难得的良机，争分夺秒，勤奋地、日以继夜地工作。良好的工作氛围，挖掘了我的潜力，抒展了我的才能，使我在业务和教学科研工作中，都取得了较好的成绩。

1. 参考咨询工作。入馆后，我开始在理科参考室值班。工作中，我将为广大师生服务看作是乐事，注重开展学科咨询与定题跟踪服务，如：为物理系的多晶硅太阳能电池与线性集成电路等研究课题提供一千多张资料卡片，收到一定的效果。

2. 外文文献编目工作。1983 年 3 月，我被调到外文编目部。在外文分类编目工作中，我担任西、俄文文献分编校对工作，和同事们一起分编了积压多年的数万册外文书。1989 年，图书馆引进了美国国会图书馆编目系统，我们开始对西文图书进行计算机编目，建立了西文文献书目数据库，节省了读者查找西文文献的时间，其数据质量也在高校图书馆中名列前茅。

3. 教学与科研工作。我在几十年的工作中积累的丰富的实践经验和大量的研究资料与数据，为我进一步开展教学与科研奠定了基础。在这方面，我主要完成了以下几方面的工作：

(1) 在 80—90 年代，编辑《科技目录学》(26 万字)、《情报学》(6 万字)、《工具书使用法》(4 万字)、《索引文摘的编制理论与方法》(23 万字)等教材，在本科生、中专生中讲授。

(2)为研究生、本科生举办工具书使用法、科技文献检索、专利与专利文献、标准文献的查找、物理文献的检索与化学文献的检索等讲座。

(3)编缉《南开大学图书馆馆藏工具书手册》(26 万字)。

(4)经由南开大学图书馆外文编目部馆员集体讨论，最后由我执笔撰写《南开大学图书馆西、俄文文献分类、主题标引工作手册》(8 万字)，该书成为我们分类编目工作中很好的参考资料。

(5)17 年中，发表《中外大学图书馆文献编目的比较研究》、《文摘的编制理论》与《专家系统及其在图书馆工作中的应用》等论文、文章共 57 篇。

1996 年，我被评为研究馆员，1997 年退休。1998 年，《图书馆论坛》“从业抒怀”专栏上发表了我的《忠诚、勤奋、创新》一文，概括了我五十年的图书馆从业历程。[1]

三、退而不休，再作贡献

退休后，我生活美满，家庭和睦，生活幸福而知足。与此同时，为了我热爱与钟情的图书馆，甘愿退而不休，继续锲而不舍地读书、工作和写作，以期为图书馆事业再做贡献。

1. 笔耕不辍，著书立说

退休后，我的创作热情不减，勤奋耕耘，著书立说，而且都是自己输入电脑。截至 2006 年底，出版了 5 部著作，发表了 8 篇论文与文章，编辑了 6 种学习参考资料。

(1)5 部著作

① 1997 年秋，我以日记和笔记为基本素材，开始撰写回忆录，书名为《我与书的半生缘——一个研究馆员的坎坷经历》。全书五十多万字，于 2006 年出版。中国农科院图书馆研究馆员赵华英先生读后，写了首诗：“花甲有感出自传，详述与书半生缘。国强此生不坎坷，逐流沧海变桑田。”湖南理工学院图书馆副研究馆员邓彦发表了文章说：此书“有一个非常值得称道的特点，那就是真实，真实得令人震憾。”[2]他还评论说：这部回忆录，“从一个个体经历的角度，再现了中国图书馆事业发展的 50 年历程”，“记述了中国图书馆事业发展 50 年的主要事

件，成了一部反映中国图书馆事业50年发展历程的一个缩影。”同时，这部回忆录简要记录了从20世纪初到21世纪初的主要事件，特别是记录了解放后的历次政治运动与事件，为我们提供了历史的素材与资料。南开大学历史研究所陈生玺教授指出：“此书记述了作者真实的人生历程，他不为尊者讳，不为贤者讳，不为亲者讳，不为自己讳。对过去进行反思，不隐瞒自己的缺点、错误。”还认为此书“记述了他处在其中的一个真实的社会、真实的年代、一个真实的家庭、当时真实的思想，反映了真实的历史。”[3]

②2002年，继香港出版公司出版了我的论文集《树根集——信息管理文集》上集之后，2006年又出版了该书的下集，上下两集共收录了我自改革开放以来先后发表的67篇论文，达三十多万字。这些论文涉及到图书馆学、文献学、信息学、目录学、科技目录学、计算机、通讯网络与专家系统、人工智能等各个方面，其中有我在1997年退休后发表的文章8篇。我国著名的图书馆学专家金恩辉评论说：“这些文章高瞻远瞩，思想学科前沿；理论联系实际，无不着边际的空论，套语，下笔有根有据，对图书馆工作有一定的启发、实际指导意义；思路清晰，条理分明，大都是实事求是，言之有物，乃至对工作有可操作性的论著。”[4]在2002年3月21日的《南开大学报》，由孙玉宁写了此书出版的报道“在花甲退休返聘之年，于繁忙工作之余，仍坚持学术研究和写作。”[5]

③2003年12月，由天马图书有限公司出版了我与朱万忠副研究馆员合著的《读书与治学的工具——文摘的编制与利用》一书，全书16万字。该书论述了文摘的特性、结构、文体与语言；介绍了编制文摘的方法，还论述了文摘报道、咨询服务与检索方法，特别介绍了计算机与网络检索方法，最后介绍了如何挑选和评价文摘。

④编辑、整理与注释了三叔沈立诗的诗词集《浮沉集》。该书于2004年3月出版，了却了他生前的一个心愿。

(2)8篇文章

1997年退休后，发表了《中国高校图书馆事业50年》、《网络化进程中高校图书馆的咨询工作》与《适应信息时代需要，加强信息服务工作》等论文、文章8篇。

(3)6种学习参考资料

①编写了《图书馆学、文献学文集》、《科技目录学文集》，收集了已发表的论文、文章52篇，17万字，252页。

②编辑、修改了沈立诗撰写的回忆录《岁月如歌》，全书290页，50万字。书中描写了沈立诗从二十世纪初在家乡广东省连县求学到九十年代上老年大学近百年的个人经历。

③将沈立诗发表过的文章编辑、整理成《通讯、故事集》一书，21页，全书2万多字，包括他在五十年代《广州日报》、《南方日报》与《工人日报》等处发表的通讯文章、工厂史、工人回忆录与民间故事等18篇。

④编辑、注释了《挽联集》260联，18页，2万字，包括著名革命家孙中山、革命领袖毛泽东、作家郁达夫与画家齐白石等人的挽联。

⑤将上世纪80年代编写的《区、县图书馆工作讲话》进行了整理和编辑，有34页，3万余字。

⑥撰写了《客家山歌择抄》、《被称为天上飞碟的客家土楼》和《客家饮食文化》等文章。还与一些馆员合作，撰写了论文与文章9篇。

退休后，由于笔耕不辍，迄今为止，我所撰写的文章、论文与专著，编写的教材、手册与学习资料累计已达200多万字之多，对于我这样一个搞图书馆具体业务工作、每天都要坐班的馆员来说，付出的辛苦是可想而知的。但付出总会有回报，我得到了精神的愉悦和心灵的净化，为社会做出了贡献，这比一切物质上的享受更为重要。

2. 返聘回馆，再发余热

(1)中、外文图书分编校对工作。1997年退休后，我本可以在家安度晚年，重新安排自己的生活。但由于工作的需要，我又被返聘回馆，从事英、俄文图书的分编工作。我愉快地接受了这项工作。由于还干自己的老本行，轻车熟路，所以，能按要求每天保质保量地完成定额，未出现差错，使馆藏外文图书能及时地分类、编目。2000年4月，随着南开大学泰达学院的建立，泰达学院图书资料中心也建了起来。我被聘去从事那里的中、外文文献分编工作达两年之久。在这期间，我每天要分编中文书五六十种，外文书20多种，新书到馆后，一般在半个月之内就能分编出来，及时上架，尽早与读者见面。由于泰达学院远离市区，上下班都要乘班车，每天早晨6点多离家班车出发，下午六点半才能回家，虽然有些劳累与辛苦，但心情是愉快的。

(2)俄文书目数据库建库工作。2006年5月，根据南开大学图书馆外文编目部的需要，我又返回部里，从事俄文图书卡片的分类转换工作。主要是将馆内俄文图书使用的《杜威十进分类法》分类号卡片逐一转换成《中国图书馆图书分类法》分类号卡片，为建立俄文书目数据库做好前期准备工作。虽然自知这是一项繁重又琐碎的工作，但是，为了图书馆事业的发展，我还是欣然接受了这项任务，一直工作到今天。我的愿望就是要将自己的一切都贡献给祖国的图书馆事业。

(3)教学工作。返聘期间，天津市图书情报工作委员会举办了高校图书馆系统图书馆员业务培训班，我负责讲授图书馆现代化与管理现代化课程。

3. 融入社会，热心活动

除了继续承担图书馆的业务工作外，我还力所能及地参加一些社会活动与工作。

(1) 我于1987年加入中国民主同盟组织，不久，担任了民盟南开大学基层委员会机关支部委员。退休后，担任民盟南开大学基层委员会退休支部负责人，在中国共产党南开大学委员会统战部与民盟南开大学基层委员会的领导与组织下，我积极开展工作，收到了很好的效果。首先，积极地组织盟员进行学习活动，如向盟员们传达全国人大与政协会议的精神，举行学习邓小平理论经验交流会和改革开放30周年纪念座谈会等。其次，发挥民盟组织的作用，积极参政议政，如组织盟员就教学、科研和培养人才以及国计民生等问题，进行深入的调查研究，提出合理的意见与建议等。再次，定期组织盟员参观考察，了解改革开放30年以来天津的新变化。最后，还在图书馆发展新盟员，通过以上工作，既丰富了民盟组织的活动，也使自己的余热得到了发挥。由于我们组织了丰富多彩的活动，2009年被盟市委评为先进支部。

(2) 从上世纪80年代开始，天津客家人的联谊活动逐渐地开展了起来，随之客家联谊会也在积极筹备当中，由于自己的客家身份，我积极地参与了这项工作。经天津民政局批准，2007年客家联谊会正式成立，我担任了该组织的常务理事。在这个过程中，我参与组织了一系列的活动，如：每年的庆祝新年聚餐会、联谊会等，增加了天津客家人的相互了解；组织大家到市政协大楼听报告，如：2002年1月14日听取国务院发展中心杨希雨所长关于中美关系的报告等。通过这些活动，不但加强了海内外客家团体、乡亲的联系与合作，增进了友谊，还为构建和谐社会做出了我的一点贡献。

(3) 为拥有一个健康的体魄，能以饱满的精神状态坚持工作，我积极利用业余时间参加一些体育锻炼和文体活动,如:乒乓球、跳舞、唱歌等。通过这些活动,不但精神上得到了愉悦,工作起来精力更加充沛,晚年的生活也更加充实,2009 年,我荣幸地被天津市老干部局评为"时尚之星"。

[参考文献]

[1] 沈国强. 忠诚、勤奋、创新[J]. 图书馆论坛,1998(2):19.

[2] 邓彦. 关于倡导撰写回忆录的议案[J]. 图书与情报,2008(1):67.

[3] 陈生玺. 我与书的半生缘·序. 我与书的半生缘[M]. 天马图书公司,2006:639.

[4] 金恩辉. 天意怜幽草,人间重晚情——读沈国强先生的《树根集》[J]. 图书馆工作与研究,2002(6):15.

[5] 孙玉宁. 沈国强的专著《树根集》[P]. 南开大学报,2002-03-21(2).

[作者简介]

沈国强,男,南开大学图书馆外文编目部研究馆员,退休。

建设图书馆,利用图书馆

胡安朋

建设图书馆,利用图书馆,这个题目涉及图书馆工作的方方面面,其中十分重要的内容之一是图书馆应该建设什么样的信息资源,以及如何利用这些资源:前者是图书馆工作的核心和基础,后者是图书馆读者服务工作的主要内容。

南开大学图书馆长期以文献信息收藏的丰富并具有特色而傲立于国内高校图书馆之林,近十年来其文献信息的建设和利用又得到进一步的发展,特别是电子资源/数据库和网络共享信息资源的建设和利用更是异军突起。在建设图书馆的文献信息方面,校图书馆在不断补充纸质文献的同时,更是加强了电子资源/数据库的建设,其中CNKI系列全文数据库、中文期刊全文库(维普)、CSA、Ei Village 2、IEEE/IEE、ISI Web of Knowledge、SCI等都是国内、外知名的科技文献信息数据库。它们不仅能提供强大的文献信息检索功能,有的还在国际上被公认用作为衡量一本期刊和一篇论文水平高低的标尺。在利用图书馆的文献信息方面,校图书馆已经成立教育部科技查新南开大学工作站,出色地承担着校内外的科技查新和多项信息服务工作。

所谓利用图书馆的文献信息,主要是指由图书馆工作者向用户准确地提供他们所需要的信息,以至在一定程度上帮助用户将搜集到的文献信息转化成对社会的经济和科技发展有利用价值的情报。笔者曾在校图书馆从事科技文献信息服务工作,对如何有效地利用图书馆的文献信息为用户服务有些许体会,其中感触较深的一点是如何重点选择和了解服务对象,并为之提供有针对性的、准确的文献信息服务。高校教师和科研人员对本专业的文献信息及其检索方法往往比较熟悉,向这些用户提供一般的文献信息服务无疑只是锦上添花。锦上添花的文献信息服务工作固然无可非议,但更应该做的是雪中送炭的文献信息服务工作。那么,在高校这样的系统中哪些文献信息用户群体更需要图书馆工作人员重点关注呢?笔者在校图书馆从事科技文献信息服务工作期间曾经为以下三类文献信息用户群体提供过他们急需的文献信息服务工作,并取得一定的效果。

1. 为用户提供他们不熟悉的特种文献信息的服务

高校教师和科研人员往往对期刊和图书类文献信息的检索利用比较熟悉,但对专利文献、会议文献和科技报告文献这些特种文献的检索和利用就比较生疏。

1998年10月美国杜邦公司上海办事处的GuilfordS. Ide先生给南开大学农药国家工程中心李正名院士寄来一封信。信中提出,李正名等人的中国发明专利CN1109363A中权利要求的化合物完全被杜邦公司的有关氯磺隆专利的范围所覆盖。杜邦公司拥有大量氯磺隆类化合物除草剂专利,可以说是一个世界级的权威机构。应李正名先生的要求,校图书馆信息服务部(当时我在这里工作)对 GuilfordS. Ide 信中提及的问题进行了全面的专利文献检索、分析和法律研究。我们检索到 273 篇相关专利文献,并在分析专利文献的基础上帮助李正名先生和南开大学农药国家工程中心向美国杜邦公司上海办事处的 GuilfordS. Ide 先生提出了反诉,明确指出在杜邦公司及其他公司所有有关通式为 RSO2NHC(:Z)NR1R2 的特定氯磺隆化合物中没有出现 CN1109363A 中权利要求的苯环 2 位上单取代基为 C14 烷氧羰基或硝基,同时在嘧啶基的 4 位上单取代基为 C24 烷基、或 C24 烷氧基、或 C14 烷硫基、或卤素的化合物,依照《中华人民共和国专利法》第 22 条第二款和《审查指南》第二部分中关于选择发明及化合物新颖性和创造性的规定,可以认定南开大学农药国家工程中心拥有的中国专利 CN1109363A 和 CN1080116A 中权利要求的除草剂具备了发明的新颖性和创造性。此后,美国杜邦公司再未就此事提出疑义。这两件专利申请均被中国专利局授权,并且由于我们的除草剂具有生产成本低,除草效率高等特点,还取得了明显的经济效益。

2. 为没有能力进行全面文献信息搜集和利用的校内科技研发项目提供跟踪或定题信息服务

校内一些科技研发项目涉及许多子课题的研究与开发,由于条件和能力所限,项目组自身不可能再抽出人力和精力来完成该项目相关文献信息的搜集和分析工作。这部分工作约占整个项目研发工作量的三分之一,涵盖前期准备、中期参用和后期鉴定等方面。图书馆的文献信息服务工作者应当主动地去寻找、了解并提供这一雪中送炭的文献信息服务工作。

原南开大学戈德防伪技术公司研发各种防伪材料,涉及各种印章(包括原子印章、翻转印章、光敏印章等)、各种防伪油墨(包括荧光、磁性、光致变色、核加密、刮开式油墨及其他新型油墨)和各种特殊用途的印油(包括原子印油、防伪印油、光敏印油及其他新型印油)。防伪材料的研发在当时是属朝阳性的高新技术,校图书馆信息服务部从 1992 年起为南开大学戈德防伪技术公司进行定题检索服务,所提供的文献信息数量大致如下:

(1)原子印油和印章,条目 648 条,原始文献 169 篇。

(2)防伪防涂改油墨,题录及文摘 12 条,原始文献 8 篇。

(3)原子印章发展历史、制作工艺及设备文献调研,条目 344 条,原始文献 88 篇。

(4)荧光防伪油墨的标准,目录 29 条,原文 26 件。

(5)全息加密防伪,条目 14 条。

(6)温致变色,条目 22 条。

(7)双波荧光物质,条目 21 条。

(8)红外荧光及 X—射线荧光,条目 9 条。

(9) 长寿命红色荧光物质,条目 8 条。

(10)荧光物质在纺织品中的应用,条目 9 条。

(11)喷印油墨,条目 6 条。

(12)磁性油墨,条目 31 条。

(13)刮开式油墨,条目 41 条,原始文献 7 篇。

(14)连续盖印印章,条目 5 条,原始文献 2 篇。

(15)光敏印油,条目 33 条,原始文献 1 篇。

该公司在给我馆的信息服务反馈信中写到:“所查出有关荧光防伪技术的文献涉及荧光防伪油墨、荧光化合物、原子印章,并列出了重点,为我公司开展荧光防伪技术研究做出了宝贵的贡献；所检索的国内外专利保证了我公司'TN 防伪原子印章及其制造工艺'鉴定会的顺利进行；所查出的有关标准为防伪荧光技术产品标准的制定提供了参考依据。我公司研制的荧光防伪技术产品荣获 94 国际科技与贸易博览会金奖（新加坡）和第三届中国专利博览会金奖，这一荣誉包含着图书馆老师的智慧和辛劳。”我们提供的文献在该公司的新产品开发中也起到十分显著的作用。例如，2002 年该公司技术人员参考我们从 CA 中检出的 JP2000204307A2，开发出一种新的质量更好的光敏印油，当年就创造产值 40 万元，并于 2003 年申请了中国专利。戈德集团公司从 1992 年至今，共申请了 43 件中国专利，其中 40 件是由我们进行查新和代理（校图书馆前馆长来新夏先生曾组织部分图书馆馆员学习专利代理，并取得专利代理人资格）的。目前，已授权的有 29 件。前中国知识产权局局长姜颖曾到该公司视察和了解专利申请和利用的情况，事后该公司被确定为国家专利示范工程单位。

3. 为个别教师提供其不熟悉的跨学科文献信息服务

世界上一项新的科技成果出现，往往会激发许多科研人员的灵感，他们也希望在自身所掌握的学科方法的基础上，去做跨学科的或更深层次的研究。当然，这项工作的顺利开展也是要以相关文献信息的收集为基础的。但是，由于专业所限，他们对非本学科或非本专业的文献信息的检索途径和检索方法并不熟悉，甚至一无所知。作为图书馆的文献信息服务工作者，也应当为他们提供雪中送炭的文献信息服务工作，让他们充分体会利用图书馆工作的重要价值。下面仅举一例：

1990 年以来，由于克拉茨奇默等在制备碳 60 上的重大突破，碳 60 的研究发展非常迅速。碳 60 以其独特的结构和性质，不仅在化学、物理学上具有重要的研究价值，而且在超导体、导体和半导体、催化剂、润滑剂等众多领域显示出巨大的应用潜力，从而开辟了化学、物理学、材料科学相互交叉的一个崭新的研究领域。我校一位数学系教授对碳 60 的研究产生了浓厚的兴趣，想从数学的角度进行碳 60 独特结构的研究，但不知如何检索化学文献。校图书馆信息服务部得知他的需求后，利用图书馆的化学文摘检索到 20 多篇有关碳 60 结构的文献，满足了该用户的需求。

当然，高校文献信息用户群体中需要图书馆提供雪中送炭型信息服务的不会只有以上三类，但是图书馆工作人员重点选择和了解服务对象，并为他们提供及时有效的信息服务，无疑是非常有必要和有价值的。

在南开大学校庆暨图书馆建馆 90 周年之际，笔者衷心祝愿校图书馆的文献建设和利用日新月异，再创佳绩。

［作者简介］

胡安朋，男，南开大学图书馆流通阅览部研究馆员，退休。

我爱南开,更爱图书馆

范郁林

传承着历史的辉煌,沐浴着世纪的曙光,我们迎来了南开大学建校九十周年华诞暨图书馆建馆九十周年庆典。作为一名在馆工作近三十年,现已退休的老馆员,我与图书馆有着不解之缘。

我11岁随父母来到南开,附小、附中、直至19岁下乡,校园中到处都留有美好的回忆和足迹;29岁回城再次步入南开,有幸进入图书馆工作。追寻南开的历史足迹,回味一些旧闻逸事,环顾图书馆的发展历程,有太多的追思,太多的感受。

在这近三十年中,我目睹了图书馆从封闭、被动、静态、单一的传统手工服务方式,向信息化、网络化、数字化服务的转变过程,在编目、流通、检索等各个业务环节实现了计算机集成化管理。图书馆不仅改变了原有的服务理念、服务内容和服务方式,更逐步利用现代化手段,拓展了服务范围,延伸了服务领域,形成了具有自身特色的资源建设体系和现代化管理机制,使图书馆真正成为学校的文献信息中心,成为校园文化建设的重要阵地。

可以说,图书馆在信息服务和资源建设的"质"与"量"上都发生了翻天覆地的变化。但是无论如何变化,"读者第一,服务至上",全心全意为读者服务的宗旨没有改变。多少年来,图书馆和学校一起不仅培养造就了一批又一批专家学者,更孕育教化了一代又一代英才,他们的成就都与图书馆有着极为密切的关联。历史系魏宏运老先生曾在一篇文章中写过这样一句话:"如果有人问我,南开园里,你最喜欢的是什么地方,我必然肯定地回答:图书馆。"杨志玖老先生也曾说过:"的确,我的学术研究工作离不开图书馆,离不开图书馆的工作人员。"他还多次在他的著作或论文前言中提到图书馆老师的名字,这些都让我们甚感欣慰。

我在图书馆工作期间,接触的馆长就有6任:盛元山馆长、黎国斌馆长、来新夏馆长、冯承柏馆长、李治安馆长、阎世平馆长,他们都是阅历丰富、学识渊博、享有盛誉的专家、学者,他们为图书馆的建设作出了不可磨灭的奉献,为图书馆事业的发展奠定了坚实的基础,正是有这样卓越的带头人,再加上一支恪于职守、无私奉献、敬业乐群的专业队伍,图书馆才会发展成今天这样一个馆藏丰富、设施先进、服务卓越的现代化图书馆,这真是经历了一代又一代图书馆人奋力拼搏和辛勤耕耘的结果,它凝聚着几代图书馆人的心血和不懈努力。

我爱南开,更爱图书馆,这里有我的青春,有我的追求,有我的事业,有我的奉献,我为自己拥有这份平凡的职业而感到无比的光荣和自豪。

值此之际,我由衷地期望图书馆事业与时俱进,蓬勃发展,更加辉煌。

[**作者简介**]

范郁林,女,副研究馆员,退休前任南开大学图书馆办公室主任,现任滨海学院图书馆馆长。

徜徉知识圣堂，感悟服务人生

——一个老图书馆员的图书馆情结

王淑贵

来图书馆工作已经快 28 个年头了，称得上老图书馆员了。当我接到退休通知书的那一刻，心中百感交集。其中，有能有机会自由徜徉在知识圣堂里的幸运，有时时能在文化宝库中拣拾瑰宝，领略神奇的满足，有在天长日久中积淀知识的充实，有经岁月磨砾，由青涩而多些成熟的沉思，有在心灵绿地辛勤耕耘写作偶有收获的喜悦，也有对在我遇到生活磨难与坎坷时，真诚关心帮助过我的那些朋友们深深感激，有对读者真诚服务后，工作价值得到体现的幸福与慰藉，更有对我付出了生命中最宝贵年华，倾注了辛劳的事业的深深缱绻……

我从小爱读书，但家里孩子多，生活艰难，除了课本以外，在家里见不到一本别的书。好在已经上中学的二姐喜好文学，爱读书，经常从学校图书馆借回几本小说，我就带着几分饥渴抢着看。姐姐告诉我，他们学校图书馆有好多好看的书。那时我小，图书馆是什么样我不知道，心里就牢牢记着姐姐的那句话“图书馆有好多好多好看的书”。从那时起，图书馆在我幼小的心灵里就是一个令人向往的神奇世界。

上中学时，图书室很小，没有太多的书，但对我来说，已经大开眼界了。下了课，我经常扎到里面，贪婪地一本又一本地读着，凡是能弄到手的，都不放过。后来才知道，当时还真读了不少古今中外的名著呢。从此，和图书馆结下了深深的情缘。正是从那时起，我开始感到，在这里可以学到许多课堂上学不到的知识。后来上大学，中文系要求读的许多文学作品我早在这里就读完了。

到了大学读书，第一次走进这样大的图书馆，顿时感到一种无比的神圣，连大气儿都不敢出，走路悄悄的。经过了文革的干枯，看到阅览室和书库目录盒卡片上有那么多从来没看见过的书名，心激动得都要跳出来。从此，便整天长在图书馆，如饥似渴地读着。我们学中文的，更是图书馆的常客。记得当时图书馆还没建新馆，阅览座位很少，每天很早就站在图书馆门口等着开门，跑着去占座，晚了就没座了。

来的时间多了，和图书馆的老师都很熟。当时，我最佩服是大库的季老师，要借什么书，进到库里很快就取出来。后来留校工作了，更是经常去借书，每次季老师都会向我推荐一些相关的书，我问她：“您怎么知道我需要这些书?”季老师告诉我，“看你们借什么书，我就知道你们在研究什么”。哎呀，我觉得她太有学问了。我常羡慕在这里工作的老师，她们整天能接触这么多的书，得能看多少书，有多少学问呀！心里总希望到图书馆工作，后来我把这想法对季老师说了，她高兴地说：“好呀，图书馆正需要你们这样的年轻人啊。”于是通过她介绍，我踏入心目中这神圣的殿堂。

终于有资格直接进入书库看书了。记得第一次到书库，看到满库充栋的书，我像一个充满好奇心的孩子，穿梭在林立的书架之间，每翻一本书，都会诱我驻足饱览一气。我顿时感到自己像步入宝山中，随手拣起一颗石头，都会看到它在烁烁发出珠宝的光彩。哎呀，真的太棒了！以后我会每天都在这宝山中探宝了！

但是，马上一个残酷的现实摆在我面前，我的角色变了，一下子由读者变为图书馆馆员。至今我还清楚地记得，当时有个在图书馆工作了几十年的老馆员对我说"图书馆是读书的好地方，但是，它是读者读书的好地方，不是我们馆员读书的地方。"当时，我一时弄不清她说这话是什么意思，但很快我就在工作中就感觉到，图书馆馆员的工作，实际上是一种终身的奉献，是铺路石，是为别人做嫁衣裳，是付出着自己的人生年华，去充实别人。他们所要做的，就是为那些知识的探险者们探求、挖掘、搜集、积累、整理、提供所需要的宝物。开始，只是消极地理解这一切，我并无法品出图书馆工作的真正内涵和意义。在平凡琐细而又繁忙的工作中，曾经历了身在宝山而无暇探顾的痛苦折磨，这比远隔宝山无法探的遗憾还要煎熬人。本来满心以为自己找到了向往已久的宝库，步入了神圣的殿堂，可以自由自在地探寻了，却落个为别人做嫁衣裳！自己所学的专业，白学了！这种失落，曾使我一度想调离图书馆。但在日后的工作中，尤其是被馆里送到图书馆学系干部进修班学习后，我慢慢感到，图书馆的工作并不是人们想象的那样简单，也并不是只是为别人做嫁衣裳，它和其他学科领域一样，也是一门完整系统的学科。为了给别人探好宝，需要学好并掌握这门学问、方法和技能，同时，它还是杂学，需要不断学习积累更多其他学科专业的知识丰富自己。其实，各学科的知识和研究问题的方法是相通的，有了原来学科的专业基础和背景，又能学到新的专业知识与技能，我感到天地更宽了。在充实别人的同时，也充实着自己。原来所学的专业知识非但没冲淡，反而得到了不断的补充。在工作和学习中使我感到欣慰的是，我们整天接触大量书刊文献信息，身置书山学海中，到处都是宝，怕就怕身在宝山不识宝，只要你是有心人，信手拈来，就可拣拾到精粹，每天就可以学到新东西，不断充实丰富着自己。日积月累，耳熏目染，基础就会越来越厚实。这真是从事其他行业工作无法比拟的得天独厚的优势啊！身在宝山，终身受益。我多少次暗暗庆幸自己选对了职业，在当今林林总总的职业中，不是谁都有机会遇到这样优越的学习环境和条件的。真的感到自己很幸运。

完成了角色的转变后，由于有着这种知识的铺垫，有着做读者的深切感受，倒觉得得心应手。我做过编目、采访、期刊咨询、文科咨询等工作，无论干哪个环节的工作，还总是从读者角度想问题，假如我是读者，最需要图书馆干什么？我当过读者，对这点深有感触。读者来图书馆，最渴望借阅到自己所需要的书刊文献，最渴望图书馆不断增添自己急需的新书，最希望及时了解到本学科领域最新的学术动态信息，最希望图书馆的老师是他们利用图书馆的导航者，最希望来到这里像到家一样。

从事传统咨询服务，感到轻车熟路，我觉得读者需要随时了解最新学术动态信息，就琢磨怎样主动为他们提供服务，随时了解读者需求动态，主动为他们提供信息。但是近几年，馆里让我做学科馆员，从事现代信息服务。它要求馆员不但要学会现代信息时代挖掘、搜集、处理、整合、获取电子信息的方法与技能，还要帮助读者学会获取信息的方法与技能，这无论对自己还是对读者，都是一项全新的服务方式。对于原来从事传统咨询服务的我来说，一切都要从零开始，这无疑是对自己弱势的一种挑战和考验。在事业场上滚爬了几十年，总是扬长避短，而这次却要扬短避长了。这又是一次角色的变换。也曾有过一闪念，“我行吗？到了这个年龄还要扬短避长吗？”干什么工作还从来没有过这样问过自己。但是我没有选择退却，我想到演员潘长江，他不是将自己的短处劣势变成长处强项吗？学科馆员的任务要干什么？不就是要帮助读者改变传统的使用图书馆的方式，适应现代信息服务方式，转变传统治学手段吗？自己亲身经历从传统服务方式到现代信息服务方式的转变，不更能深切体验了解读者在这一转变中需要什么吗？一旦完成了自身的转变，那么不就会更有针对性，更切合读者实际地向他们提供服务吗？一个合格的图书馆员，让读者适应图书馆现代信息服务方式的转变的同时，首先要自身适应现代信息服务。我想，我们学科馆员正是在逐步完成自身转变的过程中，帮助读者一步一步进行转变的。就这样，我们和读者一起领略了用现代信息手段和方法探宝的美妙与神奇。我们的体验感受使服务更细微，更能让读者接受，更能和他们融为一体，熔铸出人性化的和谐关系。事实证明，我们的服务得到了广大读者的认可和欢迎，我们也战胜了自身的弱势，将短处变为新的长处，将原有的弱项，变为新的强项！当原有的文化积淀和新的技能方法融合在一起时，我有一种美妙至极的体验和感受，在人生事业的最后一班岗中，不仅学到了新知识，新技能，业务上有所长进，体会到老鱼得新水的自如与欢畅，而且，还深深感悟到除却平庸惰懒，永葆青春的人生况味。身在图书馆，让人感到书山的高远，学海的渊深，永远觉得自己知识的匮乏，永远有学不完的新东西。我真的感谢图书馆，给了我这样的机会，感谢那些在业务上帮助过我的年轻同事。如果说来图书馆以前，我是以读者的身份和她结上缘的话，那么，现在，又交融了一个老馆员对几十年服务人生的感悟和品味，这种情缘的内涵就变得更加深厚。图书馆，你永远是我人生学习的课堂。

[**作者简介**]

王淑贵，女，南开大学图书馆信息部研究馆员，退休。

十年历练　十年攀登

——小记经济学分馆发展历程

张伯山

1999年寒假，正月初四，我突然接到馆长李治安教授的电话："伯山，馆里决定让你去接收经济学院的资料情报中心并改建为图书馆的经济管理学分馆。"刚到图书馆外文采访部工作才一学期多的我，内心不免有些愕然，但还是欣然接受了委派。在学校、经济学院和图书馆各级领导的关心和鼎力支持协助下，我竭尽全力地和周围的同事共同努力，最终顺利完成了改制，使分馆逐步走上了正轨和不断发展的道路。可以自豪地说，分馆从开始改制的那一刻起，就不断在为学校的发展特别是为我校经济和管理两个专业的学科建设做出越来越大的贡献。总结分馆近十年的发展变化，我觉得主要有如下几个方面值得一提：

1 馆容馆貌不断变化

自合并改建伊始，经济学分馆的馆容馆貌就一直在不断发生变化。最开始是调整各阅览室的布局和摆设，把原先狭小零散的隔断全部打开，清理多年积累的各类废品杂物，尽可能恢复和增加阅览座位，提高读者接待能力。随后，又进行了彻底的暖气改造，一举解决了过去室内冬天寒冷难耐无法正常阅览和办公的问题。2001年则进行了第一次装修改造，把原先破旧漏风的门窗全部更换成塑钢窗和包镶木门，不但外观大为改进，更重要的是解决了刮风进土的问题，改善了书库保藏条件和读者阅览环境。另外，对分馆的动力电缆也进行了更新增容，还改善了厕所条件。2004年前后，学校对分馆屋顶的防水层进行了全面维修重敷，彻底解决了每年雨季屋顶漏水造成书库书刊湿损和潜在的安全事故隐患。2006年，在经济学院的全力支援下，分馆再一次进行了全面彻底的改造装修。无论是外观装饰造型色彩还是功能布局划分，都进行了脱胎换骨式的变革。经过半年多的努力，终于完成了这项耗资200多万元的重大工程，并取得了非常理想的效果。淡雅宜人的色调，宽大高档的大厅，明快敞亮的钢化玻璃自由门和玻璃隔断墙，充足而又柔和的灯光，高贵大方的不锈钢与钢化玻璃楼梯扶手，考究的木门、木墙金属漆及铝塑板墙面，视觉舒适和谐的墙纸和窗帘，坚固耐用耐看的微晶石地面、花岗岩地面、复合地板以及进口高档塑胶地面，造型和制作细致的装饰影壁墙，使经济学分馆成为了一个效果新颖的装修精品。可以这样说，经济学分馆迄今为止在我校所有的图书文献服务单位中，馆容馆貌最好，功能非常完善，读者的阅览环境和馆员的工作环境也最为舒适。装修改造的同时，馆藏布局也进行了大规模的调整，业务和读者服务流程也随之更加合理化，为读者提供最大化的便利。不但如此，通过这次装修改造还基本解决了经济管理类书刊库容紧张的问题，为分馆今后的书刊入藏预留了很大的空间。

2 业务走上正轨，馆藏大大丰富，服务日益改善

改制后，经济学分馆一改原先资料中心那种按照院系资料室开办的方式，从书刊管理到阅览开放，全部按照正规图书馆的模式运行。首先是把图书馆所有经济管理类的中外文图书和期刊全部集中到了分馆，并把资料中心原有的图书全部分批送到图书馆编目部门进行标准化分编，然后再运回到分馆上架。因各种原因积压多年未能整理装订的大量外文期刊随后也逐步清理造表并陆续合订成册上架与读者见面。随后，分馆的中外文经济管理类新书大致以每年1万册左右的速度增长，中外文专业期刊合订本也以每年2000册左右的速度增加，目前藏书和期刊合订本的总量已经达到20万册的规模，经济、管理两个专业的师生普遍认为分馆的藏书目前从数量、入藏速度、种类和参考价值上都达到了不错的水平，对他们的教学科研起到了不可缺少的作用。分馆的书刊还全部实行了开架管理，极大地方便了师生们的教学科研和学习。在开放时间上，不但工作日能严格准时开展服务，工作日以外的晚上和周六日全都开放，节假日也安排足够的开放时间，尽最大可能来为读者提供便利。随着业务不断正规化，分馆的服务也不断改进提高，既有严格的劳动纪律和书刊管理要求，又强调亲切和蔼的服务态度，读者的满意程度已经和资料中心时代不可同日而语了。

3 现代化程度逐步提高

随着改制的进行，经济学分馆的现代化建设也提上了议事日程。改制前，资料中心只有一台586电脑和一台陈旧的386电脑以及一台老式针式打印机，远远不能适应新时期为教学科研提供高效便捷的现代化服务的需要。改制后，首先用经济学科的“211”经费购置了网络交换机，并给分馆的重点业务部门和读者检索购置了多台电脑。随后，图书馆又调集大批人力对分馆的所有编目上架图书进行了突击电脑录入，一举实现了经济管理类中外文图书管理和借阅的计算机化。此后，分馆又不断购买添置了电脑、扫描仪、激光打印机等设备，使分馆从读者服务到日常内部业务和管理都实现了现代化。在2006年重新改造装修后，分馆又建立了自己独立的小型电子阅览室，经济学院再次出资为分馆购买了多套多媒体会议设施、网络交换机阵列、LED电子大屏幕、电子白板、广播系统、摄像监测系统、内部电话交换系统等，经济与社会发展研究院也为分馆的电子阅览室支援了部分电脑。此外，分馆内各处遍布设置了墙式和地插式计算机网线接口，消防烟感器和红外防盗检测系统也同时进行了升级换代。阅览室和借书处每次开放，也不再沿用以往几十年一贯制的枯燥电铃，而是改用客运航班的播音形式，遍布分馆各阅览室、大厅、楼道走廊和书库的扬声器，可以把播音员动听的声音和美妙的背景音乐播送到分馆的每一个角落和每个读者与馆员的耳中。这样，分馆的设施设备现代化程度就有了飞跃式发展，在校内不亚于甚至超过任何其他图书文献服务单位，再也不是原先那种陈旧落伍的面貌了。

4 人员变化与团队精神的形成

除了馆容馆貌、设施装备和业务内容的巨大变化外，分馆的人员构成也发生了巨大变化。合并改制之时，原资料中心的工作人员有近30名，其中有相当多的人具有研究生或正规本科学历，具有副高职称的人也有多名。合并后，绝大多数正规学历的骨干人员被调往总馆，分馆

的人员编制也被减少到十六、七个，后来又再次减少到十五人。为了保证分馆各方面工作的顺利开展和不断提高，在规范业务工作和提高人员素质上做了一些努力。分馆严抓劳动纪律，严格执行规章制度，在所有工作日和阅览开放时间实行出勤签到，并且正副主任十年如一日坚持比其他人提前到馆，对于迟到早退、聊天串岗和服务态度不佳等现象随时批评纠正，扶持了遵章守纪的正气。平时，还大力推行团结互助的风气，经常开展各种有益的集体活动，促进分馆人员之间的感情；在评选和分配等各种事关每个人切身利益的事务上厉行公平民主，讲求公道，力争让大家心情舒畅愉快；在任何时候都一贯以工作和读者为重，处理任何事情都坚持大事讲原则小事讲团结，逐渐形成了较好的团队精神与和谐融洽的氛围，成为被很多其他部门人员羡慕和向往的地方，在历次重大任务中都高效迅速、保质保量地完成了既定目标，从未因人际关系问题影响工作和业务的开展。例如在2006年的大规模改造装修中，分馆全体人员上下团结一致，不怕艰苦，把20万册书刊和大量桌椅柜架、设施设备和杂物七天内从分馆中搬空，装修工程完工后，五天内搬回、复原上架达到开馆状态，充分体现和发挥了分馆的这种团结向上、能吃苦能打硬仗的精神面貌。

5 对学科建设提供有效支撑

分馆这些年来一直坚持根据不同时期的国内外经济发展状况和经济管理学教学科研发展动态，主动开展各种文献加工整理工作，例如，组织人员进行了多个专题检索，编成专题索引挂在分馆的主页上供师生参考使用。每当有经济学院专家学者进行重大科研项目提出文献检索需求时，分馆也为他们完成项目提供保障。在本校经济学院和商学院多次向上级申报重点学科或研究机构时，除了要及时准确提供必要的图书文献统计数字外，往往还需要向其调借数量庞大的中外文书刊。对此，分馆也是一向给予全力支持。为了支持和配合这些单位的申报和迎接检查，分馆人员多次冒着暑热或严寒在书库里捆书、编号、交接过数、下架、装运，申报或检查结束后又要交接过数、顺号、开捆、上架、顺架、清扫……，虽然这给分馆增加了很大的工作量和很多意想不到的麻烦，但是却为这些申报和迎评的顺利通过打下了重要的基础，受到了学院和学校有关部门的感谢和肯定。在2006年重新改造装修后，由于内部环境和条件状况大大提升，分馆又开始承担各种会议接待任务，除了经济学院组办的各种国内国际学术会议外，还要配合“211”工程验收、本科教学评估等各种考评活动，接待上级专家组的实地考察评验，校领导亲自参加的一些重点学科情况总结汇报评估会议场所也多次设在经济学分馆。可以说分馆是在全面完成图书文献服务之外，又直接为学校的发展和学科建设提供了服务，做出了额外的贡献，在图书馆的工作中写下了浓重的一笔。在兄弟院校来我校参观图书馆时，馆领导也安排在经济学分馆参观和介绍交流情况，从而为我校图书馆对外建立良好形象起到了很重要的作用。

6 服务方式与内容的创新

十年来经济学分馆还在服务创新上不断进行尝试和摸索，将经济学分馆的主页挂在经济学院的网站上，并不断升级，为分馆与读者之间的沟通，建立了一个良好有效的平台。还建立了若干个相关数据库，包括经济管理专业博士论文文摘索引数据库、经济专业硕士论文文摘数据库、经济专业学士论文文摘数据库、全国中文经济管理类期刊总汇数据库、经济学分馆随书刊光盘目录数据库、全国经济理论类图书目录数据库等，对总馆自建的特色数据库进行了很好的补充。此外还搜集了国内外各种经济管理类学术和文献资料性网站的网址在分馆的主页上进行链接，向读者提供了更广范围的图书文献资源，这些为扩大和深化图书馆服务范围以及图书馆文献数字化，做出了一定贡献。在图书馆每年不断入藏的中外文新书中，经济管理类图书占据了最大的比例。为了让读者及时了解分馆新到图书的情况，分馆还坚持对每批新上架中外文图书全部编辑新书通报，除了发布在分馆的主页上外，还通过收集到的大量读者电子信箱按期发送给经济学院和商学院数百位教师和经济学院的从博士生到本科生各层次的数千名学生。这种主动服务使读者及时了解到经济、管理专业图书的出版动态和馆藏图书的新进展，方便读者及时借到需要的新书，为他们的学习、教学和科研提供了最新信息，因而受到了很多读者的欢迎。为了改进提高服务水平，这些年来分馆还不断采取其他各种创新性措施，以便为读者提供越来越周到细致的服务。例如，先后实行了对研究生开放外借库本书，允许本科生阅览库本书；在学校 BBS 上发文，通报经济学分馆的动态通知以及讲解图书馆各种服务项目和经济管理类图书文献的检索与利用；在每台读者用书目检索电脑旁安装盛放纸条和圆珠笔的小筐，以方便读者记录抄写检索到的图书索书号，从细微之处体现了图书馆服务中对读者的人文关怀。

总结近十年的路程，可以说经济学分馆一直是在不断变化、不断改进和提高的，并且逐步有了现代化图书馆的影子。这个过程离不开总馆的支持和分馆全体成员的努力，而经济学分馆的每一次发展、改进和提高，都是经历了很多曲折过程，克服了很多困难而实现的。例如在 2006 年的改造装修中，就先后经过了从反复撰写请示报告和报请校内外主管单位审批到招标、监督施工质量、完工验收和工程结算等一个又一个的过程。还要说的是，经济学分馆之所以能有这样的发展，在相当大的程度上也是靠积极抓住时机去主动争取才实现的，如果只是一味坐等，一切发展的成就都无从谈起了。

总之，经过这些年不间断的努力，经济学分馆走上了一条良性发展循环的道路，达到了前所未有的高度，为支持经济和管理学科的建设和图书馆乃至学校的发展，做出了贡献。对此，我倍感欣慰，问心无愧。近十年来，我无论在日常还是在阶段性或临时性重大任务中，都竭尽全力无保留地付出了大量的心血。我一直坚信自己所做的一切，都是为了图书馆和学校的发展，是为了学科建设服务，这是一个党员起码应该做到的。奉献做事，坦荡做人，今后无论在哪个岗位上，我都将不断这样努力下去。

[**作者简介**]

张伯山，男，研究馆员，曾任南开大学图书馆经济分馆主任，现任古籍部主任。

三十年割舍不断的图书馆情缘

陈成桂

我于1979年从北京外国语学院毕业，分配到南开大学图书馆工作，至今已有30个春秋。经过这30年的工作历程，我已经从当年那个青春年少、充满幻想、不情愿留在图书馆工作的女学生，变成了年过半百、对图书馆有着难以割舍的情感的研究馆员。回想这一段图书馆情结，真是有许多事情值得回味。

以我个人的性格和爱好，图书馆这一行会成为我的终身职业，是熟知我的朋友和同学们无法相信的，这也不符合我的理想和愿望。也许是我上山下乡时做民办教师的经历和喜好运动、旅游的外向性格，我梦想的职业是做一名教师，或做一名职业导游。当我毕业得知自己被分配到南开大学图书馆工作时，心里极为不情愿。在我的眼里，虽然图书馆是一座神圣的殿堂，是知识的宝库，但图书馆的工作却太单调、太普通了，这种想法源于我上大学时对图书馆的印象，感觉那里的工作人员只是借借还还，看门守摊子。

到图书馆后，我被安排在外国教材中心工作。该部门是国家教委1979年在全国九所直属高校图书馆建立的以理工科为主的教材中心，每个教材中心相当于一个小型图书馆，它涵盖了图书馆的各个工作流程。在教材中心的最初几年，它使我从对图书馆表面肤浅的了解，到逐渐有了较深入的认识，也使我逐渐熟悉和掌握了图书馆的整个业务流程。那时，尽管我也认识到，图书馆工作处处皆学问，是一项能够有所作为的事业，但图书馆严格的坐班制度，单调乏味的工作内容，始终激发不起我的工作热情，图书馆安静的环境有时还使我这个生性好动的人感到几分浮燥和不安。

当时，图书馆的年轻党员很少，领导对我也很器重，让我参加图书馆的业务培训，到外文系进修英语等。尽管如此，我还是在左顾右盼，寻找合适的机会跳出图书馆。

1984年，历史学院来新夏教授出任图书馆馆长。他履任之初，就提出“老有所安、中有所为、青有所学”的治馆方针。他极为重视图书馆人力资源的开发，认为图书馆事业的健康发展，离不开图书馆员积极主动的参与和建设。他根据馆内工作人员的兴趣、特长，帮助他们明确和调整个人目标，使之与图书馆的整体目标相一致，并提供相应的发展平台和空间。这期间，图书馆因党员人数逐年增多，正积极筹备从党支部升格为党总支。党总支的建立，需要一名兼职秘书，馆里决定让我做兼职秘书工作。领导的信任和谆谆教导开启了我踌躇的心智，我记忆最深的是来馆长对全馆职工的讲话，他说：“图书馆事业像一棵大树的树根那样，埋在地下，通过自己从土壤中吸取各种成份的养料，然后源源不断地输送到各个枝干和叶脉，从而使这棵大树能够苍翠浓绿，枝叶茂密，硕果累累。而像树根一样长期处在一个地平线下的图书馆人，默默无闻地辛勤工作着，往往被世俗的一些陋俗偏见所漠视。我们要耐得住寂寞，要树立坚定的根的观念。"来馆几年，我时常被老一辈图书馆员任劳任怨、为他人做嫁衣、甘为人梯、无私奉献的精神所感动，他们辛勤耕耘、忘我工作的精神也在潜移默化地感染着我。特别是，每天上班面对同事们一张张亲切热情的脸，我也越来越深切地感受到图书馆这个大家庭的温暖。我认识到，根的生命是平凡的，但它在平凡中孕育着伟大，根的追求是执着的，它在默默地创造着辉煌。图书馆需要的不仅仅是藏书，它更需要默默耕耘和奉献的图书馆人。我心里慢慢涌起一种职业的自豪感，思想也由波动逐渐走向了平静。有了职业情感，我就以积极的心态投入工作，以主人翁的姿态尽职尽责。在做兼职秘书期间，我始终坚持行政工作与业务工作两不误，使自己的行政能力和业务水平都有了较大提高。1986 年，图书馆有 9 人评上高级职称，17 人评上中级职称，是建馆以来规模最大的一次职称评定。这一年，我也被评为馆员，是馆里最年轻的馆员，这让我再次体验到了工作的收获与快乐。

1990 年 1 月，冯承柏教授接任图书馆馆长。为了便于开展工作，他上任后不久，就让当时兼任图书馆党总支秘书的我也同时兼任他的馆长秘书。他的勤奋敬业，孜孜不倦的学习精神给我留下了深刻的印象，也对我后来工作方向的选择产生了较大影响。随着年龄的增长，行政与业务工作的不断冲突，使我感到自己作为双肩挑干部有些力不从心。特别是 1991 年，我在德国进修德语和图书馆专业回国后，很想在图书馆业务和我的德语专业上有所发展。在 1992 年图书馆开始执行"三定一聘"管理体制时，我向冯馆长提出不再兼任馆长秘书与总支秘书，专职到西文编目部从事业务工作的请求。考虑到图书馆当时有一万多册德文赠书因无人分编而堆积在书库里（这些赠书大多是早年南开大学校友、著名德籍华裔作家兼画家周仲铮女士为报答母校的培育之恩精心选赠的），冯馆长经过与党总支商量，最终同意了我的请求。冯馆长对我个人意愿的尊重让我暗下决心，我要将图书馆这个平凡的事业深深地烙入我人生的历程。

我馆的西文图书编目从 1990 年开始全部实现了计算机操作，同时开展了西文图书回溯建库、建立主题目录和规范档案的工作。由于我不是图书馆学科班出身，在编目理论和实践经验上都有所欠缺。为了尽快熟悉和适应新的工作，我坚持边干边学，一边虚心向其他老师请教，一边读书自学。尽管平时工作很忙，但我总是利用中午和晚上的时间学习，为更好地投入工作奠定良好的理论基础。在实际工作中，我也有幸得到了部门同事的点拨和指导，使自己的业务素质得到较快提高。德文图书分编难度较大，一是参考用书少，二是需原始编目的书所占比例较大，特别是主题标引要求用英文标引，同时用两种语言进行分编，无疑加大了工作的难度。为保证分编质量，加快工作进度，我首先选择有数据的书进行分编，逐步积累经验，很快便独立承担起德文图书分编的各个流程的工作。

可以说，在西文编目这个业务氛围很浓的部门，不仅培养了我虚心好学的习惯，拓展了我的知识视野，也让踌躇满志的我庆幸自己找准了人生的坐标和舞台。在这近 10 年的时间里，我渐渐意识到自己还是适合在安静的环境中平凡地生活和工作，默默地作一些自己能作的事。在这个时期，我不仅努力做好自己的本职工作，还参与了南开大学图书馆规章制度汇编的编写、图书馆"211 工程"的立项、新生入学教育、南开大学图书馆 80 华诞名人校友赠书展览和橱窗图片展等专项工作。由于工作上的业绩和科研上的成果，1998 年我被晋升为副研究馆员。

2000 年 9 月，化学学院博士生导师阎世平教授接任图书馆馆长一职。他极具亲和力的领导风格和图书馆浓浓的人文情愫促使我的工作坐标又有了偏移。我记得很清楚，阎馆长来馆后不久，到我部门参加职工年终考核，因我性格所致爱发表意见，借机也谈了对工作上的一些看法。没过几天，他把我叫到他的办公室和我聊了近一个上午，他的平易近人、谦和坦诚给我留下了极为深刻的印象，也使我产生了对他的信任和敬重。2001年，根据学校安排，图书馆要进行工会换届改选工作。我是各部门推选出的候选人之一，因老领导们都知道我不愿做行政工作，就由阎馆长来说服我参与工会竞选。当时，我心里很矛盾，一方面，群众的信任和馆长的希望让我不好拒绝；另一方面，工会工作太繁杂，费心又费力，会影响我的业务工作。但出于对阎馆长的尊重，我还是答应，如果被选上，我一定会尽力去做好工作。在全馆选举的那天，我请假没有参加，我是想通过我的缺席让大家知道我不想干工会的想法。尽管如此，我不但被选上，还因为在当选的委员中，只有我具有副高职称，符合做工会主席的条件，所以，我还必须承担起工会主席的重任。

虽然，我并非情愿的接受了兼职工会主席的工作，但在馆20多年的工作经历，已让我从老一辈那里学到了踏实认真、追求完美的工作精神，无论做什么工作，都一定会尽最大努力做到最好，更何况我要做好工会工作还另有一番感恩之情。在馆20多年，无论在工作上、生活上我都得到不少同事的支持和帮助。在我的业务提升上，我得到一些同事毫无保留的传授和指导，在兼职秘书工作的八年中，也得到许多同事的支持和协助。特别是1990年，在我以交流学者的身份赴德国进修的一年时间里，因我爱人工作比较忙，中午经常不能按时接送孩子，馆里的几位同事就主动帮助照顾孩子，有时我爱人出差，孩子还要吃住在同事家里。有了同事对孩子无微不至的照顾，才使我很好地完成了进修任务。也正是图书馆具有的这种浓浓的人文情愫，曾让我几次面对跳槽的机会，都因难以割舍，而更加坚定了与图书馆永远相伴的决心。

接任工会工作后，我带着职工对我的信任和我对职工的情感，竭尽全力投入了工作。从接手工作起，我带领我的工会团队编制了《图书馆工会工作手册》，创办了工会《工作简讯》。也许是我做秘书时养成的习惯，我要求工会无论开展何种活动，都要形成文字材料。9年来，我馆工会积累的材料已形成四卷文档，这些都有助于工会工作制度化、规范化和长效机制的形成。在工作实践中，我注重发挥工会组织的职能优势、组织优势和阵地优势，在工会常规性活动中注入新的内容。在我的带领和全体工会成员的共同努力下，逐步使我馆的工会成为制度健全、参与管理、工作活跃、作用明显、深受职工信赖的组织。

在努力做好工会工作的同时，我也牢记自己的业务职责，兢兢业业地做好本职工作。编目部是个量化工作的部门，尽管工会工作繁重，但我一直坚持工会工作只占我业务工作的三分之一。为了保证工作量饱满完成，我一直利用业余时间和寒暑假加班、加点补工作量。我还坚持在工作中不断积累经验，发现问题，并努力去探讨研究，利用工作之余，撰写了十余篇业务论文。

转眼我已连任两届，做了9年的兼职工会主席和4年的教代会委员。工作虽然辛苦，但也给我带来了奉献的快乐和巨大的收获。由于我馆工会工作业绩显著，两次被评为天津市先进集体，我个人也被评为天津市高校工会积极分子。在图书馆的岗位考核中，我多次被评为校级和馆级先进，2005年还被评为华北地区高等学校图书资料先进工作者，2006年晋升为研究馆员。

回首走过的30年工作历程，我感慨，这是一段割舍不断的图书馆情缘。虽说没有惊天动地的业绩，但我成长的每一步，都得益于图书馆的熏陶和锤炼！是图书馆，让我积累了知识，沉淀了阅历！在今后的工作中，我依然会怀着感恩的心、带着无限的爱，全身心地投入到这个甘为人梯的崇高事业中，努力为图书馆事业的发展奉献自己的绵薄之力。

[作者简介]

陈成桂，女，南开大学图书馆采编部研究馆员，曾任工会主席。

下　　编

论高校图书馆中文图书采访原则

贾朝霞

[摘　要] 本文对高校图书馆中文图书采访工作应该遵循的基本原则进行了探讨，就采访原则制定过程中的管理原则提出了建设性意见。

[关键词] 高校图书馆　采访工作　采访原则

高校图书馆的宗旨是为本校的教学和科研服务，而图书馆的采访工作更是直接关系到学校教学和科研水平的提高。近年来图书馆的内外环境发生很大的变化：读者人数不断增多，读者需求日益变化；文献数量激增，图书价格持续上涨；图书馆文献购置费相对短缺。如何合理利用文献经费，购置切合读者需求的文献，使高校图书馆更好地为教学科研与社会服务，这些都对图书馆采访提出了更高的要求。因此，高校图书馆应依据本馆的性质、任务、服务对象及馆藏文献状况制定切实可行的采访原则，并严格参照执行，使有限的经费发挥最大的效益。

1 采访原则

1.1 实用性

实用性原则又称目的性原则、针对性原则。实用性原则要求入藏文献有针对性，讲求实用，符合图书馆的性质与任务，符合读者的需要，符合地区、系统和本单位的实际需要。做到"为人找书、为书找人"，确保馆藏有最大利用率。因此，实用性原则是文献采访首要的、基本的原则。

对于高校图书馆来说要联系学校教学和科研工作的实际情况，保证文献采访的思想性、针对性和系统性，突出重点，兼顾一般，点面结合，通过采访工作形成具有本校各专业特点、藏用统一的文献体系。具体而言，高校图书馆藏书结构要与学校的办学方针和专业设置相吻合，这就要求采访工作必须保证教学用书的系统入藏、科研用书的重点入藏、课外阅读用书的选择入藏，必须配合学校的重点学科与重点专业进行，逐渐形成具有本校特色的文献体系。

1.2 系统完整性

系统性、完整性是文献采访工作最基本的原则。采集文献，要注意客观地反映某学科的历史沿革和不同观点，给读者展示明显、清晰的知识脉络体系。采访人员在采集文献时应首先确保本馆特色文献收藏的完整性，力求做到系统、配套、齐全。我们对重点学科文献的收集要保持其历史的连贯性，反映出学科的发展情况这一特点和规律以及科学技术的演变过程。某些对本馆重要的丛书、连续性出版物的采集要成龙配套，无特殊情况不能中断；重要文献保证完整无缺，使之既有保存价值，更有使用价值。

1.3 计划性

图书馆采访的操作要实现由经验化向科学化、规范化、系统化的转变。图书馆采访计划是图书馆对一个时期内藏书发展的规划,也是合理安排购书经费,提高采访质量,保持馆藏活力的基本要求。高校图书馆应根据学校教学科研发展的需要及图书馆的任务,制定出科学合理的、系统的、有所优先的图书采访计划,克服盲目性。采访计划一般包括:

(1)经费使用计划:图书经费对每个图书馆来说都是有限的,如何将有限的经费进行合理使用,是做好采访工作的关键。采访人员应根据学校的实际情况,制定合理的采访计划,把有限的经费用在刀刃上。以极小的投入,获得最大的收益,提高经费的使用效率。

(2)图书选订控制:根据经费使用计划,对每一期订书做出大概的规划,对各类文献的选择标准、复本量和经费预算等也应有所确定,以使采访工作能有计划、有目的、有步骤地进行。一般来讲,图书馆在编制下年度经费计划时一定要留有余地,要确保在有特殊需要时,可以随时补充,特别是对新兴学科和形成该地区支柱产业或新的经济增长点的相关资料的采访经费,要重点补充收集,不要一味机械地强调藏书体系的连续性而无视对一些新的文献信息资源采访的需求。

1.4 发展性

高校图书馆采访要考虑学科发展和社会发展以及出版物出版发行的新动态,结合本馆任务和读者需求状况,考虑到必要和可能,保证采访的文献在内容上保持一定新颖性、层次性。

采访人员不要被读者一时的阅读热点所迷惑,当读者需求与出版物的价值相矛盾时,应分析这种倾向是否会长久,是否符合读者的长远需求,是否与本馆收藏任务相符。同样,对于目前鲜有读者的某些新学科、新风格的出版物,应以发展眼光分析其未来的阅读价值和收藏价值,在采访文献资源时具有超前意识。另外,还要根据各类型文献知识技术和信息的时效性和更新周期,及时补充新文献。例如,年鉴、统计资料等有时间性的文献,应及时补充新版本;调查分析科技图书、时事性读物的淘汰时间,在采访过程中控制其品种和复本量,并及时更新补充。

1.5 保障性

高校图书馆的任务就是为学校教学、科研和大学文化建设提供厚实的文献保障。文献保障分为质的保障和量的保障,质和量是互相依赖、不可分割的。在质的保障方面:教学用书应覆盖学校每个专业、每门课程,并且每门课程的教学用书是足量和优质的,以确保教学工作的顺利进行;科研用书应覆盖研究性学科和研究性课题,对于研究性学科,其学术性期刊要求连续完整地订购,图书品种拥有量应占该学科图书出版量的65%以上。

对于研究性课题,应能够提供查新服务,以保证该课题研究的创新性;在大学文化建设用书方面,要充分体现馆藏文献的层次和品位。同时,要根据本院校的教学与科研的重点项目,收集具有本院校特色的为教学与科研服务的文献资源,保障本院校图书馆的特色馆藏。在量的保障方面:生均藏书量100册;年进新书量生均不少于4册或在校学生数超过3万人的学校,年进新书量超过9万册。各学科核心期刊要连续完整地订购,在图书品种与复本的处理上,做到学生必读书种少册多,学生选读书种多册少,教师用书、工具书种多册少,尽可能做到书有其人,书尽其用。

1.6 经济性

图书馆收集文献的目的是供读者使用。在文献采访过程中,图书馆要投入大量的资金和人力。因此,经济性原则是必须要坚持的。文献采访的经济性原则是指合理利用有限的购书经费，以达到投入最少、产出最大，即图书馆用最少的投入获得读者最需要的文献，满足读者最大的需求。

经济性原则在采访过程中表现在：(1)做好经费分配和使用计划。不多购不必要的复本和品种，不购或少购价格昂贵的出版物，也不漏购实用价值高的出版物。(2)及时了解读者借阅情况。对多数读者经常需要的书，首先在经费上予以保证。除少数重点学科外，其余藏书专题以满足现实需要为目标。(3)在网络环境及馆际藏书分工协调、共享条件下，充分估量由此产生的经济意义，据此适当调整采购方针。(4)重视收集非卖品书刊资料。通过主动索取、征集、交换等多种渠道收集，以节约经费。

2 采访原则制定过程中的管理原则

图书馆采编部担负有对采访原则制定并进行阶段性、系统性评估的职责。评估的目的就是确认图书馆采访原则与馆藏建设目标相匹配。

2.1 评估的总要求

采访活动原则评审是对采访活动原则进行系统性的评价。评价的总要求是：(1)图书馆应每年组织召开一次管理评审会议，需要时，由领导决定增加管理评审的频次，以确保采访原则持续的适宜性，持续的充分性和持续的有效性。会议由各有关部门负责人参加；(2)评估主要以上次管理评审会议产生的有重大意义的记录为证据；(3)对图书馆的采访活动原则改进和变更的需要进行评价，包括对质量方针和质量目标的评价。

2.2 评估输入

评估的输入包括以下内容：(1)采访过程审核结果；(2)读者反馈，包括对读者满意程度和不满意程度的测量结果及读者投诉等；(3)采访过程的绩效评价和读者需求符合性数据；(4)预防和纠正措施的现状和改进措施；(5)以往评审所确定的措施的实施情况；(6)可能影响采访活动原则的各种变化，包括来自图书馆外部和内部的变化；(7)改进的建议。

2.3 评估输出

评估的输出包括：(1)采访活动原则及其过程的改进；(2)与读者要求有关的文献的改进措施，包括文献的质量、文献的质量特性、读者需求满足能力等方面的改进；(3)资源需求的措施，包括当前的和未来发展的资源需求。

会议纪要和管理评审报告由采访部门保存，会议中通过的改进措施由有关人员落实。

[参考文献]

[1] 柴秀琴.面向21世纪高校图书馆采访工作的基本原则[J].国家高级教育行政学院学报.2000,(3):53—55.

[2] 李宗确，周淑英.高校图书馆文献采访原则与实践[J].江西图书馆学刊，2008,38(1):40—42.

[3] 黄宗忠.文献采访学[M].北京：北京图书馆出版社，2001:103—118.

[4] 姚冀越.论新时期地方高校图书馆采访工作应遵循的八项原则[J].现代情报，2007,(2):152—154.

[5] 张春燕.浅谈高校图书馆中文图书的采访原则及模式[J].农业图书情报学刊，2007,19(5):85—88.

[作者简介]

贾朝霞，女，研究馆员，南开大学图书馆采编部工作。

图书采访的质量控制

王　栋

[摘　要] 本文在阐述图书采访工作重要意义的基础上，结合多年积累的实践经验，提出了采访工作各个环节的质量控制要点。

[关键词] 图书馆 采访 质量控制

图书采访是图书馆资源建设的重要工作环节。随着市场经济体制的不断深化，出版社大量增加，发行渠道复杂多变，出版物的数量和种类急剧猛增，这在丰富图书市场的同时，也导致了图书质量的良莠不齐。如何精选图书、优化馆藏，将有限的图书经费用在刀刃上，这些问题都与图书采访的质量控制密切相关。

笔者在长期的采访工作实践中，真切地感受到，只有采取有效的机制和措施，严格把好质量控制关，关注图书质量，提高采访水平，才能构建一个合理的、高质量的图书馆信息资源建设与服务平台，才能使图书馆的各项服务工作更好地贴近读者，满足需求。

1 制定科学、合理的图书采访原则

图书采访原则是图书馆在某个时期内对藏书建设的总体规划和要求，也是合理安排购书经费，提高采访质量，保持馆藏活力的参考依据。采访原则的制定必须紧密围绕办馆方向，在充分了解服务对象的类型、性质和需求特色，了解文献供应源状况，以及掌握本馆现有的馆藏全貌的基础上来制定，并随着社会的发展而不断完善。具体而言，图书采访原则应包括以下几点：

1.1 系统性原则

人类的知识体系具有连续性和积累性的特点，图书馆作为保存人类文化成果的重要机构，在图书采访工作中应遵循系统性原则，将不同学科、不同语种、不同学术层次、不同载体的文献资源，针对不同层面的读者加以合理的组织和配置，并保持其内在知识的延续性和完整性，对已确立为重点学科的专业文献更应从各方面予以保证，从而建立起一个完整、丰富又具有特色的文献保障体系。

1.2 实用性原则

阮冈纳赞说过："书是为了用的"。在图书采访工作中切忌"重藏轻用"的观念，要时刻牢记图书馆一切工作的出发点和归宿都是为了让读者享用到资源，让资源在应用中体现价值。

1.3 特色化原则

文献资源特色化是图书馆赖以生存的基础。每一个图书馆都必然要结合自身的性质、任务和服务对象，形成鲜明的馆藏特色，而这个特色就要由图书采访工作来具体体现。

1.4 预见性原则

即图书采访工作不单纯要考虑用户当前的检索需要，还要满足用户潜在的、未来的信息需求。

2 建立有效的读者荐书机制

读者的需求是采访工作的原动力和重要参考依据。通过建立有效的读者荐书机制，广泛征集和了解读者的信息需求特点，有利于增强采访工作的针对性和计划性。

2.1 提供读者荐书渠道

如组织召开由院系主要负责人和学科带头人参加的意见征集会；组织院系教师参加图书博览会；定期或不定期通过人工或网络平台发放读者调查问卷；设立图书建议薄或意见箱；公布采访部电话和 E－mail 地址；公布学科馆员联系方式等。

2.2 制定图书使用情况的分析调查报告

通过图书馆流通管理模块和阅览室提书记录，统计、分析各种类型、各种专业图书的馆藏、借阅和利用情况，避免采访工作的盲目和随意行为。

当然，建立有效的读者荐书机制，并不等同于完全依靠读者的推荐意见，只有将读者推荐和采访人员选书有机地结合，才能避免偏见性和特殊性，较好地控制各种载体文献的入藏比率和馆藏结构，顾全专业覆盖面，平衡图书经费的使用计划。

3 建立多渠道采购机制

从采购渠道上控制采访质量是考验采访人员业务素质，发挥采访人员的主观能动性的核心所在[1]。不同的采购方式有不同的质量控制手段，具体体现为：

3.1 通过书目订购

书目订购历史悠久，操作简便；但存在较大的局限性，如书目无法反映出版发行的最新信息，且订购周期长，图书往往经过几个月才能到馆。相比之下，图书纲目采购正确率较高，获得图书也更为迅速及时；且采集面广，漏购率低；可以有效节省人力，使采访人员有更多的时间从事藏书建设的其他工作。由于购书纲目由图书馆提供，因此更有助于满足读者需求，建立体现自身特色的藏书体系。当然，购书纲目的制定和完善需要做大量的前期准备工作，并需要经常修订，以适应自身的需要和出版界的变化[2]。

3.2 直接采购

这种采购方式的特点是图书的种类和质量有直接的感性认识，便于从内容相近的图书中选择好的版本作为馆藏对象，在一定程度上能够保障图书采购的质量，避免了依靠广告性摘要预订图书的盲目性。它的不足之处是容易造成图书的重复购置，且成本较高，若事先没有做好图书市场的调查工作，有可能出现购空现象[3]。

3.3 邮购

此种方法适用于不急用的书刊，其最大弊端是有可能遇到虚假的书刊邮购广告，或在邮寄途中丢失、损毁。

3.4 网上购书

网上书店能提供海量的、标准化的、可操作的书目数据，多途径的检索方式，简便的操作流程和快速的传送手段，如北京的人天书店编辑的《人天书目报》每周一期，发布信息 1800 条左右，全年共出 48 期，采访种数可达 90000 条，覆盖全国全年新书出版量的 90%左右，这样图书馆可以通过一家类似这样的代理商，来收集国内大部分的出版物。网上采购扩大了图书采购的品种和范围，缩短了图书采访的周期，提高图书订购的准确度，大大提高了采访工作效率，是当前图书采访工作的一个发展方向。

上述几种购书方式各有利弊，需要采访工作人员因势利导，趋利避害，结合具体情况予以综合利用，使其在内容和功能上形成互补，发挥出最大优势。

4 建立入藏效果的科学反馈机制

采访工作是一项指令性活动，采访人员对藏书发展规划及藏书原则的理解和实施难免会出现一些偏差。为建立起有效的文献入藏动态调整机制，采访人员必须注意及时搜集并反馈读者在利用馆藏时所表现出的感受、评价以及愿望和态度，以此作为纠正文献采选偏差的参考依据，具体包括：

4.1 从流通部门调查图书利用情况

从流通阅览报表来分析读者的借阅倾向，如哪些图书外借率、复印率高，哪些图书趋于零借次，哪些图书读者推荐意向较为集中等，通过定期对系统提供的数据进行综合对比分析，来指导以后采访的范围和数量，增强采访的准确性和及时性。

4.2 建立图书采访质量反馈评估制度

在综合考虑全馆多种媒体信息资源（如各种引进的电子图书和电子期刊全文数据库、各种自建数据库，以及网络免费资源等）建设与利用情况的基础上，做好纸本图书文献保障率、新书入藏率与利用率、读者满意率等各项相关数据的统计和分析工作，为指导全馆的信息资源建设提供借鉴。

5 建立采访人员的绩效考核机制

为了激发采访工作人员的积极性和创造性，图书馆应在完善采访业务工作机制的同时，建立工作人员的绩效考核机制，突出和强化"访"的工作力度，并以采访质量反馈结果、采访成本核算结果等作为采访人员绩效考核的评价指标，指导和督促图书馆的采访工作向着科学、合理、可持续发展的高度，不断开创新的局面。

[参考文献]

[1] 刘丽华．图书采访质量控制[J]．晋图学刊，2004，(2)：58－61．

[2] 康建强．高校图书馆图书采访手段利弊谈[J]．科技情报开发与经济，2003，13(6)：31－32．

[3] 樊五妹．新时期高校图书馆图书采购工作探讨[J]．科技情报开发与经济，2006，16(1)：30－31．

[作者简介]

王栋，男，研究馆员，南开大学泰达学院图书资料中心工作。

高校图书馆期刊采访绩效评价研究

陈学清

[摘　要] 本文根据绩效评价的相关概念，阐述了期刊采访绩效评价指标体系的构建原则，并在此基础上，提出了绩效评价的指标体系，以期为图书馆期刊资源建设提供一些参考。

[关键词] 期刊资源　采访　绩效评价　指标体系

期刊、图书、电子资源、数据库是目前高校图书馆文献资源的重要组成部分，与其他几种资源相比，期刊具有内容新颖、时效性强、信息量大的优点，对于反映最新的科研成果和科技前沿的发展动态具有不可替代的作用。近年来，国内外越来越多的学者和专家认识到，高校图书馆在收藏了大量的期刊资源的同时，必须高度重视期刊资源的利用效率、效能和价值。这不仅是为了提高期刊资源服务质量和用户满意度，也是为每年不断增长的经费投入提供决策支持依据。因此，建立一个科学的评价指标体系，并将其作为期刊馆藏发展的基本导向及依据，以适应当前复杂的采购环境，最大程度地满足学校学科建设、读者需求和图书馆收藏的需要，成为当前高校图书馆的主要挑战。

1 绩效评价的含义及作用

根据《现代汉语词典》(第五版)的定义，"绩效"是指成绩和成效。所谓"绩效评价"最初是源于企业管理理论，是指运用数理统计、运筹学原理和特定指标体系，对照统一的标准，按照一定的程序，通过定量定性对比分析，对项目在一定经营期间的经营效益和经营者业绩做出客观、公正和准确的综合评判。[1]

20 世纪 60 年代后期至 70 年代初，美国图书馆界首次将这一概念引入图书馆管理。ISO 国际标准化组织出版的《信息和文献工作——图书馆绩效指标》(ISO/11620 1998 年第 1 版)对图书馆绩效评价的解释是："图书馆提供的效能以及经费和资源在提供服务中的利用效率。效能指对所设定之目标完成程度的测评，而效率则指在既定目标实现中对资源使用情况的测评。"[2] 根据上述概念，参照图书馆绩效评价的定义，期刊采访绩效评价可以概括为：依据特定的指标体系，运用一定的方法，对图书馆投入的资金和资源，对图书馆管理者和从业人员期刊采访的效率和效能进行科学地测度和分析，做出价值判断的一种认识活动。或者说，依据期刊采访绩效评价指标体系，对其采访质量进行定量的测度和定性的分析。简而言之，就是对期刊采访功能质量和技术质量进行测度和分析。

图书馆管理中，评价是决策的前提，正确的决策得益于科学的评价，甚至可以说，没有对各个系统、各个方案、各项工作的科学评价，就很难形成正确的决策。可见评价在图书馆管理中占有举足轻重的地位。采访工作是馆藏资源建设的生命力，而其中的期刊采访作为资源建设的源头之一，其绩效评价在当前馆藏建设中越来越重要，发挥着馆藏资源的优化配置及价值导向作用。图书馆期刊文献资源建设应重视期刊采访的综合评价研究，在一个全新的视野和基点上重新审视并调整馆藏期刊，制定一个合理的馆藏期刊订购调整策略以适应当前多层面、多方位的变化，满足学科建设及读者的多方位的需求。因此，开展图书馆馆藏期刊采访评价，谋求建立一个科学化的评估指标体系，对期刊订购质量及其调整进行综合评估，具有双重功能：一是优化馆藏期刊体系结构，体现期刊的存在价值；二是最大限度地合理使用书刊经费，发挥成本效益，满足读者需求，提高服务质量。[3]

2 绩效评价指标构建的原则

评价指标体系的建立是进行绩效评价的基础，确定指标是推动绩效评价的首要步骤。评价指标的选取是否合适，将直接影响评价结果的准确性和可靠性，科学合理的指标体系是绩效评价的保障。因此，为了全面反映期刊采访的绩效，需要结合传统的馆藏评价方法、文献计量学方法及其他方法来进行定性、定量的分析，从而建立起一个规范的期刊资源采访评价体系。评价指标体系的建立需要遵循以下几项原则：

2.1 总体性原则

绩效评价一定要全面反映图书馆的整体工作，尽可能全方位、多角度地包含图书馆的所有业务活动内容及其过程。期刊采访作为一种特定的业态形式，其基本内涵和功能是大致相同的。在常态条件下，大部分图书馆都应该且完全可能具有一些常规的采访过程和内容。因此，从总体上把握图书馆普遍具有的一般业务功能，对于评价工作具有提纲挈领的重要作用。

2.2 客观性与公正性原则

指标体系的客观性与公正性是确保评价结果准确合理的基础，一项评价活动是否系统、准确，很大程度上依赖其指标体系的来源与依据的客观公正。在制定绩效评价指标时，多采用可量化的客观尺度，可以免除个人经验和主观意识的影响，克服因人而异的主观因素，反映评价对象的实际情况，具有相当的客观性和可靠性。

2.3 相关性原则

一方面，指标体系中各个指标均有其独特的绩效评价内涵和侧重某一方面的评价功效，另一方面，又要强调各个指标评价功效的相关性、整体性。相关性原则强调各指标间内在的逻辑关联性，做到指标体系中各指标既有相对独立性，同时又有相互之间的关联。设置指标体系要在二者之间寻求平衡，既要层次分明、类别清晰，又要有兼容性和同一性，形成关联紧密、各有侧重、内在统一的完整性指标体系。

2.4 可比性原则

期刊采访绩效评价指标的设置强调下述可比性：(1)与期刊采购预算指标的对比；(2)与期刊采购过去的绩效指标的对比；(3)与国际、国内同水平高校图书馆的评价指标相比；(4)与国际、国内先进高校图书馆的评价指标相比。期刊采访绩效评价指标体系只有具有上述横向和纵向的比较功能，才有可能增强评价指标的分析功能。

2.5 动态性原则

期刊采访是一个动态的过程，科学的评价体系和评价方法应是动态发展的评估系统，同时又具有相对的稳定性和可变性。也就是说，体系设立后并非总是一成不变，而是随着时间和环境的变化，图书馆的业务格局和管理模型的不断发展变化，对绩效评价流程和指标体系应及时进行相应修订和调整，以期更接近实际情况，使评价体系不断完善，适应图书馆战略管理动态变化的现实性诉求。

2.6 普遍性与特色性原则

绩效评价指标体系的设置，从基准角度看，应以图书馆现行相关绩效评价的相关法则、政策为依据，设置具有普遍意义、通行的指标体系。同时，每一个高校图书馆，由于所在学校的性质、层次、办学规模不同，都有其自身特色和绩效评价的特殊性要求。因而在普遍性、通用性的前提下，还要注意绩效评价的特色性要求。

3 期刊采访绩效评价指标体系

期刊采访的评价与图书馆其他方面的评价一样，在对评价主体进行评价之前，必须在调研的基础上确定相应的标准和指标体系，这是建立在对图书馆资源建设准确把握基础之上的理性行为。评价标准和指标体系，反映的是评价内容和评价重点。根据上述原则，期刊采访的绩效评价主要有期刊内容质量、结构质量、经济成本和期刊利用情况四项指标，每项主要指标又由若干个分项指标组成的，参见表1。

表1 期刊采访绩效评价指标体系

主要指标	分项指标	指标说明
内容质量	是否符合馆藏发展战略	期刊的采购是否与图书馆制定的战略发展目标相一致
	核心期刊的占有率	与本校教学科研相关的核心期刊的订购，并注意对期刊质量的评价信息，及时调整
	期刊资源的学科覆盖率	期刊包含的学科对学校学科覆盖率，考评对学科建设与发展的需求满足程度
	期刊资源的满足率	能否支持各学科教师、科研人员进行一定深度的科研，是否能满足整体需求
	期刊资源的保障率	每个读者平均占有馆藏期刊的数量，是衡量图书馆发展的主要标志之一
结构质量	学科门类结构	与读者需求相适应或基本适应的各学科门类的期刊比例
	期刊类型结构	不同类型、不同出版形式的期刊比例及与读者是否适应
	资源级别	期刊采购是否体现了层次级别：完整级、研究级、学习级、基础级、最低级
	文种结构	是否与读者掌握的语种状况、各语种期刊出版量大体相适应
结济成本	期刊资源价格	包括期刊年购置费用，捆绑数据库的期刊费用、期刊每年的上涨幅度
	期刊品种和复本	各文种、各类别的采购数量、构成以及重点和比例
	经费分配比例	依据期刊的学科、文种、载体合理配置采购经费
	馆际互借比例	馆际互借、原文传递与馆藏期刊的相互补充
期刊利用	用户满意度	用户在利用期刊资源的过程中对期刊内容、服务等方面的感知和体验
	期刊可获得性	包括采购速度、处理速度、更新频率等内容
	期刊适用率	期刊适用率＝当年读者利用期刊种数/馆藏期刊种数④
	目标用户的层次	期刊资源适合哪一层次用户使用：教师、科研人员、普通学生

4 结语

期刊采访绩效评价是一个系统工程，其指标体系的设立，就是尽可能地为图书馆期刊采访提供一套具有一般意义的普遍性指标，从而为不同学科、不同文种、不同类型的期刊采购提供具有科学性、全面性的参考。通过绩效评价来认识和解决问题，提升期刊采访质量水平，才是评价的最终目的。惟其如此，构建和优化评价体系，才会对改进期刊采访的效率和效能，促进图书馆资源建设有着积极的推动作用。

[参考文献]

[1] 绩效评估、绩效审计与绩效优化.[EB/OL].
http://www.hrclub.com.cn/wenxue/article.show.asp? ArticleID=2193，2009—05—10.
[2] 徐革.大学图书馆电子资源绩效评价研究[M]. 西南交通大学出版社，2008:47.
[3] 谭艺曼.期刊订购调整的多元化综合研究[J]. 大学图书馆学报，2003，(5):43—46.
[4] 蒋鸿标.适用率——衡量藏书建设质量的标准[J]. 图书馆建设[J]，2004，(1):23—24.
[5] 索传军.数字馆藏评价与绩效分析[M]. 北京图书馆出版社，2007.
[6] 索传军.数字馆藏服务绩效评估指标体系及其构建原则[J]. 图书情报知识，2006，(9):5—9.
[7] 王坚毅，刘正春. 高校图书馆数字资源采访绩效评价原则及指标体系研究[J]. 情报理论与实践，2009，(2):72—74，94.
[8] 董京.高校图书馆期刊采访因子分析及对策[J]. 情报探索，2008，(5):73—75.
[9] 姜晓.图书馆绩效评估方法评析[J].大学图书馆学报，2004，(1):6—9.
[10] 涂以平.基于知识管理的图书馆绩效评价指标体系研究[J]. 图书馆研究，2008，(11):20—23.

[作者简介]

陈学清，女，副研究馆员，南开大学图书馆期刊部工作。

围绕重点学科建设提高期刊采访与管理的质量

于 红

[摘 要]重点学科建设是高等院校各项工作的核心,图书馆应该围绕学科建设展开分析、调研,利用多种途径、全方位为重点学科建设提供期刊资源的保障。

[关键词]学科建设 期刊采购 服务

学科建设是高等院校长期的具有战略意义的基本建设,是高校可持续发展的生命线,而重点学科是学校的支柱性学科,代表着学校的科研实力和学术水平,更是与学校声誉密切相关。国家发展改革委员会、教育部、财政部三部委在"211工程"总体建设规划中指出:"211工程"建设,重点学科建设是核心,是体现学校教学科研水平的重要标志,是带动学校整体水平提高的有效途径。

学科评估是高等教育评估的一个重要内容,是对高校学科的科学研究、人才培养活动及所要达到的目标、价值或效果、效率进行综合评价或估量的过程,是学科建设的重要组成部分,其结果反映了学科的状况和水平。作为高等学校三大支柱之一的图书馆,是学校的文献信息中心,也是教学科研的重要组成部分和辅助部门,更是教学评估的一个必不可少的重要指标。因此,图书馆应该积极地为学校重点学科建设服务,建设一个符合学校重点学科建设的文献资源信息保障系统。

期刊资源的前沿性、快捷性等特点使其成为为教学科研服务的主要工具之一。教育部在要求申报博士、硕士点授予权的材料中就要求提供专业期刊目录。外文期刊一直被高校的专家学者及硕士、博士等视为借鉴他人研究成果、开拓视野、解决研究工作中所遇困难的工具。而且期刊资源也是教育部教学评估的一个重要指标,所以期刊资源建设和有效利用对高校学科建设乃至事业发展起着他类文献无法替代的作用。因此高校图书馆期刊资源的建设,其定位就是为学校教学科研发展提供最完善、最前沿的文献资源保障体系,从采集、开发到利用都必须围绕高校重点学科建设这一中心展开。

1 了解学科建设对馆藏外文期刊的需求特征

高校图书馆适应社会发展的学科建设、专业调整以及科研课题的拓展,对现有的期刊体系,提出了挑战,也促进期刊质量的提升,据此不断调整重点期刊和一般期刊的比例,反映出学科建设和图书馆信息服务工作的互补性。

1.1 专业性

高校不同的专业与不同层次的读者对外文期刊文献需求也各有不同。教研人员需要了解掌握本学科、本专业、本课题领域的历史、现状和发展趋势，因而对学科、专业、专题研究文献信息的需求较为迫切，而学生群体多需求本专业基础理论或与本专业比较接近的专业信息知识。

1.2 全面性

学科建设的教学科研往往要从理论、历史、发展、实践等方面的对比、分析和比较中发现规律，并遵循规律进行课题的论证。所以需要全面和系统的文献资源作为理论教学与科学研究的保障。

1.3 连续性

无论是教学还是科研，往往要从基础理论开始研究，而科研需要从理论到实践再到理论这样一个循序渐进的研究过程，因而需要的期刊资源不但要具有全面性，而且要具有连续性，否则就会影响教学与科研的进度与质量。

1.4 前沿性

前沿是学科的生长点和突破点，突破前沿学科就向前发展，而抓住前沿则有赖于掌握和获取最新的学科前沿信息，因此不断的调整更新订购和获取国外最新的适合本学校学科建设的文献信息资源尤为重要。

1.5 共享性

当本馆的信息资源一时满足不了读者的教学科研需求时，可以利用资源共享来弥补和补充本馆的馆藏资源，实现多渠道多类型的文献资源共享，是解决本馆文献资源不足的有效途径。

2 调研馆藏期刊资源，分析其数量和质量

期刊是广大教师和科研工作者发表其科研成果和获取信息的重要园地。期刊有着信息量大、内容新颖、出版周期短、情报价值高、时效性强、流通范围广并与社会发展同步等特点，愈来愈成为科研人员进行科学研究不可或缺的信息资源，是图书馆占比例很大的重要馆藏。对重点学科及其研究队伍和重点学科文献资源建设情况详细的调研，是提高期刊管理、开发和利用的重要依据。图书馆与重点学科保持长期稳定的文献保障协同关系，可及时了解和掌握文献资源保障体系，使期刊文献得到更为合理的配置，以更好的满足重点学科建设对期刊文献建设的需求。

2.1 分析馆藏期刊的收藏总量与质量

全面的清点包括校图书馆、分馆和院、系资料室在内的所有收藏的与重点学科有关的各类期刊资源，同时进行科学的统计和分析比较。主要在两个方面：一是馆藏核心期刊占有率；二是馆藏专业期刊占有率，计算出重点学科期刊文献占所有馆藏期刊文献的比例，根据重点学科建设的需要有针对性地进行调整，构建合理的馆藏期刊结构。

2.2 分析资料室的建设情况

院系资料室作为图书馆的基层单位，已成为高校教学和科研工作必不可少的辅助机构。我校十七个院系资料室以图书资料专业性强、查找方便快捷灵活、科研信息含量大、文献学术性强等优点为广大师生所欢迎。随着以信息数据库和网络数字化为代表的现代信息技术的运用，传统资料室的工作模式也受到强烈的冲击，面临严峻的挑战。主要表现在领导不重视，缺乏规范化管理，人员素质跟不上时代要求，设备陈旧，经费匮乏等，亟需改进。

2.3 分析重点学科及其队伍基本情况

重点学科担负着培养高层次人才和推动科技进步的双重任务，在高等教育的改革与发展

中处于龙头地位，具有带头和辐射作用。因而，高校图书馆的中心工作必须与学校的发展同步，要对学校的重点学科的设置、分布、研究状况、发展方向及学科队伍的建设等方面的情况进行调研，了解重点学科发展的历史沿革和发展趋势；了解该学科在国内外学术领域所处的地位，是否有开创性的研究成果；了解本校重点学科及其他学校相同学科的建设状况，以便找出优势，在优势中发现特色；了解重点学科学术队伍的整体素质和研究水平，了解他们的年龄状况、学术层次、技术职称、研究方向、学术成果，及时掌握学科带头人和学术梯队的阶段性情况。前几年我馆期刊部在我校社科处立项，对我校的历史学院、经济学院等文科专业在 CSSCI 上发文量和引文以及我们提供的文献资源保障做了一系列的统计与分析，为我校历史类和经济类的重点学科资源建设体系的调整提供了依据。

3 重点学科期刊建设的保障措施

各高校都有自己的国家、省、校重点学科，依据这些明确的学科设计，可以有针对性地进行相关的采访，使采访工作有法可依，有章可循。根据学校学科建设的需要，多方面多渠道收集期刊文献资源是必需的，但必须遵循期刊收集的连续性、系统性、针对性和协调性原则，根据这些原则制定出采购责任制、期刊采购工作细则、年度和季度采购计划。要制定期刊采购基础工作的具体目标，实现多途径多方位的收集期刊资源。

3.1 全面、系统、长期、稳定地收藏重点学科的期刊文献

根据重点学科的专业性质、专业范围，制定相应的馆藏策略，重点采集与本校重点学科教学科研密切相关的学术信息含量高、信息密度大的期刊，形成鲜明的学科特色。尤其是核心期刊，它在读者中影响较大，其研究成果能反映或代表本学科研究领域的前沿水平，具有专业信息量大，文献寿命长等特点，成为高校图书馆期刊采购、收藏的重点。但是，核心期刊也不是一成不变的，随着科学技术的发展，各学科之间的相互交叉渗透日趋增多，新的核心期刊不断出现，不创新的核心期刊也会出局，所以应该动态地看待核心期刊，并适时调整。具体措施是：第一，加大对重点学科期刊采购的经费投入。在经费使用上应制定周密的经费预算计划，并根据学科需要对重点学科的核心期刊和专业期刊做倾斜。第二，制定切实可行的期刊采集计划，使馆藏期刊的收藏具有整体性、应用性和稳定性，以满足学科建设，特别是重点学科建设的要求。第三，确定重点学科和相关学科的期刊收藏范围，做到重点学科期刊全面系统的收藏，相关学科有选择的收藏。同时，不能盲目的延续历史所形成的所谓特色，而应根据学科建设的目标和规划，重新确定期刊的收藏重点，做到藏刊体系和结构与学科建设的目标和内容相一致。

3.2 加强对现有馆藏期刊的查漏补缺

一是根据对馆藏期刊的数量与质量分析和各学科的具体情况，对馆藏期刊进行调整，对与重点学科相对应的新期刊进行增订；对与重点学科相对应的断档期刊给与补订，以完善馆藏期刊的连续程度，特别是核心期刊和专业期刊。要积极增加对重点学科文献需求方面的了解，及时增订必要的新期刊。二是随着专业和学科的增加，图书馆期刊的采购和馆藏策略方面都进行了调整，新增加了很多期刊的品种，所以出现了收藏年代短而品种多的现象，如根据所建学科专业达到国际、国内、省部级先进水平而有针对性地全面系统地收集国内外的文献资源，掌握该学科的最新发展动态和方向，保障该学科文献的全面收藏，使重点学科的文献保障率达到90%以上。

3.3 建立学科导航库

学科导航是以学科为单元，对因特网相关资源进行收集、评价、分类、组织和整理，建立分类目录式资源体系，确立动态链接检索平台，发布于图书馆主页为教学科研提供网络信息资源指向的信息集合。它是高校图书馆依托网络技术开发信息服务的重要手段，是数字图书馆文献资源的补充。从物理上讲，它并不存储实际的信息资源，而是通过 URL 指引读者到特定的地址获取所需信息，并通过访问导航库链接到相关的学科或主题网址进行访问，从而快速、准确地获取所需的学科信息。与其他网上导航工具相比，学科导航库具有专业性、易用性、准确性和时效性的特点。读者可以按某种顺序（如刊名、主题、刊名字母顺序）浏览分布在不同数据库中的期刊，也可以按刊名、ISSN、来源数据库、学科分类或主题等途径检索期刊。现在许多大型数据库商纷纷将其数据库中所包含的电子期刊的信息放在其网站上或直接提供给图书馆利用，根据这些数据，可方便快捷地建立电子期刊导航系统。目前我国被列入“211 工程”的高校有 107 所，建立了学科导航库的有 51 所，占总数的 47.7%。我校图书馆是以“数据导航库”和“网络导航”名称放在二级类目中的。高校中，清华大学图书馆和北京大学图书馆的学科导航库做的比较好，在我校图书馆主页上可以链接过去，检索查找所需信息资源。

3.4 注重虚拟馆藏的建设和利用

虚拟馆藏主要指电子出版物和网络资源。它具有出版周期短、信息传播速度快、检索功能齐全等特点，是对现实馆藏的强有力补充。第一，开辟网上电子期刊虚拟图书馆。虚拟图书馆是一种因特网上某一学科的各种资源进行汇总与分类的服务器。利用这些虚拟图书馆，读者只需要将鼠标在自己感兴趣的内容上轻轻一点，服务器就会自动与有关资料所在的网站进行链接，调出相关资料。图书馆的主页既是用户了解 Internet 的第一窗口，又是读者进入 Internet 的最好入口。图书馆可以在自己的主页上按本校学科的设置，开辟网上电子期刊虚拟图书馆提供 Internet 上具有免费服务、内容较好的网址，进行链接或引导，也可以直接把 Internet 上的电子期刊资源作为馆藏信息资源，编入本馆的馆藏目录。第二，建立电子期刊镜像站。图书馆可以根据 Internet 上某些电子期刊的服务站点，在国内建立电子期刊镜像站点，将其数据库载到本地服务器上，这样可以提高数据的传输速度，减少读者检索的等候时间和国际网络的通讯费。

3.5 注意收集网络期刊地址

网络期刊按其出版形式可分为两种类型：一是单纯提供网上电子版供网上浏览的，不发行纸本期刊，例如科学公共图书馆（The Public Library of Science，PLoS）提供的 PloS Biology 和 PLoS Medicine 期刊，生物医学期刊出版中心（BioMed Central）在其网站上提供的多种纯网络期刊，其投稿审稿等全过程都在网络环境中进行。另一种是在发行纸本期刊的同时提供网络电子版，供网上浏览或下载的。有些纸本与网络版在内容、时间、排版和语种上不完全相同。目前，网络期刊是以第二种类型为主。而且纯网络期刊目前存在着一些无法克服的问题，限制了用户对网络期刊的使用，但随着网络的发展，网上交流的深入，纯网络期刊不管是其数量、重要性还是利用率都会有显著提高，未来将有可能发展成学术交流和研究的重要途径之一。目前国际上，根据美国研究图书馆协会（Association of Research Libraries，ARL）的统计，网络学术期刊从 1991 年的 25 种发展到 2001 年的 5451 种，覆盖人文、社科、自然科学等重要学科门类。在国内，目前已有万种以上网络学术期刊，有些拥有独立的域名、独立建站，占所有上网期刊的 15.2%；有些依托于机构网站，占 50.8%；有些通过网络期刊数据库提供期刊主页，占 32.8%；这其中通过清华同方提供网址的占 67.9%，通过万方数据库提供网址的占 18%，通过人大报刊复印资料提供网址的占12%,通过龙源期刊网提供网址的占2.1%。

3.6 加强院系资料室的建设

院系资料室是全校文献保障体系的组成部分,应与图书馆紧密配合、相互协作,在业务上和资源的配置上接受学校图书馆的指导与协调,向全校师生开放,实行校内资源共享,各有侧重又相互补充。建立起校园网——图书馆——资料室多层次的特色文献保障体系,充分发挥专业资料室的功能。资料员其实就应该是图书馆在该学科的学科馆员,应该具有丰富的专业知识和学科知识评价能力,比图书馆人更专业地为重点学科科研人员提供特定专业文献信息服务,还应该具有良好的职业道德,较宽的知识面,具有一定的外语水平和运用现代化技术手段的能力,将馆藏中重点学科主要文献和最新文献做全面的分析、对比归纳,形成学科综述,将学科最新动态及潜在的价值和深层次的内涵揭示给有关科研人员。

3.7 提高期刊订购人员的业务素质

采购人员一般具有丰富的采购经验,但是不可能熟悉整个大学所有学科的前沿研究领域。采购人员应加强学习,尽可能多的了解本校的专业设置和教学科研情况;尽可能多的了解与本校教学科研项目相关的核心期刊,同时还要注意有关机构对期刊质量的评价信息,及时调整期刊订购方案,用较少的花费订购更多的精品期刊。我馆就是通过参与学校"211 工程"、"985 项目"办公室经费分配协调工作来了解重点学科情况的,为紧密围绕重点学科建设提高期刊资源建设水平打下了基础。

3.8 各高校尝试的几种方法

除以上方法外,各高校还尝试了以下几种方法:(1)有效配置电子资源。随着网络技术的快速发展,各高校都花费巨额资金在数据库的购买上,和纸本期刊资源配合使用,满足学科建设的需要。(2)资源共享—原文传递。哪所高校也不可能购买到学科建设所需要的全部资料,于是教育部建立了"高等学校文献保障体系",实施高校资源共享。CALIS、CASHL 都是文献保障体系的一部分,提供原文复印和下载传递服务,满足高校读者的文献需求。(3)开展二次文献服务。提供多层次、多样化的二次文献服务方式,如网上参考咨询服务、定题跟踪服务等,帮助读者充分利用电子资源的情报价值和优越功能,提高服务效率。我馆就举办了"信息窗"、期刊剪报、网上咨询台、网上信息窗等项目,随时更新内容,为重点学科服务。(4)加强宣传力度。图书馆为重点学科建设无论在资源建设和服务上都做了不少工作,但是了解并能利用这些服务的人员还不是很多,应该进一步加强宣传力度,扩大影响。

每所大学都围绕自己的办学特色进行学科建设,使这些学科的优势更加鲜明,这就要求高校图书馆必须确立其符合学科发展的资源建设体系。图书馆的期刊资源对重点学科的建设举足轻重,是重点学科建设不可缺少的重要保障。通过实施一系列期刊保障措施,切实保证重点学科在学校教学科研中发挥的龙头作用,以带动和促进其他学科的快速发展,提高学校的地位与影响。随着国际交流日益频繁,高校的快速发展也使图书馆期刊资源建设和利用面临着新的机遇和挑战,如何使期刊资源建设更加科学合理,更好地适应高校学科建设和教学科研的需求,是高校图书馆人不断深入研究探讨的一个课题。

[参考文献]

[1] 乔爱丽.外文期刊的管理与利用[J].情报探索,2009,(3):126-127.

[2] 倪宁兵,张琴.面向学科建设的外文期刊资源有效配置[J].新世纪图书馆,2009,(2):21-23.

[3] 朱永聪.重点学科建设中的期刊资源保障分析[J].肇庆学院学报，2006,(4)：93—96.
[4] 梁柏静.学科建设对高校图书馆期刊质量需求的思考[J].图书馆学刊,2005,(6):59—60.
[5] 胡蒙蒙.网络期刊的发展及其对图书馆的影响[J].浙江高校图书情报工作，2008,(1)：33—36.
[6] 童敏."211工程"高校图书馆学科导航建设调查[J].图书馆建设，2009,(2)：22—25.

[作者简介]
于红,女,副研究馆员,南开大学图书馆期刊部工作。

浅议数字资源编目的质量控制

李力文

[摘　要] 数字资源给图书馆编目工作带来很大变化，人们利用现代信息技术手段，开发出许多应用于数字资源的编目方式和编目格式，产生了不同的编目成果。作者通过分析数字资源编目的质量问题，提出进行质量控制的必要性、数字资源编目质量控制的原则和实现过程，以期为图书馆开展数字资源编目质量控制、构建数字资源编目质量控制体系提供建议。

[关键词] 数字资源编目　质量控制

随着网络和信息技术的飞速发展，数字资源的类型不断增多、数量迅速增长，读者/用户检索和利用数字资源的需求与日俱增。图书馆要构建数字资源保障体系，首先要做好组织、管理数字馆藏的基础工作，即数字资源的编目工作。但是，由于数字资源的分散性、松散性、多样性、随机性等特点，使得其编目格式和编目成果呈现出多样化趋势，给编目工作带来一系列问题，同时，也给读者/用户带来使用不便的困扰。因此，要解决这些问题，就要对编目质量进行严格控制，以实现数字资源的有序组织、适度控制和高效检索，从而满足读者/用户方便、快捷的使用数字资源的需求。

目前，对于数字资源编目的研究还处于探索实验阶段，对于数字资源编目质量控制的研究更不多见。笔者结合传统文献编目工作和数字资源编目工作的理论和实践，探讨数字资源编目的质量问题并指出进行质量控制的必要性，提出数字资源编目质量控制的原则和实现过程。

1 数字资源编目质量控制的必要性

经过近年来的实践，数字资源编目工作取得了一些成果，在编目格式的开发、编目方法的选择上有了一些经验。但是目前数字资源的编目工作和数据质量还存在很多问题，因此对数字资源编目进行质量控制就显得尤为重要。

1.1 数字资源编目存在的质量问题

1.1.1 编目格式缺乏标准，方法不统一

数字资源的多样性，使得与之对应的编目格式不断发生变化。MARC 格式做了相应调整，同时还产生了 DC 等各种新型元数据格式。目前，不仅对于元数据格式没有形成统一的国际标准，对于何种资源使用何种格式和方法，更是众说纷纭。仅就采用 MARC 格式对电子期刊进行编目就有分散编目（或称复制编目）和集中编目（或称合成编目）等方法。在工作中，各馆没有统一的选择标准，对将来的资源共享产生影响。

1.1.2 标引用词缺乏规范，标引深度不统一

由于数字资源和元数据的多样性和灵活性，在著录中往往使用关键词这一非受控词汇。关键词作为一种自然语言，存在着多义性、同义性、模糊性、词量大、专指度较高等特性，特别是同义词与近义词、上位词与下位词、全拼词与缩略词均可能同时被标引，造成检索效果不佳，难以扩检和缩检。

1.1.3 不利于读者检索

各种相同和不同的数字资源，或产生于不同的数字化项目中，或存在于不同的商业数据库中，使用的是不同的操作系统。各系统要求各异，检索方式不同，读者使用时既要熟悉各操作系统检索界面的要求，还要在各个界面之间跳转，既麻烦又容易造成漏检和误检。

1.1.4 数据可靠性差

数字资源易于被修改、移动、复制，一旦存储数据的服务器变化或者网页地址产生变化，从原来编目数据中的URL(Uniform Resource Name，统一资源定位符)地址就无法链接到对象数据本身，造成读者检索成功后却不能获取资源。

1.1.5 数据重复量大

编目对象识别不准确，造成重复著录。对于同一作品、同一名称的不同载体的文献，比如《红楼梦》一书，有印刷本、缩微本、原生电子本和数字转换本等几种形式，每种形式还可能有不同的版本。对其不加识别、区分而分别制作编目数据，势必造成数据量的膨胀。

1.2 数字资源编目质量控制的必要性

1.2.1 是实现对庞大繁杂的数字资源信息流有效控制的需要

信息检索包括信息贮存和信息检索工作的全过程，信息是用什么方法贮存进去的，就必须用相同的方法才能取出来①。这就是说，信息贮存和检索的标识符号，应该完全一致，这样才能达到检索的目的。尤其是计算机检索对这种一致性要求更高。这是因为：首先，在任何一个海量数据库里，只有提供多种检索途径、规范的检索词，信息流才能得到有效控制。其次，以机读为主要识别手段的信息，必须满足同类信息在表达形式上的规范和一致，以便对庞大的数据进行处理和集成。因此从某种意义上讲，数字资源编目质量控制是各种数字资源数据库信息控制的必备条件，没有规范的标目、统一的著录格式、标识符号、缩略语标准，也就无法实现对数字资源数据库信息进行有效控制。

1.2.2 是实现信息资源共享的需要

数字资源消除了信息传递与交流的时域限制，克服了传统文献资源在信息共享性与具体载体独享性之间的矛盾，为资源的共享解决了技术难题，但是这种共享还必须建立在标准化的基础之上。这是因为：一方面，在信息服务中贯彻资源共享的原则，要求情报工作者对海量信息资源依据一定的标准进行揭示，按照统一的格式进行存贮，以便于人们通过基本相同的检索工具，访问同一文献信息。另一方面，计算机对信息的识别是通过二进制代码实现的，如果没有规范化的情报语言就容易造成数据交换的障碍，信息交流也就无从实现。

2 数字资源编目质量控制的原则

为了确保数字资源编目数据的质量，实现数字图书馆资源建设的目标，笔者认为，在对数字资源编目进行质量控制过程中应遵循以下原则：

---

① 蔡宇宏.电子期刊：论文标引规范控制的意义及其现状分析.情报科学，2002，(4)：397.

2.1 面向对象原则

这里所说的“对象”有两方面含义：一是指编目成果的使用对象，即读者/用户；二是指编目工作的对象，即数字资源本身。

2.1.1 面向读者/用户

编目工作的最终目标是为读者/用户使用图书馆的信息资源提供便利，因此评价编目数据质量好坏也应从是否利于读者/用户使用出发。

传统的文献编目，通过各种编目条例、著录规则、规范款目的制定，在文献目录和书目数据库中尽可能多的为读者/用户提供各种必备检索点和附加检索点，来满足用户对馆藏文献的检索需求。

数字资源编目，也应从使用角度出发，而且在对信息资源进行正确的描述、著录外，还应充分利用数字图书馆强大的数据处理能力，将数字信息组织成一个网状结构，使读者/用户可以在各个信息单元中自由切换和检索。

2.1.2 面向数字资源

数字资源编目工作的客体－数字资源，因其自身的特点与其他信息资源（如印刷型文献）有很大差异，因此编目对象的选择与确认是保证编目数据质量的首要工作。

由于数字资源本身具有这样一些缺陷：内容繁杂，缺乏规范，信息污染比较严重。同时，受到技术条件、工作环境、人员数量等客观条件的限制，图书馆不可能对所有的数字资源进行编目。因此我们必须从中选择出适合读者/用户使用和自身馆藏体系建设的资源。

国际图联颁布的研究报告《书目记录的功能需求》（简称 FRBR）用“实体一关系模型”（E—R 模型）来描述编目对象，把作为编目对象的实体划分为著作（work）、表现方式（expression）、表达形式（manifestation）、文献单元（item）4 个层次①。对印刷型文献进行编目时，我们通常以编目对象的表达形式作为编目对象。然而，数字资源的特征使它能够把多种表达方式的内容整合为一。因此，在著作的物质媒体变得越来越模糊的今天，数字资源编目的对象应提升到表现方式甚至著作的层次上。这样做也与编目数据的使用者的需求相吻合，因为人们获取信息首先考虑的是它的内容，其次才是它的物质媒体。

2.2 标准化原则

标准化是数字图书馆的主线，是数字图书馆赖以生存的基础，是实现书目数据资源共建、共知、共享的保证。

数字资源编目数据的质量控制的标准化原则，是要在编目过程中坚持数据格式的标准化、描述语言的标准化和标引语言的标准化。数据格式是数字化信息的基本结构的描述，只有数据格式符合大家所公认和遵守的统一标准，才可能在不同的计算机系统间交换数据。数据描述语言是用来描述数字化信息基本特征的一组代码体系，唯有数据描述语言的标准化才能实现用户和系统以及系统与系统之间的有效沟通。标引语言的标准化主要是指用来描述信息的形式特征以及检索要求的规范性语言。随着计算机网络化发展，规范控制已成为数字图书馆的重要基础，各类规范档的建立是实现编目工作标准化的需要。

2.3“总体控制、分过程管理”原则

1995 年美国国会图书馆召开的第 1 届全球数字图书馆信息组织会议，认定数字图书馆并不是未来唯一的图书馆形式，而是一种将传统图书馆的资料（印刷型和非印刷型资料）与数字

① 王绍平. 数字信息资源的编目对象. 图书馆杂志，2003，(2)：33.

资源的一种整合。数字图书馆将整合传统图书馆的资源，使得数字化信息与传统图书馆的资源在存取层面成为一个整体。因此，资源编目工作的模式和工作流程都将发生很大变化，对于不同类型的数字资源编目可能不再像以往的文献那样集中在编目部门处理，而会涉及到所有参与数字资源建设的部门。因此，对于编目数据质量的控制，应该在采取“总体控制、分过程管理”的原则，即在总体上把握馆藏资源建设体系的标准和为读者/用户服务的标准，在编目的各个分过程中针对不同类型资源、不同编目方式，采取不同方法实行的质量管理与控制。

2.4 可扩展原则

数字图书馆的生存环境是一个不断变化的环境，新的信息源也会层出不穷。而且目前，元数据系统仍是一个发展活跃的领域，新的元数据方案会不断出现，老的方案会不断修改完善。因此，在进行质量控制时要考虑数据的兼容性和可扩展性，要使数据能够被各种新的方案或系统兼容、使用，从而保证数字资源编目成果的持续可用性。

3 数字资源编目质量控制的过程

3.1 正确选择编目对象

我们在对数字资源进行编目时，经常遇到的情况是完全相同的电子图书或电子期刊在不同数据库中同时存在；有的电子图书在数字化前选用图书的版本或印本不同；电子期刊在有的数据库中以全文形式出现，在有的数据库中以文摘形式出现。笔者认为，这些问题都可归结为E—R模型中的对象数据的表现方式和表达形式方面的差异。遇到这种情况，我们应该“透过现象看本质”，选择和控制编目对象是数字资源编目质量控制的首要方法。

采取“表现方式识别法”——即辨别数字资源的表现方式是否相同来确认编目对象。对于在表现方式这一层次相同的数字资源，认作一个编目对象，只选取其中一个数字对象进行编目；对于内容基本相同，只存在版本、全文与文摘等方面在内容本质上没有很大差别的资源记录，同样认作一个编目对象，按其重要性选取其中一条进行编目；对于内容完全不同或存在很大差别，以及一些将载体形态作为重要研究对象的资源，则认作不同编目对象，要对每一条资源记录进行编目，并在各自记录里作相关链接和说明。

3.2 建立统一的元数据标准、规范

由于元数据不仅可描述信息对象的内容，还可描述其制作过程、保存、使用权限、服务、评估等各方面内容，人们一般根据元数据的功能将其分为描述型元素、结构型元素和管理型元素，根据元素的重要性将其分为核心元素、非核心元素和个别元素等。这种结构层次的划分有利于数据处理、数据交换或共享过程中对数据进行区分。因此能否对元数据的结构层次进行正确设计，从元数据的整体性与系统性出发，形成统一的元数据标准和规范，成为数字资源编目的依据，是影响数字资源编目质量的重要因素。

从目前情况来看，国内各级图书馆都在建立自己的元数据规范，而针对相同或类似的数据对象，各单位所建的元数据规范和标准各不相同。各单位扩展和设计都根据自身的需要而定，由于不同单位在中文元数据建设方面未达成共识，没有采取联合、协作、共享的策略，所建设的元数据规范的互操作性很令人担忧，这将直接影响到将来的数据交换与共享。因此，我们盼望统一的元数据标准早日出台。

3.3 制定本馆的元数据著录规则

著录规则是根据一定的目的和使用对象，依据元数据规范（通常是应用纲要）中给出的术语,对资源的形式特征和内容特征进行描述与揭示时具体的操作规则。著录规则规定了元素的内容和属性的具体设置、取值和特征,即要给出对信息资源著录时各元素应著录哪些内容,取值范围(数据类型在元素定义中已规定),如何处理和其特殊事项,有何著录范例等。

不同机构应用同一元数据规范进行著录时,可能通过扩展子元素及其限定词、增加自建元素等方法,在不破坏元数据规范中元素语义的前提下,可以从提高资源利用的便利性、价值性与共享性出发,制定自己的著录规则,实现对数字资源客观、专指、准确的著录。

3.4 实现联合编目

与国际接轨,实现互操作是元数据发展的主流趋势。联合编目是一个很好的思路,也是一个提高数字资源编目数据质量的有效可行的方法。上海图书馆于2001年成功开发了"中文在线联合编目系统"(Union－Catalogue of Chinese Online Resource,简称 UCCOR),开创了我国网络信息资源联机编目的先河①。这一系统参照借鉴了 OCLC CORC(Cooperative Online Resource Catalog)的成功经验,建立了一个基于 Web 的网络信息资源联合编目的平台。它可以提高国内元数据方案的互操作性,保障数据的交换和共享。同时可以大大减少各单位的资源投入,省去很多因各单位元数据方案不同而引发的问题。

3.5 培养新型编目人员

数字环境为编目工作提供了新的发展空间同时,也对编目人员的自身素质有了更高更新的要求,除了具有敬业精神、扎实的业务知识、擅长计算机操作和较高的外语水平外,要想成为数字环境下合格的编目员更应具备信息意识、信息技能、创新与团队精神。编目人员应是信息资源和读者之间的中介,具备敏锐的信息意识和较强的信息技能,才能及时对信息进行有效的加工和提炼,为读者提供新颖、专深的文献信息和多途径的检索。新时期的编目人员不应坐等时代的变迁,会立意进取,积极开创适宜工作的新思路、新方法。由于新的技术和载体的进入,编目部门闭关自守的格局将被打破,与其它部门的工作联系与沟通变得至关重要。为了提高编目的质量,深入揭示信息资源的内涵,会出现大家共同参与、协商编目的新局面,这种利于深化编目工作的相互协作的团队精神是每个编目人员应具备的。尤其是数字化环境下,编目人员角色的变化,要求其具有较强的应变能力,这种应变能力的培养来自于不断的学习。因此,要提高数字资源编目数据的质量,一定要加大对编目人员的培养力度。

4 结语

质量是数据的生命,有了高质量的数据,信息资源的共知、共建、共享才能实现。因此,数字图书馆要执行数字馆藏建设的标准,根据数字资源的类型、特点,选择恰当的编目方法与技术,严格遵守数字资源的标引、著录规则,在数字资源编目数据生产的过程中加以控制,保证输出数据质量的可靠性、系统性、完整性和兼容性,为文献资源共享奠定坚实的基础。

[参考文献]

[1] Hickey, Thomas. Cooperative Online Resource Catalog explores uses for catalog of Internet resources. OCLC Newsletter No. 235.

[2] Joan E. Conger. Collaborative Electronic Resource Management: From Acquisitions to Assessment.

① 石春耘.网络信息资源编目的原则、技术和方法.苏州大学学报(工科版),2004,(6):139.

Westport, Conn. : Libraries Unlimited, 2004.
[3] 罗益群.数字资源建设质量控制.高校图书馆工作,2005,(6):19—21.
[4] 姜仁珍.图书馆数字信息资源编目的实现.图书馆学研究,2004,(2):58—59.
[5] 严红,邵小玲,尹屹.关于书目数据质量控制问题的探讨.情报杂志,2004,(1):120—121.
[6] 郜向荣,陈玉顺.2001—2004年我国电子资源编目研究概述.图书馆学研究,2005,(6):44—47.

[作者简介]

李力文,女,副研究馆员,南开大学图书馆党总支秘书。

我国图书馆俄文文献编目的发展历程和未来发展策略

杜 芸

[摘 要] 本文阐述了我国图书馆俄文文献编目的发展历程及现状，指出目前我国俄文文献编目存在的问题，进而提出我国俄文文献编目的未来发展策略。

[关键词] 俄文文献 编目 中国

由于我国和前苏联的关系，我国的许多图书馆都收藏有俄文文献，这些文献中以图书、期刊居多。随着中苏关系的恶化，各图书馆收藏的俄文文献逐渐减少，特别是20世纪90年代苏联的解体导致俄文文献采购途径一度受阻，各图书馆收藏的俄文文献锐减。近年来，这种状况得以改观。随着中西文书目数据库建设的完成，各馆俄文文献的书目数据库建设逐渐提到议事日程。笔者经过几年的俄文编目实践，发现目前我国俄文文献编目还存在一些问题亟待解决。

1 我国图书馆俄文文献编目的发展历程和现状

1.1 手工编目时代

在本世纪之前，我国图书馆俄文文献编目一直处于手工编制目录卡片的阶段。

为了避免重复劳动，提高目录质量，统一著录格式，1958年北京图书馆、中国科学院图书馆、中国人民大学图书馆等单位合作，在全国第一中心图书馆委员会的统一组织领导下，成立俄文统一编目组，开展全国性集中编目。由于受到“文化大革命”的干扰破坏，俄文图书集中编目工作于1968年被迫中断。[1] 在这之后，各馆的俄文文献编目一直处于各自为政的状况。

由于没有统一的俄文文献著录条例，各馆所依据的编目规则并不一致。为了使俄文图书编目更加规范，国家图书馆俄文图书采编组的人员做了很大努力。1980年国图俄文图书编目组根据50年代苏联出版的大型图书馆用著录条例，即俄文第二版《图书馆目录适用出版物著录统一条例》的图书著录分册和乐谱著录分册的传统编目格式，编写了《俄文普通图书著录条例》(油印本)，1983年对条例试用本进行了改编增补，使之更加实用。当年由书目文献出版社出版了《西、俄文图书编目条例》，该条例为规范国内俄文图书编目起了重要促进作用。1986—1987年由苏联列宁图书馆目录编制联合委员会根据苏联国家标准 ГОСТ 7,1－84“文献书目著录一般要求与编制规则”主编了《书目著录编制规则》。国图俄文图书采编组工作人员总结多年编目工作经验，依据《书目著录编制规则》的原则又编写了《俄文文献著录标目选择的规定》，“规定”采取图书编目规则与编目示例相结合的形式，列举了13款，40多条主要款目及主要款目格式常规编目示例，极大方便了编目工作者。[2]

1.2 计算机编目时代

20 世纪 90 年代，由于当时多数图书馆使用俄文文献的读者要大大少于使用中、西文文献的读者，且受到当时计算机编目系统的限制，在各馆开展中、西文文献计算机编目和回溯建库的时候，俄文计算机编目被暂时放到了一边，除了个别馆之外，大多数馆都没有进行俄文文献的书目数据库建设。近几年来，各馆中、西文建库相继完成，计算机编目系统已经可以支持俄文字符的录入，使用俄文文献的读者又开始增多，俄文计算机编目工作提到了议事日程。

1996 年，东北农业大学图书馆利用深圳馆的 ILAS 系统开始进行俄文图书的回溯建库工作。回溯建库范围是 1950 年至今的图书，由于俄文图书没有外部数据，所以完全是自建，是在西文数据库规范的基础上，将俄文图书的每个款项录入数据库。[3]该馆使用的字段有：200（图书的题目）、205（图书的出版次数）、210（图书的出版地、出版商、出版年代）、215（图书页码、有无插图、图书的尺寸）、606（图书的主题）、690（图书的中图法分类号）、701（图书的著者）、711（图书的集体著者），由此可以看出，其著录格式是 CNMARC 的。

2003 年中国国家图书馆使用以色列 ALEPH500 系统实现俄文图书编目，主要依据的是《北京图书馆西、俄文编目条例》（1983 年出版），并参考《西文文献著录条例》（修订扩大版，2003 年出版），按照 MARC－21 格式要求进行文献编目，截至 2005 年末，该馆外文数据库已录入俄文图书书目数据 3 万余条（其中包括回溯书目数据）。[4]

CALIS 联机编目中心于 2006 年 4 月 14－17 日在北京大学图书馆举办了俄文联机合作编目培训班，18 家图书馆成为 CALIS 俄文联合目录的首批成员馆。培训的主要内容有俄文联合目录 MARC 记录编制细则和联机编目操作流程，通过详细的讲解和实习向参加培训的编目员传授了俄文编目的规则和操作。在这之后，CALIS 俄文联机合作编目正式启动，著录标准依据 ISBD、俄罗斯的《国家标准 7.1－2003．信息、图书馆和出版事业标准系统．书目记录与书目著录》及《俄文书目著录条例》等国际、俄罗斯通行的文献著录标准，采用 MARC－21 书目数据格式，至 2009 年 2 月，已经有 54000 多条数据。

在俄文连续出版物的数据库建设方面，有以下成果：

由中国科学院文献情报中心牵头研建的中西日俄文期刊联合目录数据库创建于 1983 年，目前收录俄文期刊 6.6 千种，数据按 ISBD(S)（印刷版）、ISBD(ER)（电子资源）等国际标准书目著录和我国的有关标准著录，机读格式为 UNIMARC 和 CNMARC。

广东中山大学图书馆使用 ILAS 的连续出版物管理模块，采用 USMARC 格式进行俄文期刊的回溯建库。俄文刊物如能套录到俄文字母的 MARC 记录，则采用俄文的 MARC 记录，若套录的记录为拉丁文的，再添加俄文字母的正确名及翻译题名。[5]

另外，广东省立中山图书馆在俄文编目时依《西文文献著录条例》，采用 USMARC21 格式进行简略著录。[6]

2 目前俄文文献编目存在的问题

2.1 编目规则、编目格式不统一

目前，我国各图书馆在进行俄文文献数据库建设时，采用的编目规则和著录格式并不统一。在编目规则方面，国家图图书馆和 CALIS 均参考 ISBD、俄罗斯书目著录条例的要求进行文献编目；而广东省立中山图书馆则依《西文文献著录条例》进行著录。在采用的著录格式方面，一些馆采用 MARC－21 书目数据格式，如国家图书馆和 CALIS 的参加俄文联机编目的成员馆，另一些馆采用 CNMARC 格式在建俄文库，如中国科学院文献情报中心的中西日俄文期刊联合目录数据库的建设和东北农业大学图书馆等。

俄文图书的出版有许多自己的特点，利用《西文文献著录条例》著录俄文图书，肯定无法准确地反映俄文图书的特点，有很多弊病。而依据俄罗斯的编目规则，同时参考《西文文献著录条例》的做法，由于编目员对俄罗斯的编目规则的理解程度及参考《西文文献著录条例》的限度，在具体执行起来都不完全相同，给书目数据共享造成了一定的困难。

全国几个大的系统使用的编目规则、编目格式都不能达到统一，这将不利于资源共享。

2.2 缺乏稳定的数据源

目前我国图书馆在进行俄文编目时可以利用的数据源有俄罗斯国立图书馆、莫斯科大学图书馆的数据，虽然俄罗斯国立图书馆的数据可以免费下载，但是很不稳定，经常出现连接中断、连接失败的现象，非常影响编目速度。

如果是 CALIS 的成员馆，可以下载 CALIS 的数据，但是目前 CALIS 俄文数据库中的数据量还不够大，检中率并不高。

由于缺少稳定的数据源，增加了编目人员的工作量，造成重复劳动，资源浪费。而且原始编目数量的增加，对数据质量的提高也造成一定的影响。

2.3 文献载体单一

与中、西文文献一样，俄文文献包括图书、连续出版物、地图、乐谱等各种文献载体。然而目前俄文文献计算机编目主要针对图书及少量的连续出版物，其它文献类型，如地图、乐谱的著录还很少涉及。一些馆由于缺少统一的著录规则，在著录地图、乐谱时，只好依据《西文文献著录条例》，这样著录出来的数据很可能不符合俄文文献的特点，对于读者的使用和数据资源共享会造成一定的障碍。

2.4 俄文编目人员水平不一

除国家图书馆以及一些收藏俄文文献较多的图书馆有专门的俄文编目人员外，其它多数馆缺少专门的俄文文献编目人员，有的馆是由西文编目人员做俄文编目，有的馆是由中文编目人员兼任。由中文或西文编目员兼任的俄文编目员在编制俄文数据时，非常容易忽视俄文文献的特点，容易从中文或西文编目的角度考虑问题，造成编制的俄文数据不准确。

3 我国俄文文献编目的未来发展策略

3.1 思想观念的更新及重视

俄文文献的信息量非常丰富，载有大量世界先进水平的科研成果。俄文图书具有资料性强和情报性强的特点。情报性质的期刊仅公开发行的就有三千余种，只要阅读这些情报刊物，基本上可以及时了解世界各国各个专业领域的科研、生产动向，实用性强，解决实际问题的能力大。而且目前需要俄文文献的人员也在逐年增加，因此加强俄文文献数据库建设势在必行。

3.2 制定统一的俄文文献编目条例

建立书目数据库首先要有一个统一遵守的标准。目前看来，使用西文文献的著录条例著录俄文图书有其弊病。主要是与套录数据不符，在利用源数据上造成混乱。我国国家图书馆已经编制了《西、俄文图书编目条例》，可以在此基础上，根据现状进行修订完善。只有这样，才能保证俄文文献数据库建设的顺利进行。

3.3 采用一致的编目格式

统一的编目格式是书目数据资源交换的基础。目前国内各个图书馆有的采用 MARC—21 格式，有的采用 CNMARC 格式，这种现状有悖于文献资源共享原则。由于俄罗斯的大图书馆也是以使用 MARC—21 格式为主流，所以使用 MARC—21 格式有利于数据的共享。

3.4 充分利用网络数据

俄文文献的编目工作要充分利用俄罗斯国立图书馆等图书馆的联合编目资源，下载数据，尽量减少编目工作的重复劳动。实在无法通过 Z39.50 下载数据时，可以参考俄罗斯国立图书馆、莫斯科大学图书馆、中国国家图书馆的读者目录界面的简单著录数据，以使自己编制的俄文书目数据更加规范。

3.5 加强俄文编目人员的培训和交流

建立俄文文献书目数据库需要一批专业人员，在建立书目数据库之前，应该由联合编目机构进行统一的业务培训。参加培训的人员经过培训合格之后，经过联合编目中心的授权，才可以提交书目数据。由于时代在不断变化，编目条例、编目规则也在不断变化，编目人员经常会遇到一些新问题，需要进行交流和研讨。可以采取不定期地开研讨会的方式，或者在互联网上开辟业务研讨园地，使各馆的编目人员可以随时进行交流。

另外由于各馆的俄文编目员多是兼任的，俄文水平并不高，因此编目员还要不断提高俄语水平，这样，才能在俄文文献编目中减少人为因素的误差，提高书目数据的质量。

[参考文献]

1. 集中编目. [EB/OL]. http://www.wiki.cn/wiki/%E9%9B%86%E4%B8%AD%E7%BC%96%E7%9B%AE 2009—03—29

2. 宋亚珍. 国家图书馆俄文图书编目工作回顾. [EB/OL]. http://dangjian.ccnt.com.cn/017.php? col=517&file=15356,2009—06—30

3. 李国玲. 俄文图书建库初探. [J]. 图书馆建设. 2002,(2):32

4. 王美英. 俄文图书书目数据共享中的几个问题及其解决方法. [J]. 江西图书馆学刊. 2006,(3):18—20

5. 汤罡辉. 中西日俄文连续出版物回溯建库经验谈——以广州中山大学图书馆为例. [J]. 图书情报论坛. 2006,(2):55—57

6. 李江琼. 俄文图书编目存在的问题及对策探析. [J]. 全国新书目. 2007,(13):89—91

[作者简介]

杜芸，女，副研究馆员，南开大学图书馆西文编目总校。

关于高校图书馆电子资源建设的几点思考

陆 萍

[摘 要]本文结合我馆的实际情况,首先介绍了我馆电子资源的订购情况,然后探讨了我馆在电子资源建设方面已经开展的相关工作,继而提出了加强电子资源建设的几点建议。

[关键词]高校图书馆 电子资源

随着网络计算机技术的迅猛发展,电子信息资源以其信息量大,共享性好,更新速度快,检索便捷等诸多优点,已经与传统文献信息资源形成了一种有效的互补关系,两者相互并存,缺一不可。因此,各高校图书馆为满足多层次、多学科读者的需要都购买或自建了一些网络数据库。在目前图书馆经费紧张的环境下,如何利用有限的经费合理订购电子资源,使它更好地为教学科研服务,是图书馆应关注的问题。本文就我馆电子资源建设方面开展的相关工作进行了探讨。

1 我馆电子资源的订购情况

目前,电子资源在高校图书馆已经被大规模发展和利用,其在馆藏文献信息建设中的地位和重要性也日益凸显,在保障必要的纸质文献基础上,我馆根据实际情况和学科特点,加强了电子文献资源建设力度,购买电子资源的费用占文献经费的 1/3 左右。电子资源的建设和大型专业数据库的引进,对学校的教学和科研起到了巨大作用,深受读者欢迎。

截至 2008 年底,我校可利用的电子资源共有 62 个数据库系统,281 个子库,其中包括图书馆(35 个数据库系统、50 个子库)、数学所(3 个数据库系统、3 个子库)、历史学院(1 个数据库系统、1 个子库)、泰达学院(2 个数据库系统、2 个子库)、法学院(2 个数据库系统、2 个子库)、NSTL(1 个数据库系统、44 个子库)以及天津高等教育文献信息中心(18 个数据库系统、179 个子库)订购的资源。

我馆购买的电子资源中外文电子资源所占比重较大。在这些外文电子资源中,除了 BvD 商业数据库和 NEWSBANK 美国历史文档数据库是由我校自行购买的,其余都是以 CALIS 集团采购的方式购买的。CALIS 集团采购工作由 CALIS 管理中心负责实施,设 CALIS 引进资源工作组、数据库谈判小组和监察小组,小组成员(包括组长)由 CALIS 管理中心聘任。以这种集团采购的方式购买数据库的优势在于:一是购买数据库的费用相对低廉;二是免去各馆单独谈判的时间与精力;三是参加集团的学校越多,各成员从数据库商那里获得的利益就越大。我馆订购的中文数据库中,CNKI、读秀的订购参与了天津市高等教育文献信息中心的集团采购,其他数据库均为我馆自行订购。

在正式购买前，我馆都会先进行电子资源的试用，这是引进资源之前必不可少的过程。通常数据库商规定的试用期限为1～3个月，而最佳、最合理的试用期限应该定为半个学期以上，图书馆可以利用这段时间对试用的数据库评价分析，包括举办讲座培训、张贴海报宣传、分析试用结果和获取使用用户的反馈信息。

2 我馆在电子资源建设方面开展的相关工作

2.1 在电子资源的宣传及使用培训方面

我馆一向都很重视电子资源的宣传和推广，对于新购买或者试用的的数据库都会在图书馆的主页上挂出通知，并且通过RSS信息订阅系统将通知发送给读者，同时，学科馆员还会以E－mail的形式给对口院系老师发送通知。

我馆在电子资源的培训方面已经做了相当多的工作。首先，在新生入学时即开展面向全校新入学研究生的“图书馆电子资源的概况与检索”方面的培训，并且编写了《读者使用手册》，便于新生和新教师更好地了解图书馆的资源。再有，开设了针对全校本科生的“信息素养与文献检索”公选课，采取多媒体教学与实际操作相结合的方法，以提高教学效果。定期举办针对全校师生的数据库检索方面的培训，主要由信息部的老师负责培训，对于一些非常专业的数据库(如SciFinder Scholar－CA网络版、Beilstein/Gmelin化学资料库、BvD商业数据库)，则邀请数据库公司的专职培训师来讲解。同时，我馆的学科馆员负责定期深入对口院系进行相关数据库的培训工作。

2.2 在电子资源评估方面

电子资源的使用情况反映了资源利用率的高低，也是电子资源评估的重要依据。目前大多数的图书馆都处在一个比较尴尬的处境，那就是一方面新的资源不断涌现，师生想拥有更多更新资源的呼声不断高涨；另一方面，图书馆的经费预算并没有增加许多，已订购的数据库每年又以一定的涨幅在不断上涨，图书馆力图维持现有的订购已属不易，但也不得不考虑某些新的资源。为了维持这种平衡，就急需对现有资源进行评价。

近几年来，我馆一直坚持统计每个电子资源的使用情况，在年底时做出每个资源的年度使用统计报告。目前，大部分的外文数据库公司都提供用户查询使用统计的网站，统计网站提供正规的COUNTER标准的统计数据，仅有个别数据库需要由数据库商提供数据。相对于外文数据库，中文数据库的使用统计则不太规范，在我馆订购的中文电子资源中仅有CNKI提供可以在线查询的使用统计网站。在统计完使用情况后，都会根据数据库的价格核算出该库的使用成本，对于全文数据库来说，一般以下载成本(价格/下载篇数)为衡量指标，对于文摘型和事实型的数据库而言，则以检索成本(价格/检索次数)为衡量指标。表1以2008年部分全文数据库为例，列出了下载量和下载成本。

表1　2008年部分全文数据库的使用情况

数据库名称	价格(人民币)	统计的时间范围	全文下载(篇)	下载成本(人民币/篇)
SDOL(Elsevier)	345644	2008.1—9	223068	1.16
Springer	35355	2008.1—11	63702	0.51
Wiley	46131	2008.1—10	120232	0.32
RSC	44789	2008.1—9	58922	0.57

续表

数据库名称	价格（人民币）	统计的时间范围	全文下载（篇）	下载成本（人民币/篇）
ACS	64439	2008.1—10	363901	0.15
ACM	27405	2008.1—11	455	55.21
Emerald	111153	2008.1—12	9466	11.74
IEL	563454	2007.11.30—2008.9.30	41347	11.37
IOP	42565	2008.1—11	19961	1.95
JSTOR	85234	2008.1—10	143510	0.49
PQDT 全文库	80867	2008.1—11	26349	2.81
AIP、APS	25000	2008.1—10	55942	0.37
NATURE	48461	2008.1—8	19830	1.63
CNKI	152190	2008.1—11	2622271	0.05

从上表可以看出，ACM、Emerald、IEL 这三个数据库的下载成本比较高，都超过了 10 元。鉴于这 3 个库较高的使用成本，我们会在 2009 年加强对其宣传、培训工作，如果连续几年下载成本还是居高不下的话，就可以考虑停止该库的订购了。

目前，由于使用情况不佳，我馆已陆续停订的数据库包括：Bowker 、crcnetbase、Computing Reviews、ebrary、oclc、PQDT(A)、science、NEWSBANK 世界各国报纸全文库、Lexisnexis Environment、Encyclopedia Britannica、道琼斯财经资讯教育数据库、龙语瀚堂典籍数据库、中国财经报刊数据库、中经网一中国经济统计数据库、全国报刊索引数据库、人大复印资料、网上报告厅。

2.3 在电子资源共建共享方面

在电子资源共建共享方面，我馆加入了 CALIS 文献保障系统、参加电子资源联合采购，参与了 CALIS 跨国公司研究专题数据库、CALIS 高校教学参考书全文数据库、CALIS 高校学位论文库以及 CALIS 重点学科网络资源导航门户的建设，充分挖掘网上免费的信息资源、建立了免费资源的链接等。在加强本馆电子资源建设及参与 CALIS 项目建设的同时，我馆还积极参与了 TALIS 一天津高等教育文献信息中心电子资源的共建共享，我馆的 CNKI 系列数据库、读秀学术搜索、Springer 电子期刊以及世界科技(WSN)电子期刊均参与了 TALIS 的集团采购，避免了电子资源重复购买与浪费。

2.4 在收集读者反馈意见方面

读者的反馈意见对于指导图书馆电子资源建设工作至关重要。我馆不定期地对读者进行电子资源利用方面的调查，包括书面问卷形式及口头调查咨询的形式，陆续开展过面向全校师生的针对所有电子资源使用情况的调查以及面向部分院系师生的针对某些专业数据库使用情况的调查。通过网上咨询台、BBS、E一mail 咨询邮箱、电话以及现场咨询等方式答复并收集用户提出的各种建议和意见。

3 加强电子资源建设的几点建议

3.1 进一步加强电子资源的宣传和培训工作

从历年读者使用情况调查统计结果看，仍有部分师生对图书馆电子资源缺乏深入的了解，还有一些比较好的数据库使用情况不甚理想，图书馆对电子资源的大量投入并没有达到预期的效果，丰富的电子资源并没有得到充分地利用。因此，高校图书馆在丰富学校电子资源的同时，应加强电子资源的宣传力度，采取各种有效措施、通过各种渠道加强对电子资源的宣传及数据库使用方法的培训工作，让更多读者了解图书馆的电子资源，提高电子资源的利用率。

3.2 加强对电子资源的评估工作

对电子资源的评估工作包括两个方面：一是订购前对资源的评估，即在正式购买电子资源之前，开通一定期限的试用，在试用过程中收集用户的各种反馈信息，在试用期结束后，根据数据库商提供的使用统计数据，结合用户的反馈信息，撰写试用分析报告。另一个是对已有资源的评估，包括使用情况、用户反馈及成本核算。电子资源的评估是一项系统、复杂的工程，涉及很多指标，它对于电子资源的建设至关重要，应该成为图书馆电子资源建设中必不可少的一部分。

3.3 提高学科馆员的素质

电子资源的建设和有效利用需要一些学科馆员。他们既要有一般的文化素质，又要有较强的专业知识；既要有高尚的职业道德和一定的心理素质，又要具备现代科学管理知识；既要有较高的外语水平，又要有娴熟的计算机和网络操作能力；既要有一定的人际关系协调和公关能力，又要有较强的独立处理信息的能力。高校图书馆要加强学科馆员的培养，要引进专业技术人才，要高度重视现有学科馆员的继续教育，要引进竞争机制，竟聘上岗和绩效评估。只有充分调动学科馆员的积极性，才能有效地督促他们努力学习有关专业知识和技能，使其在为学校师生提供信息资源服务时，能够充分发挥自身的信息检索技能优势，为师生有效利用图书馆的信息资源提供有效的指导，帮助其高效、便捷地使用图书馆的资源与服务。

3.4 引入 OA 扩充馆藏资源

由于图书馆采购经费的增加远远赶不上电子资源价格的上涨，作为高校图书文献中心的图书馆面临着巨大的学术期刊危机。为了解决学术期刊危机问题，构建一个真正服务于科学研究的学术交流体系，开放存取运动(OpenAccess Movements)开放存取的出版模式在一定程度上可以缓解学术期刊危机给高校图书馆带来的压力，图书馆可减少用于采购文献信息资源的经费，并从本质上打破出版商对学术期刊的垄断，促进学术资源的交流。在学术资源开放存取环境下，高校图书馆的电子资源建设要应对出版形势发展的需要，主动、认真地研究开放存取这一全新的学术交流模式及其运行机制，改变现有的电子资源建设策略，努力将开放存取这一方式变为扩充图书馆虚拟馆藏资源的有效方式，使学术资源开放存取成为巩固图书馆信息中心地位的有效手段。

3.5 加强电子信息资源的优化和整合

随着电子资源的不断增多，多个数据库进行跨平台检索的需求日益增强。不同的电子资源系统采用了各自不同的检索平台和数据标准，同时数据库之间在内容上存在着一定的重复和交叉，这些因素将导致用户检索的难度不断增加，使得他们在检索时，需要熟悉不同的检索系统和检索界面，检索完成后还需将来自不同数据库的检索结果进行筛选处理。

目前，一些图书馆和商业公司针对这种情况都在进行跨平台的检索实践。国内电子资源引进大户 CALIS、清华大学、南京大学等也在进行这方面的研究，计划建设资源分布式，知识网络化、统一用户平台、统一用户认证、多途径多层次的访问系统，以全面实现电子资源优化、整合。

[参考文献]

[1] 张宏杰.对高校图书馆电子资源建设的思考.内蒙古科技与经济,2008,14(168)

[2] 贾文广,刘益星. 浅谈高校图书馆电子信息资源的建设.内蒙古科技与经济,2009,1(179)

[3] 谭明君.图书馆电子资源的科学评价.图书馆建设,2008(1)

[作者简介]

陆萍,女,馆员,南开大学图书馆信息部工作。

高校图书馆外文赠书的质量控制与管理

谷　松

[摘　要] 文章以高校图书馆接受外文赠书为例，针对外文赠书质量存在的问题，提出了一些提高外文赠书质量的措施和方法，通过科学的管理使外文赠书为广大师生提供优质的服务。

[关键词] 图书馆　外文赠书　质量　管理

近几年来，随着国内外书刊价格的迅速提高，高校图书馆的购书经费越来越紧张，尤其是外文原版图书的价格更加昂贵，在现有的经费下，一年采购外文原版新书的数量非常有限，无法满足教学、科研和师生阅读的需要。为了缓解图书经费的严重不足与书刊价格飞涨的矛盾，接受外文赠书是高校图书馆一条重要的进书渠道，使得赠书的数量在馆藏外文原版图书中所占比例逐年提高。通过接受赠书，不仅弥补了购书经费的不足，而且还可以增强馆藏特色，在外文资源建设中发挥着越来越重要的作用。但是，赠书的质量问题一直是一个需要解决的难题，本文主要对高校图书馆外文赠书的质量控制与管理进行探讨。

1 外文赠书的种类

1.1 美国赠书

二十世纪九十年代，高校图书馆的外文赠书主要是来自美国的“亚洲基金会”和“中美亚洲之桥基金会”的赠书。这两个基金会是美国的民间组织，它们组织的赠书是通过当地的出版商、图书馆、书店、科研机构及个人等多种渠道汇聚而成的，种类繁多、内容丰富。这些赠书是通过海运的方式运到我国教育部下属的三个转运站——上海外国语大学图书馆、大连理工大学图书馆、青岛海洋大学图书馆，各地的高校图书馆定期到转运站去选购图书，接受赠书的单位只需支付一定数量的赠书管理费及转运过程中所需的一些开支，平均到每本图书的价格非常低廉，与通过正常渠道订购的原版外文图书价格相比，二者简直是天壤之别。进入二十一世纪后，南开大学图书馆也成为了教育部下属的一个转运站，这使得外文赠书的选购更加方便快捷，内容更加新颖了。美国赠书所涉及的范围广泛，文理兼顾，还有许多新近出版的质量高的极其有学术价值的著作，对教学和科研起到了重要的作用。

1.2 个人赠书

个人赠书是指一些社会知名人士将个人著作或个人藏书捐赠给高校图书馆。2004 年底，美籍华人 84 岁高龄的马大任提出了“赠书中国”计划，这一计划是为了丰富大陆高校的外文图书。通过各种努力，募集了三个集装箱的西文书籍运到中国，总数接近 6 万册。2005 年，南开大学图书馆就接受了“赠书中国”计划赠送的6000余册图书，这批赠书是两位近年去世的南开大学的老校友袁澄教授和王念祖教授的私人藏书。袁澄是中国近代最有名的图书馆学专家袁同礼的儿子，他自己是欧洲史的专家，在美国大学里教了34年的书，他所赠图书全部是文科外文原版图书，以历史、政治和文学三大类为主，出版年代多数是二十世纪中期的；王念祖教授则在哥伦比亚大学商学院和东亚研究所任教，同时也是中国与国际企业计划的主任，是国际经济学界的权威人士，他的赠书以档案和手稿为主，以外文原版图书为辅。这两位知名学者的赠书许多是非常珍贵的手稿、史料，以及一些绝版的图书，具有较高的学术研究价值和收藏价值。

2 外文赠书的质量现状

由于外文图书的捐赠既有团体又有个人，捐赠者对图书馆的规模、性质、服务对象、藏书现状等也缺乏详尽的了解，赠书的时间、数量、内容、质量都有很大的不确定性，使得接受赠书的单位大多处于被动状态，随意性较强，尤其是个人赠书，出于对赠书者的尊敬，有些图书馆都毫无选择地将赠书全部接受并妥善保管，这就导致了外文赠书的质量问题日趋突出，主要表现在以下几个方面：

2.1 管理简单，质量参差不齐

有些高校图书馆由于管理简单，对一些知名学者赠送的外文图书，不管质量高低、复本多少，将赠书一律分编入藏，其中包括一些缺页少篇的和在书内乱写乱画的图书，使得书中的正文模糊不清，这类图书既给编目人员的分编工作带来麻烦，又给读者的阅读带来不便。

2.2 内容浅显陈旧

自然科学类图书具有一定的时效性，尤其是计算机类的图书，它的时效性更强，因此这类外文赠书中内容陈旧、知识老化的占了多数，即使少数是没有用过的新书，也是早年出版的滞销书，不适合读者的学习研究需要；还有一些内容浅显而通俗的低幼读物更不适合高校图书馆收藏。

2.3 专业不对口、不配套

由于接受个人赠送的外文图书没有经过挑选，使得收藏的许多图书与接受捐赠的高校的专业不对口，收藏入库无人使用；随着我国高校向国际化的进一步迈进，使用原版教材的课程越来越多，而在美国两个基金会的赠书中，有一些就是国外高校的教材及与这些教材相配套的辅导书、练习册，使用起来非常方便，但是，还有多数赠书只有辅导书、练习册，没有与之配套的原版教材，根本无法使用，这种不配套的图书收藏起来就毫无意义，在当今馆舍十分紧张的情况下，赠书的质量问题不容忽视。

3 外文赠书的质量控制与管理

赠书者和受赠者的目的都是在丰富馆藏的同时发挥赠书作用，如果对赠书的质量问题不加控制，任其存在和发展，赠书的作用就不能得到正常发挥，同时对赠书效益、馆藏质量和读者利用带来的不良影响也日益加大。因此，赠书工作不能片面地追求数量，应该重视赠书的质量，质量比数量更为重要，高校图书馆要针对赠书质量的现状，采取一些积极的措施予以管理，在赠书接受工作中充分发挥自己的主观能动性，才能有效地控制外文赠书质量。

3.1 建立完善的接受捐赠图书的规则

图书馆应该根据自身的馆藏建设的方针和要求，建立一套完善的接受捐赠图书的规则，明确规定内容陈旧、破损、不成套、不健康的图书不被纳入馆藏，并保留对赠书的处理权，要求负责赠书管理的同志对到馆的赠书，根据馆藏特色进行认真地鉴定和筛选，不仅要筛去不符合质量要求的部分赠书，以确保入藏赠书的质量，而且要选出有一定价值的赠书进行编目，以尽量发挥赠书为教学、科研服务的作用，这是把好赠书质量关的有效方法。在筛选过程中，可以将赠书采取分级的方式处理，规定一级赠书是适合本科及以上教学的质量好且适用的图书，纳入加工收藏；二级赠书是高校图书馆不适用的，但对于其他的单位有一定的参考价值的图书，这类赠书可以采取转赠和互相交换的方式处理；三级赠书是高校图书馆没有使用价值，其他单位也不适用的图书，以及那些破旧不堪的图书，将这类赠书采取送废品收购站的方式处理。对于个人赠书，请求赠书者配有赠书目录，通过目录进行筛选，选中的图书赠送给图书馆，而那些在进馆之前没有目录并无法筛选的赠书就不予以接受。因为这种没有经过筛选的赠书一旦接受，赠书的质量就得不到保证。图书馆不是收容所，不能将所有赠书毫无选择地全部接受。

3.2 明确复本数量

每个图书馆的馆舍面积都是有限的，因此必须严格规定外文藏书的复本数量。这里单独强调复本数量的原因是：笔者认为应该区别理解在编目中和在接受外文赠书中的复本定义。在外文图书的编目工作中，复本是指书名、作者、出版地、出版社、出版年、页码、ISBN 及尺寸完全一致的图书。而在接受外文赠书时，笔者认为应该对复本的界定放宽一些，只要两本书的书名、作者相同，而其余各项稍有差别的也按照复本对待，达到馆藏规定的复本数量的外文赠书就不接受，这样就可以控制了外文图书的藏书量。因为许多相同书名相同作者的外文原版图书，特别是那些世界名著，经常是几个出版机构同时出版，虽然图书的尺寸、页码不同，但内容完全相同，此类情况若不按照复本处理予以收藏，就会浪费很大的空间。

3.3 及时反馈赠书信息

一本好书就像是一件好的产品，只有当这本书被充分利用，对教学和科研有所帮助时，它才真正发挥了作用，才能成为一个合格品。因此，接受赠书的图书馆有责任和义务对赠书的使用情况进行定期的统计，汇总后将有关信息及时地反馈给赠书者，使赠书者对赠书的利用率有进一步的了解，并向赠书者说明赠书中出现的问题，提出一些合理的建议和想法，以供赠书者在下次赠书时考虑。

总之，高校图书馆要以积极热情的态度对待外文赠书，用科学的方法来管理外文赠书，多动脑，勤思考，充分发挥主观能动性，更好地控制外文赠书的质量，使外文赠书得到妥善保存和充分利用，为教学和科研提供优质的服务。

[参考文献]

[1] 林帼贞. 赠书的质量控制及其科学管理[J]. 图书馆界，2006，(4)：25－27，33.

[2] 王幸. 取其精华 去其糟粕—谈外文原版赠书质量的把关[J]. 山东图书馆季刊，2003，(3)：76－77.

[3] 张佩. 做好高校图书馆赠书管理工作[J]. 图书馆论坛，2002，(3)：119－120.

[作者简介]

谷松，女，副研究馆员，南开大学图书馆采编部工作。

藏用并重　科学发展

邹佩丛

[摘　要] 本文从辞(词)典记载到现实比较,从理论阐述到实际操作的层面,对高校图书馆的"藏"进行了功能分析,并提出了高校图书馆注重"典藏"的具体方法,以及"藏"与"用"的内容界定与相互关系,具有现实意义与指导意义。

[关键词] 典藏　重"藏"　图书管理　科学发展

曾经有人说过,当代高校图书馆的发展目标是由原先的"重藏轻用"转向"重用轻藏"①,但是,实际上,高校图书馆的科学发展既需要重"用",也需要重"藏",只有这样,高校的图书馆事业才能健康地并且可持续地向前发展。

1 从理论上看,高校图书馆的重"藏"是必须而且应该的

高校的图书馆工作可以概括为"藏"与"用"两个方面。所谓"藏",即文献的开发利用,包括对文献的收集、整理、上架、归库等;所谓"用",即"文献信息交流",包括流通、参考、咨询、情报检索等。其中,"用"是图书馆工作的核心,"藏"是"用"的必要条件与手段。

在来新夏主编的《图书馆学·情报学·档案学简明辞典》中,有"典藏"辞条,提到"见藏书组织管理",而在"藏书组织管理"辞条里,有具体的内容:即"藏书组织管理"是"一种工艺性和技术性较强的活动。包括藏书组织和藏书管理两个方面。藏书组织是将收集入藏的图书文献按照一定的要求,进行合理的布局、排列、保护和清点的过程,又称藏书典藏。藏书管理是藏书组织的控制、调节活动,它是按照一定的目标,通过藏书利用中的效果、统计、评价等信息反馈,有效地控制藏书运动的方向、速度、范围和密度,使藏书流与读者流相互沟通,有序结合运转,处于均衡饱和的最佳状态。"藏书组织管理的任务在于保持藏书序列的最佳化,保证藏书长期完整地保存,充分有效地利用。在王绍平、陈兆山等编著的《图书情报词典》中,也有关于"典藏工作"、"藏书管理"的辞条,其"典藏工作"又称"藏书组织",具体辞条内容为:"把入藏的文献按一定的要求进行合理的布局、排列、保护以及清点的工作。因藏书大部分贮存于各类书库,故一般也称'书库管理'。是使藏书得到积极利用和长期保存的重要工作环节。图书情报机构按照藏书的类型和特点、读者对象的需要等因素,有区别地划分书库,把藏书科学地组织起来,组成有机的整体,使其布局合理、排检科学、管理妥善、使用方便,是充分有效地利用藏书的关键。

① 王淑贵,夏家善.中美大学图书馆读者服务比较研究.南开大学图书馆建馆八十周年纪念集[M].天津.南开大学出版社.1999.

采取可靠的保护措施，并经常进行清点整理以维护藏书的安全完整，是使藏书得以积极利用的基础。”

典藏工作的一般要求是：(1)使藏书多方面地得到利用；(2)照顾多种类型的读者的需要；(3)便利图书情报工作人员的工作，提高服务质量；(4)保证藏书的完整。在周文骏主编的《图书馆学情报学词典》中，也有“图书典藏”、“藏书管理”即“藏书组织”的辞条，其“藏书组织”辞条的内容是：“图书馆藏书建设的基本内容之一。图书馆将经过加工的藏书按照一定的原则进行合理的布局、排列、清点和保护，并通过对藏书的管理，达到对图书馆藏书积极利用和妥善保存的目的。具体地说，藏书组织包括藏书区分、藏书布局、藏书排架、藏书典藏、藏书剔除、藏书保护和藏书组织的自动化等。”

从这些辞(词)条中，我们看得很清楚，图书馆的“藏”是藏书布局、藏书卫生、藏书保护、藏书修补、藏书清点、藏书剔除、藏书统计、藏书注销等工作的集合体，是图书馆十分重要的工作。实际上，图书馆的采编、典藏和利用是互相依赖与密切配合的、三位一体的三个工作步骤，其中典藏和利用是最常规的工作步骤，典藏是利用的前提和基础，图书馆不能只注重采编和利用，而轻视典藏。

另外，今天图书馆的“藏”(即“典藏”)与古代藏书楼的“藏”(即“贮藏”)是不同的。古代藏书楼的“藏”只是为了少数人的利用或藏书者的兴趣而“藏”，其存放位置是固定不变的；而今天图书馆的“藏”不仅是面向广大读者的，而且要经常调整布局，以最大限度地满足读者的需求。也就是说，图书馆的“藏”必须围绕着读者的利用来展开。因此，读者如何利用馆藏图书，决定了图书馆“典藏”的“运动方向、速度、范围和密度”，又决定了图书馆“采编”的“运动方向和速度”。换句话说，就是图书馆的“藏”必须是动态的，它与读者的需求必须是相协调的，这与古代藏书楼的“藏”有着本质的区别。

另外，图书馆的“典藏”是 20 世纪 60 年代才开始起用的学术术语，它到 80 年代才完善起来，但图书馆对它的使用一直不如“保管”这个术语更令人理解其含义。在《图书馆学·情报学·档案学简明辞典》和《图书馆学情报学词典》中，其“典藏部”的辞(词)条就特别提到又称“图书保管部”，这是为便于理解“典藏部”的概念而附加的，尽管它在定义“典藏”时未说“典藏”等于“保管”，但很显然，二者具有相等的含义。

2 从实践上看，高校图书馆的重“藏”是必须而且应该的

为说明高校图书馆对典藏工作的重视程度，本文以复旦大学图书馆、中山大学图书馆、四川大学图书馆、武汉大学图书馆、西北大学图书馆、吉林大学图书馆和南开大学图书馆为例，做些综合的说明。

在这些大学图书馆中，我们看到他们办馆的主要目的都是为师生的教学和科研服务，他们均以“切实加强馆藏资源建设，努力提高文献服务质量”为目标。但是，有的图书馆的“馆藏资源建设”往往强调的是采编，而置典藏于次要位置。而在“藏”与“用”之间，有的图书馆又往往强调“用”。还有，有的图书馆把“藏”与“用”对立起来，不知图书馆的“藏”是动态的，是为更好地“用”而“运动”着的。如此一来，典藏在图书馆中的地位就有所不同了。也就是说，在图书馆的采编、典藏和利用这三个环节中，最容易受到轻视的就是典藏。

不过，在这些馆中，对于典藏，也不是都予以轻视，有的还很重视。但所不同的是，有的馆重视了“典藏”的数目准确，如每个书库、阅览厅里的文献(报刊、图书、古籍等)都与书刊账目相

符，但却让藏书的位置固定不变，因此，其典藏的功能还没有发挥出来，还不能称为典藏的科学化和动态化；有的馆则重视了典藏的科学化和动态化，经常根据“用”的需求调整藏书位置，但却把各个库、厅的藏书与典藏的书刊账目脱钩，以至于造成书刊与账目不相符，结果造成有书找不到，有账不见书，从而造成国家文化财产的意外损失，这也意味着图书馆没有搞好典藏。还有的馆只设有典藏室，而把藏书的排架、卫生、剔除、修复、倒架、清点等工作都交给身为读者服务部的厅库人员，结果造成典藏室的账目与各厅库的账目与书目不相符，各厅库人员因为自己管书而对藏书数目不予重视，也会造成该修补的书不能及时修补，该上架的书不能及时上架，或者为了自己看书而延误其他读者使用，这也是图书馆没有搞好典藏、把典藏分给读者服务部门的一种表现。

因此，高校图书馆的典藏必须是正规化的，必须与利用相结合，必须构成“藏”与“用”的相辅相成关系，而非对立统一关系，即图书馆的“藏”就是为了“用”，图书馆“藏”得好，才能“用”得好。

3 合理设置部门，才能解决好高校图书馆存在的“藏”的问题

在上述辞（词）典中，均指出典藏的重要性与重要地位，如《图书馆学·情报学·档案学简明辞典》说：“藏书组织管理介于藏书补充、整理与流通参考之间，起媒介和保证作用。”《图书情报词典》谓：“典藏工作介于藏书的补充、整理和流通、参考工作之间，具有承上启下的媒介作用。”《图书馆学情报学词典》的“藏书工作”辞条写到：“它是开展读者工作的必要条件，也是完成图书馆任务的物质保证。”

同时，这些辞（词）典均提到设立“典藏部”之事，如《图书馆学·情报学·档案学简明辞典》谓：典藏部“又称图书保管部。专门从事图书馆藏书组织与管理的业务部门。一般大型图书馆设立此部门。其主要工作内容是：(1)已分编图书的验收、入库。(2)藏书分配、调拨和注销。(3)藏书清点和剔除。(4)藏书统计。(5)藏书保护和书库安全等。”《图书情报词典》称：典藏部是“图书情报机构的业务部门之一。负责藏书的入库、登记、分配、上架、取书、维护保管等工作。是使藏书经常处于完好可用状态的工作部门。中小型图书情报机构一般不单独设立典藏部，而将其工作划归流通部或编目部管理。”《图书馆学情报学词典》指出：“图书保管部”见“典藏部”，其“典藏部”是“图书馆业务部门之一。负责取书归架，以及馆藏图书财产的安全和保管等工作。有的图书馆将该部与外借部门合一，称流通保管部或典藏外借部。”

从这些辞（词）条来看，典藏部门的职能确实等同于图书保管部门，即图书馆的所有藏书都应由典藏部门来保管，这是完全一致的。在上述馆中，有的设置了典藏部，如武汉大学图书馆，但该馆把典藏部与文理分馆、工学分馆、信息分馆和医学分馆分开，实际上等于把藏书交给了各个分馆即“用”的部门去管理；西北大学图书馆设置有流典部，负责“图书的签收、典藏分配、上架、保管、清点”工作，该馆又设阅览部，也负责“阅览室图书的保管、清点、修补，新书的提取、加磁、上架”工作，这显然是把典藏部的职能划归到读者服务部的表现。而其他的馆则没有设立典藏部，其业务工作仅由采编部或其下辖的典藏室完成并提交给读者服务部去管理。正是因为这个原因，才造成高校图书馆的典藏工作出现了这样那样的问题。而上述辞（词）典对中小型馆的典藏工作，一种意见认为应归属于采编部或流通部，如《图书情报词典》；一种意见认为典藏部应与外借部结合成为流通保管部或典藏外借部，如《图书馆学情报学词典》；而《图书馆学·情报学·档案学简明辞典》则未指明中小型图书馆的典藏归属。实际上，无论是高校的

大型图书馆，还是社会上的中小型图书馆，其典藏工作均应由典藏部或兼有典藏功能的采编人员来担任，切不可划给读者服务部来承担，这是图书馆工作的根本原则，也是避免出现上述问题的最有效手段。

既然高校图书馆必须设立典藏部（即保管部）来管理藏书，那就应该根据高校教学与科研的需要，根据图书馆藏书的特点，对高校图书馆的藏书进行大致的划分，以此为根据来设置典藏部或典藏组。对于中小图书馆，一般而言，设置一个典藏部足矣。对高校图书馆而言，则可设置不同规模的典藏部或典藏组。如，综合性大学可以在典藏部下分别设立报刊、文科图书、理科图书的典藏组；专门性大学可以设立报刊与工科、农学、医学、体育学等各专业图书的典藏组。有的图书馆还拥有相当数量的古籍，亦可设立古籍典藏部（组）；有的图书馆还有数字资源（电子文章、数据库、电子图书等），可设立数字资源典藏部（组），等等。

经过这样的设置，高校图书馆典藏部的职责就很清楚了。其主任、组长、典藏人员、藏书管理员也都有了具体的工作任务和工作目标。由这些部门定期或不定期从事藏书的布局、卫生、保护、修补、清点、剔除、统计、注销等工作，既是高校图书馆完成“典藏”重任的社会表现，也是解决目前高校图书馆存在着的管理体制问题的最有效办法。

4 如何看待“藏”与“用”的关系

本文在前面已讨论了“藏”与“用”的关系，即“藏以致用”。这里，笔者再结合高校图书馆典藏部的设置，对“藏”与“用”的关系做进一步的说明。

首先，设置典藏部之后，图书馆“藏”与“用”的功能可以一清二楚。典藏部门保管图书，利用部门使用图书，这样，有“管”（“藏”）有“用”，两全其美。典藏部门把图书的保管任务承担起来，就为利用部门使用图书创造了条件；利用部门能够“轻装上阵”，专攻“文献的开发利用”，这就为图书价值的发挥创造了很好的条件。

其次，设置典藏部之后，图书馆的业务工作将更加完善。就传统的高校图书馆而言，其采编、典藏、利用功能是完整无缺的，不过，现在的很多高校图书馆把采编工作包给外单位，因此，其业务工作就剩下“藏”与“用”两种。典藏部门把典藏重任承担起来，无疑使图书馆的业务工作更加完善了。

5 结语

实践是检验真理的唯一标准，而理论又反过来指导实践，没有理论指导的实践必然存在着这样那样的失误。从今天我国高校图书馆的发展现状来说，其发展仍带有一定的盲目性，这就使得我国的图书馆在从古代的藏书楼向现代化图书馆转变与发展过程中，至少在高校范围内，出现了注重图书馆的“用”，而忽略图书馆的“藏”，即把原先的“重藏轻用”转向“重用轻藏”的倾向，因此使图书馆出现了管理体制方面的问题。有鉴于此，笔者提出上述观点，并认为高校图书馆只有经过这样的“观念转变”，或说是历史的回归，才能符合现实性要求，符合高校图书馆的科学发展观。

[参考文献]

[1] 钱华.图书馆典藏功能阐释[J].图书馆学刊，1999，(4).
[2] 符早雯.图书馆典藏工作初探[J].三峡大学学报，2001，(5).

[3] 郑君生. 浅谈高校图书馆的典藏工作[J]. 运城高专学报,1997,(3).
[4] 秦瑛. 典藏工作之我见[J]. 图书馆建设. 1999.(2).
[5] 麻雅芬,曹雅杰,肖玉香. 充分发挥典藏在图书馆工作中的职能[J]. 图书馆学刊. 1997.(1).
[6] 来新夏主编. 理论图书馆学教程[M]. 天津. 南开大学出版社. 1981.
[7] 来新夏主编. 图书馆学·情报学·档案学简明辞典[M]. 天津. 南开大学出版社. 1991.
[8] 王绍平、陈兆山等编著. 图书情报词典[M]. 北京. 汉语大词典出版社. 1990.
[9] 周文骏主编. 图书馆学情报学词典[M]. 北京. 书目文献出版社. 1991.

[作者简介]

邹佩丛,男,副研究馆员,南开大学图书馆流通阅览部工作。

试论天津地方文献的发掘与搜求

李广生　黄立新

［摘　要］探究天津地方文献源的发掘与搜求，我们认为应当解决三个方面的问题，首先是组织保障问题，天津地方文献复杂多样、搜求不易，没有统一的组织保障，无法形成完整体系；其次是基于统一有效的组织保障的天津地方文献发掘与搜求的工作方法与途径的研究；第三要解决的是人的问题，即基于统一组织的天津地方文献发掘与搜求的人才选派与培养。本文拟就以上问题探讨一下具体方案与策略，为天津地方文献建设提供一些可行性、有操作性的思路。

［关键词］天津　地方文献　发掘　搜求　策略

天津有着毗邻北京、卫护首都的独特地理位置，同时也是有悠久历史的中国历史文化名城。自明初建卫设城以后，一直是我国重要的经济、军事、文化重镇之一。尤其是百多年以来，天津又以其在中国近代史上特殊的政治、经济、军事、文化、建筑、社会风俗、方言等方面的特色，日益引起人们的广泛关注，"近代中国看天津"也成为新时期天津市战略发展的一个重要宣传思路。天津地方文献不仅成为承载中国近代历史信息的重要载体，也是滨海新区开发建设的参谋库。由于多数天津地方文献具有隐蔽性大、搜集较难的灰色文献性质，对于天津地方文献的收藏、开发以及数字化来说，对天津地方文献源的全方位、多层次的深入发掘与广泛搜求，就成为天津地方文献研究与利用整体工作的重中之重。

1 组建统一有效的天津地方文献管理组织，整合分散各处的天津地方文献资源

1.1 建设统一有效的管理组织的必要性与可行性

天津地方文献广泛蕴藏于社会、散见于各单位各部门或个人手中。笔者从事天津地方文献的发掘与搜求工作多年，深感天津地方文献的收集并不是某个人、某个单位、某个系统自己的事情，而是一项社会系统工程，倘若不被社会所认同，没有社会各方面的配合与支持，单打独斗，凭自身的力量，要想完成这一艰巨的任务并且坚持下去是难以想象的。首先是资金、人员没有保障，其次是没有一定的发掘与搜求目的，随意性强，仅仅是采购一些已经出版的地方志、年鉴等，既不能满足有关教师的教学与研究工作需要（比如南开大学有地方志研究室及若干相关课程，天津商业大学有天津地域文化课程），也不能达到集藏天津地方文献资源的目的，而恰恰在图书馆或收藏单位无力广求文献的同时，散落在旧书、旧物市场及其它各处的文献正在逐渐与我们失之交臂，研究工作也因为文献不足而没有发展。如果能够将全市地方文献的发掘与搜求工作统起来，成立一个统一全市资源、有效管理文献集藏的行政组织，从而建设一个有

目标、有计划、有组织、有分工、有协作，分布式、多元化、网络化收藏天津地方文献保障系统，对于天津市经济社会发展都是非常有利的。

关于这个方案的可行性，笔者认为，以目前天津市的组织状况而言，形成“天津地方文献工作管理中心”（姑且这样称呼，以下简称“管理中心”）这样一个领导系统，应当有一定的组织基础，天津市目前有许多相对独立的天津地方文献编集、收藏单位，如宣传口的北方网、广播电视系统，天津市政府领导的地方志修志及研究系统，统战、政协等领导下的文史研究单位。档案口的各级各类档案工作关系，各级各类文博系统、天津图书馆的公共图书馆系统，天津高等教育文献信息中心领导的天津市高校联合图书馆等等都是统一、有效的工作系统。如果通过行政手段将上述系统联合起来，由市委市政府等权威职能部门牵头，各系统领导和专家组成，在统一规划的工作目标的指导下，本着点面结合的原则，使各级、各类相对独立的图书馆及文献收藏单位，在一定的组织领导下，有计划地安排文献收藏工作，分工协作，定题收藏，统一编纂《天津地方文献联合目录》、全文数据库等，形成一定的共享网络，久而久之，不但会形成具有全市规模的、独具地方特色的地方文献集成，而且还能使各个文献收藏单位理顺收藏理念，具备更加系统完善的收藏体系和特色，比如南开大学以方志研究为特点，就可以定位于天津方志、掌故、历史等文献的发掘与搜求上。而天津商业大学发掘与搜求的目标和范围则可以定位于对天津商业文化文献的发掘与搜求上。

“管理中心”的工作任务和内容大致有，(1)组织各口协调会议，统一规划、统一部署天津地方文献相关的各项工作；(2)议定各口所负责的天津地方文献内容，分别典藏，联合共享，并建立相应的检查监督制度；(3)组织开展大规模文献普查工作以及各种大型活动，彻底摸清天津地方文献资源的基本情况；(4)以发布课题、项目等形式深入发掘天津地方文献资源；(5)开发建设覆盖全市各收藏单位的专业网站(《天津地方文献联合目录》及全文数据库)，设置专业部门管理后台数据库、培训上传工作人员等技术工作；(5)培养、培训各单位天津地方文献发掘与搜求的专门人才，形成一定规模的专业队伍。

1.2 摸清情况、匡定范围、定位目标

天津地方文献长期累积、汗牛充栋，摸清地方文献的具体情况对整个文献发掘与搜求工作来说，是非常必要的。

在天津地方文献的发掘与搜求过程中，各收藏单位对地方文献基本概念的理解乃至收录范围的界定不甚一致，这就使一些地方在实际工作中以主观想象代替了科学依据，使天津地方文献收集工作的科学发展轨道受到一定影响。所以匡定范围、定位目标，应当成为地方文献发掘与搜求工作的首要之务。

关于地方文献的概念，最著名的是 1957 年杜定友先生所提出的地方文献为：“史料、地方出版物和地方人士著述”的观点，这个观点沿用至今，对于我们搜集地方文献有一定的指导意义①，但失之于泛，据此，来新夏先生进一步提出了自己的看法：“地方文献是不同于其它文献的一种特色文献，它充分体现着地域的特色，只要是反映本地区的社会、政治、历史、地理、经济、军事、物产资源以及人文活动等内容的文献，不论其时间的上下限和使用各种不同的载体，

① 1957 年，在南京举办的省市图书馆工作人员进修班上，杜定友先生讲授开展地方文献工作的基础知识，并印发了《地方文献的搜集整理与使用》一文，在此文中，杜先生提出了地方文献为：“史料、地方出版物和地方人士著述”的观点，这种观点得到广大图情专家和工作者的认同并一直延用至今。

即使是零篇散页，都应是地方图书馆典藏加工和利用的对象。”来先生的看法，我们可以理解为天津地方文献发掘与搜求的范围大致有以下几端：(1)空间上充分反映本地区各种情况的文献；(2)时间上涵盖古今的文献；(3)在内容上包涵本地区自然和社会方方面面的文献；(4)多样编纂形式和载体形式的文献，尤须注意零散与灰色文献，我们认为这一定义更加准确科学、接近实际，为我们地方文献发掘与搜求匡定了范围。

至于地方文献发掘与搜求的目标，我们认为应当是在以上范围之内充分网罗。最终形成涵盖天津地方文献全貌的，涵盖古今、内容全面，为天津政治、经济、文化建设提供有力支撑的地方文献保障系统。

2 基于统一组织的天津地方文献发掘与搜求的工作方法与途径研究

2.1 天津地方文献发掘与搜求的工作方法

2.1.1、组织保障长期、有效，并用法规保障天津地方文献的发掘与搜求工作

“管理中心”是保存天津市历史文化资源的信息宝库的中枢，是开发建设滨海新区的决策参考文献保障系统的组织者与建设者。如上节所设想的，“管理中心”在市委、市政府权威职能部门的直接领导下，组织诸如高校、科研单位、广播电视、图书、档案、文博等系统学有专长的专家进行运作，具有一定的行政管理能力，经过对天津地方文献资源建设的统筹规划、统一文献管理系统，并制定相关诸如文献呈缴制度、文献征集政策、文献分级管理制度、文献呈献及管理人员表彰办法等法规形式，以保障天津地方文献的发掘与搜求工作正常进行，这样就可以使天津地方文献发掘与搜求的具体任务真正落到实处。名正则言顺，言顺则事成，长期有效的组织与法规保障是天津地方文献建设事业成功的基础。

各级各类文献拥有单位在统一的“管理中心”的协调、部署和业务指导下，根据各单位以往的文献收藏特色和文献收藏状况，制定符合本单位实际情况的、系统的具有可操作性的天津地方文献收藏实施计划与搜求原则(以天津地方文献的呈缴制度而言，如果有明确的分工收藏制度，那么文献呈缴人就可以直接将文献送至规定场所，由此地分别送往各个收藏地，这样避免了图书、档案、文博争抢一种文献的情况发生)，分别归口收藏、管理，由“管理中心”下设专业部门统一文献分类、安装全市统一的地方文献联网管理系统、培训人员，建设联合目录数据库，并实现资源检索、查阅的共享，这样，各收藏单位就可以不必花费大量人力、物力进行广泛而盲目的重复搜求，不但可以使有限的资源得到充分利用，还兼顾了各收藏单位的收藏特色。

2.1.2、周密安排天津地方文献的普查工作

真正意义上的天津地方文献普查摸底，只有统一有效的“管理中心”能够完成，这也是“管理中心”的主要任务之一，情况不明，心中无数，工作难免有盲目性，耗时费力，少有时效。在“管理中心”的统筹安排、统一指导下，运用各种手段，通过各种渠道，对天津全市的地方文献资源以及天津市以外的省市和地区天津地方文献庋藏情况进行调查摸底，了解掌握文献资源的历史与现状，包括古籍史料、乡贤著述、现代地方文献出版物、各时代出现的各单位、各部门和个人编撰刊行的各种书籍、图册和刊物文件资料等情况，并在此基础上构成全面精到的《天津地方文献资源基本情况调查报告》，这份报告应当为天津地方文献资源的基本情况的进一步整合、分类提供依据，并成为编制《天津地方文献联合目录》及全文数据库的基础。通过广泛调查、摸底，掌握第一手材料，进一步研究确定收集范围和重点，制定天津地方文献收集工作计划，采取相应措施及方法步骤，按部就班，按图索骥，从而使天津地方文献收集工作有条不紊地

进行，以收事半功倍之效。

2.1.3、大力加强宣传普及地方文献知识的工作

根据以往经验，宣传普及工作其实也是地方文献征集的有效手段，开展宣传工作要不拘一格、多渠道、多形式：广泛开展各项活动，借势造势，利用各类新闻媒介做宣传；举办各种类型的讲座、座谈、沙龙等；大力宣传主动呈献珍贵文献的单位和个人；采取有效方法鼓励各级各类关涉天津地方文献的部门纵向收集本单位或本系统的文献，并及时上报《天津地方文献联合目录》数据库系统。还可以通过课题招标、发布研究项目等形式，筹集社会资金，大规模征集散落文献。通过广泛宣传介绍，让人们认识到收集和保护天津地方文献工作的意义，了解收集、保存、利用地方文献的功能和目的，从而取得各单位各部门和社会各界人士的理解与支持，使收集地方文献的工作有坚实的社会基础。

2.1.4、制定合理的管理制度和运作方法，保障"管理中心"正常运行

合理、严格的管理制度和操作规程是任何一项工作的基本保障，肩负联合指导各级各类天津地方文献收藏单位和系统工作的"管理中心"，没有制度保障，正常运行几乎是无法想象的，因此本着天津地方文献收藏的集中与分散管理相结合的原则，组织各口协调，制定出诸如管理中心管理工作要则、天津地方文献收藏单位分管办法、天津地方文献分类方法、《天津地方文献联合目录》及全文数据库系统使用指南、天津地方文献网站管理办法等制度及工作规程，是保障"管理中心"正常运行的基础。

2.2 天津地方文献发掘与搜求的途径研究

2.2.1 深入发掘各收藏单位及个人的现有资源，编制联合目录，全面揭示天津地方文献庋藏情况

2.2.1.1 确定分类原则，制定分类体系，编制联合目录，全面揭示庋藏情况

天津地方文献的分类是一个比较专门的问题，需要"管理中心"设置专业委员会主持文献分类标准的制定与修订工作，在这方面天津图书馆曾经联合天津社科院、南开大学图书馆等10家单位做过一些有益的工作，他们在1980年代共同编辑了《天津地方史资料联合目录》，《天津地方史资料联合目录》分为历史、地理、经济、政治、社会、文化教育、文学艺术、总记、其他等9大类。前八大类按主题分类，凡不涉及天津地方内容而系有一定影响的津人著述，以及反映天津雕版技术水平的天津出版物列入第九"其他"类。重新审视这部作品，虽然略显简单一些，有些类目尚须斟酌增减，没有注明馆藏地，但基本上是以天津地方文献的内部特征，亦即地方文献所涵盖的地方事物为分类标准。客观上适应了天津地方文献的性质和特征，符合天津地方文献用户的使用习惯。是一部适合使用的天津地方文献分类标准，完全可以在此基础上修订成为适应网络数据库检索的天津地方文献分类标准，《天津地方文献联合目录》及全文数据库的分类可以此为标准。

2.2.1.2 深入发掘各类单位及个人庋藏文献，编辑出版发掘研究成果

由于中央大力建设滨海新区国策的推动，近年来由天津市各级党委及政府领导的大型修史、修志活动又取得了丰硕成果，以及天津"建卫六百年"大型宣传活动隆重开展，这一系列活动带动起人们对天津地方文献的新兴趣和新关注。民间对天津地方文献的收藏热情也日益高涨，许多专家学者也在越来越频繁地使用天津地方文献资料，如叶永烈在写作四人帮传记的时候，就大量查阅了上海、北京、天津等地有关的"文革"档案，天津市大规模修志活动及相关的地方志研究，天津市最近几年的社科规划课题中也有多项涉及天津地方文献的方方面面，这一切

科学研究的成果都得益于现今收集的天津地方文献。

“管理中心”还应当在编制《天津地方文献联合目录》及全文数据库的基础上，以各级各类系统为单位，统一部署，分级管理，广泛征集原件，扫描复制，制作电子版全文数据库。并以此为基础组织各方面专家学者，围绕天津市滨海新区建设需要，拟定课题，深入发掘各种各类天津地方文献，开展天津市政治、经济、文化、旅游等诸多方面的研究，其中优秀成果可以正式出版物形式，以及全文数据库形式，公开展示给天津地方文献的研究者和爱好者。

2.2.1.3 深入发掘海外天津地方文献资源

随着经济全球化进程的深入，我国与海外各国的文化交流也日益频繁，国外图书馆、博物馆馆藏及个人私藏有关天津的地方文献资料，也随着归国学者及外国学者的介绍，使我们有了更多的了解，比如近年来，大陆太平天国、义和团时期等天津历史研究就是利用了一些当时的外国人的著述，为重新审视当时的历史开拓了新的视角。

海外天津地方文献资源一般包括流散到海外的中文资源，以及外国人对当时事件的评述、著述和各种载体形式的与天津相关的资料等。建议“管理中心”组织专门人才，使用馆际交流、学者访问、网络搜索、购买交换等各种手段，通过各种途径，搜索海外天津地方文献资源，纳入建设中的《天津地方文献联合目录》及全文数据库中。

2.3 改变思路、扩大视野，广泛搜求，分别典藏，形成网络

2.3.1 统一规划各个典藏单位的文献搜求工作

2.3.1.1 天津地方文献收藏地概述

拥有天津地方文献的庋藏单位大致有如下多种：

(1)图书馆系统。包括以天津图书馆为主的公共图书馆系统，和学校、机关及其它企事业单位图书馆系统；(2)档案馆系统。包括天津市档案局馆所属的区县档案局馆及专业档案馆，如天津市城市建设档案馆、天津市地质资料馆等系统，及学校、机关与其它企事业单位档案系统；(3)文博系统。包括天津博物馆以及各级各类文博馆所系统；(4)党史研究系统。包括天津市委所属的党史办公室、党校等系统；(5)政协文史研究系统。包括政协文史委员会及所属各区县文史委员会系统；(6)市政府领导的天津市及各区县地方志办公室系统；(7)天津市社会科学院、社联、科协、文联等系统；(8)文史研究馆及各民主党派、各民间团体等；(9)藏有相关管理文献的，和天津市城市建设与发展，以及人民生活密切相关的各大厅局委办等天津市及区县管理单位，如公安局、民政局、教卫委、建委等文献收藏单位；(10)新闻出版管理部门及出版单位；(11)天津市文教卫生委员会下辖各级各类文化单位、团体等；(12)藏有天津地方文献的其它单位以及其它省市和地区与个人收藏者。

2.3.1.2 对以上各种天津地方文献收藏单位的协调管理

许多人撰文谈到地方文献的发掘与搜求，只是强调立足于本馆的征集、搜购，这固然是文献集藏的一个途径，但不是唯一的途径，我们完全可以改变思路，通过联合共享的办法实现资源整合，这是利国利民的好事，当然，具体操作起来会有很多阻力和困难，为此我们将以上各个天津地方文献典藏单位可以分为两类，一类是有文献发掘研究任务的单位和个人，如第八种以前的，一类是没有文献发掘研究任务的单位和个人，如第八种以后的。对于这两类单位和个人，“管理中心”的工作方针应当有所侧重，前一类单位应当详细规定文献分藏制度、数据管理制度以及文献研究规划等，正确处理好图书、档案、文博等单位重合文献的搜求问题，界定三者收藏范围，议定联合共享办法等，融入统一的天津地方文献资源数据库中。对于后一类单位和

个人,"管理中心"应当实事求是地制订适合具体文献收藏单位、切实可行的协调共享方案,以及文献征缴制度,奖励制度等,并设立专门机构,派遣专人负责制作《天津地方文献联合目录》及全文数据库,利用好、管理好这部分天津地方文献资源。具体来说,对于后一类单位所收藏的文献,应当配合相关规定严格注意原文献的密级规定,除了对于已经解密的文献编制《天津地方文献联合目录》,纳入全文数据库之外,还要定期跟踪文献收藏单位对于未解密文献的处理情况,及时将解密文献纳入数据库中,纳入数据库的文献,也要根据相关管理部门的要求,严格区分可以全面公开的与不可以全面公开的,并制定相应奖惩制度。对于某些个人藏品,笔者曾经试过与对方借阅、或换阅等方式,但那只是个人之间的尝试,如果是单位对个人,个人方面又将会开出什么样的条件?借来的文献如何保护?如何在复制之后将原文献的损失减到最小?这一系列具体问题都需要进行仔细研究,然后再行运作,方可做到双方满意,这些情况汇总之后,还可以总结成相应工作制度,方便以后类似工作的开展。

2.3.2 改变思路、扩大视野,将搜求触角遍布文献潜在、可能的分散地

通过上述整体规划、分别典藏的文献搜求途径,在主渠道上已经将天津地方文献搜罗殆尽,但由于多年疏于整合,除了文献订购和采购,以及举办展览等方式达到文献征集目的等主渠道搜求的文献以外,还有各种天津地方文献散落在各处,以文物、文化品市场,旧物市场、旧书市场为例,笔者近年来在旧书市场淘到的天津地方文献不下四百多种,其中包括旧图书、旧广告、旧画片、旧簿籍、旧图册等等,不乏稀有之物,笔者在文庙旧书市场见过而错失的就有建国前的天津市公安局户口底册、50 或 60 年代天津城区规划图草稿、许多个人日记、手稿等,十分珍贵。

旧物、旧书市场里面有很多故事,有名的象北京收藏家赵庆伟的故事,他的绝大部分藏品是从废品回收站淘来的,而且还将这些藏品在北京饭店举办了亚洲艺术大师文稿展,并引起轰动。这应当引起我们对旧物、旧书市场的重视,可以说,那里拥有天津地方文献的一大部分资源,亟待我们去发掘。

由于天津地方文献的表现形式已不再局限于印刷、光盘、磁盘等载体。近几年,网络技术快速发展,很多地方部门、单位和个人都通过自己所建立的网站和网页发布各种地方信息,国外相关图书馆、博物馆等网站也有很多相关网络信息。因此从计算机网络文献资源系统中收集各种网上地方文献信息,也成为天津地方文献的发掘与搜求工作的一部分。

3 基于统一组织的天津地方文献发掘与搜求人才培养

高质量的天津地方文献的发掘与搜求工作,除了需要得到各级领导的高度重视,有统一有效的组织领导以外,还需要选派、训练和培养一支高素质的人才队伍。高素质的人才是天津地方文献有效收藏和有效服务的重要保证,有了统一组织,人才的培养工作就应当纳入组织规程之中。

所谓高素质的天津地方文献的发掘与搜求工作人员,笔者认为应当具备以下素质,"管理中心"对人才的选派与培养,也应从这几方面入手:

3.1 天津地方文献的发掘与搜求工作人员的知识和能力素质

如上所述,天津地方文献的征集工作量大且面广,它涉及的部门、人员及学科内容都很广泛,这就要求天津地方文献的发掘与搜求工作人员既要了解天津全地区的政治、经济、文化状况,熟悉天津自然生态及社会环境的历史与现实状况、地理位置、建置沿革、疆域变迁、人口物

产、风土民俗等历史资料及著名人物的各种传记，还要掌握天津党政机关、事业单位、工矿企业等机构的历史沿革、人事变化、事业发展的有关情况。如没有深厚的文化素养和广博的地方文史知识是很难胜任以上工作的。

与其他文献相比，天津地方文献具有地域的特定性、内容的广博性、载体的多样性、布局的分散性等特性。这些特性决定了地方文献采集工作的复杂性。它要求发掘与搜求工作人员必须具有高水准的专业水平，了解全市天津地方文献馆藏情况，熟悉工作程序，熟练掌握相关工作技能。在专业委员会的指导下能够独立开展工作。

由于网络数据库技术广泛应用，以及制作《天津地方文献联合目录》及全文数据库的需要，天津地方文献的发掘与搜求工作人员除了熟练掌握各种搜集信息的基本技能外，还必须掌握计算机数字处理技术、多媒体技术、数据库建设的方法和各种现代化的网络检索工具等，只有这样，才能对网络资源了如指掌，才能随时利用各种信息载体，了解并获取各种地方信息资源；或将天津地方文献的有关情况和内容通过网络提供给有关专家进行选择，从而完成文献发掘工作。

鉴于天津地方文献出版方式的多样性和发行数量的有限性，天津地方文献的发掘与搜求工作人员必须充分发挥自己的社交能力，有着广泛、良好的人脉；并经常深入机关、单位、旧物市场、民间，利用人脉广罗文献。只有更多、更深地融入社会，才能拓宽地方文献的采集领域，也只有广泛接触不同部门、不同类型的人，协调好各种关系，才能搜求到更多、更好的地方文献。

3.2 天津地方文献的发掘与搜求工作人员的职业道德素质

如上所述，天津地方文献的发掘与搜求工作具有一定的难度和挑战性。这就要求从事这项工作的人员具有敬业爱岗的职业道德，以主动积极的态度克服困难，担当重任。具体应做到以下两点：

3.2.1 信息灵活、反应迅速

要求天津地方文献的发掘与搜求工作人员要随时关注各种媒体所报导的与天津地方文献相关的内容，及时搜寻天津籍人士写的文章或有关天津市政治、经济、文化的资料。关注地方新闻，以及工作和生活中有关地方文献的信息、关注与本单位收藏方向有关的地方文献信息，以便及时掌握新的信息。由于地方文献的采集途径较之图书馆一般书刊的采集途径要多得多，因此，不仅需要熟悉常规的文献采集途径，还需熟悉一些非常规的地方文献采集途径。不能坐等上门，而应主动走访地方名人和民间，探询文献下落。

3.2.2 态度仔细、工作认真

天津地方文献类型复杂、布局分散、发行无序，既有商品性、交流性、呈缴性，又有公开的、内部的、民间的之分。发掘与搜求工作人员必须针对这些特点，耐心仔细地开展各种方式的征集工作。尤其是在采集那些不定期或不定时的连续出版物（如《天津民风》、《南开史学》、《天津史志》、《杨柳青》等）时，每征一期，都要仔细登记、仔细核对，发现有缺，想法补齐，既不能订重，更不能漏订，以此保证地方文献的连续性和完整性。

具备以上基本素质的天津地方文献的发掘与搜求工作人员，是地方文献采集质量和馆藏质量的首要保障。因此，在选拔较高素质人才担负地方文献发掘与搜求工作的同时，还必须要求工作人员树立终生学习的观念，通过不断学习，努力提高自己的思想素质和业务素质。只有这样，才能真正担当起天津地方文献的发掘与搜求的重任。

[参考文献]

[1] 来新夏. 图书馆与地方文献[J]. 图书馆，2002，(6)

[2] 来新夏. 中国地方志的史料价值及其利用[J]. 国家图书馆学刊，2005，(1)

[3] 刘文勇. 天津地方文献的开发整理与资源共享[J]. 图书馆工作与研究，2007，(3)

[4] 韩 朴. 地方档案与图书馆地方文献. 北京市档案信息网，2006－10－17

[5] 褚衍昌. 发掘利用潜在信息资源的研究[J]. 图书情报工作，2006，(6)

[6]作家叶永烈的“档案情结”(http://www.jfdaily.com.cn/gb/node2/node171/node182/node25310/node25316/userobject1ai1348266.html)

[7]《从废品中淘出的董其昌手稿》，中国文物网(http://wenwuchina.com/episteme/detail.aspx?CMID=6&TID=33&NID=7572)或腾讯网(http://luxury.qq.com/a/20070724/000017.htm)

[作者简介]

李广生，男，研究馆员，南开大学图书馆副馆长。

黄立新，男，副研究馆员，天津商业大学图书馆阅览部主任。

香港高校图书馆文献信息资源建设的开放性特点及借鉴

穆祥望　杜　芸

[摘　要] 本文通过对香港地区高校图书馆开放性建设经验分析,对天津地区高校图书馆加强开放性建设提出建议与设想。

[关键词] 天津　香港　高校图书馆　开放性建设

1 引言

香港作为高度开放的国际性港口城市,由于其特殊的历史背景,形成了中西合璧、古今交融的独特文化特征。香港高校普遍具有浓厚的国际化和开放性氛围。笔者在香港中文大学图书馆访问期间,对香港几所主要高校图书馆进行了实地考察,有意识地搜集了其文献信息资源建设的有关情况。香港高校图书馆在文献信息资源建设思路、视野、内容、方式等方面高度开放性的特点,给笔者留下了深刻印象。目前天津正在朝着建设国际化大都市的目标迈进,对外开放步伐不断加快。天津各高校图书馆如何适应天津开放发展的需要,加强文献信息资源的开放性建设,成为实践提出的一个重要课题。本文通过分析借鉴香港主要高校图书馆在文献信息资源开放性建设方面的思路和作法,对加强天津高校图书馆文献信息资源建设提出改进意见和建议。

2 香港地区高校图书馆文献信息资源开放性建设的主要特点

2.1 文献信息资源建设思路的开放性:注意通力合作和共建共享

加强文献信息资源的共建共享已经成为香港主要高校图书馆的共识。由大学教育资助委员会属下的 8 所院校图书馆共同组建的"协作式馆藏建设督导委员会"负责对文献信息资源共建共享进行统筹、组织、协调。在采购电子期刊时,"协作式馆藏建设督导委员会"以图书馆同盟方式对电子资源格式、检索质量进行认证,以检索质量和点击率为基点,审核通过后统一购买,共同享用。在大型数据库订购中,共同协商,与供应商谈判,尽量压低价格。通过"香港高校图书联网(Hong Kong Academic Library Link,简称'港书网',HKALL)"开展馆际互借业务,八所大学的学生可借阅本校和其它 7 所院校的图书,读者通过检索和预约,在本校就可实现借还图书,非常方便快捷。

2.2 文献信息资源建设内容的开放性:注意兼容并蓄和融汇古今

香港作为"一国两制"的"特区",具有中西文化合璧的特征。香港高校图书馆在文献资源建设内容上,具有兼容并蓄、融汇古今的开放性、包容性的特点。如香港大学图书馆是欧洲议会、世界卫生组织、世贸组织、亚洲发展银行和联合国的指定存放馆,这些组织向香港大学图书馆提供他们的出版物和文件,并由香港大学图书馆免费向读者开放。香港大学图书馆还根据经济、社会、政治需要,建立了"香港馆藏",它包含了书籍、期刊、政府出版物、报纸剪辑和非印刷品材料,涉及香港历史和生活的各个方面,收集了香港殖民地时期最完整的材料,是从事香港研究的一个极丰富极完备的参考文库。根据香港与内地经济合作日益密切的需要,香港城市大学图书馆建立了珠江三角洲特藏书库,收集的范围非常广泛,凡是有关珠江三角洲地区的过去、现在及未来的发展动向和各方面的资料均有收纳,尤以第一手及参考性资料为主。该特藏对香港及珠江三角洲各地区的合作发展研究提供了丰富的文献材料。

香港很多高校图书馆在文献资源建设过程中,注意加强对民族文化遗产的保护和传承发展。比如,香港大学图书馆收藏善本 549 种 8 400 册,其中包括宋、元、明朝刊本、稿本和抄本等珍籍,还收有族谱 300 余种和明代拓片 1 000 余件。香港大学图书馆是香港地区收藏家谱最多的单位,共收藏家谱原件 374 种(其中近 300 种收藏在冯平山图书馆)。此外还收藏缩微家谱 300 多种,主要从美国犹他州家谱图书馆等单位复制而来。香港大学图书馆还建立了《二十五史》全文资料库,建立了华侨华人研究书目库、"西方人眼中的中国"、"孙中山在香港"等数据库。香港中文大学图书馆自建了香港文学资料库、中国古籍库、中国现代戏剧资料库以及甲骨文特藏数据库等。科技大学图书馆自建了中国古代地图数据库,收藏我国历代地图 230 幅。

2.3 文献信息资源建设方式的开放性:注意公开透明和市场化手段运用

为了增强文献建设的针对性和超前性,香港各高校图书馆高度重视发挥教师在图书馆文献信息资源建设中的作用,发动教师参与文献资源建设已经制度化、经常化。各馆都建立了与各院系进行联系的联络员制度,从专业馆员中给每个系指定一个联络员,每系一个教师代表。图书馆将新书目放在网页上,供各系教师圈选推荐。有书商实行样本书服务的,图书馆则将样书摆在书架上,由各系教师代表选择。对于图书、期刊等文献资源采购,人人都有建议权。数字资源的购买也主要先由读者提出,经过图书馆参考馆员评价后,考虑是否购买。试用和连续购买数据库还要参考教师意见和利用率。如果连续两年某数据库利用率不高,将退出购买。

香港的市场经济高度发达,其市场化分工协作理念也充分体现在高校图书馆文献信息资源建设工作中。尽管香港地区高校图书馆的人员非常充足,但在文献信息资源建设中有很多工作还是委托给有关中介机构去完成。例如香港科技大学图书馆的西文图书 80% 以上都来自一个叫做 YBP 的美国书商(vendor)。图书馆与 YBP 之间也有一个协议(approval plan),其中详细说明了该馆所需图书的范畴和要求,YBP 则定期将符合要求的新书书单送来。图书馆只需再略加挑选即可进书。YBP 对科大给予优惠,且书目的编目和磁条均已做好,所以这种订购方式省钱、省时、省力。香港主要高校馆近年来完成了大量馆藏资源的数字化工作,其基本经验就是一部分工作外包给社会上的公司去做。例如香港中文大学图书馆古籍数字化工作就外包给两家公司来做。这两家公司派人,中大图书馆提供房间。这样做可以节省人力,提高速度。

2.4 文献信息资源利用的开放性:注意资源整合和信息揭示

香港各大学图书馆普遍奉行"拿来主义"、重在使用的原则,非常重视对文献资源的整合,以帮助读者更好利用。基本都采用专题揭示方法,将资源整合起来,建立了学科导航(Subjects Guide)，给读者利用提供方便。他们的目标是"只要有这个学科就应该有学科导航"。香港大学图书馆的学科导航包含了44个学科，香港城市大学图书馆有23个学科导航，香港理工大学图书馆也有含35个学科的学科导航。他们的学科导航中，并不区分"重点学科"与否。香港各大学图书馆的学科导航栏目中几乎都能把本馆自建资源与购买数据库整合在一起。通过完善的校园网为读者服务。读者可以在图书馆以外的办公室、教室、宿舍等场所，通过计算机系统，检索全港八所大学图书馆的书目记录、期刊索引、文献传递信息、音像文档等。香港各高校馆，国际联机检索已完全由读者自己操作，在所有的公共查询终端上都配有彩色激光打印机，可随时下载打印。

3 借鉴香港经验、加强天津高校图书馆文献信息资源开放性建设的建议

目前天津高校图书馆总体处于加快发展时期，不少高校都建设了新校区，启用了新建图书馆，扩大了馆舍。同时，各校都很重视文献信息资源建设，不断加大经费投入。为确保文献信息资源建设的正确方向，提高建设效率，应学习借鉴香港高校图书馆近年来在文献信息资源开放性建设方面好的思路和作法，加强和完善以下几方面工作。

3.1 进一步完善文献信息资源共建共享机制

近年来天津地区19个高校图书馆参加组建了"天津市高等教育文献信息中心"，制定了"天津市高校馆际互借服务管理办法"，规范了"天津市高校馆际互借服务流程"，推动各高校图书馆文献资源共建共享，取得了一定成效。但与香港相比，天津在具体操作细节上还存在一定差距。建议学习借鉴香港经验，在馆藏信息资源建设上，按照分工合作、各有侧重的原则，进一步突出各自特色。进一步规范文献信息资源建设标准，方便互联互通。进一步破除门户封闭的狭隘观念，推动图书文献"通借通还"。

3.2 文献信息资源建设应从内容上进一步贴近天津经济社会发展需要

借鉴香港大学图书馆的"香港馆藏"，设立"天津馆藏"，内容涵盖图书、期刊、政府出版物、会议资料、报纸剪辑和非印刷品材料等，形成从事天津研究的完备的参考文库。借鉴香港城市大学图书馆的珠江三角洲特藏书库，搜集"环渤海"地区和"长三角"地区经济社会发展的各方面资料，包括书籍、期刊、报章、统计月报、年报、研究报告等资料，重点收集第一手及参考性资料，建立专门数据库。为天津开展与上述地区的合作发展研究提供文献信息保障。以国际视野，完善南开大学图书馆"跨国公司研究专题数据库"，建立世界500强资料库，建立世界贸易组织数据库等，为天津开展国际合作和加强国际竞争提供信息保障。

3.3 加大对馆藏文献资源的整合与揭示，实现文献资源建设和利用的和谐统一

近年来，天津各高校图书馆购买的电子文献资源在不断增加，也建立了导航体系，但主要是对购买数据库的使用导航。各馆大量馆藏资源因为没有数字化，难以纳入导航体系，应加快馆藏资源数字化建设步伐，可以借鉴香港中文大学图书馆的做法，在开展电子资源的著录工作中，从数据库商获取编目数据。在本馆资源数字化过程中，在资金、人员、设备许可的情况下，可以借鉴香港地区的经验，采取外包或本馆人员自行开发等形式，加强数据库的建设。

按照学科划分完善导航系统，电子资源全部都要进行编目著录，让读者在OPAC上，既可以检索到纸本文献，也可以检索到电子版资源。不仅要建立对本馆电子资源的学科导航和与其他兄弟院校图书馆网站的链接，还要为读者提供一个丰富而方便的优良网络资源利用指南，向读者推荐优秀的读书网站、期刊网站，并提供链接；为主要用户提供个性化服务，除借还书的

提醒外,主要提供各种资源的最新信息包括印刷型、光盘数据库、网络数据库等。以网站为依托,向读者提供新书目服务、期刊篇名目次等推送服务和文献定制服务。

[参考文献]

[1]香港中文大学图书馆主页 [EB/OL]. http://www.lib.cuhk.edu.hk/, 2007-06-30.

[2]知识之门:香港中文大学大学图书馆系统 [Z].

[3]香港浸会大学图书馆资料来源:http://www.hkbu.edu.hk/lib/, 2007-06-29.

[4]香港大学图书馆的统计数字来源:http://lib.hku.hk/annualreport/AR05-06_38-47%20Staff%20Matters,%20Did%20you%20know,%20Statistics,%20Notable%20Acquisitions.pdf, 2007-06-30.

[5]香港理工大学图书馆资料来源:http://www.lib.polyu.edu.hk/about/handbook/LibHBstaff_chi.pdf, 2007-06-28.

[6]香港科技大学图书馆资料来源:http://library.ust.hk/, 2007-07-01.

[7]李秋实.天津高校图书馆联盟建设实践[J].晋图学刊,2007,(3):8~10.

[8]幸云,周凤飞等.天津市高校馆图书信息资源共建共享模式[J].图书馆论坛, 2004,(12):142~144.

[9]柯平.塑造图书馆——访香港浸会大学图书馆[J].图书馆建设, 2005,(4): 114~116.

[作者简介]

穆祥望,女,副研究馆员,南开大学图书馆副馆长。

杜 芸,女,副研究馆员,南开大学图书馆西文编目总校。

德国大学图书馆的服务特色及其启示

杨冬梅

[摘　要] 本文介绍了德国大学图书馆服务方面的诸多特点，并就改进我国大学图书馆的服务提出了一些建议。

[关键词] 德国　大学图书馆

笔者从2001到2006年，有五年的时间在德国生活和学习，耳濡目染亲身体验了德国图书馆充满人文关怀的管理氛围和为读者提供良好高效的服务，这些激发了我了解德国图书馆的兴趣和热情，先后参观过德累斯顿市立图书馆，德累斯顿工业大学图书馆、莱比锡大学图书馆、柏林国家图书馆以及科隆大学图书馆，收集和阅读了不少这方面的文章。回国后，来到高校图书馆工作，这又使我想把以前在德国图书馆的经历和所了解的有关知识写出来介绍给大家，以尽一个图书馆工作者的责任和义务。

1 图书馆布局合理，最大限度地方便读者

德国的大学以其悠久的历史和严谨的治学而闻名于世，与之相匹配的图书馆系统也是相当的发达。作为一个大学重要的设施，同时也是一个标志性建筑，图书馆体现着文明、人文和公平的大学精神。这一点在德国的大学图书馆中尤为突出。

大部分德国的大学图书馆坐落在校园的中心位置，像德国最古老的大学城——海德堡(Heidelburg)，她的大学图书馆(Universitaetsbibliothek)就座落在老城的精华地段——大学广场(Uni－Platz)旁；另外，比较新的学校，像东部的特里尔(Trier)大学，大学图书馆更是如同圆心一般，将分散在四周的各系馆联系起来。德国大学图书馆的建筑，正如德国人的性格一样，简单而实用。进入图书馆，大空间、灵活隔断的开放式布局给人的印象是面积宽大、光线充足、设计合理。绝大多数的图书馆都是设置一口出入，在图书馆入口处设有总服务台及联机检索系统，方便读者借还书及查阅。图书馆内的外借区、阅览区和书库是合而为一的，在全开架的书库中设置可供阅览的桌椅。读者进入图书馆后，在这里既可以找书、借书，也可以在这里长时间的阅览，而其合理的藏书布局更为读者提供了便利。最为典型的是德国比勒菲尔德(Bielefeld)大学图书馆，该馆的最大特点是所有资料均按学科集中，不管是图书还是期刊，也不管是现刊还是过刊，包括不同文种，只要属于同一学科，统统藏于一处。这相当于在一个大的图书馆里又分出众多小的学科图书馆，这些“小图书馆”既方便本学科院系的师生使用，也对全体读者开放。各个“小图书馆”之间也没有任何的障碍，读者无需办理任何手续，可以跨学科资料查询，畅通无阻。

德国大学图书馆合理、明朗的建筑和藏书布局大大地方便了读者，即便是对于初到德国的外国人或有语言障碍的读者，也很容易在诺大的图书馆里找到所需要的资料。此外，读者可以在一个地点查阅到需要的所有文献资料，这既节省了时间，也保证了读者思维的连续性和科研的高效率。

对比国内的大学图书馆，笔者认为大部分图书馆的布局都欠合理。比如有些高校的图书馆分新馆和老馆，或是主体馆和分馆的布局形式，馆藏分布于各个馆舍，读者要想查阅某一学科的文献及相关资料，有时候要跑遍所有馆舍，而这些馆舍分布于校园各处；在图书馆的内部布局上，图书和期刊也是分开收藏，这或许给管理者带来方便，但却给读者带来了不便。当然我国大学图书馆的建设受到许多外在条件的制约，但如果能在现有条件下尽量合理的布局，图书馆也完全可以提高效率，更好地为读者服务。

2 自觉地为读者提供服务的意识

图书馆为读者提供良好的服务，不仅靠优越的环境和现代化的设施，更重要的是要有自觉为读者服务的意识。在德国的大学图书馆，你会发现，这里提供的所有读者服务，都是从方便读者的角度出发，真正体现了读者第一的服务宗旨。(1)足够长的开放时间。从早晨到晚上，中午不休息。在闭馆期间为方便读者还书，在图书馆大门外设有还书箱，读者只要把所借到期的图书放入箱内即可还书。(2)开架借阅，不限册数，可以续借，但逾期实行罚款制度。图书馆也为读者开办预约借书服务，读者只需在计算机终端办理预借手续，只要借出的图书返回，就可以接到通知前去借书。德国社会上下环保意识强烈，注重节约能源，一般学校都不主张学生购买教科书，因此大学图书馆均大量购置教科书供学生借阅。(3)馆内免费提供图书馆指南和定期或不定期的发布图书馆的动态，进行征询读者意见和开展问卷调查等活动。(4)布局合理，环境优雅。除藏阅一体的大开架、大通间格局，在馆内四周还设有面积大小不等的工作间，供个人或团体读者研究讨论使用。馆内的通风、采光，便捷通道的设置合理，标识明确，并设有残疾人专用通道和专用的桌椅。馆内也讲究绿化，并在墙壁上贴有与图书馆氛围和谐的装饰画。总之，读者置身于图书馆，可以充分感受到这里的优雅环境和人文气息。(5)馆员温和的态度和微笑的服务让读者感到格外的亲切，服务台前训练有素的参考咨询馆员和阅览区的一般工作人员有条不紊地工作，使这里的一切是既忙碌又很有秩序。

3 注重馆际的合作与资源共享

德国的各个大学藏书量丰富，各校的藏书实力都在伯仲之间，所不同之处在于藏书的特色，因此各校之间比较能够摒弃本位主义进行相互的合作。德国的各大学教育都隶属于所在的联邦州，州政府有权进行资源的管理以及协调。各州均建有以州为单位的图书资料网络，而在全国境内又以所在的地域建有六个地区性图书馆网络。每一个地区的网络系统就是一个馆际互借区域，在一个区域内有专用车辆在各馆之间进行馆际互借流动服务，读者在当地借不到的图书，只要馆际互借区域内有馆藏，都可通过流动服务车迅速获得。

地区图书馆网络的设立就是要建立中心书目数据库，实现编目数据共享，为联机检索和文献共享打下基础。德国图书馆的文献工作标准化做得很好，各馆均使用同一标准的书目著录规则，还制定有统一的机读目录数据交换格式。在地区图书馆网的基础上，将六个地区的网络数据进行汇集就构成了德国图书馆机读数据联合目录（The Verbundkatalog Machinenlesbarer Katalogdaten Deutscher Bibliotheken,缩写为 VK)。这项工作由德国图书馆研究院负责完成。随着网络化的发展,它已经成为一个集联合著录、联机检索和馆际互借为一体的信息资源网。德国图书馆与国外图书馆的合作也十分密切,如与荷兰的图书馆自动化中心签订协议,接入该系统从而能使用该系统的资源;通过与英国、法国和奥地利等国家的网络系统连接,通过与美国的图书馆和出版商合作等方式,旨在实现资源的共享和对信息资源的共同开发与利用。

馆际互借和资源共享不仅为读者提供了高效可靠的文献资源服务,而且为图书馆节约了很大一笔经费。在图书馆发展经费日益紧张的情况下,将有限的资金用于最需要的馆藏建设,从而办出大学图书馆的特色。信息技术和电子通信技术的迅速发展是实现联机传递文献信息手段的保证。我国图书馆目前除 CALIS 的成员馆利用 CALIS 馆际互借与文献传递应用软件,中科院系统的一些图书馆利用馆际互借服务系统实现了信息资源在网络间的互通和传递外,多半的馆际互借仍是半人工半自动化的形式,多数地区大学之间以发放通用借书证的办法实现馆际互借,而且已开展的馆际互借工作也多处于分散、被动和各行其是的状态。要解决这一问题,必须积极创造以下条件:(1)摈弃学校间的图书馆本位主义和不同系统、不同管理机构间的保护机制,建立合作与共享的愿望,达成信息资源共同利用的目标。(2)建立一个全面规划、统筹安排的协调机构来组织和领导馆际互借工作,制定有成效的馆际互借协议,以此推动馆际的交流和合作。(3)建立通畅、高效的网络系统和规范的联机书目数据库,使各图书馆能顺利完成信息交流和服务对接,这是实现馆际互借和资源共享的基础。

4 普遍的电子化和网络化为读者提供有效的服务

德国大学图书馆的电子化已经相当地普遍,读者可以在家或是图书馆的电脑通过图书馆网络或是区域网络查询书籍以及期刊的目录,然后再决定是否出门借书或是去书库找书,若是某本书已经被借走,也可以在网上注册预借,待书还回之后图书馆会通知读者前来取书。在德国的大学图书馆里,几乎每个地方都有计算机在等候为读者服务,这些图书馆的计算机系统通过德国高校图书馆与区域馆际互借中心、全国馆际互借中心以及和世界许多高校图书馆互联,开展馆际互借和资源共享。

大多数的大学图书馆还设有计算机阅览室,读者除使用计算机阅览室里提供的软件外,可以用电脑操作附在书中的磁盘和检索某些光盘资料。在这方面办的比较有特色的大学像柏林自由大学图书馆(Universit? tsbibliothekder Freien Universit? t Berlin)、卡尔斯鲁尔大学图书馆(Universit? tsbibliothek Karlsruhe)以及康斯坦茨大学图书馆(Bibliothek der Universit? t Konstanz)等。另外一个有特色的服务项目就是图书馆收藏的大部分的电子视听资料也提供外借服务,而且是免费的。这项服务在德国大学图书馆和德国公共图书馆的服务中都占有相当的比重,大大增强了图书馆对读者的吸引力。在我国绝大多数图书馆,计算机和声像资料的数量远不能满足读者的需要,而且许多电子音像资料是不外借的,只能在馆内试听或作为收藏品保存。这种以藏为主的管理方式,使图书馆有限的资源不能被有效地利用。特别是图书附带视听资料,有些馆只提供图书借阅,给读者带来了极大的不便。

5“以人为本,读者至上”的参考咨询服务

德国大学图书馆的参考咨询服务工作大致可分为以下几种:(1)在馆内设立咨询中心或咨询服务台,介绍图书馆的基本概况和使用指南的手册,图书馆最新的资源信息和活动安排的通

知在此随手可得，同时配有两名工作人员解答读者的提问和咨询。(2)专业馆员或学科咨询馆员每周定时、定点解答读者的专业信息咨询，或者接待经过预约的读者，回答他们提出的有关专业的信息或馆藏信息的咨询。这种面对面的咨询服务方式很受读者的欢迎。(3)随着网络技术的迅速发展，德国大学图书馆也兴起了网络虚拟的参考咨询服务。读者任何时候可以通过 e—mail 把问题发到指定的信箱，有参考咨询馆员给出简洁、明快的答复；网上实时服务也是图书馆开展的一种有效的个性化服务方式，它是利用交谈软件、商务软件等提供的一种数字参考服务支持用户的在线交流，德国的大部分大学图书馆开设了实时参考咨询服务。除此以外，德国大学图书馆定期免费开设读者培训和用户教育，使读者更好的了解和使用图书馆；读者的“新书建议单”制度可使图书馆的藏书更符合读者需求，提高书刊的使用率；图书馆的“通知服务单”即图书馆经常给读者寄去的各种各样的通知，比如预约的图书、馆际互借资料已到的通知书，读者所借图书到期前的催还通知等，都是德国大学图书馆的服务特色。

我国大学图书馆的参考咨询服务目前还停留在进行馆藏和网络信息资源的搜集和提供上面，普遍缺乏对本校专业和读者用户的针对性服务。在网络环境下，培养一支具有专业和图书馆学科背景知识，又具有计算机和互联网的知识和操作能力，以及具备一定外语水平的专业馆员队伍，是提升图书馆参考咨询服务水平的关键。

6 严格的学科馆员制度

在德国，几乎任何职业都要先经过职业培训，取得资格后才能上岗。图书馆员分为高级、中级和初级三个级别，希望在图书馆工作的人必须取得相应的资格证书，才有可能在图书馆工作。而想要晋升高级馆员，申请者通常要有大学毕业以上学历，不限所学专业，有博士学位者优先。

学科馆员属于图书馆高级专业人才，德国对图书馆的学科馆员有很高的要求。德国的大学图书馆就要求学科馆员必须具有博士学位，接受两年图书馆培训，并通过国家的资格认证考试。图书馆的学科馆员承担着特定的工作，他们具有图书情报专业知识，能迅速有效地利用各种编目工具，熟知图书馆政策和所负责学科领域现有的馆藏情况，同时又非常熟悉相关的其他学科领域的各种文献资源，能够有针对性地为特定的教学和研究目标提供信息服务。学科馆员既是专业型人才，又是复合型人才，在德国的教学科研甚至学术界具有很高的地位，教学科研人员非常信任图书馆的学科馆员，并将他们看作是与自己一样的研究人员，将学科馆员所在的图书馆看作是一个研究型机构。

在大学图书馆里设置学科馆员，是图书馆为开展深层次的信息服务特别是学科咨询而采取的服务措施。随着现代科学技术的发展，文献信息数量快速增长，人们对信息的需求在广度上和深度上都产生了深刻的变化，这种变化必然会带来图书馆服务的变化。建立学科馆员制度、提供学科馆员服务，是图书馆服务发展的一种趋势。在我国大学逐步成为国际型、开放型大学的建设进程中，必然要求图书馆要建立一套完善的学科馆员机制，通过学科馆员的工作加速信息资源的传递与交流，使图书馆更好地融入到教学、科研以及学校发展的各项活动中去。

7 大学图书馆也面向社会公众开放

在德国，大学图书馆也往往兼有公共图书馆的职能，这一点从名字上就反映出来，如：“萨克森大学暨萨克森州图书馆”（Universit? ts— und Landesbibliothek Sachsen—? Anhalt)、

"汉堡大学暨汉堡市图书馆"(Staats－ und Universit? tsbibliothek Hamburg)、"德累斯顿国家和大学图书馆"(S? chsische Landesbibliothek － Staats－ und Universit? tsbibliothek Dresden)等。许多大学图书馆不仅肩负为本校师生提供文献信息服务的功能,还有向市镇及周围居民开放的外向型功能。普通市民只要持有关证件就可办理借阅证,即使是外国人只要持有效护照,也可随时办理借阅手续。

大学图书馆兼有的双重职能,从其形成的历史和经济原因来看,一是由于德国的许多图书馆在二战期间遭到了破坏,战后恢复时就把同一个城市的几个图书馆合并成一个大学馆;二是一些大学馆的经费是由市或州提供,市州政府也要求大学图书馆向市民开放;三是有些较小的州没有州立图书馆,需要本州的大学图书馆负责整个州的图书馆事业。另外,这种在德国的大学图书馆很普遍的管理方式也源自于德国文化对大学和图书馆的传统理念。德国有许多城市被称为大学城,大学校舍分布于城市各处,城市在各个方面为大学师生提供服务和便利,大学和图书馆也担负着向社会传播思想、文化和提供服务的责任,它要向全社会开放,尽可能与社会融为一体。德国的大学图书馆可以说在德国的图书馆事业和社会生活中起着举足轻重的作用。

在我国市场经济的推动下,要求大学必须要走出象牙塔,走进社会,服务经济和社会建设。大学图书馆的文献收藏和信息资源丰富,根据我国经济社会发展和现代化建设的需要,应努力开发文献信息资源,充分释放知识能量,使图书馆由知识信息宝库变为经济社会发展的动力源泉,为社会提供高质量的文献信息服务。要做到这些,图书馆就必须要强化信息资源建设,提高大学图书馆的竞争力:一是既要搞好馆藏文献的开发利用,又要抓市场信息,满足用户多角度、多层次的信息需求;二是适应市场经济规律,建设有个性特色的数据库和信息产品,为社会提供多样化和高质量的信息服务;三是利用自身优势同其它类型的图书馆和信息服务机构一起建立地区文献信息共享网,面向社会,在构建社会主义和谐社会和构建和谐校园的过程中,发挥积极的作用和应尽的责任。

[参考文献]

[1] 德国的图书馆[EB/OL]. http://www.d－nb.de/, 2009－05－15.
[2] 德国图书馆间的合作[EB/OL]. http://www.goethe.de/wis/bib, 2009－05－15.
[3] 特里尔大学图书馆[EB/OL]. http://www.uni－ Trier.de, 2009－05－15.
[4] 比勒菲尔德大学图书馆[EB/OL]. http://www. uni－ Bielefeld.de, 2009－05－15.
[5] 德国图书馆网络联盟[EB/OL]. http://www.d－nb.de/, 2009－05－15.
[6] 沈国琴,汤竞男. 德国的大学图书馆[J]. 图书馆杂志,1997,(3):61－64.
[7] 裘剑敏,庄勤,周伟成. 德国高校图书馆概况[J]. 德国研究,2003,(3):75－76.
[8] 朱前东,高波. 德国的图书馆信息资源共享模式[J]. 大学图书馆学报,2008,(5):43－48.

[作者简介]

杨冬梅,女,馆员,南开大学图书馆经济学分馆工作。

论高校图书馆的知识服务及其实施策略

聂江城

[摘　要] 知识服务是高校图书馆在知识经济时代所面临的新的课题。本文阐述了高校图书馆知识服务的概念,分析了高校图书馆知识服务的优势,以及高校图书馆进行知识服务的管理模式,探讨了知识服务在高校图书馆的实现策略。

[关键词] 知识服务　信息服务　高校图书馆　知识经济

随着知识经济的飞速发展,知识服务与知识创新越来越多地引起人们的关注与重视。知识服务是高校图书馆工作的核心职能。高校图书馆作为知识搜集、整理、储存、加工与服务的中心,如何提供知识服务,为知识创新与传播做出应有的贡献,这是高校图书馆必须重视与关注的问题。

1 高校图书馆知识服务的诠释

高校图书馆工作的重心是服务。高校图书馆所提供的一切服务,无论是有形馆藏文献还是电子信息文献均是信息服务,同时也应该是知识服务。知识服务是知识型的服务,是知识化的服务,可以说知识服务是信息服务的高层次阶段。即以信息知识的搜寻、组织、分析、重组的知识和能力为基础,根据用户的问题和环境,融入用户解决问题的过程之中,提供知识应用和知识创新的服务。知识不同于资料,也不等于信息。资料经过一定的处理成为信息;信息通过人类的进一步思考,形成对某一问题的认知和解决办法即为知识。所以,知识是对事物的认知、探索、学习、发现、理解之总称。信息是知识的基础,知识产生智慧。根据世界经济合作与发展组织的阐释:信息告诉人们“什么”,而知识告诉人们“如何做”。所以,知识服务是用户目标驱动的服务,它关注的焦点和最后的评价不是“我是否提供了你需要的信息”,而是“是否通过我的服务解决了您的问题”。而传统信息服务的基点、重点和终点则是信息资源的获取和传递。

知识服务是为用户提供一种解决办法的服务,更多地体现了对知识信息资源开发和创新的服务。高校图书馆服务的对象是承担科研与教学任务的高校教师和大学生,这不仅需要知识服务,更需要高水平的知识服务。

2 高校图书馆实施知识服务之优势

在当今数字化时代,馆藏的信息资源处于共建、共享状态,一个图书馆能提供文献信息的能力远比它拥有多少文献信息资源更为重要。作为高校三大支柱之一的图书馆,它的主要任务是为教学、科研提供知识服务。据调查，高校图书馆丰富的馆藏文献资源有80%以上是围绕教学、科研而配置的，文献相对统一、集中，服务模式更适合向专业化、个性化方向发展，因此，高校图书馆实施知识服务有其得天独厚的优势条件。

2.1 知识服务是高校图书馆工作的核心

知识服务是贯穿用户解决问题过程的服务，贯穿于用户进行知识捕获、分析、重组、应用过程的服务。根据用户的要求来动态地和连续地组织服务，而不是传统信息服务的基于固有过程或固有内容的服务。知识服务是基于自主和创新的服务。它要求知识服务人员根据每一次的实际情况动态地整理、选择、分析、利用各种知识，动态地设计、组织、安排和协调有关服务工作和产品形态，要求具有自主的管理意识和权利，具有创新精神、研究能力和管理能力，同时要求建立相应的组织管理机制。为顺应时代的发展和适应竞争的需要，高校图书馆应该挖掘潜力，开展着眼于知识价值而非信息本身的数量的服务，即要开展能发挥图书馆专业和特长的、体现图书馆为用户提供解决实际问题的知识服务。高校图书馆一切工作的开展都应有利于知识服务的开展及其水平的提高。

2.2 信息竞争时代高校图书馆需要知识服务

社会信息数字化、网络化是知识经济时代显著的特点之一。同时也使信息获取的方式越来越趋于非专业化、非智力化，极大地削弱了高校图书馆在信息主渠道中的中介地位。然而，任何事物的发展都是有其两面性的，虽然网络化、电子化的发展，使得信息的产生、传播、共享得到了极大地提高，信息量剧增，但巨大的信息在很大程度上都是一些零散的、未经组织或仅经过粗加工的信息源，只有当这些广泛的信息转化为系统化的知识，并与人的内在动力结合，才能真正改变个体乃至社会的结构与发展的力量。因此，高校图书馆如何抓住机遇，将大量无序的信息在经过整理、加工、控制后，以适当的方式传递给人们，走向知识服务，这不仅关系到图书馆今后的地位与发展，更是关系到图书馆命运的发展。

2.3 知识服务是高校图书馆自身发展的需要

信息环境的变化、用户需求的转移，都在影响高校图书馆作为情报机构主旋律发展和生存的空间，原有的信息定位，已经不能满足时代的要求，也不能适应网络的挑战。高校图书馆只有顺应潮流，把握住知识经济的关键变化因素，才能真正实现自身可持续发展。以信息服务为基础的知识服务，将最大限度地发挥高校图书馆的信息采集、组织、加工、整理、检索及传递的能力，发挥高校图书馆专业人员的优势，提高信息服务的智能化程度，使知识服务成为一种创新型服务，成为一种以人为本的返璞归真的服务。

2.4 知识服务是高校图书馆创新性服务的需要

知识经济是直接依赖知识的产生、传播和利用的一种崭新的经济形态。在知识经济的今天，知识服务与知识创新是高校图书馆创新性服务的需要。知识经济的本质就是对创新服务的强烈渴求。高校图书馆同样需要创新服务。而且，这种创新服务不是停留在检索和传递上，而是更多地体现在高校图书馆对信息知识、信息资源的开发和利用上，更多地体现在更高层次的创新服务上。

3 构建高校图书馆知识服务管理模式

高校图书馆作为专业知识搜集、整理、储存与传播的机构，为广大师生提供教学、科研所需的知识服务，是高校科研创新链中不可缺少的一个重要环节。

3.1 利用信息技术的发展与创新，做好知识服务

3.1.1 信息技术是高校图书馆发展的主导力量，是知识服务的必要工具

高校图书馆的建设和发展，离不开现代信息技术的发展与创新。网络、信息技术的普及、发展与应用则会更加显示出高校图书馆知识导航服务的重要作用。建立信息导航系统，开展网络信息导航服务，使高校图书馆对网络信息资源能够进行有效的搜集、整理、甄别、评价和整合。建立专业信息指引库，指引读者获取专业信息网站所需信息。

3.1.2 数字化参考咨询服务是高校图书馆知识服务的重要体现

随着信息数字化进程的飞速发展，数字化信息参考咨询服务也会日显重要，并成为一种智能化、优质高效的信息服务方式，从而使读者能够获得最方便、最快捷的咨询服务效果。

3.1.3 个性化信息服务是高校图书馆提高知识服务质量的重要措施

基于用户的兴趣和特点主动向用户提供满足个性化信息需求的一种个性化服务，是高校图书馆知识服务中非常重要的一项服务内容。美国图书馆与信息技术联合会(LITA)的几位著名的数字图书馆专家在1999年的一次研讨会上，就把个性化服务列为数字图书馆发展的七大趋势之首。在网络环境下，读者需求的多样性和多变性，决定了高校图书馆必须针对不同服务策略，提供不同服务内容。个性化定制服务是按照用户要求定制特殊用户界面的服务，其实质是有针对性地，在充分了解和分析读者的需求内容、心理以及行为模式、特征的基础上，运用设计专门的计算机系统，对各类用户推行个性化定制服务。

目前已开发的个性化定制服务系统有MyLibrary、MyGateway等个性化服务系统。美国华盛顿大学、康纳尔大学等图书馆已投入使用这些系统。这是数字图书馆发展到一定程度必然出现的很有发展潜力的服务项目。

3.2 加强电子资源建设，建立知识共享体系

互联网的出现，对于高校图书馆来说，与其说是挑战，不如说是机遇。选购适合自己的电子资源，引进各专业数据库，为高校师生进行充分的知识服务，使高校师生及科技人员获取全球文献信息更加迅速，为高校的科技创新、知识创新和整体科研实力的提高提供了坚实的信息保障。目前，南开大学图书馆引进和采购的数字化信息资源就十分丰富，为学校的教学科研工作提供了强有力的支撑。

网络技术的发展使图书馆之间的交流和知识共享服务变得更加容易，更有成效。充分利用地域优势，以及高校图书馆与公共图书馆各自的优势联合开发出系统的知识服务资源，并建立知识共享体系，使各馆的知识服务得到全面的利用，实现资源共享，进而提高知识的创新与再生产。

4 高校图书馆实现知识服务需要实施的策略

4.1 领导的支持、各院系及师生们的积极配合是知识服务的前提基础

高校图书馆实现知识服务，不是单凭图书馆一方面的力量就可以完成的，它需要高校相关领导的高度重视，并在人力和财力上给予大力支持。此外，它还需要图书馆与各院系、各教学部门的积极合作，协调一致才能够共同完成高校图书馆的知识服务。

高校图书馆主要的服务对象是高校的教师和学生，服务对象相对单一，实施知识服务较易操作，易出效果。但知识服务需要有的放矢，需要服务对象的理解和积极配合。因此，做好知识服务的宣传工作，让读者了解高校图书馆进行知识服务的特点和意义，真正意识到知识服务

给他们带来的价值。而后，需要广大师生们积极主动的参与，并为图书馆的知识服务献计献策，从而加速知识服务的步伐。

4.2 强化知识管理研究是高校图书馆做好知识服务的关键

网络环境下，图书馆的用户来源于社会各界。因此，他们有着不同文化层次、职业类型、年龄范围、学习与生活习惯以及需求爱好等，从而表现出广泛的社会性、文化的层次性、人员的不稳定性以及需求爱好的多样性等特点，从知识管理理论上积极探索、研究用户需求的上述特点，探讨用户获取知识手段，无疑是当前高校图书馆知识服务工作的关键环节。因此，只有运用先进的科学技术和方法，才能准确、全面地了解和掌握新时代不同类型、不同层次、不同用户群体的需求特点、心理状况及其发展变化规律，这样，才能为高校图书馆开展优质高效的知识服务奠定坚实的理论基础。

4.3 图书馆构建新的组织架构是做好知识服务的内在动力

随着信息技术的迅速发展，图书馆的业务结构发生了很大的变化，必须进行机构重组，形成与之相适应的组织架构。即从“金字塔”型的垂直管理等级结构逐渐趋于扁平化，减少纵向层次，简化组织结构，实现知识快速、准确地传递。优化图书馆内部结构设置，弱化等级，强调平等参与。

图书馆实现知识服务离不开图书馆构建的知识共享体系。首先是显性的知识共享，图书馆如何实行显性的知识共享？即，可以把图书馆所有的文献资料利用图书馆的网络平台实现知识共享。而目前的情况是图书馆缺乏内部的知识共享，即隐性的知识共享。建立图书馆办公数据库，使图书馆的每一个职工都能了解到图书馆工作的全过程，使图书馆的各部门、各岗位工作人员，明确岗位职责，掌握图书馆的方针政策、各部室的工作范畴和工作职能，从而使全馆上下互通有无，使每个馆员都能成为“图书馆通”。从而避免全馆职工由于缺乏交流而造成的信息流动不畅，以及由此造成的图书馆工作低效率。要创造有利于知识共享的氛围，要在交流和应用中实现知识增值，减少中间环节，允许图书馆的每一位成员向主管网络添加自己的知识诉求，并有全天候开放的知识平台，以此来实现图书馆内部的知识共享。

4.4 加强人才队伍的建设是实现知识服务的根本保障

高校图书馆从为用户提供一般的文献资料服务和传统的信息服务转向知识型信息服务，这是数字时代知识经济社会发展的要求，也是市场经济条件下，高校图书馆事业自身可持续发展的需要。高校图书馆做好知识服务工作的根本是“人才”，没有知识型人才就不可能有知识型服务。知识服务的内容是为读者提供个性化的情报产品，图书馆员的素质决定了这种情报产品的质量，因此，高校图书馆人才队伍的知识结构和业务素质决定了高校图书馆知识服务工作的质量。图书馆要做好知识服务工作，必须加强人才队伍建设，同时对专业人员的知识结构提出更高的要求。其专业人员应具备三方面的特点：(1)熟悉图书馆信息资源体系，掌握专业工作的基本理论和方法，具有捕捉信息、挖掘知识的能力。(2)同时具有自然科学和社会科学双重广博的知识面，能熟悉和应用最新信息技术进行信息及知识处理。(3)具有创新意识和求索精神，并以新颖独特的视角为各种信息知识及复杂问题提供最适宜的解答和咨询方案。

4.5 建立承诺制服务机制是实施知识服务的必要条件

建立承诺制服务是图书馆实施知识服务的必要保证条件。承诺制服务应建立在扎实的专业理论基础、丰富的实践经验、熟练的业务工作的技巧之上。要求做到分工明确、各行其责；建立操作监督机制；引进竞争机制；完善激励机制；从而保障承诺服务的质量。同时，图书馆要督促和规范馆员努力钻研业务，提供到位服务，使其成为一种优化馆员职业行为的制约机制，从而强化图书馆的服务意识和职业责任感。高校图书馆在探索知识服务的途径中，还要做好调查研究，拿出一套行之有效的知识服务计划，并按照计划扎扎实实地实施，使高校图书馆的知识服务能够高效率地发挥其应有的作用，进而保证高校图书馆工作的顺利完成。

在知识经济飞速发展的网络信息环境下，高校图书馆的服务工作也从过去传统的单一模式向服务方式多样化、功能集成化、渠道网络化、范围国际化方向发展，从更深的知识层面和更综合的角度来体现高校的图书馆知识服务工作。以知识服务来满足和解决用户所需的各种问题，进而更好地服务于教学、服务于科研、服务于创新、服务于育人、服务于社会。不断提高高校图书馆知识服务的质量和水平，进而促进高校图书馆教育与服务功能的发挥和深化。

[参考文献]

[1] 张波.对高校图书馆知识服务的几点思考.图书馆理论与实践，2007,(5)

[2] 郭琳.基于知识管理的数字图书馆个性化服务机制研究.四川图书馆学报，2005,(5)

[3] 潘海涛.用知识管理思想创新高校图书馆服务模式.大学图书情报学刊，2005,(5)

[4] 李家清.图书馆知识管理的特征及其实施策略.图书情报知识，2003,(1)

[作者简介]

聂江城，女，馆员，南开大学图书馆流通阅览部工作。

“以人为本”理念指导下的图书馆用户服务

史丽香

[摘　要]“以人为本”理念与图书馆工作有紧密的内在联系，反映了社会需要，也符合图书馆自身发展需求。“以读者为本”是“以人为本”理念在图书馆用户服务中的具体体现。资源建设、制度设计、服务方式是图书馆工作贯彻“以人为本”理念的三个主要着力点。而且，图书馆工作还应借助现代信息技术，把握发展趋势，创新图书馆服务模式，以更好地体现“以人为本”理念。

[关键词] 以人为本　图书馆　用户服务

用户服务是图书馆工作的永恒主题，是图书馆工作的出发点和归宿。它直接反映了图书馆工作的效果，检验着图书馆工作的价值和质量，是图书馆的发展水平的重要标志。改进、改善用户服务是图书馆发展和变革的一个重点。“以人为本”是具有深远文化渊源、深厚社会基础、深刻理论内涵的先进理念，代表和指引着社会发展的方向。目前全社会都在积极将“以人为本”理念应用于各个方面。图书馆工作当然也不能落后。本文即以用户服务为切入点，探讨“以人为本”理念与图书馆工作结合的问题，着重论述如何将“以人为本”理念应用到图书馆用户服务工作中去。

1 “以人为本”理念与图书馆用户服务的内在关联

“以人为本”是一个具有鲜明时代特征和重要理论价值的理念。“以人为本”即以人而非其它事物为本位。人与人的联系和互动构成了社会，人的活动推动着社会的变动和发展。人又是一切文明和价值的创造者。人理所应当被视为本位、出发点和归结点。在理论上说，以人为本的实质就是以人为价值的核心和社会的本位，把人的生存和发展作为最高的价值目标，一切为了人，一切服务于人。社会政治、经济、文化等各领域均应将人作为自己的出发点和归结点。

“以人为本”同样应成为图书馆工作基本指导思想和理念。图书馆作为社会信息服务部门，在用户服务中引入“以人为本”的理念，是知识经济时代带给图书馆的新思维、新理念，也是和谐社会图书馆管理创新的必然趋势。图书馆的用户服务只有做到以人为本，才能更好地建设和发展图书馆事业。

“以人为本”在不同性质和领域的工作中有不同体现。对于图书馆的用户服务来说，以人为本的“人”是读者，“以人为本”即是“以读者为本”。

“以读者为本”是对传统的图书馆服务理念——“以书为本”的深刻变革。在传统的图书馆工作中，从采访、编目到典藏、借阅，工作的重心都在于“藏书”。与此不同的是，现代图书馆的服务理念应该是"以人为本"的,业务流程的每一环节都要围绕着读者而展开,要以满足读者需求、方便读者使用为标准。顺应时代的发展,图书馆必须坚持"以人为本,读者至上"的原则,"以人为本"也应当成为所有图书馆员的基本价值观。

显然,"以人为本"理念与以服务为核心的图书馆工作有着内在的密切关联。接受"以人为本"理念,在实践中做到"以读者为本"既是图书馆工作对社会需要的顺应,也是图书馆工作自身发展需要和规律使然。

2 "以人为本"理念在图书馆用户服务上的主要着力点

"以人为本"理念要求图书馆的一切工作应该从读者的特点和实际出发,一切政策和制度要体现人性,以读者为中心,关心和研究读者的需求,考虑读者的阅读习惯,满足读者的需求,在服务过程中认真关注读者,尽可能方便读者,把读者的利益和需求作为图书馆用户服务的标准。为此,图书馆的资源建设、制度设计、服务模式等都应充分体现以人为本,即以读者为本。图书馆的用户服务必须"读者第一,服务至上",为读者而藏书、为读者而开馆、为读者而服务。具体来说,主要包括:

2.1 资源建设上的以人为本

以人为本的资源建设是图书馆工作的前提和基础。丰富而全面的资源是图书馆必备的基本条件,要想做好图书馆工作,首先要加强资源建设。图书馆的资源建设归根到底是为读者而服务的,因此在资源建设上必须注重以人为本,充分考虑读者的需求。鉴于此,我们应该让用户参与到我们的资源建设中来。采编人员应主动采访读者和有关专家,获得用户的信息需求,为读者选好书,购好书。更重要的是,采访部门应该建立有效途径以方便读者表达意见。这主要可以通过以下途径实现:(1)书目调查。图书馆将文献的出版征订信息做成文件或网页发布到校园网上,用户可以选择需要的书籍推荐给采访人员。(2)读者荐购。读者可以填写荐书表,推荐专业领域内比较有价值的图书,图书馆根据荐书情况,发出订书单。读者也可以在网上荐书。图书馆可以开发专门的推荐模块链接在图书馆主页上,读者上网进入页面,根据提示写上自己的推荐信息。现在许多高校图书馆已经采用了这种方式。另外,请各院系师生在各种书展上选书,荐书。以上方式同样适合于期刊的选订工作。

2.2 制度设计上的以人为本

图书馆都有自己的规章制度,并对违反规章制度制定了相应的惩罚措施。规章制度是必要的,但图书馆各项规章制度的制定应当遵循"以人为本"的原则,充分考虑到读者的利益和需求。目前很多图书馆的规章制度并未从方便读者入手,给读者带来了诸多不便。图书馆要顺应时代的要求,立足于方便读者,减少不必要的限制,很多现存的规章制度需要做出方便读者的调整,以便为读者提供快捷有效的服务,如借阅制度、阅览制度、借书证和阅览证管理办法、读者的借阅权限、读者借阅逾期损坏及遗失图书的有关规定都应在有利于图书馆建设的同时兼顾读者的利益。目前很多大学图书馆也进行了许多有益的尝试,例如:实行校园"一卡通",入馆时门禁验证,入馆后各室免检;读者取书刊数不受本数限制,开架借阅,自由存取,归架由工作人员完成等等。

2.3 服务方式上的以人为本

服务是图书馆工作的灵魂,图书馆只有通过服务才能实现其价值。图书馆工作人员必须做到全心全意、热情主动为读者服务。图书馆员尤其是一线部门如流通、阅览部门的员工应该强化服务意识，主动、热情、周到地为读者服务。

第一，服务必须充分考虑读者的需求。要充分考虑读者的需求，在细节上提供人性化的服务，例如，设置存包柜，方便读者寄存书包等个人物品；设立读者休息与交流空间，满足研究的需要；提供推荐书目及其他有助于利用图书馆的宣传品，提供各种免费的社会公共信息；设置残疾人无障碍通道；提供茶水及其他餐饮、文具与雨具用品等等。

第二，服务必须尊重读者的感情。尊重读者，就是进行换位思考，将心比心，站在读者的立场，为读者着想；尊重读者，就是要建立严格的行为规范，讲究文明礼貌，用语简洁、中肯、委婉、文雅；尊重读者，就是热情周到服务读者，百问不厌，百拿不烦，消除图书馆与读者之间沟通的障碍；尊重读者，就是信任读者，改命令式的警告为委婉的提示，不轻率怀疑读者和冤枉读者。

第三，创新服务制度，拓展服务领域。积极做好宣传工作，包括图书馆的规章制度、馆藏资源以及可能遇到的问题和解决的方法等。如组织参观介绍、发放宣传手册、开辟阅读宣传栏、音像介绍、网上介绍、新书专栏、举办学术报告会、文献检索知识讲座、建立网上查询和浏览系统、延长开馆时间、实行馆际互借、资源共享、书刊配送、代检代查、跟踪服务，提供盲文阅读等等。通过多种服务既可以让广大师生了解图书馆的馆藏资源、规章制度，有利于广大读者充分利用图书馆，又提高了图书馆的服务水平，全面提升了图书馆的形象。

总之，强调人文关怀，营造良好的人文环境，才能给读者以亲和、友善的氛围，吸引更多的读者去利用图书馆，在良好的氛围中性情得到陶冶，阅读情趣得到提升。

3 秉持“以人为本”理念，创新图书馆用户服务模式

随着教育、文化事业的发展和变革，传统图书馆的服务对象、服务内容、服务功能、服务手段、服务方式等发生了前所未有的变化，因此服务创新已经成为图书馆发展的必然要求。而信息技术革命的深入发展，也为图书馆服务工作的改进与创新提供了技术支持。目前，图书馆服务工作的重点正逐渐从满足书刊借阅文献需求为主，转移到以满足知识信息和知识开发为主。这要求图书馆的服务形式也趋向多样化、个性化和数字化，要变保守、被动的服务为创新、主动的服务，提供多层次、全方位的服务。为此，适应数字图书馆新形势的发展，创新服务模式已经成为当务之急。

3.1 互动型的服务模式

互动，简单地说是互相配合行动，互相交往、互相影响。信息社会最重要的特点是交互性。适应信息社会的这一特点，图书馆需要在管理员和读者之间建立一个完善、快捷、方便的信息渠道。互动型的服务模式就是读者和图书馆员之间一种双向的交流与促进。通过网站、BBS等渠道，图书馆可以向读者介绍图书馆的馆藏资源（图书、期刊、光盘、数据库等等）、规章制度（开放时间、服务方式等）以及各种通报（读者培训、数据库试用信息及其他通报等），并公布服务电话、电子信箱、MSN、QQ 等，以便接受读者的信息反馈，了解读者的服务需求。

建立图书馆与读者之间有效的信息渠道，可以在馆藏建设、咨询服务、用户教育等领域实现二者之间的良性互动。除了利用传统模式外，还可以增加用户互动的方式，利用 E－mail、BBS、博客、MSN、QQ 等各种手段更好地实现与用户的互动。(1)在馆藏建设上，通过书目调查和读者荐书，在丰富馆藏的同时也避免了资源浪费，实现了有限资源的有效配置。(2)在咨询服务上，现代图书馆的参考咨询服务除了传统面对面的咨询服务，还可以利用 MSN、QQ 进行实时在线咨询，利用留言板，E－mail 等手段进行咨询。这充分考虑了读者的需求，更大地

方便了用户。(3)在用户教育上,除了传统的师生集中到图书馆进行用户培训,还可以制作PPT、PDF等文件,用户可以随时下载,自助学习,这克服了传统方式时间、地点的限制等缺陷,具有可以随时浏览或下载,可以保存,可以反复查看,方便快捷等优点,减少了培训馆员的工作量,并提高了培训工作的效率。(4)其他互动服务,包括网上文献预约,网上文献传递,馆际互借等互动式信息服务。

要做到以人为本,就一定要建立互动型的服务模式。只有这样,才能保证信息渠道的畅通,使图书馆员和读者之间的沟通及时、有效并保持连续性、长期性。

3.2 学科对口服务模式

高校图书馆的用户是各个领域的专业研究人员。为了更好地做好用户服务,图书馆员不仅要具有图书馆学的知识,而且要具有相关专业的学科背景。这样,学科对口服务模式应运而生。具体来讲,就是刚刚兴起的学科馆员制度。所谓学科馆员制度,是以具有某一学科背景和信息科学专业知识的图书馆工作人员承担特定学科的信息服务模式。这种服务模式最早出现于20世纪70年代中后期美国的研究型图书馆。就国内而言,清华大学于1998年率先实行了学科馆员制度。随后,北京大学、武汉大学、南开大学等重点大学也相继实行了学科馆员制度。学科馆员负责与各院系有关的信息需求跟踪分析、信息资源建设、信息检索与咨询服务、用户教育、用户信息系统建设等工作。学科馆员是图书馆与用户之间密切联系的桥梁。

学科馆员可以根据相关学科研究的前沿情况、发展动态,对相关学科专业的信息资料进行深层次的开发与利用,为读者提供深层次的、针对性的知识服务;在与相关院系的经常性联系中,了解学科的历史与当前的发展态势,了解相关科研人员的科研状况和信息需求,不间断地、主动地为用户提供符合其需要的知识产品,满足用户的信息需求。学科馆员还可以选定有关重要课题作为服务项目,深入其中,从课题立项到成果鉴定,自始至终跟踪服务,促进多出、快出科研成果,以取得良好的社会效益和经济效益。

3.3 个性化的服务模式

随着信息技术的发展和社会信息化进程的加快,个性化服务成为信息时代的基本特征。用户信息需求的变化必然带动图书馆服务模式的创新。这是个性化服务概念提出的基础。所谓个性化服务,是指基于信息用户的信息使用行为、习惯、偏好和特点,将用户感兴趣的信息主动提供给用户的特定服务,即根据用户提出的明确要求,或通过对用户个性、习惯的分析而主动向用户提供其可能需要的信息和服务。

个性化服务建立在对读者的广泛分析和了解上。图书馆员要做读者的知心朋友,了解读者的相关资料和信息,不仅要了解读者的性别、年龄、学历层次等基本信息,更重要的是要了解读者的读书习惯、爱好、经济承受能力、性格特点等。通过多种形式开展用户分析工作和用户研究,建立用户档案,掌握读者的阅读需求及其变化,并根据他们的需求,提供高质量、高层次信息服务。了解用户的信息需求,可以是直接了解读者的信息需求,并提供有针对性的服务;也可以是通过观察用户信息使用行为,比如用户访问的页面、次数、逗留时间等,以此来准确地获取用户的信息需要;还可以开发RSS信息订阅系统,由读者根据自己的需求和偏好,自主订阅定制自己的信息资源、界面和服务等等,图书馆根据用户的设定,定期或不定期为用户提供各种信息。个性化的服务有利于针对特定读者的需求进行有针对性的服务,避免对读者需求的主观臆想,或者把一部分读者的需求看成是全体读者的需求,有利于不断改善图书馆的工作,提高服务水平。

随着“以人为本”理念在图书馆工作中的深入贯彻，图书馆事业的发展将步入一个新的发展阶段，读者、图书馆自身乃至全社会都将从中受益。

[参考文献]

[1]张小燕.高校图书馆“以人为本”特色服务研究[J].高校图书情报论坛，2008，(4)：49—51.
[2]安美荣.中美大学图书馆网络用户服务比较[J].图书馆论坛，2008，(1)：108—110.
[3]吕清.浅谈高校图书馆用户服务的改革与创新[J].中共山西省委党校学报，2007，(4)：128—129.
[4]李虹.面向用户的数字图书馆信息服务模式研究[J].情报杂志，2007，(8)：134—136.
[5]余述淳.面向高校图书馆用户需求的层次化信息服务[J].大学图书情报学刊，2007，(2)：64—67.

[作者简介]

史丽香，女，馆员，南开大学图书馆采编部工作。

高校图书馆用户教育研究

张　炬

[摘　要]本文论述了图书馆用户教育的涵义,国内外用户教育的现状和方法,指出网络环境下高校图书馆用户教育的特点,并提出网络环境下,我国高校图书馆用户教育的发展对策。

[关键词]网络环境　用户教育　文献检索

高等院校是培养21世纪具有创新精神、创新能力人才的基地。在当前信息化环境下,学生由被动学习转入到主动学习以及数字化学习,作为高校文献信息中心的图书馆,对培养人才的信息能力具有不可推卸的责任。图书馆用户迫切需要接受信息能力方面的教育,增强学习数字化信息的检索技能,提高有效利用信息的水平以及进行信息选择和评估的能力。图书馆用户教育是提高读者信息意识和信息技能的重要途径。因此,图书馆用户教育工作必须针对新的发展趋势来确定未来的发展方向。

1 用户教育的涵义

1.1 用户教育的定义

用户教育是指,帮助用户树立信息价值观及掌握获取信息的手段与方法,促进信息用户全面发展,达到深层次,宽领域地开发,利用信息资源的目的。用户教育是高校图书馆的一项核心业务。

1.2 用户教育的意义

用户教育是一项具有战略意义的工作,是读者学习怎样获取知识的过程,是教用户打开知识宝库的钥匙,是教用户获取知识的方法和技能,是促进图书馆文献有效使用,是促进馆员和用户之间交流的桥梁。因此,努力做好用户教育工作格外重要。

1.3 用户教育应遵循的原则

1.3.1 计划性原则

图书馆用户教育应制定近期计划和长期规划,并认真按照计划目标、措施,有组织、有步骤地安排执行。

1.3.2 广泛性原则

开展图书馆用户教育的范围应面向全民,在具体开展用户教育活动时,不仅要对现实的读者、用户进行教育,而且要吸引更多的潜在读者、用户接受教育。

1.3.3 针对性原则

图书馆开展用户教育时，要求根据读者、用户的个人因素，将读者、用户进行分类，按不同类型用户的基本要求，确定教育内容，有针对性地组织教育活动，力求有的放矢，取得更好的教育效果。

1.3.4 灵活性原则

图书馆在开展用户教育时，根据用户的数量、用户接受教育的方便程度，以及用户的文化层次等因素，采取灵活多样的教育方式，如个别辅导、集中培训、口头讲述、发送辅导材料等，以强化教育效果。

1.3.5 系统性与循序渐进原则

图书馆在安排用户教育内容时，应以相应学科体系为基础，使用户获取系统的知识和技能，在采取具体的教学方式方法时，则要考虑循序渐进的要求，由浅入深，由易到难，以使读者、用户所得到的知识不断深入。

2 我国高校图书馆传统用户教育方法

2.1 基础导向教育

基础导向教育指的是图书馆基础知识教育，一般在新生入学时进行。主要内容是介绍图书馆的性质、功能、作用、馆藏特点、文献布局、服务项目以及规章制度等情况。例如，每年南开大学新生入学教育第一课都安排在图书馆，向新生介绍馆内情况，并把图书馆简介、规章制度、图书分类等内容编辑成册发给新生。组织新生分批到馆实地参观，通过具体的介绍和讲解，消除了大一新生对大学图书馆的陌生感，拉近了他们与图书馆之间的距离。但是，这种教育方法的互动空间相对较小。

2.2 专题讲座与培训

专题讲座与培训一般在图书馆多媒体室进行，这种方法重视实践操作，能够避免纸上谈兵，注重学生信息意识培养，提高他们获取信息的能力。例如，南开大学图书馆充分利用电子阅览室的设备为师生举办文献检索利用、数据库使用、学术论文撰写等关于网络资源利用的专题讲座，收到很好的效果。

2.3 编制网络用户指南

不定期编制网络用户指南，介绍各种网络基本知识、本馆网络系统特点、功能、使用方法、注意事项，以及新增数据库及各种网上信息的使用方法。

3 网络环境下高校图书馆用户教育的特点

3.1 用户结构发生变化

多年来，高校图书馆服务对象主要包括两大用户群，即教师用户和学生用户。随着教育改革不断深入，教学体制发生变化，办学形式呈多样化，使校内用户结构相应变化：①博士生，研究生增多，成为重要用户。另外，出现了研修生，联办生等新的用户群；②教师用户年龄、工作性质、科研能力不同，信息需求不同。这些用户群的信息需求呈明显的阶梯型和渐进性。

3.2 用户信息需求内容丰富

由于多年来受教育体制限制，教学内容变化少，图书馆用户信息需求集中在与教学科研相关的科技文献上，内容单一而且专业性强。当今信息与情报的概念已渗透到社会各个方面，因此，用户需要了解学科发展动态和课题研究的前瞻信息。

3.3 用户信息需求种类增多

以往用户信息类型仅限于专著、期刊，现在用户信息需求类型发生变化，既需要公开出版物又需要非公开发行的特种文献。

3.4 用户信息需求求新求快

科技的发展，网络技术的应用，使得用户对信息的需求产生求新求快心理。科学研究领域不断扩展，学科交叉性也越来越强，许多课题需要借助网络系统获取大量最新信息。用户的信息需求注重新颖性、时效性、准确性。

4 国外图书馆用户教育现状

美国大多数高校图书馆以大学研究图书馆协会批准的《高等教育信息素质能力标准》为框架确定用户教育内容，将目前的用户教育分为以下四类：

4.1 普通教育型

主要向新生介绍如何使用图书馆，宣传图书馆信息资源与服务项目，印刷图书馆使用指南，在参考咨询台开展一般性的读者答疑。

4.2 针对某专业开设文献检索课

有的专业将文献检索课作为正式课排入课表，学生可获得独立学分，有的则属于讲座。学科馆员与专业教师共同研究教学内容，分工协同进行教学活动。

4.3 网络教育

利用网络进行远程教育，通过网络教学生如何查找文献。绘制网上地图，利用网站介绍图书馆各楼层各部室功能，发布读者培训消息，如培训授课时间、地点等。

4.4 开设专门指导训练课

这种形式与我国高校开设的文献检索与利用课相似。例如，美国伊利诺斯州立大学是文理工和艺术类兼容学校，图书馆在培养学生信息素养方面建立了一套较完善的用户教育计划，以提高学生在专业领域的信息能力。该计划以美国大学和图书馆研究协会于2000年初通过一个有关“高等教育信息素养能力的标准”为框架，制定发展计划，并以此作为一个衡量标准。用户教育计划大致分为以下三种：①图书馆漫游——是让用户了解图书馆的布局，主要的服务部分和服务设施，如流通、咨询服务、打印、复印、设备、计算机房。采用两种方式培训用户：“图书馆步行”和“虚拟图书馆步行”。②如何利用图书馆和互联网上的资源——举办讲座：内容比较广泛，有资源利用介绍，以及结合热点问题的讲座；在网上设立“虚拟课堂”，针对用户在查找资料过程中遇到问题，以模拟检索过程的形式分类讲解。③开设针对校内不同专业的课程——这是他们比较有特色的地方，根据不同需要设置课程：在图书馆开设“一小时讲座”；为本校近60个专业安排了专业图书馆员与各院系联系，负责指导不同专业的师生利用文献资源；从1995年秋季开始，他们的普通教育课程中，增加了一门由图书馆开设“调查基础”课，目前已融入专业课的教学中，从专业课中划出一定时间，由图书馆老师指导这些班级完成有关专业课研究计划的资料查询工作。

5 网络环境下，我国高校图书馆用户教育发展对策

5.1 图书馆设立用户教育机构

从组织上为履行教育职能提供保证，并能有目的、有计划地开展教学研究工作，使教学计

划落到实处。同时,在学校进行教学工作考核时,将用户教育的相关课程列入考评范围。

5.2 构建以培养和提高用户信息素质为目的的教育内容体系

网络环境下高校图书馆用户教育的目的是培养和提高用户信息素质,而教育目的的深化使传统的教学内容显得不能适应要求,必须对网络环境下高校图书馆用户教育内容进行重新构建,应该围绕信息意识、信息能力、信息道德三个方面构建用户教育的内容体系。构建过程中应注意:①提高用户教育内容组织的针对性;②加强网络信息的检索及获取教育;③加强用户教育中信息评价的内容;④对用户加强以知识产权为主体的有关法律法规的介绍和讲解。

5.3 建立一支专业化、高素质的用户教育队伍

图书馆员是用户教育的具体实施者,加强用户教育的人才队伍建设是高校图书馆用户得以有效扩展的重要条件。随着信息技术不断发展,各高校引进的数据库日益增多,在各数据库查询技术和检索方法等方面各有不同,这无疑给图书馆员提出了严峻的挑战。严峻的形势要求馆员不得不具备比较全面的知识结构:既要有图书馆学、情报学的知识,又要有学校各学科专业知识,还要具备一定的外语能力、计算机知识。因此,图书馆要选拔一批德才兼备的人才来充实馆员队伍。同时,应注意:①对人才队伍结构进行调整,建立专门的信息素质教育机构;②提高图书馆员本身信息素质。

5.4 加强与读者互动,提高馆藏利用率

5.4.1 扩大读者参与订书范围,有针对性地采购文献

不定期向各院系教研室负责人或学科带头人的信箱发送订书单,根据他们的反馈信息选择订购。另外,图书馆可以将文献出版征订信息做成文件或网页发布在校园网上,读者可以在网上浏览、下载、打印所需书单推荐给采购人员,这样可以激发读者参与的积极性,使所购图书受到广大读者欢迎,同时大幅度提高图书利用率。

5.4.2 加强在流通阅览工作中与读者互动

流通阅览是图书馆最基本的读者服务工作,是图书馆员与读者之间直接面对面提供服务的方式。馆员可以指导读者不出家门在网上预约所需书刊、进行网上续借等,使读者更加方便地使用图书馆文献信息。

5.5 加强与其他院校图书馆合作

我国高校图书馆用户教育一直是在国家指导下进行的,要加强各馆之间用户教育领域的交流和合作,共同推动高校图书馆用户教育发展,应从以下三个方面着手:①各院校图书馆增进交流,相互开展用户教育人员的培训工作;②加强用户教育的资源与技术协作;③建立多种渠道的经验交流机制。

5.6 建立完善统一的,具有系统性、连续性的用户教育机制

建立国家、地方具有权威性和领导职能的图书馆事务管理机构,负责各类型图书馆用户教育的统筹规划和统一领导,是建立具有系统性、连续性的图书馆用户教育机制的保证。同时,应注意:①大学图书馆用户教育实施,必须与提高大学生信息素养总体目标相一致。②明确大学图书馆用户教育的目标、任务和具体要求,制定大学图书馆用户教育大纲细则,教育计划。③建立全国大学至少本地区大学图书馆用户教育的相互交流与协作制度。

5.7 构筑大学图书馆用户教育评估体系

大学图书馆用户教育评估,即根据大学图书馆用户教育目标,全面系统地收集信息和数据,描述其状态,经过分析研究,对状态做出判断,提出用户教育发展方向和改进措施。大学图

书馆用户教育评估，既是一个持续过程，也是一项系统工程，包括以下几个方面：

①针对大学图书馆用户教育的目标，全面系统地收集数据。

②将收集到的数据进行筛选和分析。

③经过分析研究做出价值判断。

④总结经验，明确方向，不断改进用户教育内容、方法。

⑤增强用户教育的针对性和有效性，以此提高用户教育的效率和决策的科学性。

6 结语

网络环境下，图书馆的用户教育的地位和作用比以前任何时候都显得更加重要与突出。通过对用户进行各种形式的教育培训，培养其信息意识，提高其检索技能，提升其信息利用能力和信息道德水平，从而为提高社会性活动的信息资源利用率打下基础。互联网、多媒体的出现与飞速发展将用户带入了自动化、网络化、数字化的新阶段。我们从事的图书馆用户教育是一种动态发展的服务项目，不单是教育内容随着信息存取技术的改变而随时调整教学计划，教育质量还应该伴随信息技术的发展而不断提升。面对用户需求的多样化、复杂化和动态化，唯有掌握信息技术的脉动，在信息校园的氛围内启动其信息需求，提高其信息素质，使用户成为信息社会的“信息消费者”，才能真正实现用户教育的目的。

[参考文献]

[1] 徐大叶. 数字时代高校图书馆用户教育[J]. 情报探索，2008，(2)

[2] 倪 虹. 数字图书馆用户教育新目标[J]. 图书馆学研究，2007，(5)

[3] 王 霞. 谈网络环境下高校图书馆的用户教育[J]. 前沿，2006，(6)

[4] 刘 虹. 网络环境下高校图书馆用户教育工作[J]. 科技信息，2008，(35)

[5] 杨木容. 信息时代的高校图书馆用户教育工作[J]. 情报探索，2006，(1)

[6] 褚金涛 伊利诺斯州大学图书馆用户教育计划及对国内高校图书馆的一些启示[J]. 现代情报，2003，(9)

[作者简介]

张炬，女，馆员，南开大学图书馆流通阅览部工作。

图书馆信息素养教育模式探讨

郭芯丽

[摘　要]本文结合国外高校具体案例，提出了实施和推广信息素养教育的有效模式，即“馆员与教师合作——将信息素养教育纳入课程”模式的必要性和可行性。

[关键词]高等教育　馆员—教师合作　信息素养

随着计算机技术与网络技术的迅速发展与广泛应用，人类知识的载体已经从单一纸质文献走向多元化、多形式和多介质；知识的传播与利用方式也从传统的手工操作，演变为全球化的知识共享平台。巨大的信息量，广泛的信息获取途径，在令大学生们欣喜的同时，也让他们感到茫然，一方面，不知道该如何从浩如烟海的广袤信息中，快速便捷地搜索到对自己有用的信息，另一方面，对于已经获得的信息，不知道如何对其加以评价和利用。

由此，如何充分发挥图书馆的信息素养教育职能，成为了各高校图书馆正在积极实践和探索的重要课题，本文结合国外高校具体案例，提出了“馆员与教师合作——将信息素养教育纳入课程”体系的教育模式。

1 信息素养及其含义

关于信息素养的讨论，已经成为了跨世纪的研究课题。大多数研究者认为，这一概念的首次提出，是源于1974年美国信息产业协会会长Paul Zurkowski在提交给美国图书馆与信息科学全国委员会(National Commission on Libraries and Information Science ,NCLIS)的一份计划中提到的“信息素养”的概念。

对于信息素养内涵的概括和理解，笔者较为认同的说法主要有两种。一种是美国图书馆协会(American Library Association,ALA)于1989年提出的：“要想成为有信息素养的人，必须能够认识到何时需要信息，有能力找到、评估和有效地使用所需的信息”；另一种是美国大学与研究图书馆协会(Association of College Research Libraries,ACRL)于2007年提出的：信息素养是大学教育至关重要的部分。在以信息为中心的社会，学生必须及早地培养信息素养技能，以便为进入职场和终身学习作好准备。具体包括：(1)确定所需信息范畴；(2)有效地与高效地访问需要的信息；(3)判断性地评估信息及其来源；(4)把选定的信息纳入自己的知识基础；(5)有效地使用信息完成特定目标；(6)围绕信息使用，认识经济的、法律的和社会问题，遵守道德准则、合法的访问和利用信息。

2 “馆员与教师合作——整合信息素养纳入课程”的信息素养教育模式

美国San Jose州立大学图书馆原馆长Patricia Senn Breivik博士早在20多年前就提出图书馆教育的说法。高校图书馆作为学校信息资源中心，承担着为学校的教学科研提供信息资源保障的任务，在开展工作的过程中，为用户提供信息资源检索与利用的宣传和辅导是图书馆业务工作的重要组成部分。也正是基于图书馆在信息资源建设和检索利用方面所具有的人才优势和技术优势，越来越多的图书馆开始尝试将这种优势转化为教育优势，充分利用他们在知识管理方面的职业敏感性和实践技能，面向本校的教师、研究生和本科生开展用户培训，甚至与学校职能部门密切配合，开设有关信息素养教育的选修或必修课程，使图书馆在一定程度上承担起培养和提升学生信息素养的重任。

现在，大部分高校图书馆开设的专题培训或课程都是由图书馆的工作人员(一般由学科馆员承担)独立设计课程内容和讲授方式。这种模式存在一定的弊端，如：

(1)图书馆的工作人员不是专职教师，需要承担繁重的图书馆业务工作，缺乏足够的备课时间。

(2)由于工作关系，图书馆的工作人员对数据库、网络资源，以及纸本工具书的具体检索方法与策略较为熟悉，对于如何综合利用图书馆的各项服务(如馆际互借服务)，获取更多国内、外相关资源也有一定的经验；但是，在信息素养的其他相关理论和技能的培养方面并无更多优势。

这种局限性，会引发一种倾向，即逐渐将所谓的信息素养课程等同于信息获取途径的罗列和介绍，没有建立一个系统的课程体系，真正起到培养和锻炼学生信息能力的目的。

近10年来，关于“馆员与教师合作——整合信息素养纳入课程”教学模式的探讨和实践，越来越受到广泛的关注。这种模式的优势在于强强联手，通过馆员与教师的合作，最大限度地发挥二者在各自领域所拥有的专业特长，把信息素养的教育真正作为一门系统的专业课程来设计和讲授，使学生通过课程，不仅仅学到一些具体的应用技能，更关键的是培养和提升了他们的信息意识，以及搜集、鉴别，并利用信息去完成特定目标的综合能力。

3 国外信息素养教育案例

在美国等一些国家，“馆员与教师合作”的教学模式已经拥有了较为丰富的实践经验。如美国俄亥俄州5所大学(College of Wooster, Denison University, Kenyon College, Oberlin College, Ohio Wesleyan University)于1999年11月共同开展了“整合信息素养纳入文科大学课程”项目。这是由Andrew W. Mellon基金会资助的项目，其目标就是要提高学生的信息素养能力。该项目由图书馆工作人员与教师共同参与和完成。在项目的进行过程中，图书馆员与教师密切合作，从课程的总体设计、内容安排、方式方法，以及不同专业内容的讲授时间等，每一个步骤都由大学图书馆的资深馆员或馆长负责，同时招募感兴趣的学科教师作为整个教育进程中的合作伙伴。

迄今为止，Andrew W. Mellon基金会已资助5所大学的80门课程，开展了信息素养教育的实践。在教学实践的过程中，对于教学目标、一体化信息素养的教学大纲、参考书目，以及有益于培养信息素养能力的作业设计、网站链接、资源导航等逐一进行了修订与完善。

诚然，国外的教育教学模式不一定完全契合我们的需要，但我们可以从中得到指导和启发。国内有条件的高校,特别是拥有“图书馆学”专业的高校,可以在充分借鉴国外相关经验的基础上,设计和实践具有自身特色的教育模式和教学方法。比如,由院系教师负责根据学生的培养计划和专业特色,进行课程总体内容的设计和理论基础的讲授,再由馆员负责主讲其中的部分课程(如具体的信息资源的获取途径与策略,信息资源的分析与利用方法,以及指导学生的检索实践课程等)。总之,我们要充分发挥馆员和教师在开展信息素养教育方面所拥有的优势和特色,逐步摸索和制定出一个可行的信息素养教育计划,并在实践中不断充实、完善。

[参考文献]

[1] http://en.wikipedia.org/wiki/Information_literacy [Z].

[2]http://www.ala.org/ala/mgrps/divs/acrl/standards/informationliteracycompetency.cfm#ildef[Z].

[3] Breivik, P. S. Planning the Library Instruction Program [M]. Chicago: American Library Association, 1982:7.

[4] Owusu－Ansah & K. Edward. Information literacy and higher education: placing the academic library in the center of a comprehensive solution [J]. Journal of Academic Librarianship, 2004, (1):3－16.

[5] Chiste, K. B. & A. Glover & G. Westwood. Infiltration and entrenchment: capturing and securing information literacy territory in academe[J]. The Journal of Academic Librarianship,2000,(3):202－208.

[6] Li, Haipeng. Information literacy and librarian－faculty collaboration: a model for success [J]. Chinese Librarianship,? 2007,(24).

[作者简介]

郭芯丽,女,馆员,周恩来政府管理学院资料中心工作。

如何利用电子阅览室提高读者信息素养

马迪倩

[摘　要] 在教育体制不断发展的今天，高校图书馆电子阅览室应顺应素质教育发展的潮流，以提高读者信息素养为目标，进一步提升管理水平、改善服务方式、增加服务内容，在读者素质教育过程中充分发挥教学辅助作用。

[关键词] 电子阅览室　信息服务　信息素养

关于信息素养内涵的表述，以 1989 年美国图书馆协会（ALA）提出的定义最为公认："具备信息素养的个人应该能够判断什么时候需要信息，并且能够查找、评价和有效地利用所需的信息"。2003 年 9 月，在美国图书情报学委员会和国家信息论坛组织召开的布拉格会议上，学者们将信息素养定义为一种能力，它能够确定、查找、评估、组织和有效地生产、使用和交流信息，来解决一个问题。

作为图书馆信息时代的产物，电子阅览室不同于以收集、借阅纸质文献为主的传统意义上的阅览室，而是以网络技术、多媒体技术和数据处理技术为基础，利用电子出版物和网络信息资源，为读者提供信息、多媒体教学等服务的现代化多功能阅览室。它不仅是一个服务性质的信息资源机构，而且更是一个学术教育机构。在这里，需要图书馆员做好教学的辅助性工作，利用电子阅览室优势，逐步培养读者利用工具的能力、获取信息的能力、加工处理传递信息的能力和创造信息的能力。

如何最大限度的发挥电子阅览室功能，拓展电子阅览室的信息服务，推进读者信息素养的培养，是值得我们关注和探讨的问题。

1 转变电子阅览室服务理念

1.1 转变管理理念

早期的电子阅览室，管理方面，侧重于维持阅览室开放秩序、支持设备正常运转、更新软件资源、维护网络顺畅等工作。服务方面，向读者提供互联网浏览、馆藏电子资源检索、打印以及普及性数据库使用培训等服务。在读者信息需求的满足程度上和对数据库深层利用情况的关注度则较低，也常常忽略了读者利用电子阅览室的效果反馈。

随着高校教育改革的不断深化，素质教育的观念逐渐被广大教育者所接受、认可。作为学生的第二课堂，信息素养所倡导的信息获取和利用的能力应该在电子阅览室内得到更多的重视和更全面的体现。在电子阅览室的管理理念中，当前最重要的任务绝不仅仅是扩充阅览室的规模或者更新支持设备、建立馆藏资源，而是应充分利用阅览室的优势资源，培养读者获取知识的能力，即提高读者信息素养。

1.2 提升服务水平

图书馆员应树立“以人为本”的服务理念，努力为读者营造良好的信息素养培养环境。转变服务重心，将服务重心由原来的维护软硬件、打印等浅层服务转向挖掘整合数据库、开设文检课等深层服务。通过深化信息服务的深度和广度，来提升服务水平。

此外，建立和健全读者反馈机制，可以充分利用网络这种交互式交流平台，把网络作为主要的信息服务反馈渠道，构筑新型的读者与图书馆的互动关系。

2 丰富电子阅览室服务方式

电子阅览室的服务功能是动态发展的，可以概括为：文献信息检索、互联网浏览、收发邮件、信息点播、计算机培训及远程教学等。在服务方式上，注重基础功能，在原有服务上发展特色服务，旨在满足读者多层次需求，提高读者的信息素养。

2.1 学科导航工作

学科导航，是把有用的学术类的网络资源按照学科分类进行搜集归类，从学科的角度重新整合图书馆和各类网络资源，帮助读者按照学科、主题或知识门类来浏览各类学术资源。目的是为了方便读者查找相关学科信息和学术资源，节约其搜寻网站的时间和网络通讯费用。

图书馆员利用信息资源集散地的有利条件，结合学科分类，对馆藏电子资源进行二次开发、重新整合归类，形成有序化组织，便于读者利用。学科导航工作做得好不但可以提高信息资源的利用率，而且能够有效减少读者网络浏览的盲目性，缩短检索信息时间，提高信息的查全率和查准率。

2.2 开设文献检索课

开设文献检索课的目的是教会读者学会检索网络信息资源的方法和技术。通过有针对性的分层次的开设网络信息资源检索与利用的讲座和课程，系统的开展教育，使读者基本掌握网络信息资源的类型和特点、检索策略和检索技巧，达到自己能独立检索的水平，为今后的科学研究打下坚实基础。

目前，开设文献检索课是各个高校对大学生进行信息素养教育的最主要途径之一。

2.3 用户培训

用户培训是电子阅览室非常重要的服务之一，主要包括计算机及网络利用和数据库使用两类培训内容。

计算机及网络利用的培训内容主要有：计算机操作基本知识、电子阅览室软件使用、现代化网络技术等。馆藏电子资源培训的主要目的是使读者熟练掌握数据库使用方法、本专业文献信息资源的利用以及信息检索技术及途径等。图书馆员应根据不同的读者群制定相应的培训内容，定期开展多种形式的用户培训。

2.4 参考咨询服务

日常上机使用过程中读者总会遇到各种各样的问题，这就需要图书馆员做好电子阅览室的参考咨询工作。除了负责解答疑难问题，参考咨询馆员还担负着读者信息素养教育任务。

图书馆员通过与读者直接交流或虚拟咨询，引导读者正确地利用电子阅览室，教育读者注意网络中的各种陷阱和诱惑，自觉抑制不良信息和错误思想，合理把握上网、游戏的时间和频率，正确处理上网、游戏与学习、生活的关系。

2.5 多媒体教学

电子阅览室拥有较好的视听效果和丰富的图声并茂的电子读物。在阅览室内可以进行多媒体教学，包括专业课程的学习和英语、计算机等级模拟在内的各种资格考试的服务，从而提高馆藏电子出版物的利用率。

2.6 设立信息问题库

图书馆员应加强对读者的研究工作，尊重读者的合理需求和建议，通过交谈、反馈、调查以及日常问题统计分析等多种形式，了解各类读者的心理状态和需求特点，建立信息问题数据库，有针对性的对读者提供服务，最大限度地满足读者对文献信息的需求。

3 增加电子阅览室服务内容

为了逐步、渐进的培养读者信息素养能力，我们可以采取“三步走”的阶段措施。

3.1 阅读阶段

图书馆员在这一阶段的任务是在现有馆藏的基础上，通过深加工，将丰富实用优质的文献资源作为现成的精神食粮提供给读者。

阅读阶段也可以说是读者的“拿来主义”阶段。读者通过阅读，能够轻松消化、吸收文献资源中的精华，从而提高自身的阅读能力、分析能力，增强自身修养，同时也为日后查找信息打下良好的信息基础。主要服务内容如下：

(1)设立电子版导读

图书馆都有针对纸本文献的导读服务，通过图书馆员对书刊的介绍和推荐，使读者在较短时间内能够阅读到高质量的作品，或查找到所需资料。图书馆进入网络时代后，电子阅览室同样可以尝试做电子版导读。导读范围不但包括原有的纸本资源，更涉及到众多的电子资源。

(2)整合数据库

图书馆员对电子文献资源进行知识化组织和深层次开发，加强信息资源中知识因子的有序化和知识关联的网络化，依据学科专业分类，将整合后的二次文献根据内容侧重不同推荐给不同需求层次的读者。

(3)建立书刊光盘数据库

目前图书馆内很多随书刊赠送的光盘都处于资源闲置状态，读者在阅读书、刊时往往会忽略其附带的光盘。但如果将阅读纸本的理性认识结合浏览光盘的感性认识，双管齐下会得到更好的阅读效果。因此电子阅览室可以将随书刊赠送的光盘集合成光盘数据库，供读者使用，也提高了资源的利用率。

(4)纸本资源电子化

图书馆全部的纸本资源是任何一位读者在短时间内无法全面阅读的，而部分纸本资源又由于客观原因无法让每一位读者进行实物阅读，例如古籍善本。图书馆员可以根据文献类别建立相关的电子数据库，例如古籍数据库、期刊数据库、报纸数据库等。

3.2 学习阶段

“拿来主义”阶段中的服务内容对图书馆员来说是一项长期工作，但对于读者来说却不是长久之计。因为只有自身掌握了搜集信息的方法和规则，拥有了检索工具的使用能力，才能真正做到一劳永逸。因此，由第一阶段的阅读阶段衍生到第二阶段的学习阶段，即学习检索工具使用阶段。

电子阅览室可以向读者提供搜索引擎资源库、网络导航资源库、软件实用工具资源库、中外文电子数据库等资源，主要通过文献检索课、集体培训、个人辅导等多样形式教会读者熟练掌握信息检索工具。

3.3 利用阶段

这是一个信息爆炸的时代，互连网中的信息资源数量巨大、良莠不齐，任何人都可以搜罗到一大堆有用无用的信息，其中有用的是资源，无用的是垃圾。区别两者差异，则需要很强的辨别能力——即具有取其精华弃其糟粕的能力。图书馆员在这一阶段中的任务是要关怀读者的精神世界，培养他们健康向上的心理和思维能力，适时地对他们加以引导，帮助他们辨别优质资源与不良信息，逐步提高读者的信息鉴别能力。

具备基本信息素养的读者可以运用所学知识判断何时需要信息，并且能够在随机性、无序性的网络环境中及时查找、评价和有效地利用所需的信息。

4 结语

在网络时代里，电子阅览室是大学图书馆为读者开展信息服务的一个新窗口，图书馆工作人员一定要充分利用其信息服务功能，培养和提高大学生的信息素养，使其能以良好的信息素质和信息能力来适应社会主义现代化建设的需要。

[参考文献]

[1] American Library Association Presidential Committee on Information Literacy. Final Report[R]. Chicago: American Library Association, 1989.

[2] 李玉兰. 如何利用电子阅览室提高大学生综合素质[J]. 科教纵横，2008,(7):167.

[3] 蔡明，甘安龙，罗魏. 电子阅览室的信息服务与大学生的信息素养培养[J]. 江西图书馆学刊，2007,(4):65－66.

[4] 朱丽莉. 电子阅览室在素质教育中的作用[J]. 内蒙古科技与经济，2003,(10):112－113.

[5] 张海军，许晶，符晓丰. 我们是如何利用电子阅览室提高学员综合素质的[J]. 河北科技图苑，2002,(3):65.

[作者简介]

马迪倩，女，馆员，南开大学图书馆迎水道校区分馆工作。

浅析大一新生阅读特点与图书馆员的针对性服务

于瑞荣

[摘　要] 大一是实现由中学应试、被动学习模式到大学自主性学习、研究性学习模式转变的重要时期，大一新生有其自己的阅读特点，如盲从阅读倾向、崇拜阅读倾向、应激阅读倾向等，也存在一些阅读问题，图书馆员要对其进行分析并开展针对性服务。

[关键词] 大一新生　阅读特点　针对性服务

高校图书馆既是大学文献情报中心，又肩负教育和信息服务的双重职责，更是开阔学生视野、提高学生素质的重要平台。对于刚刚跨入大学校门的大一新生而言，如何实现由中学应试、被动学习模式到大学自主性学习、研究性学习模式的转变，尽快提高阅读能力，充分利用图书资源，不仅是大一新生面临的重要课题，也是高校图书馆服务人员的份内之责。本文拟就大一新生阅读特点、阅读问题作一粗浅分析，并就馆员针对性服务略陈浅见。

1 大一新生的阅读特点

大一新生，刚刚结束中学阶段学业，跨入大学校门，高校的一切对他们来说都是新的。因此，他们首先面临角色转换问题，尤其是要实现由高中学习方式到大学学习方式的转变。从大一新生的阅读倾向看，他们在利用图书馆的过程中，往往表现出以下特点：

1.1 盲从阅读倾向

盲从，是指盲目随从。刚进大学的部分新生走进图书馆，看见图书馆存放着琳琅满目的图书，既兴奋好奇，又无所适从，不知看什么书好，翻翻这类书，看看那类书，不能确定，他们所借图书几乎与自己所学专业无关。一部分学生读者所借或阅览的书刊是某一时期的热门畅销书刊；也有学生接受别人的推荐，采取与多数人一致的阅读行为，以便与同学进行交流。对这类学生，服务人员如能加以适当引导，向其推荐与专业相关的图书、期刊，便能减少其盲目性，使其尽快适应大学学习，从而发挥图书文献的真正价值，达到服务目的。

1.2 崇拜阅读倾向

崇拜阅读倾向，主要是指部分学生，以历史和现实生活中的杰出人物作为他们崇拜的偶像和学习的对象，他们渴望了解这些人物的成长道路、事迹、品格、言行等方方面面，以此作为自己言行的标准，生活中处处以他们为楷模，对自己高标准、严要求，以实现自己远大的理想和目标，以期为社会做出更大的贡献。因此，他们把崇拜的名人名家的著作或传记作为阅读的首选。图书馆要在醒目位置摆放或推荐这类立志图书，以便其借阅。如南开大学迎水道校区图书馆就有专门的“素质教育”类图书书架，学生借起来很方便。

1.3 消遣阅读倾向

消遣阅读倾向主要是指部分读者在紧张的学习之后，根据自己理想、兴趣、爱好，通过阅读消遣性读物放松身心的阅读形式。大学与中学相比，学生空余时间较多，这也是大学自主性学习的需要。一些学生根据自己的兴趣爱好、精神需求，利用业余时间，阅读中外名著和趣味性、可读性强的科普读物或文艺作品，以达到对历史、对社会、对人生深刻理解，这对他们身心发展有一定帮助。但是，如果过分沉溺于言情、武打之类的书籍，势必会影响学业。

1.4 指定、应激阅读倾向

指定阅读倾向是指学生根据教师指定，阅读某种图书的倾向。教师根据自己的教学任务和教学计划，为学生指定一些必须阅读的参考书目，以期巩固和充分掌握教师所传授的专业知识。大一新生对这类图书的需求时段性强、复本量大。如每学期的期中或期末，是专业书籍的借阅高峰。应激阅读是一种由特殊阅读需要引起学生阅读的倾向。部分学生平时对阅读不感兴趣，但遇到特殊需要时开始利用图书馆。一年级新生应激需要略显一般，只有在演讲比赛、知识竞赛、军训时期歌咏比赛时涌进图书馆，纷纷借阅内容相同或相近的图书资料。

1.5 网络阅读倾向

网络阅读倾向，主要是指大学生利用互联网进行浏览阅读的倾向。在当今网络信息时代，互联网的迅速普及，给大学生的学习、生活、娱乐等方面带来了不同程度的影响和便利。学生在互联网上花费大量时间，获取大量信息，阅读大量文章，网络对学生的知识结构、学业发展、身心素质有着深远的影响。因此，净化校园网络，加强电子阅览室的管理、服务和维护，搞好文献信息资源建设，是图书馆的重要任务。

2 大一新生阅读问题分析

大一新生满怀激情与梦想，跨入大学校门。他们爱思索，求知欲强，具有相当独立性，具备一定的分析问题和解决问题的能力。但由于高考指挥棒的引导，他们在高中阶段阅读的主要读物是高中教材及相关资料，知识面比较狭窄。进入高校以后，他们在阅读活动中通常存在以下问题：

面对丰富的馆藏和瞬息万变的知识信息，大一新生显得盲从和不知所措，图书资料的借阅具有盲目性和随意性。部分大学生读者沉湎于消遣性、娱乐性的阅读活动，倾向于阅读书中配有插图、照片等图文并茂的图书，对于武侠、言情、传奇故事之类的书籍广为阅读。

部分学生不同程度地表现出对学校图书馆的冷漠，到馆阅读率呈逐年下降趋势。有的新生对图书馆的馆藏资源，尤其是数字资源、现代化管理服务、规章制度等不甚了解，不熟悉如何检索信息，不善于利用图书馆，文献信息资源利用率偏低。一些学生过分依赖网络阅读，而且往往是泛泛涉猎，缺乏深度阅读。少部分学生一年之中几乎没到过图书馆。

在电子阅览室，学生则把大部分时间花费在游戏、聊天或其他消遣方面。还有的学生不知道爱惜图书，存在书刊资料被污损、勾划、撕页、丢失的现象。

总之，大一新生发现、收集、整合信息的能力较低，导致高校图书馆资源的利用率与其所蕴藏的价值存在很大落差。

3 图书馆员针对性服务

针对大一新生存在的上述阅读特点及问题，高校图书馆服务人员一定要开展针对性服务，帮助他们尽快完成角色转换，实现学习方式的根本跨越。

3.1 必须对大一新生进行图书馆利用教育

首先，在大一新生中开设信息咨询讲座。请图书馆方面的专家、学者，定期进行有关方面的讲座，让他们广泛地认识图书馆。从熟悉学校图书馆的建馆历史、利用图书馆的重要性，到图书分类、目录检索、工具书使用、网上查询等，培养他们的阅读兴趣，教会他们如何在繁杂的信息海洋中搜索、筛选、分析和整合自己所需的信息等，使他们尽早掌握求知途径和查找、使用文献信息资源的方法。同时，介绍世界发达国家的图书馆在培养人才方面所发挥的巨大作用，培养学生的图书馆观念、良好的阅读素质和信息检索能力，引导其养成利用图书馆的自觉性和好习惯。

其次，及时组织大一新生实地参观图书馆。由图书馆员实地介绍图书馆的藏书、报纸、期刊、电子资料、数字资源等，讲解代书牌的使用、图书馆的各项规章制度、借阅时间及爱惜图书等。同时，图书馆员向新生演示借阅图书的完整过程，使学生能规范利用图书馆。参观图书馆要有计划、分期分批进行，一次参观的人数不宜过多，这样可以达到有效参观的目的，使学生了解借阅流程，以便学生方便地使用图书馆，激发他们的阅读兴趣。

3.2 提高图书馆员的服务意识和服务水平

读者服务工作是“以读者为对象，以馆藏书刊资料为手段，以藏书使用为中心，通过外借、阅览、复印等方式开展的服务工作”，是组织广大读者利用图书资源的各项活动。高校图书馆服务的对象主要是学生，学生是我们服务工作的主体。图书馆馆员应以全新的服务理念投入到服务中去，在服务过程中，平等对待读者，关心、关爱读者，方便读者，不断提高馆员的思想素养和服务能力，具有良好的职业道德和职业精神：在工作中忠于职守，爱护文献，满腔热情，服务为上。同事之间团结友爱，精诚合作，共同发展。要对学生进行主动服务、热情服务、耐心服务、周到服务、微笑服务和个性化服务，视服务为生命。同时努力提高专业知识、专业技能、组织管理和沟通能力。除开展正常的借阅、咨询、复印等服务外，图书馆服务必须面向读者的普遍需求与个别需求，提供普遍服务与个别服务，还应针对大一新生的知识结构和需求特点，采取相应的服务。从多种角度、多种渠道、多种形式准确挖掘、分析、分类、整理各种有价值的信息，浓缩后以简报、专题等方式提供给广大学生，满足大学生拓宽知识和深层次的学习需要。定期进行问卷调查，主动深入地了解大学生的需求，为他们排忧解难。提供多种互动措施，如电子邮件服务、校园BBS交流等，与新生一对一交流，解答他们提出的问题；了解大学生对服务工作的意见、建议和满意程度，及时反馈，努力提高和改进服务质量。把读者满意作为目标，把服务作为一种文化来追求。

[参考文献]

[1] 陈兴瑞，石中玉．当代大学生阅读心理与需求分析[J]．中华医学图书情报杂志，2007，16(3)：7－9．

[2] 文正芳，文广，岳敏．大学生阅读心理倾向分析导读[J]．宜宾学院学报，2005，(4)：124－125．

[3] 蒋永福，李集．论图书馆服务文化的三大要素[J]．图书与情报，2003，(5)：9－11．

[作者简介]

于瑞荣，女，馆员，南开大学图书馆迎水道校区分馆工作。

多校区大学图书馆的管理与发展

刘　莹

［摘　要］文章具体分析了多校区图书馆的管理模式、资源配置、服务方式、经费使用以及文化整合等问题，试图使人们对多校区高校图书馆的管理与发展有比较全面的认识和理解。

［关键词］多校区　高校图书馆　管理模式　资源配置

自20世纪90年代以来，由于高校合并，逐渐形成了一批多校区大学。多校区高校的办学体制，以及由此带来的多校区图书馆并存的办馆格局，既给图书馆的发展带来了新的机遇，同时也给图书馆带来了一系列新情况、新问题。探索多校区图书馆的管理与发展模式，对于丰富高等教育管理理论以及指导多校区大学图书馆的管理实践都具有十分重要的意义。

1 创新管理模式、提高运行机制

目前国内多校区高校的办学体制类型主要有四种，即合并重组型、归并互补型、联合办学型和新建校区型。反映到多校区高校图书馆管理模式的选择上，自然也出现了不同的类型。

1.1 多校区高校图书馆管理模式选择

目前，多校区高校图书馆管理模式主要有四种：集中统一管理模式、统分结合管理模式、分散协调管理模式和松散独立管理模式。由于各高校图书馆在合并组建前都有不同的发展历史、办馆条件、馆藏特色等，合并组建后，在多校区的办学体制下，又会有这样那样的新情况、新问题，而任何一种模式的选择，都不可能一蹴而就地解决所有的问题。因此，管理模式的选择要从实际出发，全面考虑多种因素，吸取不同模式的长处、优势，在具体的管理实践中，逐步摸索出适合本馆实际需要的管理模式。

1.2 实行“以条为主、条块结合”的管理模式

这种模式是指学校图书馆实行馆长负责制，实行实质性统一管理，其行政管理机构一般以下面的方式建立，即主馆设在校本部，分馆设在各校区；其机构设置一般常设的机构为馆办公室、采编部、图书流通部、期刊管理部、技术服务部、信息咨询部。图书馆二级机构设置视文献建设和读者服务的具体情况而定，图书馆业务在馆长统一领导下实行纵向分条管理，每一位馆长或副馆长负责各自分管的业务工作，也可在分馆设立读者工作部进行工作协调等。多校区图书馆针对自身行政管理工作的复杂性、多样性以及分校区服务的特点，可以实行“以条为主、条块结合”的管理模式。

条块结合管理模式的有效运行应基于以下几个条件：一是经费的统一管理与使用；二是制度的统一与严格执行；三是图书馆集成管理软件的统一且功能齐全；四是分馆之间建立宽带信

息网络连接;五是文献购置、分编、加工执行统一标准。

2 优化资源配置、提高馆藏效率

2.1 馆藏文献资源的优化配置

馆藏资源优化配置主要是调整馆藏结构与布局。多校区办学的核心是调整高校专业,使之形成特色和优势,避免重复设置和浪费。多校区图书馆馆藏资源的配置与管理方式应为:实体文献按分馆服务对象不同进行配置,主要考虑校区专业设置和服务对象的数量,实行分散管理;数字文献根据教学科研的需要,统一建设、集中管理、网络提供。为此需要解决以下问题:首先,图书馆要对文献信息资源数据进行整合。采用统一的文献信息资源管理系统,对文献信息资源统一采访,统一分编,数据共享。这是多校区图书馆进行资源整合的基础。其次,图书馆要根据学校的整体规划和布局,根据馆藏信息资源的现状,考虑不同校区的专业特色,以及读者的数量、类型、层次、结构,对馆藏信息资源进行有效的整合和布局,重新确定各类型文献的收藏比例,逐步调整馆藏结构,重新构建符合需要的、科学合理的馆藏结构体系。

2.2 加强数字化信息资源建设

一是建立统一、完整的馆藏书目数据库。各分馆的文献必须按统一的标准、统一的MARC格式进行建库。各分馆原来的书目数据应在统一管理系统的前提下进行数据合并,在数据合并的过程中,对不符合建库要求的数据必须进行修改、完善,甚至重新建库。二是购买文献数据库。目前国内外数据库供应商推出的数据库应有尽有,在购买数据库时应根据本校教学、科研的实际进行选择。三是建立本馆特色馆藏数据库。在网络环境下,馆际之间的资源共享有赖于各馆文献的数字化并上传到信息互联网上供用户查询。四是将网络虚拟信息转化为馆藏信息。由于互联网信息资源的广泛性、无序性和无限性,我们应根据需要进行搜集、分析、筛选、分类、整合,使其专题化、有序化、实体化。

2.3 人力资源的优化配置

实践证明,人力资源的优化配置是多校区图书馆管理行之有效的根本保证。多校区图书馆人力资源的优化配置关系到图书馆工作的效率与风貌。因此,必须对不同校区各分馆各部门的人力资源进行重新分配与组合。集中采编人员,以便提高文献采集与编目的质量;各分馆应根据各自的需要实行按需设岗,按岗配人。多校区图书馆还要引进和培养学科馆员,建立学科馆员制度,让熟悉图书馆文献管理、具备信息检索服务技能、具有本校所设专业学科知识背景,并有一定科研能力的人成为学科馆员,从而为图书馆进行深层次信息服务提供人才保障。

2.4 设备资源的优化配置

高校合并之前,各校图书馆都配备有大量图书设备和现代化设备。合并之后,由于系部、专业的合并与调整,各分馆的读者服务窗口必然有增减的变化,因此设备必然要进行调整和优化。因为,多校区图书馆不管分馆的数量多少,其系统管理中心和数据库服务中心只能有一个,否则既无法有效地实施集成管理,同时也会造成设备的极大浪费。从目前多校区图书馆的管理实践来看,只有现代化设备的优化配置才能保证设备应用的合理性和数据维护的有效性,并且能使设备的使用效率达到最大化。

3 完善服务方式、提高服务质量

为了适应多校区读者的文献需求,必须对读者服务方式进行改革、创新和优化。多校区图书馆管理的难点在于因为空间分割而导致管理成本增加和管理效率降低。因此，建立网络信息服务平台，充分利用便捷且成本低廉的信息网络，完善多校区实体文献及数字文献服务方式，是解决这一难题的有效途径。

3.1 建立网络信息服务平台

图书馆依托校园网构建校内网络化的信息服务平台，将分馆间的集成化管理与服务置于优良的网络环境之下。信息网络不仅使多校区图书馆的管理模式和运行机制实现统一，而且使文献信息服务的主动性和个性化具有了坚强的技术支撑。在网络环境下，多校区图书馆应摒弃传统的管理模式和运行机制，建立起与数字化和网络化相适应的现代化运行机制。一般认为，基于网络的"一站式"管理和服务模式应当是多校区图书馆应对环境变化而推行的有效策略。通过"一站式"管理和服务的有效实施，使用户的个性化信息需求与图书馆的主动信息服务有机地互动起来。图书馆可以通过网络及时地获得用户需求，并根据用户需求定制信息内容，通过网络及时向用户提供。图书馆也可以根据专业教学和科研的需要，从各类文献以及网络信息中收集最新的研究成果，并将经过筛选、分析、整合的信息通过图书馆主页上的学科导航向用户推送。同时，图书馆可以在这种互动的信息需求与提供的过程中及时获得用户的反馈信息，以便进一步提高服务质量。

3.2 完善多校区实体文献服务方式

多校区图书馆读者服务与单一校区图书馆读者服务工作的不同在于校区之间实体文献必须分藏互借，即文献根据各校区教学科研情况分别入藏，读者根据需要可以凭证到各校区图书馆借阅。实体馆藏主要指传统的纸质文献（图书、报刊）和非书资料（缩微胶片、缩微胶卷、录像带、磁盘、光盘），前者实行借阅服务，后者通过复录、复制或在电子阅览室阅览等方式提供服务。纸质文献的借阅应采取"通借通还"的方式进行，即各分馆发放统一的"借阅证"，读者持证可以到任何一个分馆借阅文献，也可以在任何一个分馆还回文献，还回的文献由图书馆运送到各分馆再上架借阅。在实行"通借通还"的工作中，读者可以通过公共查询系统检索到各分馆的藏书，再由图书馆集成管理系统进行预约借书，这样可以免除读者为借书而在校区间奔走的麻烦，既方便读者又能为读者节约时间。

4 合理使用经费、提高整体效益

从合并后各高校图书馆总体情况来看，制约多校区图书馆发展并影响其服务质量的首要问题仍是经费问题。多校区高校图书馆应采取各种措施，在现有经费基础上开源节流，合理地使用图书馆经费，使经费的效益最大化。

4.1 合理使用经费采集各类文献

应根据各校区专业的设置，结合读者对书刊阅读的共性和个性需要来进行调整与完善，以满足各校区读者对文献资源的不同需求。可以注意下述原则：其一，适当重复，满足共性阅读需要。如人文科学、计算机基础科学、外语学习等公用性较强的书刊，以及部分专业交叉的书刊，各分馆应考虑适当重复配置，以满足读者共同的阅读需要。其二，突出专业，满足个性阅读需要。专业书刊是传递科学发展动态的主要载体，它能有效地给读者提供各个学科领域的最新知识和学术动态，对申请科研课题、开展科学研究、撰写学术论著等研究工作都具有重要的参考作用。其三，向重点学科倾斜。根据各校区所设学科的级别、性质和范围，全面、系统、长期、稳定地收藏重点学科的国内外专业权威书刊文献，尤其在外文书刊的配置上，一定要保证重点学科最需要的外文核心书刊品种。

4.2 加强馆际协作,实现资源共享

在各类图书馆经费普遍短缺的情况下,任何一个图书馆都不可能完全自给自足,多校区高校图书馆更是如此。因此,建立合作型的高校图书馆藏书体系,实行更大规模的馆际资源共建共享,这是多校区图书馆发展所必须采取的措施之一。藏书建设的馆际协作协调、优势互补、资源共享,是目前多校区大学图书馆合理使用经费、保持特色、服务教学与科研、满足读者不同需求的最有效途径。这种馆际协作模式使各成员馆深受其益,在一定地域内起到了共建共知共享的作用。

[参考文献]

[1] 陈丕庞,方岩雄.高校多校区图书馆运作机制与管理模式的优化.图书馆学研究,2006,(3):42-44.

[2] 陆建芳,陈庆梅.合并高校多校区图书馆信息服务策略.科技情报开发与经济,2005,(12):37-38.

[3] 杨文斌,黄崴.高校多校区办学教学管理模式探析.黑龙江高教研究,2005,(10):40-42.

[4] 陈蔚丽.多校区高校图书馆信息资源的优化配量研究.情报杂志,2006,(5):144-145.

[5] 左红梅.合并高校图书馆信息资源的整合.南通大学学报,2005,(4):78-80.

[6] 吕雪.多校区高校图书馆管理与服务创新.郑州航空工业管理学院学报,2006,(2):168-169.

[作者简介]

刘莹,女,馆员,南开大学图书馆迎水道校区分馆工作。

假期高校图书馆向社会开放的途径分析

曹　莉　杨　捷

[摘　要] 文章分析了新形势下我国高校图书馆在寒暑假期向社会开放的重要性、可行性，提出了高校图书馆假期向社会开放的具体途径与策略。

[关键词] 高校图书馆　假期　社会开放

近年来“大学图书馆是否应向公众开放”屡屡成为热门话题。高校图书馆是收集和传播信息的重要场所，作为高层次、大规模的信息处理中心，要适应时代和社会发展的要求，为更多的人提供服务是其责任和使命。因为图书馆开放的程度越广，发挥的作用就越大，对社会的贡献也越多。从这个意义上来说，高校图书馆理应向社会开放。但目前很多高校不太愿意开放图书馆，认为这种举措会给学校和图书馆的管理工作带来不少麻烦。因为，一来近年高校招生规模的扩大已给学校的资源带来一定的压力，如果对社会开放，可能会影响本校师生的利用，干扰正常的教学和科研工作；二来珍贵图书的保护、校园安全的管理等也是不可忽视的问题。基于高校图书馆的基本职责与当前我国高校图书馆的发展现状，笔者认为大学图书馆可采取有限度地向社会开放，即利用学校寒暑假期向社会开放图书馆。

1 高校图书馆向社会开放的必要性

从国内外高校图书馆对外开放的现状来看，国外发达国家的高校图书馆向社会开放起步较早，如美、日、德、英、意等国在20世纪六七十年代就已开始。在意大利，大学的各学院及各学科的中心图书馆对全社会开放。凭有效证件，任何读者可以进入图书馆阅览图书和查阅文献。大部分的图书馆提供借阅、咨询检索、复印服务，有的图书馆还提供馆际互借和免费的信息检索与利用的培训课程。在日本，早在1990年向社会开放的大学图书馆就达97%，受益人数达27万人次；在美国，所有的大学图书馆几乎都向校外人员开放。美国的大学图书馆界达成一种共识，既然接受了来自国家税金的补助，那么就理应向全体国民开放。

我国高校图书馆向社会开放起步较晚，于20世纪80年代起才陆续有高校图书馆向社会开放，如同济大学、武汉大学等高校图书馆。不过，近几年来，越来越多的高校图书馆走出了校门，走向了社会，如广州大学图书馆、深圳大学图书馆、河北大学图书馆、海南大学图书馆、厦门大学图书馆等都逐渐地在不同程度上实行了对社会开放。越来越多的高校图书馆意识到面向社会开展服务已成为高校扩大影响、寻求创新的重要举措。

笔者认为，高校图书馆对公众开放是十分必要的。首先，大学是一个社会的知识源泉，它负责为社会和人类进步提供知识，因此不应该有门槛；其次，从历史上看，不管是中国还是外国，自大学在欧洲产生一直到近现代，一流的大学都是开放的，而不是自我封闭的；第三，从财政来源上看，大学的经费来自纳税人，纳税人当然有权利享有自己应得的公共资源。第四，从道义上看，大学肩负着社会道义，既然有能力盘活图书资源，提高公共阅读率，就有必要对社会开放图书馆。

2 假期高校图书馆向社会开放的可行性

国家教育部2002年2月21日颁发的《普通高等学校图书馆规程(修订)》第四章第二十二条明确规定："有条件的高等学校图书馆应尽可能向社会读者和社区读者开放。面向社会的文献信息和技术咨询服务，可根据材料和劳动的消耗或服务成果的实际效益收取适当费用。"这一规定为高校图书馆向社会开放提供了法规上的保障。而高校教学的特点决定了寒暑假期间是学校师生利用图书馆最低的时段，此时向社会开放在时间上最为恰当。同时，高校图书馆的资源优势、设备优势、人才优势则是保证其向社会开放的关键。

2.1 时间优势

寒暑假期间学校图书馆利用率较低。首先，由于图书馆大部分的电子资源不受使用人次的限制。其次，大部分师生在假期离校，使得馆内所有纸质文献除少量外借外，大部分都处于闲置状态。假期的高校图书馆显得分外宽松，而假期又是校外社会成员最渴望、最可能进入校内图书馆的时候，我们应该利用这一时间差，有序实施对社会开放。将这些闲置资源在假期向社会读者开放使用，既可提高资源的利用率，又可满足社会读者的需求，使资源冲突的矛盾迎刃而解，实现图书馆与校内、外读者的三赢。从某种意义来说，多开放一个图书馆，等于多办几所学校，利于当下的事我们应该做。

2.2 资源优势

从权威部门的资料获悉，我国1000余所高校拥有藏书6亿多册，公共图书馆仅为4亿册；高校馆拥有网络版电子期刊的65%，公共馆仅为28.6%；高校馆拥有联机数据库为30%，而公共馆仅为2.9%。从这组数据，我们能很明显地看出，与高校图书馆相比，我国的公共图书馆的资源还显得十分缺乏。如果将高校图书馆开放，无疑能更好地满足读者的阅读需求。另外，高校图书馆文献资源丰富；文献类型较多(图书、期刊、科技报告、会议文献、书目索引等)；外文书刊所占比例较大；收藏较为系统；还有一些特有的文献，如博士论文和硕士论文等。如现在按我国高校图书馆约30%的利用率计算，假期每下降一个百分点的利用率所带来的是1000多万册文献资源的闲置。如果假期高校图书馆能够对社会开放服务，无疑能很好地满足社会读者的阅读需求。

2.3 设备优势

在高校图书馆中，计算机的应用已经相当普及，现代化的计算机联网工程在高校图书馆中也已颇具规模，相当一部分工作人员具备了计算机检索、文献传送及查新等服务能力，一些图书馆建成了多媒体阅览室、电子阅览室、馆藏书目数据库、馆藏信息资源网上查询、光盘联机检索系统和校园文献信息联机检索系统等。这些现代化设备和手段可以为在校师生以及社会读者检索各自所需文献信息提供极大的方便。因此，无论是传统型文献还是电子信息，高校图书馆所拥有的资源都为开展社会化信息服务奠定了厚实的基础。

2.4 人才优势

多数高校图书馆都有图书馆学、情报学方面的专业人员，他们具备文献信息管理、咨询服务及情报加工的能力;还有其他专业人员,他们具备外语、相关学科、计算机等专业知识。而且更重要的是,除了图书馆自身拥有的人才优势外,还有一支力量雄厚的教育和科研队伍作为依托,很多知名的专家、教授长期承担国家和省市重大科研项目,高校图书馆可以借助于高校的科技实力,以广大科研人员为知识后盾,进行有关信息的搜集、开发和服务,开展深层次、高知识含量的社会化信息服务,为社会的发展提供强有力的智力支持。这种优势是社会上任何信息服务部门无法比拟的。

3 假期高校图书馆向社会开放的途径与策略

3.1 从学校层面提供政策支持

如果学校管理机制不完善,图书馆向社会开放肯定会给图书馆的管理带来一些实际问题。所以高校管理机制的转变是做好社会服务的前提。目前,我国高校管理体制中,图书馆的人员配置是根据学校的办学规模和图书馆的藏书量来确定的,在假期时间里面向社会开放服务必然会使工作人员的工作量增加,工作时间延长,如何解决这一问题,还没有妥善的办法。其次,现行体制方面,存在着学校管得过多、统得太死的弊端。在社会服务方面的政策不完善,缺少激励政策,分配政策不配套,政策导向模糊,极大地限制了图书馆开展社会服务的积极性和创造性。

假期图书馆开展社会服务不是权宜之计,而是长久的事业,学校必须打破现行的管理体制,给予图书馆更多的自主权,并建立相应的激励机制和分配机制支持、鼓励、发展图书馆向社会开放。

第一是提供政策倾斜,学校在图书馆开展假期社会服务时,各相关部门全力配合,提供经费、设备设施等方面的支持;在图书馆人员编制上适当给予放宽,加强情报学、图书馆学等方面的专业技术人才的引进。第二是经济激励,社会服务所创造的经济效益,学校应予以承认、给以支持,创收政策适度宽松一些,允许图书馆根据假期效益进行自主分配。第三是分配要合理,在分配制度上要合理提高图书馆专业工作人员的待遇,特别是假期工作人员的收入,体现多劳多得、优劳优酬的原则,积极调动广大馆员在假期的工作积极性和主动性。第四是高校应当努力向当地政府争取条件,向高校图书馆提供一定的经费支持,或请求物价部门对假期高校图书馆有偿服务进行收费核定等。

3.2 从图书馆层面提供认知和技术支持

第一,假期图书馆做好对社会开放工作,要克服各种观念性障碍,以良好的精神面貌开展社会服务。要摒弃传统的封闭式办馆思想,即只重馆藏、不问效益、不重创新的办馆思想,代之以开放性的办馆新思维,树立图书馆工作的新观念;要破除畏难情绪,树立大胆进取的观念。有些图书馆员工,特别是领导干部,尽管在理论上已经认识到了图书馆向社会开放的重要性,但由于种种原因,怕犯错误而不愿积极主动地开展社会服务。必须破除求稳怕乱的思想,在社会服务上,要敢于决策、敢于行动。假期图书馆向社会开放服务要想正常有序地开展,重视管理和提高管理能力是当务之急。

第二,图书馆应将在假期向社会开放服务纳入发展的总体规划,由一名图书馆领导专门分管假期社会开放服务工作,适当调整内部机构设置,设立专门部门专职或兼职承担图书馆假期的对外开放业务,责任有专归,避免造成部室之间互相推诿、具体工作无人负责,使图书馆假期对外开放的工作落在实处。

第三,根据假期图书馆和社会用户的特点,制订配套的社会服务工作管理办法、规章制度。如对校外人员来图书馆借书、查阅各种信息资源,必须办理的手续以及借阅对象、借阅时间、收费标准等都要有详细的规定,使校外读者有章可循。

3.3 假期高校图书馆向社会开放的服务项目

3.3.1 提供传统的文献借阅服务

传统的文献借阅服务就是通过发放阅览、借书证,向社会读者提供书刊借阅服务的方式。这是图书馆开放社会服务中最基本、最切实可行的服务方式。在现有条件下,寒暑假期间高校图书馆可先确定开放读者群,例如向市政府机关和企事业单位的从事管理、技术和科研工作的人员发放一定数量的阅览证,提供馆内阅览图书、报纸、期刊、杂志及复印等服务。向以上人员发放借书证,提供外借图书资料服务,在开学前及时向他们收回。为方便社会读者,可在支付服务费和一定押金后,图书馆委托快递公司等物流配送机构开展图书专送服务。这样,由于社会用户避开了师生利用高峰,既能保证本校师生员工利用图书资料,不会对本校的师生造成影响,不会对图书馆的管理造成冲击,又可以在寒暑假满足社会读者的需求。

3.3.2 提供电子资源阅览和数字化信息服务

高校图书馆既有自己的馆藏书目数据库,又购买了大量的电子资源数据库。可在遵守知识产权的前提下利用 IP 地址或用户名的控制,向有需求的用户开展电子资源的阅览、下载服务。可在图书馆主页上开辟非本校师生绿色通道,通过一定的技术支持,通过网络接受用户的预约,提供印刷型、电子版文献的借阅、下载、馆际互借、复制、预约、续借、新书通告等功能,真正突破 IP 围墙的限制,实现资源的最大化利用。

3.3.3 提供有特色的专门信息服务

高校图书馆可有针对性地对学校的一些学术资源加以整合、利用。每年大学中的各学院都举办各类型的"学术报告"、"学术鉴赏",图书馆可将这一资源加工、整合成电子资源,免费提供给社会公众使用、下载,让更多的民众了解更多的前沿思想成果,准确地把握特定科技领域的发展动态与趋势。

高校图书馆还可利用专业优势,进行网上资源深加工。例如企业用户需要的有关专利、标准、商标等方面的免费文献数据库网上就很多,图书馆可以将有关的网址进行分类编目,在自己的网页上链接这些相关的网址,设立镜像服务器等,以方便他们利用网络查询所需要的文献信息。

只有不断开展有特色的信息服务,才能使图书馆在有偿服务的过程中完善服务功能,积累资金,为图书馆优化结构提供更高质量和层次的服务提供保证。

3.3.4 提供专门人才信息库服务

有条件的高校图书馆可就本校所涉及的专业领域,建立本校专家信息库,记录专家的姓名、单位、专长、主攻方向、主要学术成就和科研成果等。在社会用户需要某类专家提供服务时能随机提供专家信息,方便社会用户决策和选择,或提供与专家联系的机会,既能给需要帮助的社会用户提供一个信息平台,又能让各类专家利用假期时间更好地为社会服务。

3.3.5 举办专业培训班

对社会读者进行图书馆资源、图书馆规则、图书馆使用方法等方面的培训,是高校图书馆向社会读者开放必须做好的基础性工作。图书馆可以在假期对他们进行培训。这种教育既方便读者使用图书馆,又有利于图书馆管理。在对社会读者类型和需求分析的基础上,对他们分层次进行教育培训，是提高读者资源使用效率的重要保证。除基本的图书馆知识与技能外，对不同需求的读者，培训重点有所不同。普通读者以书刊为主要使用对象，读者培训以教会他们图书馆书刊资源检索与使用技能为主；研究机构读者以专业书刊和电子资源为主要使用对象，对他们来说，外文原文文献和电子资源使用技能的掌握则非常重要。

在知识经济时代，网络化、信息化飞速发展的今天，我们应当充分认识到高校图书馆对社会开放的重要性和紧迫性，借鉴一些发达国家的经验，摸索出一套科学合理的社会化服务措施，加快高校图书馆对社会开放的步伐，不断开拓进取，实现高校图书馆信息资源的全社会共享。

[参考文献]

[1]于良芝等.拓展社会的公共信息空间——21世纪中国公共图书馆可持续发展模式.北京：科学出版社，2004.

[2] 吴建中.21世纪图书馆新论.上海：上海科学技术文献出版社，2003.

[3] 陈希，彭一中.高校图书馆向社会开放的途径与策略.图书与情报.2007，(5).

[4] 樊绍明.高校图书馆向社会开放是时代发展的需求.图书馆学刊，2003，(5).

[5] 霍岱云.高校图书馆向社会开放应抓好三项工作.图书馆杂志，2003，(5).

[6] 李桂兰.高校图书馆服务社会化若干问题探讨.图书馆工作与研究，2006，(4).

[7] 王璐.大学图书馆向社会开放途径分析.图书馆学研究，2006，(10).

[8] 诸树青. 开放的社会开放的图书馆. 图书馆论坛，2005，(10).

[9] 朱静. 高校图书馆开放服务刍议. 高校图书情报论坛，2008，(6).

[10] 吴江梅.提高高校图书馆寒暑假利用率的思考.广西右江民族师专学报，2004，(3).

[11] 杨佑明，杨秀林.假日游览文化与高校图书馆的对外开放.湖北师范学院学报，2004，(3).

[12] 叶华青.地方高校图书馆向社会开放的策略研究.华东师范大学，2006.

[13] 原小玲.高校图书馆面向社会的假期开放制探讨.科技情报开发与经济，2007，(22).

[14] 张红英.论假日高校图书馆的对外开放.科技情报开发与经济，2006，(15).

[作者简介]

曹莉，女，副研究员，南开大学外国语学院工作。

杨捷，男，副研究员，南开大学学校办公室工作。

企业竞争情报理论研究述评

李 培

[摘 要] 竞争情报理论的发展,无论是从宏观层面的战略功能性,还是微观层面的信息过程性,其着眼点从外到内再到内外结合,目标从静态竞争优势到动态竞争优势,研究内容从物化手段到人力智能,使命从被动适应环境到主动迎战环境;其内在属性的认识从静到动再到静动结合,竞争情报的信息性体现特殊情报价值,信息过程本质突出搜集特征。

[关键词] 企业 竞争情报 理论研究

竞争情报(Competitive Intelligence)诞生于1986年美国竞争情报从业者协会(Society of Competitive Intelligence Professionals—SCIP)的成立,成为企业竞争战略管理实践中的重要概念,是市场竞争激化和社会信息化高度发展的产物,是管理学、经济学、情报学相互交融的结果。本文从宏观和微观两个层面,以竞争情报的战略性及信息过程性为研究视角,对企业竞争情报理论的发展进行综述。

1 宏观层面——竞争情报的战略性

波特教授在其《竞争战略》一书中告诫高层管理者,竞争情报是企业竞争战略的核心部分,并指出竞争情报在维持竞争优势中的重要作用。竞争情报自诞生之日起,就与企业竞争战略紧密地联系在一起,它的根本目标就是为企业战略决策与战略管理服务。

1.1 竞争情报的战略功能

战略管理是以预测和分析未来的竞争环境为基石,以寻求企业竞争优势为目标的一种先进管理方法,它本质上是企业与变化着的环境不断互动的过程。企业外部环境的不确定性导致企业战略管理的产生与发展,并使得监测外部环境的变化成为企业之必需。企业外部环境的跟踪、行业监控、竞争对手分析贯穿企业战略管理的全过程,从始至终为企业的战略决策提供支持是竞争情报的主要目标。

竞争情报是企业制定发展战略的前提,也是企业实施战略管理的基础。因此,竞争情报在战略管理中的功能与作用一直是学者们关注与研究的焦点。

Kahaner、Costley、Hovis 等学者研究了竞争情报在企业中的战略地位,指出竞争情报是一个战略工具。在企业战略管理中,竞争情报必须位居首要,竞争情报必须成为战略管理系统中的一个功能组成部分,它是一种战略性功能,而不是战术性功能。

Morris、Prescott、Breeding 等学者则从支持企业决策角度对竞争情报进行了定位,指出竞争情报在企业战略决策中发挥着越来越重要的作用,竞争情报部门应该把更多的工作时间花在提供决策支持上，这是竞争情报部门产生最大增值的地方。因为它能够使企业决策更具有效性，决策者能够因此比他的竞争对手做出更英明的决策；它也能够培养管理层具有较高的竞争机遇与挑战的意识。

陈峰通过对企业战略管理过程的考察与剖析，指出战略管理是催生竞争情报的主要动因，为企业战略管理服务是竞争情报的首要功能。骆建彬等则进一步认为研究企业的竞争战略、赢得发展优势正是竞争情报的重要内容和工作目标，竞争情报是进行企业战略研究的基础，是企业实施战略管理的基础。

从这些研究可以看出，在企业的战略决策、战略实施等整个战略过程中，竞争情报具有全方位的支持功能，发挥着不可替代的作用。

1.2 企业竞争战略理论框架中的竞争情报

作为企业竞争战略的核心，竞争情报理论的发展受到了企业竞争战略理论发展的深刻影响。

1.2.1 竞争优势外生论与竞争情报

竞争优势外生理论认为，企业的竞争优势主要是由企业外部的某种变量决定的。构筑在这一理论基础上的竞争情报把研究重心主要放在环境监视与竞争对手分析层面上，深化了竞争情报对市场、环境和竞争者等方面的理解。

Tyson、Herring 等学者从环境维度定义了竞争情报的属性，他们认为竞争情报是关于企业运作中的环境信息，是市场环境信息，以及市场以外的因素如经济、法规、政治和人口的信息。

包昌火、苗杰、邱晓琳等学者将竞争情报的内涵进一步拓展到竞争对手，指出竞争情报是关于竞争环境、竞争对手和竞争策略的信息和研究。

同时，竞争优势外生理论中的一些分析工具，如五种力量模型、竞争对手分析模型、价值链模型等也成为一些学者研究竞争情报分析产业结构、竞争对手，构造竞争情报价值链的工具。彭靖里等将波特产业分析基本模型中的五种竞争作用力扩展为七种竞争影响因素，即现有企业间的竞争、潜在竞争者、供应商侃价实力、顾客侃价能力、替代产品威胁、产业政策导向和资源富集特征，对国内影视旅游服务业的产业竞争态势进行了情报分析。张冬梅、曾忠禄针对波特的竞争对手分析框架没有提供分析的步骤这一局限，分别讨论了分析假设、目标、战略和能力的方法和分析的信息来源，对波特的竞争对手分析框架进行了应用性拓展。王知津等在波特价值链结构模型的基础上，研究了利用价值链分析法开展竞争情报研究的一般步骤，探讨了价值链分析法在竞争情报应用中的目标、注意事项及缺陷。

竞争优势外生理论在企业竞争理论中出现最早，应用时间也最长。作为竞争情报理论基础，其影响也最深刻。

1.2.2 竞争优势内生论与竞争情报

竞争优势外生理论过于强调了外部环境与市场力的作用，而忽视了企业自身的物质和能力，它无法解释处于同一战略集团的不同企业间的绩效方面存在显著差异等一系列问题，而竞争优势内生理论以企业内在成长论为理论渊源，更关注企业内部因素在企业竞争活动中的作用。在影响企业竞争地位的多个内在条件中，企业核心能力成为最重要因素。随着企业核心能力理论的发展，竞争情报领域也相应提出了竞争情报能力和竞争情报力的观点。

Bernhardt、Fleisher、Blenkhorn、Crowley 等在研究中提出竞争情报能力（Competitive Intelligence Capability)概念,并指出提高竞争情报能力对企业竞争情报绩效具有重要影响。Herring 在"竞争情报的未来"报告中指出,企业应发展与提高对环境敏感和应变的竞争情报能力,这是竞争情报未来关注的重心。Johannesson 认为竞争情报能力同时应包括为企业竞争情报活动做出贡献的人员、竞争情报技术和交流资源等方面的因素。骆建彬、付明智指出,竞争情报能力是企业获取竞争情报并利用竞争情报指导行动的能力。

在竞争情报能力研究的基础上,我国学者于 2001 年 11 月在北京召开的"提升企业情报竞争力清华峰会"上,提出了"情报竞争力"(Intelligence Capability or Intelligence Competence)这个概念。学者们认为情报竞争力是指企业感知外部信息环境,迅速作出反应使之更好地适应信息境变化的能力,即获取企业环境信息、竞争对手等的信息,经过处理分析后成为有价值的情报并加以有效利用的能力。这种企业对外界环境适应和驾驭的能力,是现代企业核心竞争力的重要表现。情报竞争力由监视并分析竞争环境变化的能力、获取并分析竞争对手信息的能力、研究和制定竞争战略的能力、企业信息安全和自我保护的能力、情报共享和快速反应的能力这几种能力构成。

对于影响企业情报竞争力的因素,曾鸿指出企业对竞争情报态度、竞争情报部门设置、竞争情报系统功能、竞争情报成本与收益、反竞争情报能力是影响情报竞争力的关键要素。赖晓云则从六个角度来讨论了企业情报竞争力提升,分别是:①增强企业的竞争情报意识;②强化企业内部情报组织机构建设;③建立竞争情报系统;④建立具有国际水准的企业商业秘密管理体系;⑤尽量限制商业秘密的知悉范围;⑥培养企业信息资源管理人才。

作为企业竞争优势内生论的一个组成部分,企业知识理论强调企业所拥有的知识是企业维持竞争优势的关键。受此理论的影响,学者们也注意从知识和智能的角度研究竞争情报,认为竞争情报和知识管理本质上都是把智力资源的开发和利用作为基本内容。竞争情报侧重于对外部环境中知识的关注,将竞争信息转化为情报和谋略,而知识管理侧重于对内部知识的发掘,将隐性知识显性化。原始情报(Raw Intelligence)和知识开发(Knowledge Development)将成为情报智能时代的基石。未来的战略与竞争将更多地依赖管理,而那时的管理将是全球市场知识性极大丰富的管理,而竞争情报将成为知识密集型经济的关键构成。

企业核心能力和企业知识是企业最重要的内在竞争条件,竞争情报要发挥在企业竞争中的核心作用,必然要将这些关键因素吸收进来。

1.2.3 竞争优势创新论与竞争情报

企业的核心能力、资源、知识具有相对的稳定性,然而企业所面对的环境具有递增的动态化表现,核心能力的稳定性和企业资源、知识的刚性与环境的动态性之间的矛盾使竞争优势内生论陷入了困境。竞争优势创新论以其不断变化求新的思维创造新的竞争优势,从而实现在动态环境下的发展。动态环境中的竞争情报更多地是关注竞争对手的行为变化情况,结合整体的动态竞争环境对竞争对手的竞争策略进行相关分析与行为预测。竞争优势创新论的思想同样为动态环境下竞争情报理论的发展提供了指导。

孙晓绯在其博士论文中将竞争情报应用理论与动态竞争互动理论进行了融合,分析了竞争互动中竞争情报运作机制的影响因素及其规律。乔恒利从动态竞争环境对竞争情报工作提出了新的要求入手,分别论述了情报收集对象的动态性和全面性、情报分析方法的交替运用、情报收集渠道或信息源的适时变换,以及竞争情报系统的柔性结构等方面。刘冰则在多篇文献中较系统地研究了动态环境中企业竞争情报的相关理论。他指出,在动态环境中,企业竞争情报呈现出新的特征，即竞争情报的持续性、竞争情报流程的网络化和企业竞争情报"积聚式"增长。面对竞争的不确定性，竞争情报发生了根本性变化，竞争情报正由一种自由结构式、贡献偶然性的被动性服务转变为一种系统化、价值化的战略性活动，成为企业核心竞争力的重要组成部分。

相比于传统的竞争情报工作，动态环境中的竞争情报工作在情报边界、工作流程、学习方式创新模式、关注焦点、使用焦点多方面都发生了变化。动态环境下的企业竞争是一种高强度的动态竞争，它是一种新的竞争态势，动态竞争环境下的情报工作与传统竞争情报工作的不同，是当今企业构筑竞争优势的必要条件。竞争情报理论能及时提出相应的对策，反映了它与企业竞争理论日趋深入的融合。

2 微观层面——竞争情报的信息过程性

在竞争情报内在本质属性上，学者们的研究视角主要划分为三种，即信息性、过程性以及二者的结合。

2.1 竞争情报的信息观

持信息观的研究是将竞争情报看作一种产品，一种特定的情报或信息，是关于内外环境各方面的信息，是经过分析够能由此做出决策或采取行动的信息。

在战略管理领域，战略管理学家 Hitt 认为"竞争情报是通过合法途径收集有关竞争对手的目的、战略、想法和能力的信息和数据"。他强调竞争情报应该重视竞争对手分析，通过探求竞争对手的未来目的、当前战略、想法和能力来获取有价值的信息。

在国内，早期的竞争情报研究同样认为竞争情报是一种信息产品，如赖茂生、沈固朝等。而曾忠禄则进一步指出，"竞争情报是经过筛选、提炼和分析过的，可据之采取行动的有关竞争对手和竞争环境的信息集合"。

竞争情报的信息观抓住了竞争情报的本质属性，即竞争情报不是一般的信息和情报，而是专门服务于竞争战略的特定信息。

2.2 竞争情报的过程观

持过程观的研究是把竞争情报看作一种情报研究过程、决策研究活动。

Prescott、Kotler 等学者的研究突出了竞争情报的搜集过程："竞争情报是关于主要竞争对手的识别、它们的目标、战略、优势、劣势和典型的反映形式的信息的搜集。""竞争情报是一种复杂的研究。它是一种过程，是逐步地、有条件、连续不断和有系统地收集可能与全面竞争力有关的一切信息，是要创造关于变化中的竞争环境的全面图像。"

Weber、Cook 等学者的观点在确认竞争情报的搜集特征基础上，进一步强调了竞争情报的分析研究功能："竞争情报主要是研究、分析竞争环境变化的情报，同时将这些情报传递或结合到企业的战略中去。""竞争情报是企业有组织、有计划地进行信息收集、信息分析，并在此基础上提升自己战略决策能力的过程。"

而王知津、SCIP 等的研究则抓住了竞争情报与"谍报"本质上的区别点，即竞争情报搜集等过程必须以合法、合乎职业伦理的方式进行。美国竞争情报专业人员协会（SCIP）将竞争情报定义为："竞争情报是一种过程，在此过程中人们用合乎职业伦理的方式收集、分析和传播有关经营环境、竞争者和组织本身的准确、相关、具体、及时、前瞻性及可操作性的情报。"

Herring 则全面系统地研究了竞争情报全过程，按照情报生命周期（CI Cycle）的观点提出了一个情报基本操作过程模型，将情报过程划分为规划、收集、加工、表达(扩散)几个环节。

竞争情报过程观视角的出现，标志着研究者对竞争情报的认识已经从静态的物质观上升到动态的过程观，反映出研究者对竞争情报的理解更加全面和深入，进一步丰富了竞争情报的内涵。

2.3 竞争情报的信息过程观

这种观点是将前两种视角结合起来，认为竞争情报既是一种信息产品，又是一种活动过程。过程是指对竞争情报的搜集、整理、分析与利用的过程，产品是指在竞争情报过程中所形成的情报或策略，是可用作具体行动基础的可行的信息。

竞争情报的信息过程观将竞争情报的静态信息属性和动态实施过程有机地结合起来，反映了学术界对竞争情报本质的全面认识。

3 竞争情报理论发展的分析

竞争情报理论的发展，无论是宏观层面的战略功能性，还是微观层面的信息过程性，都呈现出其特有的规律性。

3.1 竞争情报外在功能研究的演进规律

竞争情报作为服务于企业竞争战略的重要手段，其外在功能的变化遵循企业竞争战略理论的发展轨迹，呈现以下的演进规律。

3.1.1 竞争情报的着眼点从外到内再到内外结合

竞争优势外生理论从产业结构来分析企业的竞争优势，以这种竞争战略理论为基础的竞争情报也把关注点放在环境跟踪与竞争对手的分析上；基于资源的理论、核心能力理论、企业知识理论把竞争情报的视线转移到企业内部，关注企业内部资源、能力、知识的整合；而动态能力理论则把竞争情报指引到追求内外结合的发展观，努力实现企业外部环境与内部条件的动态协调。

3.1.2 竞争情报的目标从静态竞争优势到动态竞争优势

竞争优势外生理论是对已经形成的产业结构的分析，是一种短期、静态的竞争优势，从而决定了服务于这种战略决策的竞争情报的临时性与静态性；资源理论、核心能力理论、企业知识理论虽然重视企业的可持续发展问题，但其资源、核心能力、知识的稳定性与刚性把竞争情报局限于静态的发展模式当中；而动态能力理论、超竞争理论追求企业的动态竞争优势，把竞争情报导向了长期、动态的可持续发展目标。

3.1.3 竞争情报的研究内容从物化手段到人力智能

竞争情报正式形成之初，技术、方法是其研究的重心，这表现在竞争情报系统、竞争情报搜集与分析方法等成为竞争情报研究的热点。以能力、知识为基础的战略管理理论强调人是能力、知识的拥有者与发挥者，因而人处于企业活动的核心地位。映射到竞争情报，竞争情报也开始重视人的智能的发挥，情报分析成为竞争情报流程最为重要的环节。同时，竞争情报直接融入企业的创新活动中，发挥人的智能与创造性成为竞争情报关键的内容，其智能性和价值性也得以逐渐增强。

3.1.4 竞争情报的使命从被动适应环境到主动迎战环境

在静态竞争环境下，企业外部环境具有相对的稳定性，竞争情报从企业适应环境的观点出发，情报工作具有一定的被动性。在动态竞争环境中，不确定性成为其显著特征，为赢取可持续竞争优势，竞争情报不再被动地等待环境的变化，而是积极进行环境扫描与预测，及时更新企业的竞争情报策略，提高了竞争情报的主动性。“为未来而竞争”成为当前竞争情报发展的主题。

3.2 竞争情报内在属性研究的演进规律

3.2.1 内在属性的认识从静到动再到静动结合

竞争情报具有信息性，这一点从人们开始研究竞争情报就已注意到。但是受传统情报理论规范的影响，有关的研究将情报本身和情报过程分离，强调竞争情报信息内容多于外在过程。随着竞争情报全过程研究的深入，人们越发认识到竞争情报的优势很大是体现在其不同以往的独特的情报过程中，研究的视角开始从静态的信息观演进到动态的过程观。现代竞争环境日益复杂，竞争情报的作用不断提升，内在的信息价值和竞争性的情报过程是构成其情报优势不可分割的两个方面。这种对竞争情报内在属性认识的不断深入和日益全面完整，反映了竞争情报理论的持续发展和日臻成熟。

3.2.2 竞争情报信息性体现特殊情报价值

企业竞争情报来源于信息，这一点在大部分竞争情报的定义中都有直接的体现。竞争情报具有一般意义上的信息(information)共有属性，如客观性、系统性、效益性、时效性等；但它又不同于一般的信息，不同于普通的科技情报、学术情报，它是特殊的情报(intelligence)，具有十分鲜明的个性特征，包括目的性、对抗性、竞争性、预见性、高价值性、高增值性、谋略性、保密性、动态性等。竞争情报的获取需要大量的创造性的智力劳动，从反映客观事物的信息中，分析、评价、识别真伪，形成具有较高竞争性价值的情报产品，并服务于企业的竞争环境监测和预警、技术创新与产品研发、市场进入与定位、发展战略制定和实施。

3.2.3 竞争情报信息过程本质突出搜集特征

即使在竞争情报的信息观认识层面，有关研究也揭示了情报搜集和获取这一环节的重要作用。随着对竞争情报认识向过程观和信息过程观的不断演变，竞争情报的搜集和获取逐渐成为情报过程的核心环节。纵观国内外竞争情报理论研究，对“搜集”、“收集”、“获取”这些同义术语的明示和强调已成为一种普遍的共识。无论是在竞争情报的定义中，还是在企业竞争情报的研究内容和研究流程中，都体现出了搜集工作的重要性。从竞争情报的过程维度上看，只有经过了分析和处理，信息才可能转变为竞争情报，而进行分析和处理工作的基础和前提则是信息的搜集工作；没有了信息的搜集，信息的分析和处理也就成为了无本之木。

4 结语

从企业的角度来看，情报与竞争之间具有天然的紧密联系，企业竞争情报在企业竞争中发挥着关键作用。企业竞争情报支持企业的环境监测、战略预警和对手分析，支持企业的科学决策，支持企业的技术创新和产品研发，支持企业的市场进入与定位。伴随着经济全球化、竞争加剧和高度信息化的趋势，企业置身于信息的浩瀚海洋中，信息早已不再是稀缺性资源，而从中获取真正有价值的信息——情报则变得越来越困难，正如美国著名未来学家 John Naisbitt 所指出的：“我们周围充满了信息，却缺少真正意义的情报。”

[参考文献]

[1] 包昌火等. 略论竞争情报的发展走向. 情报学报，2004，23(6)：353－366.

[2] 包昌火，谢新洲. 竞争对手分析. 北京：华夏出版社，2003.

[3] 陈峰.面向企业战略管理的竞争情报服务[博士学位论文].北京:北京大学,2002.

[4] 赖晓云. 提升企业情报竞争力的策略. 广东经济管理学院学报,2005,19(1):67－70.

[5] 缪其浩. 市场竞争和竞争情报. 北京:军事医学科学出版社,1996: 13.

[6] 刘冰.动态环境中企业竞争情报发展趋势.图书情报知识，2007，(6):21－24.

[7] 骆建彬,付明智.CEO的竞争情报能力.IT经理世界，2001，(23):82－83.

[8] 骆建彬,严鸢飞.竞争情报实务指南.海口:南海出版公司,2005.

[9] 苗杰,倪波.竞争情报系统的业务模式分析研究.情报学报,2002,20(1):32－38.

[10] 乔恒利.企业动态竞争情报分析框架研究.情报科学,2007，25(10)：1579－1583.

[11] 孙晓绯.面向竞争互动的竞争情报运作机制研究[博士学位论文].天津:南开大学，2006.

[12] 王培林.情报竞争力概念分析.高校图书情报论坛,2005,4(1):54－56.

[13] 王知津. 竞争情报. 北京：科学技术文献出版社，2005，54.

[14] 杨学泉. 提升企业情报竞争力的思考. 现代情报,2003,(6):129－130.

[15] 曾鸿.竞争情报与情报竞争力.中国管理信息化(综合版),2005,(10):62－64.

[16] 曾忠禄.情报制胜——如何搜集、分析和利用企业竞争情报. 北京:企业管理出版社,2000.

[17] Bill Weber. CI － more than ever. CIM，2001，4(6).

[18] Bret Breeding. CI and KM Convergence：A Case Study at Shell Services International. Competitive Intelligence Review，2000，11(4)：12－24.

[19] Cook M. and Cook C. Competitive Intelligence－Create an intelligence organization and compete to win. Kogan Page Limited，2000.

[20] Craig S. Fleisher & David L. Blenkhorn. Managing Frontiers in Competitive Intelligence. London：Greenwood Publishing Group，2001.

[21] Douglas C. Bernhardt. Consumer versus Producer：Overcoming the Disconnect Between Management and Competitive Intelligence. Competitive Intelligence Review，1999，10(3)：19－26.

[22] Herring J. P. Senior Management Must Champion Business Intelligence Programs. Journal of Business Strategy，1991，12(5)：48－52.

[23] Hitt Michael A.，Keats Barbara W.，Demarie Samuel M. Navigating in the New Competitive Landscape：Building Strategic Flexibility and Competitive Advantage in the 21st Century. Academy of Management Executive，1998，12(4)：22－42.

[24] Jan P. Herring. The Future of Competitive Intelligence：Driven by Knowledge-based Competition. Competitive Intelligence Magazine，2003，6(2)：6－13.

[25] Johannessen T. & Olsen B. Knowledge Management and Sustainable Competition Advantage：The Impact of Dynamic Contextual Training. International Journal of Information Management，2003，(23)：277－289.

[26] John E. Prescott & Bhardwaj G. Competitive Intelligence Practices：A Survey. Competitive Intelligence Review，1995，6(2)：4－14.

[27] John E. Prescott. Competitive Intelligence：Lessons from the Trenches. Competitive Intelligence Review，2001，12(2)：5－19.

[28] Kahaner L. Competitive Intelligence：How to Gather，Analyze，and Use Information to Move Your Business to the Top. Simon & Schuster，1996.

[29] Ken Cottrill. Turning Competitive Intelligence into Business Knowledge. Journal of Business Strategy，1998，19(4)：27－30.

[30] Kotler P. Kotler on marketing：How to create，win and dominate markets (9 th ed). New York：Si-

mon & Schuster Free Press, 2001.

[31] Morris C. , Atlaway Sr. A Review of Issues Related to Gathering and Assessing Competitive Intelligence. American Business Review, 1998, (1): 25—35.

[32] Patrick Bryant. Starting a Competitive Technical Intelligence Function: A Roundtable Discussion. Competitive Intelligence Review, 1998, 9(2): 26—33.

[33] Tyson K. W. M. Competitive Knowledge Development: Reengineering Competitive Intelligence for Maximum Success. Competitive Intelligence Review, 1995, 6(4): 14—21.

[**作者简介**]

李培，男，博士，南开大学商学院副教授，南开大学图书馆副馆长。

学科馆员:信息素养教育中的“特殊教师”

张　蒂

[摘　要]“学科馆员”制度是图书馆的一种服务模式和办馆理念。目前图书馆学术界对学科馆员的研究热点集中于学科馆员制度的自身建设方面。本文从学科馆员与信息素养教育的关系入手,通过理念分析和实践讨论,认为学科馆员是信息素养教育中的“特殊教师”,在工作实践中可以根据不同的学术时期进行相应的信息素养教育。

[关键词] 学科馆员　信息素养教育　特殊教师

“学科馆员”制度是图书馆的一种服务模式和办馆理念,它起源于20世纪70年代的美国和加拿大的研究型大学图书馆。从1998年起,以清华大学图书馆等为首的国内高校图书馆相继建立了学科馆员制度,并开展了相关服务。图书馆学术界对学科馆员的研究方兴未艾,其中的研究热点集中于学科馆员的概念辨析、工作职责以及工作模式的讨论等制度的自身建设方面,而对于学科馆员在学科建设上的重要意义涉及较少。本文拟从工作实践出发,尝试就学科馆员在信息素养教育中的作用做一些理念与实践的学术探讨。

1 学科馆员与信息素养教育:理念探讨

1.1 学科馆员——应运而生的新角色

学科馆员是图书馆在现代信息技术发展经历巨大变革的背景下应运产生的一种服务模式。这种服务模式发自于高校图书馆,它与以往的馆内咨询员的角色明显不同,主要是由图书馆设立专人与某个院系或学科专业对口联系,在院系和图书馆之间架起一座沟通的桥梁,提供相应的信息服务。学科馆员的产生不仅是信息时代的产物,更是高校图书馆发展进程中的必然结果。作为为教学科研服务的学术性机构,高校图书馆通过实行学科馆员制度,主动了解读者的需求,提供有针对性的信息服务,实现了从传统文献服务到知识服务的转变,也充分体现了高校图书馆的学术特性。对于这一图书馆的新角色,虽然学术界对于学科馆员还没有形成明确一致的定义,但学者们大都认同学科馆员的主要职责是学科联络和提供专业参考等。以南开大学图书馆为例,其学科馆员的主要职责就包括与院系建立固定联系、为读者提供信息资源的指导与培训、为教学科研提供有针对性的定题检索和参考服务、建立并维护学科导航信息等八项内容。尽管具体职责在各图书馆表现形式各异,但如果我们以一种高屋建瓴的眼光来观察就不难发现,学科馆员的职责始终围绕着提高读者的信息素养这一核心展开,因此充分了解信息素养的内涵就十分必要了。

1.2 信息素养——学术研究的基石

自从美国信息产业协会主席保罗·泽考斯基(Paul Zurkowsk)在1974年美国图书馆与信息科学委员会的报告中首次提出“信息素养”的概念以来,学术界围绕信息素养展开了诸多讨论。泽考斯基认为信息素养是利用大量的信息工具及主要信息资源使问题得到解答的技能。美国学院和学校协会南部学院委员会1996年认定的信息素养标准定义是:“具有确定、评价和利用信息的能力,成为独立的终身学习者的能力。”纽约州立大学图书馆馆长理事会1997年在信息素养报告中提出的定义是:“能清楚地意识到何时需要信息,并能确定、评价、有效利用信息和利用各种形式交流信息的能力。”各种关于信息素养的定义虽然在概念表述上有所差别,但大家都逐渐认同信息素养的特征体现为一种能力——适应信息社会需要的、涉及多学科知识的一种综合能力,它需要人文、技术等诸多知识背景,包括信息道德、信息意识等许多方面,对于高校师生来说尤为重要。

对于大学校园内的师生来说,他们的主要任务是学术研究。无论是对于初进大学的新生还是对于有一定研究基础的学者而言,学术研究都不是唾手可得、一蹴而就的。从基础知识的学习到论文的写作以至重要研究课题的完成,伴随不同层次的学术研究进程的是不同程度的信息素养能力。试想,如果一个大学生在学习过程中对学科的核心书目、核心期刊等重要资源丝毫不了解,毕业生在论文写作时面对众多的文献资料不知如何筛选利用,教师在研究中做不到对相关课题的跟踪分析,那么他们必定难以顺利完成相关的学业和研究,更不用说在学术研究中体现创新性了。正是在循序渐进的过程中积累起来的信息技能、信息意识以及由此而培养起来的信息素养能力为不同层次的学术研究打下了坚实的基础,成为学术研究的基石。

1.3 学科馆员是信息素养教育中的“特殊教师”

高等学校图书馆作为为高校师生学术科研活动服务的机构,进行信息素养教育是其重要的职责之一。图书馆可以利用自身拥有的文献资源优势,通过资源的收集、筛选和组织为广大师生提供强大的知识信息体系,并应用这一体系进行信息素养教育。同时,更为重要的是,图书馆在信息素养教育中还具有丰富的人力资源,其中,学科馆员就是信息素养教育中的“特殊教师”。毋庸置疑,学科馆员是信息素养教育中的主力,然而工作中体现出的非固定的受众群、非固定的教学材料、非固定的教学方式决定了学科馆员必然发展成为信息素养教育中的一位“特殊教师”。其特殊性体现在如下三方面,① 多层次的受众群。作为信息素养教育受众群的院系师生是多层次的,从一年级的新生到面临论文写作的毕业生,从具备一定研究能力的研究生到正在进行课题攻关的教授,他们之间本身的学术水平差异很大,这就决定了学科馆员在进行信息素养教育时不能千篇一律,必须根据不同的受众对象提供不同的服务内容。② 有针对性的教学资源。正是由于受众群的多层次性,决定了信息素养教育中的教学资源不可能是一成不变的,更不可能固定在某种特定教材上,而是有较强针对性的资源。同时,图书馆本身的馆藏资源分布也对信息素养教育有相对的限制性。学科馆员必须结合不同层次受众的需求和实际的馆藏资源分布情况,以有效的、针对性强的资源实施信息素养教育。③ 灵活的教学方式。文献检索课是信息素养教育的传统形式,而学科馆员在进行信息素养教育过程中往往突破了这种惯常的教学方式,根据实际情况灵活多变地通过多种途径向读者传授信息素养知识。除了教学以外,以举办各种专项讲座为主的宣传教育,以实时咨询服务和座谈会为主的交流等都是学科馆员采用的工作模式,正是在这些正式的、非正式的场合开展的教育活动,对信息素养的培养起着潜移默化、循序渐进的作用。

随着信息社会的变革以及高校教学科研发展应运而生的高校图书馆学科馆员在信息素养

教育中逐渐开始扮演“特殊教师”的角色,这种定位可以为我们理解学科馆员制度本身的演变及其与推进信息素养教育的关系提供理念启示,而学科馆员如何在实际工作中处理其特殊性以更顺畅地进行信息素养教育却更值得探讨。

2 学科馆员如何推进信息素养教育:实践分析

“因材施教”是我们熟识的教育原则,指的是根据实际情况采用不同的教育方法。孔子是中国古代最早重视因材施教的教育家,他提出教育学生要“视其所以,观其所由,察其所按”。宋代的朱熹把孔子说的这一教育经验概括为“孔子教人,各因其材”。美国教育家奥布赖恩(O'Brien,T.)和吉讷伊(Guiney,D.)在专著《因材施教的艺术:分层教与学》中也提出将层次分析法运用到教学实践中。同样,学科馆员也可借鉴“因材施教和层次分析”的原则来推进信息素养教育。这其中的关键在于,如何定义信息素养教育中的“材”,并据此运用层次分析方法,展开实际教学。

在前面的理念探讨中,笔者提出是信息素养能力为不同层次的学术研究打下了坚实的基础,成为学术研究的基石。可见,信息素养正是在不同的学术研究时期得以应用、体现和加强的。因此,我们认为信息素养教育中的“材”可以纳入学术研究时期的大框架中,根据不同的阶段提供相应的信息素养教育,这样既可以避免由于读者的个体差异而给学科馆员工作带来的繁琐和盲目,也可以使读者做到学术上的有的放矢,在信息素养培养中循序渐进地进步。根据这一原则,笔者在工作实践中将学术研究分为三个阶段,并提出了不同阶段内信息素养教育的重点与方法。

2.1 学术起步期——积累信息资源,学习检索技能

学术起步期是每个开始学术研究的人都要经历的阶段,大学一二年级的学生,包括有些转专业的一年级的研究生都属于这一阶段。这一时期的读者对自己的学科和专业尚处于初步了解阶段,如果学科馆员忽略这一点,而直接给他们介绍一些数据库,甚至英文数据库的使用,显然是不合时宜的。因此,对于处于学术起步期的读者来说,积累本专业的重要信息资源并能初步掌握一些简单的检索技能是信息素养教育的核心任务。对于这一学术阶段的读者,笔者在工作实践中会通过新生培训、下系交流等方式首先向他们介绍图书馆的概括,仔细讲解基础检索方法,让他们在熟悉图书馆的各项服务功能的过程中逐渐树立信息意识;其次根据他们的学科专业特点帮助他们确定本专业的教辅参考教材、中英文核心期刊等重要的专业信息资源,让他们在积累系列核心资源的过程中加深对专业概况的了解,为进一步的学习打下扎实的基础。

2.2 学术跋涉期——分析利用信息资源,提高信息意识

处于学术跋涉期的读者已经具备了初步的检索技能,可以找到一些所需的学术资源,他们要应对的问题在于:面对搜集来的众多学术资源,不知从何入手,更谈不上有效地利用这些资源。大学三年级学生和一些研究生都属于这个阶段的读者。根据这个时期的特点,学科馆员应该把重点放在培养读者分析利用信息资源,提高信息意识的自觉性上。例如,很多读者手“握”着大量文献,却不会“看”文献,碰到这种情况,笔者通常会引导读者注意每篇文献的摘要、正文中的第一段、结论和参考文献等关键部分,同时启发读者在分析文献时要带着批判性的思维,并可以通过撰写“comments”的方式来挖掘文章的核心观点,为同类文献归类。

2.3 学术成果期——信息素养的厚积薄发,培养终身学习的能力

经过前两个阶段的学习和培养,学术成果期可以说是水到渠成的。这一阶段的读者已经

具备较高的信息素养，他们可以熟练应用检索技能准确及时地找到专业资源，并在资源分析利用上有自己成型的方法，做到由一篇文献而知百篇内容。大部分的博士研究生和教师都属于这个阶段，他们关注的是如何做好何课题的研究从而使其学术成果能顺利产出。学科馆员在这一阶段更像是他们在学术研究上的朋友，而不是循循善诱的师长。为了帮助这些读者完成好课题研究，学科馆员应在和他们充分交流的基础上，为他们推荐最新的专业数据库，做好专业课题的定题跟踪和分析，当然这也对学科馆员提出了较高的要求。但这也充分说明信息素养是一种需要终身学习的能力，无论是读者还是学科馆员都应把信息素养的培养作为自己的长期目标。

这三个阶段的分析是笔者自身在学科馆员的工作中的实践经验和工作心得，需要在更多学术界的相关理论中加以验证和完善。学科馆员在信息素养教育中的作用也并不是这三个阶段就可以完全涵盖的，但是把信息素养教育纳入学术阶段的层次分析法以及根据不同层次相应服务的方式还是可以为我们做好这项工作提供很好的启示。

3 小结

学科馆员作为图书馆界的办馆理念和制度，对其的学术研究还在继续，但各高校的学科馆员工作早已如火如荼地展开。作为信息素养教育的"特殊教师"，各位学科馆员在他们的工作实践中始终秉承提高读者信息素养的理念，认真处理实际工作中的各种情况，默默地为不同层次的读者服务。笔者也期待着学科馆员的相关学术研究能为他们的实际工作提供更多的理论支持，以切实提高工作效率，更好地为读者服务。

[参考文献]

[1] 陈雪. 我国学科馆员制度文献综述. 浙江高校图书情报工作，2009(1)：46—47.

[2] 柯平，唐承秀. 高校图书馆学科馆员工作创新. 大学图书馆学报，2003(6).

[3] 李春旺. 国内学科馆员研究综述. 图书情报知识，2004(2).

[5] 王丽琳，李冠强，陈伏利. 论高校图书馆在学科建设中的作用. 图书馆学刊，2006(2).

[6] 吴红. 试论高校图书馆学科馆员在知识服务中的地位. 高校图书情报论坛，2006(4).

[7] 花芳. 学科馆员架起大学图书馆与院系间教学科研的桥梁. 东南大学学报(哲学社会科学版，2002，4(1A).

[8] 杜也力. 谈大学图书馆"学科馆员"制度. 大学图书馆学报，2002(1).

[9] 李菊萍. 知识经济时代高校图书馆员的能力塑造. 图书馆学研究，2002(2).

[10] 韩广峰. 关于学科馆员的角色定位及其绩效考核的思考. 图书馆工作与研究，2005(6).

[11] 杨波. 试析高校图书馆学科馆员制度. 中国劳动关系学院学报，2008(4).

[12] 费业昆. 研究型大学图书馆的创新发展思考. 大学图书馆学报，2001(5).

[13] 潘定红. 大学图书馆实行"学科馆员"制度的必要性和可行性分析. 大学图书情报学刊，2004(3).

[14] 胡继东. 关于学科馆员制度的建立与完善问题. 图书情报知识，2002(3).

[15] 梅谊. 谈建立高校图书馆"学科馆员"制度. 苏州大学学报(工学版)，2002(5).

[作者简介]

张蒂，女，馆员，南开大学图书馆信息部工作。

近五年来我国学科馆员制度研究文献综述

郭晓红

[摘　要] 本文通过对 2004—2008 年国内有关学科馆员制度研究的期刊论文进行分析，从学科馆员的概念、工作目标、素质要求、培养与选拔，学科馆员制度的概念、必要性、问题等方面，对近年来我国学科馆员制度的研究成果进行了综述。

[关键词] 学科馆员　制度　文献　综述

现代信息技术不断发展，图书馆的信息环境与用户信息需求不断改变，我国图书馆界也正在经历着观念的转变、制度与服务上的创新。学科馆员制度以一种主动的、专业化的服务方式获得了图书馆界的广泛关注。母益人 1989 年在《河南图书馆学刊》上发表的《学科馆员应该做好哪些工作》，是笔者能够检索到的最早的关于学科馆员制度研究的文章。1998 年清华大学图书馆率先实行了学科馆员制度，之后，一些大学图书馆也陆续开始建立了该制度。

为了从总体上反映我国在学科馆员领域的研究状况，笔者对该研究成果的主要表现形式——论文进行了分析归纳。笔者以"学科馆员"为检索词，以主题、篇名和关键词为检索途径，对 CNKI《中国期刊全文数据库》进行检索，获得相关论文 810 篇（1999 年～2008 年 12 月），对这些论文按年代进行了统计，期刊论文年代分布情况见表 1，年代分布曲线图见图 1。

表 1　国内学科馆员论文年代分布

年代	1999	2000	2001	2002	2003	2004	2005	2006	2007	2008
篇数(810)	1	1	3	11	36	68	106	139	205	240

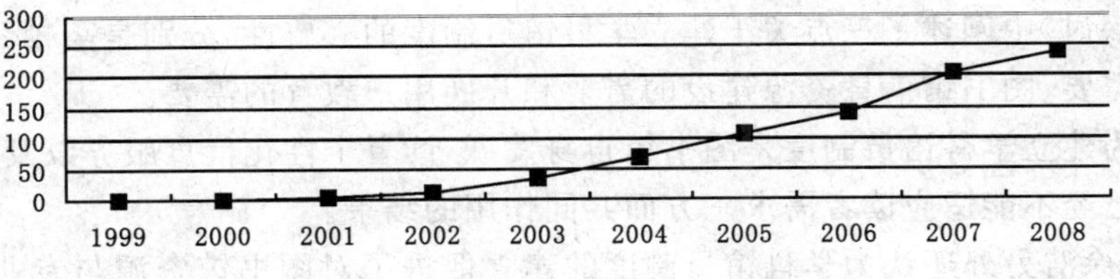

图 1　国内学科馆员论文年代分布曲线图

根据图表分析，关于学科馆员制度的研究呈现出逐年上升的趋势。1999 年至 2002 年期间的几年里，学科馆员方面的研究一直没有得到关注，2003 年的研究论文数量是 1999 年至 2002 年论文总数的 2 倍多。随着年代变化，成果数量迅速增长。2004 年之后，国内关于学科馆员的研究逐渐成为研究的热点。在检索结果中，笔者以 2004 年至 2008 年发表的期刊论文为数据来源，对其中的部分论文进行了分析研究。

1 学科馆员的概念

对于学科馆员的概念有很多种解释，但目前对这一概念的解释仍然缺乏统一的界定。刘卫利认为学科馆员是指由图书馆指派的具有一定学科背景的，专门与某一学科或院系进行对口联系，负责学科专业资源的组织、加工，提供该学科的资源导航，主动为该学科用户提供有针对性的文献资源服务并进行用户教育的图书馆员。

胡文娟、孙晓认为学科馆员是了解乃至精通所在学校某一学科或几个学科知识的图书馆员，他们能够有针对性地为教学与科研服务，是某个学科的文献信息专家。

刘小玮、靳红认为学科馆员指具有学科知识背景，能够组织学科信息资源、提供学科信息服务的图书馆馆员。

彭艳则从另外的角度阐述：学科馆员是以学科划分业务工作并为对口学科的读者提供服务的图书馆员。

2 学科馆员制度的概念

学科馆员制度的概念多是围绕着学科馆员工作内容展开。徐玲认为学科馆员制度通过主动咨询服务，在各院系与图书馆之间构建桥梁，有针对性地解决了师生如何最有效地利用图书馆资源的问题。

李春旺等阐述学科馆员制度是图书馆的一种创新服务模式，其根本目标是建立图书馆与学科用户之间的联络机制，主动了解学科需求，并以需求指导信息组织，以便向用户提供主动的学科指导性服务。

吴青松等在《也谈高校图书馆学科馆员制度》中定义学科馆员制度是高校图书馆根据馆员的专业知识背景和实际工作能力，指定馆员与对口院系建立密切联系，主动为对口院系提供全方位信息服务。

彭艳则认为学科馆员制度是为保障学科馆员工作顺利开展而建立的工作制度与管理制度。

3 学科馆员制度的必要性

对学科馆员制度的必要性的研究与论述很多，主要有以下一些观点：曹竞在《学科馆员制度相关问题探讨》中阐述了三点关于建立学科馆员制度的必要性，分别是高校图书馆提供优质高效服务的需要、图书馆信息资源建设的需要和开展用户教育的需要。

何芳认为建立学科馆员制度是图书馆自身发展，读者个性化信息服务以及传统、被动的参考咨询服务已经不能适应读者需求三方面共同作用的结果。

吴青松、徐浩另外还认为学科馆员制度的建立促进了对图书馆资源与专业服务的充分利用，解除了教师在利用文献资源过程中的疑虑，提高了文献的利用率与图书馆的声誉和地位。

学科馆员制度的实施必然为图书馆的业务流程“再造”带来契机，使图书馆从传统的文献管理模式向知识管理模式发展。

李晓媚认为公共图书馆创设学科馆员在满足用户需要的同时，还有利于图书馆信息服务工作的管理，促进图书馆信息服务队伍的建设，增强馆员的成就感，推动全馆服务质量的提高。

4 学科馆员的工作目标

李更良在《学科馆员的角色定位和工作职责》一文中认为学科馆员的工作目标是提高图书馆的服务水平;改进图书馆的服务方式;开发图书馆人力资源。

田智慧将学科馆员工作目标细化为三个阶段:初级阶段,学科馆员调研本馆所有馆藏,掌握数据库的检索方法与技巧,熟悉常用软件的使用,收集对口学科联系人的联系方法。中级阶段,提供利用图书馆的指导与培训,搜集、整理网络信息资源,听取师生对学科文献信息资源建设的意见和建议。高级阶段,对学科带头人、教授的跟踪服务,对相关学科科研课题的定题服务。

罗红彬等在《基于学科馆员制的高校图书馆核心竞争力》中阐述了三个阶段的目标。初级目标是岗前准备工作;中级目标是与院系联系,了解用户需求,对学科梯队或研究群体进行资源利用的培训;高级目标是进行深层次开发资源的研究。

李振东总结清华大学图书馆、北京大学图书馆学科馆员制度的目标是加强图书馆与各院系的联系,建立起通畅的“需求”与“保障”渠道;深化服务层次,提高文献资源建设的质量,帮助师生充分利用图书馆资源,开展深层次的学科咨询,使传统的参考咨询向纵深发展。

5 学科馆员的素质要求

很多文献阐述了对学科馆员的素质要求,存在诸多相似之处,归纳总结后可分为以下八个方面:(1)具有敏锐的信息意识和较强的信息加工组织能力。(2)深厚的图情知识和对口学科专业知识,精通图书情报服务所需要的图书馆学、情报学、信息学等基础知识和工作技能,同时具备大学程度的对口学科专业知识,熟悉对口学科的各种文献资源。(3)一定的计算机操作、网络技术知识及英语阅读能力。(4)善于创新,勇于进取,具有研究创新能力。(5)树立品牌学科的意识,主动掌握学科专业的脉搏,注意学科的发展动态。(6)有明确的学习目的,主动寻找学习机会,树立学习型馆员意识。(7)具备良好的思想素质和职业道德。(8)较好的协调公关、人际交往能力,服务营销理念与团队精神。

6 学科馆员的培养与选拔

袁俊在《高校图书馆实施“学科馆员”制度运行机制的研究》一文中认为,学科馆员的培养内容包括职业道德教育,培养学科馆员的责任感和荣誉感;图书情报专业知识教育;专业学科知识的教育;专业外语知识的培养及现代信息处理技术的培养。学科馆员的选拔主要有两个来源,一是人才引进,另一个是对具有基本条件的馆员进行有计划和有步骤的实施培养。

滕海涛认为学科馆员的来源还有另外两种选拔途径:聘请院系教师担任图书馆兼职学科馆员;鼓励馆员报考其他专业进行深造,帮助其日后从事学科馆员岗位。

陈艳飞强调应加强对学科馆员的创新素质培养,更新学科馆员的观念;加强综合能力、自我学习能力的培养;完善激励机制。

贾晓黎在《论学科馆员素质的定位与培养》一文中也持有该观点,同时进行了补充和深入,图书馆需要营造良好的学术氛围,激发学科馆员爱岗敬业的工作热情,增强团队的凝聚力。

7 学科馆员制度建设中存在的问题

目前关于学科馆员制度实施过程中存在的主要问题，归纳起来主要表现在观念认识、人员素质、管理体制、考评体系、物质保障等五个方面。

(1)观念认识落后。许多大学图书馆没有认识到学科馆员制度在完善和拓展图书馆服务方式、服务内容、学术建设上的重要意义。

(2)人员素质差距。国内图书馆员学习深造机会少，高素质人才外流，专业人才匮乏。大多数高校图书馆馆员与学科馆员的素质要求相差甚远。持相同观点的还有王红、席彩丽、康存辉等。学科馆员的自身专业与对口学科之间也存在着矛盾，在深入开展服务中存在问题，这一因素会直接影响到学科馆员的服务质量。

(3)管理体制的问题。目前高校图书馆普遍实行的是目标管理模式，从学科馆员制度上看，该管理模式仍具有一定的局限性。部分学科馆员不是专职的，不能将时间和精力完全放在学科馆员工作上，致使学科馆员工作受到比较大的限制。邓勇认为学科馆员工作职责的界定不恰当，没有充分发挥学科馆员的作用；学科馆员的培养与选拔方面仍缺乏成熟的机制。

(4)考评体系的问题。对于合理的学科馆员考评体系探讨不足，对合理的指标体系的具体构建更是缺少理论探讨和实践经验的总结，考评体系的研究滞后，严重制约着高校图书馆学科馆员制度的建立与发展。

(5)物质保障问题。与学科馆员制度实施相配套的学科信息资源建设不完整，配套设施不完善，这都在一定程度上制约着学科馆员制度的发展。任丽彬阐释学科馆员在额外的经济报酬方面的保障也难以实现。

综上所述，虽然我国在学科馆员制度研究方面起步较晚，理论与实践领域还有许多问题有待解决，但是图书馆界围绕着它已经进行了较多的探索和研究。学科馆员制度的实行是图书馆积极拓展服务方式、服务范围，提供主动的专业化服务的重要举措，是传统被动的参考咨询方式的深化与转变，是图书馆所进行的制度创新与服务创新，学科馆员制度的建立是各方面因素共同作用下的必然选择。目前，图书馆界对学科馆员制度的必要性、意义，学科馆员的素质要求、职责、经验介绍等方面已经进行了较详细的探讨，但是在学科馆员的服务范畴、服务方式、组织结构、技术支持等方面仍需要进行深入的研究，深化学科馆员服务的工作实践，为用户提供积极主动的专业化服务，不断发挥学科馆员制度的优势，充分体现学科馆员的社会价值。

[参考文献]

[1]刘卫利. 简析高校图书馆“学科馆员”制度. 图书馆学刊，2005，(5)：132.
[2]胡文娟，孙晓. 学科馆员制度建设的思考. 山东图书馆季刊，2005，(4)：94.
[3]刘小玮，靳红. 高校图书馆学科馆员的管理模式探析. 情报理论与实践，2006，(2)：209.
[4]彭艳. 对学科馆员工作职责和发展定位的思考. 大学图书馆学报，2006，(5)：96.
[5]徐玲. 高校图书馆学科馆员制度初探. 图书馆论坛，2006，(5)：253.
[6]李春旺，李广建. 学科馆员制度范式演变及其挑战. 中国图书馆学报，2005，(3)：51.
[7]吴青松，徐浩. 也谈高校图书馆学科馆员制度. 江西图书馆学刊，2005，(2)：72.
[8]彭艳. 对学科馆员制度的一些思考. 图书馆论坛，2006，(5)：257.
[9]曹竞. 学科馆员制度相关问题探讨. 图书馆，2005，(5)：69－70.
[10]何芳. 实施学科馆员制度 更好的为高校教学科研服务. 现代情报，2007，(9)：128－129.

[11]刘昆，杨菁.实施学科馆员制的探讨.图书情报工作，2005，(4)：119－120.

[12]李晓娟.开展信息服务应设学科馆员.现代情报，2004，(2)：107－108.

[13]李更良.学科馆员的角色定位和工作职责.情报资料工作，2008，(2)：80－81.

[14]田智慧.浅议学科馆员制度的建立与完善.科技情报开发与经济，2005，(3)：54－55.

[15]罗红彬，祁卓麟，刘淑霞.基于学科馆员制的高校图书馆核心竞争力.现代情报，2007 (4)：137.

[16] 李振东.国内部分高校图书馆学科馆员制度建设评析.高校图书馆工作，2005，(4)：68.

[17]昌国新.论高校图书馆"学科馆员"职能的发挥. 图书馆工作与研究，2003，(4)：62－63.

[18]李秀娥，安新华.高校图书馆试行"学科馆员制度"综论.图书馆学研究，2004，(5)：22－23.

[19]郭秦茂.高校图书馆学科馆员制度的建立与完善.陕西教育学院学报，2004，(3)：118－119.

[20]佟岩，赵杰.高校图书馆"学科馆员"制度刍议. 医学情报工作，2005，(2)：117－118.

[21]戚娟.浅论高校图书馆"学科馆员"的品牌意识. 华南师范大学学报(社会科学版)，2005，(8)：147－149.

[22]江梅，徐庆宁.建立和完善学科馆员制度的措施. 河南图书馆学刊，2005，(6)：50.

[23]陈艳飞.论学科馆员的创新素质. 图书馆学刊，2004，(1)：7.

[24]刘建勋.高校图书馆"学科馆员"制度的建立与完善分析.嘉兴学院学报，2005，(4)：134.

[25]贾晓黎.开拓创新服务领域 建立学科馆员制度.科技情报开发与经济，2005，(23)：41.

[26]袁俊.高校图书馆实施"学科馆员"制度运行机制的研究.信息化与网络建设，2005，(10)：54－55.

[27]滕海涛.高校图书馆建立"学科馆员"制度势在必行.科技情报开发与经济，2005，(6)：4.

[28]贾晓黎.论学科馆员素质的定位与培养.中国科技信息，2005，(23)：46.

[29]任丽彬.高校图书馆"学科馆员制度"建设的难点和对策.云南金融经济大学学报，2004，(1)：132－134.

[30]李冬梅.我国高校图书馆学科馆员制度实施现状的思考.农业图书情报学刊，2005，(1)：17－18.

[31]王红.高校图书馆实施"学科馆员"制度的缺陷和建议.太原师范学院学报(社会科学版)，2005，(2)：151－152.

[32]席彩丽.对大学图书馆实行学科馆员制度的现状分析.黑河学刊，2005，(5)：97.

[33]康存辉.高校图书馆加强学科馆员建设的重要性.武汉科技学院学报，2006，(3)：106.

[34]张丽宁.高校图书馆"学科馆员"制度的不足与完善.科技情报开发与经济，2005，(16)：51－52.

[35]汤莉华，黄敏.论高校图书馆学科馆员制度的完善——由上海交通大学图书馆建立学科馆员制度说开去.大学图书馆学报，2006，(1)：46.

[36]邓勇.学科馆员制度改进探讨.大学图书馆学刊，2006，(1)：11.

[作者简介]

郭晓红，女，馆员，南开大学图书馆期刊部工作。

南开大学图书馆馆际互借与文献传递服务介绍

苏　东

[摘　要] 网络时代，馆际互借/文献传递服务作为图书馆馆藏建设的重要补充和资源共建、共知、共享的主要实现方式，日益受到图书馆的重视和读者们的欢迎。近几年南开大学图书馆的馆际互借/文献传递服务得到快速发展，不仅为本校师生而且为天津市高校、全国高校及社会上的读者提供了文献信息的保障。本文对几年来南开大学图书馆馆际互借/文献传递服务的发展及现状进行了简要介绍和分析，并对今后的发展提出几点建议。

[关键词] 馆际互借　文献传递　图书馆

1 馆际互借与文献传递服务介绍

馆际互借是图书馆的一项传统服务，它是“图书情报机构之间根据事前订立的并保证恪守的互借规则，相互利用对方的藏书，以满足读者需要的服务方式”。我国早在 20 世纪 20 年代已出现馆际互借的服务活动。

“文献传递”一词是近些年随着互联网的普及、计算机通信技术的发展而流行起来的文献服务术语，是传统馆际互借服务在网络环境下的延伸和拓展。这里的“文献”不仅指传统的图书，还包括期刊、学位论文、专利、标准等各种文献类型以及电子文档、缩微胶片、光盘等各种介质的文献。

在实际工作中，人们更多地将传统的图书借阅称为馆际互借，将电子文档传送等新型服务称为文献传递。

2 南开大学图书馆馆际互借\文献传递的发展状况

2.1 历史回顾

20 世纪 80 年代，南开大学图书馆已经开展了和国家图书馆的馆际借书服务。1999 年和清华大学图书馆、国家科技图书文献中心建立联系，为读者提供的文献类型从图书扩大到期刊论文、会议论文、专利等多种类型。

2000 年以后，随着中国高等教育文献保障系统（简称 CALIS）馆际互借网和中国高校人文社会科学文献中心（简称 CASHL）馆际互借网的开通，南开大学图书馆与全国主要高校图书馆建立了文献传递业务往来，特别是 CALIS 馆际互借管理系统的启用使图书馆的馆际互借/文献传递工作由传统人工记录管理改为自动化系统管理，大大提高了工作效率。2005 年南开大学图书馆加入美国 OCLC（Online Computer Library Center，联机计算机图书馆中心）的资源共享组织，为本校读者开通从国外图书馆借书的渠道。此外还和香港中文大学图书馆、上海图书馆等建立了文献传递联系。2005 年制定了馆际互借/文献传递的补贴政策，以减轻本校师生获取文献的成本负担，受到师生们的欢迎，图书、中外文期刊等各类文献的申请量随之比以往有大幅增加。

目前，南开大学图书馆作为中国高等教育文献保障系统的服务馆、中国高校人文社会科学文献中心的学科中心、天津高等教育文献信息中心的文理中心，为本校师生、天津市高校、全国高校和社会企事业单位及个人提供馆际互借/文献传递服务，成为图书馆文献保障体系建设的重要组成部分。

2.2 现状分析

2.2.1 服务群体

南开大学图书馆馆际互借/文献传递服务以本校师生为主要服务对象，兼顾对天津市及全国范围的高校师生服务，同时对少量有需求的社会企事业单位及个人提供服务。

以 CALIS 馆际互借系统为依据，2003 年至 2008 年我馆馆际互借/文献传递注册用户类型分布如表 1：

表 1　2003 年至 2008 年南开大学图书馆馆际互借/文献传递注册用户类型

用户类别	博士研究生	高级职称	硕士研究生	中级职称	本科生	初级职称	博士后	其他	总计
数量	323	302	279	75	24	14	6	6	1029

注：数据来源为 CALIS 馆际互借系统。

表 1 显示博硕士研究生占总注册用户数量的 58.5%，教师及工作人员占 38.5%，本科生占 2.3%。这说明博硕士研究生及教师是使用我校馆际互借/文献传递服务的主要群体，这一群体在研究及教学中需要的很多文献我校图书馆馆藏难以满足，需要借助馆际互借/文献传递服务获取；而本科生这一群体所占比例很小，说明本科生对这项服务的需求不大，这也从侧面反应本校的馆藏资源可以基本满足绝大部分本科生的学习需要。

2.2.2 文献类型及传递方式

目前，馆际互借/文献传递服务为读者提供的文献包含多种类型。以出版物形式划分有图书、期刊论文、会议论文、学位论文、专利、标准、科技报告等；以文献的载体划分有纸质文献、电子文档、光盘、缩微胶片等；在时间跨度上从古籍、民国文献到最新发表的文章；语种上不仅涉及中、英文，还有俄、日、法、德、西等多种语言。

文献的传递方式主要有电子邮件发送、ftp 上传、邮寄、自取等。

2.2.3 文献申请数量统计

2003 年以前，南开大学图书馆的馆际互借/文献传递数量每年不到 200 件。2004 年以后，随着 CALIS、CASHL 两个馆际互借/文献传递网络平台的开通，自动化馆际互借管理系统的使用，以及补贴政策的实行，文献申请的数量有了大幅增长，2008 年全年的文献申请数量已达 7146 件。图 1 给出了 2003 年至 2008 年各年的馆际互借/文献传递申请量。

图 1 中，2004 年的数量由 2003 年的约 200 件猛增到 2413 件，主要原因是 CASHL 和 CALIS 文献传递网的开通，特别是 CASHL 在 2004 年底开展了面向全国高校的免费文献传递活动。在这次活动中，我校读者的申请量达到 2082 件，约占全年总量的 83%。2005 年数量有些回落，随后的三年文献申请量稳步增长。2003 年至 2008 年的文献传递总量约 21505 件。

图 1 中的数据包括本校读者申请和校外读者申请两部分。图 2 和图 3 则分别给出本校 2003 年至 2008 年间本校读者与校外读者的申请数量变化情况。

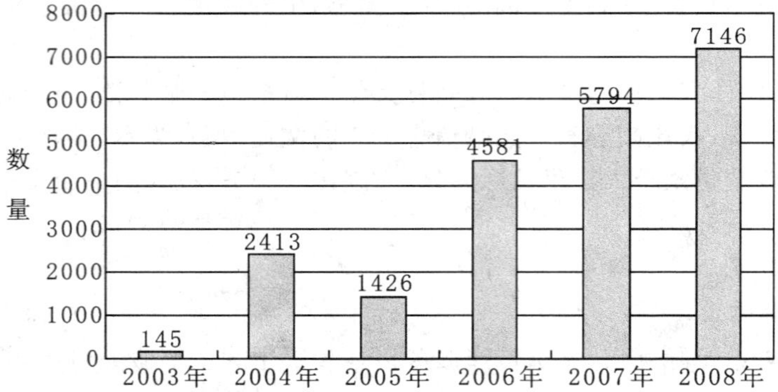

图 1　2003 年至 2008 年间南开大学图书馆各年的馆际互借/文献传递量

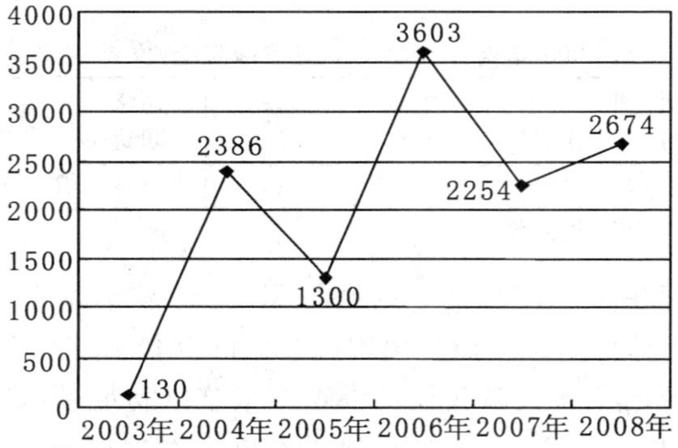

图 2　2003 年至 2008 年本校读者申请数量

图 2 显示 2006 年本校读者的申请数量为这几年中的最大值，而 2007 年和 2008 年有所回落，其主要原因有：(1)图书馆由于经费紧张，对本校读者的补贴政策做了调整，减少了对本校读者申请复制图书、申请从国外获取国内没有的文献和复制古籍、民国文献的补贴比例。这几类文献的获取成本比较高，如从国外获取一篇 10 页的期刊文章约 30～50 元，获取古籍或民国文献的成本约 2～3 元/页，很多读者难以承受高成本，只好取消申请；(2)校图书馆购买的全文数据库可以满足本校读者的部分需求；(3)社会上一些商业性文献传递组织以较低的收费吸引高校读者。

图 3 显示我馆对校外读者的文献传递服务在快速增长，2006 年处理校外读者的申请近千件，2007 年已超过 3000 件，2008 年突破了 4000 件。而且 2007 年、2008 年校外读者的申请总量均超过本校读者的申请量。对外服务量的增长反映出南开大学图书馆在天津市和全国高校中所发挥的作用在日益增加，即作为天津高等教育文献信息中心的文理中心、CASHL 的学科中心和 CALIS 的服务馆，南开大学图书馆正在承担起为本市、全国高校和社会公众提供文献信息服务的责任。

2.2.4 本校读者申请满足率分析

每个师生都希望图书馆的馆际互借/文献传递服务能够及时地帮助他们找到所需要的文

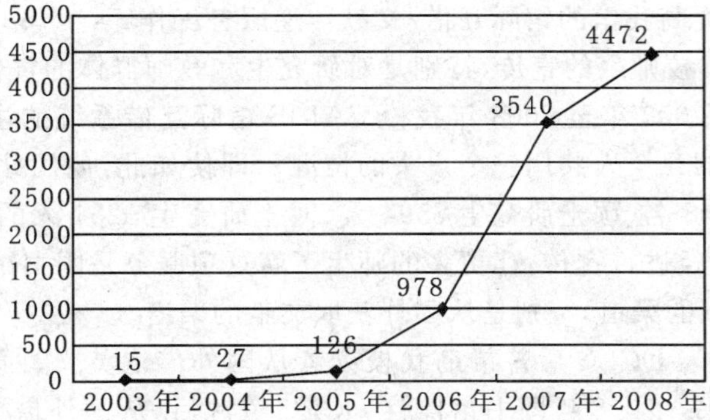

图3 2003年至2008年校外读者申请数量

献，因此满足率的高低是衡量馆际互借/文献传递工作的一个重要指标，对影响满足率的原因加以分析可以帮助我们了解问题所在。笔者以数量最多的2008年数据为对象，对CALIS系统内我校读者的申请结果进行了简要分析。2008年CALIS系统内记录有校内外读者的申请6401件，总满足率为81.6%。其中本校读者申请1929件，满足率为70.3%。我们按照不同文献类型，分别分析了未满足的原因。

(1)期刊未满足的主要原因：

一些外文期刊国内主要图书馆都没有收藏，而从国外获取的费用较高，甚至国外也难以找到，尤以非英文且年代久的文献较为突出，如俄、日、法、德、波兰、印度等国的期刊。一些英文期刊国内没有，而读者嫌费用高不同意从国外查找，因而未完成。还有的申请是因违反国外的版权规定或因文献破损、信息不清等而被拒绝。

中文未满足期刊以民国及台湾的期刊为主。一些民国期刊国内难以找到，或者即使找得到但费用昂贵，读者难以承受。国家图书馆收藏港台和民国期刊比较丰富，但因政治原因，一些台湾期刊需开介绍信才能提供，而从台湾获取的费用又比较高，一篇约30元。另外，2008年国家图书馆进行书库调整，将很多民国期刊下架打捆也影响了满足率。

(2)图书未满足的主要原因：

国内借阅图书的主要途径是国家图书馆，由于国家图书馆规定三年内的新书和港台书不外借，对20年前的图书也限制出借，导致很多图书无法借出。虽然这些书可以复印，但因费用高读者只好取消申请。还有一些图书国内无收藏，而我馆因经费紧张于2008年停止了通过OCLC开展的国际馆际借书，加之国外借书的费用也较高，因此相关申请只好取消。

(3)学位论文未满足的主要原因是著作权的限制，很多学校如北大、清华等不对外提供本校的学位论文，港台地区目前不对大陆提供学位论文，因此很多申请被取消。

以上是我校读者未满足申请中所涉及的主要文献类型和原因，其他文献如会议论文、古籍等被拒绝的原因和上述相似。从上述的分析中可以发现费用是制约读者，特别是经费紧张的学生和教师的最主要因素。

3 未来发展建议

近年来，南开大学图书馆的馆际互借/文献传递服务虽然取得了很大进步，但注册的读者数量与我校师生总量相比还非常少，读者申请的满足率和效率还有待进一步提高。笔者认为可以从以下几方面来提高我馆的馆际互借/文献传递服务工作：

（1）继续加强对本校师生的宣传，特别是对研究生和教师群体的宣传介绍工作。

从上述统计可知，2003年至2008年我校CALIS馆际互借系统的注册用户数量为1029，其中包含一个实验室的几个人共用一个户头的情况。即使如此，使用此项服务的用户数量与我校现有专任教师1848名、硕士研究生6594人、博士研究生3251人的数量相比还有很大差距。因此，通过多种途径进行宣传，让更多的师生了解这项服务是图书馆今后需加强的工作。

（2）增加获取文献的渠道，特别是从国外获取文献的渠道。

我馆于2005年加入OCLC后曾帮助我校读者从国外借取英文、西班牙文等多种国内没有而读者又急需的图书。2008年图书馆停订OCLC资源后，从国外借书的渠道从此中断，使用此项服务从国外借书的读者为此感到很遗憾。笔者认为，未来图书馆可以联系并加入一些免费或低收费的国际图书馆组织，以增加获取外文图书的渠道。

（3）制定更合理的补贴政策，减少因费用问题造成的未满足申请。

在本校读者申请未完成的原因中，有相当一部分是因为文献提供方的收费超过读者的承受能力，致使读者不得不取消申请。在这种情况下，读者通常会寻找其他替代文献，没有替代文献时只好终止使用此文献。但从学术意义上来说，这可能会对学术研究的质量与水平产生不利影响。因此，图书馆需要研究制定一个能兼顾读者的需要与图书馆的财政状况，既能满足师生研究需要又能将文献传递成本控制在合理和可承受范围内的可操作性强的补贴政策。

（4）优化工作流程，提高申请处理的效率，为读者提供更高质量的服务。

每个读者都希望尽快看到自己所申请文献的内容，而且处理文献申请速度的快慢也是CALIS和CASHL两个高校文献传递组织对各成员图书馆进行服务评比的主要指标。与国内其他主要高校图书馆相比，我馆存在资源分散、数据库资源有限等因素，在一定程度上影响了处理文献传递的速度。除去客观因素，今后图书馆可以从如何更合理地进行人员分工以及对工作流程加以优化设计等方面改进工作，从而进一步提高工作效率。

［参考文献］

［1］王绍平. 图书情报词典. 上海：汉语大辞典出版社，1990：847.

［2］范丽莉. 我国图书馆文献传递服务研究. 武汉大学硕士研究生学位论文，2004.

［3］边烨，邵敏等. 清华大学图书馆馆际互借工作现状分析. 情报理论与实践，2005，28(5)：495－498.

［4］吴洋. 网络环境下馆际互借的发展动向与问题. 情报科学，2006，24(4).

［5］南开大学简介. http://www.nankai.edu.cn/index.php?content＝aboutnankai&type＝1. 2009－04－28检索.

［作者简介］

苏东，女，馆员，南开大学图书馆信息部工作。

网络信息技术对高校图书馆馆际互借服务的影响

申 巍

[摘 要] 进入21世纪,计算机日益成为图书馆的主要设备,电子计算机与现代通信技术相结合而产生的网络信息技术已经越来越多地渗透到高校图书馆的管理和服务工作当中,使之更为便捷、完善。本文浅析了网络信息技术给高校图书馆馆际互借与文献传递工作、馆际互借员和广大用户带来的影响。

[关键词] 网络信息技术 馆际互借与文献传递服务 影响 用户

馆际互借服务是指,对于本馆没有馆藏的文献,在读者有需求时,根据馆际互借制度、协议和收费标准,向文献借出馆索取;在外馆向本馆提出馆际互借请求时,提供本馆所收藏的文献,满足外馆的文献需求的信息服务。该项服务在图书馆与图书馆之间,图书馆与文献收藏机构之间架起一座文献资源共享的重要桥梁。

网络信息技术是通信技术与计算机技术相结合的产物,它推动了资源共享,只要有一台计算机接入因特网(国际互联网),就可以与他人共享网上庞大的信息资源;网络文化又是多元性的,全世界各个角落,不同国家、民族,不同文化背景的人都能参与进来。网络的互动性使上网的人既可以利用网络获得信息,同时也可以利用网络传播信息,不受时空限制。在网络上还可以参与讨论或即时发表意见、传递信息。

随着网络信息技术的出现和发展,这种高科技技术已经越来越多地渗透到高校图书馆的管理和服务工作当中,作为现代高校图书馆诸多服务项目之一的馆际互借服务也受到了深刻的影响。

1 网络信息技术对馆际互借与文献传递工作的影响

早期馆际互借服务中,读者提交申请通常需要亲自前往图书馆,向馆际互借员提出文献需求,由馆际互借员手工将读者信息和文献信息登记在记录薄上。这种方法不仅费时,而且记录薄占用地方又不便于查询。文献的索取渠道有限,特别是外文文献,通常都要到国外查找,获取文献所花费的时间较长、费用较高,而且必须通过那些和国外有馆际互借联系的高校图书馆代为查找,而这样的高校为数不多。文献的传输多以纸制文献经复印后邮寄给读者。在此条件下,获取一份文献费时、费事,成本又高,限制了该项服务的普及使用。网络的出现和迅猛发展,给图书馆馆际互借服务带来新的契机。

1.1 馆际互借管理系统的使用

中国高等教育文献保障系统(China Academic Library & Information System,CALIS)

与中国高校人文社会科学文献中心(China Academic Social Sciences and Humanities Library，CASHL)是目前为我国高校教学、科研提供文献保障的最具影响力和运作最为成功的两大文献传递服务体系。以 CALIS 为例，CALIS 馆际互借/文献传递服务网的建设是 CALIS 的重要项目之一，该网由众多成员馆组成，包括利用 CALIS 馆际互借与文献传递应用软件提供馆际互借与文献传递的图书馆(简称服务馆)和从服务馆获取馆际互借与文献传递服务的图书馆(简称用户馆)。利用 CALIS 系统，馆际互借员可从系统中接收到读者提交的申请，也可以通过系统向其他服务馆提交申请，节省了操作时间。申请的任何处理状态、结算后的费用都被系统记录；账户信息、申请信息统一管理，馆际互借员查询和管理十分方便，只需使用系统中的检索工具就能锁定相关申请记录，进行查询或处理。新系统的使用，节省了工作人员的时间，加快了处理申请的速度，提高了工作效率。

1.2 文献资源的数字化

随着网络建设的不断发展，电子文献的迅猛增加，图书馆的馆藏引入了不少中外文全文数据库，高校图书馆之间也通过馆际互借服务共享电子资源。许多中外文文献都可以在数据库里找到，或直接下载或向有该电子馆藏的图书馆索取，多数外文文献不需再辗转到国外查找。电子文献从网上直接下载，又通过网络传递给读者，无须复印和邮寄，节约了时间和费用。

1.3 利用网络进行宣传和交流

为了扩大宣传，使更多读者了解馆际互借服务，工作人员利用网络公布相关信息，并将使用中会遇到的常见问题以 FAQ 的形式张贴在图书馆的主页上，供读者查阅；图书馆网站上还为读者提供了经常使用的网上检索链接、馆藏目录链接，使不熟悉网络资源的读者可以找到查询方向。

工作人员也常常利用一些即时聊天工具和读者进行即时交流，回答相关问题，及时解决读者的疑问。随着更多读者了解了该项服务，目前，在图书馆注册申请馆际互借账号的用户不断增多，提交申请的数量也逐年增加。网络交流工具的使用，不仅使很多问题得到及时解决，而且无需再打电话，节省了电话费，也节省了时间。

各高校工作人员也经常利用网络进行交流，相互学习。例如，目前 CALIS 系统成员馆的馆际互借员都在使用一个 CALIS QQ 群，许多高校的馆际互借员都加入了，大家经常在群里讨论问题、交流体会。有些难查找的文献，如果发贴求教，常常会得到大家的指点和帮助，令问题很快得到解决。用 QQ 传递文献也很快捷，有些占用空间大的文献无法用电子邮箱传递，用 QQ 传递就很好地解决了这个问题。

2 网络信息技术对馆际互借工作人员的影响

网络信息技术的应用使图书馆馆际互借工作变得更加便捷和高效，更促进了资源共享、促进了文献收藏机构之间的联系和合作。网络环境也对馆际互借工作人员的工作技能和工作效率提出了更高的要求。我们必须提高自身的综合素质和能力，不断拓展自己的知识面，才能适应不断更新的信息时代图书馆工作的要求。

2.1 熟悉所从事工作涉及的知识

首先要对本校的馆藏和电子文献资源心中有数，确认文献在本馆查不到的，才向其他文献收藏馆索取，减少不必要的花费。熟悉那些较常用到的馆藏目录的链接，例如各个高校图书馆、中科院联合目录，公共图书馆目录等等。要多熟悉他们的馆藏情况、馆藏种类、电子资源情况，以及他们同港台、国外图书馆有什么联系渠道等。这样，当我们有文献查找需求时就能及时找到解决办法，向这些同行请求文献或者请他们代查。当然，这些信息不是短时间就能了解的，要在工作中不断积累。

另外，要熟悉数据库。不同的数据库所收录的学科种类、文献数量和文献年代都有所不同。对于使用频率较高的数据库更要熟悉，熟能生巧，这样才能大大加快我们检索文献的速度。另外，正在使用的数据库会不断更新扩充，新的数据库还会开发出来，这就需要工作人员不断更新自己的知识，积极去了解，从而灵活应用。

2.2 提高自己的检索技能

读者申请的文献类型各有不同，会涉及标准文献、会议论文、期刊文章、学位论文等等，能够迅速地帮读者查找文献的出处，除了要熟悉各个常用数据库和馆藏目录链接外，还要熟练网络搜索引擎，根据情况选择合适的网络检索工具。要想加快查找文献的速度，提高检索成功率，非一朝一夕之功，需要在平时的工作中不断学习他人的经验，不断总结和实践。

2.3 把握必要的计算机及网络知识

信息技术飞速发展，已经广泛应用于各行各业，计算机和网络都是我们做好工作、提高效率的必要工具。“君欲行其事，必先利其器”，所以，要跟上时代的步伐，不断学习计算机及网络知识，并在实际工作中充分应用和总结。

2.4 积极学习其他学科的知识

馆际互借的读者来自各个学科领域，需要的文献也有不同类型。如果我们能对相关学科及其核心期刊有一些了解，则能对检索工作带来很大帮助。

3 网络信息技术对馆际互借用户的影响

CALIS馆际互借/文献传递服务系统的使用改变了以往读者亲自前往图书馆提交申请的旧模式。读者可以在网上申请馆际互借账号，经过确认后即可成为馆际互借用户。用户通过账户提交申请，在提交申请后可通过登录个人账号，实时查询申请的处理情况、所需费用等。申请处理完成后，会收到电子版文献或文献复印件或者图书等。在申请尚未被处理的情况下，读者可自行取消申请。没有时间和地点限制，只需有一台可以登录账号的计算机就可以了。除非接到通知，读者不必事事都前往图书馆，克服了传统图书馆在非开馆时间无法办理业务的不足。

CALIS系统为用户使用文献信息带来了巨大的方便，但在查找高校系统以外的资源上还存在一定的缺陷。网络信息技术的普及，也为公共图书馆的服务带来了巨大的改变。我们目前还分别与中国国家图书馆和上海图书馆建立了联系，利用他们的馆际互借系统为用户提供公共图书馆的馆际互借申请服务。读者可向校图书馆提交申请，由工作人员处理并向对方提交申请。通过登陆他们的网络系统，我们将读者的申请转发到他们的系统中索取馆藏文献，当文献要求满足后，再通过我们的系统将文献传递给读者并进行费用结算。这项服务给广大师生带来了很大的便利，他们不用专门前往国家图书馆或上海图书馆就能得到他们的馆藏文献，节省了时间和金钱。

4 小结

网络环境使图书馆馆际互借服务变得更加便利和高效，使图书馆与图书馆之间、图书馆与读者之间的联系更为便捷。无论是传统的服务方式还是结合了现代信息技术的新型服务模式,服务宗旨都是方便快捷地为读者提供帮助。我们不仅在技术上要服务到位,在服务态度上也要和蔼友好。如此,我们的工作才真正做得好,使读者满意。

[参考文献]

[1] 龙叶,宁凤英. 网络环境下高校图书馆用户时间资源的开发与利用. 图书馆工作与研究,2005(6)

[2] 高珉,马国强. 利用网络开展虚拟咨询的探讨. 图书馆工作与研究,2005(1)

[作者简介]

申巍,女,馆员,南开大学图书馆信息部。

南开大学图书馆科技查新业务分析

郝晋清　匡登辉　陆　萍　王娟萍

[摘　要] 本文对教育部南开大学查新站2005年到2008年的查新项目进行统计分析，总结出一些规律，发现了一些问题，探讨了解决问题的思路和方法。

[关键词] 科技查新　业务分析　对策研究

科技进步与创新已成为经济社会发展的首要推动力量。科技创新主要包括知识创新和技术创新，发明专利与科技项目是科技创新中最具活力的要素。科技查新(简称查新)是国家科技部为了避免科研课题重复立项和客观正确地判别科技成果的新颖性、先进性而设立的一项工作。它为科研立项、科研成果鉴定、科技奖励评审等提供了可靠的情报评估，因而日益受到国家及各省市科技行政主管部门的重视。南开大学科技查新站自2004年正式挂牌以来查新业务有了很大发展，但问题也随之而来。通过对业务进行统计分析，发现并解决问题，促进查新事业的健康发展尤为必要。

1 查新业务统计与分析

利用南开大学查新站2005－2008年档案材料进行统计分析，情况如表1所示。南开大学科技查新站自2004年成立以来，在短短几年的发展过程中，科技查新业务量迅速增加(见表1)。

表1　2005－2008年南开大学查新站业务完成情况统计

时间(年)	查新员(专职/兼职)(人)	查新课题数量(项)	全国平均课题数量(项)	检索业务(项)
2005	4/2	85	203	183
2006	5/3	170	258	129
2007	6/3	292	308	137
2008	7/3	381	381	125

数据来源：2009年3月17日，教育部科技发展中心副主任周静在深圳举行的“科技查新审核人员培训班”讲稿。

南开大学查新站查新人员队伍逐步壮大：目前有7名专职查新员，3名兼职查新员。和全国查新站平均专职人员7名，兼职人员6名相比，南开大学的查新人员较全国查新站平均人员稍少。高校科技查新站按照科技部和教育部的有关查新标准开展查新业务工作，教育部科技查新站近几年全国查新量为：2005年完成查新8732件，据对43所查新站的统计，平均每所查新站为203件，其中为本校提供查新服务4548件，占52%，平均每所查新站每年为本校提供查新服务 106 件；2006 年共完成查新 11088 件，据对 43 所查新站的统计，平均每所查新站完成业务量 258 件，其中为本校提供查新服务 5322 件，占 48%，平均每所查新站每年为本校提供查新服务 124 件；2007 年共完成查新 17536 件，据对 57 所查新站统计，平均每所查新站为 308 件，其中对本校提供查新服务为 9119 件，占 52%，平均每所查新站为本校提供查新服务 160 件[1][2]。2008 年全国统计还没有公布。通过对比（表 1、表 2）发现，南开大学查新站业务逐年增加，和全国平均业务量逐年增加的趋势一致，但是每年完成量仍与全国平均水平存在一定差距或接近。由此可见，我国科研管理部门逐渐对科技查新越来越重视，南开大学查新站的查新工作在发展过程中，有一些有待改进的地方。

表 2　2005—2008 年南开大学查新站查新业务委托人统计

时间（年）	校内委托（全国平均值）（%）	校外委托（全国平均值）（%）
2005	51(52)	49(48)
2006	43(48)	57(52)
2007	45(52)	55(48)
2008	35	65

表 3 给出了南开大学 2005—2008 年科技查新的查新范围，发现进行国内外查新的项目占据大多数。究其原因，这与委托人来源有关。本站查新委托人主要为校内科研人员、天津市其他高校和研究所、周边兄弟省份的高校及研究所、天津市中小企业等几类。中小企业委托项目一般进行国内查新，其他委托项目大都要求进行国内外查新。由表 3 国内外查新比例一方面可以推出，天津市原创性研究的主力仍集中于高校和研究所内，中小企业原始创新性不足。另一方面，天津市中小企业进行科技查新的总数在增加，中小企业进行产—研结合的趋势在加强。

表 3　2005—2008 年南开大学查新站查新业务类型统计

时间（年）	国内查新（%）	国内外查新（%）
2005	40	60
2006	54	46
2007	33	67
2008	48	52

2 存在的问题及解决方法

我国科研管理部门对科技查新越来越重视，各个查新站的业务逐渐增加，查新事业也遇到了成长的烦恼，寻找解决之策也更为迫切。表 4 对影响科技查新科学性、客观性、公正性和可靠性的因素、原因进行了详细分析[3-7]并结合查新实际进行了对策研究。

表 4　影响科技查新科学性、客观性、公正性和可靠性的因素、原因和对策

影响因素	原　因	对　策
查新课题流量过分集中	(1)科研管理部门依科研立项以及申报奖项流程，规定了提交材料的时限，查新课题在此时限内就相对集中； (2)有些课题申报人员不了解查新流程，在临近申报时限才来办理查新业务，使查新业务扎堆	(1)密切关注科研管理部门各项公告，预判查新流量； (2)加大查新流程宣传力度，创新宣传形式和途径； (3)建立由核心查新人员、兼职查新人员和机动查新人员组成的查新梯队； (4)制定相应的激励机制，充分调动查新人员积极性

续表

影响因素	原因	对策
查新申请合同过于简单或过于烦琐	(1)用户本身对项目的创新点认识不清； (2)项目本身创新性不强，用户希望用生僻术语或者时髦而牵强的词语来掩盖项目的内核； (3)用户出于技术保密心态，故意掩盖技术本质； (4)用户对查新认识不清，罗列大量查新点，使查新项目集中于细枝末节，重点丧失	(1)加强沟通，在与项目专业技术人员沟通过程中，了解项目背景及研究现状，帮助提炼查新点[8]； (2)通过沟通与交流，使用户理解查新的意义、过程及查新人员承担的保密等各项义务，使用户配合完成查新任务
查新员专业的局限性、认知能力及沟通能力的差异性	(1)科技的发展使专业分工更细，查新员不可能通晓所有专业知识； (2)查新员业务能力的不同在查新实践中有不同的体现	(1)通过交流沟通，使查新员了解课题含义，在项目专业人员的配合下完成查新； (2)加强查新人员的业务培训和查新人员的业务交流； (3)积极引入较高层次专业技术人员充实查新队伍
审核员的能力和经验存在差异	(1)审核员同样具有学科背景的局限性； (2)审核员无法参与每项课题检索过程； (3)审核员的经验和能力对查新报告的质量起很大作用	(1)制定科学的查新规范，减少查新范围选择和撰写过程中不必要的失误； (2)加强审核员和查新员之间的业务交流，选择典型的报告进行充分讨论； (3)积极总结查新经验
查新咨询专家无法起到相应的作用	(1)查新咨询机构所聘咨询专家一般为各专业的权威或学科带头人，而他们工作繁忙，投入到查新中的精力非常有限； (2)为课题保密的需要，咨询专家的选择需慎之又慎，这样无形中降低了咨询的效率	(1)审核员与查新员在工作中不断学习，总结积累经验； (2)聘请固定咨询专家； (3)建立候补专家库
查新管理部门和查新委托方对查新工作认识存在误区	(1)查新人员付出的复杂脑力劳动不能被一些查新委托方和管理部门所认识； (2)查新站依托单位将查新部门看做单纯创收部门； (3)查新委托方认为查新就是单纯的出个证明盖个章	(1)积极宣传查新的内在价值：提供了可借鉴的前人成果；可最大程度地避免低水平科研重复和走弯路；防止专利侵权等。其产生的社会效益和经济效益是不言而喻的，决不仅仅是一种经济行为。 (2)查新部门依据合同出具查新报告，报告既可是肯定的，也可是否定的
查新范围和工具的困惑	(1)数据库滞后而手工检索被忽略，漏检专业文献； (2)漏检早期和特殊文献； (3)外文检索用数据库资源不足； (4)网上相关信息的可靠性存疑	(1)检索主要相关专业现刊、访问主要专业期刊网站获取最新咨询以补遗； (2)检索范围扩展到数据库允许的最早年份，不拘泥于15年的限定； (3)Dialogue联机检索结合商业文摘库和全文库； (4)开放获取文献、预印本文库和网络上的信息以检索到的真实情况呈现

续表

影响因素	原　因	对　策
查新单位竞争与合作的困惑	(1)查新业务的经济效益、查新管理部门业务量的要求，使查新机构竞争加剧； (2)术业有专攻，查新站适宜开展的查新业务与所接业务的对口与否； (3)申请查新资质的获取要求有一定年限的查新经验，这必然导致无资质单位开展查新业务	(1)树立品牌意识，引入现代管理理念，创建自己的风格； (2)运用现代科技及网络手段，积极拓展业务； (3)加强查新机构的合作与专业分工； (4)公正、客观查新，热情、人性化服务

3 结语

科技查新作为科技管理的一项基础工作，为科研立项、评估、验收、奖励、专利申请等提供了客观评价的依据，得到越来越多科研人员的认同。科技查新工作的健康发展，是每一个查新机构及每一位查新业内人士共同的期盼。认真落实科学发展观，提高查新人员的素质和查新的质量；加强宣传与拓展服务，使查新工作得以扩展和延伸；严格管理和加强行业自律，使查新机构得以健康发展。相信经过全体查新机构的努力，查新工作将会走出被动和政策化的局限，为科学技术的发展做出更大的贡献。

[参考文献]

[1] 廖敏秀. 高校科技查新现状分析研究. 图书馆学研究，2008，2：69－71，98

[2] 孙利民，张素敏. 吉林省科技查新服务现状调查与趋势分析. 图书馆学研究，2008，1：69－72

[3] 罗红彬. 对科技查新中存在问题的思考. 现代情报，2005，1：133－134

[4] 石颖. 科技查新工作中存在的问题及对策. 情报科学，2005，23(9)：1341－1344

[5] 石颖. 浅谈查新工作中的伦理问题. 现代情报，2006，2：115－117

[6] 彭奕. 科技查新工作及查新过程中应引起重视的几个问题. 现代情报，2007，6：123－125

[7] 彭玲玲. 查新工作中应该注意的几点问题. 图书馆建设，2007，6：109－110

[8] 闫裴，刘亚茹. 科技查新中查新点的分析与提炼. 图书馆工作与研究，2006，2：39－40

[作者简介]

郝晋清，男，副研究馆员，南开大学图书馆信息部。

匡登辉，男，助理馆员，南开大学图书馆信息部。

陆萍，女，馆员，南开大学图书馆信息部。

王娟萍，女，研究馆员，南开大学图书馆信息部。

浅析 RSS 技术在图书馆文献信息服务中的应用

刘　洋

[摘　要] 现代信息技术对图书馆的文献信息服务产生了越来越大的影响，这其中的 RSS 技术目前在图书馆的文献信息服务中应用得比较广泛。本文主要就 RSS 技术在图书馆文献信息服务的应用进行研究，通过研究 RSS 技术规范及其特点、文献信息服务的内容，论述 RSS 技术对图书馆文献信息服务的影响，提出了在当前图书馆环境中的应用方法以及领域，并提供指导作用。

[关键词] RSS　文献信息　图书馆

随着网络技术和计算机技术的迅速发展，图书馆正在越来越多地运用新技术进行服务创新，RSS 技术是一项新型的自助式信息服务技术，信息聚合和信息推送是其两大基本功能。目前，RSS 技术在国内已有相当规模的发展，成为当前信息共享、信息服务中的热点技术，它也是图书馆中运用得比较多的一种新技术。

1 RSS 的定义

RSS 作为描述和同步网站内容的格式，是目前使用最广泛的 XML 应用，它可以是 Rich Site Summary（丰富站点摘要）、RDF Site Summary（RDF 站点摘要，RDF 是一种语义网技术），还可以是 Really Simple Syndication（简易聚合），这主要是因为该技术有不同的源头，不同的技术团体对其做出了不同的解释。[1] 实际上 RSS 就是一种简单 XML 格式，用于为内容整合客户端提供选择性的、汇总过的 Web 内容，它还能够用于共享各种各样的信息，包括新闻、简讯、Web 站点更新、事件日历、软件更新、特色内容集合和电子商务等。它最初主要用于新闻订阅，进而应用到电子商务、图书馆信息服务、个人门户网站等方面。

RSS 由内容提供者（content provider）、RSS 聚合器（RSS aggregator）和标题浏览器（headline viewer）三个主要部件组成。内容提供者提供最新文档和描述这些文档的 RSS 文件。RSS 聚合器是周期性阅读、标引和聚合 RSS 文件的一种软件。标题浏览器是在得到用户的请求后，连接到 RSS 聚合器，获取文档链接源，并显示给读者。标题浏览器的目的是提供从聚合器中得到的一系列标题。RSS 在使用时由内容发布商首先将要发布的内容提要按照 RSS 定义的格式形成一个标准的 XML 文件（以 RSS 或 XML 为扩展名），这就是 RSS Feed（RSS 种子或 RSS 摘要）。RSS Feed 直接在网站上利用超链接来发布，用户获取该 RSS Feed 的 URL 后，将其导入 RSS 阅读器或直接在支持 RSS 的浏览器中打开，就可以看到内容提要和指向原始信息源的链接，从而可以点击获取信息。

2 RSS 的发展与技术特点

RSS起源于20世纪90年代后期，最初是Netscape对Microsoft公司的Internet Explorer做出的回应。IE 4刚刚推出来的时候新增了“新闻频道”，为此Netscape定义了一套描述新闻频道的语言，这就是最初的RSS。此后，User Land公司开发了RSS 0.91版本。2001年一个非商业联合小组根据RSS 0.90标准，对RSS进行了规范和重新定义，并发布了RSS 1.0版本。但是User Land公司并没有参与此次规范的制定，而于2002年9月发布了RSS 2.0版本，定义其为Really Simple Syndication。因此，现在RSS已经完全分化为两个平行的版本：RSS 0.9x/RSS 2.0和RSS 1.0版本，前者被广泛使用，后者则得到多数专家和标准化组织的支持。由于规范的不一致以及RSS 0.9x/RSS 2.0已经被广泛使用的现状，RSS 1.0目前还没有成为标准化组织的认可标准。[2]本文中使用的RSS是基于RSS 0.9x/RSS 2.0规范的RSS，其主要特点如下：

（1）来源广的个性化信息“聚合”：RSS是一种被广泛采用的内容包装定义格式，任何内容源都可以采用这种方式来发布信息。而RSS阅读器软件的作用就是按照用户的喜好，有选择性地将用户感兴趣的内容来源“聚合”到该软件的界面中，为用户提供多来源信息的“一站式”服务。

（2）时效高且成本低的信息发布：RSS技术秉承“推”信息的概念，当新内容在服务器数据库中出现后很快就被“推”到用户端阅读器中，极大地提高了信息的时效性和价值。服务器端内容的RSS包装在技术实现上极为简单，且是一次性工作，使长期的信息发布边际成本几乎降为零。

（3）内容个性化：用户可以随时加入某个自己感兴趣的RSS信息频道，也可以随时取消自己不感兴趣的定制信息，完全由用户自主配置，确保汇集到阅读器的信息是个性化的、自己想要的。

（4）无“垃圾”信息且方便本地资源管理：RSS阅读器完全由用户根据自己喜好以“频道”的形式订阅值得信任的内容来源，能完全屏蔽用户没有订阅的其他所有内容以及弹出广告、垃圾邮件等。对下载到本地阅读器软件订阅的RSS内容，用户可以进行离线阅读、存档保留、搜索排序、相关分类等多种管理操作，使阅读器软件不仅是一个“阅读”器，更是一个用户随身的“信息资料库”。

（5）操作简便，易于使用：用户订阅或取消订阅RSS信息都只要在一个阅读器窗口中操作，不用链接到其他网站，不需要任何账号和密码，也不用使用类似传统E-mail订阅消息那样烦琐的步骤，比电子邮件定制更加方便快捷。

3 RSS 在图书馆文献信息服务中的应用

所谓文献信息，是指用文字、符号、图像、音频、视频等手段记录于一定物质载体上的信息。文献信息的物质存在形式及表现形式即为文献。简言之，文献信息就是以文献为形式的信息。它是一种固化了的信息，通过文献进行存贮和传播，并供人们利用。[3]

图书馆的文献信息服务包括咨询服务、书目服务、定题服务、代译服务、信息编辑服务、信息调研服务等，它以馆藏文献为依据，通过个别解答的方式，有针对性地提供服务。对高校图书馆的文献信息服务而言，就是以高校图书馆的文献资料、数据库和计算机网络为中心，利用计算机等设施和二、三次文献加工等服务方式，为高校教学、科研提供的信息服务。

3.1 个性化信息推送服务

个性化定制推送服务是 RSS 应用中的一个亮点，不仅可以利用 RSS Feed 来发布图书馆动态信息等，也可以用 RSS 来发布图书馆资源、更新情况等。为使发布的信息更有针对性，图书馆在发布信息时可以使用动态网页技术按照不同的查询条件生成不同内容的 RSS Feed，用户根据自己的需要可定制不同的 RSS 服务。

(1)新信息发布：图书馆门户网站常设置“最新消息”或“公告”等栏目，用于发布新服务动态、公告、培训通知、数据库信息等时效性较强的内容，以往读者只有访问图书馆的网站才能了解这类信息。现在图书馆可以利用 RSS 技术，使读者在最短的时间内，通过 RSS 阅读器便捷地获取图书馆的相关信息。

(2)新书通报：随着图书馆馆藏书刊的增加，依靠传统的检索技术，读者通常要在浏览大量的信息后才能找到所需资源。图书馆可以根据不同学科内容的图书设置相应的 RSS Feed，分门别类以不同的频道发布图书信息，读者根据自己的需要订制相应的频道，当发布端的图书信息变更时，用户端也会自动更新，读者可以及时获得新的图书信息，并可以链接馆藏书目查询系统，更好地了解新到图书业务状态。

(3)数据库 RSS 服务：许多数据库提供 RSS 服务，按照其服务方式，归纳起来有两类：①基于检索词的订购。用户在检索页面中输入检索式，在返回检索列表的同时系统会自动给出一个 RSS Feed URL，用户订阅这个 URL 后，每次数据库更新记录的同时，用户将得到相关的最新信息。②基于期刊目次的订购。按照收录期刊的目次提供 RSS Feed URL，当新一期的目次入库时，自动通知用户最新的期刊目次信息。按照这两类 RSS 服务，将商业数据库 RSS 服务集中组织，并通过统一的页面揭示给读者，能帮助读者了解数据库最新资讯，方便读者订阅自己感兴趣的信息。

3.2 信息资源聚合

学科导航服务已经成为当前图书馆最主要的服务形式之一，该系统的研制一般是收集因特网上的各类学术性资源，在本地形成学科导航数据库，再提供给读者。利用 RSS 可以很好地完成这项工作。一方面可以有选择地对 Internet 上的 RSS Feed 资源进行搜集，并对搜集来的 RSS Feed 资源进行整理归类，然后将这些资源整合到图书馆系统中。另一方面再通过 RSS Feed 服务提供从图书馆系统到用户端的内容服务，使 RSS 技术得到充分利用。此外，在数字图书馆建设的过程中，如果每个图书馆都能提供 RSS 服务，那么每个馆可以将自己收集的特定主题的资源以 RSS Feed 的方式与其他图书馆共享，这样就可以实现在元数据层次上的资源联合建设，不仅能使各个主题的有关资源得到尽可能的挖掘，也使资源的更新更加及时、方便。

3.3 定题服务

随着现代网络技术的飞速发展，网上信息的内容呈几何级数增长。网上信息资源的海量与无序状态、读者的检索技术有限，严重影响了检索速度及效度。而图书馆网站上现有的网络导航、文摘索引、书目等都只是从某一侧面解决了用户特定的信息需求。而且由于网络信息检索中使用的关键词并非都是受控词汇，因而在一定程度上导致了检索效率不高、检准率低。图书馆传统的服务已不能满足读者的多层次需求，因此，图书馆可以通过学科馆员，将各种信息收集、整理、加工，并编制专题文摘索引、专题书目数据库，采用 RSS 信息推送的服务模式，为教学、科研人员提供课题的最新信息资源，缩短科研时间，提高科研效率。

3.4 虚拟参考咨询

采用 RSS 技术的虚拟参考咨询系统主要是利用 RSS 的聚合功能。在系统里，用户在提交咨询问题后，系统会根据主题词汇连续不断地把聚合到的最新的与问题相关的信息推送到用户的 RSS 阅读器内，用户只要打开 RSS 阅读器就可以得到相关信息。无需咨询馆员太多参与就可以获取大量的相关信息。对用户来说，这种咨询过程是完全自助式的。另外，用户只要一次提交咨询信息后，系统就会记忆用户的信息需求并不断地为其输送与该问题相关的最新信息。这种推送功能对图书馆来说是一种主动服务方式，不需要太多咨询馆员的帮助，RSS 就会将与该问题有关的最新信息推送到用户的桌面，而无需用户在众多的网站中搜索，只要打开设置好的 RSS 阅读器，就可以静静地等着信息"找上门来"。

3.5 学科导航

目前很多图书馆网站正在建设"Internet 学科导航系统"，试图收集和整理因特网上的各种学术性资源，满足教学和科研的需要。图书馆员可以利用自己的专业技术定制更多 RSS 提要，对其进行归类、分析、整理，以提供更专业的信息资源，为科研和教学提供更深层次的服务。由于各高校图书馆人力、物力、财力有限，为了更好地做好学科导航，可以加入中国高等教育文献保障系统(CALIS)的"重点学科导航库"项目。原来各个成员馆利用手工收集某个主题的因特网资源，多个成员馆联合建设。如果能够采用 RSS 技术和标准，则容易在数据的层次上达到真正的联合建设。各个成员馆以 RSS Feed 方式提供自己的专题资源，在 CALIS 项目中心建立一个新闻聚合器，定期获取各个成员馆最新整理的资源(以 RSS Feed 方式提供)，将它们统一加入到 CALIS 项目中心的数据库中。这样读者既可以在成员单位访问这些资源，也可以在 CALIS 项目中心访问。重点学科导航库的联合建设就将建立在数据的级别上，而不是依靠几个超链接而形成的松散联合体。

4 结语

RSS 在图书馆文献信息服务中的应用，为图书馆提供了新的服务手段和服务项目，提升了图书馆文献信息服务能力，为用户获取信息提供了更多的选择。利用 RSS 技术，图书馆能更好地做到服务的主动性和个性化，也可以实现全开放、全方位的文献信息服务。RSS 为图书馆今后的发展带来了新的机遇，而 RSS 在图书馆的应用潜力还远未被发掘，今后我们应多加实践，将它更好地应用于图书馆的文献信息服务中。

[参考文献]

[1] 林小勇，林华英. RSS 技术在图书馆信息服务中的应用探析. 中国科技信息，2007(20)

[2] 胡晓东. RSS 技术的应用和发展趋势. 山西经济管理干部学院学报，2007(3)

[3] 黄宗忠. 试论文献信息学. 图书情报知识，1990(4)

[4] 黄春贤，毛明志，钟毅. RSS 技术及其发展探讨. 计算机技术与发展，2007(5)

[作者简介]

刘洋，男，助理馆员，南开大学图书馆技术部。

高校教学参考信息管理与服务系统的建设研究

李　玲

[摘　要] 本文主要从网络环境下教学参考信息管理与服务系统建设的意义、基本思路、数据收集、具体实现方式方法等方面进行研究。

[关键词] 高校图书馆　教学参考信息　管理　服务　系统建设

随着数字图书馆概念的提出和广泛应用，图书馆的馆藏资源已由单一的纸质文献向多元化馆藏资源发展。高校图书馆是学校的文献情报中心，而在浩繁的文献信息中，教学参考资源作为高校图书馆特有的一种资源类型，在高校的教学活动中有着举足轻重的作用。它是教师进行教学、指导学生进行学习和科学研究所必备的，其效用的发挥是高校图书馆服务高校教学最直接、最具体、最重要的体现，与广大师生的关系最为密切，也是馆藏建设的重点。在网络环境下，如何围绕学校的课程建设，将各种类型和载体形式的教学参考资源进行整合，为学校的教学改革提供简洁方便、电子化的教学辅助服务，正在成为当前国内大学图书馆的建设重点。

1 教学参考信息管理与服务系统的建设意义

(1) 使图书馆变被动服务为主动服务

图书馆事业的发展、技术手段的进步，客观上要求图书馆为教学科研和读者提供主动服务，教参系统的出现使图书馆可以根据教学的全程发展情况以及各学科的发展趋势，提供有针对性的主动服务。以教学参考书的提供为例，以前是教师提供教学参考书的书目，图书馆进行采购，其数量和复本一般都比较大，比如50本，学生以班级为单位到图书馆来借阅。回去后几个人看一本书，完成整个教学的过程。这种被动服务方式的弊端是，教师选的教学参考书范围有限，学生阅读到的参考书也就有限。利用教参管理与服务系统的交互性，不仅教师可以提供参考书目，而且学生也可以提出自己的意见，图书馆还可利用自己的资源优势，主动推荐有关书目，并不断对参考书目进行调整。这样做的结果，不仅针对性强，而且能够尽可能把学科最新的参考书提供给学生。

(2)利用数字图书馆技术整合教学相关资源

一般来讲，绝大多数学校的教学资源都是分散在教务处、院系、图书馆和授课教师等有关的机构和个人中，具体体现在培养目标、教学计划、教材教参、教案等方面。随着高等教育的普及和现代化教育手段的推广，教参资源包括的内容越来越丰富，除了传统的教参书籍以外，教学课件、相关论文、网络资源、音(视)频、动画等都可以是很好的教学参考资源。而图书馆有着非常丰富的各类电子资源，通过教参信息管理与服务系统，可以将课程信息以及与课程相关的各类电子资源，如电子书、期刊论文、随书光盘等，整合后推介给读者。这对提高图书馆资源利用率也有一定的意义。

因此，建设教学参考信息系统无论对于缓解文献供求矛盾，促进高等教育水平，还是提高图书馆资源利用率无疑都具有重大意义。

2 教学参考信息管理与服务系统建设的基本思路

中国高等教育文献保障系统(CALIS)在“十五”期间就确立了“高校教学参考信息管理与服务系统”这一重点建设的子项目，其任务是收集各高校的教学参考信息，经整理后提供给需要的用户访问。该项目建设的基本思路是在CALIS管理中心的统一管理下，高等院校图书馆共同努力，采用最新技术成果，建设基本覆盖我国高等教育文、理、工、医、农、林重点学科，技术领先，解决版权问题的教学参考信息库与教学参考书全文数据库及其管理与服务系统。[1]通过教参门户面向全国高校提供教学参考信息检索、在线浏览和全文电子教学参考书在线阅读等服务。

在CALIS项目的影响和推动下，全国各高校图书馆也对数字化时代的教学参考服务方式进行了不同程度的探索，开展数字化教参管理与服务，建立起自己的教学参考信息系统。通过调查发现，这些高校教参系统建设思路可以归为三类：第一类系统做得比较简单，仅建立教参书目库，并对部分教参资源进行数字化，链接电子全文，在主页上建立“电子教参书查询”；第二类系统做得比较好，将教参信息与本馆的电子书，如超星、书生等数据库进行链接，提供检索、网上阅读功能；第三类做得更加完善，将本校专业、课程信息与教参信息、教参资源进行整合，实现库与库之间的关联，为读者提供课程、专业、教参等信息全面检索。[2]

3 教学参考信息管理与服务系统中资源信息的分类与收集

在教学参考信息管理与服务系统的建设过程中，信息的收集是系统建设的关键环节，只有及时、准确地获得资源信息才能为读者提供更有效的服务。教学参考资源包括教学信息和资源信息两大部分。

(1) 教学信息

教学信息是全面反映学校的学科专业设置及其特色、专业的课程设置、课程教学大纲和计划、试题库、师资状况等的教育教学信息，是学生了解本专业学科情况、掌握学习进度的基本资料，教学信息大多来自教务和人事的主管部门，由于教学改革的需要，教学信息每学期都有内容变化，如何使教学参考服务系统与更新的教学信息同步，是保证教学信息正确、完整的关键问题。信息的收集时可与学校教务部门密切协作，将教学参考信息的收集纳入教务管理工作中，以保证教学参考信息的权威性、科学性、新颖性和及时性。

(2) 资源信息

资源信息是指那些可以提供给学习者使用，能帮助和促进他们学习的信息、技术和环境，是教学参考资源服务系统的基石和有效的保障。资源信息包括课程的中外文教材教参、课件、课程指定阅读材料、教学的音(视)频资料、网上的教学资源。资源信息应充分反映学校的特色资源，如各类精品课程以及本校教师的自编教材、讲义等。[3]图书馆一方面可与各院系密切协作，定期将教学参考资料申报单送到各院系任课教师手中，请教师填写，定期主动上门回收申报单；另一方面在图书馆主页上可设置专门栏目“教学参考信息推荐”，通过这种方式，任课教师通过网络提交就可直接向图书馆报送教学参考信息的具体内容。图书馆工作人员在获得上述信息资源后，以各类型馆藏文献为基础，进行多渠道的收集、整理和后期加工，添加到系统中。信息的收集要充分体现出学校的学科优势，将学校所有的资源信息进行整合，建立一个完善而丰富的资源库。

一个好的教参信息系统应该科学、有效地整合以上各方面的信息，才能为教学科研及广大师生提供安全、快捷、准确、完整的信息资源保障服务体系。

4 教学参考信息管理与服务系统建设的具体实现

目前国内高校图书馆教学参考服务的水平不一、服务模式多样，各个应用系统各具特色。以图书馆的各种类型文献资源为中心，将丰富的教学参考信息资源服务于学校师生，是系统建设的最终目标。

4.1 系统总体框架的设计

教学参考信息管理与服务系统是一个基于图书馆网络，具有分类浏览、多检索入口、个性化设置等多项功能的、综合各类课程资源的专业教学互动平台。根据教学参考信息系统的流程，整个系统可以分为两个部分：教参信息管理和教参信息服务。教参信息管理包括登录服务器验证、提交信息管理、课程信息管理、书目相关信息管理和统计馆藏情况等功能，要求具备交互性强、安全的存取模式，网络通信量低、速度快等特点。教参信息服务包括用户认证、教参信息推荐、信息整理加工、教参书目信息查询、课程相关信息查询及对应电子版教参书的在线阅读等功能，具有权限的教参信息管理员通过客户机登录服务器完成相关的数据操作。目前大多数高校采用B/S模式开发基于WEB的教参信息管理服务系统，通过若干功能模块来实现。具体功能模块主要包括：管理模块、检索模块、个性化服务模块以及资源导航。[4]其中管理模块实现对整个系统的用户信息、教学资源信息的管理、更新与维护功能。检索模块将各种教学参考资源进行整合，实现跨媒体、跨数据库资源的统一检索。为了方便信息查询，提供资源名、教师名、课程名、专业名四个检索入口。资源类型包括：教师讲义、同学学习笔记、参考书目（图书馆馆藏书目信息以及院系资料室书目）、网络资源链接、课程试题库、教学课件、推荐数据库等。系统提供多种分类体系和相应的资源导航及学科导航服务，方便读者从大量信息中查找出所需资源。可与统一检索功能联动，实现对学科、数据库、最终记录的检索定位。个性化服务模块根据用户的使用习惯和个性化的需求，建立个性化参数设置，提供学科、资源类型、检索习惯等系统和服务类型定制功能，设置"我的检索历史"、"我的资源"、"我的知识库"、"推送给我的最新信息"等栏目，为用户提供定制的信息分类、信息推送等个性化的服务。

4.2 系统用户分类及权限的划分

教参系统的用户可以分成普通用户，包括学生和教师、教参信息管理员、系统管理员三种角色，学生个性化定制课程，上传、推荐、下载各类学习资源；教师推荐、上传、审核、下载资源，同时与选课学生互动。教参信息管理员管理专业的课程信息、学生和教师信息以及各种与课程相关的电子资源。系统管理员负责系统后台维护、更新和技术支持。系统采用统一的用户验证机制，设置用户分级管理和资源访问权限控制策略，针对不同的用户组可对各种电子资源设置不同的访问策略。

4.3 系统后期维护

教学参考信息管理与服务系统的建设是一项系统工程，是一个必须立足于长期建设、持久维护的建设项目。图书馆要充分利用自身在高校中擅长信息组织和发布的优势，建立内容更新的多方参与机制，实现图书馆、院系和教师多方力量参与到教学参考信息系统的建设维护之中，制定长期的更新维护计划，以保障项目的可持续发展。教参信息每年都会有较大的变化，如果不及时更新，教学参考系统将失去其教学参考价值，也就失去了系统建设的意义，应该避免一次性投入、一次性建设，后期维护、修正、完善工作比较薄弱的情况。另一方面随着数字图书馆的发展和网络信息的海量增长，高校图书馆必须根据学校自身的专业特点开发特色资源才能保持相对独立性。多年的积淀形成了多学科相互支撑、结构合理、特色鲜明、协调发展的学科专业体系和办学特色，与之相辅相成，形成了各自的馆藏文献资源特色。教学参考信息系统在实现书、刊、学位论文和网络资源的整合过程中，应紧紧围绕专业特色突出这一宗旨。

5 总结

教学参考资料管理与服务是高校图书馆的一项重要工作。教学参考资料服务工作，有利于促进优秀教学资源的有机整合与合理运用，同时进一步拓宽和延伸了图书馆的教育功能与服务功能。教参系统的建设和开发，积极服务高校教学工作，将图书馆的资源、专业教师和学生的需求整合在一个统一平台上，便于教师、学生进行教学信息互动交流，从而达到提高专业教学质量的目的。同时为高校图书馆建立自己的特色数据库打下坚实的基础，为图书馆今后的生存和发展开拓更为广阔的空间。

[参考文献]

[1] 李振钱."高校教学参考信息管理与服务系统"项目建设的几点思考. 大学图书馆学报，2006(4)
[2] 汪媛. 国内高校图书馆数字化教参管理与服务系统的调查分析. 图书情报工作，2005(9)
[3] 徐宁. 教学参考资源服务系统建设模式探讨. 现代情报，2007(5)
[4] 赵乃，张红芹. 基于 Web 的教学参考资源服务系统的设计与实践. 大学图书馆学报，2006(5)

[作者简介]

李玲，女，馆员，南开大学图书馆数字资源部。

论图书馆文献信息资源的开发与利用

王东彦

[摘　要] 现代信息技术的发展，使我国图书馆越来越重视文献信息资源的开发与利用。本文主要探讨了图书馆中文献信息资源的分类、开发方法、利用实践，以及目前我国图书馆中信息资源开发与利用的对策分析。

[关键词] 文献信息资源　图书馆　实践

现代信息技术的发展为我国图书馆提供了极适宜的发展机遇，使图书馆在文献信息资源开发与利用上得以施展。图书馆从传统的以藏书为主，转向了以人为本，以用户为中心，在注重有效藏书量的同时更注重文献信息的深层开发以提高图书馆馆藏文献的利用率。现在对图书馆的评估是以提供文献信息的数量与质量、服务的功能与效果、开发信息资源的成效、用户利用信息资源的多少等作为指标的。图书馆要发展就必须注重文献信息资源的开发与利用，找出适于自身发展的途径，这样才会有生存下去的出路。

1 图书馆中文献信息资源的分类

所谓文献信息，顾名思义，是指用文字将符号、图像、音频、视频等手段记录于一定物质载体上的信息。文献信息的物质存在形式及表现形式即为文献。简言之，文献信息就是以文献为形式的信息。它是一种固化了的信息，通过文献进行存贮和传播，并供人们利用。[1]

图书馆中文献信息资源开发与利用的内容包括图书、期刊、专著、会议录、科技报告、学位论文、专利文献、资料汇编、电子出版物、网络信息资源等多种文献信息类型。要将这些文献信息进行有效的开发与利用，必须先对文献信息资源的内容、类型和结构特征有所了解，然后才能有针对性地加以开发利用。

(1) 图书：图书是一种成熟定型的出版物，内容上比其他出版物全面、系统、可靠，具有知识体系的完整性。由于图书出版周期较长，内容相对来说有点滞后，不像报纸、期刊要求很强的时效性，但是其专业性强、内容充实、文献量大，是文献信息资源开发的重要部分。

(2) 期刊：期刊是国内、国外及国与国之间学术界传递信息与知识的主要载体。期刊是连续出版物，它以快捷、广泛、学术性较高、易获取等优点决定了其在世界各国各领域的研究中发挥着重要的作用，是文献信息资源开发与利用的主要文献之一。

(3) 电子文献数据库：随着文献信息资源越来越丰富，信息需要容量大、更有效率的载体来呈现。电子载体具有体积小、存贮数据量大、易于保存、便于检索等特点，加上计算机的迅速发展，各种电子数据库也相应发展起来。

(4) 网络资源:网络首先实现了图书馆信息资源共享,其次促进了图书馆与用户的相互沟通,并且通过整合网上的相关资源,加以有效利用,丰富馆藏资源。

2 图书馆中文献信息资源的开发方法

2.1 按开发程度分

分为浅层开发、中层开发和深层开发。

(1)浅层开发是指对到馆文献进行分类、编目、排架,宣传报道文献特征。这是文献流通的基础工作,也称一次文献开发。如新书刊预告、书刊目录编制、提供原始文献等。

(2)中层开发是将文献内容进行提炼或综述性揭示,编辑成专题资料,如编辑题名目录、主题索引、专题文摘等。

(3)深层开发是将文献中的各种精华资源进行综合归纳和分析,形成综述、述评、专题资料编译等。

2.2 按开发方式分

分为产品式开发、技术性开发、咨询服务式开发、教育培训式开发。

(1)产品式开发是将图书馆馆藏文献信息资源进行加工整理、综合归纳与分析,形成新的文献类型。开发的对象是馆藏新书刊、电子文献以及部分馆藏回溯文献,根据用户需求由文献情报工作人员研究、分析,去粗取精,将分散的文献信息,提供给用户利用。开发的文献信息产品的主要文献类型是全文数据库联合目录等。

(2)技术性开发是指文献信息资源开发需要有信息技术的支持,开发的产品要有相应的技术载体来承载。用文献信息资源的计算机技术和网络技术来实现产品的自动化,代替过去的手工操作。不受地域和时空的限制迅速传递信息,还能使文献信息资源以声像技术产生的视听化,多媒体技术产生的文字、图像。通信技术使文献信息开发工作网络化,由计算机处理代替手工书刊著录,明显地提高了工作效率。

(3)咨询服务式开发是指利用图书馆丰富的文献信息资源为用户提供最新、最全面的文献信息资料。采取多种服务方式主动为用户服务,并通过与用户的沟通,以此开发出更具个性化的服务。

(4)教育培训式开发是属于间接式开发与利用,图书馆通过对用户开设培训班或指导用户如何阅览和查询文献信息等方法,培养用户的信息检索和查询能力,从而提高文献信息资源的利用率。另一方面是对文献信息开发人员的教育培训,提高人员的整体素质,以应对新的开发问题。

3 图书馆中文献信息资源利用的服务实践

图书馆要发挥作用,就要跟上时代的变化、学术的变化,以及相关学科的变化,在环境的变化中及时调整服务实践内容,在文献信息工作的标准化、规范化、程序化、文献信息存贮的高密度化、文献信息传输的网络化上下工夫,全面提升文献信息工作的档次,提高文献信息资源的利用率。在这里结合一些图书馆的实践活动,谈谈进行的服务项目:

(1) 文献共享服务:利用网络化的远程文献传递和馆际互借系统,进行各种类型的全文文献的代查、复制和网上传递服务。使用扩展服务功能,还可获得馆藏目录、二次文献数据库以及电子全文资源的无缝集成服务。

(2) 参考咨询:用户在网上将疑难问题向有关咨询专家提出,并可通过 E-mail 获得解答。

(3) 定题服务:根据用户对某一主题相关资源的需求,将经过筛选的检索结果,以目录、索引、全文等方式,一次性或连续地将所需要的最新资源传送给用户。

(4) SCI 咨询服务:为用户提供 SCI 收录期刊论文及其引用的检索、咨询及相关统计服务,定期发布 SCI 收录期刊的影响因子、SCI 收录的国内外期刊、国内中文核心期刊等相关信息。

(5) 信息订阅与推送服务:用户可通过网络订阅某些主题,系统将从网络上自动收集与该主题相关的信息,并提供多个视图呈现获取的信息,如邮件推送、WEB 浏览、RSS 推送等。

(6)网上资源推荐和网站导航服务:重点报道和深入揭示相关学科的核心网站资源,并全面收集、整理相关网站,向用户提供方便的互联网资源查询和导航服务。

(7) 科技查新服务:拥有众多的数据库资源和专家,为用户提供科技查新和信息咨询等多项服务。

(8) 各学科各行业情报研究及翻译服务:以丰富的中外文文献资源为基础,配备各专业的情报研究及外语人才队伍,为用户提供各种类型的情报研究及中外文翻译服务。

(9) 建立特色数据库:调研相关院系、公司等单位需求,据此建立相关的特色数据库,并依托图书馆的大量文献信息资源,不断充实、更新,使用户得到需要的信息,扩大图书馆的知名度和影响力。

4 我国图书馆文献信息资源开发与利用对策分析

4.1 制定开发利用文献信息资源的政策法规

我国信息产业虽然尚处于发展的初始阶段,但是在信息的生产、搜集、处理、积累、储存、检索、传递和消费等活动过程中已经日益显现经济关系和社会关系的多样化和复杂化。为了管理、保护和利用好我国的科学技术文献信息资源,国家应在法律上使其得以保障,政策上予以扶持。制定与我国国情相适应的信息产业法规条例。使信息产业活动纳入法制轨道,克服某些无法可依或有法不依的人治现象,引导信息产业走上更加合理、更加协调的发展轨道。促进文献信息资源的有效开发与利用。

4.2 建立文献信息资源开发利用的管理运行机制

(1)协调文献信息资源的整体布局。由于受地理和各地经济条件的限制,文献信息资源主要集中在大中城市,而西部及偏远地区的文献相对来讲数量很少,并且信息传输设备落后,信息资源分布极不均衡。目前正在进行西部地区大开发,需要各种信息的介入,国家应进行宏观调控,一方面通过行政手段进行管理体制的改革,在行业管理上采取行之有效的措施。另一方面图书馆应有一个全国性的组织机构来统一规划我国图书馆事业的发展,对文献信息资源进行整体布局,逐步形成文献信息资源的保障体系。

(2)实行公益性和产业制并行的管理体制。我国现行的图书馆管理体制主要强调无偿的公益性服务,这在社会主义计划经济阶段发挥了很大作用。然而,在市场经济形势下,单一的公益性图书馆服务体系难以满足社会的需要,必须从适应社会发展整体出发,将文献信息资源开发机制纳入市场经济的轨道,逐步向产业制过渡。建立这种管理机制,并不是取消以无偿服务为特征的公益性服务,而是在市场经济的前提下,根据用户的层次结构与经济条件,适当实行有偿服务,以此来资助公益性信息服务,形成良性循环的发展模式,为生产、科研、经营和教育等提供全面的信息保障。

(3)加强协作开发、实现资源共享。图书馆界在以往的信息产品开发中由于缺乏整体协作，存在着缺少规划、盲目投资、重复建设等现象。近年来随着信息技术、通信技术的发展，馆际交流增加了，出现了图书馆界联合开发文献资源的局面。在进行大型文献信息产品开发时，第一，应统筹规划，避免出现重复建设、浪费资源等现象出现；第二，在开发过程中与其他图书馆分工协作、联合攻关、优势互补、共同受益；第三，加强协作可以降低产品的开发成本，提高产品水平，缩短产品开发的时间；第四，联合开发大型信息产品可形成规模化生产，能充分利用各馆的资源，使文献信息开发工作得到可持续发展。

4.3 重视外文文献信息资源开发与利用的社会需求

文献信息资源开发的基本原则是从社会的实际需求出发，以用户为中心，开发具有实际应用价值的信息产品，同时需要经过社会和用户的检验，实现其产品价值。社会需求导向是信息产品开发中决定性的因素。如果忽视社会需求闭门造车，往往造成人力物力的浪费。因此，在进行文献信息开发时要对社会和市场进行深入调查，了解用户的需求，制定开发方案与规划，只有这样才会获得事半功倍的效果。

4.4 提高全民的信息意识与信息能力

文献信息资源开发与利用的关键因素是人，不管是开发还是利用都是由人来完成的。开发的过程是人的思维和劳动的过程，而开发出来的信息产品则为人使用的。所以，信息开发与利用成败的关键是信息化人才。这里包括从事信息基础结构建设的信息专业人才和信息应用人才，即能够运用信息技术和信息资源于本职工作，促进生产率全面提高的高素质社会劳动者。同时，要实行普及信息教育，逐步提高全民的信息意识与信息能力，这样才能促进信息业的发展。

4.5 加快现代化信息技术的建设，促进文献信息资源的开发利用

从当前文献信息资源开发利用的现实来看，大多数开发的信息产品都离不开网络技术和数字化技术的支持，只有利用现代化信息技术才能更有效地开发与利用信息产品。我国图书馆需要加强数字化图书馆的建设，以便为文献信息资源的开发与利用提供一定的技术支持，而开发的信息产品也能为数字化图书馆建设添砖加瓦。数字化图书馆的建设要从读者利用的角度出发，为读者利用馆内资源提供简明易用的现代化工具和数字化资源，以便提高馆内文献信息资源的利用率。建设数字化图书馆与开发利用文献信息资源是紧密联系、相辅相成、共同发展的。

[参考文献]

[1] 黄宗忠.试论文献信息学.图书情报知识，1990(4)

[作者简介]

王东彦，女，助理馆员，南开大学图书馆数字资源部。

论南开大学学位论文全文数据库的建设

徐　良

［摘　要］本文阐述了南开大学图书馆建立学位论文全文数据库的必要性和意义，探索了该数据库建设中的学位论文远程提交、版权处理、数据加工、信息发布等关键性环节。

［关键词］学位论文　全文数据库　开发利用　建设

学位论文(Dissertation for Academic Degree)是学位制的产物，是高等学校或研究机构的学生为获得某种学位资格，在导师指导下完成的科学研究与科学实验成果，并以此为内容撰写的学术研究论文。它和图书、期刊、报纸、会议录、科技报告、专利、标准一样，是记载知识信息的一种重要的文献类型。其中博士、硕士学位论文有较高的学术研究价值和一定的独创性。在高等学校和重要科研单位，学位论文具有独特的资源优势，因此，开发建设学位论文全文数据库已成为一种迫切需要。南开大学图书馆正在积极建设具有馆藏特色的“南开大学学位论文全文数据库”，本文试作介绍和分析。

1 学位论文的特点

(1)独创性。博士、硕士学位论文，特别是博士学位论文，一般都涉足前人尚未研究过或尚未研究成熟的学科前沿性课题，因此博士、硕士学位论文是了解国内外科学研究与科技发展动态的重要信息媒介。

(2)学术价值。博士、硕士学位论文都是在某一专业学科和研究领域有造诣的学者、专家的指导下完成的，文献调查比较系统全面，研究方法与研究过程论述得比较具体，讨论分析具有独到的见解，具有很好的参考和借鉴价值。

(3)内容新颖、信息价值高。学位论文研究内容新，时代性、实用性强，有很高的信息价值。

(4)不公开性与局限性并存。学位论文在通过答辩后，绝大多数不公开发表或出版，而是作为内部资料直接由学位授予单位的图书馆或档案馆收藏管理，只能提供馆内阅览和复印，从而导致流通的局限性，这种服务方式使学位论文的信息资源不能得到广泛的利用，其学术价值也不能得到充分的发挥。

(5)篇幅长与数量少并存。大部分的学位论文篇幅较长。由于论文流通的局限性，论文的印刷数量很少。

(6)可为馆藏增加知识与科技含量。学位论文包含了理、工、文、史、医各学科、各专业知识，具有一定科技含量。

2 建设学位论文全文数据库的必要性和意义

随着计算机与信息技术的飞速发展，网络数字化文献信息资源的需求日益扩大，全国各大高校正在积极建设数字化的图书馆。为了提高学位论文的利用率，充分发挥学位论文的学术价值，南开大学图书馆作为学位论文的长期收藏单位，有条件、也有责任将收藏的南开大学博士、硕士学位论文进行数字化加工，让论文成为网络资源与广大读者见面，为用户提供方便快捷的网上检索查询和全文服务。

(1)学位论文是同一研究方向或同一导师的研究生对同一课题的研究，是一个循序渐进的科研过程，图书馆开发利用学位论文是为以后的学生研究提供历史资料，并保证了教育与科研的连续性和循序渐进性。

(2)学位论文全文数据库的建立有助于研究生确定论文的选题和研究方向，避免不必要的重复研究工作，帮助从事相近科研工作人员了解相关研究动态，借鉴有关的理论与方法。同时学位论文的网络公布可使其研究和实验的结果受到更广泛的关注，将进一步提高反盗版、反剽窃的能力，使作者的研究成果得到更好的保护；还可以让更多的人了解和评判学位论文的水平，有助于促进指导教师精心指导学生努力写出高水平的学位论文。

(3)由于学位论文一般不公开发表或出版，以及收藏单位的局限性，导致利用受阻，图书馆收集学位论文后，通过分类、编目使之可有序地提供利用。

(4)高校图书馆的服务主体是教学和科研，高校图书馆收集的学位论文资源是其图书馆的特色，对学位论文的收集和提供利用是高校图书馆工作的重要内容。

南开大学图书馆建立博士、硕士学位论文全文数据库将使学位论文得到科学的管理和充分的利用，有利于推动科研水平的提高，促进自身论文质量的改善，从而提升南开大学研究生的教学质量。

3 南开大学学位论文全文数据库的建设与开发

南开大学拥有 26 个院系，覆盖了哲学、经济学、法学、教育学、文学、历史学、理学、工学、农学、医学、管理学等 11 大学科，共有 98 个博士学位授权点，154 个硕士学位授权点，5 个专业硕士学位授权点。随着研究生教育规模的进一步扩大，每年提交的研究生毕业论文都以较大的数量递增。

南开大学图书馆已建的博士、硕士论文文摘库收录了 1997－2000 年期间毕业的博士、硕士研究生论文文摘 1042 条。从 2004 年开始，南开大学图书馆采用 TRS 学位论文服务系统作为操作平台建设博士、硕士学位论文全文数据库，现已收到论文元数据 16000 多条，文摘信息可在校园网内公开查询。

3.1 学位论文的远程提交

南开大学图书馆实现了网上学位论文远程提交。网上学位论文远程提交不仅可为研究生提交论文提供方便，又能提高图书馆工作人员的工作效率。(1)避免了收集纸本论文后再进行数字化加工的繁杂过程；(2)有利于学位论文的电子化保存和网络化利用；(3)缩短学位论文收集和传播的时间周期。我馆规定在研究生论文提交后 3－5 个工作日内对学位论文进行审核，并对论文审核结果进行反馈。

3.2 学位论文的版权处理

由于学位论文中涉及研究和实验所取得的一切成果均是利用所在单位的物质技术条件或经费所取得的，所在单位对研究生学位论文具有收藏和优先使用的权利，图书馆可利用学位论文为促进学术交流而提供信息服务。因此博士、硕士毕业生在通过学位论文答辩之后必须呈缴学位论文印刷本，图书馆将其列为内部资料提供内部阅览及复印。

南开大学图书馆经与校研究生院协商，从 2004 年开始，研究生在通过学位论文答辩之后必须向图书馆提交定稿学位论文的印刷本及通过网络向图书馆提交学位论文的电子文本全文。为了尊重和保护作者的著作权，我馆在收集电子版学位论文的同时，采取由作者及其导师签署《南开大学学位论文电子版授权使用协议》、《南开大学非公开学位论文证明》的方式取得学位论文网络发布及传递的文字授权依据，为学位论文全文数据库的利用创造了基本条件。授权书中要求研究生及其导师就学位论文的管理与使用、公开范围及方式、保密级别与公开时限等具体授权条款做出明确的认可或限定。

据南开大学博士、硕士研究生及其导师对学位论文电子版授权使用的情况来看，我校有 75%的学位论文电子版被授权在校园网上即时发布，未授权即时发布的学位论文主要有三种：一是涉及保密科研课题，二是研究结果有待申请专利或技术转让，三是由于研究结果有待在国内外专业期刊上发表而推迟发布。论文的保密时间一般为提交后 3－5 年不等。图书馆将根据授权情况每年对限期已满的学位论文进行解密发布。

南开大学图书馆在学位论文的复印、馆际互借以及数据库发布方面，采取严格的版权保护措施。对于电子版学位论文的版权保护措施主要是文档安全性保护及推迟发布的论文管理。文档安全性保护措施是将电子版学位论文格式转换为 PDF 格式并对打印、文字编辑等功能加以限制；推迟发布的论文在授权时限内只在数据库中发布其题目、作者及文摘等信息，在全文发布之前凡需要索取全文的用户则需自行与作者及导师取得联系。

3.3 数据加工

在收到学生提交的学位论文后，图书馆会将学位论文电子文档转换为 PDF 格式。PDF 文档格式是较为通用的网络文档格式之一，其优点有四：一是版式较为柔和美观；二是 PDF 文档具有翻页和书签导航功能，便于机上阅读；三是文件的大小较之同样的 Word 文档大幅度压缩，更加便于在线阅读；四是 PDF 文档具有一定的安全性，利用 Acrobat 相应的软件功能可进行文档安全性设置，例如：禁止打印、禁止复制、禁止更改等等。因此利用 Adob 公司的 Acrobat 软件将学位论文 Word 文档转成 PDF 文档格式并进行安全性设置，更适用于学位论文的网络在线阅读。

3.4 数据发布

根据所提交论文的不同特点，我们会在数据库元数据中选择、设定检索项，检索项应能体现学位论文文献特性。选择题名、作者、导师、专业、研究方向、文摘、关键词作为检索项较为适合学位论文检索需要。

学位论文全文数据库的输出结果显示方式可分为以下几个步骤：首先，为用户初步浏览提供检索命中结果的基本信息显示(如题名、作者、导师)；然后根据用户对目标论文的选择点击，显示目标论文的有关详细信息(包括文摘、馆藏信息等)；最后对于授权在校园网公开的学位论文提供全文电子文档在线浏览与下载(下载的 PDF 文档不提供编辑权限)。对于保密或内部管理的学位论文，用户可在数据详细信息中查询到该学位论文的纸本馆藏索取号。

学位论文全文数据库的网络信息发布应遵守学位论文作者在版权使用授权书中所授权的公开年限，对于作者同意公开全文的学位论文，一般只宜在校园内或图书馆内予以全文发布。

总之，做好学位论文的收集、管理工作就是要以最快的速度，准确无误地提供给所需要的用户，让学位论文的信息资源最大限度地发挥作用，这样也就达到了收藏管理与使用的目的和效果。

[参考文献]

[1] 袁雄. 浅谈我校博硕士学位论文数据库的建设. 农业图书情报学刊，2005(6)

[2] 唐李杏，张盛强. 学位论文全文数据库建设研究——以四川大学文理图书馆为例. 新世纪图书馆，2005(3)

[3] 吕佳，王宝济. 数字图书馆与高校学位论文资源的数字化应用. 农业图书情报学刊，2005(3)

[4] 赵稚平. 学位论文资源的开发与利用. 黄河科技大学学报，2004(3)

[5] 王雁，凌毅，李晨英，塔娜. 学位论文全文数据库建设与探索. 现代图书情报技术，2003(4)

[6] 彭英. 复合图书馆——传统图书馆与数字图书馆的结合. 科技情报开发与经济，2002(4)

[作者简介]

徐良，女，副研究馆员，南开大学图书馆数字资源部。

自建特色数据库元数据方案设计与实现

鲁海宁

[摘　要] 元数据在信息资源的数字化建设中占据了极其重要的位置，在数据加工制作、藏品数字化和系统设计与功能实现、存取过程、检索过程、资源共享等数字化图书馆的组织与管理中，都是以元数据为基础来实现的。设计自建特色数据库元数据方案是数字化建设的关键步骤，也是实现资源建设标准化和可持续发展的重要环节。本文分析了设计特色专题库元数据方案面临的问题和设计原则，对国内几种现行的重要的元数据标准进行了与DC的比较，以曹禺及话剧研究专题特色库为例制定了特色数据库的元数据方案。

[关键词] 特色数据库　元数据　方案　元数据标准

元数据在信息资源数字化建设中占据了极其重要的位置。在数据加工制作、藏品数字化和系统设计与功能实现、存取过程、检索过程、资源共享等数字化图书馆的组织与管理中，都是以元数据为基础来实现的。可以认为，利用元数据对信息资源，尤其是数字信息资源进行开发、利用、管理，已成为信息资源建设的基本手段之一。[1]因此数据库建设离不开元数据的设计与使用。同样，制定元数据方案成为数字化建设的关键步骤，而且也是实现资源建设标准化、可持续发展的重要环节。[2]

1 元数据方案

元数据方案是一套关于元数据的整体规则和元数据框架，不仅指各项元素的确定，还包括元数据元素选择、元素名称确定、元素取值范围和规则、元素赋值时的著录规则、元素之间的映射关系、数据元素语义等。元数据方案基本上决定了系统的整个架构，以及系统设计（包括各类著录系统、检索系统、管理系统等）的需求。必须详尽地考虑和满足资源管理、保存、揭示、检索、利用等各方面的需求。元数据方案是数字图书馆需求分析和系统设计时需要首先考虑的因素，是数据加工制作、藏品数字化和系统设计与功能实现的基础。[3]

2 现有的基于DC基础的元数据方案

按照标准化、互操作性与易转换性原则，特色库元数据方案设计要考察现有较成熟的标准或方案。而且侧重于基于DC基础的元数据方案。

2.1 DC及其扩展

DC(Dublin Core)及其扩展以其著录格式简单、不需要专门的软件系统、作者可自建元数据供自动搜索引擎读取并建立相应的数据库而被广泛应用。

DC标准是一个简单但可以扩展的描述数字对象的标准，容许任何人以能被几乎其他所有人理解的方式来描述他们的文件，随后对一个巨量的数字集合提供简单的存取。它的主要特点是：涵盖范围大，主体结构下字段数量可以自由伸缩，简单灵活，易于使用，著录者和用户都不需要专门的培训，标引的专业性要求低等。

由于DC元数据较注重描述对象的内容、内部结构或标准以及应用与管理方面的属性；在网络环境下，元数据本身有分布式管理与应用的需求；直接利用标记语言或数据库等制作，保证了元数据的结构化，容易被计算机处理和交流，可读性较强，简便易用，虽然不近完善，但现阶段也在世界范围内得到了广泛应用。

2.2 我国元数据方案标准

我国根据自身数字信息资源建设的情况，也陆续制定了相应的元数据标准，主要包括：(1)科技部重大项目“我国数字图书馆标准规范建设”研究成果中的基本元数据标准。该项目由科技部科技基础条件平台专项资金资助。(2)中国国家图书馆牵头制定的《中文元数据方案》。该方案由国家图书馆北京现代文津信息技术研究中心负责起草，经国家图书馆中文元数据研究组讨论后形成。方案根据中文元数据工作组的要求制定，目标是为海内外中文数字资源建设保存服务和交流提供一个统一的可供参考的中文元数据方案，促进中文数字资源的共建共享。(3)CALIS特色库子项目描述元数据规范及相关规则。由于描述对象的千差万别，国内外描述型元数据规范有很多。但鉴于目前中国的现实状况，根据“我国数字图书馆标准规范研究”项目之子项目“专门数字对象元标准规范研究”的研究成果，CALIS专题特色数据库选定了5个系列11种规范格式及其著录规则，作为专题特色库初步实行的元数据规范格式，这些标准规范等同采用了“我国数字图书馆标准规范研究”项目的成果。

科技部项目“我国数字图书馆标准规范建设”中的基本元数据使用了DC的15个元素，高等学校中英文图书数字化项目(CADAL)元数据规范草案设计多了MARC标识，这主要是为适应大量电子图书著录的需要。中国国家图书馆的《中文元数据方案》有更多的自定义的元素，以管理元数据居多。可见，目前国内现有的标准使用了DC的元素，但应用到具体数字化项目中还会根据项目的需要设计新的元素。

3 特色专题库制定元数据方案面临的问题

(1)特色专题库资源类型多元

不像单一类型的学位论文或专门的电子图书数据库，特色专题库的资源类型繁多，从被揭示的角度看，每种资源都有各自的特点，比如图片类型的资源就有分辨率、尺寸、色彩方面的内容需要揭示，期刊、书籍则有ISBN号区别于其他资源，学位论文涉及的责任者既有论文作者又有导师，音频、视频类型资源有音乐体裁、乐器说明、调性与调式、声部等特殊的元数据元素。因此所有类型的资源使用一个模式的元数据方案不合适。

(2)同样的元数据元素名称相同，释义不同

不同类型的资源虽然使用同样的元素名称，但是元数据值的语义有区别，例如Date(日期)的修饰词就可以赋于论文收到日期、论文发表日期、学位论文授予日期等各种含义的日期。对于不同资源类型的元素定义统一的元素名称(如“责任者”)，对于某些类型的资源会显得非常别扭(例如对应“话剧演出”中的“演员”，统一使用“责任者”表示对于用户来说显得不清晰)，这就需要权衡，是增加元素，还是增加修饰，还是在系统实现时进行处理等等。

（3）元数据标准不统一

我国还没有元数据国家标准，各种方案各有优势和特色。制定元数据方案要兼顾标准化和整个信息处理流程的易管理性。

（4）易用性与数据复杂描述存在矛盾

为了提高资源的查全率和查准率，需要尽量多角度描述资源，这需要复杂的元数据来实现，而规则过于复杂违反了元数据的易用性。这一矛盾在设计元数据时如何取得平衡也是要解决的问题。

（5）考虑元数据收割问题

元数据收割时对数据的规范性与标准化要求严格，否则就造成收割失败。对于参与CALIS资源建设项目的数据库，只要严格按照 CALIS 各项规范加工数据即可；对于未参该项目的数据库，需要考虑未来参与某些项目的可能性，因此元数据方案设计时也尽量按照一定通用的标准与规范。

4 特色数据库元数据方案设计与实现举例

如前述特色库元数据方案制定面临的问题，制定元数据方案是一个系统的工作，应该包括原则、框架、流程、模型、所有元素及其置标方案、著录规则等等，限于篇幅，不能介绍得非常详细。因为元数据框架、模型和最终元素设置体现设计原则，因此本文仅介绍特色库元数据元素设计原则，并以一个特色库元数据元素的设置说明。

4.1 元数据方案设计开发原则

设计原则是设计思想的具体体现，贯穿整个设计过程，对项目的后期实施也会产生巨大影响。如上海图书馆名人手稿数字图书馆元数据方案设计原则包括六项：（1）简单性与适用性原则；（2）专指度与通用性原则；（3）互操作性与易转换性原则；（4）灵活性与可扩展性原则；（5）用户需求原则；（6）遵循现有标准原则。高等学校中英文图书数字化项目（CADAL）元数据规范草案中规定的原则是：（1）一致性原则；（2）MARC 映射原则；（3）保留 MARC 记录原则；（4）互操作原则。元数据方案的设计原则一部分可以是元数据方案设计的通用原则，但在具体尺度的把握上要有自已的特色，从特色库建设目标、资源类型的特点出发，除了兼顾以上原则，对特色库元数据方案设计开发补充以下原则：

（1）整体性原则

整体性原则是统领其他原则的总原则。专题数据库包含的数字化资源类型多样，从物理类型分，包括了电子图书、期刊论文、网页资源、学位论文、参考书和工具书、图片、音频和视频多媒体等各种资料，并且有可能还会增加。对于这样一个类型多样，数据格式多种的数据库，设计元数据方案要考虑元数据元素体现资源的多样性，还要考虑在充分描述资源时，元数据使用上的简便性，易于掌握，元数据方案设计要遵循简单性与适用性、灵活性与可扩展性、互操作性与易转换性、专指度与通用性等原则，要从整体角度统一全面考虑。

（2）面向教学科研服务原则

无论是从数字资源长久保存方面，还是从方便用户的资源检索方面考虑，最终都是为了学校的教学、科研服务，因此本校学位论文数据库、专题特色数据库、教学参考资源数据库、非书资料库等各种数据库都由一个主线贯穿，即面向教学科研，提供知识服务，元数据方案设计也要考虑如何才能便于用户的检索、利用。例如在电子书子库的元数据设计时考虑本馆的教参项目，加入教参数据库需要的非 DC 核心元素：课程、授课教师、课程时间等，方便教材数据库的链接。增加元素要慎重考虑，表面看违反了易用性原则，使元数据更复杂了，但利于各数据库建立网状链接，从长远考虑是值得的。

(3)标准化原则

标准化原则是指在元数据设计过程中，应尽量注意使用现有的国家标准、行业标准或者其他政府标准、国际标准。在元数据描述语义方面尽可能"复用"现有的方案和标准，尽量少"创造"新的元素。

(4) 兼容性原则

由于现在未出台中文元数据最终方案，一些文献保障机构，如国家图书馆、清华大学图书馆、CALIS 都制定了自己的元数据方案。既要考虑到将来可能出台的统一国家标准，也要考虑元数据方案如何表现自身资源的特点，设计的元数据方案尽可能事先了解有影响的元数据标准，尽量与其兼容，避免大规模更改数据库结构的情况发生。

(5)易用性原则

DC 等非 MARC 元数据的出现是为了适用大量涌现的数字资源编目的需要，也是为了创建一种大众可普遍理解和使用的标引规范，如果元数据规则过于复杂就损害了元数据创建的初衷——易用性。因此特色库的元数据方案设计不能过于复杂。

4.2 曹禺及话剧研究专题特色库元数据方案

作为南开校友的曹禺开创了中国话剧的新时代，拟建立的曹禺及话剧研究专题特色库将尽可能地搜集和整合曹禺及中国话剧的多种类型、多种来源的研究资料，辅以现代化信息组织和信息查询手段，在一个平台上展示这方面专题研究的各类资源。

根据标准化与兼容性原则，特色库元数据元素设置也基本使用 DC 的 15 个基本元素，同时添加个别个性化元素，如教参元素。在著录规范中对每种特定资源类型中的元素的具体含义进行补充说明，如主要责任者元素在电子论文和电子书中指作者，在曹禺及话剧研究专题特色库中的话剧视频子库中设计成可重复的元素，指向导演、主要演员，在电子书中的原著作者在图片和视频库中成为其他责任者，体现了元数据设计的灵活性、兼容性。在方案设计中，还增加了一些便于建立各个子数据库间的网状链接的元素，用户使用时便于资源的链接跳转，这些元素可以被包含于 DC 或我国现使用的主要元数据标准中，体现了标准化和用户需求原则。整个元数据方案按照 DCMI 对于元数据应用概要(application profile)的模型来建立。表 1 所示为曹禺及话剧研究专题特色库元数据元素及其释义以及子库使用的元素项目的选择。

表 1　曹禺及话剧研究专题特色库元数据元素及其释义以及子库使用的元素项目的选择

元数据元素及其释义	电子图书	期刊论文	图片资源	视频资源
题名：由创建者或出版者给予数字化资源的正式公开的名称	√	√		
名称：与题目相同含义。为用户更好理解，用名称作为字段名			√	√
其他题名：包括并列题名、译名、副题名	√	√	√	
作者：创建数字化文本内容的主要责任者	√	√	√	√
原著作者：适用于视频、图片资源。指剧本的创作者			√	√
主要演职人员：与作者同义。一些资源不适合用"作者"一词描述				√
主要责任人责任方式：创建数字化文本内容的方式，如译、著、主编等	√	√	√	√

续表

元数据元素及其释义	电子图书	期刊论文	图片资源	视频资源
主题:描述数字化文本主题内容的受控或非受控的词汇。可选的编码修饰词有中国主题词表、中国图书分类法、LCSH 等	√	√	√	√
摘要:对数字化文本内容相关的描述说明、附注等	√	√	√	√
目次:数字对象原件的版本说明信息	√			
出版者:使数字化文本印刷型文献成为可取得或利用的责任者	√	√	√	√
其他责任者:除主要责任者之外的创建数字化文本内容的其他责任者	√	√	√	√
其他责任者责任方式	√	√	√	√
资源类型:有关资源内容的特征和类型,可参照 CALIS 专题特色库资源类型表	√	√	√	√
格式:数字化文本的电子形态。指定格式参照 CALIS 专题特色库标准与规范的格式说明	√	√	√	√
标识符:确认资源的唯一标识	√	√	√	√
出处:数字资源的出处	√	√	√	√
语种:数字化文本的文字语种,使用标准编码	√	√	√	√
其他版本	√			
原版本	√			
时间:数字对象资源出版或发表的时间	√	√	√	√
权限管理:设置资源访问的权限	√	√	√	√
版本	√			
剧目名称			√	√
剧目演出时间			√	√
图像属性			√	

特色数据库是不同类型资源的集合体,资源类型的多元使元数据元素名称设计有其个性,但是元素含义仍包含在以 DC 为基础的元数据标准的框架内,既满足了个性,又不脱离共性,在实践中还可以不断地改进,但要遵循元数据设计的原则。

[**参考文献**]

[1] 郑巧英等. 数字图书馆中基础管理性元数据框架研究. 图书馆杂志,2008(6):56－62

[2] 臧国全等. 图书馆信息资源数字化项目实施标准框架解析. 图书馆理论与实践,2006(4):5－10

[3] 上海图书馆名人手稿数字图书馆课题组. 名人手稿馆元数据方案的设计. 图书馆杂志,2004(4):49－56

[4] 科技部重大项目"我国数字图书馆标准规范建设". http://cdls. nstl. gov. cn/cdls2/mt/blogs/2nd/archives/docs/CDLS－S02－004. pdf. 2009－07－20 检索

[5] 中文元数据方案(征求意见稿). 国家图书馆. 内部资料,2001 年 6 月

[6] CALIS 特色库子项目描述元数据规范及相关规则,内部资料,2004 年

[**作者简介**]

鲁海宁,女,馆员,南开大学图书馆数字资源部。

论防火墙在数字图书馆网络安全中的应用

赵　麟

[摘　要] 随着Internet通信技术的日益进步，各高校图书馆的数字化程度越来越高，数字图书馆的网络安全问题也越来越突出，网络中日益增加的电子资源面临着更加严峻的安全威胁。运用网络安全技术保障数字图书馆网络运行环境及数字信息资源的安全，无疑具有非常重要的意义。本文在分析了数字图书馆所面临的安全问题后，提出运用防火墙技术建立一个三级安全体系保护数字图书馆网络，为读者提供安全、高效、可靠的服务。

[关键词] 网络安全　防火墙　三级防御安全体系

1 引言

20世纪90年代，伴随着全球网络化与数字化浪潮的汹涌而至，数字图书馆的概念应运而生并获得了广泛的支持。随着图书馆数字化规模的不断扩张，它的安全性也越来越受到人们重视，如何保护数字图书馆的电子资源并保障网络的有效运行是每个数字图书馆都要重点考虑的问题，与一般企事业单位的网络相比，数字图书馆的安全问题更难于处理，这是由数字图书馆的网络特征所决定的。

2 数字图书馆及其网络特征

所谓数字图书馆是指以网络应用平台为基础，以电子载体为媒介，以文献的深层次利用和资源共享为特点的为读者提供信息服务的机构。目前国内绝大多数数字图书馆都是基于传统图书馆转化而成，它们共同具备了以下几个网络特征。

(1)面向特定的读者群体。

国内各图书馆基本上服务于特定读者群体，在其基础上发展起来的数字图书馆自然也继承了这一特点。因此，国内各个数字图书馆所面对的读者数量是相对稳定的，换句话说，其网络负载可以预估。

(2)网络环境日益复杂，服务种类越来越多，服务技术不断更新。

目前，国内的数字图书馆还处于建设和发展期，其功能尚未完善，随着时间的推进，图书馆传统资源的电子化程度在日益加深，各种新型电子资源也在不断被引入，新的网络技术层出不穷，这就使得数字图书馆在服务规模急剧扩张的同时，其网络支撑环境也变得非常复杂。

(3)网络服务分布模式日趋复杂和分散，跨网络交流不断增加。

随着数字图书馆特色资源建设的不断完善，其专业特征会更加明显，各种电子资源将产生聚集效应，其分布不再平均化、无序化。这就使各高校数字图书馆之间增加特色资源的交流成为必然，随着各高校数字图书馆之间的交流程度日益加深，数字图书馆服务的读者群体也会随之扩大。

基于以上特点，我们可以看出，无论是网络资源急速的扩张、新技术的快速应用，还是访问量的迅速增长，都要求数字图书馆必须建立一个安全、高效、开放、易管理、易扩充的网络体系。其中，"安全"无疑是最重要的。为了建立这样一个网络体系，我们需要对数字图书馆所面对的安全问题进行综合分析。

3 数字图书馆网络面临的安全问题

从完整的网络安全角度来看，安全的威胁包括基础网络资源本身以及在这个网络环境上所提供的数据资源两个方面[1]，对于数字图书馆亦是如此。

图书馆的数字化构成了一个服务开放、信息共享的网络服务系统，为来自内部、外部网络不同身份、不同应用需求的读者提供资源访问服务，它的开放性给读者带来了极大的使用便捷，但同时也对网络安全带来了较大的威胁。

一般来说，数字图书馆网络系统的安全威胁来自于自身安全性的限制、恶意入侵、非法使用、拒绝攻击、病毒程序等几个方面。

(1)网络自身的安全性

网络本身就是一个开放式系统，入网的计算机无法避免安全威胁。互联网的通信标准是TCP/IP协议，这是一个并不安全的基础通信协议，通过该协议，互联网中的任何两台计算机之间都可以进行信息交流，由于在早期网络协议设计上对安全问题的忽视，TCP/IP协议缺乏对用户身份的鉴别及对路由协议的安全认证，因此，可以认为互联网本身就是开放的和共享的，这种开放和共享使任何恶意用户都能够轻易地非法接入网络，使网络信息处于危险之中。

(2)恶意入侵

恶意入侵是指非法用户恶意攻击网络或资源服务器，从而导致资源泄露或损坏。现在最常被提起的漏洞攻击就是恶意入侵的一种形式。

服务器要为外界服务，就必须开放相应的服务端口。很多入侵服务器的行为都是从扫描服务器端口开始的。这些入侵者通常会利用一些工具，首先判断服务器是否存在，进而探测其开放的端口和存在的漏洞，然后根据扫描结果采取相应的攻击手段实施攻击。通过端口攻击，是黑客们最常用的方法，也是计算机网络所面临的最大威胁。此类攻击又可以分为主动和被动两种，主动攻击是指以各种方式有选择地破坏信息的有效性和完整性；被动攻击是指在不影响网络正常工作的情况下，进行截获、窃取、破译以获得重要机密信息。但无论哪一种攻击都是网络安全管理所要极力避免的。

(3)非法使用

非法使用是指合法用户以未授权方式进行操作，非法利用资源。

由于网络安全策略的缺失或不完善，网络安全管理和有关技术人员不能有效地监督网络使用情况，不能及时地发现已经存在的或随时可能出现的安全问题，如信息盗窃、操作失误、非法接入、非法外联等等，导致图书馆的网络安全体系和安全控制措施不能充分、有效地发挥效能。或是一些授权读者没有预先经过同意，有意避开系统访问控制机制，对网络设备及资源进行非正常使用，或擅自扩大权限，越权访问信息等。

(4)拒绝攻击

目前最常见的拒绝攻击是分布式拒绝服务攻击(DDoS),它是目前黑客经常采用而又难以防范的攻击手段,它的攻击方式有很多种,最基本的 DDoS 攻击就是利用合理的服务请求来占用过多的服务资源,从而使合法用户无法得到服务的响应。它的现象包括:被攻击主机上有大量等待的 TCP 连接;网络中充斥着大量的无用数据包,源地址为假;制造高流量无用数据,造成网络拥塞,使受害主机无法正常和外界通讯;利用受害主机提供的服务或传输协议上的缺陷,反复、高速地发出特定的服务请求,使受害主机无法及时处理所有正常请求,情况严重时会造成系统死机[2]。总的来说,这是一种很难防御的攻击,只能利用防火墙、路由器等硬件设备,在牺牲部分网络负载的情况下进行防范。

(5)病毒入侵

如果说人为的攻击是对数字图书馆安全的一种威胁的话,那么计算机病毒的传播蔓延,则会对数字图书馆网络本身和信息资源造成毁灭性的破坏。一旦病毒发作,它将影响服务器性能、破坏数据甚至删除文件,使数字图书馆正常的信息服务无法开展。通过网络传播的计算机病毒,其破坏性远远高于单机系统病毒,而且很难防范。由于自动化传播的效率极高,网络病毒的传播速度极快,在网络中,被病毒感染的计算机会自动扫描所在网络的其他计算机,如果这些计算机也存在被感染条件,便会被感染病毒。

由此可见,无论是网络外部或内部都存在着威胁,只要连入网络,这些安全问题就是无法避免的,只能加以防御。现阶段,网络安全防御技术和产品有很多,而防火墙是最成熟的技术之一,通过设置安全策略,防火墙可以有效地抵制恶意入侵和各种未授权访问,是目前实现网络安全应用最广泛的工具之一。

4 防火墙的概念与类型

这里提到的"防火墙"是一个通用术语,是指在两个网络之间执行控制策略、在网络边界上建立的网络通信监控系统,用来保障计算机网络的安全。防火墙通常由软件系统和硬件设备组合而成,它在内部网和外部网之间构建起安全的保护屏障,是网络安全策略的有机组成部分,通过控制和监测网络之间的信息交换和访问行为来实现对网络安全的有效管理。

防火墙自诞生之日起至今已历时三十余年。时至今日,防火墙技术已经非常成熟,根据业界不同的标准,防火墙的种类也是多种多样,而就防火墙技术分类而言,大致可分为以下三种。

(1)包过滤型防火墙

数据包过滤技术是在网络层对数据包进行分析、选择。选择的依据是系统内设置的过滤逻辑,通过检查数据流中每一个数据包的源地址、目的地址、所用端口号、协议状态等因素,或它们的组合来确定是否允许该数据包通过。管理员可以通过设定一系列的规则,指定允许可以流入或流出内部网络的数据包类型,以及需要拦截的传输数据包类型。包过滤规则以 IP 包信息为基础,对 IP 包的源地址、目的地址、封装协议、端口号等进行筛选。这些操作可以在路由器上进行,也可以在网桥及单独的主机上进行。包过滤对于拒绝 TCP 或 UDP 应用程序在 IP 层出入网络是很有效的。

(2)应用层代理

代理服务是处理代表内部网络读者的外部服务器的程序。代理服务器在外部网络与内部网络间发挥了中间转接作用。内部网络只接收代理服务器提出的服务请求,拒绝外部网络上其他节点的直接请求。当外部网络向内部网络的节点申请某种服务时,先由代理服务器接收,然后根据其服务器类型、服务内容、被服务对象以及申请者的域名范围、IP 地址等因素,决定是否接受此项服务。如果接受,则由代理服务器向内部网络转发请求,并把应答回送给申请者;否则,拒绝其请求。同样道理,内网要访问外网时,也要通过代理服务器的转接。

(3)主机防火墙

由于防火墙技术诞生的时间很早,所以最早的防火墙是由软件实现的,而且仅能防御针对防火墙所在服务器的攻击。随着网络规模的扩张及硬件成本的大幅度降低,人们为了提高网络质量,充分利用服务器的资源为普通应用提供服务,就设计出硬件防火墙,安装在网络入口处,同时为多台服务器提供保护,但作为一种有效的防御技术,软件单机防火墙并没有退出历史舞台,而是融入了每个成熟的操作系统中,如 Unix、Linux 中的 ipchains,Windows 系列中的 ICS 等等,充分利用它就能够为数字图书馆的电子资源提供更多的安全保障。

5 防火墙在数字图书馆网络中的应用

传统的方案是将防火墙设置在网络的边界位置,不论是在内网与外网的边界,还是在内网中的不同子网的边界,通过设置安全策略,以数据流进行分隔,形成安全管理区域。但这种方案却不能完全满足数字图书馆的安全需求。

如前文所分析,数字图书馆网络具有分散性、扩张性、服务种类繁多等特点,如仅在边界设置防火墙,则其安全策略必定十分复杂,而复杂的安全策略则会极大降低网络的使用效率,对读者访问数字图书馆的各种电子资源造成不利影响。

因此,我们需要按照数字图书馆的服务范围、各种攻击对电子资源威胁性的大小划分网络安全区,以确定防火墙的位置及其相应的安全策略,最终形成一个以网关防御、认证防御、主机防御共同组成的三级防御安全体系(如下图所示)。

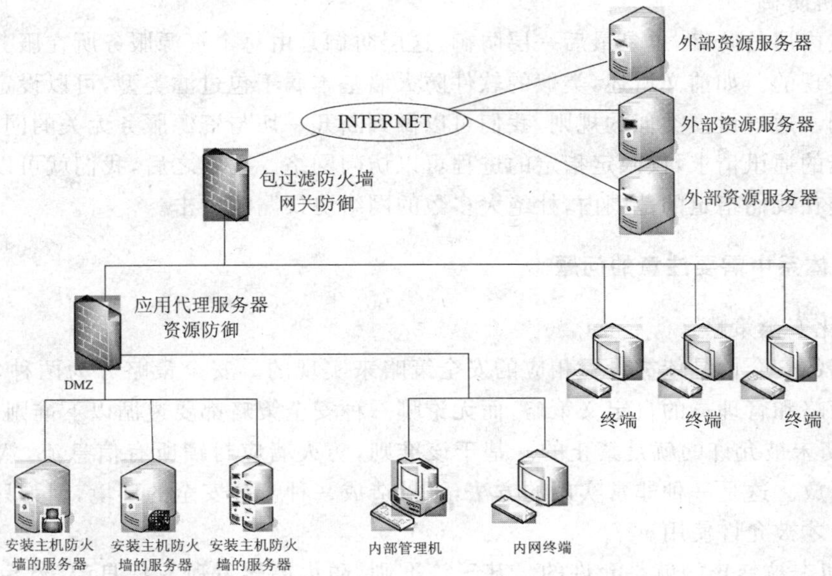

数字图书馆三级安全体系示意图

(1)网关防御

这里所说的网关是指网络的物理出口,每个局域网都存在一个或多个网关。网关是局域网与互联网进行数据交换的必由之路,只有通过网关,局域网和互联网的用户才能相互访问对方的电子资源。因此,在网关处安装边界防火墙,设置详尽的安全策略,分析并过滤所有网络会话,理论上可以防御住所有来自互联网的攻击。但是对于数字图书馆来说,这种方案并不完善。

如前所述,数字图书馆的网络资源具有分散性,某些电子资源的实际位置并非位于该馆的局域网中,数字图书馆对这些电子资源仅具备远程使用权,而且,访问这些资源的终端被限定在数字图书馆局域网内。因此,这些终端与远程电子资源之间也会生成大量的网络会话,而边界防火墙分析过滤这些网络会话是没有任何意义的,这些无效的分析过程会占用防火墙大量的计算时间,形成网络瓶颈,降低网络的使用效率。因此,最好的办法是缩小这一层防御想要达到的安全性目的,限定它的安全性目的为限制网络会话数量,阻止非法 IP 地址访问,防御类 DOS 攻击,保障网络畅通即可。这样,我们就可以通过采用高速包过滤防火墙来实现这一目的(如 cisco 公司的 pix 防火墙等)。

(2)资源防御

这是中间层的防御,顾名思义,它的目的是对数字图书馆内的所有电子资源做出统一防御。在这层防御中,我们需要根据资源服务的特定要求设置安全策略,实现资源访问的安全性认证、访问控制、URL 过滤、日志审计、入侵检测等多项安全措施。由于这层防御将数字图书馆所有的可用资源服务都囊括其中,因此,无论是来自数字图书馆内部和外部的访问都需要经过这层防御,所以在这层防御中,防火墙的计算负担是非常重的,由于这层中的安全检测项目基本上都属于 OSI 协议中的应用层,因此,我们在这一层可以采用高效率的应用代理型防火墙来达到我们的目的,阻止各种非法使用及漏洞攻击。

(3)主机防御

这是最内层的防御,也是最后一层防御,这层防御是由每个资源服务所在服务器上的软件防火墙所实现的。如前文所述,类似的软件防火墙基本属于包过滤类型,可以设定多种网络层的访问规则。通过设立类似的规则,我们可以做到断开一切与资源服务无关的网络连接,仅响应指定端口的通讯请求,仅限定指定的进程可以访问网络。设定之后,我们就可以将网络访问数据流限定在我们指定的范围内,杜绝大多数的网络协议漏洞攻击。

6 防御体系中需要注意的问题

(1)强化安全策略

防火墙的安全性是依靠设置相应的安全策略来实现的。安全策略分为两种,分别是防火墙的内置策略和管理员的自定义策略,而无论哪一种安全策略都要遵循以下准则:

① 一切未被允许的就是禁止的。基于该准则,防火墙应封锁所有信息流,然后对提供的服务逐项开放。这是一种非常实用的方法,可以造成一种十分安全的环境,因为只有经过仔细挑选的服务才被允许使用。

② 一切未被禁止的就是允许的。基于该准则,防火墙转发所有信息流,然后逐项屏蔽可能有害的服务。这种方法构成了一种更为灵活的应用环境,可为读者提供更多的服务。

(2)充分利用 DMZ 区,让防火墙发挥最大效能

DMZ是英文“demilitarized zone”的缩写，中文名称为“隔离区”，也称“非军事化区”。它是为了解决安装防火墙后外部网络不能访问内部网络服务器的问题，而设立的一个非安全系统与安全系统之间的缓冲区，从逻辑上看，它位于内部网络和外部网络之间，为不信任系统提供了服务的孤立网段，将半敏感的内部网络和提供外部访问服务的网络分开，阻止内网和外网直接通信，保证了内网的安全。它的应用原则如下所示：① 内网可以访问外网；② 内网可以访问DMZ；③ 外网不能访问内网；④ 外网可以访问DMZ；⑤ DMZ不能访问内网；⑥ DMZ不能访问外网。

数字图书馆中对读者提供服务的网站、DNS、FTP等服务器都应该放在此区域。这样，来自外部的访问者可以访问DMZ中的服务，但接触不到内网的机器。即使DMZ中服务器受到攻击和破坏，也不会影响到存放在内网中的机密信息，这样使得数字图书馆能在对外提供友好的服务的同时最大限度地保护内部网络，实现内外网分离。

(3)有效记录网络上的活动

在网络设置完成后，应该立刻启动防火墙的日志记录及报警功能，对所有进出访问信息进行日志记录。这样，当发生可疑访问时，防火墙才能够进行适当的报警，并提供网络当时使用情况的详细信息，方便管理员判断是否受到了监测或攻击。同时，这些日志信息可以被用来分析网络的使用情况、访问效率及安全程度。

7 结束语

虽然防火墙并不是万能保险，但对于数字图书馆网络而言，设立防火墙是必不可少的保障手段。它可以阻止对信息资源的各种非法访问和外部不可预料的潜在破坏，也可防止内部网络的重要信息向外泄露，在内外网间发挥隔离检查，有选择、有限度的沟通作用，实现网络安全策略。作为一种传统但在不断更新的技术，防火墙未来依然将是数字图书馆安全体系的重要组成部分。

[参考文献]

[1] 韩子军. 谈图书馆网络多层次安全防护体系的构建. 图书馆论坛，2003(6)：123－125，153

[2] 徐一丁. 分布式拒绝服务攻击(DDoS)原理及防范. http://www.ibm.com/developerworks/cn/security/se－ddos/index.html

[作者简介]

赵麟，女，馆员，南开大学图书馆技术部工作。

信息异化的心理成因及其对策分析*

张立彬

[摘　要] 本文从主体的心理与行为两个维度的新视角出发，对诸多信息异化现象进行了归类与分析，并从心理学角度进一步剖析了信息异化的成因，提出了相应的心理控制策略。

[关键词] 信息异化　异化现象　分类模式　心理成因　心理控制

1 引言

随着信息技术特别是计算机技术和网络技术的迅速发展，人类社会进入了信息时代。信息成为社会发展的基本动力，信息的正面作用得到了空前的彰显。但是“每一种技术或科学的馈赠都有其黑暗面。数字化生存也不例外”。[1] 信息的负面效应也日益凸显，信息异化现象从隐到显，由小到大，并有与日俱增的趋势。甚至不少人陷入被信息所牵制、支配和奴役的尴尬境地，主体性完全丧失。为此，认清信息异化的本质和根源，明确其危害，有效控制信息异化所产生的危害，更好地掌握和利用信息来为人类造福，已成为当今社会亟待解决的一个重要课题。

2 信息异化现象及其分类

信息异化问题是一个崭新的研究领域，在信息异化的含义、表现类型与其分类等问题上，众学者们都有不同的主张。因此，信息异化研究领域中的统一范式、术语正处于酝酿时期。在信息异化的现实表现类型的分类上，有学者根据申农通信系统模型、德弗勒传播环形模式、网络信息运动模式等从信息传播的角度对信息异化的原因加以剖析并对信息异化现象进行分类，如根据德弗勒的传播环形模式从信息传播中的干扰因素分析入手探讨信息异化的产生，并根据干扰因素的不同对信息异化现象进行了分类；[2] 有学者认为一个完整的信息活动过程包括信息的生产、传播和利用三个环节，缺一不可，因而对信息异化的原因分析也应从这三个环节入手，并对每一环节中出现的信息异化现象进行了列举；[3] 有学者只是罗列出几个信息异化现象并没有进行归类。

人的存在是一种生命现象，是以运动的方式存在的，对此，本文拟从主体的心理包括情感、认知和行为两个维度，三个层面对信息异化现象进行分类。

* 本文系南开大学2008年度社会科学研究青年项目(NKQ08063)“信息异化的危害、根源及其控制研究”的阶段性成果。

2.1 情感方面

信息异化表明了人与信息关系的颠倒,信息反过来支配和奴役人。在信息异化状态下,人们担负着巨大的精神压力,表现出疲劳、失落、迷惘等不良情绪和焦虑、注意力不集中、意志薄弱等心理障碍;表现出众多的病态现象,或是患有信息疲劳、信息焦虑,或是面对信息时惊慌失措,产生信息恐惧,或是患有信息饥饿、信息强迫,或是追逐着不断更新的信息,对信息有着狂热的迷恋。信息异化现象在人的情感方面的具体表现有:信息疲劳、信息焦虑、信息恐慌、信息饥饿、信息强迫和信息迷恋。

2.2 认知方面

信息给人类和社会带来了极大的便利,但异化也进入到一个新的阶段,即信息异化阶段。信息时代下人的信息活动的片面畸形发展日益严重,诸如,人们的心智更加慵懒,盲目地对待信息,不加选择地用于自己的工作、生活和学习之中,形成"电脑思维",进行着快餐式的信息消费。另外,许多人心理上信奉信息至上主义,对信息盲目崇拜。对信息的过度依赖和盲目崇拜,滋生了信息霸权主义。信息异化在人的认知方面的具体表现有:信息快餐、信息崇拜和信息霸权。

2.3 行为方面

由人与信息之间关系的非正常化所导致的人与人之间关系的非正常化,即人们通过不正当的途径,利用信息以达到谋取私利或满足自己某种欲望的目的,也是信息异化。具体地讲便是某些人借助传播媒介的良好隐蔽功能,突破信息伦理和道德防线,将金钱、权力等作为至高无上的追求目标,利用信息和信息技术从事损害他人利益的事情,使得信息发出者和信息接受者之间的关系演化为赤裸裸的利益关系。信息异化在人的行为层面上的具体表现有:信息伦理问题、信息污染问题、信息犯罪问题和信息安全问题。

3 信息异化的心理成因

3.1 源于需求心理的负效应

在信息社会中,由于信息在经济和社会中的巨大作用,获取信息已成为人们的必然需求。德国心理学家库尔德·勒温认为在人的心理生活空间里存在着向量,它是一种有方向的吸引力或排斥力。[4] 对信息的需求引导着人们追逐信息,或是不断查看手机或是不断浏览网页。当对信息的需求无法获得满足时,就会产生信息饥饿。另外,由于信息过载影响了人们获取所需信息、有效利用信息,这又从另一面强化了人们的信息饥饿感。同时,一些人因利益驱使,有意寻找网上漏洞,进行窃取他人的信用卡、银行卡账号等网上犯罪行为,这是需求引力导致的极端的负面效果。还有,由于网络环境中的信息良莠不齐,信息污染特别严重,大大影响了人们的信息需求,造成人们对信息的疲劳,对信息的焦虑,对信息的恐惧,进而在人们的心理生活空间中产生需求斥力,对信息采取躲避态度。

3.2 源于求新求异的好奇心理的负效应

麦克卢汉认为媒介是人体感观的延伸。网络社会是一个新异的多姿多彩的世界,其中充满着海量的、鲜活的各类信息资源,为人们探索自己需要的信息提供了宽阔的平台,将人类的求新求异的心理预期推向了新的高度。但是很多人徜徉于其中而流连忘返,导致了"数字化迷失",患上了信息强迫症、信息迷恋甚至信息成瘾。也有人为了满足自己的好奇心,凭借一定的技术手段做出了非法探知和非法入侵的行为。他们通过对网上的新奇事物和未知事物进行不懈的探究和尝试，以获取冒险体验的快乐。其行为后果就是促使道德相对主义、无政府主义和个人主义的盛行、泛滥以及造成大量信息伦理问题。

3.3 源于成就动机的负效应

成就动机是人们希望从事对他人有重要意义的、有一定困难的、具有挑战性的活动，在活动中能取得完美优异结果和成绩，并能超过他人的动机。其中炫耀便是成就动机的一种重要的表现形式。通过掌握丰富的信息，炫耀于人以便获取超越于人的优越感，使信息很轻易地异化为人的主导。其中技术炫耀是炫耀心理的典型。有些网络使用者掌握了较高的电脑和网络技术后，在技术至上观念的引导下，会过于看重技术层面的不断超越，而忽视对自己的技术超越行为的必要省察和自我调控。他们会在技术尝试和突破的过程中寻求对于任何规则的"豁免权"。在"技术自恃心态"的作用下，他们会蔑视一切"拦阻"。许多的黑客行为，其实并非出于愿意破坏的目的而仅仅是为了获取技术超越的快感，[5]但他们的行为却造成了信息污染、信息犯罪等问题。

3.4 源于快捷简易和浅尝辄止心理

网络技术的超越时空，信息发送与信息接收简单易行，满足了人们的快捷简易的心理。据调查显示，万维网上的用户能为某些特定的页面等候 15 秒钟，这种耐心实在是太有限。根据拉扎斯菲尔德和默顿的传播"麻醉性"负功能理论，在网络信息超速超容量流动下，信息消费者只是满足于对事物的"了解"、"知晓"，而不愿去思考"我能去做什么"，[6]人的浅尝辄止心理过度膨胀，以致炒作、复制、泡沫成为网络信息的显著特征。人们无暇也不愿追踪信息的详细过程，不再进行深层次的思考和判断，仅仅追求感性的满足，满足于对有关何时、何地、何事的信息的被动吸取。只有信息消费而没有了对信息的加工、处理、消化、吸收和再创造。在这种状态下，信息快餐、信息迷恋甚至信息成瘾等问题的出现就成了必然。

3.5 源于认识的误区和从众心理

信息产业已成为国民经济的先导产业，信息经济在整个国民经济结构中占据愈来愈重要的地位，各国都在大力推进信息化。"信息＋经营＝财富"已经成为各国政府和企业公认的一个经验公式。信息源优势和信息权力成为当代社会的重要权力源。加之市场经济的竞争性，信息霸权主义思想极易形成，由此一些人在行为上走向信息垄断，严重背离了信息共享原则。在不同国家、不同地区、不同组织、不同阶层、不同群体之间常出现信息垄断现象。还有一些人在利益的驱动下，传播低劣、粗俗、虚假和非法的信息，造成信息污染。另外，人的从众心理也会导致人对信息的沉迷。心理学认为，从众是个体在认知、判断、信念与行为和群体中多数人保持一致的现象。在对信息过度依赖和盲目崇拜的信息异化现象产生的过程中，从众心理起着很大的作用。

3.6 源于本我人格的失控

精神分析学派认为人格可分为"超我"、"自我"和"本我"三个层面。其中，"本我"是一种本能的冲动，追求的是自身的欲望和满足。它不问时机、不看条件、不顾后果地一味要求自我满足。因此，在正常人的心理活动中，它是被压抑、受阻止的或以社会可接受的方式间接地得到满足。而网络的虚拟性、匿名性则促发了本我人格的发泄和外露。现阶段，网上冲浪成了许多人的"虚拟的精神放风空间"。有人把上网作为逃避现实生活问题和消极情绪的工具，无拘无束地发布信息，没有人对信息的真伪、导向的正负负责。此外，利用计算机犯罪的不法分子编制、设计各种计算机病毒，造成了严重的信息污染。闲荡、懒散、撒谎、缺乏责任感与内疚感、性的幻想和不检点等人格问题的行为，在网络世界中得到了完全的满足。本我人格泛滥，本我失控，人的人格被扭曲而畸形发展。

除以上几点外，人的私欲的膨胀如控制欲的膨胀，利益的驱动，对自由的渴求心理，自我控制能力弱以及政治目的等在一定程度上、一定条件下也是信息异化产生的因素。[7]

4 信息异化的控制策略

4.1 培养健康心理，改善人格品质中的薄弱环节

当今社会，迅速发展的网络已成为继报刊、广播电视等传统大众传媒之后的"第四媒体"，深刻影响了人们的心理和行为。虚拟网络环境是个新生的社会事物，我们对其的认识和应对能力较低，适应这种环境的心理机能还不具备。[8]在这种情况下，人的一些不健康心理就会在虚拟网络环境中过度膨胀，极端发展，因之带来了众多的失范行为。为此，应开展心理健康教育，建立各种心理关怀和咨询机构，宣传心理健康知识。特别要加强网络心理健康教育的理论研究和方法研究，全面推进网络心理健康教育的发展，行之有效的心理健康教育是培养个体具有健全人格的保证。人们也要做好心理调适，学会平衡自己的心态，减轻心理压力，选择合适的机制化解恐惧和焦虑；以慎独的方式提高道德素养，理性选择信息，提高对不良信息的心理自控力，培养健全人格。

4.2 走出认识误区，形成正确的信息观

就目前来看，几乎所有的信息都是经过人类的加工而成为文化信息并在进行着传播和利用的。所以人是信息的创造者，也是信息的传播者和利用者。另外，信息是一种重要的生产要素，具有很强的增值性，不仅能够间接扩大财富的增值空间，也可以直接创造财富。然而，信息只是生产力中的渗透性要素，信息本身不是财富。信息增值的关键是信息与人的结合，在于人在信息消费中对信息的再创造。学者沙莲香认为这个决定作用不在于物质现象本身，而在于物质背后的人的关系。[9]明确了信息的价值所在，正确处理了人与信息的关系，才能够真正充分发挥人的主体作用而不是造成主体的缺失，才能够有效地利用信息为人的生存和发展创造条件。

4.3 树立正确的价值观，科学选择与运用信息

信息异化实际上反映了人的价值目标的错位和丧失。人与信息的关系是目的与手段的关系，信息本身没有价值目标，只能是人为其确立价值目标。因此，主体应该树立科学明确的价值观念，学会判断、选择、运用信息，自觉抵制各种不良信息的侵扰和诱惑。只有确立坚定正确的价值目标与价值观念，主体才能科学地识别和判断信息，分辨出信息的真伪良莠与优劣；才能够利用已有的信息进行创新，创造出新的知识和信息来。这种在消费信息的过程中进行的信息创造才能实现信息的增值。这样的信息消费才是真正的消费行为，即弗洛姆所说的消费过程应该是一种有意义的、有人性的、有创造性的体验。[10]

4.4 提倡人文精神，正确处理人文价值和科技价值的关系

信息异化是技术异化在信息社会的表现形式。技术异化的核心观念表现为技术理性的无限扩展，它强调人类理性和技术征服自然的可能性。技术理性在现代社会中发展成为霸权理性。这种工具理性的扩张，使目的服从于工具，其后果就是现代社会的物质需求先决性。信息主体即人失去对信息的有效控制能力，并为信息反过来所奴役和支配，陷入信息崇拜的异化盲区，正是信息作为"技术"的异化结果。信息是科学技术的产物，不可能离开人文价值的引导和

支配。人不能以合理、正确的价值目标驾驭、利用信息，缺乏人文精神，惟信息是图，就会渐渐导致人格、人性的变异，使人工具化，这也就是信息异化。人的异化，正是源于价值理性的缺失，源于人类精神家园的失落。因此，我们必须重温千百年来人类创造的古老文化——哲学、伦理、艺术等传统所凝聚的智慧，以及由这些精神科学整合而成的人类对人的本质、人的责任和义务、生命的终极意义的坚定信念，并以此完善价值理性，建构信息时代的人文精神。[11]要坚持价值性和科学性的统一，实现科学精神与人文精神的融合，以此克服当代人的异化。

4.5 提升主体的信息素养，增强主体的信息能力

信息素养是具有确定何时需要信息，何时需要查找、检索、鉴别、筛选和利用信息的能力。[12]信息素养是现代社会公民的基本素质，是信息时代个人的基本生存能力。因此我们要开展信息素养教育，提高人们的信息能力，即人们有效利用信息设备和信息资源获取信息、加工处理信息以及创造新信息的能力。可以说在信息时代，最稀缺的资源不再是信息本身，而是对信息的处理能力。如今信息的主题十分广泛，信息的数量爆炸式地增长，然而作为主体的人的能力却是有限的。这就要求主体具有较强的信息能力，在海量的信息中选择和利用精品信息。我国的信息主体的信息素养大多不太高，鉴别和过滤信息的能力较差，这就迫切要求我们注重加强信息素养教育。总之，无论信息环境恶劣到何种程度，主体自身的信息素养是决定主体是否迷失主体性的最根本的因素。要控制信息异化的产生和发展，加强主体的信息素养教育是必不可少的一项措施。[13]

4.6 注重媒体引导，推进信息伦理建设

信息伦理涉及信息开发、信息传播、信息加工分析、信息管理和利用等方面的伦理要求、伦理准则、伦理规范，以及在此基础上形成的新型伦理关系。自觉遵守一般的、普遍的信息伦理是信息时代的社会公德和社会责任。信心伦理具有认识、教育和调节的功能，能够提高信息道德活动的自觉性，有效防治信息污染，对净化信息市场，维护信息产业的健康发展有重要作用。由于信息伦理道德不可能由任何外部力量强制规定，也不具有法律的强制力，而是主要受制于社会舆论、传统习惯和内心信念的影响。人们对信息伦理规范的遵守是基于主体自身的内在认同，从而表现出自觉行为。因此，加强信息伦理的规范和教育，创造浓厚的社会信息道德氛围，需要注重舆论媒体对主体的引导作用。同时还应加强国际间的交流与合作，正确对待异质性伦理，坚持求同存异的原则达成全球信息伦理的共识。

[参考文献]

[1] 尼葛洛庞帝. 数字化生存. 海口：海南出版社，1996：122.
[2] 阮海红. 信息的异化与信息管理. 图书情报工作，2000，(4)：54－57.
[3] 程风刚. 信息异化及其控制. 图书与情报，2003，(2)：15－16.
[4] 王和平等. 信息伦理论. 北京：军事科学出版社，2006：127－160.
[5] 刘京林. 大众传播心理学. 北京：中国传媒大学出版社，2005：217－244.
[6] 李一. 网络行为失范. 北京：社会科学文献出版社，2007：205－208.
[7] 胡琪君. 论信息消费异化、信息创造与信息消费复归. 图书馆理论与实践，2007，(3)：40－42.
[8] 孙景仙，安永勇. 网络犯罪研究. 北京：知识产权出版社，2006：84－103.
[9] 王文胜等. 计算机文化基础. 济南：山东大学出版社，2005：1－3.
[10] 沙莲香. 社会心理学. 北京：中国人民大学出版社，1987：57－58.
[11] 陈学明等. 痛苦中的安乐. 昆明：云南人民出版社，1998：160.

[12] 李金和.异化的超越与社会核心原则转换.河南师范大学学报,2008,(1):27－30.
[13] 李爱武,柳晓春.国内外信息素质教育.高校图书馆工作,2002,(4):1－5.

[作者简介]

张立彬,男,副教授,南开大学图书馆流通阅览部工作。

图书馆在实现信息公平中的作用

周　静

[摘　要] 随着社会的发展,信息化浪潮席卷全球,信息公平正逐渐成为人们日益关注的话题。本文探讨了在这样的背景下,图书馆在实现信息公平中的作用以及图书馆是如何促进信息公平实现的。

[关键词] 信息公平　图书馆

随着社会的发展,信息化浪潮正在以前所未有的速度席卷全球,人们在享受着信息化所带来的各种好处的同时,也越来越感觉到由此而引发的信息不公平问题的严重性。的确,随处可见的信息不公平现象已成为制约我国社会发展的瓶颈之一,也愈来愈成为我国社会各界所关注的焦点问题。那么,对于一直以来都将实现信息公平视为宗旨的图书馆来说,又应如何发挥其在实现信息公平中的作用呢?笔者认为:图书馆应该引进普遍服务的观念,大力开展公共教育,提高整体国民的素质,以缩小不同人群间使用信息技术的差距,从而促进信息公平的实现。

1 "信息公平"释义

要分析图书馆在实现信息公平中的作用,首先要从信息公平的含义入手;而要把握信息公平的含义,则要首先了解公平的含义。

"公平"是一个复合词,其含义主要是由"公"和"平"两层含义复合而来的。"公"即公正、公道,"平"即社会成员之间在利益关系上处于一种不偏斜即平等的状态。公平的实质就是人与人之间在利益关系上处于一种平等或称对等状态。某种利益关系是否处于平等状态,往往取决于人们对这种状态的主观评价。美国心理学家亚当斯曾说过,"公平就是指社会组织中的个体,常常将个人贡献与个人所得包括物质报酬、社会荣誉、地位等跟另外和自己条件相等(或相近)的个体进行比较,如果二者各自的贡献与所得之比值相等(或相近),则双方都有公平感,反之,则认为不公平。"由此可见,公平是衡量社会公正的一个尺度,是用于防止社会存在不公平现象的一个砝码。事实上,尽管人们对某种现象是否公平的评价难免存在主观成分,但人们对某一具体现象是否公平还是能够达成比较客观、一致的意见的。如人们对当今世界普遍存在的数字鸿沟、信息分化现象,就基本一致地认为是信息不公平现象。

所谓信息公平,是公平思想在信息活动领域中的反映,是指信息主体在信息资源的生产、分配、传播、利用和管理等信息利益的动态体系中获得的平等对待,也就是说对平等状态应给予平等的对待,而对于不平等状态则应给予不平等、有所差别的对待,否则即被视为不公平。这里所讲的"信息主体",既可以是国家、团体、群体,也可以是个人;"信息利益"是指信息主体通过信息活动所能得到的利益，或者说是信息主体在现实的信息社会关系中所能得到的"好处"。由此可见，信息公平所追求的是人们在信息利益上的一种平等状态。人们之间信息利益的平等及其程度，体现了信息社会制度的公正及其程度。

笔者认为，信息公平至少应该具备两个方面的含义：第一是信息获取机会的公平，即无论主体处于何种状态，具备何种身份，都应该具有平等获得信息的机会；第二是信息技术手段使用上的公平，即无论主体身处何地，在获取信息的技术手段上始终都应该保持大体上的一致，这就需要国家乃至社会各界为之创造共同的条件。

平等获得信息的机会，首先要具备平等获取信息的基本权利。平等获取信息的基本权利，一般简称为信息权利，它是实现主体平等获得信息的前提，也是实现信息公平的前提。由于图书馆的主要社会职能是保障公众的信息获取权，因此笔者认为，图书馆在实现信息公平的进程中，发挥了其不容小觑的作用。

2 图书馆在建立信息公平中的作用

信息不公平和数字鸿沟产生的原因是多方面的，有历史的、政治的、经济的、文化的以及地域的等多方面的因素。但在图书馆界，作为公益性机构的图书馆其精神的最高体现，则是建立一种实现信息公平的保障机制，使社会成员可能通过图书馆得到公平获取信息的机会，并进一步开展针对信息弱者的特殊服务，从而实现真正意义上的信息公平。

对于图书馆来说，读者能够自由出入图书馆，查阅利用各类文献，检索所需要的各种信息，参加图书馆组织的各类读书活动，这是其在建立信息公平中保障读者权益实现的最基本的体现。同时，这些图书馆基本的服务措施对于实现信息服务的底线公平也具有关键性的意义。在这一基础上，图书馆再提供一定的发展空间，实现服务的多元化，这对于保障读者权益从而实现信息公平具有十分重要的意义。

图书馆的存在，一定程度上改变了社会信息的分配机制。新出现的机制就是政府通过法律和财税，保证了每一位纳税人都拥有公平获取信息的机会。从这个意义上说，图书馆代表了一种制度，一种保证社会上所有的人都具有起码的信息公平的制度。信息是公众参与管理的必备条件，也是公众实现个人价值的基本保证。因此，图书馆所代表的信息公平制度，是建设信息公平所必不可少的。

社会中存在的信息弱势人群，一般而言是无法将信息作为一种竞争性资源的，因而也不可能接受图书馆的各种付费信息服务，但是，他们并没有减少对图书馆的依赖。网络信息技术的普及为社会公众带来了大量的可获取的信息，也为他们获取信息提供了更多的机会，但信息弱势人群缺少利用网络的经济基础与技术能力，无法自由地利用网络搜索网上信息。技术对于信息弱者而言无疑是新的障碍，其影响甚至大于以往"文化教育程度"对获取信息的障碍。因此，图书馆在提供传统的纸质文献信息服务的基础上，适当增加对这部分人的上网辅助服务，对于实现信息公平具有十分重要的意义。

3 图书馆如何促进信息公平的实现

要真正地实现信息公平，既依赖于现代社会对图书馆制度的确立和完善，也依赖于广大图书馆人对图书馆精神不懈地努力和追求。具体主要体现在：

3.1 树立图书馆服务平等与自由的最高目标

图书馆服务的公共目标可分为不同的层次，最高层次是平等与自由。

3.1.1 在最高层次的目标上，图书馆应以平等的态度来收藏凝结人类智慧的知识成果

在图书馆的服务中，无论人们在年龄、性别、种族、肤色、宗教、语言、国籍、地位等方面有何差异，图书馆都应提供平等的服务，不能有所歧视。平等、自由地获取信息，是人类最基本的权利，尤其是对于那些没有能力获得信息的弱势群体而言，图书馆为其提供必要的帮助，对于实现信息公平具有非常重要的意义。

3.1.2 图书馆应该在平等对待人类知识成果的前提下，赋予自由选择知识的权利

自由选择知识也就是自主选择馆藏，图书馆只有成为百科知识的集合，人类思想的总汇，才能向个人提供广泛多样的知识、思想和见解，才能使个人的自由选择知识权得以保障，才能保护人类文化的多元化与多样性，才能为建立和维护一个信息灵通、知识多元的民主社会做出重要的贡献，从而为最终实现真正意义上的信息公平打下基础。

3.2 拓展图书馆的服务对象和服务内容，引入普遍服务的观点

3.2.1 图书馆的服务对象与服务内容向多元化发展

随着社会的发展，图书馆的服务对象与服务内容将朝着多元化的方向发展。个人、社区、政府以及他国无一不是图书馆的服务对象。与此同时，图书馆的服务内容也不应该仅仅止于提供文献信息的查询、检索和利用等，而应该能够提供数字信息的加工和整理，新的检索工具的生成和利用等，这是为社会成员提供创造公平享有知识和信息的公共图书馆的必然发展趋势，也是公共图书馆建设信息公平的重要一步。

3.2.2 图书馆应引入普遍服务的观点

此外，图书馆还应该引入普遍服务的观点。所谓普遍服务，指的是全社会所有的民众均有机会接受的服务，它的种类和内容一般均直接与公众生活密切相关，如基础教育、基础医疗保健、公共交通、邮政电讯、供电供水等。随着社会经济的发展、科技的进步、人民生活水平的提高，普遍服务的种类和内容也随之发展变化，在不同的时期由国家制定法律和政策进行确定或调整，其内涵在于保证任何人在任何地方都能享受图书馆提供的服务。图书馆界应积极引入普遍服务的观念，通过政府、社会、图书馆界的共同努力，通过实施政策倾斜、建立专项基金、提供专门的资源及技术支持，整合一批能为社会提供普遍服务的资源，量身定做特殊服务等方式，让边远、穷困地区的人们都能公平地享有图书馆的信息资源和服务。

3.3 构筑公共图书馆的信息服务平台，实现资源的共建和共享

构筑公共信息服务平台，有助于让更多的人能够使用到合适的信息资源，有助于实现信息的公平。

首先，要实行信息公开制度。信息资源是社会的财富，任何人都无权全部或永久地垄断其使用权。凡是图书馆收藏的、未经法律授权特别禁止的信息资源，都要毫不保留地提供给读者，不应当设置人为的障碍或限制。信息资源只有公开化、社会化，才能保证其能被公平地使用。

其次，加强信息资源开发，提供合适的数字公共信息服务。当前，我国的数字信息存在着分布和流向上的不平衡，信息弱势群体难以找到符合他们的价值观、知识能力和兴趣等方面的信息。因此，图书馆要关注弱势群体的信息需求，有针对性地开发他们可能感兴趣、能理解、有迫切需要的信息资源，并提供利用。这些信息主要可以包括：求职信息、日常生活信息、本地公开信息、时事信息、农业技术信息等。

再次,图书馆员要担负起弱势群体的网络导航员的职责,通过开发制作网络导航图、专题资源库等途径,引导他们正确地搜索网络资源,培养其自主服务的意识和能力,激发他们对网络、信息技术的兴趣。

最后,图书馆要通过这个网络平台,实现资源的共享。资源共享主要包括技术和信息资源的共享。对资源的联合开发与使用,不仅能带来良好的成本效益,避免重复建设造成的资源浪费,还能丰富信息的开发利用,显著增加信息的价值。更重要的是信息共享能以先进带动后进,以较低的成本弥补后进的不足,从而为实现信息公平创造条件。

3.4 开展公众教育,提高信息素质

IFLA《因特网宣言》强调:图书馆和信息服务机构有责任帮助并促进公众获得高质量的信息和传播服务。社会教育便是使图书馆实现这个职责的强有力的手段,尤其是在信息时代,图书馆在缩小不同阶层人群使用信息技术的机会与能力差距方面扮演重要的角色。图书馆通过对用户开展多途径的信息教育,加强他们的信息意识、网络使用、电脑操作、信息检索能力的培养,提高他们的信息素质,缩小不同层次的人群使用信息技术的技能差距,从而为缩小信息差距、实现信息公平创造条件。

4 结语

图书馆作为实现信息公平的保障制度,其服务对象、服务内容的多样化以及其所出现的新的分配机制,很大程度上都为实现信息公平奠定了基础。但是,仅仅如此还是不够的,图书馆还需要进一步地开展公共教育,拓展服务对象和服务内容,引进普遍服务的观点,树立平等和自由的服务理念,为最终实现真正意义上的信息公平贡献自己的一份力量。

[参考文献]

[1] 陈维荣. 社会公平本质解析. 甘肃高师学报,2003(1)

[2] 周明华,谢春枝. 和谐社会中的信息公平与图书馆服务. 图书馆理论与实践. 2006(2)

[3] 蒋永福,李京. 信息公平与公共图书馆制度. 国家图书馆学刊. 2006(2)

[4] 郑松辉,信息公平与数字图书馆普遍服务障碍. 图书馆论坛. 2006(3)

[5] 卢宏,汪晓燕,乔文华. 平等:和谐社会构建中图书馆的题中之义. 中国图书馆学会2006年学术年会,2006

[作者简介]

周静,女,助理馆员,南开大学图书馆信息部工作。

日本专利文献的特点及其检索利用

邓克武

[摘　要] 专利是一种重要的战略性信息资源。本文概述了日本专利文献及其特点，并对日本工业产权数字图书馆、德温特世界专利创新索引数据库、esp@cenet 欧洲专利数据库(EPO)和化学文摘网络版 SciFinder Scholar 等日本专利文献的主要检索工具和途径进行了论述。

[关键词] 日本专利　信息检索　专利检索

专利文献是一种重要的文献信息，据统计，世界上的新发明 95％首先是以专利的形式出现的。日本作为一个科技技术较为发达的国家，其专利文献在世界专利文献中所占的比例不可忽视。本文拟对日本专利文献及其检索与利用作一概述，为图书情报人员和科技人员查找日本专利文献信息提供参考。

1 日本专利文献及其特点

日本是一个科学技术高度发达的国家。从 1996 年开始，日本的专利申请数逐年增长。据 OECD(Organization For Economic Co-operation and Development，经济合作与发展组织) 2006 年专利统计概要①，2004 年在 EPO(The European Patent Office，欧洲专利局)、JPO(Japan Patent Office，日本专利局)和 USPTO(United States Patent and Trademark Office，美国专利及商标局)的专利中，日本专利占 25.7％，仅次于美国的 36.4％(见图 1)。

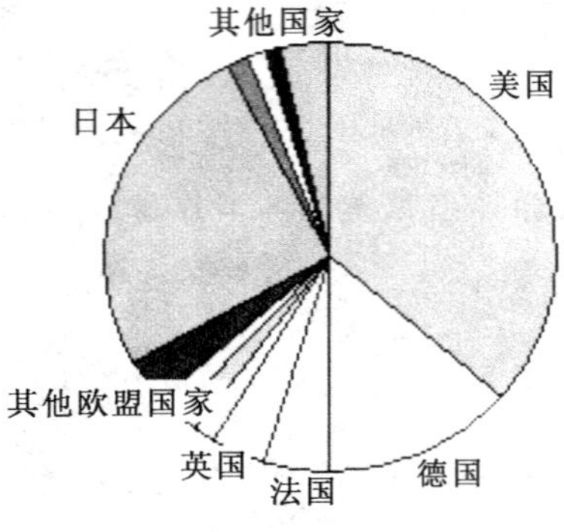

图 1　日本专利载世界专利中所占比例示意图

① Compendium of Patent Statistics 2006. www.oecd.org/sti/ipr－statistics . 2006－11－23.

日本专利局成立于1885年，并于该年公布了《专卖特许条例》，该条例可以说是日本最早的专利法。日本现行专利法系于2000年1月1日修正实施，其专利特许、实用新案、意匠三种专利权，分别对应于我国的发明专利、实用新型专利和外观设计专利。特许专利权期间从申请日起20年，在一定的条件下，有关化学和医药领域的发明可以申请延长5年；实用新案专利权期间是从申请日起6年，2005年4月1日更改为10年；意匠为从取得专利权起15年。

日本专利说明书称作"公报"，它是日本各类专利说明书的全文，包括《特许公报》、《实用新案公报》、《公开特许公报》、《商标公报》等。《特许公报》从1885年开始，发表较重要的创造发明，俗称大专利；《实用新案公报》从1906年开始，发表小的创造以及结构、形式等的新设计，相当于实用新型专利，俗称小专利；《公开特许公报》(1888年开始)和《商标公报》(1884年开始)分别公布外观设计和商标设计。

日本专利说明书的出版与其他国家不同。世界知识产权组织(World Intellectual Property Organization, PCT)于1978年6月1日起开始受理国际专利申请案后，自优先申请日起18个月进行，在国际公开的说明书中的指定国包括日本，按照条约规定自申请日起要在20个月内将译文交到指定国专利局。日本专利局将这些日文译文通过《公表特许公报》和《公表实用新案公报》进行公布。通过世界知识产权组织PCT进行国际专利申请的日本人不必再向日本专利局交付译文，也不在《公表公报》中公布，而是另外出版标题为《基于专利合作条约的国际公开日本专利》和《实用新案登录出愿》。

由于日本是一个使用年号纪年的国家，其专利号的表达与采用的纪年方式关系密切。如"专利特许公告昭44019382"、"特许公开平04372686"等，如何从不同的收录日本专利的数据库中利用专利号检索出这些专利，就需要对日本的纪年方法和专利号的含义有一个清晰的把握和了解。

表1 日本纪年与公元纪年的对应换算

日本朝代	代码	朝代起止时间	换算公式
明治	M	1868－1911(共44年)	1867年＋明治年＝公元纪年
大正	T	1912－1925(共15年)	1911年＋大正年＝公元纪年
昭和	S	1926－1988(共62年)	1925年＋昭和年＝公元纪年
平成	H	1989至今(至今16年)	1988年＋平成年＝公元纪年

日本专利的专利号在2000年以前为纪年加上专利序号。纪年用2位数表示，专利序号用6位数表示，不足的要在其前补零。按照如上的纪年方法，"专利特许公告昭44019382"为昭和四十四年的专利，即1969年的专利(1925＋44＝1969)，"特许公开平04372686"为平成四年的专利，即1992年的专利(1988＋4＝1992)。2000年以后的专利为公元纪年加上专利序号，公元纪年用4位数表示。了解了日本专利文献的这些特点，有助于快速、准确地检索日本专利。

2 日本专利文献的主要检索工具和途径

检索日本专利文献可以通过日本工业产权数字图书馆IPDL、德温特世界专利创新索引数据库、esp@cenet欧洲专利数据库(EPO)和化学文摘网络版SciFinder Scholar等途径进行检索。

2.1 日本工业产权数字图书馆IPDL

日本工业产权数字图书馆分英文版(http://www.ipdl.inpit.go.jp/homepg_e.ipdl)和日

文版(http://www.ipdl.inpit.go.jp/Tokujitu/tokujitu.htm)。

日文页面可在日文界面上检索日本专利文献及浏览全文说明书,该网页上提供的检索内容有:(1)发明、实用新型专利;(2)外观设计专利;(3)商标;(4)外国专利;(5)复审;(6)法律状态;(7)其他文献;(8)以上可供检索的数据库的文献范围。发明和实用新型专利提供7种检索方式:特許・実用新案公報DB、特許・実用新案文献番号索引照会、公報テキスト検索、FI・Fターム検索、IPC検索、公開特許公報フロントページ検索、・パテントマップガイダンス检索。

英文页面数据库提供检索的内容有:(1)发明和实用新型专利;(2)外观设计专利;(3)商标;(4)以上可供检索的数据库的文献范围。发明和实用新型专利提供5种检索:发明和实用新型公报数据库(Patent & Utility Model Gazette DB)、发明和实用新型文献号对照数据库(Patent & Utility Model Concordance)、日本专利分类检索(FI/F－term Search)、日本发明专利申请公开英文文摘数据库检索(PAJ)或分类号指南(Patent Map Guidance)检索。

发明和实用新型公报数据库和发明和实用新型文献号对照数据库,要使用文献号进行检索。在专利号的检索中,首先需要定义专利的"种别"(出愿、公开(公表)、审判、公告或登録),然后在输入框中输入专利号进行检索。专利号由"纪年－连番号"构成,2000年以前纪年的表示由朝代代码接两位纪年构成,如前所述,昭和四十四年即为S44,平成四年即为H04;2000年以后纪年由4位年代构成。连番号为6位数字,不足6位数字的在前面补零。

2.2 德温特世界专利创新索引(Derwent Innovation Index,DII)

DII整合了Derwent世界专利索引(World Patents Index,WPI)和专利引文索引(Patents Citation Index,PCI)两个数据库的内容,收录1963年之后包括日本在内的全球40多个国家专利及专利组织的1100万项发明专利,是检索全球专利的最权威的数据库之一。数据库收录的日本专利年代为1963年至今。数据库不仅可以检索专利信息,而且可以检索到专利的法律状态及专利的引用情况。

在DII专利数据库中,日本专利的专利类型代码如下:

A 专利申请公开说明书　　B 经过审查的授权或未授权专利申请说明书

B2 经过审查的授权专利申请说明书　　W PCT申请(来自其他国家)

X PCT申请(来自日本)　　Y PCT实用新型申请(来自其他国家)

Z PCT实用新型申请(来自日本)

由于DII专利数据库的专利标题及专利摘要并非专利说明书原来的摘要,而是经由该公司专业人员重新改写,以250至500字来叙述其发明的特点,因而避免了专利说明书原有摘要与标题的晦涩难懂,使检索者迅速了解专利的重点内容,很快判断是否是自己所需的资料。但是另一方面,用户也难以使用在DII检索到的专利信息从日本特许厅的专利数据库中检索到对应的专利全文。此时,了解DII专利数据库日本专利号与日本特许厅的专利数据库专利号的异同是非常必要的。

德温特DII数据库基本保持了日本专利文献原有的编号形式。如"专利JP11100228－A",后六位"100228"是专利序号(连续番号),前两位"11"应为日本纪年,考虑日本专利收录的专利文献为1963年至今的文献,可以判定应为平成十一年的公开专利,检索日文版专利数据库,得到"特開平11－100228"专利。

但事实并不尽然,如"专利JP69032076－B",它应当是经过审查的专利申请说明书,即特许公告。分析专利号“JP69032076”,后六位是专利序号(连续番号),那么,前两位“69”代表日本纪年还是公元纪年呢? 对应表1,迄今为止,日本纪年最长为昭和(62年),“69”应为公元1969年。则专利“JP69032076－B”为昭和四十四年的特许公告专利,其对应的日本专利号应为“昭和44－032079”。利用专利号检索日本特许厅的日文版专利数据库(特許・実用新案文献番号索引照会),得到“出願番号 特許出願昭37－046372”和“公告番号 特許公告昭44－032076 ”,即可得到专利JP69032076－B(特公昭44－032076)的日文全文。

利用德温特DII数据库检索日本专利,在知道专利号的情况下可以直接输入专利号检索某个特定的专利文献;如果检索某一主题的日本专利,则可以确定其国际专利分类,再输入国际专利分类号或输入检索词的情况下,在“PATENT NUMBER”输入框内输入“JP * ”即可。

2.3 esp@cenet——欧洲专利

欧洲专利局EPO的esp@cenet(http://ep.espacenet.com/),从1998年开始向Internet用户提供免费的专利服务,提供包括最近两年内由欧洲专利局和欧洲专利组织成员国出版的专利、世界知识产权组织WIPO出版的PCT专利以及欧洲专利局所收集的1920年以来的世界各国专利的信息检索,其中1970年以后专利都有英文的标题和摘要可供检索。

esp@cenet提供了3个专利数据库的检索:EP－ esp@cenet 、Worldwide和WIPO－ esp@cenet 。EP－ esp@cenet提供最近两年(24个月)由欧洲专利局出版的专利,可检索专利的著录信息,并可下载和显示专利全文的扫描图像。WIPO－ esp@cene提供最近两年(24个月)由世界知识产权组织WIPO(国际申请案)出版的PCT专利。两年(24个月)之前的专利检索都需要选择数据库Worldwide 。Worldwide专利库可以检索到包含日本专利的72个国家和地区的专利信息。esp@cenet收录了1970年以后日本专利的题录信息,英文的摘要和全文信息。

esp@cenet提供了4种检索方式:快速检索(Quick Search)、高级检索(Advanced Search)、专利号检索(Number Search)和分类检索(Classification Search)。如果知道某个日本专利的专利号,可以直接利用专利号在esp@cenet中检索该日本专利;如果需要利用esp@cenet检索日本出版的某一主题方面的专利信息,则需要采用高级检索(Advanced Search)。在高级检索界面,只需要在“Publication number”或“Application number”旁的输入框中输入“JP”即可限定只在日本专利文献中进行检索。

2.4 化学文摘网络版SciFinder Scholar

美国化学文摘是世界上最全面的查找化学化工文献的重要检索工具,占世界化学化工文献总量的98%左右。网络版化学文摘SciFinder Scholar,整合了Medline医学数据库、欧洲和美国等近50家专利机构的全文专利资料以及化学文摘1907年至今的所有内容。它涵盖的学科包括应用化学、化学工程、普通化学、物理、生物学、生命科学、医学、聚合体学、材料学、地质学、食品科学和农学等诸多领域,其中涵括了大量的专利文献。SciFinder Scholar中覆盖的日本专利范围及类型代码如表2所示。

表2 SciFinder Scholar中的日本专利范围及类型代码

Kind Code	Type of Publication or Document Title	Publication Years
A2	Kokai Tokkyo Koho (unexamined patent application)	1971－
B1	Examined application (1st publication without prior A2)	1999－
B2	Toroku (granted patent)	

续表

Kind Code	Type of Publication or Document Title	Publication Years
B4	Tokkyo Koho (examined patent application)	1950—1996
T2	Kohyo Koho (Japanese translation of PCT applications filed by foreign applicants)	

SciFinder Scholar 提供 Explore、Locate 和 Browse 等检索方式。检索某类主题的日本专利信息，可以从 Explore 下的“Research topic”进入检索，在输入框内输入检索词，在其下的“Filter”内限定文献类型为“Patent”，语言设定为“Japanese”即可。检索日本某家公司的专利信息，可以从 Explore 下的“Company Name/Organization”中检索该公司发表的研究文献，再通过 SciFinder Scholar 独特的“Analyze(分析)”工具，进一步确定该公司或组织中拥有的专利信息。如果通过专利号检索某一具体专利信息，则可以从 Locate 下的“Document Indentifier”进入检索，直接在输入框内输入专利号即可。

SciFinder Scholar 可显示专利的详情，查看专利的电子版，单击页面上的“”图标可以通过 ChemPort Connection 连接到互联网上专利网站中的电子版专利及其专利全文。

综上所述，日本专利文献可以通过日本工业产权数字图书馆 IPDL、德温特世界专利创新索引数据库 DII、esp@cenet 欧洲专利数据库(EPO)和 SciFinder Scholar 等途径进行检索。这四种途径检索日本专利各有所长，检索时需要根据具体检索需求选择使用或者综合使用。

21 世纪是知识经济时代，知识经济的核心则是科学技术尤其是高新技术，在经济全球化的国际竞争的大环境中，只有具备相当的技术创新能力，才能在激烈的竞争中得以立足。而高新技术首先是以专利的形式体现出来的，日本专利信息是世界专利信息的一个重要组成部分，了解日本专利文献的这些特点及其主要检索工具和途径对快速准确获取日本专利信息，把握技术发展的脉络是非常必要的。

[参考文献]

[1] 网络环境下日本专利信息的检索. 熊利红. 情报资料工作. 2003, (06)

[2] http://www.ipdl.ncipi.go.jp/homepg_e.ipdl. 2009—05—20 检索

[3] http://www.ipdl.ncipi.go.jp/homepg.ipdl. 2009—05—10 检索

[4] http://portal.isiknowledge.com/. Derwent Innovations Index.[DB]. 2009—05—10 检索

[5] http://ep.espacenet.com/. 2009—05—10 检索

[6] SciFinder Scholar [DB]. 2006 年版.

[作者简介]

邓克武，女，副研究馆员，南开大学图书馆信息部工作。

基于 CNKI 的《南开大学学报(自然科学版)》论文计量与评价研究

匡登辉　郝晋清　吴　春　王娟萍

[摘　要] 本文采用文献计量学的方法及统计软件的分析功能等量化手段，以 2009 年 3 月 10 日采集自中国知网的数据为研究对象，就《学报》的发展变迁、载文学科类别、作者群、论文网络传播情况等，分析了《学报》载文学科类别与学校科研领域的演替，并对《学报》进行了总体评价，为《学报》的发展提出了一些可行性建议。

[关键词] CNKI(中国知网)　文献计量学　《南开大学学报(自然科学版)》　评价

科技论文是科学研究的主要产出形式，其数量和质量反映了科学研究的成果和效率，而综合性大学学报恰恰正是这种产出的重要载体之一。《南开大学学报(自然科学版)》(以下简称《学报》)创刊于 1955 年，是新中国创刊较早的高校理科学报之一。

南开大学 1924 年出版了学术性期刊《南开大学季刊》，后改为《南开大学周刊》、《南开大学半月刊》，至抗战前停刊。中华人民共和国成立后，1955 年学报复刊，改为《南开大学学报》后有社会科学版和自然科学版("文化大革命"期间曾一度停刊)。1994—2004 年为季刊，2005 年至今为月刊。《学报》在《中文核心期刊要目总览》中被列为"自然科学综合类核心期刊"。被国家新闻出版署列入"中国期刊方阵 · 双效期刊"。本刊还被 CNKI、CA 多种国内外数据库收录。

1《学报》论文情况统计分析

1.1 学科类别分组分析

在《学报》1994—2008 年 10 月刊载的 1575 篇论文中，按学科类别分组统计，生物学类论文最多，达 284 篇，占论文总数的 18.03%，是学报论文的主体类别；其次有数学类论文 265 篇，占论文总数的 16.82%，是近几年发展较为迅速的一门学科；排第 3 位的是化学类论文，有 260 篇，占论文总数的 16.51%；物理学类论文 144 篇，排第 4 位，占论文总数的 9.14%；随后依次是有机化工(137)；无线电电子学(113)；自动化技术(78)；电信技术(52)；环境科学与资源利用(50)；电力工业(47)；计算机软件及计算机应用(43)；无机化工(40)；植物保护(29)；肿瘤学(25)；基础医学(22)。

在我国，大学学报一般以所属学校为依托，故从图 1 可以看出，南开大学是一所学科门类齐全的综合性、研究型大学，学科覆盖广，是目前全国仅有的一所可覆盖全部学科门类的研究

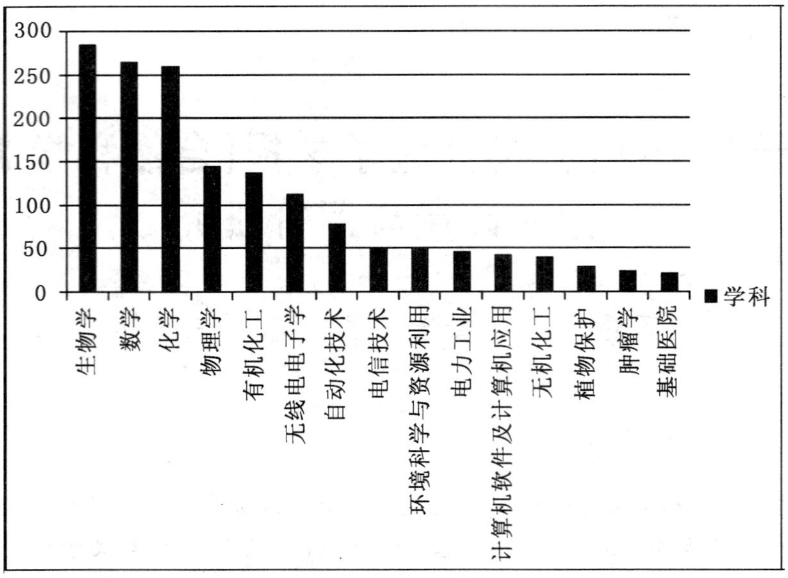

图 1　各学科类别分组论文数量统计柱状图

型大学，且化学学科优势明显，将化学各类论文集中起来统计，高达 466 篇，占 29.59%。

1.2 中文关键词分组统计分析

关键词是科技论文的文献检索标识，是表达文献主题概念的自然语言词汇，也从一个侧面反映出论文的研究领域。我们基于 CNKI 提供的中文关键词，初步统计出《学报》1994－2008 年各关键词出现的频次(表 1)。

表 1　《学报》1994－2008 各关键词出现的频次统计

序号	关键词	频次(次)
1	晶体结构	32
2	合成	20
3	神经网络	20
4	新种	19
5	稳定性	12
6	磁性	12
7	生物活性	11
8	配合物	9
9	混沌	9
10	遗传算法	9

从表 1 可以看出，《学报》中出现频次居于前两位的关键词是“晶体结构”与“合成”，都是与化学化工密切相关的关键词，也就是说，学报刊载的化学化工类论文是最多的，反映出南开大学化学学科较其他学科具有的优势，这与我们根据学科类别分组统计的结果是一致的。另外值得一提的是，位列第四的关键词“新种”，这是动物系统学报道新发现物种时常用的关键词。这就不得不谈起南开大学生命科学学院的昆虫学专业。20 世纪 80 年代中期，由于该学科冷僻，生源减少，经费不足等原因，导致大批专业人员流失，研究生报考人数和生源质量急剧下降，出现了严重的人才断档现象，学科生存状况岌岌可危，被称为“特殊学科”。南开大学昆虫

分类学特殊学科点通过人才培养,拓展了新类群的研究领域,探求和解决若干重要生物系统学基础理论问题。他们开展了我国重要昆虫类群的分类区系物种多样性、系统发育和进化、动物地理学研究。科研与合作交流,已拓展至全世界。

1.3 论文语种统计

中文是《学报》所刊载论文的主要语种,1994－2008 年 10 月《学报》刊载的 1575 篇论文中,英文文献仅 165 篇,仅占论文总数的 10.48%。图 2 清晰地说明了这个比例。这说明《学报》作者在外文文献写作方面还存在一定不足,也反映了论文作者对外文文献的获取手段、能力、外文水平等还有待进一步提高。

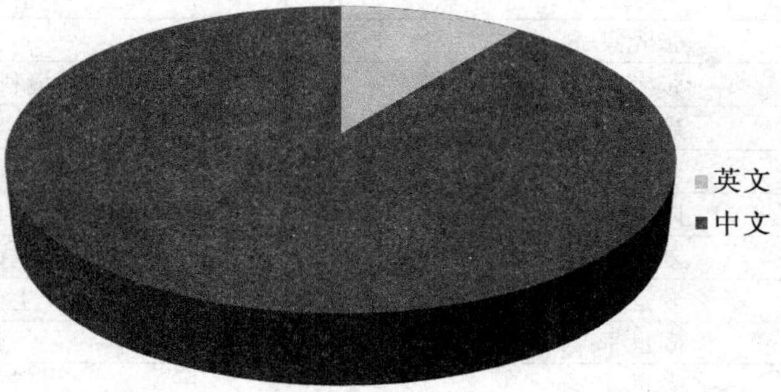

图 2　1994－2008 年 10 月《学报》刊载的论文中英文比例

1.4 论文分年度统计

按年度对《学报》刊载的论文数量进行统计(图 3)发现:论文数量曲线是一个类正弦曲线,分别在 1999 年和 2006 年达到峰值,分别为 124 篇和 134 篇。究其原因,是因为从 1999 年起,南开大学博士生毕业要求至少 1 篇中文核心收录论文,而《学报》正是一个不错的发表渠道;2006 年的峰值,则是由于《学报》改版,由季刊改为双月刊,刊载的论文数量也相应增加。

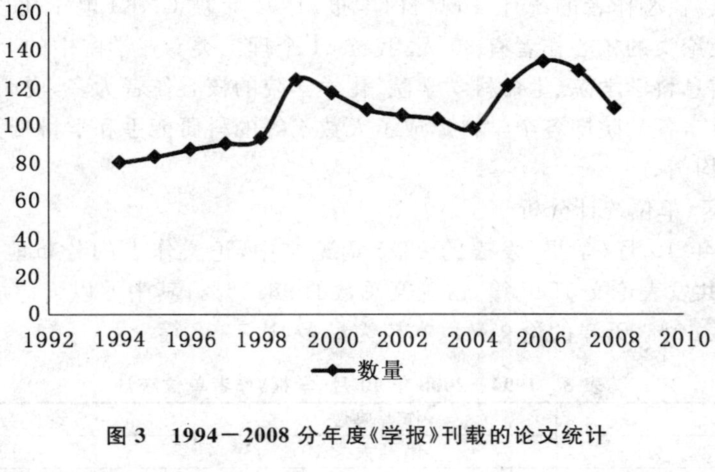

图 3　1994－2008 分年度《学报》刊载的论文统计

2 《学报》作者群统计分析

国际上对学者的学术评价一般有两种方法,一种是专家的定性评价(如匿名的同行评议),另一种是定量评价(如发文数和被引数)。本文拟基于后者,对《学报》的作者群进行简单的统计分析。

2.1 作者发文数量和职称、年龄构成统计分析

科学研究的主体是人，任何一个有影响力的学术刊物都离不开一批稳定的作者群，《学报》也不例外。通过对《学报》作者群的统计分析，1994－2008 年，《学报》共刊登论文 1575 篇，涉及作者共 5094 人次，平均每篇论文的作者数为 3.23 人，发文量最多的前 10 位作者如表 2 所示。

表 2　1994－2008 年 10 月《学报》发文数量位于前 10 位的作者

序　号	姓　名	论文数量(篇)	院　系
1	董孝义	28	信息科学学院
2	张光寅	24	物理学院
3	张宝贵	24	环境科学与工程学院
4	廖代正	21	化学学院
5	陈启民	19	生命科学学院
6	陈增强	19	信息科学学院
7	刘如林	19	生命科学学院
8	耿运琪	19	生命科学学院
9	阎世平	18	化学学院
10	秦世才	18	信息科学学院

根据在《学报》发文数量的多少排序（表 2），可以看出，高居榜首的是董孝义教授，28 篇，其所擅长专业为现代光通信技术、光波电子学、光子技术；张光寅教授和张宝贵教授各 24 篇，并列次之，他们所在专业分别为光子学和环境科学。这充分显示出南开大学的光子学是具有很大优势的学科。这些高产作者，均为教授、博士生导师，已经或即将退休。可以看出，具有高级职称的科研人员是科研工作的中坚力量，但人才老化问题已经显现，人才断层依然存在。新一代科技人才迅速崛起，并建设稳定壮大科研队伍是当务之急。

通过对《学报》核心作者的统计发现，自《学报》1994 年被 CNKI 电子化以来，在《学报》上发表 13 篇或以上论文的核心作者有 30 人，我校 11 个理工类专业学院中的 5 个学院有核心作者分布，其中以信息科学学院、生命科学学院、化学学院的核心作者为多，说明我校学科分布和研究领域较为宽广，各学院即各个学科形成了人数不等的科研能手和学科带头人，但也表现出各学科发展的不均衡。

2.2 作者地区、单位统计分析

1994－2008 年 10 月《学报》发表的 1575 篇论文中，论文作者的分布地区主要为华北地区。天津和河北共发表论文 1547 篇，占论文总数的 98.22％；其中尤以天津居多，达 1523 篇，占论文总数的 96.69％；天津的论文又以本校为最多，达 1398 篇。

表 3　1994－2008 年 10 月《学报》作者单位统计

序号	作者单位	论文数量(篇)
1	南开大学	1398
2	天津大学	56
3	天津理工大学	44
4	天津师范大学	34
5	天津农学院	17

续表

序号	作者单位	论文数量(篇)
6	河北工业大学	14
7	天津医科大学	12
8	上海交通大学	11
9	河北师范大学	10
10	天津科技大学	9
11	吉林大学	9
12	天津工业大学	8
13	淮北煤炭师范学院	8
14	天津教育学院	7

根据作者单位分组统计(表 3),作者署名单位为南开大学的论文共 1398 篇,占论文总数的 88.76%,这与学校的地域性和《学报》的办刊宗旨、刊载论文的学科范围相适应,说明《学报》载文能够充分展示学校乃至华北地区的科研水平与实力。

3《学报》刊载基金论文统计分析

1994—2008 年《学报》共刊载论文 1575 篇,按研究获得资助分组统计(表 4),其中受到省部级以上基金项目资助的论文有 1031 篇,占 65.46%,说明 1994 年后,平均有 3/5 以上的刊载论文获得了基金项目的资助。

表 4 1994—2008 年 10 月《学报》论文基金资助分组统计

序号	基金项目名称	发文数量(篇)
1	国家自然科学基金	553
2	天津市科学基金	169
3	国家高技术研究发展计划(“863”计划)	51
4	高等学校博士学科点专项科研基金	49
5	国家重点基础研究发展计划(“973”计划)	40
6	天津市科技攻关计划	31
7	国家科技攻关计划	14
8	攀登计划	13
9	天津市 21 世纪青年科学基金	12
10	教育部留学回国人员科研启动基金	11

基金论文涉及的基金项目共有 49 种以上,其中以国家自然科学基金、天津市科学基金、“863”计划、高等学校博士学科点专项科研基金、“973”计划资助的论文较多,分别达 553、169、51、49、40 篇,这些项目对《学报》载文的质量影响最大。这充分说明南开大学的科学研究已形成多渠道的科研项目经费来源,由此也带来项目性质的多样性——既有基础性研究项目和高新技术项目,又有国家、各部委攻关等与国民经济建设直接相关的应用开发项目。

4 网络传播情况统计

《学报》自上网以来网络传播情况,可反映该刊的综合(累积)学术传播影响力。本文仅就论文单篇的下载频次、引用频次进行简单的统计分析。

4.1 单篇原文下载频次统计分析

原文下载频次分析是对网络访问进行统计的一个重要方面。《学报》发表的论文至 2009

年 3 月 10 日在网络上被下载次数前 10 位的文章和相应的被引次数情况如表 5 所示。

表 5　1994—2008 年 10 月《学报》论文下载的次数排序和相应的被引次数分组统计

序号	文章题名	学科	下载频次（次）	被引次数（次）
1	黄芪多糖的提取	化学	560	16
2	制造商—零售商供应链的联合定价决策模型	自动化	350	15
3	杀菌剂生物测定方法的研究	化学	339	20
4	黄芪总黄酮和总甙的提取与分离	化学	310	3
5	基于 VHDL 语言的浮点乘法器的硬件实现	计算机	291	7
6	光伏发电系统最大功率点跟踪控制方法研究	光电子	275	7
7	锁相环用 CMOS 鉴频鉴相器及电荷泵的实现	机器人	261	5
8	中药中 α—糖苷酶抑制剂的筛选（英文）	生物	249	2
9	微波超宽带低噪声放大器的设计	电子	246	13
10	一种简便快捷的植物线粒体质粒 DNA 的提取方法	生物	228	13

4.2 单篇论文被引频次统计分析

原文下载频次是反映论文影响力的重要指标。《学报》发表的论文至 2009 年 3 月 10 日在网络上被引用的次数排序和相应的被下载频次如表 6 所示。

表 6　1994—2008 年 10 月《学报》论文被引次数排序和相应的下载次数分组统计

序号	文章题名	学科	被引次数（次）	下载频次（次）
1	利用 AFLP 技术筛选与银杏性别相关的分子标记	生物	92	142
2	甘草多糖 GPS 对病毒的抑制作用	生物	55	88
3	红藻多糖抗 AIDS 病毒作用的体外实验研究	生物	43	57
4	与银杏性别相关的 RAPD 标记	生物	38	115
5	面向生物工程实验的微操作机器人	机器人	36	75
6	利用 AFLP—银染法筛选与抗甘蓝黑腐病性状连锁的分子标记	生物	35	113
7	红豆杉愈伤组织培养中褐变现象的初探	生物	33	152
8	热处理对 TiO_2 光催化活性的影响	化学	30	109
9	基于模糊推理和广义预测的组合控制	系统科学	28	58
10	基于 BP 网络的非线性广义预测学习控制器	系统科学	28	42

综合表 5、6 可以看出，下载频次最高的并不是引用次数最多的。只有那些原创性的科研成果，才会具有较高的下载频次和被引用频次，获得科学界的认可和较高的显示度。

5 结论与建议

《学报》是反映学校科研成果的园地，又是组织、推动科学研究的工具，所刊载的论文基本反映了学校整个科研工作的水平；同时，南开大学坐落于渤海之滨——天津，《学报》刊载的论文，基本体现了地方特色和地区影响力，充分反映了本校的学科优势和地区优势。

结合分析结果，对《学报》发展有以下几点建议：

(1) 把握学校的办学理念，准确定位，突出《学报》特色。南开大学在文、理科方面具有优势和特色，医学、工科等方面相对较弱。今后 5 年，南开大学应大力扶植新兴学科，增强学校的综合实力。

(2) 严把论文的学术质量关,提高《学报》载文的学术水平。很重要的一点,就是瞄准基础科学研究前沿,发挥优势,刊发重大课题研究成果,特别是原创性的成果。

(3) 合理增加外稿数量,吸纳校外优秀稿件。拓宽稿源渠道,增强学报吸引力,是保证刊物质量的重要举措。规范中英文摘要写作,多方面提高论文质量,扩大影响,争取早日成为SCI、EI等重要的国外检索系统的索引源刊物。

(4) 创造条件,创办《学报》(英文版)。英文版学报作为一所研究型大学的对外交流的窗口,在提高学校国际国内知名度的重要性是不言而喻的。学报应扩大影响,面向国际,提高《学报》的知名度。创办《学报》(英文版)是条捷径,甚至可以考虑将已出版的中文文章中高质量的译成英文出版,向世界科学领域呈现重要的资源。

(5) 加强学报网站建设,加快信息化建设步伐。纸质期刊在利用传统传播手段的同时,需借助网络传播的强大影响力,形成传统传播与网络传播比翼齐飞之势,才能立于不败之地。

[参考文献]

[1] 冯丽,杨琳琳,陈镱文等. 基于中国知网的《西北大学学报》(自然科学版)网络传播历史分析. 西北大学学报(自然科学版). 2008, 38(1): 165－170.

[2] 李冠强,刘英,王向婷. 从引文指标看高校的学术质量. 图书与情报. 2003, (6): 25－26.

[3] 黄涓. 也谈高等学报的性质. 烟台师范学院学报(哲学社会科学版). 1988, (1): 67－71.

[4] 孙景峰. 也谈核心期刊与高等学报的改革方向. 河南大学学报(哲学社会科学版). 2001, 41(2): 121－124.

[5] 徐用吉. 发挥高校优势 办好大学学报. 中国冶金教育. 1998, (5): 88－92.

[6] 陶路. 大学学报的国际标准化. 全国核心期刊与期刊国际化、网络化研讨会文集. 2003, 174－177.

[7] 李成俊. 办好高校英文版学报的思考. 煤炭高等教育. 2004, (5): 96－97.

[作者简介]

匡登辉,男,助理馆员,南开大学图书馆信息部工作。

郝晋清,男,副研究馆员,南开大学图书馆信息部工作。

吴 春,女,副研究馆员,南开大学图书馆信息部工作。

王娟萍,女,研究馆员,南开大学图书馆信息部工作。

第一代知识管理与第二代知识管理的比较研究

庞 佳

[摘 要] 本文分别介绍了两代知识管理的内涵与发展历程，比较分析了两者在管理对象、管理过程、管理侧重等方面的不同。

[关键词] 第一代知识管理 第二代知识管理 比较分析

1 前言

"知识就是力量"是培根的一句名言，在知识经济时代的今天，这句话显得更有力量。随着竞争程度的不断加剧，寻找竞争优势已经成为人们生存的必要条件。而在人类社会进入知识经济时代后，资金的雄厚、原材料的低成本已经不能为组织带来长久的利益，面对生存的压力，创新成为组织获得发展的根本竞争优势。只有不断创造新的产品，提供新的服务，拓展新的领域，组织才能在激烈的市场竞争中占据坚固的位置，立于不败之地。创新不是一句简单的口号，它实际上反映了组织的一种能力，而在信息高度发达的知识经济社会中，组织的创新能力则来源于组织对知识的驾驭能力，即组织获取、吸收、利用和管理知识的能力。为此，人们将组织管理的目光从对流程的控制和信息的管理上，转移到对知识的管理，提出了知识管理理论。

2 知识管理的提出与发展

知识管理从提出到今天，大致经历了两个发展时期，人们将这两个阶段分别称为第一代知识管理(First General Knowledge Management)和第二代知识管理(Second General Knowledge Management)。其中，第一代知识管理也就是通常我们所说的知识管理。

1986年，第一代知识管理这一概念被首次提出。在联合国国际劳动组织(International Labor Organization)主办的一次国际会议上，Karl Wiig 首次提出"知识管理"(Knowledge Management)这个概念，他认为知识管理是系统的、显示的、精密的知识构建、更新和应用，以使企业中知识的效率和从中获取的回报最大化[1]。发展至今，人们对"知识管理"这个概念的界定仍然没有取得完全统一，但虽说各有侧重，可总体上看，人们对知识管理的核心思想和内容的认识还是比较一致的。

第一代知识管理源于资源基础理论，它以"学问为济世之本"的假设为基础[2]，认为组织的竞争优势来源于对知识的有效管理与利用，强调知识管理是以知识共享为核心的管理模式，通过对组织知识资本的有效管理、开发、培植、利用，能够增强组织的核心竞争力，使组织价值最大化。而组织实现知识管理的方式则是通过使用信息技术将分散在组织内部的知识和技能

（表现为数据库、纸质文献、思维等形式）得到系统化的处理[3]，并在最大范围内共享。第一代知识管理侧重于通过先进的技术解决组织在管理中遇到的问题和困难。

然而随着时间的推移，实践证明以技术为中心的第一代知识管理没能解决组织中存在的全部问题，其发挥的管理效能有限。1998 年，Rudy Ruggles 在《加州管理评论》（California Management Review）上发表的一份调查报告中指出，大部分美国企业推动知识管理，都导入了内部网络、资料仓库等，以资讯科技来收集、储存或萃取知识。但这种将资讯编码处理的方式，功效有限。1999 年，斯坦福大学教授 Pfeffer 和 Sutton 联袂也在《加州管理评论》上提出相同的看法，他们认为传统的知识管理太强调科技，把知识当成有形的物件来处理，是知识管理行不通的原因[4]。

在研究了第一代知识管理存在的问题的基础上，知识管理专家们纷纷提出了具有全新含义的知识管理概念，此时，新的知识管理理论被称为第二代知识管理。2002 年 7 月知识管理大师赖瑞·普赛克（Dr. Larry Prusak）提出了第二代知识管理概念。他认为应重视组织内部非正式的沟通，鼓励面对面的接触，强调人与人的联系，建立信赖的环境，同时提供学习的空间，以分享并创造隐性的知识[5]。同时，IBM 知识管理咨询公司的负责人、知识管理联盟的知识管理模式标准委员会主席 Mark W. McElroy 先生在“KM Expo”上发表了一份“Second Generation KM”白皮书，他在这份白皮书中也提出了第二代知识管理概念，指出第二代知识管理不是以技术为中心的管理，它更多地考虑人力资源在组织管理和发展中的作用，更注重过程的主动性[6]。

3 第一代知识管理与第二代知识管理的比较分析

3.1 知识管理从一种管理手段上升为管理战略

第一代知识管理认为组织的经营发展障碍来自于组织技术能力的不足，而在知识经济时代提高组织这一能力的办法就是建立完善的、具有强大能力的组织技术系统，技术可以解决组织中的各类问题。在这种基础上，第一代知识管理作为组织管理的重要手段，将知识管理界定为通过使用以计算机和网络为中心的现代信息技术推动组织内部信息的获取、流动和使用，以此提高组织的效率，从而推动组织获得竞争优势，赢得利益。

但实践证明技术能力的大幅度改进并没实现第一代知识管理的目的。第二代知识管理在众多组织应用第一代知识管理实践的基础上，将知识管理的含义加以引申，扩大了知识管理中“知识”的范围，知识管理不再只关注技术，它将整个组织作为整体进行管理，将组织实施知识管理的目标从对组织现有知识的共享提高到增强组织的创新能力上。第二代知识管理已经从一种组织的管理手段跃升为组织整体发展战略的一个有机组成部分。

3.2 从对技术的开发到对人的管理

尽管第二代知识管理是在第一代知识管理的基础上发展起来的，但分析第一代知识管理与第二代知识管理的理论，可以明显地看出二者之间存在的区别，两代知识管理对管理内容的界定有本质的不同。

第一代知识管理侧重于将组织管理和经营的困难归结于技术带来的障碍，因此，将提高组织的信息化技术水平放在知识管理的首位，组织内部建立起包括群件、信息索引、知识仓库、数据仓库在内的知识共享平台，采用检索系统、文档管理、数据挖掘、图像化等技术实现对信息的获取与共享。第一代知识管理在组织管理中更多地充当了信息系统的角色，它的实施使组织形成了畅通的信息流，组织现有的以各种形态存在的知识被有效地激活，在组织的最大范围内得到了共享。但这种共享仅能解决对组织内部显性知识的共享，更多的隐性知识开发与共享并没有得到改善。

第二代知识管理从组织战略发展的角度出发，将提高组织的创造能力作为知识管理的重心，管理重心转移到组织中最具活力的生产要素——人，即员工身上，以更好地开发组织内的隐性知识，扩大组织的知识范围，增强创新能力。同时，第二代知识管理不再只关注对有关同行经营的结果性知识的分享，而是将知识的获取和共享贯穿于组织整体及局部活动的全过程，这样组织内知识共享的时滞性被缩短为最短，组织运营中的问题可以得到最及时的解决，更好地推动组织下一步的发展。这也就是第二代知识管理理论中所说的双循环知识管理。

3.3 知识内涵更加明确、全面

在第二代知识管理中，知识的内涵更加明确、全面，基于对知识的重新理解，第二代知识管理形成了三大核心理论：生命周期理论（Life－Cycle）、嵌套知识域理论（Nested Knowledge Domains）和复杂自适应理论（Complexity Theory），其中自适应系统理论（Complex Adaptive Systems，CAS）是理论基础。

CAS 理论是一种理解有机系统如何运作的有价值的方法，该理论认为有机系统（包括运作中的组织、独立的人）要进行自组织，以适应不断变化的环节。根据 CAS 理论，知识是由一系列不断适应环境变化的规则组成的，而个体和组织为成功地适应环境的变化，则必须掌握和遵循这些规则。因此，第二代知识管理所论述的知识不仅包括第一代知识管理中所讲的以各种形态存在的显性知识，还包括存储在员工大脑中的隐性知识、组织在运营过程中所必须遵循的各种商业及非商业规则和周边环境的动态变化情况。这些广义范围内的知识也都是知识管理的重要组成部分。第二代知识管理不再只注重对下游知识的编码化和共享，而是全方位地关注企业整体的组织学习能力，以保证组织的创新能力和产生创造力的环境。

3.4 管理对象清晰分层

在自适应系统理论的基础上，第二代知识管理还形成了另外两个重要理论——嵌套知识域理论和知识生命周期理论。

嵌套知识域理论明确地将第二代知识管理的实施对象分为组织、组织中的团队和个人三个层次，每个层次都是一个有机系统，都能形成自己的规则。这些规则在彼此之间相互渗透，形成一定的制约与促进关系，从而有效地提高组织的效率，最终个人层次上的知识上升为组织层次的并可以被整个组织分享的知识。这种明确的层次划分在第一代知识管理中是没有的，那时知识管理的对象有时是组织，有时是个人，有时是两者兼有。

3.5 管理过程更加明确

除了自适应系统理论和嵌套知识域理论外，第二代知识管理的第三个重要理论就是知识生命周期理论。与第一代知识管理的知识存在、知识收集、知识编码、知识共享过程不同，第二代知识管理认为知识不是天然存在的，它需要经历一个从产生到分享的过程——知识生命周期。也就是说人们在进行知识管理的时候不再是对现有知识的整合、利用，而是要去寻找对自己有用的知识，包括现存的以各种文档形式存在的知识和储存在人脑中的隐性知识。然后再将这些知识运用到实际当中去检验这些内容是否可以成为“知识”，其价值有多大，即经历知识验证过程。最后把其中有价值的知识按照一定的规则整合并在组织中共享，完成知识的生命周期。

与第一代知识管理过程相比，第二代知识管理的过程更加完整，通过对知识的搜集和验证两个流程，知识管理从一种被动式的管理手段发展成了一种主动式的管理战略，这对于保持和创造组织的创新能力有极强的促进作用，为组织竞争优势的创造提供了保证。

4 结论

通过对第二代知识管理与第一代知识管理差异的分析与比较，我们可以清晰地看到，第二代知识管理强调了以下几个方面：

一是第二代知识管理已经不再只将知识管理看成是一种管理技能，而是把它上升到一种管理战略的高度进行操作，这将从根本上改变组织的整个管理模式。

二是第二代知识管理更加注重人的重要性，将人视为组织中最重要的资产，将人视为组织核心竞争力的源泉。

三是注重组织创新，第二代知识管理认为组织只有不断创新才能够保持竞争优势。

四是第二代知识管理对如何实施组织的知识管理、由谁实施组织的知识管理以及实施知识管理的过程有了更完整的认识。

因此，从理论上看，第二代知识管理将把组织带入到一种真正的组织与员工共同发展的双赢模式中，因为到那时，组织的创新与员工个人的创新将密不可分地融合在一起，缺少了任何一方都将失去竞争优势。

[参考文献]

[1] 董斐，张晓刚，李雄峰，李明树．基于知识管理的个性化服务机制研究．计算机工程与应用，2003，(10)：67－70.

[2] 伍忠贤，王建彬．知识管理策略与实务．北京：中国纺织出版社，2003：41.

[3] 罗龙艳，沈治宏．论知识管理的新发展．四川大学学报(哲学社会科学版)，2003，(3)：57－59.

[4] 陈太明．第二代知识管理．[EB/OL]．http://www3.ccw.com.cn/club/essence/200307/17578.htm，2009－05－20.

[5] 同[4]

[6] Mark W. McElroy. Second Generation KM. [EB/OL]. http://www.macroinnovation.com/images/Second－Generation%20KM.pdf，2009－05－20.

[7] 柯平，王平．从信息构建到知识构建：基于知识构建的第二代知识管理．图书情报工作，2004，(6)：20－24.

[8] 刘岩芳，张庆普．第二代知识管理在高校图书馆管理中的应用．情报科学，2006，(11)：1615－1619.

[9] 沙淑欣，刘慧．走向第二代知识管理——图书馆管理理念的变革．四川图书馆学报，2007，(2)：38－41.

[作者简介]

庞佳，女，馆员，南开大学图书馆信息部工作。

基于典型个案分析的图书馆内务信息管理系统研究

唐承秀

[摘　要] 本文通过典型个案的介绍与分析，对图书馆内务信息管理系统的设计原则、功能、存在的障碍、误区与局限性进行了探讨。本文认为，对管理过程中各类信息的科学管理，可以提高行政办公效率，使各独立的部门、员工能够实现协同工作、远程办公、信息共享与交流，并为图书馆领导的决策提供科学依据。

[关键词] 图书馆管理　内务信息管理系统　办公自动化

1 内务信息管理系统产生的背景

图书馆在运作过程中，会不断产生各类信息，其中有用于服务和管理读者的信息，也有用于内部事务管理的信息。本文主要针对后者进行探讨。这些信息主要是指内部通告、馆内活动报道、人员信息以及各类政策、法规、文件、统计资料、年鉴、决策等，载体形式可能是文本、图片、表格、手册、磁带、光碟或软件等。对这类信息进行收集、组织、控制、流通等活动，是图书馆组织内部沟通中重要的环节之一，也是实现馆务信息透明化的资源基础。

在图书馆内部管理沟通中，信息的不对称、信息缺乏科学管理等问题一直是使图书馆管理水平难以提高、影响员工士气的因素之一。随着信息技术在图书馆各个环节中的广泛应用，也由于在管理过程中形成的各种内部数据流的增多，许多图书馆逐渐开始重视对这类信息进行系统的采集和处理，随着系统的完善，今后图书馆内很多岗位、很多员工的工作方式、交流方式都将发生变化，由此或许会导致图书馆的管理模式也发生变化。

此外，从决策角度来说，一个较为完善的内务信息管理系统可以提高传统上组织内信息的传递速度和质量，帮助管理者更加及时、有效地做出决策。从知识管理角度来说，内务信息管理系统也是促进图书馆知识交流、智力资源共享的重要组成部分。

2 内务信息管理系统的设计原则及主要功能

2.1 设计原则

内务信息管理系统的设计和实现涉及不同的技术、人和组织因素。为了能够使系统的开发和实施有计划、有步骤、可持续发展，在开发前一定要根据本馆具体情况，做好规划和设计。

参考有些图书馆的经验，在筹备阶段要组建实施小组、制定实施计划：由办公室与技术部一起组建实施小组，经调研分析，制定具体应用方案，包括：组织机构、工作流程及表单、文件管理体系、访问权限等，会同各应用部门写出需求报告，收集有关数据并与软件开发公司一起制定实施计划。①

根据图书馆的内务管理特点，结合其他行业办公软件的设计经验，在设计内务信息管理系统时主要需考虑以下几点：②

(1)实用性原则。图书馆办公经费有限，在设计系统时可能会借助于外力，也就是IT行业的智力资源，因此，设计时就要首先考虑注重解决实际问题，做精、做细核心功能，兼顾常用的辅助功能。这样一是节省投资，二是降低运行中的风险。有的办公系统看起来功能很全，将用户、人事、财务、资产、知识管理等等都收入系统中，但有些模块并未真正能实现其功能。

(2)易用性原则。内务信息管理系统不仅是供图书馆少数管理人员用的，更要考虑普通员工的使用。因此，软件在设计上要做到：界面友好，结构清晰，流程合理，功能一目了然，菜单操作充分满足用户的视觉流程和使用习惯。易理解、易学习、易使用、易维护、易升级，实现"傻瓜相机"式的操作。

(3)先进性原则。要采用先进的技术架构和设计方法，融合先进的管理思想，结构化程度高，灵活性、扩展性、兼容性、升级性好，速度快，符合技术发展趋势，适应图书馆在今后相当长一段时期的需要。不过，需要注意的是避免受"惟技术论"和"惟概念论"的误导，无论是技术还是概念都要以适合本图书馆的具体情况为准。

(4)稳定性原则。一旦内务信息管理系统建成并融入日常管理中，就会让人产生很大的依赖性。所以系统从底层数据库到功能层应经过严格测试，数据库稳定，功能顺畅，没有堵塞、丢失数据的现象，能在不同的硬件、网络、操作系统以及操作习惯中长期平稳运行。

(5)安全性原则。内务信息管理系统往往保存有一些核心资料，如员工的一些保密资料、财务资料等等，这就要求系统能有效防止外部各种病毒攻击和恶意攻击，能够进行严格、细致的访问权限管理，内部数据具有多种备份方式。必要的情况下，允许用户进行各种辅助的数据加密、密码保护、身份认证等控制措施。

(6)拓展性原则。一些图书馆在使用内务信息管理系统一段时间后，可能会发现有些工作流程需要补充，因而会增加一些功能模块，或者将现有系统和其他软件系统互联。这就要求软件具有很好的拓展性，能够提供开放和标准的接口，在不影响系统正常使用的情况下与第三方系统灵活对接，实现不同应用系统的互联互通。

2.2 主要功能

建设内务信息管理系统主要是为了提高行政办公效率，使各独立的部门、员工能够实现协同工作、远程办公、信息共享与交流，并为图书馆领导的决策提供科学依据。根据一些图书馆的实践经验和相关文献的概括③④⑤，归纳起来，图书馆内务信息管理系统应具备以下几项功能：

(1)员工信息管理

① 杨先明，等. 华南师范大学图书馆办公自动化的设计与实现[J]. 情报探索，2007(4)：132－133.

② OA 软件设计中的六大原则[EB/OL]. [2009－3－10]. http://digi.it.sohu.com/20051107/n240667979.shtml.

③ 白海龙，赵胥炯. 图书馆办公自动化系统建设分析[J]. 晋图学刊，2007(3)：63－65，69.

④ 鲍清强，苏丽. 高校图书馆办公管理系统的设计[J]. 现代情报，2007(7)：123－125.

⑤ 顾玉青，李磊. 现代图书馆自动化建设[M]. 北京：海洋出版社，2006：148－152.

员工档案管理不再是传统方式那样只记录职工的一些简单信息，主要应包括：个人基本信息、继续教育信息、业务档案信息、科研活动信息、获奖信息、任职考核信息、考勤情况等。应能提供全馆员工的基本信息的录入、修改、删除与查询功能，并能够根据不同需求输出各类报表。

对员工信息的科学管理可以更好地对职工的综合表现情况进行全面的了解，在年度评优和总结时可以作为参考的依据。运用电脑进行管理，除可满足一般的统计报表填写的需要外，还可对员工队伍在年龄结构层次、文化素质层次等诸多方面的分析预测提供可靠的依据。

(2)财务管理

图书馆涉及的财务管理内容比较广，而且比较繁杂，比如有预算内经费、预算外经费、专项经费等资金项目。因此，需设计周全，分门别类进行管理与核算。归纳起来主要包括几个方面：财务支出、财务收入、财务统计、分类账目打印。财务管理还应包括图书馆经费的年度预算、决算以及经费的执行情况，该模块应能自动完成各种数据的统计和生成相关的统计报表，并能把生成的结果导入到 Office 系统，便于后续处理。

(3)文件档案管理

文件档案的管理是图书馆行政管理中比较琐碎的部分。主要完成图书馆内部各种公文(如文件、规章制度、各种业务统计资料、总结、报告等)的流转和归档工作。实现日常公文的收、发、流转及登记入库功能，支持电子文本格式公文和扫描图像格式公文，为领导及各部门提供方便的录入、提交、检索、浏览、打印等功能。

(4)资产与设备管理

图书馆行政管理工作中对于各种物资、设备的计划、采购、供应、维护、配置和管理，以及馆舍使用、维护等工作是非常繁琐的。此模块管理的对象主要包括：固定资产管理、消耗品管理、场地、场馆管理、物业资产管理。应提供录入、修改、删除、查询、统计等基本功能。

具体涉及的内容，比如设备仪器名称、购买日期、经手人、金额、学校设备处登记号、使用部门、管理人、变动时间、报废时间、经办人等内容；具有对办公用品、业务用品、劳保用品及设备配件、消耗材料用品的管理功能，包括用品或配件、材料名、购买日期、经手人、金额、领取使用人、领取使用时间等内容，具有自动查询、统计及打印、报送报表的基本功能；具有对馆舍和家具的管理功能，包括图书馆阅览室及办公用房的分布情况、房号、面积、用途、维修记录等，及各阅览室的家具、采购日期、数量、各部门办公家具配置、维修记录、报废记录等内容的管理。

(5)日常事务管理

主要涉及图书馆的日常接待、联系、会议管理等。接待联系记录跟本馆有业务往来的单位、个人的一些信息，便于方便联系；会议管理含会议主题、地点、主持人、参会人员、参会人数、费用预算、经费来源、主办单位、协办单位、会议日程、天数、每天的日志、开始时间、终止时间、会议议题等内容以及会议室管理、会议记录归档管理。利用系统对这些日常琐碎的事务进行管理，不仅可以提高效率，还可以对所做的事情进行记录，以备日后查询。

(6)员工交流平台

本功能可以为员工提供一个自由的讨论空间。员工交流平台包括：学习交流、工作交流、职工业余生活展示等，可以通过授权控制仅对本馆职工开放，实行实名制。这个平台为员工构建了一个经常的、畅通的对话渠道，不仅可以起到缓解工作压力的作用，对建立和谐的人际关系，丰富员工的业余生活都能起到一定的辅助作用。另外，还可以设立意见箱，提供基于网络的建言献策环境。

3 内务信息管理系统的应用:典型个案介绍与分析

目前我国一些大中型图书馆在内务信息管理方面已进行了很多尝试,有的已做得很完善。但由于访问权限的控制,笔者在考察中较难获取更多的资料。因此,本节仅从走访调查和已公开发表的文献中选取其中的几例进行分析。

3.1 个案之一:国家图书馆

国家图书馆的办公自动化系统已运行多年,是基于 Lotus Notes 平台的外购办公系统,根据本馆的业务流程和管理需要,进行了本地化改造。笔者通过走访和实地操作,了解到目前该系统主要用于处理文书档案,考虑到安全性和易操作性,与人力资源管理系统、财产管理系统以及图书馆自动化系统是分开的,没有集成在一起。目前面向员工的办公系统主要包括以下几类内容,详见表 1。

表 1 国家图书馆内务信息管理系统主要内容

栏目名称	包括的主要内容
政务公开	动态信息、制度政策、财务信息、对外活动管理
网上系统	公告板、意见箱、电子论坛
公文管理	发文管理、收文管理、办文管理、督办管理、档案管理
日常办公	馆长工作计划、会议管理、任务管理、项目管理、读者意见、合同管理、网页维护、人员信息管理、培训信息、考勤信息、电话记录
公共信息	内部刊物、实用信息

在每一类具体内容下,还可以按时间、分类等划分。如在"制度政策"一类,可按时间、分类、提供部门进一步归类,满足不同需求的查询。

通过调查得知,该馆的办公系统基本能够满足员工了解本馆信息、进行网上交流的需要,但也存在信息更新不及时等问题。

3.2 个案之二:华南师范大学图书馆

该馆考虑到组织规模较小,应用相对简单,采用了微软的.NET+关系型数据库(RDB)技术作为开发平台。软件设计完全基于 B/S 结构,采用最新的 XML 规范的.NET 技术,具有良好的兼容性和可扩展性。该系统的主要模块有:①

(1)个人事务:包括日程安排、便签本、我的通讯录、我的考勤、即时信息、外出登记、网络硬盘。

(2)公文管理:技术上采用工作流引擎用于在网上实现各种审批流程,完全实现发文办理和来文办理的电子化。

(3)行政办公:该模块能帮助用户管理图书馆的行政、人事和后勤等方面的运作,如具有车辆管理、办公用品管理、设备管理、会议管理、图书管理等资源设备的查询、申请、审批、统计管理功能,为业务开展提供了极大保证。

(4)公共信息:包括公告栏、通讯录、常用文档、会议管理、常用信息。

(5)流程管理:工作流设置功能是工作流系统中的重要组成部分,其目的在于通过各种已经设置好的资源建立起适合图书馆应用的办公流程,生成每个用户的使用权限、汇报权限、审

① 杨先明,等. 华南师范大学图书馆办公自动化的设计与实现[J]. 情报探索,2007(4):132—133.

批机制等。

(6)人力资源:包括人事档案和培训管理。实现对员工在图书馆的全程生命周期的管理,从人力资源计划、人才招聘到人事管理、薪资管理、社会保险等各个方面,提供各种查询统计功能与报表输出功能,能动态直观地反映企业人力资源的状况,为图书馆人力资源管理者提供高效的决策支持。

(7)图书馆文化:包括图书馆论坛与调查,员工可以简单地浏览讨论主题及其他人撰写的答复;可以在讨论中新建自己的主题,也可以针对他人的意见进行答复。可以把讨论数据库看作非正式的会议场所,如同真正的会议一样,内部员工在这里分享意见和想法,并发表自己的意见。

(8)个性设置:包括个人信息、修改密码、收藏夹、个人化设置等。

3.3 个案之三:江汉大学图书馆

该系统采用了当前较为成熟的 ASP,Access,Framework,JAVAScript,VBScript,FSO 等技术开发制作,主要功能如下:[①]

(1)类别管理系统:设置文档、报表的大小类别,自由增减、修改,采用 ASP+VBScript+JAVAScript+Access 循环列出类别。根据对大类和其子类不同的值来选择执行修改、删除等相关操作。

(2)文档发布系统:本部分引入了 HTML 和 UBB 编辑器,以实现在线图文混排编辑,可以实现上传图片、文件并即时显示于编辑区。

(3)报表提交系统:利用 FSC、Adodb、Stream 无组件上传文件,并按不同类别在数据库中分类归类,文件名以上传用户+当前具体时间命名,以便于管理维护报表数据。

(4)VPO 虚拟邮局系统:可实现一般电子邮件系统的主要功能,邮件还可在管理员、图书馆领导、部门员工之间实现点对点或群发、转发等功能。

(5)权限控制系统:本系统包括用户账号、VPO 权限控制和系统维护设置三个管理模块,形成了较为完善的管理后台,管理员可以轻松、快捷地实现对本系统各用户分配指派每个用户、每个部门所需的各种权限级别和系统维护权限设置。

(6)邮件订阅系统:该系统主要是针对读者的,可实现将图书馆的各项服务信息及时主动地发送到订阅者的邮箱中,如电子资源试用、新书荐购、好书推荐、读者培训讲座等服务活动。

(7)在线 ICQ(小秘书):功能类似腾讯 QQ,当用户登录办公系统后,即会在窗口右边出现"小秘书"浮动窗口,可与在线同事即时交流,还可以了解是否有新邮件、通知、公文等信息。

(8)网上调查投票统计系统:此系统能很好地解决以往开会投票表决、选举中繁琐的统计工作,有时还会出现误统,且统计时间长,参与人数多,甚至出现作弊的情况。采用此系统可实现准确、高效地投票统计、调查等馆内外活动的开展。

以上介绍了几个不同类型图书馆的内务信息管理系统,可以看出它们的共性是:均采用了目前比较通用的主流软件作为开发平台;都考虑到了系统的安全性、易用性、可扩展性等开发原则。不过,有的图书馆从应用效果来看,似乎没有得到全体员工的充分认可和广泛利用;有些功能在设计上不够实用;还有的模块仅具有最基本的功能,没有充分利用自动化的优势简化实际工作流程;对人力资源信息管理方面普遍有待进一步设计与开发。

---

① 王继克. 建立具有高校图书馆特色的网络办公信息系统[J]. 办公自动化杂志,2007(5):29-31.

4 内务信息管理自动化所面临的主要障碍、误区与局限性

4.1 面临的主要障碍

尽管内务信息管理系统具有很多优点，但是在筹划、设计、实施中可能会有来自各方面的障碍，归纳起来主要表现在以下几方面：

(1)管理层面。馆级领导的重视是内务信息管理系统能否顺利立项的关键。此外，其他层级管理者的态度也会对办公系统的实施起到推动或阻挠的作用。信息系统可以使组织扁平化，并且鼓励水平的、跨部门的信息沟通，这会在一定程度上改变组织的管理方式。如果一些中层管理者怀疑这些变化可能对他们的权力产生负面影响时，比如缺乏对信息流的控制影响了管理者的权力，他们可能就会阻碍信息系统的实施。

(2)技术层面。成功实施信息系统的一个主要技术障碍是缺乏一致的技术标准。不同的计算机和通讯设备生产商可能使用不同的技术标准。当需要增加一些功能模块，或者将现有系统和其他软件系统互联时，缺少标准的技术接口则会影响兼容与整合。

(3)个人层面。有些员工对技术存在恐惧心理，如果系统界面友好，易于使用，使没有多少计算机使用经验的管理者或员工都能便于操作，那么抵制就会减少。一般来说，具有吸引力的图形化用户界面、易于交互的下拉式菜单都可以增强用户友善性。

4.2 建设中存在的误区

很多图书馆对内务信息管理系统虽然有迫切的需求，但是并未在知识和理念上做好充分的储备。此外，领导决策层对系统的重视程度、对管理流程全局的把握程度、对现代管理理念的理解程度都会对系统的设计和实施产生重大影响。因而，了解目前一些图书馆在内务信息管理建设中存在的误区和问题极有裨益。归纳起来，所存在的误区主要有以下几点：

(1)误区之一：认为自主研发可节省财力，增强可控性。

内务信息管理系统是涉及多方面技术，需要将最新的管理理念融入其中的综合应用系统，很难由一两位程序员独立完成。对于大多数图书馆来说，很少拥有这种技术全面的人才。即使有，也很难在短时间内设计出正常使用的系统平台。因而，自行开发的做法在人力、财力、物力、时间成本等方面的支出并不能显著节省。

(2)误区之二：追求功能的全面性。

一定要根据本馆规模、业务的需要而定制，没有必要拥有一个大而全的复杂系统，这样的系统一是不利使用，二是造成浪费，三是维护麻烦。一般来说，目前技术上已经完全能够实现功能模块的再扩展，如果是外购办公自动化软件，应该选择易于扩充升级的系统。

(3)误区之三：好的软件等于好的管理。

内务信息管理系统仅是一个辅助管理的工具，任何工具都是人的大脑的延伸。虽然它能够提高工作效率、规范办公流程；对以往管理沟通中存在的信息不透明、横向、纵向沟通不畅的问题会有一定的缓解，但并不能从根本上解决管理中存在的问题。因此，先进的管理理念和能力还是最主要的问题，内务信息管理系统是使之融入管理实践的手段。

4.3 局限性

之所以要指出它的局限性，是因为图书馆的内务信息管理系统和其他组织中类似的管理系统一样，都存在一个潜在的问题，即随着网络通讯的普及使用，沟通中“人”的因素可能会减少甚至丧失。这种局限性也是当代信息社会普遍存在的一个问题，人们在享受电子交流便利

的同时，减少了面对面交流的机会。而在组织中如果存在这种情况，对员工来说，可能会影响彼此之间的情感交流、人际关系；对管理者来说，如果完全依赖信息管理系统，而疏于亲自调查和研究，可能会做出有失偏颇的管理决策。

因此，管理者应意识到任何信息系统都不能取代面对面的交流，"走动管理"仍是必须的，要积极为组织成员创造多途径的沟通交流氛围。

[参考文献]

[1] 李锡元. 管理沟通[M]. 武汉：武汉大学出版社，2006.

[2] 罗宾斯・S. P. 组织行为学精要[M]. 郑晓明，译. 北京：机械工业出版社，2000.

[3] 顾玉青，李磊. 现代图书馆自动化建设[M]. 北京：海洋出版社，2006：148－152.

[4] 白海龙，赵胥炯. 图书馆办公自动化系统建设分析[J]. 晋图学刊，2007(3)：63－65，69.

[5] 鲍清强，苏丽. 高校图书馆办公管理系统的设计[J]. 现代情报，2007(7)：123－125.

[6] 王继克. 建立具有高校图书馆特色的网络办公信息系统[J]. 办公自动化杂志，2007(5)：29－31.

[作者简介]

唐承秀，女，副研究馆员，南开大学图书馆数字资源部工作。

高校图书馆人事管理工作探析

翟春红

[摘　要]本文结合近年来国内各高校图书馆在人事管理工作方面的创新和实践，对聘岗考核、资质认证，以及非事业编人员管理等方面存在的问题进行了深入的分析，并提出了适合新时期图书馆发展方向的参考方案。

[关键词]高校图书馆　人事管理　聘岗考核　非事业编

网络通信技术和电子信息资源的迅猛发展，图书馆新的业务生长点的不断涌现，使图书馆在资源建设和信息服务等各个领域都迎来了巨大的发展空间。在这项事业的变革过程中，馆员队伍的培养、建设与管理作为图书馆发展、创新的决定性因素，其管理体制、机制等方面的探索与实践一直都是业界关注的焦点。本文结合近年来国内各高校图书馆的工作实践，对人事管理工作中存在的问题，实施的对策进行了分析和探讨。

1 高校图书馆人事管理工作中存在的问题

上世纪末，以建立岗位聘任制为主要内容的人事管理制度改革在各高校图书馆相继施行，显现出一定成效。但随着高校图书馆人事结构的变化，用户信息服务需求的变化，以及社会服务业规模化生产方式的变化等，图书馆人事管理工作又暴露出许多新的问题。这其中，有历史遗留的老问题，也有新时期新环境引发的新矛盾，概括而言，主要表现在以下几个方面：

1.1 岗位设置问题

传统的岗位设置基本沿袭的是旧有的管理体制，依照图书馆的工作流程，以便于管理为总的设计指导原则，如严格依照工作性质和内容进行部门的划分，这样部门划分过细，导致两方面的问题，一是基础岗位（如阅览室值班岗）需要的人员数量过高；二是很多业务工作的开展需要涉及多个部门，给人员的统筹调配带来一定困难。

1.2 聘任与考核问题

首先，新职工入门门槛显著提高。高校图书馆新职工招聘工作由学校统一组织和实施，新职工的招聘条件也随着学校进人门槛的提升而水涨船高。近年来，相当多的高校图书馆招聘的新职工，在学历上必须达到研究生学历，有的图书馆还必须拥有博士学位。这在提升图书馆工作人员学历层次的情况下，也带来了新的问题，如图书馆一些传统的或基础性工作岗位人员的新老衔接问题。

其次，非图书馆学专业人员数量增加。以南开大学图书馆为例，近10年分配到图书馆工作的应届毕业生有24人，其中18人不具备图书馆学专业背景，比例高达75%。如何从制度上保证和督促这些人员真正掌握图书馆学的基础理论知识和专业技能，也已经成为图书馆人才队伍建设中亟待解决的关键问题。

最后，岗位聘任和绩效考核流于形式。很多高校图书馆的岗位聘任和绩效考核没有充分发挥其任能选材，激励竞争的作用，如仅在年终提交一份工作小结，只要在工作中没有重大责任事故，就算履岗合格。这样难以激发馆员的创新意识和工作热情，更难以锻炼和造就优秀的工作团队，图书馆的科学发展也就无从谈起。

1.3 非事业编人员管理问题

随着图书馆进人门槛的提高，以及大专及其以下学历人员的逐渐退休和老化，很多岗位由非事业编人员来充实，在非事业编人员中，既有从社会上招聘的失业和下岗人员，也有勤工助学的学生馆员。根据图书馆发展的实际需求和用人政策，非事业编人员的数量还将进一步增加，那么，对于这些人员的政策导向和管理机制又将如何细化和落实，也成为图书馆发展进程中难以回避的重要问题。

2 高校图书馆人事管理工作的发展对策

图书馆事业的发展，服务水平和层次的提升，归根结底需要依靠人的动力因素。美国高校图书馆有一种说法，即在图书馆所发挥的作用中，20%来自信息资源，5%来自图书馆建筑物，而有75%都是取决于图书馆员的素质。由此可见，建立行之有效的管理机制，做好图书馆员的管理工作，是图书馆发展的根本保障和基础前提。

2.1 以服务流程和工作量作为岗位设置的重要参考依据

2.1.1 合理设岗

高校图书馆岗位设置的合理性，一方面体现在岗位职责是否能够真正得以贯彻和落实，另一方面，也体现在全馆的岗位规划是否科学、合理，是否能够较好地服务于现阶段图书馆的发展目标和方向。以上海交通大学图书馆为例，随着新图书馆的建成使用，他们改变了传统的分馆管理模式，以学科为服务主线，根据各部门性质、任务，重新规划岗位设置（包括新的岗位名称、新的职责要求），如在读者服务部的每个室都设置学科馆员、学科服务咨询馆员和阅览室管理员。这样，就为图书馆重点推广的学科服务体系奠定了人力资源基础，使图书馆的人事管理制度与图书馆的总体发展目标保持一致。

2.1.2 科学定编

高校图书馆设定岗位编制数的一条基本原则是“按需设岗，合理定编”，但这个“需”的总量没有科学的评判标准，同样的岗位，在同一所高校图书馆的不同部门之间都存在较大差异，因此，很难为定岗定编设定一个权威性的参考依据。武汉大学图书馆采用计算人均工作量的办法来推断实际编制数。如对各分馆先以10人作为基本编制数（包括学科组4人，门厅3人，系统管理员1人，机动2人）；再以分馆现有总人数减去基本编制数得出计划用人数；用分馆总藏书量、3年年均总流通册次、总阅览人次分别除以计划用人数的1/3，计算出人均工作量；最后，用这3个人均工作量分别去除各个分馆的实际藏书量、年度流通、阅览量，3个商之和，再加上基本编制数，即各分馆应设置的岗位编制数；这个最终推算出的数值非常具体，却并不绝对，可根据实际工作需求适当调节。而且，在实际操作过程中，严格按照“增人不增，减人要减”的原则来执行，再在考核时根据实际定编人数和工作量饱满情况确定补贴力度。这种做法为图书馆确定流通阅览等基础岗位的合理编制数提供了借鉴。

2.2 建立行业资质认证制度，加强考核评聘的监督监管机制

欧美等发达国家高校图书馆的专业馆员约占总人数的30%～40%，其与非专业馆员的区别主要在于他们在具有专业背景的同时还拥有图书馆学专业的硕士学位。根据近些年的招聘形势，图书馆完全有能力招聘到具有自然科学、工程技术或其他社会科学专业背景的毕业生，加之图书馆非事业编人员的数量也在呈上升趋势，因此，对包括这些非科班出身工作人员在内的全体馆员进行行业资质认证是非常可行，也是很有必要的。

经验表明，实行轮岗或鼓励职工在实践中自学，不足以使非图书馆学专业的工作人员系统掌握图书馆工作流程和业务特点；而国家推行的专业学位制度，有利于在职人员取得学位；同时，随着工作岗位的调整，工作内容的深化，全体馆员都应逐渐树立起终身学习的意识。有高校图书馆甚至建议，所有图书馆高级职称的馆员，都应具有图书馆学专业硕士学位，只有建立专业馆员严格的准入和考核制度，才能保证图书馆拥有一支高水平的专业技术队伍。所以，围绕图书馆行业建立一套系统、完善的行业资质认证体系显得尤为重要。该体系应当面向全体馆员，同时区分不同等级，成为各级别馆员聘岗考核的硬性指标和参考依据。如南开大学图书馆，要求全馆和各院系资料室，45岁以下，且不具备图书馆学专业背景的工作人员必须参加专业培训，培训师资由校图书馆学系教师和图书馆资深馆员共同构成，分别就图书馆学概论、文献编目、工具书检索与利用、电子信息资源检索与利用等内容进行专业系统的讲授。图书馆员参加完理论和实践课程的学习后，还需要参加各门课程的结业考试，考试合格后取得单科合格证书，单科成绩全部合格，才获得岗位资格证书。这个岗位资格认证将成为岗位聘任、职称晋升等的必要条件。从培训后的效果来看，馆员的个体知识结构在逐渐完善，有助于图书馆群体知识结构的优化，并为图书馆最终建设一支业务过硬，服务过硬的高素质人员队伍提供了环境，营造了氛围，创造了条件。

资质上岗固然重要，履岗考核也同样需要加强。为了充分体现按劳分配、优劳优酬的聘任原则，各高校图书馆在加强考核评聘的监督、监管机制方面也进行了有益的尝试，如：南开大学图书馆采取分级考核的方式，最终以自我评价、民主评议、部主任评价、考评小组审议相结合的方式进行打分，评出结果，具体方式为：考核评审小组对部主任进行考核（部主任考核分数＝自我评价（占30%）＋民主评议（占50%）＋考核小组（占20%）），部主任对部门职工进行考核（职工考核分数＝自我评价（占30%）＋民主评议（占30%）＋部主任考核（占40%））；上海交通大学图书馆将读者意见纳入到非定量服务岗位的考核依据中；北京交通大学图书馆在全馆设计6个岗位级别，明确要求聘为1－3级（高级岗）的同志每年需要提交工作建议报告，主持或参与科研项目，并有论文发表，同时，他们在每个部门和系列都留有空额高级岗位，为个人的创新与发展提供机会；西安交通大学图书馆在强化岗位描述（包括该岗在馆内的纵向和横向关系、馆外的协作关系、工作量预估等）的同时，还要通过提交自评报告，查验实物成果，以及接受上级和同行的评价来完成岗位考核，且不单纯凭借论文的数量和质量作为高级专业馆员的评聘依据，还要考核其是否真正具备高级专业岗位的履岗能力。上述具体作法，在突出和加大民主评议力度，严格规范聘岗考核程序，激励广大职工认真履行岗位职责，更好地促进图书馆工作全面发展的方面收到了较好的效果。

2.3 进一步细化和规范非事业编人员的管理

在非事业编人员的管理方面，很多高校图书馆都在进行着积极有益的尝试，以清华大学图书馆为例，其非事业编人员占总用工人数的61%，且分为校聘合同制、馆聘合同制、助教博士

生和勤工俭学本科生4种类型，聘用和管理方式如下表：

人员类别	占全馆总人数比例	聘用方式	管理方式	培训方式	权益保障
校聘合同制	4%	本科以上学历符合岗位条件	签订劳动合同办理四险一金	新入馆员工培训＋部门业务培训	参加岗位考核评优、职称评定
馆聘合同制	10%	符合岗位条件	签订劳动合同，办理四险一金	部门业务培训	参加年度考核评优
助教博士生	11%	符合部门需求	按学期进行考核	部门业务培训	每学期进行评优
勤工助学学生	35%	符合部门需求	学生自主管理，图书馆负责人参与	部门业务培训	

在非事业编人员的管理工作中，存在着经费、保险、合同、年龄层次、知识结构、稳定性、以及工作时间安排（如勤工助学学生的上岗时间受学习时间限制）等一系列的问题，但图书馆资源建设和读者服务工作日趋社会化和个性化的发展方向，以及新的人事制度等导致非事业编人员占总用工人数的比例还会维持在一个相当高的区间，在这些人员的管理方面，清华大学图书馆的实例有以下几点可供参考，如：(1)按非事业编人员的性质、类别细化管理；(2)严格根据岗位需要，选择最适合的非事业编人员，包括其社会性质、履岗能力等；(3)充分发挥勤工助学学生和助教博士生的主观能动性和主人翁责任感，鼓励他们实行自主管理，并大胆进行学生承包书库的尝试。当然，在这个过程中，图书馆主管领导始终高度关注，是以图书馆相关主管人员亲自参与学生各个环节的管理工作作为监督和监管机制的，事实证明，学生在创建和完善各种管理制度（包括竞聘上岗制度、招收培训制度、考评奖赏制度、退岗管理办法等）的同时，将书库管理得非常到位，使图书馆节约了大量劳动力，节省了大量隐性投入，还在工作中与学生读者加强了沟通，密切了联系。此外，一些高校图书馆为了减少经费压力，与学校有关职能部门密切协作，由学校负责临时聘用人员的工资，图书馆只负担奖酬金。

总之，高校图书馆人事管理工作的目标就是要为每一个合理的岗位配置最适合的人选，同时也为每一个正在成长进步的工作人员，提供最能发挥其优长的岗位。这是一个需要长期探索和实践的重要课题，在不同的历史时期会突出不同的要点、难点，只有敢于实践，大胆创新，才能逐步建立起科学合理的人才培养机制、激励竞争机制、评价考核机制等一系列的制度，为造就高水平、高素质、多层次的图书馆队伍，推动图书馆事业的科学发展提供人才保障。

[参考文献]

[1] WILLIAMS ROBERT V. The Use of Punched cards in US Libraries and Documentation Centers. 1936－1965 [J]. IEEE Annals of the History of Computing. 2002,(2): 12.

[2] 徐军华.结合国外经验探究我国大学图书馆人事管理评价[J]. 图书馆理论与实践,2008,(1)

[3] 高瑄.清华大学图书馆非事业编制人员的聘用与管理[Z]. 高等学校图书馆人事工作会议主题报告,2009

[4]燕今伟.关于图书馆机构设置的几点思考[Z].高等学校图书馆人事工作会议主题报告,2009

[5] 高倬贤.全员岗位聘任北京大学图书馆[Z]. 高等学校图书馆人事工作会议主题报告,2009

[6] 陈依娴.图书馆岗位设置、考核与聘任的经验及面临的问题[Z]. 高等学校图书馆人事工作会议主题报告,2009

[7]张西亚.西安交通大学图书馆岗位设置与聘任的实践与体会[Z]. 高等学校图书馆人事工作会议主题

报告,2009

[8] 胡越.图书馆服务的学科化与社会化[Z]. 高等学校图书馆人事工作会议主题报告,2009

[9] 韩宝明.北京交大图书馆馆内岗位聘任及绩效工资改革实践[Z]. 高等学校图书馆人事工作会议主题报告,2009

[10] 李尧鹏.复旦大学图书馆人事工作简况与思考[Z]. 高等学校图书馆人事工作会议主题报告,2009

[11] 慎金花.科学合理的馆员队伍建设[Z]. 高等学校图书馆人事工作会议主题报告,2009

[**作者简介**]

翟春红,女,副研究馆员,南开大学图书馆办公室工作。

馆员素质与图书馆发展

夏晓林

[摘　要] 面对当前图书馆的发展现状，笔者就己所能、反复思量，认为还是要正视现实发奋图强，从我们图书馆员自己做起。图书馆员是图书馆的重要组成部分，图书馆发展需要我们优秀的图书馆员。为了图书馆的发展，图书馆员必须得优秀起来。

[关键词] 图书馆　图书馆员　图书馆发展　优秀的图书馆员

当前"以人为本"的发展观很是受人青睐，在图书馆发展中要强调"以人为本"，当然，这里的"人"也包括我们这些图书馆的工作人员。那么，我们图书馆员在提出这一观点、接受这一待遇时，是否想到：我该拿什么来应对图书馆的发展？笔者在这里谈了自己的一点儿想法，与大家共勉。

1 图书馆员与图书馆的关系

1.1 图书馆员与图书馆的相互依存关系

何谓图书馆员？图书馆员是为读者提供经过整理、分析、综合的信息和知识，并利用各种有效手段为读者提供信息咨询服务的专业人员。假如有图书而没有图书馆员，这样的地方可以是书库，可以是书店，而绝不能叫图书馆。图书馆是一个国家或地区的信息中心和知识中心，她之所以有如此高的社会地位，不仅仅因为图书馆拥有丰富的知识资源，而更重要的是图书馆拥有掌握知识管理、知识分析、知识导航技能并具有奉献精神的人才资源——图书馆员。[1]

1.2 图书馆员与图书馆发展的关系

印度学者阮冈纳赞早就说过："一个图书馆成败的关键还是图书馆的工作者。"[2]

图书馆是人类知识的宝库，是传播、交流人类知识和信息的中心，在保存世界文化遗产和推动世界文明发展进程中起着不可替代的重要作用。图书馆员是图书馆的灵魂。纵观我国图书馆事业一百年来发展的历程，图书馆从无到有，从藏书楼到传统图书馆，再到现代图书馆，毋庸置疑，图书馆员是推动图书馆事业发展的关键。

知识经济社会依赖于智力资源，知识经济的发展更依赖于智力资源，而图书馆恰恰是智力资源聚集和最为丰富的地方。图书馆员作为智力资源的组成部分，作为知识、信息的管理者和传播者，日益成为现代图书馆价值体系中具有基础和主导地位的核心。正因为如此，图书馆员在图书馆的地位和作用是不容忽视的，也是不可估量的。[3]

1.3 图书馆发展需要优秀的图书馆员

图书馆员是图书馆基本组成元素，它不再仅仅是图书文献的管理者，更重要的还应是有一定特长、学识渊博的知识传播者，它们不仅要在庞大的信息流中筛选信息，更重要的是它们在读者和信息资源之间起到了桥梁和纽带作用。图书馆发展的问题不仅是技术的现代化，更是人的观念的现代化。目前多数图书馆的发展缓慢，不是技术、设备的落后，而是人的思想观念陈旧、知识匮乏、素质偏低。市场竞争归根到底是人才的竞争。是否拥有一批高素质的图书馆工作人员队伍，高校图书馆开发利用成效的高低，很大程度上取决于图书馆工作人员的素质，所以一定要鼓励图书馆工作人员刻苦钻研业务，不断完善自己的专业知识结构。

图书馆员要有广博的科学知识、熟练的业务知识和技能，这是图书馆工作者必须具备的职业条件。众所周知，图书采访、分类编目、参考咨询等工作，都需要有相当渊博的知识和较强的业务能力，不下工夫是很难顺利完成任务的。图书馆里的采购、分类、编目、借阅等各项工作，都有其自身规律，完成这些工作的人学识不高，工作质量和效率也就不高。管理人员虽不需要对某一学科的知识进行比较深入细致的钻研，但最少要对整个知识体系有一个大概的了解，这样才能胜任自己的工作。我们不仅要有较高的文化知识，还要有精湛的业务技术。管理人员业务水平的高低，直接影响图书馆工作成果大小和读者的切身利益。所以图书馆管理人员都应系统学习图书馆业务基础知识，如图书馆学、分类与编目、目录学等学科知识，这是做采编工作、读者工作等各项专业工作必不可少的，否则无法掌握整理和传递知识信息。

中国有句俗话：不怕家里穷，就怕子孙虫。在图书馆这个大家庭里，我们一代代图书馆员就是这个家里的子孙，是这个家庭的希望，是整个图书馆事业的灵魂，是图书馆改革的动力。因此，提高图书馆工作人员的素质是开展图书馆工作的首要任务。

2 目前图书馆员中存在的主要问题

除了众所周知的图书馆员实际上地位低下、待遇差、缺乏有效的激励机制等问题外，图书馆员自身的问题也相当严重，就像吴建中所说的“我们还没有做出成绩去引起人们的重视”。

2.1 文化水平偏低

我们多数图书馆员知识老化、退化严重。如果单纯看文凭，许多人可能觉得我们的馆员队伍知识层次并不低。但文凭只能反映历史情况，并不能说明每个人的现实状况。图书馆拥有什么样的人才、什么样的知识结构，直接关系到图书馆在新世纪的生存和发展。

2.2 思想观念陈旧，不求上进，安于现状

有些图书馆员几十年如一日，不进不退、不好不坏，知识老化，思想僵化。目光短浅，自己轻视自己、看不起自己，尤其是一些女图书馆员，满足于自己的家庭角色，相夫教子、做贤妻良母，轻视自己的社会角色，完全丧失了自我意识，丧失了进取的活力和独立的人格。没有意识到自己正在逐渐被现代淘汰。这与图书馆在新形势下的发展很不相称。[4]

2.3 自以为是，苛刻他人

我们有些图书馆员，自己不钻研业务，不注重在工作中充实提高，却热衷于妒忌别人，苛刻他人。今天张三有什么问题，明天李四有什么不该，就是不拿镜子照照自己身上的污垢。

2.4 缺乏责任心和危机感

在大多数图书馆尤其是高校图书馆，仍存在吃“大锅饭”的现象。这就导致了我们的部分馆员产生依赖思想，没有压力和危机感，图书馆的发展与我无关，它该咋样就咋样。浑浑噩噩

地过着“做一天和尚，撞一天钟”的生活。缺乏责任心，缺乏进取精神。这样影响了自身素质的发展和提高，更阻碍了图书馆事业的发展。为此如何提高图书馆员的自身素质已成为当前最迫切需要解决的问题。

3 优秀的图书馆员的素质

3.1 何为优秀图书馆员

优秀图书馆员应具备以下性格：(1)精力充沛，对工作充满热情；(2)诚实，不将公物据为私有。(3)宽阔的心胸，能接受不同意见。(4)无私，不以自我为中心。(5)有耐心。(6)处事条理分明，井然有序。(7)有包容心。(8)保持好奇心，乐于接触新的事物。(9)敏锐的观察力。(10)任劳任怨，忠于职守。(11)以读者第一，服务至上为宗旨。[5]

3.2 加强自我修养，不断地完善自我

要做好图书馆工作，必须着眼于修身养性，不断进取完善自我。笔者认为：内在修养影响外在表现。一个人先要做人，然后才是做事，我们图书馆员也不例外。做人要有准则，做事要讲规则。我们图书馆员要树立正确的世界观、人生观、价值观，要注重自身的思想道德修养，遵从良好的道德规范，明确的工作坐标，确定的工作水准，严格的工作秩序，“三省吾身”，反躬自问，查找差距，改正不足，不断完善自我，从而适应新世纪对我们的要求。

3.3 转变观念

作为新世纪的图书馆员，肩负着实现图书馆现代化的使命，担负着振兴图书馆事业的重任，应在思想上实现新的转变，必须冲破传统观念的束缚，克服自卑感和依赖心理，进一步树立热爱本职工作的思想，充分发挥自身的特点，主动、热情、耐心地为读者服务。充分利用时间抓紧学习，加强自我修养，做到自尊自爱、自立自强，为图书馆事业的发展而努力工作和勤奋学习。

3.4 不甘于现状，不甘于落后

在知识更新迅速加快、现代技术广泛应用、行业竞争日趋激烈、图书馆内部岗位竞争已成趋势的情况下，馆员必须树立危机感、紧迫感，增强忧患意识，克服安于现状、不思进取心理，转变观念，培养竞争意识，主动、积极地接受再教育。

3.5 树立强烈的事业心和责任感

一个人无论做什么工作，无论他的能力大小、职位高低，只要具备强烈的事业心，热爱自己所从事的事业，他就会将生命与事业融为一体，去克服任何困难并为此而奋斗。图书馆员只有对图书馆工作有强烈的事业心、责任感和进取精神，才能增强对本职工作的自豪感、荣誉感和责任感，克服不良心理，树立起图书馆工作的事业心、责任感和进取精神。

3.6 要有危机感和竞争意识

市场经济的建立和信息时代的到来，作为“知识世界”的图书馆，不但面临行业的竞争、读者的竞争，还将面对激烈的职业竞争。

进入新世纪，随着事业单位人事制度的改革和竞争上岗、全员聘用制的实施，图书馆员面对的职业竞争将会更加激烈。与此同时，现代高新技术在图书馆的应用和社会对图书馆越来越高的需求，使图书馆员时刻面临着知识的“饥荒”和职业的挑战。[6]时代的危机感与强烈的竞争意识，将促使现代图书馆员在勤奋工作的同时抓紧“充电”，不断扩充知识，通过各种有效途径来提高自身的素质，以适应时代要求，免遭时代的淘汰。

3.7 具备良好的职业道德

恪守职业道德是中华民族的传统美德，也是现代图书馆职业理念中的闪光点。在新世纪，作为传播先进文化的现代图书馆员，责任重大，因此，在其所从事的专业工作中，将会按照严格的职业道德准则和客观现实的最高标准行事，并承担起职业责任；同时必须具有过硬的思想素质和良好的职业道德，才能热爱图书馆事业，具有乐于奉献、甘为人梯和全心全意为人民服务的思想。[7]

总之，图书馆员的素质则较直接受到其自身知识结构、道德观和价值观的影响，具有较强的主观性。探讨新世纪图书馆员与图书馆的关系，对21世纪图书馆的发展具有重要意义。

[参考文献]

[1] 吴建中主编. 战略思考——图书馆发展十大热门话题[M]. 上海：上海科学技术出版社，2002：210.
[2] 中国图书馆学会编. 图书馆人的思考与探索[M]. 北京：北京图书馆出版社，2004：39.
[3] 鲁黎明. 图书馆服务理论与实践[M]. 北京：北京图书馆出版社，2005：120.
[4] 中国图书馆学会编. 图书馆人的思考与探索[M]. 北京：北京图书馆出版社，2004：297.
[5] 中国图书馆学会编. 图书馆人的思考与探索[M]. 北京：北京图书馆出版社，2004：15.
[6] 孙宁. 对目前图书馆现状的几点思考[J]. 教书育人，2008，(6)：18－19.
[7] 葛芳. 浅议新时期高校图书馆员素养的提高[J]. 科技情报开发与经济，2009，(3)：57－58.

[作者简介]

夏晓林，女，馆员，南开大学图书馆采编部工作。

大学图书馆:理念与知识服务体系的创新

杨军花

[摘　要] 传统图书馆的理念与知识服务体系由工业逻辑决定,而现代图书馆的理念与知识服务体系由知识资本逻辑决定。实现从工业逻辑向知识资本逻辑的转型是大学图书馆面临的战略选择。有必要用现代管理理念延伸传统服务;把各层管理体制改造成管理层、执行层与读者三方的“互动体制”;构建人力资本引进、培养及馆员“终生学习”的长效机制;构建知识的存储、开发利用与再生产的新型图书馆体制;构建与知识资本逻辑相一致的学习型、研究性、专家参与型的大学图书馆体制,实现理念与知识服务体系的创新。

[关键词] 多样化服务　工业资本逻辑　知识资本逻辑　学习型图书馆　无缝(服务)机制

人们一般认为,图书馆只是书藉的集聚地,是知识的公共资源的保存处,各类读者前来萃取他们所需要的知识,图书馆则以一定的组织结构和相应的工作人员来为这些读者提供借书、还书、阅读等方面的服务。① 不过与提供一般服务不同的是,图书馆提供的是一种很特别的“知识服务”。要改变图书馆和读者的“传统角色定位”,有必要重塑大学图书馆的现代理念,改革现有图书馆的知识服务体系与组织结构,使图书馆在满足读者的一般性需要的同时能“激发”或“创造”出读者更多的阅读兴趣,使读者的阅读更具思想性、时效性、实用性和创造性(见图 1)。

1 大学图书馆的知识服务体系:从工业逻辑向“知识资本逻辑”的转化

随着信息技术的越发成熟,工业社会向信息社会和知识社会转型,网络和通讯手段的技术升级换代的速率愈来愈快,这些都不断地冲击着人们传统的生产方式和生活方式,使高校读者的需求越来越多样化、个性化,原有的以工业逻辑②为根据的图书馆理念及与此相关的制度也就越来越不适应读者对大学图书馆的需要了。这意味着广大师生对以图书馆为核心环节的一切知识体系的认识、愿望、需求都产生了根本性的变化。当代文献的载体的多样性,信息接受方式的拓展,使得读者获取资讯的渠道日益宽广,便捷的技术手段让人们的阅读方式不再限于

① 吴仲强对图书馆的演进作了很好的综述,参见吴仲强. 中国论古代图书馆的社会作用. 重庆职业技术学院学报(综合版),2004(1).

② 所谓工业逻辑,就是以流水线生产方式进行生产,以上下等级分明的科层结构进行管理的一种组织制度的存在形式。

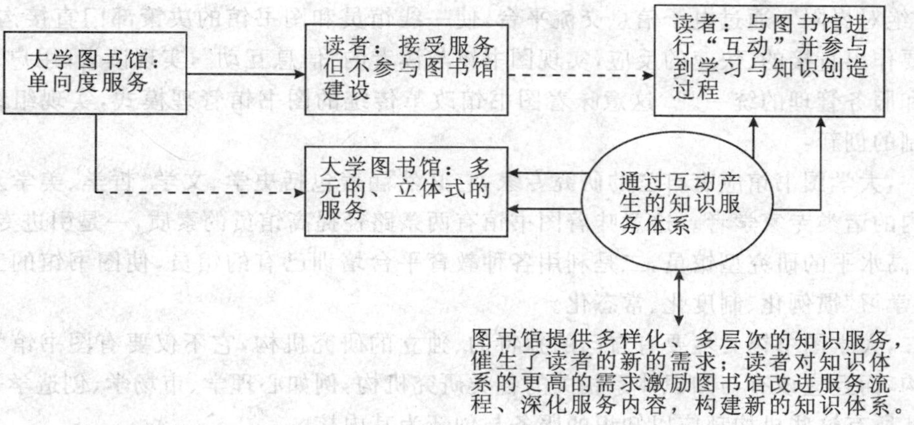

图 1 图书馆与读者定位的“角色转换”

书本,可以通过网络技术、多媒体技术等获得他们所需要的知识,图书馆要抓住新技术革命所提供的历史性机遇来挖掘它所拥有的传统资源,拓广服务空间和生长空间。①

基于上述分析,我们认为,必须以“知识资本的逻辑”②替代“工业资本逻辑”来重新定义并重塑大学图书馆的知识服务体系:

(1)与知识资本逻辑相对应的现代图书馆不仅是知识的存储、服务体系,更是一种知识的再生、创造、传播体系。③

(2)现代的新型图书馆服务体系不仅利用网络技术,使网上虚拟图书馆与实体图书馆相辅相成,相得益彰,而且利用各种网络资源,包括视频、语音、多媒体等诸多手段对传统的、现代的各类知识体系的重新组合编排而成为一种界面亲切、形式多元、内涵丰富的知识产品并为读者服务。④

(3)与知识资本逻辑相对应的现代图书馆不仅提供传统的图书存储、借阅服务,而且还要向读者提供各类知识咨询,使读者能系统地了解各个领域的知识进展以及正确地、公允地评价这些知识体系对教学科研所带来的实际影响,此外,它还要借助电子平台、公共论坛、网格环境下的数字图书馆资源为不同类型读者提供区别化的、个性化的快捷服务。图书资料的数字化突破了传统图书馆资源的空间和时间限制,可以同时满足不同读者在不同的时间和空间的各种即时需要。⑤

(4)与知识资本逻辑相对应的图书馆的管理组织既是(纵向)立体的,又是扁平的。随着知识经济的到来,知识资本逻辑取代工业逻辑而成为图书馆构建新型的知识服务体系和管理体制的决定性因素,它要求兼顾传统图书馆和数字图书馆的双重优势,打破决策层、管理层和执

① 周国良.大学图书馆工作要满足读者的多元化的需求.图书馆杂志,2009(4).

② 所谓知识资本的逻辑,是指以知识资本的演化为核心环节的一种推进图书馆事业实现现代转型的机制性的、决定性因素。这种逻辑下的生产经营方式强调灵活性和即时性,其组织结构则呈扁平状态,不过分强调上下级的地位与权力上的差别。

③ 秦丽红.美国公共部门信息再利用模式及其对我国的借鉴意义.图书馆学研究,2009(1).秦丽红对图书馆的知识的再生功能做了很好的分析。

④ 朱军.展览:大学图书馆的延伸服务.图书馆杂志,2009(4).

⑤ 李桂兰,刘群,茹美霞.“零距离、零缺陷、零投诉”服务理念在高校图书馆的创新与探索——电子科技大学中山学院图书馆服务创新的思考与启示.图书馆论坛,2009(1).

行层的“绝对界限”，通过电子信息交流平台，使一线馆员和图书馆的决策部门直接沟通，对读者的需要作出直接的、快速的反应，实现图书馆与读者的“信息互动”，实现读者(用户)管理、资源管理和服务管理的统一。① 这意味着图书馆改革传统的图书馆管理模式，实现组织形态和管理体制的创新：

其一，大学图书馆应有自己的研究专家，它必然涵盖包括史学、文学、哲学、美学及至自然科学在内的诸类专家学者。这意味着图书馆有两条路径提高馆员的素质，一是引进专业化的、高学历、高水平的研究型馆员，二是利用各种教育平台培训已有的馆员，使图书馆的工作人员的“终生学习”惯例化、制度化、常态化。

其二，大学图书馆必然要有自己的独特的、独立的研究机构，它不仅要有图书馆学的专业研究机构，而且应该有与知识体系相关的各类研究机构，例如心理学、市场学、创造学等研究机构，当然，所有这些机构都应以知识的服务与创新为其内核。

其三，大学图书馆的员工是学习型、服务型、创新型相统一的知识体系的参与者、主导者、设计者，而不应当是被动的图书资料存取的“中介”。

图 2 形象地反映了工业资本逻辑向知识资本逻辑转化所导致的图书馆体制的根本性的变革及其后果。

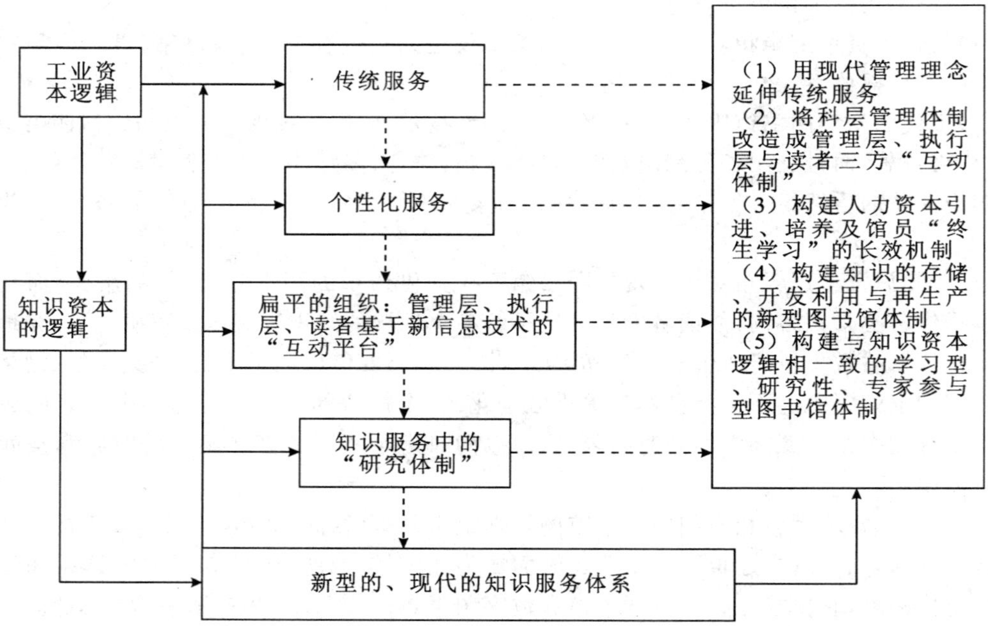

图 2　现代型大学图书馆：从工业逻辑向知识资本逻辑之转型

2 “知识资本逻辑”决定下的战略选择

受工业逻辑制约的大学图书馆的“理念”总是假定它所面对的读者是千遍一律的，是同质的。基于这种“假设”，受工业逻辑支配的传统图书馆存在诸多问题，如：服务方式缺乏人性化，

① 李小青. 网格环境下的数字图书馆资源管理研究. 图书馆论坛，2009(1).

服务内容缺乏深度，资源整合力度太小，服务手段相对落后，馆员的素质跟不上发展，图书馆的人才结构比例失调，业务分工不能体现和发挥馆员的能力禀赋，造成人力资本配置的扭曲。显然，图书馆的传统工作若不进行变革就会产生危机。[①] 在我们看来，一切变革始于观念的变化，而观念的变化又源于我们对新技术革命与现实环境的认识与"把握"。

2.1 作为"公共品"的图书馆与"商业化"

大学图书馆肯定是一种特有的"公共品"，它的目标是推进大学的文化教育事业并成为师生终生学习的永久性场所。鉴于读者的层次性和需求的多元性，图书馆在满足读者公共需要和确保公共利益的同时也应提供个性化的、独具创意的商业服务。有文章指出，营销对图书馆非常重要，通过图书馆的培训宣传不断增加具有良好信息素养的读者；提高图书馆现有资源的利用率，使信息资源发挥最大效益，面对网络技术的迅猛发展，引导读者合理利用图书馆资源，服务科研教学。[②] 营销性服务往往是在公共服务之上的增值服务，因此有必要以商业模式来构建相应的服务体系。当然，这种增值服务不仅要合乎读者的实际需要，在定价上也要考虑读者的承受能力。

2.2 图书馆知识服务体系的延伸与制度化

众所周知，大学图书馆的知识服务体系可以衍生出一系列的服务内容，但要使这些"延伸服务"保持持续性的功效，关键在于使这类服务常态化、惯例化、读者参与化与制度化，本文对此分别给予简要说明：

(1)学术报告制度。大学图书馆可以定期或不定期举办各种题材的学术报告活动，既可以由馆内专家讲授，也可以由馆外专家讲授。可以就读者关心的各种政治、经济、文化、军事或外交事务等各种话题展开报告。这类活动应该常规化、制度化、学术化并大众化。

(2)图书馆年会制度。应以图书馆的现状与未来定期召开"学术—思想——文化交流"的年度学术会议。每年一个主题，与国内外各同行交流如何创新图书馆体制等问题。

(3)专项纪念活动制度。利用各类国家纪念日举办各类座谈或学术活动，吸引读者就历史现实发表各种学术观点与思想见解，使读者参与各种纪念活动的各个环节，创造性地构建"图书馆——读者互动体制"。

(4)读者年度征文活动制度。根据各种文化现象和社会思潮，向读者发出征文公告，邀请他们就共同关心的政治、经济与社会议题发表看法，提供真知卓见。这项活动要规则化和制度化，吸引各类读者参加。可以为优胜者举办专场报告会，使他们的学术思想有一个交流和传播的空间。

(5)影视文化建设。大学图书馆可以就各种文化现象展开讨论，一个重要的手段就是建立具有学术与思想特征的影视文化的活动空间，使各类读者能够及时地欣赏到包括电影艺术、舞台艺术的原创成果并就此作出价值评估。大学图书馆的影视文化活动不仅仅是一种简单的艺术欣赏与评价过程，它要求各类专家学者与读者能从思想史、艺术史、社会文化史的角度提供他们各自的见解，以吸引社会公众以现实主义与历史主义的方式介入文化活动。

2.3 "集成图书馆"的"无缝机制"

大学图书馆本质上是建立以知识存储、传播（扩散）为主要目标的知识服务体系。知识服

---

① 董兵，吴秀玲. 看得见的危机——数字化时代图书馆面临的挑战. 图书馆学刊，2009(3).

② 王昕，彭佳. 网络环境下图书馆服务营销的实现. 图书馆杂志，2009(4).

务体系中的“无缝机制”既包括不同地区、不同学校的图书馆资源的“整合与共享”，也包括不同图书馆联合行动所需要的“协作化管理”①。借助这种机制，各专业性图书馆、各类地区性的公共图书馆将向一切社会成员，包括高校师生自由开放，反过来，高校图书馆也将基于“信息资源共享”的“无缝原则”而向社会公众自由开放，这对于实现资源共享，普及科学文化知识，提高全民族的思想文化水平，建设民主和谐社会做出巨大贡献。

3 结论

一切变革无非是观念上的和战略战术上的，这就要求大学图书馆的全体成员必须在观念上充分认识到他们不仅要转变服务模式，而且还要不断地强化学习与创新能力；也要求图书馆自身必须完成管理上的、组织治理上致力于持久的变革。显然，大学图书馆并非单纯的组织机构，它的战略定位必然通过观念革新与体制创新而使文化与知识服务体系的结构性功能与社会需要形成一个正反馈的递推关系，而在战术选择上，即在手段上，既要保持传统图书馆的既有优势，还要利用网络技术即通过电子媒介向读者提供汲取知识的“学习平台”，更应让两者结合起来，向读者提供诸多的、实效的“知识产品”，与时俱进，使读者把选择图书馆当作他们的基本需要并在这种选择中学习知识、传承文明。

[作者简介]

杨军花，女，馆员，南开大学图书馆流通阅览部工作。

① 卢志国和马国栋对大学图书馆的信息共享与公共服务作了很好的分析，参阅卢国志，马国栋. 学习共享空间：图书馆创造大学的无缝学习环境. 图书馆学研究，2009(2).

浅谈在高校图书馆引入企业文化理念

宋　琳

[摘　要] 在知识经济时代，高校图书馆面临着前所未有的竞争与挑战，迫切需要提高自己的内部凝聚力和外部竞争力。在此背景下，本文以企业文化的概念和内涵入手，探讨将企业文化理念引入高校图书馆的必然性和具体的方法建议。希望能借由企业文化强大的生命力提高高校图书馆的核心竞争力，进而增强图书馆的辐射力和影响力。

[关键词] 高校图书馆　企业文化理念　企业文化建设

在知识经济和信息社会的大背景下，高校图书馆面对的生存和发展问题，迫切需要提高自己的内部凝聚力和外部竞争力，为了实现这一目标，高校图书馆必须进行重要变革，而变革的核心内容就是将企业文化理念引入高校图书馆。

1 企业文化的概念和内涵

企业文化是企业在经营管理过程中创造的具有本企业特色的文化价值。它包含了企业的哲学、精神及文化意识。现代企业文化以价值观为核心，以激励职工的自觉行为为目的，以"以人为本"的管理为特点，通过文化来引导、调控和凝聚人的积极性和创造性。只有紧紧抓住企业文化建设价值观的培养，用理论与实践相结合的方式，充分调动人的积极性、开拓精神，强调用文化来开发人力资源，那么一切人的价值观和企业的价值观才会顺理成章地揭示出来，自然地表露出来。一旦企业价值观为所有员工认同、接受，那么企业文化就会产生强大的推动力，使企业成为一个战斗力强的团体。可以说企业文化建设是企业产生强大凝聚力、创造力、推动力的根源，是企业生存的基础和成功发展的动力源泉。

对企业文化的认知可以概括为以下几点：

(1)企业文化是企业中物质文化和精神文化的总和。物质文化是指显形的文化，主要是指企业的设施、工具、机器、材料、技术、设计、产品、包装和商标等。精神文化是隐形的文化，主要是指企业的价值观、信念、作风、习俗、传统等。通过对企业物质文化和精神文化两方面的建设，实现对个性鲜明的统一企业形象的塑造。

(2)群体意识。企业文化是员工在长期的实践过程中所形成的群体意识及行为方式，特别是员工的共有认识、情绪情感、意志及性格风貌等。企业文化建设的核心是充分发挥人的积极性和创造性。培养群体意识既是企业文化建设的基础，又是企业文化可持续发展的关键。

(3)企业文化建设的四个层次。企业文化建设分为精神文化层、行为文化层、物质文化层、制度文化层。在企业文化建设中，从这四个方面入手，发挥出企业文化的导向功能、约束功能、凝聚功能、激励功能、品牌功能等，才能达到激发员工积极性的目的。

2 高校图书馆服务模式变革需求及引入企业文化理念的必要性

随着进入学习型社会，社会对高校图书馆的需求和要求都在发生巨大的变化，高校图书馆所承担的社会责任和义务、所面对的服务对象和范围都会随之发生变化。高校图书馆也将从主要面向其所属高校提供服务转向为全社会提供服务，成为收集、整理、存储、加工和传播知识信息的重要场所甚至中心，这是高校图书馆难得的机遇和挑战。

无论是将传统服务被动地给予读者，还是经过营销将信息咨询提供给用户，图书馆和一般的企业一样，失去总是比赢得一个客户的信任要容易得多。而从读者和用户的角度，他们在对图书馆的硬件设备形成评价的同时，也对图书馆的环境、职工情绪和态度、服务方式等软实力上形成主观的判断，甚至这种判断会有更持久地渗透力，足以左右他们今后的行为选择。服务于读者和用户是图书馆的最终目的，其服务质量不单单是由有形的文献或信息决定的，信息传递的速度、阅览室的灯光强弱甚至员工的一个微笑或眼神，都会作为服务的一部分，一起传递给读者，成为评价图书馆这个整体的有效信号。

因此，在网络信息时代，根据用户需求呈现多元化、精品化的特点，高校图书馆服务工作要满足用户需求，就必须对传统的服务模式进行改革创新。在服务观念上实现由传统的封闭型向开放型转变，在服务职能上实现由文献服务向知识服务转变，在服务方式上实现由接纳式服务向主动式服务转变。那么，如何实现这些转变呢？通过对企业文化内涵的分析可以看出，在高校图书馆引入企业文化理念，将对高校图书馆的服务和各方面的发展起到根本性的带动作用。这是由于企业文化强大的生命力必然会提高高校图书馆的核心竞争力，进而增强图书馆的辐射力和影响力。具体表现为：

(1)引入企业文化理念有助于图书馆挖掘自身特质，激发创造性。

企业文化建设是以激励员工的自觉行为为目的的，所以在这个过程中，总是在不断挖掘自身的优势和特色，从而树立员工信心。当企业文化为员工营造一个积极向上的氛围时，员工潜在的能力更容易被调动起来，进而发挥较大的能动性，在实现自身价值的同时，也为集体创造更大的价值。

(2)引入企业文化理念有助于使图书馆产生较强的凝聚力，提高图书馆的管理效率。

在企业文化建设的过程中，会在图书馆工作人员中慢慢形成群体意识。集体观念的增强，反过来会淡漠个人得失，这将有助于提高管理政策的执行效率。这种潜移默化间形成的凝聚力，也会产生“1＋1＞2”的效应。上行下效，众人拾柴火焰高，让大家都参与到图书馆的建设中，无疑会使图书馆具有强大的生命力。

(3)引入企业文化理念有助于提高图书馆的竞争能力。

近年来，信息咨询公司等信息服务机构大量涌现，高校图书馆面临的竞争对象不再局限于各类图书馆。只有引进企业文化理念，使图书馆在明确自身定位的同时，注重在精神、制度、行为、物质等各方面全面协调发展，才有可能在竞争中不落人后。

因此，综合来看，面对图书馆服务模式变革的需求，高校图书馆必须引入企业文化理念才能在未来的机遇和挑战中有长足的发展。

3 在高校图书馆引入企业文化理念的实施方法、建议

(1)设置馆训、馆徽。言简意赅的馆训和意义鲜明的馆徽，是在高校图书馆引入企业文化理念的重要一步。同校训一样，将图书馆的精神凝炼为简单的几个字，能够鲜明地反映图书馆的办馆特色和核心价值，同时作为面向社会的精神标志，为图书馆起到一定的文化宣传作用。既可以加深员工记忆，又让读者、用户在较短的时间里对图书馆的文化精神形成概念性的认识，增进对图书馆的理解。

(2)提高图书馆工作人员的认同感和归属感。曾有调查显示，图书馆员的工作之所以不被看好，很重要的一个原因在于身为图书馆员的职员对自己的职业并没有较高的评价。如果图书馆的领导不能以身作则，图书馆的职员不爱岗敬业，图书馆如何在激烈的竞争和经费不足的窘境中生存和发展呢？因此，需要依靠引入企业文化理念挖掘员工精神层面的自豪感，使意识支配行动，才能真正地调动员工的积极性和创造力，使图书馆焕发活力。

图书馆的工作，既有开创性很强的工作，也有相对简单而重复性的工作，不论哪种性质的工作，都需要从业者认真、细致、热情的工作态度，鼓励和倡导敬业精神是非常重要的。此外，对员工开展定期培训，注重提高员工素质，使员工能在飞速变化的信息需求中做到游刃有余，实现自身价值，从而增强归属感。

(3)将引入企业文化理念的各要素点制度化、规范化、透明化。在高校图书馆引入的企业文化理念，无疑会作用于图书馆的层层管理工作中去。只有把企业文化理念和图书馆的管理制度有机联系起来，才有助于相关政策有效地实施，而不光是停留在几句空口号上。

综上所述，引入企业文化理念，要根据图书馆自身特点，不断发扬优势，善于捕捉馆内各方面的闪光点，创造积极向上的氛围。同时注意结合读者和用户的需求，发挥约束性和导向性，促进图书馆服务向良性循环可持续的方向发展。

[参考文献]

[1] 吕天然，王革丽. 对信息时代高校图书馆文化建设的再认识. 浙江高校图书情报工作，2006(3).
[2] 蒋永福，李集. 论图书馆服务文化的三大要素. 图书与情报，2003(5).
[3] 肖湘. 企业管理理念和方法在高校图书馆管理中的应用. 图书与档案，2008(26).
[4] 王文利. 浅谈图书馆的文化管理. 内蒙古师范大学学报（教育科学版），2008(11).
[5] 雍飞玲. 现代图书馆精神研究综述. 江西图书馆学刊，2008(2).
[6] 周丹史，姚绮红. 知识经济与圈书馆的发展方向. 图书馆论坛，2005(10).
[7] 康存辉. 论建立 21 世纪图书馆文化的重要性. 高校图书情报论坛，2007(3).
[8] 张红. 21 世纪的图书馆文化竞争. 图书馆论坛，2001(10).

[作者简介]

宋琳，女，助理馆员，南开大学图书馆信息部工作。

浅谈高校图书馆建筑设计

王志会

[摘　要] 随着高等教育体制改革和信息技术的发展，高校图书馆建筑设计也需要进行相应的改革。本文在图书馆建筑平面、空间结构布局、主门厅及综合布线设计等方面提出若干建议，以期对现代高校图书馆建筑设计提供有益借鉴。

[关键词] 高校图书馆　建筑设计　建筑布局

在建筑艺术中，图书馆是一个独特的门类。有学者称："建筑是一个民族文化精神的模型"。[①] 在任何一所高校的建筑中，图书馆都是其中的重点和亮点，它的样式在某种意义代表着高校的科研水平。一座优秀的图书馆建筑可以和书籍一样具有永恒的精神价值。目前，随着高等教育体制的不断改革，随着信息技术的飞速发展，高校图书馆的建筑设计也发生了相应的变化，本文针对建筑理念及具体设计方案提出了自己的设想。

1 高校图书馆建筑设计的总体原则

1.1 充分理解图书馆建筑设计的内涵

高校图书馆是为学校教学、科研提供文献信息服务的教学辅助机构，是学校文化发展水平的重要标志。图书馆建筑在外观造型上，既要庄重美观，气势宏伟，更要注重其人文价值，要蕴含和表达出深远的寓意。

1.2 图书馆人与设计师精诚合作

图书馆建筑是门科学，它既有建筑学的内容，又有图书馆学的要求。因此，图书馆人与设计师的精诚合作是非常必要的。新馆的设计、功能等各项工作都要进行广泛、深入的用户调研和专家论证，以充分凝结共识，最终形成能够充分表达图书馆需求和发展的规划方案。

1.3 以人为本，构建和谐意境

人和建筑是相互塑造的，要体现出图书馆的学术氛围和人文特色，就必然要遵循"以人为本"的设计原则。一是以人为本的管理模式，高校图书馆在建筑布局上科学合理，就有利于理顺工作和服务流程，有利于图书馆对有限的人力资源进行有效的管理和安排，充分发挥内化、整合、感召、凝聚、规范、激励等作用，最大程度挖掘图书馆的服务潜力，为充分发挥其社会效益，奠定坚实的基础。二是以人为本的服务理念。在图书馆的建筑设计中，无论是总体布局、空间组织，还是具体的设备安装、细节处理，都应以最大程度方便读者利用文献信息、进行文化

① 张铭远.黄色文明——中国文化的功能与模式[M].上海：上海文艺出版社，1990：18.

交流活动为出发点和归宿。图书馆长期的工作实践表明,文献采编、流通阅览、参考咨询、信息检索等各个环节,都应该践行"以人为本"的管理思想,才能使图书馆的各项工作和谐有序地向前发展。

1.4 经济适用,特征鲜明

图书馆建筑设计,应全面贯彻"适用、经济,在可能条件下注意美观"的建筑方针,这个方针的核心是适用。因此,在设计过程中,要切忌片面追求"造型别致"或"新颖独特"。在充分满足适用要求的前提下,借鉴国内、外图书馆建筑设计的成功经验,尽量使建筑物具有一定的特色。"也许,只有追寻特征,才能引领我们完成审美的过程"。① 每一事物都有其鲜明的特色和表征,建筑是一门形式艺术,但形式离不开填充它的内容,只有坚持图书馆建筑"适用"的原则,才可以把它的特点发挥得恰到好处。

1.5 适应未来发展需要

近些年来,高校的扩招使图书馆普遍存在空间少、学生多的矛盾。因此,图书馆的建筑设计,必须面对现实,立足长远,把实际情况和长远发展结合起来。在统一规划、合理设计的基础上,考虑人力、物力和财力,根据轻重缓急,确定若干期发展规划。力求在保证图书馆造型完整统一的基础上,为将来的扩建留有余地。此外,在建造过程中,图书馆建筑应该符合环境保护的要求,争取内外环境设计都要达到赏心悦目、陶冶情操、美化环境的效果。

2 高校图书馆建筑设计的具体细节

2.1 图书馆建筑平面以矩形为宜

现在有许多图书馆建筑采用了多变的建筑平面设计,如六角形、八角形、扇形等。实践证明,这些馆舍的平面及内部空间被划分成不规则形状,产生很多的死角无法利用,使图书馆的适用面积和使用功能大打折扣;又由于这些不规则平面的设计,使得书架、阅览桌椅及其他家具设备都无法整齐排放,为读者利用图书馆带来不便。其实,简单的矩形才是适应图书馆使用的最佳平面。正如美国印第安那大学图书馆学及情报学院大卫·凯瑟教授所指出的,"简单正方形或矩形,可以获得经济的图书馆使用和操作条件"。② 有人会说,简单的方形或者矩形平面会使图书馆建筑显得单调与呆板,但实践证明,采用矩形平面布置的图书馆同样能设计出千变万化的造型。另外,随着科学技术的迅速发展和读者需求意向的改变,图书馆很可能需要对其内部结构和空间布局做出重新规划,在这方面,矩形的优势更加明显,其可塑性大,易于改进和扩建。

2.2 主门厅设计以简单大方为宜

许多设计者都比较重视建筑物门厅的设计,早在上个世纪 20 年代,我国著名设计师孙支厦设计的"更俗剧场"就因其主门厅而享誉国内外。现在,受社会美学思潮的影响,建筑造型更强调个性化,建筑设计者往往片面追求气派和独特而忽视了实用性,如浪费财力、物力和建筑面积,影响主体建筑采光,或因为造型设计而给利用者带来不便等。所以,主门厅的设计一定要简单大方、科学合理。

---

① 毛坚韧.西方建筑这棵树[M].上海:上海书店出版社,2004:37.

② 大卫·凯瑟.回顾二十五年来高等学校图书馆设计[J].北京高校图书馆,1993,(4):8-11.

2.3 综合布线设计要周到

图书馆综合布线系统应充分体现图书馆业务流程的自动化和读者服务的人性化设计理念。在广泛征求意见的基础上，遵循开放性和兼容性的设计原则，整个布线系统全部采用国际标准接口，注重给无线上网，为消防、监控、预警等预留足够的接口。

3 高校图书馆建筑设计的功能布局

3.1 总体布局

图书馆的用房按其功能大致可以分为三类：馆内业务工作用房、读者服务用房及多功能用房，这三类用房在现代图书馆建筑设计中应做到既相互呼应又彼此独立。其中，图书馆业务工作用房的设计应充分考虑工作流程需要，且不宜占据整个建筑的最佳主体位置。

3.2 读者服务用房布局

高校图书馆读者服务用房应实行开放式布局。传统的图书馆建筑都是按其服务对象及所提供的服务内容对建筑空间进行条块分割，这种布局在较大型的图书馆中，使读者如同走入迷宫一样，很难找到具体的房间。新形势下的图书馆建筑应当通过大开间和软隔断来进行功能划分，给读者的检索利用带来便利。

3.3 网络布线

计算机网络设计是图书馆建筑的核心部分，是图书馆提供信息服务的枢纽，要预留足够的节点和网络端口，适应大开间多种功能区域的发展需求。特别是图书馆总机房和服务器所在地的位置，要注意保持电源的相对独立，以及配备良好的安全和温控设施。

[作者简介]

王志会，女，南开大学文学院2008级比较文学与世界文学专业研究生。

浅谈古籍的有效保护与合理利用

李 昕

[摘 要]古籍,传承着中华民族五千年发展过程中延绵不断的文明。流传至今的古籍已"百不存一",因此,是我们文献保护工作的重中之重。面对古籍的生存现状、专业人才的匮乏,2007年"中华古籍特藏保护计划"正式启动,建立起科学有效的古籍保护制度,加大了古籍保护工作力度,全面、科学、规范地开展保护工作,逐步完善古籍保护工作体系。对于图书馆古籍部门日常工作中存在的"藏"与"用"的矛盾,作者辩证地提出了解决意见。

[关键词]古籍 古籍保护计划 原生性保护 再生性保护

广义的"古籍",包括甲骨文、竹木简、帛书、纸书,以及1912年以前产生的所有文献,涵盖汉语文和少数民族语文在内的所有中华民族各文种的古籍。古籍,传承着中华民族五千年发展过程中延绵不断的文明,记载着中华文明发展的点滴历史,具有珍贵的史料价值、文物价值和艺术价值。回顾历代书厄史,水火、鼠蠹、战争等不可抗力造成了不可估量的损失。同时,政治、经济等人为破坏,更为严重。大多数古籍已随着岁月的流逝化为灰烬,无处寻踪。现存的这些"恢宏磅礴"的古代珍贵典籍,仅仅是我们祖先创造的全部文化财富的一小部分。流传至今的古籍"百不存一",这些古籍是我们中华民族的宝贵财富,是我国文献保护的重中之重。

1 我国古籍保护的现状

新中国成立以来,党和国家领导人非常重视对古籍的保护工作。在周恩来总理的关心过问下,流失在香港地区的一些珍贵古籍于1955年和1965年分两批购回内地,入藏于国家图书馆。1981年5月22日和7月9日,陈云同志两次对古籍整理工作作出重要指示。当年9月,中共中央专门下达了《关于整理我国古籍的指示》。多年以来,由于经济条件欠缺等诸多原因,古籍保护工作至今仍旧面临着家底不清、老化破损日渐严重、修复手段落后、修复人才匮乏、大量珍贵古籍流失海外等问题,古籍保护的形势不容乐观。

就全国范围而言,我们目前还没有足够的力量对古籍进行清点编目,没有足够的力量及时修复破损的古籍,也没有足够的条件、良好的书库来保存这些硕果仅存的珍贵古籍。大量的古籍仍处于无序的、破损的、存放条件恶劣的状况下。

我国现存的古典文献,大多是由纯手工抄制,无酸性添加剂的手工纸印制、书写。这些古典文献的纸张在出厂时一般呈中性或弱碱性,PH值在7.5至8.5之间。历经千年战乱、天灾人祸后,仍有大量典籍至今保存完好。但工业化生产、交通工具的发展以及人民生活的需要,大量的酸性气体产生,环境逐渐恶化等,严重加速着古籍的老化。据研究实验证明,现在的古籍整体含酸度高于 20 世纪 60 年代。酸性空气是致使古籍纸张老化变质的直接原因。以竹为原料的纸张，酸化最为严重。

古籍具有不可再生性。保护古籍的工作就是与时间赛跑的工作，具有很强的时限性，是挽救文明的伟大事业。众所周知，古籍的载体大致经历了甲骨、竹简、缣帛、纸质等发展阶段，其中纸质文献延续最久、流传最广、存量最多，全国现存有十万余种。虽然古籍的老化也要遵从事物发展的自然规律，但是由于其纸质柔软、韧性好，自然老化、损毁速度缓慢且不易察觉，一旦纸质文献破损发展到"质变"便很难恢复其原貌。所以，我们必须通过有效的保护和积极的修复尽可能延缓这一进程。

为贯彻落实国务院办公厅《关于进一步加强古籍保护工作的意见》，2007 年 2 月，文化部正式启动"中华古籍特藏保护计划"。"计划"坚持"保护为主、抢救第一、合理利用、加强管理"的方针，旨在加大古籍保护工作力度，全面、科学、规范地开展保护工作，建立科学有效的古籍保护制度，提高全社会的古籍保护意识，逐步形成完善的古籍保护工作体系，重点做好以下六项工作。一是全面开展建国以来全国范围内的第一次古籍普查工作；二是从一、二级古籍善本中择选录入《国家珍贵古籍名录》；三是国务院将把古籍收藏量大、珍贵古籍多、管理制度完善、保护条件较好的单位，命名为"全国古籍重点保护单位"；四是加强对各级图书馆、博物馆等古籍保护单位现有人才的培养，逐步建立一支专兼职结合的古籍保护队伍，通过各种途径培养一批高水平的古籍鉴定专家、修复专家和整理专家；五是集中资金，有计划地对各地馆藏破损古籍进行修复，尤其是列入《国家珍贵古籍名录》和濒危古籍的修复工作；六是积极有效地利用古籍保护的成果，向社会和公众开放古籍资源，为公众提供方便快捷的文献服务，充分发挥古籍在学术研究和文化建设上的积极作用。

2 古籍保护在人力物力和管理上的逐步完善

我国古籍保护工作古已有之。大量文献记载了从造纸术发明后，先人们就已经开始了对古籍的保护，并在不断地总结和改进。例如：染纸避蠹技术，用"潢纸"、"碧纸"、"椒纸"、"万年红"等。在纸张制作的过程中加入避蠹物质，起到防蛀的作用；把册页用蝴蝶装、包背装、线装等形式装帧，并加装函套、樟木书箱等保护装具；用"芸香草（灵香草）"，采集具有避虫功用的植物叶片夹置在书页中的药物防害技术；藏书楼的选址、功能设计、周边环境等建筑保护技术。随着古籍数量的增加、存放时间的日益久远，自然、人为因素造成的破损量增大，对古籍修复的需求量逐步增大，古籍修复工作应运而生。古籍修复，是古籍保护工作中的重要环节。

据初步估算，我国古籍藏量 3000 万册件，其中有 1000 万册件需要修复（随着时间的推移和古籍利用等因素带来的继续破损不计在内），而古籍修复人员不足百人。我国传统古籍修复技术举世公认，但历史原因和社会因素致使整个古籍修复界陷入了人才断档的窘地，流传至今的传统古籍修复技术面临失传的危险。

在发达国家，古籍修复是一门独立的学科，很多大学专门开设图书保护和修复专业。有资格从事古籍修复工作的人员必须具有研究生以上的学历。古籍修复岗位已被专业培养出的学士、硕士、博士充实。

现今的古籍修复人员，不仅要拥有纯熟过硬的传统修复技术，还需要更广泛的知识范畴；需要成为懂历史、化学、生物和古籍知识的复合型人才。针对我国的古籍修复人才匮乏，"古籍保护计划"实施之后，已举办了八期的古籍修复技术培训班，聘请了国内外知名的相关学科专家和操作能手传道授业，一改以往师傅带徒弟传统教学方式，针对当前古籍修复存在的问题和未来的任务，组织专家编写教材，充分吸收国外先进技术和经验，将传统修复技艺与现代技术相结合，在课程的设置上力求与国际接轨。培训班着重于建立对“修复理念”的正确认知，修复技术的科学化培训。现已培养出近300名修复专业人才，扩大了专业修复人员的队伍，提高了从业人员的素质和水平。

在21世纪的今天，科学技术得到了高速发展，我们不能满足用传统的方法来保护这些生存环境日益恶化的古籍。如何利用成熟的科学技术，实现对古籍的有效保护，延长古籍保存寿命，是当今古籍保护的主要任务，也是长期以来困扰研究者的重大难题。

改善古籍的生存环境，首先成为古籍保护工作的切入点。文化部颁发的《图书馆古籍特藏书库基本要求》，是针对古籍文献最基本的物质条件——书库进行的标准化要求。从书库的建筑选址、设置、位置、结构、密闭性能、保温隔热性能、防水防潮性能、抗震性提出了明确的要求；对恒温恒湿的要求；对净化空气质量来抑制纸张的老化变质的要求；对控制光照强度、减少光照时间，消除或减少照明光线中的紫外线的要求；对消防和安防设施的要求；对图书消毒、严防鼠蠹设施的要求。只有根据这些要求完善现有书库的藏书条件，才能为珍藏的古籍提供稳定、适宜的生存环境，抑制纸张的老化，尽可能延长古籍的使用寿命。

古籍的保护管理工作，需要完善的管理制度、精心的管理与保护。要制定严格的规章制度，使管理工作的各个环节都有章可循。从理想化的角度讲，根据古籍工作性质的要求，基于古籍保护与安全的需要，把古籍编目人员、阅览服务人员、书库管理人员和古籍修复人员的岗位分开，工作人员各司其职，使古籍在每一工作环节中都力保安全，万无一失。但各藏书单位条件不一，实际从事古籍工作的人员数量较少，一人司两到三职的情况比比皆是。在这种情况下，要求所有工作人员都应熟悉库藏古籍的特点、数量、存放位置；掌握防火、防水、防盗的要求和技能；对书库环境和藏品的现状心中有数。各古籍保护单位都需要逐步完善古籍书库的各项制度和岗位管理规范，增强工作人员对古籍保护的管理意识，锻炼一批身兼数职，责任心强，能吃苦，懂业务、懂保护、懂管理的古籍保护工作的骨干。

3 辩证地解决古籍“藏”与“用”的矛盾

著名古籍版本专家、全国古籍保护工作专家委员会李致忠主任2003年在《文汇报》上发表的谈话中认为，“当今古籍图书保护有两条途径。一是改善藏书环境，或者进行原本脱酸、照原样修复，这可以称为原生性保护。二是缩微复制、扫描复制、照原样影印等，这可以叫做再生保护。再生保护最大的特点就是既能将那些久已绝版而又传世孤罕的古典版本化身千百，永无失传之虞；又可广泛传播，便于读者披览研读，从而达到‘继绝存真，传本扬学’的宏远目标”。

图书馆中的古籍阅览室，是一个特殊的服务部门，在为读者提供服务的同时，收藏保存具有文物性的古籍更是其重要的职责。古籍阅览的工作，长久以来存在矛盾，即以收藏保护为主的管理模式与日益增长的阅览需求之间的矛盾；对古籍再生性开发利用与由此对古籍造成的损害之间的矛盾。如何解决好古籍“藏”与“用”的矛盾，这个平衡点的掌控在古籍阅览工作中表现尤为突出。

首先，对阅览制度进行细化与完善，对藏品进行分级管理，按照各类藏品的特点制定相应的阅览制度，对读者的需求进行分层次管理。图书馆珍藏古籍文献的目的不只是为了保存，更主要的目的是，让古籍能为今所用。古籍管理人员既要为读者提供便捷的服务，不能单纯地以古籍的文物性为由，将读者拒之门外，又要有的放矢地保护珍贵古籍文献，与此同时，纠正读者不良阅读习惯，引导并培养其对国家文物的保护意识。

其次，通过影印出版、微缩化、数字化等现代手段使古籍在得到保护的情况下，忠实再现古籍原貌，履行服务学术、传承文明的使命。2000 年以后，我国对古籍数字化进行了大规模的规划。近两三年，中华书局将三四亿字的古籍进行了数字化处理。这些经数字化处理的古籍，在版本文字的准确性方面得到了专业界的普遍认可。2006 年“中华再造善本工程”编纂出版工作正式展开，现《中华再造善本》一期已经全部出版，首先推出唐、宋版本 424 种，金、元版本 326 种，共计 750 种兼具文物价值和学术研究价值的古籍善本影印出版。二期选目也已几经推敲，基本定稿。两期总为 1300 余种，规模已十分可观。中华再造善本的出版发行是既积极保护又可广泛利用的两全之法，为学术界提供了利用孤罕善本的机会，扩大了古籍研究和利用范围，缓解了保护与利用之间的矛盾。

综上所述，我们需要认清我国古籍保护的现状，全方位多角度完善古籍现有的生存状态，利用先进可靠的科技手段保存住这些历经风雨的文化瑰宝。在国家古籍保护中心的指导下，古籍工作人员需要进一步明确自己的历史使命，真正认识到古籍保护工作是传承历史、造福子孙的事业，进一步提高保护意识，把保护的科学理念和技术方法纳入工作中，完善管理制度，规范工作流程，让这些珍贵的文明遗产在新一代古籍工作人员手中传承延续、发扬光大。

[参考文献]

[1] 刘家真. 文献保护学[M]. 武汉大学出版社，1990.

[2] 刘家真、程万高. 中国古籍保护的问题分析与战略研究[J]. 中国图书馆学报，2008，(4)

[3] 李景仁、周崇润. 中国国家图书馆文献保护工作概述[J]. 图书馆，2005，(2)

[作者简介]

李昕，女，助理馆员，南开大学图书馆古籍特藏部工作。

浅谈高校图书馆古籍修复

宋世明

[摘　要] 本文对高校图书馆古籍修复工作的现状及面临的问题进行了剖析,并对如何做好古籍修复工作与提高修复人员的素质提出一些合理化的建议。

[关键词] 古籍修复　古籍保护　修复人员素质　心理障碍

中华文化博大精深,祖先为我们留下浩如烟海的珍贵古籍。这是一笔极为丰厚的历史文化遗产。中华古籍忠实地记载着历史,延续着中华民族的根脉,是中华民族的宝贵精神财富。保护、利用好图书典籍,弘扬中华民族的国粹精华,是实现中华民族文化复兴的一项重要的基础性工作。古籍修复工作在古籍保护方面起着重要作用,应把古籍修复工作切实提到议事日程上来,这是功在当代、利在千秋的事业。

1 古籍修复的必要性

卷帙浩繁的古籍,是祖国文化遗产的重要组成部分,它以文字的形式记录下中华民族创造出的物质文明与精神文明,向人们展示出一个伟大民族的历史进程,它蕴藏着我国古代劳动人民的智慧结晶,不但是研究古代社会政治、经济、文化、科学发展不可缺少的文献资料,也是促进现代社会发展、提高全民族科学文化水平的取之不尽、用之不竭的文化宝库。古籍是不可再生的宝贵资源,应当得到很好保护,但是,由于自然和非自然的原因,许多古籍在流传过程中遭到损坏,现存的古籍与中华民族在整个历史发展过程中形成的典籍相比已经是万不存一。由于保存条件不善,古籍遭受虫蠹鼠啮、霉蚀烬毁、酸化老化等原因形成破损,有的甚至变成无法翻阅的“书砖”或严重虫蛀、絮化古籍。而那些无法估价的善本书,其本身又是非常珍贵的文物,如不及时修复,就不能阅读使用,无法发挥其作用,而最终成为一堆废纸,因此古籍保护就显得尤为重要。而收藏古籍较多的高校图书馆,对具有保护古籍延长其寿命作用的古籍修复工作,应该高度重视,依照“保护为主、抢救第一、合理利用、加强管理”的工作方针,竭尽全力保护古籍,已成为当前一项急迫的任务。

2 高校图书馆古籍修复工作面临的问题

2.1 经费不足,修复设备和场地等硬件条件受到制约

开展古籍修复工作,是需要相应的硬件投入的。然而,由于受到经济条件的制约,许多图书馆提供用以开展这项工作的条件仍然相当有限。高校图书馆要想再扩充修复工作的规模,也仍然会碰到场地、人员以及耗材等诸多方面的问题。如古籍修复工作中采用的材料一般都

是古代材料，这些材料是越用越少的。随着这种材料的日渐短缺，将来用于古籍修复工作的投入也会越来越大。近些年来，随着古籍修复技术的逐步提高以及不断地与新技术相结合，古籍修复工作已越来越多地引入了新的科技手段，提高了这项工作的科技含量，这就需要投入相应的设备和人力资源，要有拍照和检测等各方面的设备，虽然部分得到解决，但资金短缺的问题并没有从根本上解决，无形中制约了古籍保护与修复的发展。

2.2 修复人才严重匮乏

全国各图书馆中从事古籍修复工作的专业人员不过百人。在全国各大高校图书馆中，珍藏的古旧书刊，有许多已破旧不堪，亟待修整、抢救。古籍修复缺人才，缺年轻的人才，更缺乏培养年轻人才的渠道。古籍修复人员从事的是手工劳动，其技术掌握最初是通过师傅的传授，经验的积累则依靠长期的实践，因而其专业素质的形成与培养有着自身的特点；再加上工作单调枯燥，且又十分艰苦、待遇偏低，从业人员不仅要具有认真负责的工作态度和耐心细致的工作作风，而且要耐得住寂寞，因而很少有人愿意去学这门费力不讨好的手艺，前景令人担忧。

2.3 修复工作管理制度不完善，有待于规范化制度化

我国修复行业没有完成从经验修复到科学修复转化的另一个重要因素是修复程序和管理尚未科学化。修复人员在修复时凭经验确定操作程序、选择修复材料，不注重研究修复对象的具体情况；管理人员也缺乏程序上的监督、管理，这样修复出来的成果往往留下很多遗憾，科学的修复原则难以在工作中得到实现。

古籍因其文物价值而有别于其他一般的文献，修复古籍如同医生治病，先要了解病因、病症，再制定治疗方案。如在修复天头、地脚有名家批校注释的古籍时，虽然前期修复操作得很好，但在裁切时忽略了天头、地脚上的文字，而误将其切损，那么以后就无从补救了。另外备料好坏关系到操作能否顺利进行。如书页溜口配纸，书页溜口一般采用棉纸(薄皮纸)为佳。棉纸的颜色一般为白色，如果与所需溜口的书页颜色不一致，则需将棉纸染色，使溜口纸与书页颜色一致等。因此古籍修复工作应有严格的操作规范，其中包括点收、制定修复方案、备料、操作、检查验收、归库等几个步骤，但在实际工作中操作起来还有一定的差距，有待于规范化。

2.4 古籍修复工作中存在的心理障碍

由于年代久远和收藏的客观条件限制，图书馆有相当一部分古籍已风化、长霉、磨损、鼠咬、虫蛀，被微生物侵蚀，再加上长期存放，许多古籍都会沾染寄生虫和浮尘。具体说来，有以下几个方面：

(1)浮尘不是普通的灰尘，而是微生物对纸张的侵蚀所造成的。修复人员在修补前对古籍进行清洁除尘处理时会将其呼吸到体内，时间久了看似简单的工作却会给古籍修复人员的健康造成极大的损害。粘在脸上、手上，更是奇痒难忍，不适应的人就会马上全身过敏红肿。鼻炎和皮肤过敏是修复人员常见的职业病。

(2)有的被虫蛀过的古籍在不经意地翻阅时，蛀洞残渣散落在地上，有时还能看见长形小虫，令人厌畏，见了毛骨悚然，立刻感到皮肤过敏，觉得全身不自在。

(3)古籍修复是一项细致耐心、不厌其烦、心灵手巧的工作，要求从业人员安得下心，耐得住寂寞。

3 对高校图书馆古籍修复工作的几点建议

3.1 认识修复工作的重要性

古籍修复工作是贯彻图书馆方针任务的一项不可缺少的工作。目前，许多高校图书馆收藏的古籍破损状况十分普遍，近60%以上的古籍出现残缺、断线、书页开口等情况，有的被虫蛀、霉变成砖、书页焦脆变黄成片，甚至还有破损严重报废无法使用的，先辈留下的文化财富虽幸免于自然灾害、战乱等客观因素、但被落后的藏书保护条件所毁坏，甚至有的古籍是因为修复不当或未能及时修复而缩短寿命。因此，高校图书馆要不断扩大修复力量，加强对新手的业务培训，并有针对性地传授相关的文化和知识，这样才能更好地肩负起保护古籍的责任。

3.2 正确制定修复方案，规范修复工作操作程序，建立修复档案

挑选待修古籍，是制定修复方案必不可少的前提。制定完整的修复方案，首先应查明破损古籍的损坏程度和损坏原因，还应了解该书的版本、年代及纸张性质方面的情况。正确制定修复方案的关键在于：对整个修复过程要作通盘考虑，对每个环节都要仔细推敲，对各种修复方法认真进行筛选，真正做到没有把握绝不下手，一旦下手应尽可能杜绝败笔。操作程序如下：

(1)点收。古籍修整前，先要核点书名、册数、页码。为了作好修复前后的对比，在点收过程中最好用数码相机拍照。

(2)制定完整的修复方案、备料、拆书。

(3)书页的修补，是指恢复和加固已经损坏的纸质古籍的技术和方法。根据书页的破损情况分为轻度破损的书页、中度破损的书页(指部分字迹被损毁、书口开裂、空洞较大、鼠啃面积较多)、重度破损的书页(指因虫蛀、鼠啃严重，书页纸张已经大部分焦脆、糟朽、变质等)。

(4)封面、封底的修复和重制。

(5)装帧、检查和验收。

在以上整个操作程序中还应把握好修复用纸的处理和修复孔洞的技术，不断完善修复操作程序。

长期以来，我国古籍修复工作一直采用传统管理方法，所谓传统管理方法就是仅对古籍修复中的交接环节进行记录，对古籍形态和载体信息不作任何记录。这样做的结果是忽略了对古籍其他方面的信息记录，例如载体形态、修复方案和修复过程前后各个环节的记录。近代修复实践表明，古籍修复的方法是否科学将直接影响古籍的保存寿命。因此，需要为每一部古籍建立一份修复档案。档案相当于古籍的病历，破损古籍的全部信息记录采用文字和影像两种方式并长期保存，以便后人全面了解和认识前人采用的修复材料和方法，推进修复技术不断进步，并实现延长古籍文献多保存寿命的目的。

3.3 不断提高修复人员素质，科学合理地应用现代化技术

古籍修复是一项责任心、专业性、技术性都很强的工作，从事古籍修复的人员，必须经过专业培训不断地完善自我，努力提高在岗从业人员素质是古籍修复事业的有力保障。

3.3.1 文化素质

目前高校图书馆古籍修复人员的文化程度都偏低，一般高中、中专、大专学历的较多，本科已算是高学历了。古籍修复工作要求十分严格，不能随意丢失或缺损，否则就会造成脱页、脱文，直接影响古籍的版本价值和使用价值。这就要求修复人员还应该具备一些文史、古籍版本方面的知识，对一些破损书页能接拼起来，书页的前后秩序能够连接。

3.3.2 较好的心理素质、身体素质

古籍修复是一项艰苦、枯燥的手工劳作，工序繁多，待修复的古籍破损情况各异。年代越久、价值越高的古籍，修复难度就越大，时间就越长，容易使人厌烦。面对各种各样的破损古籍，没有一定的耐心和毅力，是难以坚持下来的。

3.3.3 思想素质

热爱并专心致志于古籍修复这门事业，有较好的敬业心、责任心。

3.3.4 道德素质

修复人员要有较好的职业道德，以求真、务实、诚信做好本职工作。

应用现代科学技术发展传统修复技术，使传统技术中优秀的东西得到丰富和发展，对缺点应通过引用新技术加以改进，力求突破，适应当前要求。比如利用纸浆补书机修补古籍就是以前没有的工艺，实现了纸质文献补洞方面的部分机械化，不仅提高了修补工作的质量、效率，还降低了修复人员的劳动强度，充分体现了古籍修复技术与新技术的结合。

3.4 克服古籍修复工作的心理障碍

古籍修复是一项古老而又传统的技艺，它的发展经历了几千年，承担着保护古籍的神圣使命，是弘扬、继承、传播、利用我国文化遗产不可缺少的一项工作，高校图书馆从事古籍修复的每一名馆员，都应把古籍修复当成一项事业来干。在修复古籍时，应注意以下几个方面：

(1)做好卫生保护措施，接触破损多、有虫蛀的古籍时带上口罩、手套等。

(2)对古籍除尘最好选择在通风的地方清扫，以免空气停滞污染，或在干净的纸上抖动再用刷子将封面、书脊弄干净。

(3)增设除尘去湿防虫设备。接触破损古籍时间长了，见的类型多了，恐惧的心理因素自然就克服了。当然也有例外，如有过敏体质的人做古籍修复工作就不太适宜。

(4)克服“大男子主义”的心理障碍，古籍修复男女均可做。如著名古籍修复专家肖振棠、张士达先生，他俩都是长期从事修复达50多年、富有丰富经验的男师傅。

4 古籍修复工作中应注意的问题

古籍修复并不是简单的机械性工作，它具有其自身的工作特殊性，如图书馆需要修复的古籍破损情况复杂，难易程度也不同，修复的基本流程多并且工作要求十分严谨，修复的质量要求高等，基于修复工作的特殊性，要认真学习、实践古籍修复的基本流程，认真仔细，不能有半点马虎，培养一个良好的工作习惯。

首先，要注意保持修复环境的整洁。古籍修复工作间往往是相对独立安静的空间，环境状况也比较好。要求修复人员对所用的工具、材料、仪器和修补的书页随时清洁并整理好。

其次，按照修复操作的基本流程逐步进行。如修补的书页在未完全干透前不能折回压实，以避免书页粘在一起；破损严重的书不能用吸尘器除尘，只可用软毛刷轻轻拂去书籍上的灰尘；拆书时最重要的是切勿伤害到原书；拔除线根，用力要适当，以免拉坏书页；修补书页浆糊的浓度和溜口的用力度等都要把握好。

再次，古籍修复需要技术，更需要知识，包括古籍知识、历史知识、古汉语知识、古籍版本知识和图书馆学知识等。在此基础上，最好能明白一些数学、物理学、化学和生物学的知识，能够识别纸张质地，针对特定的古籍设计特定的修护方案等。

[参考文献]

[1]潘美娣. 古籍修复与装帧[M]. 上海人民出版社,1995.
[2]杜伟生. 中国古籍修复与装裱技术图解[M]. 北京图书馆出版社. 2003.
[3]林崇煌. 图书馆古籍修复之刍议[J]. 浙江高校图书情报工作,2001,(4).
[4]陈莉. 试论图书馆古籍工作的任务和人才培养[J]. 图书馆论坛,2005,(5).
[5]肖晓梅,韩锡铎. 古籍修复工作的现状及改变建议[Z]. 国际敦煌项目第六次会议论文集,2005.

[作者简介]

宋世明,女,南开大学图书馆古籍特藏部工作。

工会组织在构建和谐图书馆中的角色定位

刘　樱　陈成桂

[摘　要] 构建和谐图书馆是贯彻落实科学发展观、构建和谐高校的内在要求。图书馆奏响和谐旋律,必将为高校教学、科研的发展注入活力,对校园的和谐产生强大的辐射和带动作用。而工会组织由于其具有的特殊优势和地位,在构建和谐图书馆中能够扮演桥梁与纽带、凝心聚力、引导与教育、和谐管理者多重角色,起着其他部门与机构无法起到的不可或缺的独特作用。

[关键词] 和谐图书馆　工会组织

构建和谐校园,是高校改革发展的重要任务,也是高校落实科学发展观的具体表现。崇尚和谐,一直以来就是构成中华民族精神的要素,是中国传统文化的基本精神,也是自古以来重要的政治社会理念。图书馆作为高校的一个重要组成部分,在构建和谐校园这个系统工程中担负着共建和谐的不容置疑的责任,图书馆奏响和谐旋律,必将为高校教学、科研的发展注入活力,对校园的和谐产生强大的辐射和带动作用。而工会组织由于其具有的特殊优势和地位,在构建和谐图书馆中能够扮演十分重要的多重角色,起着其他部门与机构无法起到的不可或缺的独特作用,这也是笔者从事 9 年工会工作的深切体会。

1 构建和谐图书馆具有的丰富内涵与特征

当前,党和国家大力倡导落实科学发展观及构建和谐社会。科学发展观是和谐的发展观、统一的发展观、平衡的发展观和文明的发展观,是高校图书馆工作中必须始终坚持的重要思想。准确把握科学发展观,对于高校图书馆来说,既是解决图书馆当前诸多矛盾和问题的迫切需要,也是图书馆推进改革、谋求发展、保持稳定、开创优质高效服务的内在要求。从图书馆发展看,和谐是图书馆发展的基础,是促进职工共同发展的动力,因而构建和谐图书馆是贯彻落实科学发展观,满足社会与自身发展需求的必然要求。

高校图书馆担负着传播知识、传承文明、引领文化、培养人才、服务教学与科研的神圣使命,它不仅是传统校园文化的集散地,还是交流借鉴世界先进校园文化的重要窗口,它凭借其丰富、优质的馆藏资源理所当然地成了传播和倡导和谐校园文化的重要阵地,同时还依靠其独有的硬件设施和软件条件顺理成章地成为开展和谐校园文化活动的重要场所。和谐图书馆以图书馆为载体,以内和外顺、同舟共济、政通人和、稳定有序为主要特征,实现图书馆各个部门全面协调、充分发展,良性互动,整体优化的管理理念。和谐图书馆可以让职工以科学发展观为方向,以高尚的职业道德和职业信仰为表现,以健康的人际关系为纽带,建立良好的文化与工作氛围,培养和形成有本馆特色的服务和人文精神。和谐图书馆是图书馆内部和谐与外部和谐的统一,内部和谐起决定作用。印度著名的图书馆学家阮冈纳赞指出:"图书馆成败的关键在于图书馆的工作者。"作为高校中一个特殊的职业群体,图书馆的职工是现代图书馆最重要的资源和首要财富,是一切工作的承载和依靠,是构建图书馆内部和谐的主体。和谐图书馆的建设,职工是图书馆内部发展的动力,也是图书馆生存与发展的决定因素。

2 工会组织在构建和谐图书馆中的职能与特点

构建和谐图书馆,是一项系统工程,需要图书馆全体职工的共同努力。工会是图书馆职工自愿参加的群众组织,它与职工联系最直接、最广泛、最紧密,最能把握和了解职工的切身利益以及职工的心声和愿望,因而它可以充分利用自己的职能优势、组织优势和阵地优势,以其独特的工作方式,在图书馆内部营造一种同心同德干事业、一心一意谋发展的和谐局面。

近几年来,高校相继推行了以职工聘用制为主的人事制度改革,学校已由"身份管理"向"岗位管理"转变。面对新时期的新形势,工会组织的工作领域、工作对象、工作内容也随之发生了很大变化,逐步从活动型、福利型工会向学习型、人文型、民主管理型转变与突破,它自身的转变与突破使其在图书馆和谐的建设中的维护、建设、参与、教育职能更加凸显。在构建和谐图书馆的过程中,广大职工既是和谐图书馆建设的主体,也是和谐图书馆建设成果的享有者。职工至上是工会工作的宗旨,是工会一切工作的出发点和落脚点,因而工会组织在为职工而建的和谐图书馆中具有如下特点:一是工会组织作为职工自愿结合的群众团体,它最贴近职工群众,最了解他们的喜怒哀乐、思想动态,能积极地为职工群众化解各种矛盾,排除后顾之忧,对职工群众具有很大的号召力和吸引力;二是工会组织所具有的教育职工、民主监督、维护职工权益、协调利益关系等职能作用,可以使自身的政治、组织、民主、活动渗透等优势得以充分发挥,对职工具有很强的凝聚力和向心力;三是工会工作是一项鼓人心、暖人心、稳人心的工作,它时时为职工着想,处处为职工谋利,尊重人、理解人、关心人、为了人,因而对职工群众拥有很强的亲合力和影响力。

3 工会组织在构建和谐图书馆中的角色定位

在工会的实际工作中,始终坚持以科学发展观指导工会工作,在全面发展中行使工会职责,在协调发展中体现工会职能,在可持续发展中发挥工会作用,所以,工会组织能够做到用和谐的音符推动图书馆稳定持续的发展,以发展增进和谐,以改革促进和谐,以公平追求和谐,以稳定保证和谐,使构建和谐图书馆成为全体职工的共识。工会组织是职工的家,它会竭尽全力使图书馆成为全体职工生活、工作、学习的美好家园,因而它能够在这个家园中充分扮演好以下角色:

3.1 坚持协调与沟通,扮演桥梁与纽带的角色

和谐图书馆内涵丰富,涉及诸多要素,营造和谐馆风是构建和谐图书馆的基础。馆风反映了一个图书馆的管理水平、馆员的政治业务素质、职业道德水准,体现了图书馆人员共同的价值观念、行为准则和思想精神面貌。由于长期以来高校图书馆进人机制上的特殊性,职工个体的差异性、多样性,特别是每个人的成长环境、教育程度、心理素质各不相同所导致的对问题认识不同而发生的意见分歧、矛盾和冲突,使图书馆在日常工作中不和谐之音较多,因此,形成和谐的馆风,就能够在全馆人员之间建立良好的人际关系,使得所有人员的职业道德风范、价

值观念统一在一个目标上。工会组织可以通过在图书馆内部搭建协调与沟通的平台，为营造和谐馆风而充分地展示其桥梁与纽带角色的魅力。

工会组织是在党组织领导下由职工自愿结合的群众组织，它来自群众，又服务于群众，具有广泛的群众基础，能及时摸准群众的脉搏、了解群众的要求，因此，工会组织能够在图书馆领导和职工之间扮演沟通桥梁和团结纽带的角色。桥梁角色就是要把馆领导与职工之间的信息达到双向互通，而纽带角色更是要在领导层与职工之间张力的控制上体现工会的主导作用。工会组织可以通过建立职工代表大会制度、参与馆务会、各种形式的座谈会、民意调查等形式，在图书馆领导和职工之间搭建畅通的交流与沟通渠道，确保下情上传、上情下达、交流反馈畅通无阻。工会组织能够将图书馆党政领导的决策与意图及时向职工进行宣教与落实，使职工真正了解他们决策的意图及其合理性，并及时征集职工意见和建议反馈至图书馆决策层，让他们真正了解职工的利益、愿望、要求，使图书馆的决策更具有前瞻性和可操作性，实现图书馆政令畅通、上下同欲。特别是当职工尚未能接受图书馆领导的正确决定时，工会组织更要做好领导决策的宣传和解释工作。工会组织还可以通过丰富多彩、健康有益的文体活动，为图书馆领导和职工搭建一个相互了解、相互学习与交流的平台，使他们在交流中加深了解，增进友谊，从而形成干群之间、职工与职工之间相互理解、相互支持和相互信任的和谐发展氛围。只有在图书馆领导与职工、职工与职工间达到一种心与心沟通、人与人相容的团结融合的工作氛围，图书馆各部门各方面的关系才能处于协调、稳定、平衡的发展态势中，职工才会具有奋发向上、实现自我价值的愿望和热情，实现图书馆的和谐发展就会水到渠成。

3.2 坚持以人为本的服务理念，扮演凝心聚力的角色

图书馆和谐说到底是人的和谐，人与人之间的和谐是图书馆健康发展的前提，构建和谐图书馆，树立以人为本的理念，也就是落实了科学发展观的人本性的要求。工会组织的和谐观就是提倡关怀人、尊重人和以人为中心的价值观，也就是人文精神在图书馆中的具体体现。

工会组织在工作中坚持以人为本，带着责任，带着感情，关心职工安危冷暖，关注职工健康成长，会激发职工知馆、爱馆、荣馆的热情，增强职工心往一处想、劲往一处使、汗往一处流的向心力。工会组织可以进行关怀、理解、尊重、爱护、帮助职工等各种方式的情感服务，在工作中营造人文氛围，倾注人文情愫。具体的人文关怀是和谐图书馆的动力，人文氛围的营造与人文情愫的倾注，会在职工中营造尊重人格、平等相待、互动共鸣的和谐氛围，对培养职工的组织认同感和归属感起到不可置疑的凝心聚力的作用。工会组织可以进行各种得人心、暖人心、稳人心的关爱行动，如：职工结婚送上贺礼与祝福；职工生病住院及时前去慰问；职工遇到困难及时送去关怀与帮助等。特别是随着老龄化社会的到来，加强对离退休职工的关爱，会使职工感到在图书馆工作冷暖有人问，患难有人帮，生老病死有人管，它是可以终生依托的单位。工会组织这种民有所呼我必有应，民有所盼我必有为，把党和组织的温暖与关心及时送到职工心坎上的人性化作为，会在职工中形成一种亲情般的生活上相互关心、工作上相互促进、温暖和谐的大家庭氛围，从而促进和谐图书馆的建设。

3.3 坚持寓教于乐，扮演引导与教育的角色

构建和谐图书馆的目的是通过和谐、健康、向上的图书馆文化，为国家培养能够传承优秀传统文化和创新文化的高素质人才，为读者提供高质量的服务。图书馆文化建设是人的全面发展的前提条件，是实现人的全面发展的必由之路，也是科学发展观坚持全面、协调、可持续发展，构建和谐图书馆的基本要求。所谓职工的全面发展，不是职工中的单个人的发展，而是全

体职工的发展。职工群众的全面发展,也不是单一的素质提高,而是职工群众综合素质的提高。引导与教育职工是工会法赋予工会组织必须履行的职能,工会组织要从职工的成长、成才需要出发,以培养高素质的人才为己任,以是否有利于职工的发展为衡量标准,以实现人的全面发展作为引导与教育的终极目的。

高校图书馆与教学单位不同,职工从事的是繁重的体力与脑力结合的工作。严格的坐班制度、长时间的对外开放,使得职工很少有机会交流和参加各种活动。工会组织可以充分利用自己得天独厚的组织优势和阵地优势,坚持以图书馆文化所蕴含的人生信仰、博爱胸怀、审美情趣等丰富多彩的文化因素去引导和塑造职工共同建设高尚、健康、文明的图书馆文化。丰富多彩、形式多样的活动是工会组织以自身工作宣传职工、教育职工、影响职工的重要手段,其独特的教育意义和引导作用是不容忽视的。生动活泼、健康向上的文体活动,不仅让职工充分体验到运动的乐趣,身心得到放松,而且可以提高职工的身体素质,使他们以更佳的身体状态投入工作;组织各类型的特色旅游,让职工领略大好风光、增长知识的同时,又增进了职工间的情感交流和相互了解;通过组织职工参加学校的各项活动,如运动会、歌咏比赛等,培养职工的集体荣誉感和团队的合作精神;通过各种讲座、知识竞赛等业务知识活动,提高职工的业务素质。丰富多彩的寓教于乐活动,不仅活跃了职工的文化生活,陶冶了职工的情操,提高了职工文化素质,也营造出一种文明、健康、高品位的文化氛围和精神氛围,从而对职工全面发展产生深刻的、潜移默化的重大作用。图书馆拥有了高素质的员工,就会推动图书馆事业的发展,高校的教学、科研就拥有了坚实的支柱,从而推动校园文明、宽松和谐景象的形成。

3.4 坚持发挥自身优势与制度化管理,扮演和谐管理者的角色

在现实生活中,不和谐状态的存在是绝对的,而和谐则是相对的,和谐管理的目的即是使系统由不和谐逐步趋近和谐的状态。一个系统在要素、构成、组织、精神、内外协调以及总体结构等方面都存在和谐问题,和谐管理的基本思想就是如何在各个子系统中,通过优化组合形成一种和谐状态,从而达到整体和谐的目的。在图书馆系统中,工会组织可以充分发挥自身优势与制度化管理,扮演和谐管理者的角色。首先,工会组织扎根于职工群众之中,与职工群众心相通、情相连、意相融,工会可以发挥这种优势,满怀热心、真心、耐心、细心,对职工如同家人般地关爱,了解他们的喜怒哀乐、意愿与要求,把他们对工作、学习、生活的"满意与不满意"、"赞成与不赞成"、"高兴与不高兴"作为工作的出发点和落脚点,做他们的贴心人、知心人和娘家人。其二,工会组织可以在各项工作的实施中,通过规范化、科学化、制度化的管理,减少职工中的矛盾、冲突、摩擦和内耗,化解各种消极或不利因素。例如:我馆工会为了做到工会成员职责明确,依法办事,以制度规范工会的行为,馆工会编写了《图书馆教代会、工会工作手册》,工会委员的分工及工作职责、福利费的使用和特困的申请等都作了明确的规定。工会所要办的事、所要开展的活动,严格按照制度规范运作,这样既能约束工会成员严格依章行事,高效、快捷地开展工作,又能避免工作中的随意性而造成的一些矛盾和问题。工会充当和谐管理者的角色,能促使图书馆内部形成一种相互依存、相互协调、相互促进的状态,使职工能够在充满爱心、公正、公平、和谐的良好秩序和环境中,心平气和地干事业、求发展,从而为图书馆的和谐持续发展夯实基础。

总之,和谐可以培养美德,和谐可以凝聚人心,和谐可以团结力量,和谐可以发展事业。工会组织在构建和谐图书馆中所扮演的角色,可以教育职工、引导职工、鼓舞职工,使职工能够做到与图书馆同呼吸、共命运、齐发展,使图书馆真正成为全体职工乐在其中的精神家园。

[参考文献]

[1] 中华全国总工会主席王兆国在全总十四届六次主席团(扩大)会议上的讲话[EB/OL]. http://www.asgh.gov.cn/main/News.asp? id=1947,2009-07-15.

[2]温万虎.论高校和谐图书馆的构建[J].图书馆论坛, 2006,(1):32-34.

[3]赵奇钊,赖宁. 对构建和谐高校图书馆的思考[J]. 高校图书馆工作,2008,(02):47-49.

[4]杨锦荣.论图书馆的人本管理[J]. 图书与情报,2004,(1):59-61.

[作者简介]

刘樱，女,馆员,南开大学图书馆迎水道校区分馆工作。

陈成桂,女,研究馆员,南开大学图书馆采编部工作。

新馆员看图书馆"两会"

张红莉

今年年初，我调入南开大学图书馆工作，首先接触的就是图书馆"两会"，即图书馆教代会和工会的工作。记得刚进馆，张毅馆长向我介绍了图书馆及"两会"的基本情况，工会陈成桂主席还交给我四册《图书馆教代会、工会文档资料》。我怀着对新工作的好奇与憧憬，开始认真地阅读。这四册资料的每一页，都在向我——这位新来的馆员如实地述说 9 年来图书馆"两会"工作的开展情况。通过资料的介绍和几个月在馆的亲身经历，图书馆"两会"出色的工作给我留下了深刻的印象。

以前，在我的印象中，工会工作主要就是热热闹闹地组织活动，皆大欢喜地发放福利，活动内容和方式比较有限，缺乏与时俱进的时代特色。进馆三月有余，我听到、看到的却完全是另外一番景象，在这里，馆员们每每谈及工会工作，总是饶有兴趣，啧啧称赞；我参加馆柔力球培训、校园篮球赛等活动时，也总是被职工间一幕幕的和谐场景、积极参与的团队意识所感动，真真切切地感受到图书馆工会在职工心目中的重要位置。让我感触比较深的主要有以下几个方面：

1 心中有职工

从详细的文档资料中，我看到的是馆工会细致的工作内容和全馆职工积极参与的详细记录，也映射出馆工会植根于群众之中、时刻把职工的意愿和冷暖放在首位的工作作风。我看到，工会每次组织的活动，无论大小，为提高群众满意度，工会工作人员总是精心策划、认真调研。例如：为了了解职工的旅游意向，为了开设大家真正感兴趣的活动小组等，他们以问卷调查的形式进行摸底，并遵从大多数职工的意见，使各项工作的开展来源于职工，服务于大众，这样的工作方式切实体现出了科学发展观所倡导的以人为本的精神实质。

图书馆"两会"把实实在在地实现好、维护好、发展好职工的根本利益作为一切工作的出发点和落脚点。如 2004 年图书馆岗位聘任前，馆工会把职工最关心的问题设计成问卷，为职工说实话、吐真言创造机会，通过调研、摸底和汇总分析，不仅为馆领导的聘任工作提供了参考依据，更重要的是为领导了解职工的真实意愿提供了有效渠道，此举密切了馆领导和职工的联系，为岗位聘任的顺利进行奠定了良好的基础。此外，图书馆"两会"还通过深入广泛的调研，开展了一系列凝人心、聚民力的工作，也为馆员争取到了实际的权益，如为全馆女职工争取到"三八妇女节"的半日轮休假，为在生活上有困难的职工争取特困补贴，为家庭遭受突发事故的职工组织爱心捐助等。这些活生生的事例让我深深感到，图书馆"两会"真正做到了在精神上给予职工关爱，工作上给予职工关心，生活上给予职工帮助，她们是值得全馆职工依靠和信任的群众组织。

2 **工作有制度**

具有本馆特色的《图书馆教代会、工会工作手册》引起了我极大的兴趣，我认真地拜读了几遍。手册涵盖了馆"两会"的工作职责、规则与制度、有关法规与文件、大事记等50多页内容。作为大学里的二级工会组织，他们一手抓工作落实，一手抓制度建设，通过"以制建会"、"以制治会"，使工作有章可循，遵章办事。

阅后，我感受到图书馆"两会"工作的扎实和细致，正如工会工作人员自己所言："我们编制《手册》的思路是：明确的工作职责，会督促'两会'成员认真履行职责，便于职工的监督与考核；具体的工作规则与制度，是使这些规则与制度长期稳定地发挥作用；汇总的有关法规与文件，是为了解决职工平时常咨询的问题；详细的图书馆工会、教代会大事记，是图书馆'两会'工作的查询档案；补充的国家相关法律法规的查阅网址，是职工遇到问题自行查询解决的途径。一本工作手册的价值，不在于它的规模和形式，而在于它能否充分利用。有了制度就有了准绳，有了目标就有了方向。其实，我们需要的并不是一本死的工作手册，而是希望手册中的这些内容能够在工作中体现出来，这才是我们编制手册的初衷。"应该说，健全的"两会"管理制度，不仅形成了馆"两会"工作机制的良性循环，也保障了图书馆的和谐发展。

3 **活动有长效**

从资料中，我看到图书馆"两会"开展的职工活动真是形式各异、丰富多彩。除了组织职工积极参加学校的各项活动外，还根据本馆职工的特点，开展了形式多样、寓教于乐的各种活动，如知识竞赛、卡拉OK比赛、趣味运动会、排球赛、乒乓球赛、各种特色旅游、集体采摘、新年联谊会等等。这些活动不仅丰富了职工的业余文化生活，也为职工营造了交流、了解的平台。

特别是，为了给职工提供一个稳定的活动场所，建立职工活动的长效机制，他们建立了"教工之家"和各种兴趣活动小组。在"教工之家"，那占据了整整一面墙的荣誉奖旗，向我展示了图书馆历年来参加学校运动会所取得的辉煌战绩；宣传栏上的照片，记录下各项比赛和文体活动的精彩瞬间，向我展示着曾经在这里举办过的乒乓球赛，以及瑜珈、太极拳、柔力球的兴趣小组活动，还有模特队的表演等；室内的乒乓球台、为模特队安装的大镜子等，一件件实物让我体会到工会活动的精彩足迹和不断开拓创新的长效发展理念。记得2009年我一到图书馆，正赶上柔力球培训，我也积极参与进去，当我置身于这项培训中，才深深感到工会组织活动的精心和辛苦。为保障各读者服务部门的职工都能按时参与培训活动，工会采取集中授课、分散练习的方式，这样一来，方便了职工，但辛苦了组织者。

在资料中，"两会"的每项活动都有完整的记载，它让我看到一个充满活力与生机的群众组织，细致、周密、完善的活动机制，也正因如此，图书馆"两会"才逐渐成为图书馆建设和发展中不可或缺的后台保障。

4 **"两会"有佳绩**

有目共睹，全馆职工在馆"两会"的精心组织下，连续9年在校运动会上取得教工甲组前6名的好成绩，并连续9年荣获精神文明奖。在学校组织的歌咏比赛、模特表演赛、柔力球团体赛等活动中，也都取得骄人的成绩。从资料中，我还看到了学校《教工之声》专栏对图书馆"两会”工作的多篇报道，如《我们是如何开展工会工作的》、《探索推进机制建设，主动依法科学维权》等，这些报道是对馆“两会”工作的充分肯定。由于图书馆工会业绩显著，2005年和2008年两次被评为天津市工会工作先进集体。

“金碑银碑，不如口碑！”丰硕成果的取得，不仅是图书馆“两会”的工作业绩，更展示出图书馆党、政、工、团的团结一致，体现着图书馆全体职工朝气蓬勃的精神面貌。

图书馆“两会”工作成果中饱含着“两会”委员的辛勤付出，他们以德才树立“两会”威信，以公廉开展“两会”工作，以优绩提高“两会”水平。祝愿图书馆“两会”工作能够如全国总工会王兆国主席所讲的那样，永远是组织动员职工的能手，是协调劳动关系的行家，是关心服务职工的模范！

[**作者简介**]

张红莉，女，馆员，南开大学图书馆教代会、工会办公室工作。

高校资料室期刊工作的人性化管理与服务

杨　红

［摘　要］本文从人性化管理与服务的角度，重点探讨了如何构建和完善高校资料室期刊工作的读者服务机制和工作管理机制。

［关键词］高校资料室　期刊管理　人性化管理　信息服务

根据《普通高等学校图书馆规程》的规定，资料室的主要任务是收集、整理、研究专业文献情报，并开展文献情报服务。作为以图书馆为中枢的全校文献信息系统的“末梢”，资料室既是为教师及行政管理人员从事教学科研、高年级学生从事教学实习和撰写论文提供文献资料和信息咨询的服务机构，又是国家科技情报系统的基层单位，属于高校图书情报系统的重要组成部分。

期刊作为教学科研的重要参考资料，是资料室收藏的重点文献之一。随着计算机技术和网络技术的迅速发展，电子资源给资料室的期刊管理与服务带来了巨大冲击。在这种背景下，如何以人性化的理念，带动读者服务和管理体制的改革和创新，是当前资料室期刊管理工作者应当深入研究的重点课题。

1 人性化的读者服务机制

资料室的各项业务工作都应当围绕读者的信息需求来开展。在期刊管理工作中，工作人员要从读者的实际需要和利益出发，构建、整合和优化各种纸质和电子的期刊资源以及相关服务项目，形成以读者服务为中心，以读者需求为导向的人性化期刊管理服务体系。

期刊管理的服务导向不仅要以院系师生的现实需求为主，更要能够预见和挖掘服务对象潜在的信息需求及其发展趋势，要协助读者准确定位其信息需求和知识基础框架，进而将期刊的管理与服务工作与学科建设和专业需求紧密联系在一起。同时，鉴于高校教育的周期性特点，资料室的期刊工作应该具备随教育环境和就业导向进行动态调整的机能，不能长期固守于某种单一的服务模式。

1.1 人性化的资源建设

作为高校图书资料系统的重要组成部分，院系资料室通常立足各院、系、室，贴近教学科研第一线，直接掌握专业学院的教学与科研动态。正是基于这一特点，资料室的期刊建设就必须朝着“专”、“精”、“深”、“新”的方向发展，既要保证重点学科和新兴学科的必备参考资料，又要力求新颖性、前沿性，确保形成具有专业特色的期刊收藏体系。为此，要特别把好期刊采购关，在采购时充分体现人性化的管理理念，重点注意以下几个问题：(1)了解本专业权威学术期刊在国内、外的出版发行情况；(2)了解本专业权威学术期刊的网上免费资源利用情况；(3)密切关注校图书馆的资源分布和各种介质期刊的入藏情况；(4)了解本学院各位专家、教授、学科带头人等的期刊需求情况。

此外，在确保期刊连续性的同时，还要注重对各类期刊实际利用情况的统计和分析，如统计每一种期刊的阅览频率，了解读者对本专业电子期刊的利用情况等，这些数据将为今后的期刊资源建设工作提供参考依据。

与此同时，可以结合本学院信息需求情况，开发建立具有自身专业特色的专题数据库和专题资源导航，为本学科的发展建立人性化、特色化的资源保障机制。

1.2 人性化的信息服务

期刊管理人员除了做好例行的基础工作外，更重要的是在服务上应该牢固树立“以人为本、一切为了读者”的服务意识。要切实做到这一点，必要的导读、咨询和信息服务工作是非常重要的。

1.2.1 个性化导读服务

导读主要是提高读者掌握与运用文献的能力，从而最大限度地发挥期刊信息资源的作用。个性化导读服务的必要前提是认真分析教师和学生读者的心理特点，在适当的时间(如毕业论文前夕)，针对适当的专题(如重大攻坚课题)开展期刊导读服务。

以不同年级的学生为例，刚入学的新生在利用期刊时存在一定程度的盲目心理，资料室可以有针对性地开展期刊检索与利用的普及教育；更可以通过开设绿色通道，为新生提供一定的便利服务，让其真切地感受到服务工作的人文关怀和期刊信息的利用价值。针对大学二、三年级的学生，可以有重点地选择和推荐一些与他们的课程设置密切相关的专题文献。对于四年级学生，考虑到他们在就业和考研方面的需求，资料室可以提供时效性强、适用度高的期刊资料和剪报、简讯等二次文献。面向教师和科研工作者，则应重点提供专题论文索引、专题资料汇编等高层次文献服务。同时，通过宣传栏或网络宣传园地，对数据库、网络资源、馆藏期刊和原文传递服务等进行宣传报道，使读者充分、及时地了解各种资源和服务，为他们的教学和科研提供便利。

1.2.2 个性化参考咨询

主动向学院教学科研办公室了解本学院重点学科、重点科研课题的开展情况和各课题项目负责人名单，与相关教师建立和保持良好的信息交流渠道，及时了解他们的科研进展和信息需求情况，做好相关核心期刊、重点期刊的深层次内容开发和信息报道工作，并编制成能够提供信息检索服务的二次文献，甚至是具有信息参考和研究价值的三次文献等，为研究人员提供广、快、精、准的期刊信息服务。

1.2.3 个性化定题服务

在开展日常参考咨询工作的同时，工作人员还应密切结合专业学院自身的科研情况，为学科带头人、为课题组，甚至为新入院的教师提供基于期刊文献的定题服务或跟踪服务，真正成为课题研发队伍中的信息提供者。

1.3 人性化的细节处理

人性化期刊服务体现在各种细微之处，如环境的布局是否赏心悦目，是否利于读者对重点期刊、常用期刊的检索与利用；开放时间和服务方式是否符合用户的使用习惯；在各种“通知”、“启事”和新颁布的各项规章制度中，是否采用温馨的语句取代“不准”、“严禁”之类的强硬措辞等。总之,人性化的细节处理可以处处体现出对用户的尊重和工作人员所具有的高层次的综合业务素质。

2 人性化的工作管理机制

人性化的期刊服务离不开人性化的工作管理机制。这其中,既包含人性化的管理制度建设,也包括人性化的工作队伍建设。

2.1 人性化的管理制度

人性化的管理制度体现在对工作人员,以及对读者的管理两个方面。由于资料室的规模有限,工作人员往往身兼多职。为了提高工作效率和服务质量,院系资料室应该注重建立人性化的管理理念,在适时引入柔性管理机制的同时,完善竞争机制、激励机制。同时,注重建立问责机制和长效的沟通交流机制,以确保期刊的管理与服务不脱节,利于各项管理制度的贯彻和落实。

在读者管理方面,也要做到既严格规范,又柔和亲切,这样才能有利于资料室与读者建立融洽的合作关系,才能将硬性的规章制度柔化为人性化的、带有自律特色的管理模式。

2.2 人性化的人才培养机制

资料室应积极培养和引进高层次的专门人才,通过岗前培训、派出学习、做访问学者、交换轮岗等方式提高工作人员的素质。根据工作人员的专业特色、岗位要求有的放矢地实施培养计划,特别要注意对业务素质和职业道德的培养。

总之,资料室期刊工作的人性化管理与服务,应该处处体现着"以人为本"的服务理念和经营方略,它以尊重读者、关怀读者为宗旨,以最大限度地满足读者的个性化信息需求,激发工作人员的个性化工作潜能为目的,使期刊信息资源真正通过资料室的服务发挥出最大价值。

[参考文献]

[1] 王伟赟. 高校图书馆期刊管理工作的人本管理[J]. 农业图书情报学刊,2005,(3):69－71.

[2] 张炳常. 试论图书馆的人性化服务[J]. 图书馆论坛,2005,(2):56－57,72.

[作者简介]

杨红,女,馆员,南开大学商学院资料室工作。

利用 Excel 功能改革资料室图书编目流程

唐　澜

[摘　要] 随着计算机、网路等信息技术的应用，图书编目工作已经发生了巨大变化。本文重点探讨了如何充分挖掘和利用 Excel 功能，减少编目工作的重复性操作，简化工作程序，提高编目效率。

[关键词] 图书编目　编目流程　Excel

图书编目是图书管理的核心工作之一，是使图书馆购置的图书由无序走向有序，最终进入流通领域，提供给读者检阅利用的枢纽。传统条件下，图书编目是一项非常繁重的工作，需要编目人员仔细地、不厌其烦地对图书信息进行人工登记做账，并做成记录卡片、检索卡片、流通卡片等。计算机、网路等信息技术的应用，是图书编目工作的一次革命。它使过去那种人工操作的方法被全面淘汰，编目质量和效率都有了较大提高。笔者几年来一直在思考简化编目程序、提高编目效率的问题，并且结合 Excel 强大的功能，摸索出一套行之有效的方法，与同行商榷。

1 图书编目流程改革的背景

现代社会是一个信息社会，不但信息量大，而且更新速度快。在这种情况下，作为提供信息服务的图书馆，一个重要任务就是要尽快完成新书编目，使之进入流通领域，为读者所利用。而观察目前许多图书馆的编目过程，我们会发现，尽管编目人员手中的工具早已不是当初的纸和笔，计算机和其他高科技产品成为不可缺少的编目工具，但编目人员在进行编目时仍然没有跳出传统的思维方式，编目流程依旧相当复杂、繁琐。

传统的编目流程主要分为四个步骤：(1)将记录图书信息不完全的 MARC 数据导入编目数据库。(2)逐一从编目数据库中检索出要编目的新书的数据，进行查重，然后再逐一修改、添加信息。包括逐一修改原始编目数据当中不准确的信息，逐一添加本馆藏特有的信息，如图书分类号、流水号、检索条码号、财产号、来源、馆藏地点等图书信息。(3)逐一进行典藏操作。(4)逐一贴上书标和检索条码。

在这个过程中，许多环节都是简单的重复操作，正如一位编目工作者所说："每项内容又包含许多道操作工序，每一道工序都是一个循环的过程，整个编目流程又是一个大的循环。"尽管各个图书馆使用的编目操作系统有所相同，有的还是从国外购进的先进的编目系统，但操作过程大致相同，都没有脱离传统编目工作的思路。

2 利用 Excel 对图书编目流程的改革

我们改进工作的一个基本原则，就是要减少重复、简化程序、提高编目工作质量和效率。笔者在长期的编目实践中，利用 Excel 程序强大的功能，逐渐摸索出了一套新的编目流程与方法。结合具体工作实例，说明如下：

2008 年本单位购买了 2000 册图书，当时只有两位工作人员，既要维持日常的借阅，还要进行图书资料的信息化建设。如果沿用传统编目方法，这些工作是很难兼顾好的，即使勉强进行，也必然要牛步蜗行，旷日持久。为了缩短编目工作时间，让师生尽快分享到新的知识和信息，笔者进行了大胆的尝试。

图书查重。在采购过程中将查重工作完成，并作好相应记录。编目需要查重，采书也需要查重，这两个过程虽然目的不同但工作内容是基本相同的。因此，将这两个过程合二为一，在采购过程中将编目查重完成并作好记录，以便书商配送图书时分别包装。

图书排序。要求书商将所购图书按"出版社"名称进行排序，在配送图书时保证图书摆放顺序与图书数据顺序完全一致。

图书编目。具体编目工作包括对图书在版编目(CIP)数据里的信息以及"索书号"、"检索条码号"、"财产号"、"馆藏地"、"来源"等本馆藏书信息的添加。具体分为四个步骤：

(1)图书在版编目(CIP)数据。其信息由供货商随书提供。可以有选择地套录某些字段，或作为参考借鉴。

(2)编制"索书号"。这是编目工作的重要环节，也是最需时间的环节。馆藏图书的索书号包括图书分类号和种次号两部分。根据上文所述，我们有选择地套用图书在版编目数据上的分类号，对不准确的分类号进行修改，之后就是编制分类号下的种次号。为提高效率，我们取消以往用卡片记录种次号的做法，改为用电脑记录种次号，把最近一期的种次号记录录到 Excel 表格里，并打印出来作为种次号记录簿。如：

分类号	种　次　号			
F235.99	89			
F270	658			
F713.5	132			

这种记录种次号的方法为编制新的种次号提供了极大的便利。根据记录，我们直接在电子数据表的分类号后面添加准确的种次号，由此编制出准确的索书号。在具体操作过程中，先编制出重复图书的索书号，再编制出其他图书的索书号。两千册图书，两个人配合半个月即完成任务。

(3)添加"借阅条码号"、"财产号"、"馆藏地"、"来源"等信息，这些信息均属于每本书重复数据或有序数据，可直接利用 Excel 功能自动生成，2000 册图书的相关信息只用了半个小时就完成。至此，所购图书的馆藏信息已基本完备，需要工作人员再次进行校对，以免失误。

(4)数据添加。数据添加分为两个步骤，首先是据根据本馆编目系统中每类图书信息所在的字段位置，将上述的 Excel 表中的图书数据整体导入 CNMARC 数据里，第二步是把具有完备馆藏信息的 CNMARC 数据导入本馆编目数据库系统，这个过程一共不超过 1 小时，而且这一部分工作时间也不会随着购书量的增加而延长。这样新书编目工作完成。

图书实物加工。实物加工，即粘贴书标、检索条码、财产号和盖章。根据编目流程的第二步工作，图书与图书数据的顺序一一对应，因此，我们将载有完备图书信息的 Excel 打印出来作为账簿，根据账簿，采用流水作业形式，将相应的书标、检索条码号、财产号依次贴到对应的书上。两个工作人员配合，2000 册图书一共只需一天时间。

通计 2000 册图书，采用新的编目流程，两个工作人员只用了 16 天就完成全部编目工作，这是传统编目方法所根本无法比拟的。

3 新的编目流程的特点

上文以我们的工作实例对新的图书编目流程作了说明。新的编目流程不是一个简单的操作过程的改变，而是工作思路的改变，是对传统编目工作思路的革新。与传统编目流程相比，它具有以下特点：

第一，可以充分利用现代信息技术提高编目工作效率和质量。在新的编目流程中，一方面，可以利用计算机的 Excel 相关功能迅速实现图书重复数据或有序数据的编制工作，另一方面，可以充分利用信息系统的转换功能，整批地完成图书编目工作。如编目流程中的“添加数据”环节就是利用这种功能迅速完成图书信息在编目系统中的录入工作。这种自动操作，既提高了工作效率，也消除了人工操作过程中不可避免的失误，使编目质量更高更好。

第二，可以充分发挥流水线分工合作的高效优势。在信息技术应用到图书编目工作以前，编目人员可以通过编目工作中的流水作业提高工作效率。信息技术应用到图书编目工作后，却出现了一种怪现象，以前分工协作的流水作业不再适用，每个工作人员只能孤军奋战，处于“一编到底的孤立工作状态”。新的编目流程则既能充分发挥信息技术的高科技优势，又能发挥流水线的分工协作长处。如在新流程中，编制索书号和图书实物加工两个环节最耗时间，当所购图书量很大、编目人员较多时，可以在不打乱图书顺序的前提下，每两个人一组流水作业，分成几组同时进行。这种流水作业分工合作，减少了工作中的许多重复性操作，提高了编目效率。

综上所述，随着计算机、网路等信息技术的应用，图书编目工具已经有了革命性改变，与之相应，我们的编目工作思路也应有所调整。在实际工作中，为缩短编目时间让新书早日与读者见面，我们突破原来的工作思路，利用 Excel 有关功能对图书编目流程作了一些改变，形成了一种新的编目方法。这种方法既充分利用了高科技的优势，也减少和简化了编目工作的操作和程序，对提高编目工作的质量和效率都具有积极意义。

[参考文献]

[1] 刘铁. 析图书编目流程管理. 江西图书馆学刊，2005，(3)
[2] 林碧烽. 制定分编工作细则——规范套录编目的几点思考. 重庆图情研究，2007，(1)
[3] 赖碧淡. 利用 CNMARK 套录编目数据存在的问题与对策. 高校图书情报论坛，2007，(1)
[4] 张索华. 中文图书套录编目质量问题的探讨. 山东水利职业学院院刊，2009，(1)

[作者简介]

唐澜，女，副研究员，南开大学商学院资料室工作。

小型学术图书馆分编和排架模式研究

王轶珺

［摘　要］本文主要阐述了一种中西结合取著者号，且文献混排的小型学术图书馆的分编和排架模式，并论述了实行这种模式的必要性、可行性及具体的实践情况等。

［关键词］学术图书馆　分编　排架　著者号

图书馆的分编与排架工作同藏书的揭示、挖掘与利用关系密切，而分编与排架这两种工作本身也是密不可分的，两者互相结合才能形成真正便于利用的藏书格局。

小型学术图书馆，由于其规模小，在分编、排架方面比大、中型综合性图书馆更灵活，易于根据自身的条件形成自己的特色。本文谈及的小型学术图书馆主要指独立采编的高校图书馆分馆或院系资料室。

以笔者所在的图书馆为例，藏书主要以法律、经济、物理、生物、计算机等学科的专业文献为主，各类文献均有覆盖，建馆近9年时间，藏书近12万种，平均复本量小于1.3。经过这些年的实践，我馆结合自身实际条件，形成了较有特色的藏书格局，做到了藏书的全开放，这种开放不单指藏书全开架，而是在藏书全开架的基础上，实行书库、阅览室合一；中文图书、外文图书、过刊合订本混排在一起，统一排架，只有使用频率较高的现刊、报纸、工具书单独存放，不单独划分出外文库、过刊库及阅览室等，各房间不再单独安排阅览室值班人员（电子阅览室除外）；所有的借还、读者咨询等工作均在流通柜台解决，从而真正实现了统一、开放的藏书格局。

这种统一、开放的藏书格局是在我馆特殊的分编、排架模式的基础上实现的，目的在于尽可能地方便读者研究或获取文献，充分发挥小型学术图书馆的特点。而这种特殊的分编、排架模式关键之处在于：对中外文文献分编时，索书号中的书次号码（第二排号）使用著者号，并且取号时采取中西结合的方式，同时采用《通用汉语著者号码表》和“克特著者号码表”；排架方式选择不分文种、不分文献形式的混排方式（工具书、报纸、现刊除外）。只有同时采取以上两种措施，才可以有效地实现将同一著者的不同文种或译本的同类文献集中排放在一起，即这种特殊的分编、排架模式是在中西结合取著者号和文献混排的基础上实现的。其中中西结合取著者号是此种模式的核心和前提。

1 特殊分编、排架模式的必要性

特殊分编、排架模式的必要性，及开放的藏书格局的优越性主要表现在以下几个方面：

（1）便于同类同著者的文献作品的集中排放；

（2）便于同种书不同中外文版本、译本的集中排放；

(3)可以避免由于译名的多样性和不统一造成的同一著者作品的分散排放问题；

(4)方便读者对比、集中利用文献，对研究生和教师非常适用；

(5)文献获取方式连贯，没有割裂感，读者无需从多处获取同类的不同语种、类型的文献。

2 特殊分编、排架模式的可行性

由于该种模式的核心和前提是中西结合取著者号，因此，它的可行性即决定此模式的可行性。

首先，目前网络很发达，编目员可以直接参考到国外同种文献的编目数据，包括主要款目标目的选取信息等，这些编目数据对于选取和核对外文书或译著的著者、题名等重要信息都非常有帮助。

其次，现在编目员可以直接看到很多外文书的原书，核对起译著的原书著者、原书题名等重要信息也较以前容易很多。

3 特殊分编、排架模式的实践

3.1 主要规则

(1)文献索书号中的书次号码使用著者号，必要时使用第三排号等，用以说明卷期、年代、复本等信息。

(2)著者号采取中西结合的方式，具体规则如下：

①中文图书，责任者的著录依据《普通图书著录规则》，著者号取号采用刘湘生主编的《通用汉语著者号码表》。

②西文原版或影印版图书，责任者著录依据“The Anglo－American Cataloguing Rules”(AACR2)的“主要款目标目”的规定，著者号取号采用“克特著者号码表”。

③由于译本对人名的翻译经常不一致，凡涉及西文译著，责任者均依据原版文献编目的“主要款目标目”的规定著录，著者号取号采用“克特著者号码表”。这一点是中西结合取著者号中非常重要的部分，使用这个规则后，才可以真正保证译本和原著排在一起，集中同著者作品的功能才可以更充分、更有效地体现。

④非西文外文文献，如日文、韩文图书，均按中译名著录，依据《通用汉语著者号码表》取号。

⑤连续出版物的责任者项均依据题名著录，中文的连续出版物依据《通用汉语著者号码表》取著者号，西文的连续出版物依据“克特著者号码表”取著者号。

(3)不同著者如果著者号相同时，从第二名著者开始在著者号后以圆点加种次号的方式区分；同一著者的同类但不同种的著作，从第二种著作开始在著者号后用“/”加上种次号的方式区分；同一种著作的不同版次、注释本、译本等，取号时，在著者号后使用“－”加序号的方式区分；年鉴、年刊类著作，直接在著者号后以年代区分；多卷书以第三排号 V.1、V.2 等形式区分，复本以 C.1、C.2 区分。

(4)在著者号取号时，为保持取号的一致性，要求编目员查重，如遇著者号码表外的汉字或英文名字取号，第一次取号后，要求其将此号码通告所有编目员。

(5)排架方式选择不分文种、不分文献形式的混排方式，工具书、报纸、现刊除外。

以上只是主要的规则，实际操作时，情况要复杂很多，更具体的规则不再细述。

3.2 实践效果

经过我馆近 9 年的实践，这种分编、排架模式在同类同著者的藏书的集中和便于读者利用等方面，已经初见成效。例：以著者(美)曼昆(Mankiw, N. Gregory)集中的著作一共有以下 12 种：

书目信息	经济学原理？/(美)曼昆著；梁小民译.——北京：三联书店：北京大学出版社，1999。上册	Principles of economics=？经济学原理/N. Gregory Mankiw.——北京：机械工业出版社，1998。	Principles of economics/N. Gregory Mankiw.—Beijing: China Machine Press，2004。	经济学原理/(美)曼昆著？= Principles of economics /N. Gregory Mankiw；梁小民译.——北京：机械工业出版社，2003。上册
索书号	F0 M278 V.1 C.1	F0 M278—1	F0 M278—2	F0 M278—3 V.1 C.1
书目信息	经济学原理 /N. Gregory Mankiw 原著？；林建甫 ... [等]译.——台北：东华书局？，2002。上册	经济学原理/(美)曼昆著= Principles of economics / N. Gregory Mankiw？；梁小民译.—— 北京？：北京大学出版社，2006。	经济学原理/(美)曼昆著= Principles of economics？/ N. Gregory Mankiw？；梁小民译.——第 2 版.——北京？：生活·读书·新知三联书店：北京大学出版社，2001。	曼昆《经济学原理》题解？/周好文，钟永红，王慧编著.——北京：高等教育出版社，2002。
索书号	F0 M278—4 V.1 C.1	F0 M278—5	F0 M278—6 V.1 C.1	F0 M278/1
书目信息	经济学基础：第二版 /(美)曼昆著 = Essentials of economics？：2nd edition/N. Gregory Mankiw？；梁小民译.——北京：生活·读书·新知三联书店，2003。	Essentials of economics =？经济学原理 / N. Gregory Mankiw；夏业良改编.——Bengjing：？高等教育出版社，2005。	曼昆经济学原理学习指南 /(美)大卫 R. 哈克斯著 = The study guide for Principles of economics？ / David R. Hakes？；梁小民译.——北京：机械工业出版社？，2004。	经济学原理第 4 版学习指南 = Study guide for principles of economics /(美)大卫·R·哈克斯著；梁小民，陈宇峰译.——北京？：北京大学出版社？，2007。
索书号	F0 M278/2	F0 M278/2—1	F0 M278/3	F0 M278/3—1

还比如以著者(美)斯蒂格利茨(Stiglitz, Joseph E.)集中的著作有 9 种，这样的例子举不胜举，由于篇幅所限，不再详述。

3.3 工作要求

这种分编、排架模式对工作人员的业务能力和素质的要求也相应提高。

首先，对编目员的外语水平要求较高，因为即使作中译本的分编，也要求参考和核对原书的相关信息。

其次，由于采取中西结合的方式取著者号，要求编目员对中外文编目条例都很熟悉，特别是在外文编目条例中对主要款目标目的叙述占很重要的比重，编目员需要掌握。

此外，要求编目员充分利用网络，提高编目质量。不仅限于著者名称的核对。比如，译著类出版物的封皮、版权页、题名页等上所注的原文书名，往往不准确。这时，需要充分利用网络及 Z39.50 等工具,查出确切的原名,通过 454 链接揭示给读者。那些被提供的不正确的原文题名,不适合作为 500 统一题名来处理,可以把它作为 510 著录。明辨真伪,尽量保证编目数据的真实性和准确性,这也要求编目员有较高的业务素质和较强的责任心。

最后,由于采用著者号,比起使用种次号或财产号的图书馆,倒架工作要频繁些,因此对流通部门调架、整架的要求也相对较高,需要根据各类图书的购书量及时调整书架。

4 适用性

这种分编、排架方式更适合专业性、学术性、研究性比较强的中小型图书馆,比如,各高校分馆、院系资料室等,不太适合大型综合性图书馆。其中,非独立采编或采编外包的高校分馆、资料室也不适合。

[参考文献]

[1] 刘湘生.通用汉语著者号码表[M].海洋出版社,1992.

[2]《中国图书馆分类法》编辑委员会.中国图书馆分类法 4 版[M].北京图书馆出版社,1999.

[作者简介]

王轶珺,女,馆员,南开大学泰达学院图书资料中心工作。

发挥院(系)资料室优势,开展个性化信息服务

张建华

[摘　要] 院(系)资料室作为高校图书馆系统的重要组成部分,在教学、科研和学科建设中发挥着重要作用。本文在分析院(系)资料室特色与优势的基础上,深入探讨了开展个性化信息服务与资源建设的途径与策略。

[关键词] 资料室　个性化信息服务

1 引言

高等院校的院(系)资料室是高校图书情报系统的重要组成部分,是高校图书馆工作面向特定专业学科领域的补充和延伸。院(系)资料室作为收集、整理、管理学术性文献资料的组织机构,其功能是为专业学科领域的教学、科研和研究生培养等提供所需的信息资源和咨询服务。随着高校改革的深入和发展,具有学科特色的资料室在教学、科研和学科建设方面的作用越来越受到人们的重视。

信息技术的快速发展,给院(系)资料室的建设带来了新的机遇与挑战。如何充分挖掘、整合院(系)资料室的功能与优势,更好地为本学院教师和学生服务,是值得资料室工作人员深入思索的重要问题。本文紧密围绕院(系)资料室的主要优势与特色,深入探讨了开展个性化资源建设与信息服务的合理化建议与实施方案。

2 院(系)资料室的优势与特色

院(系)资料室从行政编制上隶属于专业学院,与学校图书馆相比,其服务对象和服务领域更为具体和单一,这在一定程度上限制了其发展规模,却也凸显了其在某些方面的独特优势,具体体现在用户特色、资源特色和人才特色三个方面。

2.1 用户特色

院(系)资料室的用户以本单位教师和学生为主,资料室工作人员在本单位开展的各项教学、科研和其他活动中,与用户的交流较为密切,便于较为深入地了解用户的个体需求和使用习惯;而且,资料室工作人员很容易通过教学科研办公室或用户本人了解到他们的科研进展情况,为面向用户个体或用户团队提供个性化资源建设与服务提供了可能。

2.2 资源特色

资料室的信息资源建设紧密围绕本单位的教学和科研需求,以重点学科和重点专业为中心,着力突出专业特色。它不仅拥有专业性和针对性强的各种正式出版物,还收集了参考价值

高且不易获取的内部文献资料。这些资源与高校图书馆相比,在专业特色上更为精深和系统。

随着各专业学院教学、科研及国内外学术交流活动的广泛开展,资料室的资源建设在连续性、学术性和应用性方面的价值也将得到更充分的体现。

2.3 人才特色

院(系)资料室的人才特色主要体现在两个方面:一是院(系)资料室依托于专业学院,便于集中本学院的专业人才和技术优势,整合、建立更具个性化的信息系统或应用平台;二是资料室工作人员,在本单位听课、进修,参与本单位科研活动具有得天独厚的便利条件,这有助于提升工作人员的业务素质和服务技能。

3 开展个性化信息服务的途径与策略

开展个性化信息服务,就是要主动了解并紧密结合专业学院师生的知识结构、信息需求、行为方式和心理倾向等共性和特点,为他们创建体现个性化特征的信息服务,具体途径与策略体现在以下三个方面:

3.1 密切关注用户个体信息需求,提供特色化信息服务

院(系)资料室工作人员应该在开展日常工作的同时,注重建立本院教师的科研动态信息库,及时掌握他们在开设专业、参与项目、研发课题、奖项评定,甚至在编成果方面的信息需求,为他们提供面向教研室、课题组或个人的特色化信息服务,如:

(1)RSS信息定制与推送服务。RSS (Really Simple Syndication) 是依托于网络平台,以XML技术为核心的内容发布和集成技术。该服务允许用户自己选择需要的信息主题,并在第一时间将最新的信息及时主动地推送给用户,免去了用户访问相关网站和搜索相关信息的繁琐。院(系)资料室工作人员可以面向全院师生宣传和提供该项服务,将经由工作人员检索和整理而成的一次文献、二次文献,甚至具有参考价值的三次文献推送到用户信箱。

(2)定题服务。资料室工作人员可以直接以信息搜集员的身份参与到学院的在研项目中,跟随课题的进展,开展定题服务。如在课题的前期论证、中期研发、后期鉴定阶段随时提供有价值的参考文献和文献对比分析。

(3)在线咨询服务。院(系)资料室可以利用QQ、MSN、RTX等软件开通面向本院师生的实时在线咨询服务,这项服务可以有效提升资料室的服务层次和质量。如,资料室工作人员通过QQ等软件,一方面对内开展咨询服务,另一方面可以对外与图书馆的学科馆员建立更紧密的联系,指导本院师生更充分地综合利用资料室和校图书馆的资源与服务。

3.2 紧密围绕学科建设需求,充分体现资源建设的个性化特征

院(系)资料室的资源建设本身就具有专业性强的特点,与校图书馆相比,图书馆作为学校的信息资源中心,要同时兼顾各院系的教学科研需求;而资料室主要面向本院(系)的师生读者,因此在专业文献的系统性、权威性和新颖性方面都具有相当的优势。要想保持和发扬这种优势,必须做好三方面的工作:

(1)与本院师生充分沟通和交流,建立通畅的资源推荐体系,保证资源采访工作的特色和质量。

(2)注重对文献检索利用率进行统计、分析,避免电子资源和纸本文献的重复购置,减少资源建设的盲目性和片面性。

(3)根据个体需求和学科分布,逐步创建具有本学科专业特色的专题数据库,方便师生快

速有效地检索出所需资料。

3.3 充分利用人才和技术优势，提升与优化个性化服务效果

院(系)资料室可以集中本学院的专业人才和技术优势，利用专题数据库和相应的信息应用系统提升和优化个性化服务。如，2005 年南开大学信息技术科学学院资料室，利用学院技术力量，自主开发了基于网络平台的信息资料管理系统，该系统分为图书管理员、教师和学生三大模块。在图书管理员模块中设计有书刊管理、现刊管理、过刊管理、统计管理、借书管理、还书管理、督促还书管理、丢书管理、订书、短消息通知等功能，成功实现了传统资料室管理模式的转型。

综上，网络环境下，资料室、图书馆，甚至国内、外各种信息服务机构之间的物理界限日渐模糊，个性化信息服务的需求日益高涨。院(系)资料室的工作人员应当充分发挥自身贴近专业、了解需求的优势，整合和依托图书馆及其他相关机构的资源与服务，为学院师生提供具有个性化特色的一站式服务，为学校的学科建设和人才培养提供有力的资源保障。

[参考文献]

[1] 朱江. 充分发挥院资料室的信息能力，为教学和科研服务[J]. 高校图书情报论坛，2007,(1):51－52.

[2] 黄志梅. 图书馆个性化信息服务模式研究[J]. 中国图书馆学报，2006,(2):79－81.

[3] 张建华. 个性化服务进程中大学图书馆员的对策[J]. 情报杂志，2007,(12):154－155.

[4] 张建华，颜彩繁. 高等院校院(系)资料室图书管理信息系统分析与设计[J]. 现代情报，2008,(4):128－130.

[作者简介]

张建华，女，馆员，南开大学信息技术科学学院资料室工作。

试论高校院(系)资料室的现代化建设方向

王 亮

[摘 要] 高校院(系)资料室是高校图书馆的重要分支和延伸,也是全校文献信息资源不可或缺的重要组成部分。充分发挥院(系)资料室为教学科研服务的职能,创新服务体系,推动个性化服务,加强网络环境下的特色数字资源建设,加强与高校图书馆的数据资源共享,是资料室现代化建设的发展方向和必由之路。

[关键词] 高校院(系)资料室 资源共享 个性化服务 特色数字化

高校院(系)资料室可以说是以图书馆为中枢的全校文献信息系统的"末梢",是专为本学院(系)教学和科研提供文献信息资源的服务机构,其特点是专门收集、编制和挖掘与本专业密切相关的文献资料、交流资料、各种学术会议论文、科研报告以及学位论文等专题文献,以"专"、"深"、"精"、"新"为特色,是本院(系)师生不可或缺的情报来源,是全校文献信息资源不可分割的重要组成部分。长远来看,高校院(系)资料室的现代化建设,应依托校园网络环境,以图书馆信息网络中心为主体,创办具有专业特色的数字化、个性化的研究型资料室,以达到从不同渠道为学校的教学和科研服务之目的。下面,笔者就高校院(系)资料室的现代化建设方向谈几点拙见。

1 依托校园网络环境,加强高校院(系)资料室的特色数字化资源建设与共享

随着信息化、网络化时代的到来,高校图书馆的馆藏结构正在发生巨大的改变,用户对以网络信息资源为主的虚拟馆藏的需求越来越高,也正是这些虚拟馆藏的大量应用为读者创造了诸多便利条件。而规模较小、资源内容更加专业的高校院(系)资料室的建设与管理,正面临着一次全方位的技术革新。面对新形势,资料室需要不断调整思路、整合理念、更新技术,重塑网络环境下信息服务的新形象,配合高校图书馆的脚步,为高校的教学、科研提供更具特色的服务。

1.1 加快数字化建设的步伐,着重开展特色数字资源建设

就目前而言,随着计算机的大规模普及,Internet 的广泛应用和软、硬件设备的大规模投入,高校院(系)资料室的数字化建设应该说是初具规模。以文学院为例,文学院资料室使用图书管理系统软件,实现了图书馆编目的信息系统化,把近 7 万册图书、期刊按分类号、书名、著者、出版地等 13 个检索点进行了科学系统的分类,使读者可以在任何一台与院(系)资料室联网的计算机上检索到所需要的文献。但是,由于资料室本身在馆藏、规模、人员配备上的局限性,数字化建设的进一步深入有一定困难。因此,笔者认为,院(系)资料室应该充分发挥自身

馆藏资源在深度上的优势，在专业分类上细化，着重开展特色数字资源建设，服务本院（系）的专业研究。

1.1.1 特色数字资源的采集要学科化

高校院（系）资料室都有其专业的学术范围和导向，这就要求资料室要结合本学院（系）的特点，在进行数据资源的采集时要遵循学科化的原则。如要考虑建立重点学科的专题数据库，建立本学科具有原创性科研成果的数据库，同时以学科为单元对相关学校资源进行搜集和整理，对其进行简要的内容揭示，建立动态链接，并不断将学科资源数据库和检索平台发布于网上，为师生进行信息资源检索提供指引和导航。

1.1.2 特色数字资源的建设要集中化

由于网络环境下高校院（系）资料室是朝着建立数字化、网络化的资料室方向发展，因此应该以校园网为基础，建立学科的情报服务中心网站，加强各院（系）资料室间的资源比对，避免数字资源在各院（系）间的重复采集和组建，和高校图书馆一起，构成一个多层次、多类型、有特色，高度集中化的系统。

1.1.3 特色数字资源的应用要多元化

特色数字资源的应用要打破陈旧观念，实现资源的多元化应用。例如可以根据本学科专业教学任务、教学实践、科研规划等要求，收集有重大历史意义、有教学影响、有长久收藏价值的师生汇报展、设计展、毕业创作作品集等，以网络展出的形式在本学科的专题网站上长期展示，从不同侧面及时反映当前的教学状况、教学进展动态、研究水平以及发展趋势。再如可以将收集的DVD等影像数据作为教师备课、选片的专题数据在学科网站上发布，供教师采用，把资料室作为教学科研的实验室来建设，等等。

1.2 充分利用校园网络资源，加强高校图书馆与院（系）资料室的资源共享

1.2.1 院（系）资料室与高校图书馆文献资源共享的必要性

随着科学技术的不断进步和各学科的发展，边缘学科、交叉学科越来越多。教学科研工作人员对文献信息的需求量在迅猛增长，对文献信息的需求形式也呈多样化趋势。这使得高校图书馆与院（系）资料室信息资源呈各自独立的状态，形成所谓的“文献孤岛”，难以满足教学科研工作人员对文献信息的需求。校图书馆与院（系）资料室共同协作，进行文献信息资源共建共享已成为学校信息服务工作中急需解决的问题，也只唯如此，才能有效解决经费不足和文献资源重复收藏的矛盾，才能最大的限度地满足读者的需求。

1.2.2 院（系）资料室与高校图书馆资源共享共建的主要内容

笔者认为，院（系）资料室与高校图书馆实现资源共享共建的主要内容应包括以下几个方面：一是建设特色数据库，高校院（系）资料室根据各自学科领域的网络资源，建立具有自己特色的网上电子资源学科导航系统，彼此不重复，同时将特色数据库向其他院（系）资料室开放，共同形成一个数据库群，满足校内读者的共同需要；二是实现联机合作编目，与高校图书馆合作建立具有统一标准的书刊联合目录数据库，在此基础上按院（系）学科的专业特色，负责文献的采集和整序工作，保证编目的规范性、标准性和完整性，同时要优化检索界面，统一检索方式，做到文献“共知”，便于读者查阅；三是实现文献资源的利用系统，为科研人员和学生提供更多的文献信息资源，使校图书馆与院（系）资料室之间实现文献互借、文献复制、文献互阅、网上信息咨询交换，为读者提供更全面、更高效的信息服务。

1.2.3 院(系)资料室与高校图书馆资源共享的实现方式

院(系)资料室与高校图书馆实现资源共享的重要依托是网络环境。基于我们高速的校园网络,以高校图书馆为中心,各院(系)资料室为节点的文献资源网络化管理是高校图书馆与资料室实现统筹发展、资源共享的必要模式,也是未来地区性、全国性资源共享的基础。院(系)资料室与高校图书馆网、校园网和 Internet 相通,配以全文电子期刊和全文电子图书数据库,再将馆藏图书以 MARC 格式编目,并装入 OPAC,把数字化馆藏资源纳入目录控制,改变数据库中电子文献游离于馆藏控制之外的状况,使其与资料室馆藏图书融为一体。

2 创新高校院(系)资料室服务体系,大力推动个性化服务系统的研究与应用

2.1 坚持以人为本,树立"用户至上"、"读者第一"的服务意识

院(系)资料室工作人员要达到创新服务的素质要求,就要改变一次教育定终身的陈旧观念,树立终身教育的新思想,自觉通过各种继续教育途径,如在职进修、业余培训、岗位实践等方式努力提高自身的综合素质,真正树立"用户至上"、"读者第一"的服务意识。同时,院(系)资料室必须通过各种途径加强对工作人员的业务培训,例如计算机、多媒体、网络知识等,尤其是要有良好的信息采集、感知能力和对网上信息的分析、处理能力。同时,随着院(系)资料室对外交流的日益扩大,工作人员还必须具备灵活的人际交往能力和良好的语言沟通能力。院(系)资料室通过提高工作人员自身的创新能力和综合素质,才能努力造就一支适应服务创新体系的新型专业人才队伍。

2.2 大力推动个性化服务系统的研究与应用,满足读者日益增长的信息需求

随着数字资料室建设和网络通信技术的高速发展,以往通过简单的被动式信息服务模式已很难有较大的发展空间,无法满足读者日益增长的信息需求。网络环境下衡量资料室的服务标准,不仅在于拥有多少藏书,更体现在能为读者提供多少实用性信息。以交互性、专业性、智能化为特点的个性化信息服务模式已成为高校资料室信息服务发展的方向,从根本上提升自己的服务能力也是资料室可持续发展的必然选择。在这方面,笔者认为,可以先从以下几个方面着手。

2.2.1 建设高校院(系)资料室网站,为读者提供定时定量服务

院(系)资料室可建立自己的网站,根据读者在文献信息上的需求,提供定时定量服务,让读者根据自己的需要去选择和组配,从而使网站在为大多数读者服务的同时,能够一对一地满足他们的信息需求。最大限度地做到"为人找书,为书找人",大大提高了资料室的服务水平和工作质量。通过网站个性化服务系统来加强与读者之间的交流和联系,了解不同知识层次读者对文献信息的需求,更有助于做好教学辅助工作,为进一步开展数字化信息资源建设提供参考依据。

2.2.2 采用信息分类定制服务方式为读者提供服务

分类定制是指读者可以按照自己的目的和需求,在某一特定的系统功能和服务形式中,自己设定信息的资源类型、表现形式,和系统服务功能等。各院(系)资料室可以首先根据自身的内容确定自己的读者,一般为本院(系)的学生,再根据"市场细分化"的原理将读者划分为多个具有相似性信息需求的用户群,然后根据用户群对资料室资源(包括现实馆藏和虚拟馆藏)的需求进行分类,形成多个资源和服务模板,使读者定制的目标集中在这些模板上。当读者向系统递交自己的个人信息和定制选项后,这些信息就被加入到用户数据库中,方便读者今后的

使用。

2.2.3 采用主动发送信息的服务方式对读者开展服务

"Web广播"是一种运用推送技术(Push Technology)来实现个性化主动信息服务的主流方式。它是通过一定的标准和协议,在Internet上按照用户的需求,定期主动传送用户所需信息的一项计算机技术。各院(系)资料室可以应用此种技术,面向自身的读者开展订阅服务,即读者输入一次订阅请求,就可以定期地收到最新的图书、资料等相关讯息。

2.2.4 采用数据挖掘的服务方式对读者开展服务

数据挖掘也称知识发现,是从数据库中获取人们感兴趣的知识,这些知识是隐含的、潜在的。数据挖掘是从大量的内部数据库中获取尚未被发现的知识、关系、趋势等信息。作为资料室的数据挖掘功能,就是从数字资源的大型数据库、数据仓库和浩瀚的网络信息空间中发现并提取隐藏在其中的信息,目的是帮助读者寻找数据间潜在的关联,发现被忽略的要素。各院(系)资料室可以在数据库开放时,充分考虑数据挖掘功能,在读者进行资料查询时,提供数据挖掘的操作界面,满足读者全方位的学习、检索需求。

3 结论

在信息化、网络化浪潮的冲击下,高校院(系)资料室作为高校图书馆的重要分支,只有充分发挥其为专业教学、科研服务之特色,创新服务体系,推动个性化服务,加强网络环境下的专题数字资源建设,加强与高校图书馆的数据资源共享,才能使资料室成为一个集信息储藏、加工、交互与传播于一体的崭新载体,在学科建设和人才培养中发挥出更大的作用。

[参考文献]

[1] 郑岱霞."一馆两制"在高校图书馆与系资料室的实施[J].科技情报开发与经济,2006,(13).

[2] 陈兴浓,李经兰.论网络环境下高校院(系)资料室的发展方向[J].情报资料工作,2004,(2).

[3] 刘青广,陈莉,曲金丽.高校图书馆与院(系)资料室文献资源共享初探[J].科技情报开发与经济,2006,(24).

[4] 曹漫祥.高校图书馆与院系资料室文献资源共享分析[J].内蒙古科技与经济,2008,(11).

[5] 费业昆.研究型大学图书馆的创新发展思考[J].大学图书馆学报,2001,(5).

[作者简介]

王亮,女,馆员,南开大学文学院资料室工作。

化作春泥更护花

——记南开大学原图书馆馆长冯文潜教授

尚晓层　王　尧

[摘　要] 冯文潜先生自1952年至1963年任南开大学图书馆馆长，在此期间，他以深厚的学养、谦和善良的为人、务实的工作态度，为南开大学图书馆在人才培养、人员管理、馆藏及馆舍建设等诸多方面做出了不可磨灭的贡献。他以带病之身，为南开的图书馆事业殚精竭虑，最终倒在自己的工作岗位上，真正达到了"化作春泥更护花"的境界。

[关键词] 冯文潜　图书馆馆长　生平事迹

南开大学之所以能成为享誉海内外的知名学府，得益于有一批有真才实学、在学术上造诣深、行政上懂管理的专家学者，抱着对教育事业忠贞不渝的献身精神服务于南开。他们中有的在学术上严谨治学，著述等身，建树甚丰，成为蜚声中外的大师级人物；有的在管理上以高尚的人格，踏实苦干，不计名利，甘为人梯而令人景仰和称颂。原图书馆馆长冯文潜先生就是他们当中的一位代表。

冯文潜先生，字柳漪，1896年12月出生于河北省涿县一个盐商家庭。1912年考入南开中学，1915年毕业。1917年赴美，入依阿华州葛林乃尔学院，主修哲学，副修历史，获学士学位。1920年至1928年先后在美国芝加哥大学研修院、德国柏林大学继续深造。1928年4月回国。回国后曾任南京中央大学讲师、副教授。1930年受聘于南开大学，1952年担任南开大学图书馆馆长，1963年4月病逝。

冯先生在他生命的最后十余年为南开大学图书馆事业做出的贡献，以及他那渊博的学识、质朴务实的工作态度，谦虚谨慎、正直善良的为人，以诚待人的处世原则并没有随着时间的流逝而被人淡忘。我们怀着对先生崇敬的心情走访了他的亲属、学生、同事及读者，以访谈方式记录下他们对先生的认识、理解、尊敬和怀念（并查阅了相关资料以佐证），以此来纪念这位受人爱戴的"老冯馆长"。

1 专心致志　甘为人梯

我们首先采访了冯先生的儿子、南开大学历史系冯承柏教授。他曾于1990年至1997年任南开大学图书馆馆长。父子两代先后担任同一所大学图书馆馆长，一时被传为美谈。冯文潜先生学贯中西、通今博古，精通英文、德文，教了二十余年哲学史，却为什么能抛开一切，心无旁骛地做起图书馆馆长？对这一问题，冯承柏先生的理解是："我觉得要理解他这个人，应当定位在他一生是在追求中国的现代化上。对他来说那是在脚踏实地干现代化事业。他年轻时，也有很高的抱负，要解决的问题都是拯救祖国、挽救社会。他先后在美国、德国待了11年。到了美国，拿美国人与中国人比，到了德国，拿德国人与中国人比，比来比去都是国民性的问题，都是人在现代性上的差距。如果没有现代化的人，怎能有现代化的事业？现代化的人，不但要靠学校，而且要靠图书馆、博物馆。只有教科书和练习题是培养不出现代化人才的。"

早年的异国求学经历给冯文潜先生以深刻的影响。国外大学图书馆、公共图书馆的先进的办馆理念和便利的使用条件，使冯先生深刻地认识到：图书馆和博物馆在一个国家现代化文明进程和国民自我教育中所起的巨大作用。至今，冯承柏先生还记得他父亲对他讲的，深刻影响他一生的几句话："我觉得，西方国家最值得我们学的，一个是它的图书馆，一个是博物馆。道理很简单，他们把图书馆、博物馆作为一个社会教育，群众教育，启迪民智的一个最普遍的机构，最最重要的手段。它所起的作用甚至可以超过学校。"冯先生集其毕生的经验，得出这样的结论：图书馆事业，博物馆事业是最值得干的事业。实际上，冯先生与图书馆的缘分很早就开始了，据史料记载，早在1946年10月，冯先生就曾是国立南开大学图书仪器委员会成员。[1]这次出任图书馆馆长，他又满怀热情地投入到工作中。

建国初期，图书馆的建设面临着重重困难。1937年七七事变后，南开大学木斋图书馆毁于日寇炮火之中，大批珍贵图书被抢掠。后西南联大在昆明成立，部分图书运抵昆明，部分图书被日寇劫运东京。据记载："二十六年七月，日寇对中国侵略的开始，是南开的一大浩劫，尤其是南开文化——图书馆的一大浩劫。'木斋图书馆'被炮火所毁，所有存书除当时抢救出三万余册外，其余或毁于炮火，或被日寇运走，迄今未能查明。"[2]"1951年10月，抗战中惨遭日寇轰炸的木斋图书馆修复使用。东西北三院阅览室合并迁入新修的木斋馆，其建筑面积为3034平方米，工作人员十六七人，藏书约20余万册。"[3]冯文潜馆长是受命于危难之间，他将其积累了一生的知识和经验，无怨无悔地贡献给了新中国建立之初的南开大学图书馆事业。

2 广开书源　丰富馆藏

藏书建设是整个图书馆工作的起始，也是图书馆工作的核心，因此极为重要。冯文潜馆长有明确的办馆理念：那就是大学图书馆馆藏内容要涵盖整个人类知识体系的各个方面，在此基础之上再着重本校各学科专业的馆藏充实。他的理想是为教学科研提供百科全书式的信息资源保障。冯承柏先生这样评价他的父亲："作为图书馆馆长，他的思想境界是很高的，知识面广博，而且懂得学科之间的关联、部门之间的关联，他是站在这样的角度去考虑藏书建设的。"然而，在当时的历史条件下，要排除各种因素影响，搞好馆藏建设，并非易事。

冯文潜先生接任图书馆馆长之初，图书馆情况并不乐观，一方面是馆藏基础薄弱，另一方面当时的高等学校从1952年的院系调整到1957年的反右，这不能不对大学图书馆馆藏造成影响。藏书建设是个目标长远、循序渐进、日积月累的过程，任何短视和急功近利的行为都会给馆藏建设造成不良影响。为了最大限度地保持馆藏结构的完整性与科学性，冯先生顶着压力，做了他认为一个图书馆馆长应该做的事，体现了一个学者的正直和责任感。据冯承柏教授回忆："1952年南开大学在院系调整中，由原来的文、理、工、商四大学院调整为只剩文理学院。随着院系的调整，当时的书就得调拨。工学院原有藏书要调到天大，商学院的书也要调到财经学院。当时条件下，我父亲就有很强的馆藏意识，那就是大学图书馆必须保持知识体系的完整，以利教学科研活动的开展。有的书坚决不许调，在当时历史条件下敢这么干的人不多。"

要搞好馆藏建设，一个关键问题是经费，冯先生任馆长时，图书馆购书经费拮据。建国后，在20世纪50年代国民经济恢复发展阶段，南开大学图书馆经费只有几万元到十来万元。[4]我们遇到的所有被采访者，都会不约而同地涉及一个问题，那就是经费紧张。怎样才能利用有限的经费购买急需的有价值的图书，是摆在图书馆人面前艰巨的任务。冯先生采取的措施是一方面购买新书，同时以低价购买二手书并积极争取赠书，真可谓是广开书源。

建国初期，有很多珍贵资料和图书流于各地旧书摊，但限于图书馆人力、经费有限，外出购书面临很多困难。当时冯文潜先生委托各系外出的教师，多留心有价值的书籍，为图书馆补充馆藏，著名史学家、南开大学历史系教授魏宏运先生就是当年参与购书者之一，他回忆道："当时冯先生鼓励教师为图书馆购书，我又有逛旧书摊的癖好。记得解放初北京琉璃厂、东安市场、西单商场、隆福寺，天津的天祥商场、劝业场楼上，旧书摊很多，有的书刊相当珍贵，可以说机不可失，时不再来。有一次我和来新夏先生在北京东安市场书摊发现海关册和北洋政府公报。我给冯先生打了电话，冯先生立即决定买下，并派汽车运载回学校。如今这些书刊成为我校图书馆最有价值的馆藏之一。"

为了充实馆藏，冯先生广泛争取赠书也取得了明显的成效。谈到当年的情况，魏先生说：当时冯先生通过多种渠道设法争取天津名流将私家藏书捐赠我校，后经多方努力，这一设想成功了。周叔弢捐赠了一批书，卢木斋等也有捐赠。据记载："1954年10月周叔弢先生捐赠我馆线装书746册、中文平装书183册，中文期刊183册，西文书158册，日文书42册，碑帖32册。"[5]这些图书弥足珍贵，决非于市场用金钱所能购得。

高质量的馆藏，得益于专家学者对选书工作的积极参与。冯先生为了确保馆藏适合教学科研的需要，主动征求各学科专家们对图书采购的意见。由于冯先生在南开任教多年，他与各学科专家学者保持着良好的关系。1957年南开大学图书委员会成立。冯文潜馆长任副主任委员。[6]1959年校务委员会成立时，冯馆长又被党委提名为校务委员。[7]这更便于他了解学校教学、科研动态，以提高图书馆服务质量。正是在那种特定的历史条件下，冯文潜先生以他特殊的身份，在图书馆建设中起到了别人无法替代的作用。采访中冯承柏先生有这样一段话："我父亲与各学科的负责人都有比较好的关系，比如化学系邱宗岳、生物系萧彩瑜、数学系刘晋年，非常直接及时地向他们购书信息。"魏宏运先生也回忆道："1952年秋，根据全国院校调整安排，郑天挺和雷海宗两位著名史学家分别从北大、清华调来南开。二位又与冯先生是老朋友，他们常聚在一起聊天，谈得最多的是图书馆建设。"

资源共建，资源共享是近些年图书馆界讨论的热门话题，然而冯先生在他任职期间已将其付诸实践了。为了节省经费又不影响馆藏建设，冯先生与天津市图书馆在收藏古籍方面建立了协作关系。我们在采访孙书喻同志时，他谈起当年购书的一些情况："当时冯文潜馆长抓全面，他负责外文原版书、线装书的采购。钱荣堃副馆长负责新印书、平装书。那时每年总经费是11万元到13万元，买线装书要花出四分之一到五分之一的样子。有时中国图书古籍部来推销书，要经过反复推敲。明清史方面的书，就请郑天挺先生看看，从出版的历史年代，版本价值及使用价值方面考虑，该不该买。当时冯馆长曾与天津市图书馆有过很好的协作关系。时任天津市图书馆长的黄钰生是冯馆长在南开中学时的同学。两人达成协议：我馆偏重清人文集的收集，市馆偏重明人文集采购。这样既保持知识体系完整，又避免了浪费。我记得有一本关于盐政司方面的书，他自己掏钱买了，将近700元钱，差不多是我当时一年的工资。"按照孙书记提供的线索，我们采访了原古籍特藏部陈作仪副研究员，他从古籍部卡片柜中迅速找到了有关冯馆长自费购书后又赠与我馆的存书卡片。至1960年,馆藏图书达70余万册。[8]

在南开园,许多专家学者能够在各自的研究领域独树一帜,饮誉学界,无不得益于丰富的馆藏。在古代小说研究领域卓有建树的南开大学中文系朱一玄教授就是其中的一位。当年采访92岁高龄的朱先生时,他思路非常清晰,深有感慨地道出了许多专家学者的心声:"我的一生都和图书馆结缘。"

随着藏书量的增加和学校形势发展的需要,图书馆需建新的馆舍。馆舍筹建倾注了冯馆长的心血。魏宏运先生在我们采访中有这样一段话:"当年建新馆时,冯老心气很高。当时选的馆址是一片水洼,要从北村和天大之交的地方挖土垫。我记得冯老和我聊天时谈了一个设想,就地取土,当馆舍建成时,湖也同时呈现出来,后来这一设想被采纳,节省了人力物力,一举两得。"韩永强同志介绍说:"1958年新馆建成投入使用。从设计到施工,冯先生费尽心血,天天督促检查,看图纸,验施工质量。馆舍建成后,质量非常好,非常实用。平装、线装、珍本、画册各有位置。"由冯文潜馆长主持兴建的图书馆楼,位于新开湖畔,它庄严、质朴的外表和周围的湖光树影融为一体,不知被多少南开学子摄入自己的毕业留念照片中。如今它作为理科馆仍继续发挥着重要的作用,也见证着冯馆长在任期间的大量业绩。

3 提高素质　加强管理

图书馆管理是一门科学,要将成千上万册中外图书、期刊分门别类收藏管理,方便读者借阅,就要有一支训练有素业务熟练的工作人员队伍。在队伍建设、人性化管理方面,冯文潜馆长付出了艰辛和努力。

据曾在图书馆工作二十余年的王端菁老师介绍:"过去图书馆工作人员中成分比较复杂,其中有的有历史问题;有的被打成右派;有的因政治运动被牵连。我也是因爱人挨整,1960年从行政管理岗位调到了图书馆,当时情绪很低落。到图书馆后冯老热情接待了我,谈到图书馆工作对大学教学科研的重要性,我立即有了一种使命感,觉得在这里也能发挥作用。记得他介绍了图书馆人员情况。比如说谈到查良铮当时是因为历史问题由外文系来图书馆,冯老就说:'哎呀,那外文是真好。'有一位老师被打成右派,冯老就说:'学理科的,咱馆正需要。'还谈到馆里有杨朴魁、王玉琢二位老师系统学习过图书馆知识,让我有专业方面不懂的可以请教他们。反正谈的都是人家的长处、特长。让人感觉实际工作中每个人都能发挥作用。冯老从不歧视任何人,而是善待每个人。当时馆里很多人有各类问题,背着各种包袱。冯老以他的宽容、智慧,使这些人能舒心、顺气。我也很快踏下心来,投身图书馆工作。"

几乎所有被采访到的图书馆同仁都还清楚地记得:冯文潜馆长除开会外,从不坐办公室。他每天一上班,从一楼转到五楼,从采编、排卡、上架到书库清洁卫生、书刊流通阅览及读者咨询服务一个环节、一个环节地检查。每个部门每个人的出勤情况、精神状态、工作效率、工作中有什么问题,都记在心里。遇到问题,因人而宜,找出妥善的处理方法。建国初期馆员系统学习过图书馆专业知识的占少数。根据这一情况,他身体力行一方面钻研相关知识,另一方面有计划地组织同志们通过函大、业大、自学等方式充实提高。据冯承柏先生回忆:"我父亲在图书馆任馆长期间,对中国古籍的研究,达到能作版本鉴定:是真的、假的,是明版还是清初的本子。所以他后来可以和书商讨价还价,他可以做这种交易。可以说在这个领域,没有专业知识根本没法办。"在接待从部队转业到图书馆工作的韩永强同志时,得知他十几岁入伍,文化水平较低,对能否做好图书馆工作心里没有底。冯馆长鼓励他"干中学,学中干"。以后又动员他报名上“天大夜校”。受冯馆长鼓励，韩永强同志一直坚持参加夜大学习达七、八年之久，每次考试都是4分、5分。据他讲：“每次向冯馆长汇报我的学习成绩，他都特别高兴。还亲自教我英文字母，后来英文大小写我都会啦，找外文书，我也会找啦。不光我这样，在冯先生的帮助下，很多同志参加了北大函授，提高很快。”

冯文潜馆长治学严谨，工作精益求精，对同志要求很高。在管理方面，能够从大处着眼，小处着手，用独特的方式发现、纠正工作中出现的问题，鼓励鞭策馆员不断提高自身素质。采访中我们记下这样两件事。孙书喻同志回忆道：“我记得中编有个女同志，打字很快，但有些毛躁。她打过的订书单，冯馆长要逐个字核对。”

采访至此，我们突然觉得理解了什么是人性化管理。尽管这个词是最近几年在国内作为现代化管理的一个理念，被学者广泛提及，可在几十年前，冯老身体力行，为这个词做了最好的诠释。他不仅注意业务素质的提高，更注意思想方面的修养。1958年他光荣地加入了中国共产党。入党后，他更积极地投入工作。因为图书馆属于服务性单位，也有难免被人不理解甚至误会的时候，有时有的同志感到非常委屈，冯馆长总是和颜悦色，耐心说服，从不发火。有的同志在政治运动中受到不公正待遇，他也在可能的情况下予以帮助，帮他们度过难关，使他们放下包袱，以良好状态投入工作。

4 高洁清廉　人之师范

“才高为师，身正为范”。冯文潜馆长的确是人之师范。他与周恩来总理同为南开中学时的同学，据冯夫人回忆录记载：“柳漪生前珍藏着周总理青年时代1917年至1918年给他的三封信及1917年给冯文潜的贺年卡片。”[9]可见二人从青年时代始就交往甚密。冯馆长不愧是总理的同窗好友。我们所接触到的采访对象，对冯老不顾体弱多病全身心投入图书馆建设记忆犹新。韩永强同志回忆：大概是1955年春冯老患了直肠癌，手术后不能正常排便，身上带着一个排便袋，相当痛苦。但不久冯老又回到了工作岗位，工作还是那么认真，晚上散步遇到各系主任、老师谈的仍是图书馆工作。冯老律己很严，要求别人做到的，自己首先办到，从不夸夸其谈。他在国外留学多年，是二级教授，又与周恩来总理是南开中学时期的同学，但他没有架子，生活很朴素。他高尚的品格在冯夫人回忆录中也有如下记载：“柳漪以不能任课而享教授工资的待遇引为内疚，呈请领导减薪未获批准。他对我说：‘以后我们要俭吃省用，储蓄些钱买书献给图书馆。’”[10]

冯文潜馆长给予同志的是那种细致入微的“润物细无声”的慈母般的关怀与爱护。据孙书喻同志回忆：“50年代末、60年代初，正是国家困难时期。物价非常高。干部粮食定量每人每月30斤，根本不够吃，没有副食。冯馆长说他喝牛奶，吃不了那么多粮食，他的定量减半，每月15斤，其余的分给最需要的同志，大概持续两年多。”在他的带动下，馆内同志互相调剂，省出粮食，补贴家里孩子多、生活困难的同志。在困难时期这些节省出的粮食，不知帮助多少家庭解了燃眉之急，时至今日他们仍铭记在心，心存一份感激。

冯文潜馆长把每个图书馆人都装在心里，谁家有什么麻烦，谁身体出了什么状况，谁有什么思想疙瘩，他心里都有一本账。他逝世后，大家一起开了一个追思会，谈起他对人的关心，很多人痛哭流涕。

冯文潜馆长心里装着别人，唯独没想到自己。韩永强同志与老馆长共事八年，对老馆长非常敬重，有很深的感情。他不无伤感地说“冯老工作非常累，除图书馆工作外，还有很多兼职，又身患多种病，心脏病、高血压、直肠癌，还有脑痉挛。这么严重的疾病，工作又那么辛苦。我记得有一天晚上陪他散步，我说：'冯先生，该休息啦，得细水长流呀。'他说：'我活着最大的动力就是有事干。'他还说：'把生命结束在工作岗位上，是最愉快、最有意义的事情。'"最终，他实现了自己的诺言。一天上午，他在帮工作人员排书上架时突发脑溢血，倒在了书架旁，倒在了他的工作岗位上，后经送医院抢救无效，于 1963 年 4 月 30 日与世长辞。

冯文潜馆长去世后，全校师生为他举行了隆重的追悼会，追悼会由天津市市长李耕涛主祭，杨石先校长致悼词。周恩来总理夫妇送了花圈。时间过去了 46 个春秋，直到今天他的音容笑貌仍深深印在同事及读者心里。有人把图书馆的事业比喻为"根"的事业，经过被采访人对老馆长的描述，我们似乎懂得了此中的蕴意。我们想对老馆长说：冯馆长，您就是根，正是有了像您这样一批人，才使南开这棵大树枝繁叶茂，硕果累累；您就是春泥，正是有了像您这样一批人，才使南开园能够姹紫嫣红，繁花似锦；正是有了像您这样一批人，才塑就了南开魂，培养了一代又一代南开人。我们写下这些文字，以作为对冯文潜馆长永久的记念。

[参考文献]

[1][2][3]王文俊，梁吉生．南开大学校史资料选(1919—1949)[C]．天津：南开大学出版社，1989.

[4]天津市图书馆志编修委员会．天津市图书馆志[C]．天津：天津人民出版社，1996.

[5][6][7]南开大学图书馆．南开大学图书馆建馆八十周年纪念集 1919—1999[C]．天津：南开大学出版社，1999.

[8]天津市图书馆志编修委员会．天津市图书馆志[C]．天津：天津人民出版社，1996.

[9][10]冯夫人回忆录手稿复印件。

[作者简介]

尚晓层，女，副研究馆员，南开大学图书馆流通阅览部工作。

王　尧，女，馆员，南开大学图书馆流通阅览部工作。

披沙拣金　集腋成裘

——记朱一玄教授的资料编纂工作

刘建岱　路泽荣

[摘　要]本文记叙了朱一玄教授不畏艰辛，甘于寂寞，长期致力于古代小说史料的搜集与整理，二十多年来共编著出版了各类"资料书"、"工具书"三十多部，一千多万字，在此领域取得了丰硕的成果，被学术界誉为古典小说史料学大师。该文简要介绍了"朱编史料"的精要与特点，并对朱一玄教授"提携后学、热心教人"的感人事迹予以介绍。

[关键词]朱一玄　小说史料

朱一玄教授，1912年生于山东桓台县一个耕读之家，从小受父兄的影响，喜爱文学，1936年考入北京师范大学中文系，毕业于抗战时期的西南联合大学。1946年受聘于天津南开大学后，一直在南开大学中文系任教。先生学术造诣深厚，涉猎广泛，通晓文字学与文献学，专攻中国古典小说、戏曲及相关史料学。为了填补中国古典小说史料方面的空白，几十年来，他甘于寂寞，如醉如痴地遨游在浩瀚无际的书海宝库之中，皓首穷经，披沙拣金，默默地收集着中华文化的精粹，精心地进行整理、汇总，最终编辑成系统的中国古典小说史料。他非常希望有一天能将这些珍宝出版并奉献给国家。"文革"后，先生终于迎来了科学的春天，小说史料学的研究与史料的编纂受到学术界的极大关注。他欣喜万分，为了适应新时期教学与科研的需要，在以往积累的基础上，更加紧了对古代小说史料的收集研究与编纂工作，出版了《西游记》、《三国演义》、《水浒传》、《金瓶梅》、《红楼梦》、《儒林外史》、《聊斋志异》等一系列中国古代小说资料汇编书30余部，使自己一下进入了人生中学术成果辉煌的丰收季节，并卓然成家。诚如著名学者常炎林所说："进入八十年代以后，正当学术界重视古代小说的研究，而又缺乏完整、系统资料的时候，朱一玄先生的小说资料汇编一部接一部相继问世，真是雪中送炭，功德无量！"(常炎林:《评价朱一玄先生〈中国古典小说资料丛刊〉》，见《宿莽集》，花山文艺出版社1990年出版)而朱先生在多年治学中所表现出来的高尚品德与渊博学识，更是令人钦敬，被学术界誉为"古典小说史料学大师"。

1 愿为人做嫁，甘当铺路石

凡是做学问的人都知道，在治学过程中，资料的收集是一项耗时费力的浩繁工程，尤其是在复印技术和电子信息技术还未发展的漫长岁月里，靠手抄笔录积累资料，朱先生所付出的艰辛是可想而知了。也正因为如此，先生才长期致力于古代小说、史料的搜集和编辑整理。他深深感到，汇辑原始资料，编辑资料书(包括古典小说史料书)，自己一人虽艰辛，却可供研究者直接使用，省却了多少人辗转寻检之劳啊，这项工作的价值是不可估量的。朱先生曾对编书的合作者（包括笔者）一再强调："不要小看了我们的工作，书编成之后，对研究与学习者都会很有用。"先生在不同场合多次说过："图书馆是知识宝库，离开它我将一事无成，绝对不会整理出这些资料的。"就成书过程而言，其实质也是科学研究的一部分，是科学研究的前期成果。然而，资料这类着眼于"编"并供人"参考"之书，毕竟不同于专事论说的研究性著作，而且，其成书既耗时又费力。因此，有人视"编"之书而不屑为之，又有人因其"艰辛"而不愿为之。但先生却几十年如一日，默默无闻，甘当别人的铺路石，把编"资料书"作为自己孜孜以求的终身事业。先生愿为他人做嫁衣裳的高尚人格魅力，深深地感动着我们。

搜集史料，是编纂史料书的第一步。在浩瀚书海中，长期寻觅，披沙拣金，不仅需要学识，更需要耐心与韧力。先生年老体弱，却不顾劳累，乐此不疲，其坚韧精神感人至深。

我们与朱老初识是在上世纪 70 年代末。其时笔者正在南开大学图书馆工作，有位常来馆的老先生特别引人注意。他衣着朴素，说话谦和，从外表看，身体瘦弱，却精力旺盛。到馆查阅资料，他来得早，走的晚；借书回家，他借得多，还得快，满满一大书包的书，借回去不几天就背回来还，还了再借，周而复始。这位老人渐渐引起我们的注意，私下打听，才知他是中文系的朱一玄教授，正在为编书而忙碌。他看的书中，有不少是古籍书。当时，线装书库的条件较差，楼层低矮，空间狭小，连一张可以放书的小桌子都没有，加之灯光昏暗，朱先生只得把书放在狭小的窗台上，弯着腰，戴着老花镜，就着小窗透进的微弱光线，一页一页地仔细翻阅……那忘我的情景，令人永远不能忘怀。后来我们与朱先生渐渐熟了，有时帮他查书找书，后来还协助他编了一本书，他成了我们敬重的良师益友。我们对他编书的艰辛，也渐渐了解得更多了。当时，图书馆界还没有资源共享、馆际互借的服务，为了把史料搜集齐全，先生总是在查遍南开与天津市主要图书馆馆藏之后，又亲自自费到外地查阅。在北京、山东、东北……不少地方的藏书单位，都曾留下他的足迹。一部书稿的资料搜索之后，还需要鉴真辨伪、选优汰劣，并整理成集，一直到定稿、出版。一部书稿刚刚编成，又接着筹备另一部，如此往复不断，几十年如一日，不避寒暑，日夜操劳，有时要工作到很晚。一次，朱先生约笔者晚上九时去他家见他，商议编书的事，笔者按时到了他的临时小书房（在他住家对过一座旧楼里一间约十平米的小屋），他正送走一位来访的客人，便迎我进屋，随手从堆满书稿的桌子上拿起暖瓶给我倒水，当发现瓶内已空时，拍了拍我并抱歉地说："真对不起，我连白开水都不能招待你了。"先生每天都要从家里提一暖瓶开水到书房，供一天饮用，有时午饭还要老伴送过来吃。先生和我谈了很久，我怕影响老人休息，几次想离开，都被他留住，他笑着说："还早，我平时还得干一会儿呢。"当时，朱先生已年逾七旬，其充沛的精力，真使我自愧不如。自 20 世纪 70 年代末至 90 年代中，朱先生编著各种"资料书"、"工具书"共计三十多部，一千多万字。这是怎样浩大的工程，其中又浸透着老人多少心血！著名红学家周汝昌在谈到朱先生编书所付出的辛劳时，说过一句十分中肯的话："局外人何尝知其甘苦于万一。"（周汝昌：《〈中国古典小说名著资料丛刊〉序》，《今晚报》2001 年 8 月 24 日）先生当然自知其中的"甘苦"，然而作为"局外人"的我们，也亲眼见到并深深感受到，在他瘦弱的体内，蕴藏着的是多么巨大的精神力量和为事业奋进不息的拼搏精神，是为达目的执著前行的坚韧毅力！

2 博大精深，务实致用

朱先生倾力编著资料书，从来都是从使用者的需要出发，以"有用"为目标，本着务实致用的原则，精心策划，细心操作，力争编出高质量的精品。为此，对于“材料”广泛搜求，严格甄选，以求“全”存“真”，合理编排，使其不仅“适用”而且“便用”。先生所编各书陆续出版后，因其内容博大精深，而体例简明，使用方便，深得学术界好评。其中，《明清小说资料选编》、《水浒传资料汇编》、《三国演义资料汇编》等书曾获天津市哲学社会科学优秀成果奖。

朱先生编书以专题资料汇编为主体，兼及其他，如名著的校注本，专类“书目”，“辞典”等，从而构成有一定数量，而且品类较全的系列“资料库”，既可供需要者分别查阅，亦可为研究者综合使用。如研究《红楼梦》者在翻读《红楼梦资料汇编》的同时，还可以参看《红楼梦人物谱》及《红楼梦脂评校录》，并通过《古典小说戏曲书目》扩展文献线索。而就“资料汇编”的单种书来看，其中的《明清小说资料汇编》容量大，共选辑各类书 705 种，约 100 余万字，包含了明清两代主要的小说史料，而“七大名著”《西游记》、《三国演义》、《水浒传》、《金瓶梅》、《红楼梦》、《儒林外史》、《聊斋志异》的“资料汇编”，大多都从历代史书、诗文、笔记、庙志以及墓碑等多类文献中，钩稽大量有关史料，并依据使用者多视角研究的需要，进行多侧面的汇集，再加以科学的类分与排序，形成了独特的编制体例。学者钟扬先生将其概括总结为“五编结构”，即“汇编”中大多包括“本事”、“作者”、“版本”、“评论”与“影响”等五“编”。有的也有增减，如《红楼梦资料汇编》无“本事编”，为了给研读者一个更广阔的视野，而另设了一个“附录编”，收集了《荣国府院宇示意图》、《大观园平面示意新图》等资料。而《水浒传资料汇编》则加“附注”，为“六编”。有的某个“编”中，下分若干层面，如《西游记资料汇编》的“影响编”中，包含对“社会”、“小说”与“戏曲”三个方面的“影响”。这样，做到了“史料”的来源覆盖面广，从而也增大了适用性。有的学者对朱先生编的“资料汇编”从三个方面肯定了其优长：“中国小说史料编著取材之丰，断制之精，使用之便，如朱编的或许没有第二种”（钟扬，《明清小说研究》杂志 1995 年第 3 期）；著名学者陈洪教授称朱先生所编《水浒传资料汇编》为“水浒研究者之翼”（《天津日报》1982 年 8 月 9 日）。正像著名教授宁稼雨对朱编资料书评价的：该书“成为古代小说研究者不可或缺的必备参考书，为推动海内外古代研究向纵深发展起到了不可替代的作用”（《九秩华诞一生功德——贺朱一玄先生九十华诞》，《南开大学报》2002 年 8 月 26 日）。红学家周汝昌 1986 年到美国讲学时，就随身携带了朱编的《红楼梦资料汇编》。美国学者浦安迪教授编著《明代小说四大奇书》、日本北海道大学教授中野美代子撰写《西游记的秘密》时，都从朱编资料书中查见有用史料而获益匪浅。朱先生的资料书，不仅是中华传统文化的集粹，对中国乃至世界的中国古典文学研究领域，有着极高的参考价值和不可估量的深远影响。

朱编书中的专类“书目”也颇具特色，可辅助“资料书”为读者提供广博的文献信息。其中，《中国古代小说总目体提要》共收文言、白话小说 4756 种，是同类“书目”中书目量最多的一种。《古典小说戏曲书目》（1949－1985），可以说是建国 37 年间出版的古典小说、戏曲与相关研究书籍的集中展示，是这一时期专类书的一部“总目录”。该书不仅信息含量多，还有其独特风格与优点：其一，先生鉴于中国古典“小说”与戏曲两者之间往往有较密切的内在联系（如明代戏曲家汤显祖的名著《紫钗记》，其故事内容依据唐人文言小说《霍小玉传》改写而成），将“古代小说与戏剧书目”合编一书，便于使用者作相关研究时查考；其二，“重点书”（小说、戏曲名著）下收有较丰富的辅助说明，如“作者生平”、“著作版本”、“研究论著”等项。如在《红楼梦》之下，首列“作者生平”，提供关于曹雪芹生平的书目，其后在“附录”中附书十余种，其中除有关《红楼梦》后四十回作者高鄂的资料外，还附有仅从书名不易了解的关于作者的间接资料，如《四松堂集》（清：敦诚撰），从书后的提要中可知：书中的诗文，关涉曹雪芹处颇多，可作了解曹雪芹的参考。由于此书适用与易用，出版后颇受读者欢迎。朱先生曾自费购买了上百册，赠与同行与友人，后因索要者太多，不得不再次购书赠人。笔者有一位在出版社工作的朋友得到此书后，高兴地对我说："这本书很有用，从中可以了解建国后古典小说、戏曲著作的出版情况，可以作为我们今后制定这类书出版规划的参考。"先生编史料书，历经几十年，心血浸透，为史料学积累了丰富的理论与经验，从书的内容到编排体例都自成一家，独具风格。有的学者曾评价朱编资料书说："一套完备的体系与规范的操作，使小说史料书籍具有了学术著作的品格。"（钟扬：《朱一玄与中国小说史料学》，《文献》1998 年第 2 期）然而，朱先生却不事张扬，像一头勤勤恳恳的老黄牛，在中国古典文学史料这片热土上，默默地耕耘着。由书及人，在先生所编的书中，人们深切地感受到他那博学卓识与不凡实绩。在学术界，他被推崇为古代小说史料学研究的大师以及小说史料书编纂的专家。正如著名红学家周汝昌对先生评赞的："朱老，事事过人，般般出色，此所以为真学者，此所以为吾辈师。"（《〈中国古典小说名著资料丛刊〉序》，《今晚报》2001 年 8 月 24 日）

3 **老树春深更护花**

在与朱老相交与协助他编书的过程中，先生的学养与人品不仅使我们学到了不少知识，更学到了他的做人。先生一生谦和平易，淡泊名利。他带我们编书，不为自己出名求利，只是为了供人使用，使人受益，毫无功利之念。从书的策划、取材，体例、审稿到联系出版发行，先生都是身体力行出力最多，起着决定性的主导作用。而我和另一位参与者只是"助编"，因此我们一再建议：请先生挂"主编"之名，稿费也"按劳取酬"。但是，先生坚决不从，一不署"主编之名"，二要"均分"稿酬，自己不多取一分钱。而且，连在联系出版时应酬的花费，也都自掏腰包，不从稿费中扣除。在先生身上，对"付出"的坦然与对"名利"的漠然，形成了鲜明的对照，这种无私忘我的精神境界，使我由衷地感佩。尤使我感动至深的还有先生的提携后学，热心教人。就年龄与学问言，先生是前辈与师长，而我等则是晚辈与后学。但他视我们为"合作者"，与我们平等相处，从不居高临下。商议时，认真听取我们的意见。在我们边干边学的过程中，耐心地讲知识，传经验，从材料的收集、取舍、整合……每一步都是在他的指导下进行的。由于朱先生的言传身教，我们获益良多，极大地丰富了古代文学及相关史料学的知识，也提高了从事书目、资料工作的实际能力。朱先生还鼓励我们结合自身工作加强学习与研究。在他的启发下，我对"史料"、"书目"类图书的价值与作用，有了较充分的认识，遂也把指导读者"如何有效检索与利用文献（包括"史料"与"书目"类图书）"作为工作中着重思考与探索的课题。去年春节，笔者去给朱先生拜年，谈起图书出版发行问题时，他给我出了一道题——全国图书统一发行 ISBN 号与目录学及资源共享的关系，叫我好好研究研究。我虽作了考虑，但惭愧的是至今没有"交卷"。当然朱先生对后辈的关怀之情，我仍感念于心。

朱先生年事已高，今年九十有七。年初笔者去看望他，他身体已不如前，但精神尚好，思路清晰，老人念念不忘的是自己一生热心为之的事业，仍在关心着小说史料学的发展。展望今后，他充满了期待，他相信"古典小说史料学"在学术的殿堂上一定会有它的一席之地。

衷心祝愿朱先生这棵学术界的常青树健康长寿。

[参考文献]

[1] 陈洪.《水浒》研究者之翼.天津日报，1982－08－09.

[2] 常炎林.评价朱一玄先生《中国古典小说资料丛刊》.宿莽集,花山文艺出版社,1990.
[3] 陈桂声.朱一玄传略.《文教资料》.1994,(6).
[4] 周汝昌.《中国古典小说名著资料丛刊》序.今晚报,2001－08－24.
[5] 宁稼雨.九秩华诞一生功德——贺朱一玄先生九十华诞.南开大学报,2002－08－26.
[6] 钟扬.朱一玄与中国小说史料学.文献,1998,(2).

[**作者简介**]

刘建岱,男,副研究员,南开大学图书馆流通阅览部工作。
路泽荣,女,馆员,南开大学图书馆流通阅览部工作。

近代社会捐助“私立南开”动因之探析

张立彬　赵铁锁　靖永坤

[摘　要] 私立南开成功地募集到大笔资金的举措，对于今天开发和培育潜在的教育捐赠市场具有十分重要的现实意义。本文认为，捐助者是在儒家慈善传统、教育救国思潮、宗族亲情文化和求名图利思想的影响和驱动下，鉴于私立南开“声誉日隆，倾动中外”的现实和张伯苓校长声望魅力的吸引与感召，才慷慨解囊积极捐助私立南开的。如果说“儒家慈善传统”和“宗族亲情文化”是传统中国历史和文化的内在本质，“教育救国思潮”和“追求名利思想”是特定时代赋予特定历史人物的特定追求，那么私立南开拥有的延续不断的爱国情操、倾动中外的声誉和张伯苓校长的声望魅力则是私立南开获得捐助的主观努力因素。

[关键词] 近代社会　私立南开　集资办学　捐资动因　现实意义

1 问题由来

由严范孙、张伯苓先生在1919年创办的南开大学是一所私立大学。90年来，南开大学逐渐形成了独特的办学特色，在国内外都享有一定的声誉。2009年2月，温家宝总理来到南开大学视察工作。他指出：“南开的道路是同我们民族和国家的道路紧密结合的。南开人总是把自己的命运同国家和民族的命运联系在一起，无论是在战争年代，还是在建设时期。心系国家，是南开人应有的作风。南开的品格是允公允能，日新月异，就是指要为公、奉献和创新。南开的精神是青春的精神，充满朝气、面向未来。南开的道路、南开的品格、南开的精神是我们许多学长、前辈，用他们的经历和献身的事迹铸成的，是南开的灵魂。我们要坚持走南开的道路，坚持发扬南开的品格，坚持南开的精神。”南开人的艰苦奋斗和辉煌成绩，正是私立南开办学风格的延续和发展，所以对于私立南开的研究具有重要意义和现实意义。

目前就网络资源获得的信息，学术界对私立南开的研究取得了相当的成果。建国前后就有研究但成果不多，主要有《张伯苓年谱》、《另一个中国》[1]、《张伯苓与南开》(王文田1967年)和《张伯苓先生传》(孙彦民1971年)。其中，第一本为喻传鉴在40年代所写，第二本是张校长的美国朋友编写的论文集。

改革开放30年以来，国内对私立南开的研究主要分为两个时期：第一个时期是改革开放前十年，这一阶段是史料的搜集和整理阶段；第二个时期是改革开放后二十年，这一阶段为专题研究和资料进一步整理阶段。其中，对私立南开的研究主要集中于三个方面：一是对张伯苓校长等人物研究，大量高质量的著作在这一时期出版；二是对南开学校的研究；三是对南开精神的探讨。值得注意的是南开精神越来越受到社会的关注，很多论著中都或多或少地进行了阐述。

从上述可以看出成果多集中于对张校长思想和教育的研究上。而对私立南开筹集的经费研究相对不够。私立南开之所以能够在中国取得成功,就得益于办学经费的有效筹集。因为最初私立南开办学经费以自筹为主,政府补助的比例很少且较晚介入南开经费收入。自筹经费一般包括学费、校产收入以及私人和基金团体的捐资。其中,捐资收入在私立南开自筹经费中占有相当大的比重,是南开大学经费的一个重要来源。在《允公允能日新月异——南开大学校长张伯苓》中有具体数据:“从 1931—1934 年总收入来看,学生缴费占 9%,校产及基金利息占 16.9%,政府补助占 43.8%,社会捐助占 29.8%。”社会捐助所占比例在今天的民办学校来看是难以达到的。正如张伯苓自己所言:“回忆 40 年来,我南开津、渝两校之发展,例如校地之捐助,校舍之建筑,校费之补助,以及图书仪器之扩充,奖助金额之设置等,无一非社会人士之赐。社会实可谓南开之保姆,而南开实乃社会之产儿。”[2]针对这个问题,梁吉生先生曾归纳了南开筹资办学经费的十种途径和方式,如校董会募捐、成立专门募款委员会、发函寄捐启、印刷捐款宣传品等,厘清了南开募捐的种种渠道。[3]另外,《张伯苓与南开大学办学经费的筹措》(任云兰 1996 年)、《张伯苓的募捐艺术》(安淑萍 2005 年)、《为何捐助南开——南开大学私立时期捐赠者行动诱发因素的探讨》(蒋国河 2006 年)等,对此也做了初步的专题研究,但笔者认为有一个重要的问题还有待进一步探讨,那就是私立南开如何能成功地募集到大笔资金?捐助者受什么样的影响,出于什么样的考虑,以什么样的理由为私立南开慷慨解囊?对于我们今天开发和培育潜在的教育捐赠市场具有十分重要的现实意义。是为文,与读者共探。

2 动因分析

私立南开的捐助者们之所以积极捐资南开,主要有以下一些因素。

①儒家慈善传统的熏陶:近代国人热衷于教育慈善行为的心理导源于儒家伦理道德的关怀。儒家关于人性、理想人格的思想和对“义利之辨”的认识为教育捐赠事业的发展打下了扎实的思想基础。关于人性的思想,儒家孟子思想最具代表性。他认为,人生而具有“不忍人之心”(即同情之心)的情感心理,突出表现为四种善端,即“恻隐之心,仁之端也;羞恶之心,义之端也;辞让之心,礼之端也;是非之心,智之端也”。[4]关于理想人格,儒家特别强调其塑造,把理想人格的形成视为人生价值的皈依,强调“修身”作为治国齐家平天下的根本,突出个体的人格价值及其所负的历史使命。而这种理想人格的完善,就是要“存善”,即能自觉地意识、健全和发扬内在的、先验的善端。儒家在“义利之辨”问题上,强调二者的协调统一,即所谓“天人合一”,要求国家、集体和个人在外在的活动和行为中与自然及社会相适应、合拍、协调和同一,不能拂逆天意去争己利,也不能漠视群意去谋私利。这种思想提出了个体在社会交往中的义务和相互责任,要求义利兼顾,两者不能兼得时,甚至要重义轻利、舍利取义。在某种意义上可以说它含有利他的内在潜质,与西方基督教的利他主义有异曲同工之妙。

儒家“存善”的慈善思想经历代贤哲的传承、弘扬,深入到民族心理和民族性格之中,为引导近代国人扶危济困、救助弱者等行善举动提供了价值导向,形成了“行善积德”、“好施”、“散财”等与慈善相关的意识和心理。这些思想又进一步与儒家对教育、教化的重视相结合,使教育捐赠行为成为一种常见的现象。近代的社会贤达、企业界人士和官僚政要等深受儒家思想文化的浸染,自然以儒家理念包括儒家的慈善传统来指导自己的行为。这些观念成为近代国人普遍热心教育慈善事业的内发力量。如以私立南开大学历年捐款为例,仅 1919 年至 1935

年，私立南开就募捐近300万银元。这样的集资成绩在当时是一个惊人的奇迹。其中，政府补助仅40余万元，国外团体（主要是美国洛克菲勒基金会即罗氏基金团和太平洋国际学会）捐款约60余万元，国内团体（主要是管理美国退还庚款的中华教育文化基金董事会和管理中英庚款董事会等）捐款20多万元，而国内私人捐款者众多，款额高达160余万元。[5]其中，私人捐款和团体资助体现了私立南开的办学特征。正如美国著名学者费正清在其近著《伟大的中国革命1800—1985》一书中写道："虽然南开得到了庚子赔款以及洛克菲勒基金的一些补助，但是它所取得的成就主要是靠中国人的自力更生以及私人捐助。"可见，儒家思想的影响是中国捐资传统的内在动因。

②教育救国理念的推动：自甲午战争失败后，兴教育人的志向就和救亡图存的民族理念融为一体了。封建教育体制的腐败使维新人士认识到，腐败的教育只能亡国。康有为曾经说："才智之民多则强国，才智之士少则弱国"，"欲任天下之事，开中国之新世界，莫亟于教育"，以此来表示对近代教育的重视。20世纪初年的中国多灾多难，有良知的中国有识之士们本着强烈的忧患意识和社会责任感，以无比的热情向西方寻找救国救民的真理，把西方的各种理论思潮竞相引入中国，如地方自治思潮、社会主义思潮、无政府主义思潮、国粹主义思潮、实用主义思潮，教育救国思潮、实业救国思潮，等等。其中，教育救国思想是当时中国众多社会精英所向往或寄予厚望的一种救国救民的主流思想，并成为他们政治实践和社会实践的思想动力。

教育救国理念不仅是南开大学的创办者严修和张伯苓等人艰苦办学的精神支柱，而且还是众多的社会贤达、企业界人士和官僚政要为私立南开慷慨解囊的动力之一。比如，私立南开创办之初的理念就是"文以治国，理以强国，商以富国。"其中，重视理、商科与创办人严修和张伯苓的"教育救国"思想有关，同时也是符合天津工商业城市发展社会背景的。南开大学经济研究所主要研究中国经济问题，调查天津、华北工业、外贸情况。应用化学研究所则主要是为天津化工生产服务。南开是私立学校，要以校养校，不能不办应用性较强的专业。又如，捐赠50多万元、作为南开创办人之一的江苏督军李纯（李秀山）就深受教育救国思想的影响，他在致南开大学正式成立的祝词中谈到："盖实见我中国富庶为全球冠，何以贫弱至此？则以教育未能发展，一切科学或得粗而遣精，或规近而忘远，遂不能与各国竞争，恶得不贫，恶得不弱？我南开私设大学既为倡始，尤所爱国诸公相继兴起，庶愈推愈广遍于全国，将来教育勃兴，人才蔚起，图富图强卓然有以据其大本。"[6]再如，独资捐赠10万元为南开修建图书馆的实业家卢木斋也寄予教育无限希望。他从1906年到辛亥革命前，先后任直隶提学使和奉天提学使，基本上都是掌管教育之职。辛亥革命后投身于实业。他笃信"救国之危，化民之愚，惟普及教育之一策"。可见，特定时代背景下盛行的教育救国理念作为一种外在因素为私立南开的创建和发展提供了一种良好的社会氛围，它对私立南开的捐助者们积极做出捐资行动起了推动作用。

③宗族亲情文化的影响：传统的中国社会有着强烈的宗亲意识和乡土情结，后者由前者延伸而来。这种宗亲意识、乡土情结与儒家的有差等的仁爱思想一脉相承，但它是一种更具体、更世俗的思想意识，对社会成员的行为具有更直接的影响力。宗亲意识或者说宗族意识是强调"根"的意识。它重视血缘亲情，鼓励和教育后辈子弟为宗族和家乡做贡献，以增强宗族的团结、凝聚力和自豪感，并提升整个宗族在社会中的地位和作用。宗族这种"根"的意识为其成员提供了一种认同感和归属感，并进而形成了一种对于宗族的道德感和责任感，所谓"显亲扬名、光宗耀祖"。这种意识进一步延伸，由重视家族而家乡，形成一种强烈的乡土认同感、归属感以及责任感。甚至自我价值的体现很大程度上需要得到家族、家乡的认可，这种认可丰富、升华

了他们的人生价值。它成为在乡与不在乡的族人或乡亲，不管是官员还是商人都踊跃投身于家乡的社会公益事业包括匡助家乡教育事业最原始的精神动力。

近代许多为教育事业慷慨解囊的社会贤达、企业界人士和官僚政要等，都有这种"惠及桑梓"的思想。比如，江苏督军李纯、捐款3万元兴建南开女生宿舍的陈芝琴之所以为初建的南开大学捐献巨资，都有作为一个天津人"愿为桑梓出力"的愿望。其中，李纯连续三年，即分别于1919年、1920年和1921年共为南开大学捐款53.7356万元；陈芝琴除捐款3万元兴建南开女生宿舍外，还于1937年又捐建重庆南开中学科学馆，另外，陈芝琴先生对天津社会福利事业也多有捐助。南开校父、校董严修（严范孙）和张伯苓校长都是天津人，携手创办私立南开系列学校，其本身就是"造福桑梓"的善举。据严氏日记及南开学校文献所载：南开系列学校自开办到1927年止共得捐款120余万元，对其扩建发展起了决定作用，其中以严修出力为最多。严修自己于1919年为南开大学捐赠购书价款2000美元，同年还赠中文书籍30余种数百册；1922年又捐赠购书价款2000美元，捐地5.18亩，折款1.813万元。1924年又以《二十四史》、《九通》等数十种古籍捐赠南开大学图书馆。严修不仅从物质上给予南开大学支持，其教育思想和办学理念对南开大学早期的办学宗旨、专业设计、教学内容和人才培养模式等无不有着重要指导作用。

④倾动中外声誉的吸引：捐助者之所以选择南开而不是其他的学校，关键之一是他们对私立南开充满了信心与期望。捐助者对南开的信任主要源于南开卓著的声誉。南开大学的创办者张伯苓等人雄心勃勃，从创建开始就以与欧美大学"并驾齐驱"为目标，对学校未来的发展定位极高，并一步步朝着这个目标而奋斗。这种较高的办学定位和脚踏实地的施教作风决定了南开对关系学校发展的各个环节的高标准、严要求，把南开培养成为了一个在国内具有较强实力的私立大学，赢得了倾动中外的声誉。

私立南开卓著的声誉主要表现在以下几个方面：一是师资力量雄厚。私立南开大学有一支年轻、精干、高素质的教师队伍。其来源主要是一批留美学生。到20世纪30年代，留美生在南开大学教师中所占比重急速攀升。1930年，全校教师41人，留学美国的31人，占76%，其中博士14人，硕士14人。如凌冰、杨石先、姜立夫、蒋廷黻、邱宗岳、何廉、张彭春、司徒月兰等都是美国著名大学的毕业生。另外还有一部分是本校或国内著名大学的毕业生，如申又枨、吴大猷、吴大业、吴大任、殷宏章等，他们都曾得到国内著名教授的指导，能较早地承担教学与科研任务。二是优良的校风、学风。张伯苓十分重视学生质量的提高和良好校风的培养，而不以盈利为目的。他曾明确表示："今日南开在十年内，大学生决不扩大至五百名以上，庶良好之校风易于培养，而基础可以稳固也。"教育部视察员在视察南开后给予了私立南开以极高的评价，认为该校"学风优良"、"训练有方"，"就中国公私立学校而论，该校整齐划一，可算第一"，[7]并转恳政府给予补助，以资鼓励。另外，私立南开的教育实践还赢得了国内外机构团体的由衷认同。如中华教育文化基金董事会1925年10月曾派陶行知等人来南开大学调查，认为"大学办理适宜，教授得法，成绩卓著"，于是自1926年至1934年累计为南开捐款20.1万元。再如，1922年12月，邱宗岳教授讲授化学课时，适逢罗氏基金团代表、美国远东办学处副主任Greene来南开考察教学，听邱师讲课后，惊赞不已，高兴地说，在美国大学里也很难听到这么高水平的课。该基金团旋捐10万元为建科学馆之用，又2.5万元为购置设备之用。美国罗氏基金团自1923年至1934年给私立南开大学累计捐款34.5637万元，为南开的发展起了一定的作用。三是有大批杰出的校友。在南开早期的十数年中，毕业生之于学术、事业有成，闻名于社会的大有人在，有张平群（外交）、张克忠（化工）、郦堃厚（化学）、郑通和（教育）、查良鉴（法律）、江泽涵、申又枨、陈省身（数学）、吴大猷（物理）、殷宏章（生物）、吴大业（经济）等。[8]除了这些名人，南开大学的绝大多数毕业生都由于能发扬“苦干”、“实干”的南开精神，工作勤勉，颇受社会好评，为学校赢得了实实在在的声誉。

此外，南开大学还有一个特色，即该校师生都十分重视并参加各项体育运动，屡次在国内和国际的各种体育运动会和球类比赛中取得优异成绩，提升了南开在全国乃至国际上的知名度和声誉。[9]

⑤校长个人魅力的感召：张伯苓自1904年创办南开中学以来，又先后创办了南开大学、南开女中（1923年）、南开小学（1928年）、重庆南开中学（1936年）和重庆南开小学（1940年），并担任校长四十余年。他矢志不渝的兴教育人的韧劲，深刻地影响了私立南开系列学校的发展，对其做出的巨大贡献，足以使后人“高山仰止”。

校长之于学校，犹如灵魂之于躯体。张伯苓校长执着的办学精神、崇高的爱国情操和高尚的节俭品质让众多的捐助者无比感动和钦佩。在私立南开募集的数百万资金中，有多少是因张校长个人魅力所获得的，现已很难统计，但可以肯定其中必有相当的捐资者是基于这样的理由才慷慨解囊的。张伯苓为了筹款不知坐过多少次冷板凳，挨过人家多少次白眼，但是他从不灰心。他说，“我虽然有时向人家求见捐款，被其挡驾，有辱于脸面，但我不是乞丐，乃为兴学而作，并不觉难堪”。[10]这种办学精神让许多人为之感动。如，时任天津警备司令的傅作义将军因钦佩张伯苓的办学精神，遂将小站营田数百亩拨归南开大学经租，租金充作本校常年经费。仅此一项，南开大学每年收入约二万五千元。[11]有的外国人捐款也只是出于对张伯苓办学毅力的敬佩，慨捐几千美元，得到的回报只是张伯苓赠送的几条小金鱼作为纪念。再如有一年暑假张伯苓因公去南京，在火车上同一位济南电灯公司的经理闲谈，当那位经理得知他就是大名鼎鼎的南开校长张伯苓时，敬佩之余，当即给南开捐上一千元。[12]

张伯苓还是一位爱国主义者。张伯苓以教育救国为职志，对日本在东北的野心，常常觉得忧惧。1927年，他亲自到东北去调查，曾说“不到东北，不知中国之大，不到东北，不知中国之险”。回来后即在南开大学组织东北研究会，并且还派遣教授数人赴东北考察，以研究东北问题及日本对东北之侵略。张学良对东北研究会非常支持，除亲自担任该会名誉董事外，还捐款500银元作为该会的经费。张学良十分敬慕张伯苓的抗日爱国精神，早在1916年，张伯苓到奉天做《中国之希望》演讲时，张学良“奇往而听之，志气为之大振”，从此立志救国，开始了新的人生追求。事实也的确如此，张伯苓一席话带来的深刻影响不仅使张学良开始关注和支持教育事业，而且还改变了他的人生道路。

张伯苓生活俭朴，令人敬服。一次，张学良走访津门名人，司机几经寻找才在南市一条喧闹的陋巷中找到了张伯苓的家，看到如此简陋的居住环境，张学良发出由衷的感慨，于是应允出资20万，作为南开大学发展基金。在著名教授中，也有许多人也是出于对张校长个人的信赖，才接受低薪坚持在南开执教的。著名经济学家何廉谢绝岭南大学月300元的高薪，毅然接受南开180元的工资，便是典型的例证。可见，有一个好校长对一所私立学校来说无疑是一笔无价的财富。

⑥求名图利思想的驱动：在南开众多捐款者中不乏官僚政要（如徐世昌、黎元洪、靳云鹏、李纯、梁士诒、周自齐、张学良、蔡虎臣等）、工商精英（如卢木斋、陈芝琴、袁述之、李组绅等）和实业团体（如罗氏基金团、南洋兄弟烟草公司、交通银行等）。他们捐资南开的初衷既有出于一

种教育救国的社会责任感，也有希望得有回报的欲望，或为名或为利，或两者兼有。求名的回报并不等于没有报答，只不过是回报的形式发生了变化，由物质或金钱的回报变为名誉的回报，或称符号资本的回报，即获得荣誉、尊敬和声望。这种精神回报与物质回报一样甚至更大程度地能带给人们自我价值的实现感和满足感。求利的回报也不同于直接的商品交换式的物质或金钱的回报，而是知识的回报，比如所需人才的培养或技术的开发和利用。实际上，在一定程度上，不管是符号资本的回报还是知识的回报都与物质回报是可相互转换的。

就南开个人捐款者来说，官僚政要希图取得的回报与企业界人士、社会团体稍有不同。在名方面，官僚政客可以把捐助新式教育事业作为树立个人形象、积聚力量、培养政治资本的一个重要举措，最起码也是沽名钓誉的一种手段。就利来说，许多达官贵人都怀着把子女送进名牌学校以获得良好教育的心理，所以希望通过自己的慈善行动能够为自己的孩子进入像南开这样的好学校提供一个机会。南开大学的创办人严范孙、张伯苓精于此道，采取了一些激励措施，满足了此种心理。比如，张伯苓校长为了学校的发展，承担了来自政治的压力，从容地解决了“粪水”与“鲜花”的问题。当部分师生不理解一向倡导“与人为善、爱人以德”的张校长接受疏财买名的军阀、政客的捐款时，他幽默地作了实用主义的解释：“美丽的鲜花，不妨是由粪水浇出来的。”再如，学校对重大捐款者给予学校建筑的冠名权以作为对他们的纪念和回报。如学校把第一座教学楼称为“秀山堂”，把科学馆称为“思源堂”，把图书馆称为“木斋图书馆”，把女生宿舍称为“芝琴楼”，以纪念南开的重大捐款人李秀山、袁述之(思源即有思袁之意)、卢木斋和陈芝琴等。对捐款设立奖学金者，也以冠名纪念，如粱士诒助学金等。另外，在向社会散发的《南开状况报告》中，附以所有捐助者的肖像，“藉资表扬，而留纪念”。上述种种举措，在一定意义上也鼓励了更多的社会人士向南开大学捐助。又如，学校采取了各种灵活的办法，如推行“试读生”制，为军政界的要人和“关系户”的子弟入学提供方便，以支持免费生，在学费方面取得收支平衡，所谓“天之道，损有余以补不足”，进而优化社会资源的重新配置。就企业界人士和社会团体来说，他们除了有以上的考虑，还有希望得到更大知识回报的动机，一是需要南开这样优秀的高等学校为他们培养人才；二是希望能够通过资助南开来获得南开大学在技术和科研成果上对自己的支持，借此提升自己产业的知识含量以扩展自己的事业。如美国洛克菲勒基金会和太平洋国际学会对南开资助的原因之一就是希望南开大学的科研机构如经济研究所能够为他们承担某些科研课题。再如南开的化学研究所为国内许多化工企业提供了技术的支持，同时也为学科发展注入活水源头。

由南开的经验观之，捐助者是在儒家慈善伦理、教育救国思潮、宗族文化传统和求名求利思想的影响和驱动下，鉴于南开“声誉日隆，倾动中外”的考虑和张伯苓校长个人魅力的吸引与感召，慷慨解囊积极捐助私立南开的。如果说“儒家慈善伦理”和“宗族文化传统”是传统中国历史和文化的内在本质，“教育救国思潮”和“追求名利思想”是时代赋予的特定历史人物的追求，那么私立南开拥有的倾动中外的声誉和张伯苓校长的个人魅力则是私立南开获得捐助的主观努力因素。上述诸因素内外结合致使私立南开赢得了社会的大力资助，并得以长足地发展。这是私立南开走向辉煌的关键，同时也给时人留下了深深的思索与启迪。

3 现实意义

探究私立南开筹款募捐办学的动因，对今天促进高等教育事业的发展具有重要的现实意义。回顾过去，才能更好的面对未来。对于目前办学经费尚不充裕的高等教育事业来说，积极地吸取私立南开等学校的成功经验也就势在必行。高等学校重要的生命线之一是办学资金的充裕和顺利周转，只有这一点得到保证才能够使各项工作得以顺利进展。而要募集到足够的资金，由私立南开之成功经验可以得出一些启示：

一是要有建立在较高的办学定位和较强学术实力基础上的学校声誉。学校声誉能够带来广泛的生源，能够引起社会的关注。可以说良好的声誉是一所学校永久的生命力。高定位、强实力、高声誉、广生源这样就会形成良性的循环，推动着学校教育向新台阶迈进。募捐数量的多少往往与学校的声誉有很大的关联。这是人们的一种普遍的心理。私立南开在建立初期就广泛邀请中国的知名学者讲学，招揽了大批学者，形成了卓越的声誉。特别是张伯苓先生求贤若渴，广纳英才，亲自到海内外招聘人才，这使得早年的南开创办几十年就能名噪海内外。私立南开的卓越声誉吸引了社会的关注，接收了社会大量资金。私立南开得到的社会的捐助将近占南开收入的1/3，这个数据在当时同等私立学校中，即使是今天也是很高的。就今天留学热现象而言，虽有很多复杂的因素，但与美国大学较高的声誉就不无关联。美国的哈佛大学捐赠收入占总收入的54%的数据似乎更能说明这种心理。然而在我国，近期一项针对我国38所民办高校的调查显示，学费收入占学校总收入100%的民办高校有14所，占90%的有9所，占80%的有8所，占70%的有4所，占60%的有1所，占50%的有1所，占40%以下的有1所；学费收入占学校总收入80%以上的共有31所，占被调查学校总数的82%。[13]这样的数据从侧面反映了当今高等学校筹资的单元化。所以，要想立足就必须要有强大的实力及好的声誉，这是生存的最基本条件及筹集资金的必要条件。

二是重视精神引导与人格塑造，形成自己独特的办学特色与精神。私立南开的办学者认为，育人最紧要的是培育精神。他们教导学生说："精神是立志的表现，无论何事，无精神必归失败。诸君当知，中国近来之巨患不是来自有形之物质，而在缺少无形之精神。精神聚，虽亡非真亡，精神涣，不亡亦抵于亡。"从创办南开学校之初，他们就教导学生首先要有热爱祖国、热爱中华民族的精神，要求学生有为国家民族的救亡图存担负起时代重任的使命感。张学良将军在晚年回忆时曾说，在他还很年轻的时候，亲耳聆听了张伯苓所作的"中国不亡有我在"的演讲，顿增"中国救亡图存当从我做起"的信念，并终生对张伯苓先生的爱国热情和民族精神敬佩不已。当然，客观地说，并不是每一所学校都能具有独特的精神。只有那些在长期办学实践中认真践行自己的办学理念，并不断对其提炼和升华，使之与时代脉搏同步跳动的学校，才名副其实地具有独特的精神。私立南开在建校后的一个世纪里，始终与中华民族同呼吸，共命运，以顽强的毅力、卓然的智慧，铸就了南开教育的魂魄——"南开精神"。[14]温家宝总理在纪念南开中学八十周年校庆时撰写的《南开精神，永放光芒》文章中深情地写道：南开精神首先是革命精神；南开精神是严谨治学和刻苦的学习精神；南开精神是朝气蓬勃的精神；南开精神，永放光芒。张伯苓亲自制定了"允公允能，日新月异"的校训，精心培育爱国、敬业、创新、乐群的校风。南开在办学实践中形成了独具特色的南开精神。这不仅是南开的宝贵遗产，也是中国教育事业的重要思想财富。南开的这种精神激励着千万学子不断奋进。现代部分高校办学精神的缺失使得学校毫无特色而言，也就难以形成前进的凝聚力和社会声望，进而导致生存的巨大压力。因此，我国的高等学校应当吸取私立南开的经验，努力坚持自己的办学理念，形成自己的办学特色和精神，进而推进高等教育事业的进一步发展。

三是根据中国国情和地方发展需要确定办学宗旨。私立南开的办学者认为，中国旧式教育的最大弊病是不适应中国国情，中国的大学制定教育宗旨既不可泥古，也不可照搬外国经验，要以解决中国问题为归宿。1928年张伯苓先生制定的《南开大学发展方案》，集中反映了他的“教育要服务社会”的理念。“方案”明确提出要“知中国”、“服务中国”。所谓“知中国 ”，即认识中国、熟悉中国，包括它的历史、现状和未来，以及从时代和世界的角度来衡量中国所处的地位和水平。“服务中国”，即解决中国问题，关键在于发展生产，促进国家的独立富强。归根到底，解决中国问题要靠科学，靠人才，即建立适应中国经济社会发展需要的科学知识体系，培养通晓中国问题、愿为中国独立富强献身的科学人才。这是张伯苓先生经过艰辛探索和实践得出的正确结论，为私立南开独具特色的办学道路开辟了广阔天地。私立南开还提出“土货化”的办学方针，即学术研究要与中国社会实际相结合，走为社会经济服务的办学道路，并且卓有成效。譬如，私立南开经济研究所从建立伊始就着重中国经济问题和中国农业问题研究。该所曾对华北区域的社会问题、经济状况、教育状况展开过系统调查研究，编制了极具权威的“南开物价指数”，取得的成绩“尤称独步当时”。应用化学研究所针对天津早期工商业发展的实际问题开展课题研究、技术转让，尝试着走一条“产学研”一体的办学道路。这种“知中国，服务中国”的办学理念，无疑是当代民办学校等应当坚持和积极发扬的。另外，私立南开还立足于天津当地的发展需要，为了更好地服务社会，推动地方经济的发展，相继成立了电机工程系、化学工程系，均着眼于服务国计民生。为此，学校与天津电灯电车公司、天津久大精盐公司、永利碱厂建立联系，实行互助，“以我之学识，易彼之经验”。南开大学党委书记薛进文等在纪念张伯苓先生诞辰一百三十周年时发表的《继承传统弘扬南开精神 创建国际知名高水平大学》中提到：“张伯苓先生是把自己融入国家和天津发展的历史洪流中去的，他是悉心倾听天津人民的需求和呼唤的。他把南开大学依托于天津发展的历史平台，从中得到支持，汲取力量，又顺应城市化的前进做大做强南开。早期南开大学的历史证明，只有天津发展，南开才能兴旺。”[15]很好地说明了立足国情和地方需求的重要性。高等教育要努力适应中国的国情，制定符合地方需求的具体计划，从而在立足实际的前提下求得生存与发展。

四是要着力多方吸纳资金资源，并对捐助者以适当的回报。学校要获取长期的资助就必须关注投资者希望有所回报的心理和动机，这种艺术需要学校领导灵活的把握。张伯苓校长就非常注意这一点，对于捐资的军阀政客，张校长都会邀请他们来南开演讲谈话；对重大捐款者给予学校建筑的冠名权以作为对他们的纪念和回报；还一定程度地允许那些捐款的子女进学校读书。此外，私立南开能得到个人和各种团体的捐助与这些单位需要南开学生的帮助与服务有很大关系。私立南开与各个社会团体合作时，往往通过向外界提供各种服务来增加收入，所以这点也值得我们学习。在现在的环境下仍有很多渠道，比如为企业的员工提供培训；向社区提供学术性和知识性服务等。总之，一定要给给予捐助者以适当的回报，并让捐助者感到欣慰。

比起南开当年，今天的大环境好多了——国家重视教育事业，每年给予教育事业大量资金；教育兴国、科技兴国的观念也已经深入人心，成为社会大众的共识；而且现在中国的经济获得了长足的进步，涌现出了大量的公司、企业，这使得社会有了极大的捐资市场。所以对于高等学校来说，关键在于自己能不能立足国情与地方需求，下功夫把学校的实力与声誉提上去，同时还要发掘学校的特色，培育优良的学风，形成自己学校之精神。

[参考文献]

[1] John Lossing Buck. *There is Another China: Essays and Articles for Chang Poling of Nankai*,

King's Crown Press,1948.

[2] 王文俊,梁吉生.张伯苓教育言论选编.南开大学出版社,1984:255.

[3] 梁吉生.允公允能 日新月异——南开大学校长张伯苓.山东教育出版社,2003:317－322.

[4] 孟子.孟子·公孙丑上.中华书局,1960:180.

[5] 南开大学校史编写组.南开大学校史(1919－1949).南开大学出版社,1989:110－118;
王文俊、梁吉生.南开大学校史资料选(1919－1949),南开大学出版社,1989:35－44.

[6] 王文俊,梁吉生.南开大学校史资料选(1919－1949),南开大学出版社,1989:12.

[7] 王文俊,梁吉生.南开大学校史资料选(1919－1949),南开大学出版社,1989:27.

[8] 王文俊,梁吉生.南开大学校史资料选(1919－1949),南开大学出版社,1989:72.

[9] 南开大学校史编写组.南开大学校史(1919－1949),南开大学出版社,1989:128.

[10] 南开大学校史编写组.南开大学校史(1919－1949),南开大学出版社,1989:111.

[11] 南开大学校史编写组.南开大学校史(1919－1949),南开大学出版社,1989:114.

[12] 龙飞,孔延庚.张伯苓与张彭春.百花文艺出版社,1997:30.

[13] 吴国生.民办高等教育如何有效筹资.中国教育报,2008－06－18.

[14] 中共南开大学委员会.南开精神及其对当代高等教育的启示.求是,2004,(21)

[15] 薛进文,侯自新.继承传统弘扬南开精神 创建国际知名高水平大学.天津日报,2006－04－04.

[作者简介]

张立彬,男,副教授,南开大学图书馆流通阅览部工作。

赵铁锁,男,教授、博导,曾任南开大学图书馆党总支书记,现任南开大学马克思主义教育院院长。

靖永坤,男,南开大学历史学院硕士研究生。

民国族谱有关女性记载的新变化

惠清楼

[摘　要] 随着时代的变迁，相较清代族谱而言，民国族谱的变化是显而易见的，尤其在女性记载方面。社会上女性的形象与面貌发生了很大的变化，同时，部分族谱编纂者有关女性上谱的编纂理念也不同往昔。本文从谱例、谱序、宗约、世系表以及人物传记里整理资料，以记录女性的名、字，承认女性的继承权，书写女子再婚情况，允许女性参与族谱的修订等方面来呈现这种变化。

[关键词] 民国　族谱　女性　记载　谱例　世系表　时代变迁

族谱虽然是一种相对保守的载籍，不过，其编纂的方式以及记载的内容也并非一成不变，民国时期的族谱就不同程度地体现出了时代的诸多变化。有关女性记载而言，一方面随着时代的变化，社会上女性形象和面貌发生了变化；另一方面，族谱编纂者的编纂理念也在变化。因此，民国族谱有关女性记载相应增加了新的内容。总体而言，民国时期的族谱在女性记载上的变化主要有以下三方面。

1 关于女性的新谱例

一般而言，清代族谱以及一些民国族谱始终不记载族女，即便书写，也只书人数，长幼，嫁于某姓氏，即"女不书行，不书名，只于父位下书适某处某人，以其内夫家而外父族也"。族妇书某公女、某氏等，我们无从知道她们的名字以及别的什么信息。晚清开始，有一些变化，有些族谱开始书写族妇、族女的姓名，当然，变化是日积月累的，从民国族谱中，我们可以看到有关女子上谱的新凡例，它给我们引入了更多新的书写内容，彰显了日渐被认可的男女平等的精神。浙江鄞县董氏号召："女子为国民之母，近时风气大开，须与男子一律看待，凡我族人毋得异视，使抱向隅之憾。"①由凡例可见以下二方面的新变化。

1.1 关于书写女性的名字

浙江新昌吕氏，1930 年修谱时规定："女子入谱，附载生父世系名下，但仅书名、书适，或未字，不详生卒，以其内夫家而外父族也。"②虽然有许多不书写的内容，但毕竟开始写名字了。安徽旌德戴氏在谱中还为族女排行，以与族男对应，"旧谱未载女排行，今增女排行'娥容娇艳美秀凤娟巧妆琴音联珠玉芝兰媚贞香'二十字。自男排行传字起配娥字，双方悉当，俾女上下

① 张琴总纂：《鄞高塘董氏家谱·规约编·新约》卷二，1935 年，种德堂刊本。

② 吕陶等续修：《吕氏宗谱·续增凡例》卷首，1930 年明礼堂刊本。

不得紊乱”。[①] 彭城钱氏则进一步认为:“女子名号,生年月日,以及出身经历合宜详载;妇人封号既废,则概称某氏某某,注以名字,庶益详明”[②]江苏过氏与时俱进,不仅记录女子名号,还记录毕业之学校,以示实行男女平等之精神“旧制男子治外,女子治内,各家谱牒都不载女子名字,今世崇尚平等,不论性别,不特读书作事同于男子,即继承问题已早经法律之规定,自应将女子名号及毕业某学校等备书于父表内,以示实行平等之意。”[③]

1.2 关于承认女子的继承权

江苏武进杨氏 1947 年修谱,新增凡例承认女子的继承权,说:“近代政体变更,吾族谱例兼采现行法律,以顺潮流,女子承继财产,生前立贤、立爱,为法律所许可者,族中亦得承认之。”[④]江苏武进谢氏 1949 年修谱时,修正所有与 1930 年民法相抵牾的部分:“异姓入继、女子继承,原前例并存名训,今则宗祧继承已为现行民法所不采,自宜随时变通,以期不相抵牾,应即遵照国民政府令,民国二十年五月五日民法继承编施行之日起,按照继承编行之,但另有规定者仍照规定行之。”[⑤]

在凡例中,我们还可看到民国时期修谱者的相对实事求是的书写态度,比如余姚道塘曹氏,改变族谱中人物传记的体例,以合时宜,“人物列传,原谱分宗贤、节孝,今以国家褒扬略异于前,宗贤仍如旧称,节孝易为贤媛,以合时制。”[⑥]浙江余姚黄氏对于族妇改嫁,以及族人婚外两性生活的记载比较客观,显示了他们纂写族谱的实事求是的态度。“孀妇家贫改适,其情可悯,何忍表暴,然天下无无母之子,凡妇人既生子息,而夫死改适者,不敢不直书;前妻已故,或娉或租,既不归宗又无婚书而生嗣子者,一概作养子论。”[⑦]

2 有关族妇再婚的新态度

目前学术界有关古人婚姻状态的研究著述很多,其中牵涉到寡妇再婚的论文和著作也不少,就管见所及,论文有《浅谈中国古代寡妇的再婚权》,[⑧]简要介绍了中国历史上寡妇再婚的种种样态;《明清徽州下层社会的非常态婚姻及其特点》,[⑨]通过婚书和契约以及族谱等资料,介绍了明清徽州存在的劳役婚、入赘婚、买卖婚等非常形式,并分析了其相关的特点,指出,再婚,尤其是女性再婚非常普遍;《论清代再婚妇女的婚姻自主权》,[⑩]分析了清代妇女再嫁的类型、妇女再嫁自主权的来源与现实性;《近二十年来明清婚姻研究述评》[⑪]则总结了二十年来有关研究者在关注的内容、研究的领域、研究的方向、研究的方法上的进展与突破。藉此我们知道,古代中国民间社会中,寡妇再嫁是一个非常普遍的情况,作为家族资料的载体族谱,对于这一不符合礼学要求的“家丑”总是尽量回避,要么给于污蔑性的评判与歧视,在族谱中不予记

① 戴经猷等编纂:《旌阳留村戴氏宗谱·凡例》卷之一,1929 年刊本。
② 钱寿崧编修:《彭城钱氏支谱·凡例》,1933 年排印本。
③ 过镜涵编修:《锡山过氏浒塘派迁常支谱·凡例》卷首,1930 年刊本。
④ 杨祖德编修:《毗陵镇塘桥杨氏重修宗谱·新增凡例》卷一,1947 年刊本,六修本。
⑤ 谢约纂辑:《毗陵谢氏宗谱·凡例》卷一,第 20—21 页,1949 年宝树堂七修本,木活字本。
⑥ 曹春菲续修:《余姚道塘曹氏续谱·凡例》卷首,1948 年清慎堂刊本。
⑦ 黄思槿等编修:《姚江黄氏宗谱·凡例》卷首上,1920 年排印本。
⑧ 林红:《浅谈中国古代寡妇的再婚权》,《兰台世界》,2007 年第 2 期,第 66—67 页。
⑨ 胡中生:《明清徽州下层社会的非常态婚姻及其特点》,《安徽史学》,2001 年第 3 期,第 5—12 页。
⑩ 吴欣:《论清代再婚妇女的婚姻自主权》,《妇女研究论丛》,2004 年第 2 期,第 49—52 页。
⑪ 祖晓敏:《近二十年来明清婚姻研究述评》,《安徽冶金科技职业学院学报》,2005 年第 4 期,第 127—134 页。

载，或者做特别的标识，以示其不合礼制。民国以降，人们的社会生活，包括婚姻生活，随着女性平权意识的觉醒以及女权运动的发展已经发生了很大的变化，此时编写的部分族谱，就反映了人们更为客观的婚姻态度，他们对于曾经发生在先代女性身上的再婚事实的记载，也不再有歧视的偏颇。

广西平乐邓氏谱，始修于同治三年，再修于光绪十七年，因为时已晚清，凡例中对于族妇再嫁没有道义上不予认可的蔑视，但依然规定：妇出嫁者，以一圈别之，盖使后人不致有疑也。民国十三年第三次修谱时，凡例依旧照录，可行文中已经看不到圈点了，只有两例标明“改嫁”，其他所有再嫁之族妇都标识“出嫁”，我们似可以看到一种据实记录的方法与态度，根据“葬回前嫁”。“接回前嫁”的字样，还可以看到那些族妇在“来归”时就是再嫁之女子，因为，在清代谱牒中，无论是嫁出之族妇，还是嫁入之非初婚族妇，都是要受到歧视和做特别标识的。该谱在民国时期续修时，还给所有已知的族妇都补上名字①。在族妇改嫁问题上，体现了非常客观的态度。该谱的始修时间已在晚清，社会已经处于一种不同以往的变动之中，越往后，相关的记载就越多，族妇的姓氏与丈夫平头，下写名字，生卒年月日时，生子女数，是否出嫁。有的还详细记载出嫁何地何姓，或者丈夫的名字。下面以表格的形式展示各个年龄段的男性因故致使妻妾再嫁的情况。

表一　广西平乐《邓氏宗谱》中族妇改嫁状况一览表

丈夫情况	15 岁以下亡	15—19 岁亡	20—29 亡	30—39 亡	40—49 亡	50—59 亡	60 以上亡	年龄不详	出外未归
妻妾改嫁数（共计 186 例）	1 例	7 例	31 例	30 例	34 例	21 例	11 例	41 例	10 例

谱中记载有因各种原因嫁出之族妇，从中还可以看到 10 例为嫁入的族妇，即，再婚而来的族妇，有的死后葬回前嫁，有的是在邓姓丈夫故去后又回前嫁丈夫那里生活，虽然更多的情况我们不得而知，至少，该族谱为我们提供了相对多样的族妇再婚的信息，客观而具体，不含偏颇的道德意涵。不过，经过统计我们知道，本部族谱共录族男 4040 人，族妇 2562 人，族女仅 73 人，族男和族妇的比例严重失调，且不说还有三妻四妾的，这就是说，族妇的遗漏数量非常之大，即使以 2562 位族妇为参照，再婚的例子也只有 186 例，可以想见，没有登记的再婚例子也非常多，民国时期三修族谱者的修谱态度虽然开明了很多，但先代遗漏的资料却是无法补充了，可以记录的只有晚清以来的一些例子，正因为如此，个中的变化自然显现出来。

对于族妇再婚同样抱开明态度的谱牒还有 1949 年修就的《长沙涧湖塘王氏六修族谱》，其

① 六世祖，共三兄弟，长子妻，罗氏，名莲香；次子妻，萧氏，名华香；三子妻，钟氏，名凤香。七世祖，其中有四兄弟，长子妻李氏，名桂音，次子妻刘氏，名莲音，三子妻史氏，名善音，四子妻周氏，名德音，次妻史氏，名元音。八世祖，其中的五兄弟，长子妻成氏，名清香，次子妻张氏，名发连，三子妻萧氏。名桂莲，四子妻李氏，名福莲，五子妻阳氏，名云莲。14a—17b（娇娥、元音、桂音、秀音、香女、香莲）兄弟妻子，如孝女、秀女、香女。卷四 50b—51a ，二十四世，生于晚清和民国时期人，妯娌之名字中还多见共用一字的现象，比如：卷十二，25b—26a，长子妻雷氏，名忠翠次子妻萧氏名质翠，三子妻欧阳氏，名荣翠，第 27—28 页还有，长莲、元桃、长凤、苏音、清香、这样的名字。尤其“莲”字，自始至终，代有其名。24 世里名叫“谱秀”的族妇就有三人。25 世只有二人结婚，族妇名字为“荣娇、荣嫦”和清谱中的名字一脉相承，可见，很多后有的名字是三修谱牒时加上的。

凡例规定:"改嫁者书改适,或书改适某;离婚者书离婚,或书依法离婚,以明出入。"[①]不再有歧视的意蕴,不仅如此,该谱对于婚姻以外的两性关系及婚外生子的情况也予以承认,规定:"依据现行法令,非婚生子经生父认领者视为婚生子,故此次凡依法认领之非婚生子概予收录"。[②]

读该族谱的世系表[③]可以看出,编者为 20 例改嫁之妇书写了生年,为 7 例书写了某公之女,9 例改适某某,书其丈夫的姓氏或姓名,2 例书写了族妇的字;有 3 例为离婚,3 例写明"夫故改适"。提供了改嫁族妇的多样化的信息,说明第六次修谱者使族谱的资料性进一步客观化,对于改嫁、离婚,不再抱歧视的态度,正如其凡例所说,仅仅"以明出入"而已。另外,依据谱中改嫁族妇的情况还可看出,丈夫生于乾隆年间的人只有 2 例,嘉庆年间 1 例,道光年间 5 例,咸丰年间 2 例,同治年间 2 例,光绪年间 34 例,宣统年间 6 例,民国时期 17 例,而该谱牒首次编纂于明嘉靖二年,二修于康熙四十年,三修于乾隆二十八年,四修于咸丰三年,五修于光绪二十五年,可以看出六修谱以前,该族基本上不计族妇改嫁的事,晚清的变局带给老百姓社会生活更多的变化,时代的变迁和男女平权意识的不断加强,改变了第六次修族谱者的编纂态度和所编纂的内容。

3 关于女子参与修族谱的事例

清人修谱,首先要设立谱局,选定合适人员,筹措一定资金,然后按照分工,各司其职,调查实证或整理旧有文献,往往历经数载,在几代人共同努力下完成修谱重任,这是一个家族的大事也是盛事,如同浙江绍兴《中南王氏宗谱》乾隆年间的凡例中所示:"修谱一事,关于通族,必须任事有人,写刻有资,嗣后当修谱时,通族公举某人为正,某人为副,余愿校订效力者,听之。宜斟酌尽善,非业儒者,不得举,亦不得校订。其派费之法,亦公举一人廉能者为主,所费多寡,公同酌派,极贫者免焉,汇交所举之人,任其支用。刻成,出其簿籍,矢之神明,以示无欺。此乃祖宗重事,不得推诿。凡有爵位赀财者,尤当引为己任。倘有吝惜梗事者,众以不孝共攻之。凡効力修谱者,免派费。自愿输者,共奖之。"[④]有钱出钱,有力出力,如果以事不关己的态度对待,人们会以不孝的口碑罚之。号召那些有官位又有钱财者要担当重任,身体力行。这些人在族谱的修订过程中,与族长一起,起了重要的作用。

修谱人员职责的名目也有许多种,各家叫法不一,浙江绍兴《山阴柯桥杨氏宗谱》重修宗谱司事名目有:族长、鉴修、校对、缮写。[⑤] 浙江鄞县吴氏宗谱[⑥]"同修系名"如下:督修、参修、承修。福建《麟阳鄢氏族谱》[⑦]重修家谱题名录的分类包括:主修、总订、协修、总理、协理。浙江绍兴《中南王氏宗谱》乾隆庚戌岁纂修宗谱効力名氏相对较为复杂,分工很详细,有:总理、鉴定、纂辑、分纂、阖族董事、各分董事、缮写、分校。该谱光绪甲午年重修时分工依然仔细,包括:鉴定、倡修、监局、纂辑、分纂、缮写、分校。

民国以前的所有族谱的修纂,基本都是族长牵头,选定合适的子孙为谱局的工作者,无论

---

① 王万藻等纂修:《长沙涧湖塘王氏六修族谱·凡例》卷首,1949 年排印本。

② 王万藻等纂修:《长沙涧湖塘王氏六修族谱·凡例》卷首,1949 年排印本。

③ 王万藻等纂修:《长沙涧湖塘王氏六修族谱》卷 1 至卷 10《世系表》,1949 年排印本。

④ 王观懋编辑:《中南王氏宗谱》卷首,凡例,第 3 页,1934 年刻本

⑤ 杨惟春、杨惟一等修:《山阴柯桥杨氏宗谱》卷 1,清光绪二十年(1894)敦伦堂木活字本。

⑥ 吴承忠编修:《鄮东皎碶吴氏宗谱》卷首"同修系名"1878 年一耀堂木活字本。

⑦ 鄢宗云等编修:《麟阳鄢氏族谱》卷全"重修家谱题名录",1878 年刊本。

采访调查,还是厘定旧谱资料,这些,都是男性继承者的事,没有一位族女或者族妇参与。民国肇造,风气不同以往,谱局成立的方法,族谱资料收集的方法①以及编纂方法②,均有了很大的变化,从 1937 常州李氏"修谱纪名"中我们可以看到其修谱采取委员制,"合族中子姓佥无异词,遂组织委员会,集中祠中,公议推定主席、总务、会计、庶务、调解、文书六股委员负责办理"。③

尤为值得一提的是,民国时期,族女、族妇开始参与修谱,她们在族谱谱序的撰写、修谱资金的捐助方面,都贡献了自己的精力或者财力。

3.1 族女参与谱序与谱传的撰写

福建闽侯西清王氏 1934 年修谱时,其十三世孙女王孝英,就参与了修谱,十三世孙靖先在序中谈及修谱情况时说"英妹且述其原委并主恉矣!"即王孝英也作了一篇序文,即便是民国年间的族谱,这样由族女单独完成一篇序文也是凤毛麟角之事,无论如何,这是一个良好的开端,其序全文如下:

> 吾国谱牒之学,由来已久。自宋欧阳永叔,苏明允推衍阐发,其义益详。虽然,谱牒之作,自其粗者言之,所以明亲亲,联族谊,俾勿如眉山苏氏所谓,以一人之身,分而至于途人者,斯已矣;自其精者言之,则敬宗收族之外,凡一群之兴衰隆替,皆有其前因后果,而莫之或遁。是一谱牒也,而若者足资统计,若者有关生理,若者紧于社会民生,举宇宙间至赜之学科,皆可于此分河海之一勺,岂仅尔一姓一家之细故哉!抑吾更有进者,谱牒为史籍之一种,昔之修史者,重在尊王,故帝统之纪录为详,而独略于世变。时至今日,史学之义例既异,谱牒亦宜一反其重男轻女之陋习,于宗祧之外兼志女之所自出,不容有所歧视于其间。是说也,非吾一人之私言,盖时会所趋,有不得不尔者。前岁忝参法席,早欲有以平其不平,居常以告家君,家君亦韪其说。兹值堂兄彦超修谱之便,因书所感附于末。或者吾王氏族谱为之倡,世有闻风而起者乎。是固谱牒学之更臻上乘矣!

以上可见王孝英的史学知识与社会视野,以及男女平等的思想。通过族谱中王孝英父亲行述中她的简历以及别的资料,我们可以更为详细地了解王孝英的情况,从中可以理解被族人接纳以及能担当相关撰写任务的自身素养与能力条件。

王孝英,(1901—?)女,福建林森(今闽侯)人,1901 年(清光绪二十七年)生。毕业于福建省立女子师范学校。1918 年就读于国立北京女子师范大学,1919 年参加五四运动。历任北京第一中学教员。1921 年夏,主持中国妇女参政协进会。1924 年任福建省立女子师范校长,省立第一中学校长。1926 年参加北伐,任中国国民党福州市党部委员。1928 年 1 月,任国民政府交通部秘书,职工组训会委员兼组主任。1930 年 1 月,任上海市立务本女子中学校长,上海工部局教育委员,上海市妇女会常委。1933 年 7 月,任立法院立法委员五五宪法起草委员会委员,创办上海市中国女子中学,任校长。1937 年 10 月,主持香港各界团体支持抗日运动会兼救济工作。1941 年春,任广东省临时参议会议员。1946 年当选为制宪国民大会代表;12 月任广州市立第二中学校长。1947 年 6 月任立法院立法委员。中华人民共和国成立前夕去台

① 冯尔康:《18 世纪以来中国家族的现代转向》,第 93—96 页。

② 冯尔康:《18 世纪以来中国家族的现代转向》,第 308—311 页。

③ 李瑞陀等重修:《莘村李氏宗谱》卷 2,1936 年天叙堂刊本。

湾，续任"立法委员"，并任"中华妇女及反共抗俄联合会"理事。[①]

女士家学渊源，博览群籍，才识丰瞻。而于史籍，无论中西，最喜阅读，故于史学造诣，尤称深湛，辄以其研究所得，着成专书，为士林所重。女士之办理妇女教育也，尚切实，少浮华，故整顿学风，成绩斐然，而桃李盈门，皆对女士勤朴之风影，深表景仰。[②]

王孝英是一位非常杰出的女士，这一切为她能参与族谱的修订工作提供了可能。当然，谱局各位成员的开明态度也给她施展才华提供了机会。

其次，还具开明态度的族谱编撰者，要数山东掖县"东莱赵氏续谱调查所"的各位，他们在1935年续修的谱牒中，收有族女式玉誊写的祖父的墓志铭，[③]从该谱的行文中可知，修谱者之一的琪是留学德国的人才，后来做翻译工作多年，是高等外交顾问，属于开明人士，他请朋友"赐进士出身翰林院编修前吏部左侍郎、邮传部大臣右侍郎，吴县吴郁生"题写谱名，并为父亲连吉先生撰"东莱祥齋赵公墓表"，文章末署有吴郁生姓名，之后是琪的女儿式玉的名字，为"孙女式玉谨书，中华民国二十一年岁次壬申四月上浣谷旦"。

3.2 族女捐资修谱

族女捐资修谱，首先要提及的还是西清王氏族女孝英，十三世孙靖先在序中说："彦超二十弟修订族谱，孝英妹、世颖侄，先后蠲訾佽成之。"[④]十三世孙孝绮在谱跋中说的更明确："适族兄叔延倡之于前，复奉荫庄十一叔来书督责，余遂毅然以是自任，而堂妹孝英首捐赀，孝泉、子长两兄，世箴、世颖、世浩、世忠诸侄均解囊不少吝……"[⑤]从十二世孙仁棠的谱跋中可以看到王孝英捐款一百五十元，数量之多仅有一人超过她，其他捐款者从拾元到一百不等。在此次修谱过程中她贡献了智慧，也出资不菲。

在江苏武进（毗陵）唐氏谱中，也能看到族女捐资修谱的记载，在"本届修谱捐助基金名单"中有：

二十世女，敦（女），文序，（适嘉善唐鸣时）三十六年六月二十四日 助法币五十万元

二十世女，龢（女），季蘽，（适唐河牛权瑄）三十六年六月三十日 助法币五十万元

在民国族谱中，以上几个方面的事例虽不普遍，但毕竟体现了某种变化，妇女自身学识与素养的变化，以及由此而来的对族中事务的参与能力的提高，更重要的还有，社会部分男性成员对这种种变化的承认与接纳。

与清代相较，民国族谱有关女性的书法，比如有关女性的谱例、族妇再婚的记载、族女参与修谱事等方面，均表现出了明显的不同，不仅体现出社会上女性解放思想的影响，也表现了女性平权意识的增强。当然，不同的族谱在这方面有很大的差异，不仅不同的族谱有保守和开明之分，而且，即使是同一部族谱，不同支派之间的女性观念也有很大的差异。这些差异，横向来看，尽管每一种族谱都有自己的观念和视角，但总体上某一地方的谱牒共同呈现其地域特色；纵向来看，各个时间段的谱牒所传递的女性上谱新书法和新资料，随着时间的推移，资料越见丰富，态度也更趋开明。就家族的社会背景而言，士人官宦家族所修谱牒的品质较高，各方面

---

① 徐友春主编：《民国人物大辞典》，河北人民出版社1991年版，第56页。

② 戚再生主编：《上海时人志》，第9页。

③ 赵丞序续修：《东莱赵氏家乘》卷6，1935年铅印七修本。

④ 王叔延增修：《西清王氏族谱·序》第1册，1934年重修本。

⑤ 王叔延增修：《西清王氏族谱·序》第1册。1934年重修本。

的信息承载量也都较多，包括女性资料，对女性的态度也更为开明。

民国以后，如何面对家族实体，以及家谱的留存等关乎传统社会和传统文化的遗产，是一个令人颇费心力的议题。似乎近代以来难以抵御的所有外辱，都源自传统的社会与文化没能提供某种有力的方式与思想。所以对于宗族社会，很多人持批评的态度，似乎是它窒息了中国社会的一切，导致了近代社会的积贫积弱境况，彻底抛弃宗法理念是刻不容缓的事。同时，也有很多的学者和政治家如梁漱溟、孙中山等，对此持部分否定，部分继承发展的态度。① 不过，这种种的论争，都未能很大程度地影响民间的修谱传统，人们没有坐以待毙，反而像明清家谱的修纂者那样，在尊祖敬宗，敦睦族人的目的之下，也于细微之处昭示着时代的变化，演绎自家对传统的承继与理解，从另一方面，演绎着中华传统文化的无穷魅力。

[**作者简介**]

惠清楼，女，副研究馆员，南开大学图书馆古籍特藏部工作。

① 有关参20世纪中国社会各界的家族观，参阅冯尔康：《20世纪中国社会各界的家族观》，第51－84页。

泰达图书馆儿童阅读促进活动评价

林晓莉　杨琴茹

[摘　要] 公共图书馆开展儿童阅读促进活动意义重大。一方面,这是公共图书馆的使命之一;另一方面,阅读对于儿童来说非常重要,将会影响到儿童未来的发展。本文根据公共图书馆的一般原理、儿童阅读促进活动的历史及成熟经验,考察了泰达图书馆近年来的儿童阅读促进活动,提出泰达图书馆以及我国其他类似公共图书馆都应该加强暑期阅读活动。

[关键词] 公共图书馆　儿童　阅读促进活动　暑期阅读活动

1 引言

阅读促进活动(reading promotion)是以故事会、推荐书目、作家讲座、读书俱乐部、书展、书签等形式向社会成员宣传图书、促进阅读的活动,目的在于培养和推动社会的读书氛围,形成爱书、读书的社区文化。公共图书馆开展儿童阅读促进活动有着非常重要的意义和作用。一方面,这是公共图书馆的使命之一,由公共图书馆的性质所决定;另一方面,阅读对于儿童来说意义重大,将会影响到儿童未来的发展。因此,研究我国公共图书馆的儿童阅读促进活动十分必要。

本文的目的是根据公共图书馆的一般原理、儿童阅读促进活动的历史及成熟经验(特别是美国公共图书馆界的经验),以泰达图书馆为例,回顾和评价该图书馆自 2003 年 12 月开馆以来已经开展的儿童阅读促进活动。通过这样的研究,我们希望社会公众能对儿童阅读寄予更大的关注,对泰达图书馆以后的儿童阅读活动的开展有所助益,使其能更好地为开发区儿童服务。

2 公共图书馆与儿童阅读促进活动

2.1 公共图书馆的儿童教育使命

1994 年联合国教科文组织在《公共图书馆宣言》中提出,“公共图书馆的使命包括从小培养和加强儿童的阅读习惯;激发儿童的想象力和创造力;支持和参与各年龄群体的识字活动和计划,在必要时,组织发起此类活动[①]。”同时指出这些使命应该是公共图书馆服务的核心。这一宣言表明了公共图书馆作为素质教育的阵地拥有对儿童阅读辅导义不容辞的责任。公共图书馆,尤其是少儿图书馆应该积极借鉴国内外优秀的活动经验,结合本馆实际情况开拓创新,

① 张禹.阳光之旅——谈少儿图书馆中小学生阅读活动的开展.中小学图书情报世界,2007(8):55.

根据儿童的年龄特点和兴趣爱好开展丰富多彩的阅读活动。

国际图联在关于公共图书馆的服务标准中指出:"举办丰富多彩的讲演和故事会是儿童图书馆普遍利用的服务方法——每个公共图书馆都应提高图书展览的机会,除图书外,还应展出各种题材的图画资料,从而扩大儿童图书馆作为教育文化和情报机构的服务范围[①]。"通过开展生动有趣的读书活动和知识竞赛,可以增强儿童的阅读兴趣,从而培养他们多读书、读好书的习惯。

我国少年儿童图书馆事业的现状,还远远不能适应广大少年儿童渴求知识的需要。据有关资料统计,截止到2007年,全国共有公共图书馆2791个,藏书量4.26亿册(件)。其中少儿图书馆只有80多个,各级图书馆附设的少儿阅览室仅有1700多个。而我国18岁以下的未成人约有3.67亿,占总人口的28%[②]。

2.2 阅读对于儿童的重要性

阅读是一个人一生中至关重要的学习方式,是必不可少的基本技能。对少年儿童而言,阅读深具教育功能,是学习、认知周围世界的重要途径,可以丰富知识、发展智力,开阔视野、树立理想,培养品德、陶冶情操。因此,儿童早期阅读的培养越来越受到重视。

在欧美发达国家,儿童的早期阅读得到了早期教育专家的高度重视。美国早在20世纪50年代就开始系统地研究早期阅读,并成立了许多学术组织和社会机构进行专业研究,如国际阅读协会(International Reading Association,IRA)(1956)、全美阅读研究小组(National Reading Panel,NRP)(1997)等[③]。其他一些国家则从20世纪80年代开始就把儿童智力教育的重点放到提高阅读能力方面。美国心理学家推孟关于"天才发生学"的研究成果表明:44%左右的天才男童和46%左右的天才女童,在5岁之前就开始阅读了。石井勋博士用汉字开发儿童的智力,做了30多年的实验和研究,他认为:儿童5岁开始学习汉字,智商可达115;4岁开始学习汉字,智商可达125;3岁开始学习汉字,智商可达130以上。可见,越早开始阅读,儿童的智力发展就越迅速,而学龄前期更是阅读教育的关键时期。

2.3 公共图书馆中的儿童阅读促进活动:历史与经验

19世纪晚期美国公共图书馆启动儿童服务。1876年,美国图书馆协会(ALA)成立,为公共图书馆儿童工作开辟了道路。首先,ALA设有儿童及青年图书馆部,其下设置儿童及青年教育委员会。其次,ALA的会刊《图书馆杂志》于1876年开始出版,推动了有关公共图书馆历史、组织和管理等问题的论文涌现。其中一篇为图书馆员威廉·I·弗莱彻的以《公共图书馆与青年》为题的论文,认为作为一个教育机构的公共图书馆应当尽早对青年施加影响,配合学校工作,指导学生查找与阅读图书。

19世纪末及20世纪初,纽约公共图书馆等大城市的公共图书馆的部门主管如安妮·卡洛尔·穆尔等人为儿童图书馆工作制定了如下的目标:为社区儿童提供可以利用的好书;训练儿童能正确地使用成人图书馆;支援城市学校的班级工作;与城市及社会慈善机构进行协作;通过图书媒介和儿童图书馆员的影响去培养儿童的品质与文学鉴赏能力。这些原则与标准为现今的儿童图书馆服务的构建奠定了基础。

---

① 邹婉芬.构建阅读社会——图书馆的使命与对策.图书情报工作,2007(3):113~116.

② 魏淙.中美公共图书馆之比较.情报探索,2008(10):116.

③ Stephen C. Weiss. The origin of library instruction in the United States. Research Strategies,2003(19):238.

从20世纪80年代起,美国政府就有具体关注儿童阅读的行动,发展至今,颇具规模。1983年,美国教育部组织"教育质量委员会",调查中小学教育现状,发表了著名的《国家在危险中,教育改革势在必行》的调查报告,形成了以强调"阅读、计算、写作"为特色的教育改革的大趋势。1996年克林顿总统号召并提出美国阅读挑战(American Reads Challenge)的构想。美国掀起了名为"美国阅读挑战"的教育运动,以动员全社会的力量来帮助儿童阅读,目标是让所有美国儿童在三年级末能够独立有效地阅读。当时的教育部发布了《怎样支持美国阅读挑战》,号召每一个美国人通过个人的和职业的努力帮助孩子阅读,并对各阶层、各团体提出了具体要求①。1998年由西雅图带头,许多城市开始推动"一城一书"(One City, One Book)运动,鼓励所有的市民阅读同一本书。

在美国的儿童教育中,公共图书馆是一个重要的环节。各地公共图书馆一般都附设儿童图书馆或儿童阅览室。它们与学校图书馆、大中型书店开辟的儿童图书馆(角)共同构成图书阅览系统,充当课外教育的有利助手,对于提升儿童的知识水平大有助益。在此,我们列举四种比较有代表性、有特色的儿童暑期阅读活动。

①暑期阅读夏令营

公共图书馆可以在普通的夏令营活动中凸显阅读这项内容,使阅读与儿童们热衷的夏令营活动相结合,玩乐的同时提高阅读能力。例如,2000年在洛杉矶,Milken Family基金会举办了一个为期八周的暑期阅读夏令营活动,一年级的孩子们参加了这个夏令营。此项活动内容包括老师们每天给孩子们朗读两个小时经过挑选的孩子们感兴趣的书籍,剩余的时间则进行一些普通的夏令营都会有的活动,比如去博物馆、水族馆或文化中心等做实地考察旅行等。2003年,这个活动已经演变为暑期阅读活动的一个重要项目。2004年,该活动已经扩展到了美国11个不同的地方②。

②图书馆与学校联合促进阅读活动

公共图书馆可以而且应该与学校联合,共同开展阅读活动。例如,匹兹堡的卡内基公共图书馆与匹兹堡公立中小学联合开展了深入到学校的暑期阅读活动,名为Bringing Libraries and Schools Together(BLAST)。自2002年起,这个活动不断扩大范围,与更多的学校合作。针对于从幼儿园到五年级的低收入家庭的学生,BLAST的成员在活动周访问每一所参与的图书馆。通过这项活动,低收入阶层的儿童能够参加他们以前没有参与过的暑期阅读活动。卡内基公共图书馆在此项活动中选择适合学生们的年龄并有一定挑战性的图书,引导学生更专注于阅读。并且,每个班级的活动内容有所不同,老师们还会提出建议做进一步的改进。

③基于网络的阅读活动

信息时代的图书馆不可回避地应该开展网络阅读活动。美国纽约的布鲁克林图书馆、纽约公共图书馆和Queens图书馆联合开发了一个为儿童提供他们感兴趣的书籍的网站。除了可以阅读其他儿童写的读后感,他们也可以自己编写读后感给同龄人看。居住在纽约市区的儿童可以参加特别活动并赢取奖励。其他的图书馆暑期阅读活动网站还提供互动游戏和阅读书目。

---

① 杨美华.绕着地球跑:世界各国的阅读运动.新世纪图书馆,2003(3):12.

② Colleen Boff, Robert Schroeder, Carol Letson. Building uncommon community with a common book: The role of librarians as collaborators and contributors to campus reading programs. Research Strategies, 2007(20):271~275.

④服务型阅读活动

目前，许多公共图书馆提供单纯的阅读激励和奖励措施，但是图书馆还可以和一些社会公益活动相结合，开展服务型阅读活动。例如，Heifer International（小母牛国际组织）是一个致力于结束世界性饥饿和挽救地球的国际组织。美国25家图书馆和其他组织与其签署了协议，参与该活动的儿童凭借其阅读书籍的时间或数量帮助该组织得到赞助。加拿大的一个图书馆(Colchester－East Hants Regional Library)为该组织赢得了2000美金的赞助用于为发展中国家购买牲畜。

3 泰达图书馆儿童阅读活动

天津市泰达图书馆档案馆地处天津经济技术开发区行政、金融、文化的中心区域，作为天津开发区投资环境的重要组成部分，是国内唯一一家实行图书、档案、情报一体化管理的区域性文化机构。泰达图书馆档案馆总投资4.5亿元，建于2002年1月，2003年12月正式开馆。该馆的儿童部面向天津经济技术开发区3～15岁少年儿童、教育工作者开放，设有亲子阅览区、中小学生阅览区、多媒体电子阅览区、活动室、儿童剧场、儿童培训教室六个区域。坚持以少儿读者为中心的服务原则，实行免证、免费阅览，最大限度满足少儿读者的阅览需求。此外，该馆不定期举办讲座、咨询、辅导等各种学习活动，为广大开发区少年儿童及家长、教育工作者释疑解难，力争成为开发区少年儿童的文献信息中心、素质教育基地。

泰达图书馆的网站上专门设有"少儿天地"版块，提供多种信息，内容丰富新颖，包括影视剧场、新书推荐、名著导读、作品展示、益智乐园、网上导航、健康指南等内容，旨在服务少年儿童[①]。具体内容如表1所示：

表1 "少儿天地"网站现有内容介绍

网站所设栏目	具体内容
影视剧场	少儿阅览室内设有电视机，连续播放动画片；有十几台电脑可在线观看影视；还有大量DVD可现场播放或外借等，方便儿童的特殊需求。
新书推荐	《魔法小仙女——玩具王子嘟噜奇童话系列》 《最后一块拼图》 《我给海妖当家教 ——小布老虎丛书》等33种新书
名著导读	《三个火枪手》/彩色世界经典文学名著系列（注音版） 《孤雏泪》/世界少年文学精选 《铁假面具》/世界少年文学精选 等19种著作
作品展示	鲁子敬作品展
	"我的梦想"——滨海少儿书画展览
	新书导读专栏
	阅读指引卡
	黄中圆作品展
	"美丽夏天·爱护环境"主题手抄报作品展

① 泰达图书馆档案馆网站. http://www.tedalib.gov.cn/setd/index.jsp,2009.2.2

续表

网站所设栏目	具体内容
益智乐园	海洋——蓝色资源宝库
	太阳、月球、星星
	环保 健康
	节日纵谈
网上导航	优质儿童网站推荐名单，包括综合性儿童网站、儿童英语、教育资源、论坛、童话及阅读五部分。
健康指南	牙齿的秘密
	预防近视最佳年龄
	把握宝宝健康从手开始行动

从表 1 可以看出，自 2003 年 12 月正式开馆至今，泰达图书馆在少年儿童阅读活动的推广和教育方面取得了很好的成绩：1. 泰达图书馆设有少儿藏书和阅览外借设施，使得当地少年儿童至少有了自己的阅读场所，让较多未成年人和少年儿童从小养成阅读和自学的好习惯；2. 泰达图书馆在开展少儿服务方面，基本设立了儿童书专藏，开辟了专门的阅览室，并安排专职或兼职的儿童图书馆员负责相关工作，形成了此项工作的发展基础和长效机制；3. 泰达图书馆广泛开展各类少儿服务活动，指导少年儿童阅读和上网查阅资料，对在校教育之不足形成补充。该馆通过网站来进行推广活动，在网页上设立书籍推荐的栏目，告知读者最新的、最受欢迎的和最有价值的图书，并且各种活动的情况和成果都会在网站上发布出来，符合当今信息时代人们迅速获取信息的要求。4. 在为少年儿童提供阅读服务的时候，将他们的家长也作为推广对象，营造一份亲子阅读的氛围，让孩子在父母的教导下去阅读。而家长为了让自己的孩子能从书本上吸收知识，也必然会努力提升自己的阅读知识，希望作为孩子们学习的一个榜样。5. 极大地完善了公共图书馆的职能。

4 泰达图书馆儿童阅读活动的不足

表 2　泰达图书馆 2006 年至今所举办的儿童阅读促进活动

活动时间		活动主题
2006 年	9 月	泰达图书馆小志愿者排班表
		小读者互动作品展活动启动
		黄中圆作品展
		“美丽夏天 · 爱护环境”主题手抄报作品展
2007 年	1 月	“我的梦想”——滨海少儿书画展览
	4 月	两会专题图片展
		植树节图片展
2007 年	6 月	版画藏书票免费培训活动
	7 月	“艺缘彩金沙画”培训
2008 年	1 月	第二届“枫叶杯”全国青少年儿童书法绘画艺术大赛
	11 月	开发区第三届中小学生读书活动总结表彰大会召开
2009 年	3 月	弘扬传统文化，朗诵古典诗词图片展
		“保护环境，从我做起”图片展
		“爱牙日”图片展

表2列举了泰达图书馆2006年至2009年3月期间举办的一系列儿童阅读促进活动①，我们可以看出，泰达图书馆虽然在儿童阅读方面取得了很好的成绩，但是还存在许多的问题和不足。

4.1 阅读促进活动形式可以更加多样化

从上面的表2可以看出，目前泰达图书馆的儿童阅读促进活动主要形式有图片展览、朗诵比赛、阅读比赛、书法绘画大赛、书籍推荐、培训活动、专题讲座等传统的和常见的基本形式。阅读比赛或其他评选活动也会使用奖品作为经常的激励手段。这样的做法在一定程度上的确有其积极的作用，但是这容易让参与者模糊了阅读的真正意义。单纯的书籍推荐是用书籍本身的内容吸引读者，容易让人觉得是"为了阅读而阅读"。而用奖励作为吸引阅读的方式，更加避免不了以追求奖励为目的的阅读。阅读促进活动应该强化阅读作为一种工具。比如，可以将阅读与中小学课程学习相结合，让学生通过阅读了解课程内容的相关知识。又或者将阅览室的一角布置得像家庭一样温馨，令读者在阅读的过程中感到放松自在，吸引他们利用阅读这种方法达到自身的目的。

4.2 缺乏长期性、系统性、计划性

图书馆的各个活动相互独立，显得零乱、分散，没有用统一的儿童阅读推广的思想内核将其串成有机整体。泰达图书馆可以根据其自身的条件和特点，争取为每一名儿童制定个性化的、长远的阅读计划。毕竟，阅读习惯的形成和知识的积淀是一个长期的过程，只靠短期活动的开展，难以达到理想的效果。

4.3 未充分利用暑期时间

我国中小学生的暑假时间大约是七、八月，学生们有两个月的集中时间是空闲的，由表2可以看出，泰达图书馆未充分利用暑期这一有利时间开展阅读促进活动。美国小学生的暑期也很长，长达2个半月至3个月之久。相反的是，为避免儿童荒废学业，帮助儿童读书，在秋季开学时能有较好的学习表现，美国各地公共图书馆积极开展暑期阅读活动。泰达图书馆在这方面有所欠缺。

5 结语

总之，当今社会对阅读的要求越来越高。公共图书馆应积极开展儿童阅读促进活动工作，通过各种生动有趣的活动吸引他们到图书馆，让图书馆成为儿童文献信息中心、信息素养的培训中心和健康的课外活动基地，成为重要的思想品德和科学文化素质教育基地。如何有效地、高质量地开展儿童阅读促进活动，是国内图书馆界面临的一个课题，虽然谈不上是新课题，但如果从数量和品质上去要求则是一道难题。公共图书馆开展儿童阅读促进活动是一个复杂的系统工程，必须建立一个政府、学校、图书馆、家庭以及社会公众广泛参与的社会促进参与机制，让儿童成为快乐的读书人，让社会充满怡人的书香。

[参考文献]

[1] 于良芝.图书馆学导论.北京：科学出版社，2003：94.

[2] 张禹.阳光之旅——谈少儿图书馆中小学生阅读活动的开展.中小学图书情报世界，2007，

① 泰达图书馆档案馆网站. http://www.tedalib.gov.cn/setd/index.jsp，2009.2.2

(8):55～57.

[3] 邹婉芬.构建阅读社会——图书馆的使命与对策.图书情报工作,2007,(3):113～116.

[4] 文杰.少儿图书馆教育职能的延伸和拓展.图书馆工作与研究,2006,(2):110～113.

[5] 魏淙.中美公共图书馆之比较.情报探索,2008,(10):116～119.

[6] 张高峰.公共图书馆与学龄前儿童阅读群体培养.当代学前教育,2008,(4):42～44.

[7] Stephen C. Weiss. The origin of library instruction in the United states. Research strategies, 2003,(19): 236～242.

[8] 杨其慧.美国公共图书馆的儿童服务.图书馆工作与研究,2001,(3):57～59.

[9] 杨美华.绕着地球跑:世界各国的阅读运动.新世纪图书馆,2003,(3):12～15.

[10] 美国教育部网站. http://www. ed. gov/index. Jhtml,2009－4－11.

[11] Carole D. Fiore. Summer Library Reading Programs. New Directions For Youth Development, 2007,(114): 86～87.

[12] 华薇娜.美国儿童阅读扫描.山东图书馆季刊,2008,(2):28～31.

[13] Colleen Boff, Robert Schroeder, Carol Letson. Building uncommon community with a common book: The role of librarians as collaborators and contributors to campus reading programs. Research Strategies, 2007,(20): 271～275.

[14] 全勤.交流、感悟、思考——访问美国纽约布鲁克林区公共图书馆.新世纪图书馆,2008,(3):76～78.

[15] 泰达图书馆档案馆网站. http://www. tedalib. gov. cn/setd/index. jsp,2009－02－02.

[16] 黄丽萍.探析读者阅读心理 提高读者工作质量.图书馆工作与研究,2008,(9):88～91.

[17] 刘桂英,付国英.图书馆意识与阅读社会.图书馆理论与实践,2002,(3):20～23.

[18] 朱淑华.公共图书馆与儿童阅读推广.图书馆建设,2008,(10):62～65.

[19] Michelle Whitford. A framework for the development of event public policy: Facilitating regional. Tourism Management, 2009,(30): 674～682.

[20] Javad Soroor. Initiating a state of the art system for real-time supply chain coordination. European Journal of Operational Research, 2009,(196): 636～642.

[作者简介]

林晓莉,女,馆员,南开大学图书馆流通阅览部工作。

杨琴茹,女,南开大学信息资源管理系学生。

南开大学图书馆大事记

（1999 年～2009 年 8 月）

1999 年

寒假　老馆 102 中文开架借书处完成系统更换工作。为推进计算机集成化管理，图书馆利用寒假时间，圆满完成老馆 102 中文开架系统更换工作。此系统更换，共剔除利用率低的破旧图书 8000 余册，从中文图书总书库中挑选近 4000 册有关图书补充到开架借书处。按照新系统的要求，对 6.7 万册图书重新粘贴条形码，并对其进行典藏信息的录入。新系统的更换实现了该借书处的图书数据标准化，使其可以与馆内各借书处联网，便于图书馆集成化管理。同时，读者的借书权限更灵活，消除了原来对文、理科图书和中、外文图书借阅的限定，提高了图书利用率，受到读者的极大欢迎。

3 月　新赠图书阅览室开放。1998 年 12 月，我校召开图书馆工作会议，制定了“关于以个人或团体名义命名文库的规则”，以争取个人或社会团体向校图书馆捐赠图书，丰富充实馆藏。同时决定，在新馆 204 室开设以“南开文库”为主的“新赠图书阅览室”。

5 月 18 日　高教司副司长刘凤泰带领专家组到电子阅览厅视察。

5 月 19 日　教育部副部长周远清、高教司司长钟秉林等在南开大学党委书记洪国起、校长侯自新等领导的部同下，莅临图书馆指导工作，并参观电子阅览厅。图书馆馆长李治安、书记夏家善等人介绍了图书馆工作。

暑假　调整馆藏布局。3 月至 8 月中旬，分四个阶段有计划、有步骤地进行馆藏搬迁调整。调整图书总数 169 万册，其中新、老馆之间搬迁数为 109 万册，其余 60 万册为馆内调整。搬迁工作从方便读者使用出发，从集成化管理的需要着眼，实现了“优化布局，全面实行开放式借阅，改善借阅环境和工作条件，为图书馆集成化管理提供必要场所”等目标。

6 月 30 日　李建军晋升为研究馆员，张红云、郑文忠、程莉莉晋升为副研究馆员。

7 月　在全馆同志的共同努力下，图书馆在学校本科教学评估工作中取得优异成绩，受到学校与专家组的一致好评，荣获“本科教学优秀单位建设管理服务奖”。

8 月 11 日　李治安馆长任“教育部高等学校图书情报工作指导委员会”委员。

8 月 24 日　图书馆向大港区党校赠书，大港区副区长接受赠书并答谢。

9 月 10 日　图书馆第三届“馆员节”，馆龄满 15 年的馆员有：路泽田、陈成桂、贾翠芬、齐伊伦、冒国新、张胜、路泽荣、张富英、陈凤娥、夏春田、夏家善、王淑贵、郭德翠、吕月英、王金翠、孟令茹、刘忠祥、王刚、宋菁、江晓敏、杨文俊、张淑萍、邢宁、段茂葵、靳洁、吴隆基、戚津、陈啸山、欧阳桂荣、马晓梅、张焕宗。

10 月 7 日　在数学图书馆举行陈省身教授、肖盖教授文库命名仪式。

10 月 8 日　召开以“发扬优良传统，迎接世纪挑战”为主题的青年团员座谈会。会上，老馆员介绍了南开大学图书馆 80 年沧桑的历程和光辉的成就。青年团员们围绕着“如何继承发扬南开大学图书馆的优良传统，以全新姿态迎接新世纪挑战”展开热烈讨论。

10 月 15 日　图书馆获“南开大学田径运动会教工甲组团体总分第一名”和“教工组精神文明奖”四连冠。

10 月 15 日～25 日　在新馆大厅举办“庆祝南开大学图书馆建馆八十周年名人校友赠书展”，展出包括陈省身教授、王克昌先生、段开龄教授、周仲铮女士、鲍觉民教授、王赣愚教授和陆镜生教授等诸多国内外著名学者、知名人士的赠书。

10 月 17 日　《南开大学图书馆建馆八十周年纪念集》出版。

10 月 17 日　主办“南开大学图书馆八十周年”橱窗展览。

10 月 18 日　召开纪念建馆八十周年暨学术讨论会。邀请南开大学文献资源管理系钟守真教授、图书馆研究馆员胡安朋和副研究馆员何翠华就图书馆的现代化建设、参考咨询服务以及未来发展前景作学术报告。

10 月 19 日　在新馆举行“王克昌文库”、“冯文潜文库”命名仪式。旅日华侨王克昌先生捐赠人民币 2 万元，购进一批新书，命名“王克昌文库”。图书馆老馆长冯文潜教授的全部藏书赠送给图书馆，命名“冯文潜文库”。

2000 年

1 月 1 日　撤销借读者使用的图书卡片目录，以机读目录提供检索服务，覆盖老馆、新馆、经济管理学分馆和历史系资料室 1975 年后编目的全部中、西文图书。

3 月 31 日～5 月下旬　图书馆、电教中心、网管中心领导班子和领导干部集中开展以“讲学习 讲政治 讲正气”为主要内容的党性党风教育活动。

4 月 26 日　南开大学图书馆读者协会恢复建立，完成了机构设置，其主要任务是配合南开大学的各项教学科研任务和图书馆的读者服务工作。同时，制定“南开大学读者协会章程”。

4 月 27 日　读者协会会员参观善本、库本书库和电子阅览厅。

4 月　建成 CNKI(中国学术期刊光盘版)开放式镜像数据库，成为天津市 CNKI 知识网络管理中心和技术服务中心。

5 月 23 日　读者协会主办“野牦牛队报告会”，邀请野牦牛队书记梁权银、队员贡布扎西、号称“猎鹰”的尕仁青和以玩命出名的司机日嘎，为南开学子作精彩报告。

6 月 6 日　Unicorn 图书管理集成系统书目查询、流通模块试运行。

暑假　加大对校区分馆的文献投入，专门购买一批适合本科一年级读者使用的图书，并扩大阅览座位，为新同学营造良好的阅览环境。

暑假　完成新馆核心书库，文科参考阅览厅，学生文科阅览室，老馆中、外文理科阅览室近 14 万册图书馆藏信息录入工作。至此，本馆绝大部分图书的馆藏信息在校园网上均可查到。

暑假　文科借阅部调整布局，借、还书统一在二楼出纳台，并扩大出纳台面积，增加计算机机位，提高工作效率。

7 月底　历时半年多的中文期刊数据库完成第一阶段期刊建库任务，3900 条中文期刊数据装入新系统，提供读者使用。

9月1日　Unicorn图书管理集成系统全面开通使用。该系统的全面启用，使图书馆实现了采访、编目、典藏、流通、期刊，以及读者信息检索各项环节的集成化、网络化管理，各项工作纳入规范化、标准化轨道。

9月8日　图书馆第四届“馆员节”，馆龄满15年的馆员有：张红云、任爱平、孙玉宁、孔德利、刘家丽、冒乃健、朱子萍、钱晓津、张伯山、王芬吉、王娟、王广忠、刘森、张淑英。

9月10日　考虑到泰达学院学生的教学用书问题，图书馆决定为泰达学院学生增加开放时间。安排每周六上午为特定的开放时间，专门为泰达学院学生提供文献外借服务，与在校本部上学的同学享有同样的信息资源保障。

9月30日　组织我校各学科近百名学术带头人赴京参加第八届北京国际图书博览会。

9月～10月　图书馆开展“电子文献资源宣传月”活动暨第四届“优质服务月”活动。活动新增“向全校师生宣传图书馆Unicorn图书管理系统、免费举办电子文献资源利用系列讲座”等7项新举措。

9月　李治安教授离任图书馆馆长，学校任命阎世平教授为图书馆馆长。

10月6日　图书馆获“南开大学田径运动会教工甲组团体总分第一名”和“教工组精神文明奖”五连冠。

10月30日　南开大学文化素质教育展室正式向读者开放。暑假期间，素质教育阅览室由老馆迁至新馆304室，扩充了相关图书，增加了阅览座位。同时，“祖国的宝岛——台湾”专题展览随阅览室的开放与读者见面。

11月1日　为进一步加大流通开放力度，新馆文科借书处取消周三下午整理内务时间，每周累计开放时间达35小时。

11月～12月　落实南开大学人事制度改革，实行全员聘岗。图书馆按照学校总体要求和岗位设置方案，成立聘任领导小组，全体职工通过“双向选择”竞聘上岗。

11月～12月　经过竞聘、向馆聘任领导小组述职、择优通过的图书馆部门主任人选有：

办公室	主任：穆祥望	副主任：郭　明
采访部	主任：王慕义	副主任：王　莉
编目部	主任：张红云	副主任：杜　芸
文科借阅部	主任：刘建岱	副主任：路泽荣
理科借阅部	主任：蒋琳洁	副主任：孔德利
期刊部	主任：于　红	副主任：米瑞华
信息咨询部	主任：何翠华	副主任：翟春红
技术部	主任：程莉莉	
古籍特藏部	主任：江晓敏	
文献服务部	主任：冒乃健	
校区分馆	主任：范郁林	副主任：齐伊伦
经济管理学分馆	主任：张伯山	副主任：王芬吉

11月　李广生、唐根生被评选为“南开大学优秀思想政治工作者”。

12月25日～2001年1月12日　为了给学生提供一个良好的期末复习场所，图书馆部分阅览室开放时间延长1小时。

12 月 31 日　米瑞华晋升研究馆员，王刚、王莉、王雷、杜芸、穆祥望晋升为副研究馆员。

2001 年

3 月 26 日　新书展厅正式开放。该展厅位于老馆 301 室，与北京新华江扬网络技术有限公司联合开办，每两周更换一次新书样书，品种达 1000 余种。通过该展厅能够扩大图书馆选书范围，提高选书质量，缩短新书与读者见面的时间，满足广大读者需求，更好地为我校教学、科研服务。

3 月　图书馆开展“三个代表”重要思想学习实践活动。

4 月 8 日起　电子阅览开办定期免费培训服务。结合新近购买或正在免费试用期内的各种国外大型网络和光盘数据库，每次重点讲解一个数据库，时间为每周日 9:00。

4 月 16 日～21 日　阎世平馆长、李广生副馆长代表天津高校图工委组织本市部分高校图书馆馆长赴沪、宁访问调研。

4 月 25 日　校图书工作委员会人员调整，逄锦聚副校长任主任，阎世平馆长任副主任，李广生副馆长、夏家善书记任委员。

5 月 15 日　校图书工作委员会会议在行政楼会议室召开，副校长逄锦聚主持会议，校图书工作委员会(或委员代表)参加了会议，图书馆有关部门主任列席会议。会上，阎世平馆长向委员们通报了图书馆近年来的工作情况。与会委员就我校图书文献工作今后的发展方向和资源共享等问题进行了深入讨论。

5 月 16 日～6 月 13 日　图书馆读者协会在新图书馆开展“大四同学捐书”活动，收到 20 余人的 120 多册图书。

5 月 21 日　“211 工程”验收专家组一行在校长侯自新等校领导的陪同下来到图书馆，考察南开大学图书文献信息中心建设项目的实施情况。阎世平馆长、夏家善书记等馆领导接待，项目负责人李文祯教授汇报了“图书文献中心建设项目”的实施情况。

5 月 26 日　党总支组织全体党员和入党申请人，赴河北省平山县西柏坡革命圣地，参观中国共产党七届二中全会会址、西柏坡纪念馆、西柏坡纪念碑和“新中国从这里走来”革命史实展览。

6 月 8 日　图书馆党支部换届，新一届支部书记名单：

第一党支部　书记：王　莉　　副书记：穆祥望

第二党支部　书记：刘建岱　　副书记：孔德利

第三党支部　书记：于　红　　副书记：何翠华

经济分馆党支部　书记：刘庆亮

校区分馆党支部　书记：宋　震

6 月 12 日　召开南开大学院系书目数据库建设研讨会，阎世平馆长主持会议，夏家善书记、图书馆有关部门负责人、各院系负责人和资料室主任参加了会议。会上，就各院系开展书目数据库建库工作、实现我校文献资源共享展开讨论，并达成共识：争取以最快的速度完成我校书目数据库的建库工作。

6 月 15 日　在新馆大厅举办“庆祝建党 80 周年文献展览”，展览展出馆藏珍贵历史文献，以及记载革命烈士不朽功绩的图书、图片。展览由文科阅览部具体承办。

6 月　图书馆工会换届，新一届工会委员为：主席：陈成桂；组织委员：刘樱；宣传及文体委员:李力文;福利委员:郭明;女工委员:贾睿。

6月～7月　图书馆党总支换届,新一届党总支委员会成员名单:

党总支书记:夏家善	组织委员:刘建岱
宣传委员:李　培　穆祥望	纪检委员:李广生
统战委员:阎世平	青年委员:于　红

7月1日　在建党80周年之际,经基层支部推荐,全体党员选举,夏家善、穆祥望被评选为“南开大学优秀共产党员”,经济管理学分馆党支部被评选为“南开大学先进党组织”,受到学校表彰。

8月19日～25日　阎世平馆长参加在美国波士顿召开的第67届国际图联大会,本届大会的主题是“图书馆和图书馆员:知识经济的重要作用”。阎世平馆长顺访波士顿地区一些著名高校图书馆,带回了先进的图书馆管理理念和管理经验。

暑假　经济管理学分馆进行大规模内外装修,完成了更换窗户、外延装修、内墙粉刷、电路改造、灯具更换、天花板装修、厕所改造等工程。

暑假　老馆完成电线线路改造,各阅览室增加了照明亮度,各层大厅增设了照明和安全设施,为广大师生营造了一个良好的学习环境。

暑假　院系资料室建库工作正式启动,编目部、期刊部工作人员会同院系资料室,完成文学院资料室书目数据库建库工作,录入书目数据近2万条,典藏图书近3万册。

9月10日　图书馆第五届“馆员节”,馆龄满15年的馆员有:冯庆跃、王雷、米瑞华、郭明。

9月10日～13日　承办华北地区高等学校图书馆协作委员会第十五届学术年会,天津市高校图工委副主任兼秘书长阎世平馆长主持了大会,常务副秘书长李广生副馆长负责具体组织工作,会务工作由南开大学图书馆担任。参会代表来自华北地区66所高校图书馆和五省市自治区高校图工委负责人、国家教育部和天津市教委领导、图书馆界专家共计186人。提交大会论文共77篇,其中,我馆论文6篇,董蓓、徐良代表我馆出席会议。

9月～10月　开展第五届“优质服务月”活动,主题为“面向学科建设,深化信息服务”,推出“向全校师生进一步宣传馆际互借服务、建设我校重点学科导航库”等8项服务举措。

10月　根据学校统一安排,完成2000年第一次岗位聘任之后的第二聘期的续聘工作。

11月28日　天津市CNKI培训基地在我馆成立。基地落成仪式由李培副馆长主持,夏家善书记、李广生副馆长、原馆长冯承柏教授,以及清华同方光盘股份有限公司副总经理张群山先生发言,来自天津市40多个单位的80多位代表参加了会议。

11月　接受已故杨石先教授家属赠书。天津大学杨启勋先生将其父杨石先教授所藏大部分图书捐赠图书馆,其中包含线装书45种49函,另有各类中外文图书数百册。

12月7日　图书馆资深馆员殷子纯研究员为全馆读者服务部部门作题为“文献检索的思路与方法”的专题讲座。

12月8日　读者协会组织读者协会会员及天津大学学生新闻社成员共40人,参加在新馆电子阅览室举行的“如何使用图书馆数据库”的专题讲座。

12月20日　与天津大学图书馆签订“南开大学一天津大学图书馆馆际互阅协议”为两校硕士生以上的读者发放通用借阅证,可以在两校图书馆享受与本校读者同样的服务。这一新举措成为两馆开展合作的良好开端。

12月31日　李广生、董秀敏晋升为研究馆员,于红、马晓梅、冒乃健晋升为副研究馆员。

12 月　图书馆主页正式开通“网上信息咨询台”，设“理工学科、人文学科、经济管理学科、期刊、数据库、校区分馆”6 个咨询区，为读者利用图书馆创造了现代化的方便条件，提高了工作效率和咨询服务质量。

2002 年

3 月 18 日　馆刊《读者之友》出版第 19 期增刊——《老师专刊》，内容为“利用图书馆指南”，专门为平时教学任务繁忙的教师介绍图书馆网络化、现代化的服务内容和方式。

5 月初　阎世平馆长、原馆长李治安教授访问美国辛辛那提大学图书馆。访问期间，阎世平馆长应邀作了“中国高校图书馆电子文献资源共享的发展概况”的学术报告，并就两校图书馆的业务交流进行初步探讨。

5 月 11 日～6 月 2 日　读者协会组织“大四捐书”活动，接受各类赠书 300 余本。

5 月 17 日　杜芸、刘欣、邓克武、阎彦、刘樱、李守军、陈治参加 2002 年自愿无偿献血。

5 月 25 日　组织我校近百名老师和科研人员到第 9 届北京国际图书博览会选书，为我校文科专款、外国理科教材中心、世界银行贷款、振兴计划等项目选购新书。

5 月 30 日　香港中文大学图书馆馆长助理黄潘明珠女士一行 3 人访问图书馆，参观了信息部和古籍部。阎世平馆长、夏家善书记、李培副馆长向其介绍了我馆概况，双方就进一步交流与合作交换了意见。

5 月　在全校范围内开通美国 Black-well 集团网上选书系统，广大师生均可通过该系统向图书馆推荐图书，从而更有针对性地反映各个学科的需求，做好国外原版图书的选购工作。

6 月 14 日　邀请军事教研室艾跃进老师，就服务艺术的问题向全馆职工作题为“爱岗敬业，立志成才”的专题讲座。

9 月 9 日　南开大学图书馆由于书目数据质量整体水平较高，晋升为 CALIS 联合目录 B 级成员馆。

9 月 10 日　图书馆第六届“馆员节”，馆龄满 15 年的馆员有：王尧、石得旭、程莉莉、刘樱、李志毅、刘庆亮、刘一玲、连莲、梁淑玲。

9 月 18 日　新馆学生文科阅览室和老馆中文理科阅览室延长开放时间，从 6:30－23:30 连续开放 17 个小时，加大服务力度，受到师生好评。

9 月 23 日　学校任命柯平教授为图书馆副馆长。

9 月 30 日　第三聘期岗位聘任工作中，经过本人申报，择优竞聘，图书馆部门主任聘任人选：

办公室　主任：穆祥望　　副主任：刘忠祥

党总支　秘书：李力文

中文采编部　主任：张红云　　副主任：王　莉

外文采编部　主任：李志毅　　副主任：杜　芸

文科借阅部　主任：刘建岱　　副主任：路泽荣

理科借阅部　主任：蒋琳洁　　副主任：孔德利

期刊部　主任：于　红　　副主任：朱万忠

信息咨询部　主任：何翠华　　副主任：翟春红　唐承秀

技术部副主任：王海欣

古籍部　主任：江晓敏

文献服务部　主任：冒乃健

经济管理学分馆　主任：张伯山　　副主任：王芬吉

校区分馆　主任：范郁林　　副主任：齐伊伦　宋　震

9月　实行学科馆员制度，由米瑞华、梁淑玲、王淑贵、胡安朋、董秀敏5名学科馆员承担化学学院、经济学院、文学院、生命科学学院、马列学院等13个院系的信息交流与联系工作。

9月～10月　根据学校统一安排，完成第三聘期岗位聘任工作。

10月30日　柯平副馆长带队，学科馆员赴京考察学习北京大学、清华大学图书馆的学科馆员工作经验，并进行深入的讨论和交流。

11月1日　读者服务部门一行6人赴沪、宁高校图书馆考察，参观复旦大学、南京大学等7所高校图书馆，学习先进管理理念和做法，受益匪浅。

11月2日　在泰达体育场召开的学校运动会上，图书馆获得拔河比赛第一名。

11月20日～22日　柯平副馆长和邓克武老师参加在武汉大学召开的首届"信息化与信息资源管理"学术研讨会，并分别作报告和发言。

11月25日～30日　阎世平馆长参加天津市教委组织的天津高校图书馆馆长及天津市高校数字图书馆项目管理中心赴港澳考察活动，访问了香港中文大学图书馆、香港大学图书馆、香港科技大学图书馆和澳门中央图书馆。

11月　老馆101室开辟为自修室，在二楼大厅摆放自习桌，共计增加阅览座位200席，缓解学校教室资源紧缺的压力。

12月5日～8日　图书馆、教务处与中国教育图书进出口公司联合举办"2002年国外原版教材巡回展览"，集中展示了代表当今世界各学科最新发展水平、国际领先的最新教材图书1400余种，涵盖文理科近20个学科领域。

12月24日　在评选南开大学优秀思想政治工作者和党政管理工作活动中，阎世平获一等奖，夏家善获二等奖。

12月31日　张伯山、何翠华晋升为研究馆员，梁淑玲、唐承秀、齐春英、张微晋升为副研究馆员。

2003年

1月3日　SCI数据库正式在校园网范围内开通，我校成为天津市唯一拥有SCI使用权限的高等院校。

寒假前　中文编目部对历史学院书目数据库进行更新与维护，完成历史学院资料室1700余册图书的编目工作。

2月　图书馆主页改版，以清新、简洁的界面为广大读者提供更加便捷的服务。

3月　完成世行贷款第一批订单签约，主要购买化学、物理、生物等学科的外文图书304种，弥补了图书馆理科外文书的短缺，丰富了馆藏。

3月5日　图书馆团总支以"实践'三个代表'，弘扬雷锋精神"为主题进行学习雷锋精神的宣传活动，发起"爱书护书"行动，向全校读者发出"爱书护书"倡议书。

3月10日　文科部成立新书阅览室，将原先入藏到核心库、只供研究生以上人员阅览的新书，先行存放在新馆502教参阅览室的新书架上展阅，缓解读者"见新书难"的矛盾。

项工作的开展;对广大党员和干部而言,评估是一次深刻的教育,以评估为契机,进一步总结经验、改进工作,达到以评促建、以评促改的目的。

4月1日　电子阅览室在全面更新设备后,又在计费方式上进行了改革,并推出提示服务等方面的更为便捷、温馨的服务举措,受到读者的欢迎。

4月2日　在泰达学院举办"图书馆业务骨干培训班",邀请国际商学院的白长虹教授结合图书馆提高服务质量问题,专门讲授学术界关于服务管理的最新理念;由图书馆选派到香港地区图书馆进修考察的两位同志,汇报其先进服务理念和管理经验。让全体业务骨干共同开阔视野,拓宽思路,改进创新,以最少的经费开支换取更大的业务收益。

4月15日　在校本部图书馆开通校区读者的借阅权限,这一举措改变了以往本科一年级的读者只能在校区分馆借阅图书的限制,满足了他们的借阅需求,充分实现了校区分馆与总馆的资源共享。

4月17日　日本千叶工业大学教授金山彦喜先生亲携日文原版书籍百册来津,赠送给南开大学图书馆,阎世平馆长授予金山先生感谢状和赠书纪念卡。

5月23日　图书馆党总支以"老一辈洒热血,求民族解放;新一代献青春,建全面小康"为主题,举行了一次具有特殊意义的党日活动,为"百年南开"系列宣传活动增添了光彩。

6月24日　图书馆邀请了老馆长、著名地方志专家来新夏教授作了"天津设卫筑城600年"的学术报告,让全体职工了解天津、热爱天津、献身天津,大家受益匪浅。

7月1日　为了在图书馆掀起学习先进、争创先进、赶超先进的热潮,党总支在总结图书馆管理、服务工作中涌现的先进事迹的基础上,评选湾世平为校级优秀共产党员,图书馆第一党支部为校级先进党支部。同时,评选出8名馆级优秀党员,设立光荣榜,激发广大党员和职工的工作热情。

7月14日～20日　由全国高校图工委主办,天津市高校图工委、南开大学教务处和图书馆共同承办的"全国高校图书馆馆长培训班"在天津市教师培训基地隆重举行,来自全国21个省、市、自治区43个图书馆的48名馆长参加了培训。培训班是在图书馆从传统到数字化转型的形势下举办的,变革和创新成为研讨的主旋律,培训班在教学上突出了学术性、导向性和时效性,聘请了全国图书馆界的8位知名学者讲课,包括教育部的领导、著名大学图书馆馆长、图书馆学博士生导师,授课内容主要围绕高校图书馆事业与图书馆学理论、图书馆资源建设与服务创新、数字图书馆与CALIS建设、图书馆新馆建设四大主题展开。

8月21日～27日　李广生副馆长赴阿根廷布宜诺斯艾利斯参加第70届国际图联大会。本届年会的主题为"图书馆:教育与发展的工具"。

8月25日　为了纪念邓小平百年诞辰,举办"邓小平生平与邓小平理论馆藏文献展",受到读者欢迎。

9月3日　图书馆组织全校各院系有关教师参观了第11届国际图书博览会,并发放"推荐图书单",鼓励广大教师为图书馆推荐最新的专业图书资料。

9月10日　全体职工共同欢庆了第八届"馆员节"。馆龄满15年的馆员有:唐承秀、宋震、穆祥望、贾睿、任志勇、张农、栾振华。副校长陈洪教授出席大会,并作了精彩的讲话,肯定了图书馆在为南开的建设上贡献了力量,在为教学科研服务上创造出了佳绩,希望进一步加强文献保障体系建设,为实现全校资源共享再造辉煌。

9月15日　图书馆举办"以人为本,树立服务新理念;关爱读者,塑造馆员新形象"的主题宣传月活动，将图书馆主要服务项目集中推向读者，以期让师生更加了解图书馆、充分利用丰富的资源，同时倾听读者的反馈信息和需求，促进图书馆工作的深入发展。

9月17日　第四聘期岗位聘任工作，本着“稳定大局、强化激励、提高管理”的原则，结合图书馆特点，制定了适合本馆实际的聘任方案，充分发挥每个工作人员的兴趣、爱好、特长和个性，把人的个性看成重要价值，大胆任用能独当一面的人。本次聘岗对部门主任做了较大的调整，动员多年从事管理工作、年龄偏大的老主任承担业务指导工作，让年富力强、专业背景强的中青年骨干充实到部门主任岗位上，在23个管理岗位中有13位同志为新上任，平均年龄下降了6岁，较好地完成了“传帮带”。

新任部门主任名单

办公室　主任：穆祥望	副主任：刘忠祥
党总支　秘书：李力文	
中文采编部　主任：张红云	副主任：王　莉
外文采编部　主任：杜　芸	副主任：王　刚
文科借阅部　主任：刘建岱	副主任：路泽荣
理科借阅部　主任：孔德利	副主任：王迎九
期刊部　主任：于　红	副主任：任爱平
信息咨询部　主任：翟春红	副主任：邓克武
技术部　主任：王海欣	副主任：赵　麟
古籍特藏部　主任：江晓敏	
数字资源部　副主任：梁淑玲	
经济管理学分馆　主任：张伯山	副主任：刘一玲
校区分馆　主任：宋　震	副主任：刘　樱

11月1日　为了给广大同学创造更好的学习环境，图书馆又推出新举措，将老馆四楼办公室腾出来，改建为一个拥有80席座位的自习室，再一次扩大了学习空间，缓解了阅览室的压力。

11月3日～7日　阎世平馆长、赵铁锁书记和李培副馆长赴韩国参加“东亚大学图书馆协议会”创立大会。南开大学图书馆和中国人民大学、辽宁大学、韩国江原大学、日本早稻田大学、俄罗斯 Ikutsk University、越南河内国立大学图书馆一起成为首批协议成员单位。与会馆长一致表示：愿为增进五国七校在文献资源建设与专业人才培养的多项交流而共同协作。

11月15日　柯平副馆长应邀赴嘉兴，为浙江省图书馆学会第九次学术研讨会作了“图书馆知识管理与知识服务”的学术报告。

11月15日　图书馆举办了“来新夏教授赠书仪式”，著名史学家、原南开大学图书馆馆长来新夏教授向图书馆赠送了他本人最新出版的著作和一批旧著及个人藏书共300余册。赠书仪式上图书馆新、老馆员济济一堂，述往怀今，忆图书馆艰苦奋斗的创业史；共话未来，展望新技术革命路的宏伟蓝图。

11月26日　图书馆邀请了天津高校图书馆数字化管理项目中心主任、原南开大学图书馆馆长冯承伯教授作了题为“美国高校图书馆新气象”的专题讲座。

12月4日　为了纪念伟大的国际数学大师陈省身先生，南开大学在新图书馆设置灵堂，接待各界人士吊唁。

12月9日～10日　柯平副馆长赴香港参加由美国加州技术学院图书馆和香港科技大学图书馆联合举办的“数字学术文献库开发:经验与挑战”国际会议。会议以美国、欧洲和亚洲的一些数字学术文献库为基础,以大学建立学术文献库为重点进行了深入的讨论。会后,柯平副馆长访问了香港浸会大学图书馆和香港城市大学图书馆,进行了友好的交流。

12月10日　为了纪念伟大的国际数学大师陈省身先生,为了让陈先生的精神永远激励全体南开人,图书馆和数学图书馆合作在新图书馆大厅举办了“纪念陈省身先生文献展览”,旨在让南开人化悲痛为力量,更加珍惜机遇,更加紧密团结,更加奋发有为,把陈省身先生未竟的事业开展下去,并发扬光大,为把南开大学建设成为国际知名的高水平大学,为实施科教兴国战略而努力奋斗。

12月17日　图书馆邀请南开大学宣传部部长李毅教授为全体职工作题为“加强党的执政建设的思想意蕴——学习《中共中央关于加强党的执政能力建设的决定》”的辅导报告。李毅教授运用了许多生动的实例从不同层面、不同角度进行了阐述,使大家对《决定》有了进一步的理解,一致表示:对于图书馆来说,执政能力就是要提高管理水平,服务育人,更好地为教学科研提供优质服务。

12月31日　新年来临之时,领导班子给每一位职工寄去带有馆长、书记亲自签名的贺年卡,感谢他们辛勤的工作及其家人的大力支持,送去温馨的祝福。贺卡虽小,却传递着关爱和情谊。

12月31日　王娟萍晋升为研究馆员,翟春红、任爱平、刘忠祥、邢宁、栾振华晋升为副研究馆员。

2005年

3月12日　经学校批准,图书资料系列从2005年上半年起对职工进行岗位培训,逐步实行岗位资格认证,以促进馆员在技术、知识和服务等方面自我完善,使图书馆更好地为教学科研服务。培训由图书馆和图书馆学系共同承担,开设若干门图书馆学、情报学课程,每门课考试后取得合格证书,最后取得资格认定证书。12日下午召开开班典礼,图书馆全体人员、院系资料室人员、泰达学院及滨海学院资料中心人员参加了开班仪式。开设的第一门课程是中文编目。此举确实给大家创造了继续学习的机会,对工作起到了推动作用。

3月12日　王莉、王刚参加“第2届全国高等学校图书馆图书采访工作研讨会”,主要研讨图书采访工作业务规范,与会代表形成共识,编制了《高校图书馆采访工作业务规范》,成为今后一段时期高校图书馆采访工作的指导性规程。

3月19日　在南开大学评选“十五”立功先进个人活动中,图书馆馆长阎世平教授荣获天津市“十五”立功活动先进个人称号。

3月～4月　图书馆集中开展“电子信息资源宣传培训月”活动,通过学校主页、办公网、有线台、南开BBS、《南开大学报》、《读者之友》等媒体,进行广泛宣传,深入院系对师生进行专题培训,力求在全校营造现代图书馆信息服务的浓厚氛围,让全校更多读者了解我校丰富的电子信息资源,熟悉检索方法,更加适应现代信息服务方式,逐步转变传统的治学方式与方法。

4月1日　图书馆再一次延长电子阅览室的开放时间,这是继全部更新了设备和计费系统之后的又一举措。延长开放时间后,电子阅览室由原来的周开放68小时,增加到周开放86小时,做到了全天候为读者服务。同时,根据读者的需求增加了访问互联网国际网站的机器数量，由原来的16台增至144台。

4月20日　在南开大学与台湾的中国文化大学举行“缔结姊妹校”签约仪式上，赵铁锁书记代表图书馆接受了中国文化大学赠书，所赠图书中《中文大辞典》和《张其昀先生文集》，均为该校出版的代表性图书。会上，两校还交换了双方的图书出版目录，以供后续交流使用。

4月21日　纪晓岚研究会会长李忠智、中鼎文化传播有限公司总经理张思鹏亲携上海古籍出版社出版、八册二十四卷线装手抄印本《阅微草堂笔记》两函，赠给南开大学图书馆。图书馆副馆长李广生研究员主持了赠书仪式，图书馆党总支书记赵铁锁教授和纪晓岚研究会顾问、著名史学家来新夏教授参加了赠书仪式。《笔记》印本有石印、木刻、铅印等版本，手书本目前所知为第一次。该书既丰富了我校图书馆的馆藏，又能够让广大师生重新审视自己民族的传统文化经典。

4月29日　北京大学图书馆副馆长、CALIS管理中心副主任陈凌教授来图书馆作了主题为“数字图书馆建设和CALIS二期工程”的学术报告，从高校图书馆的发展、CALIS“十五”建设、共建共享体系、CALIS的定位与服务等几个方面阐述了数字化环境下高校图书馆范式的变化、信息资源建设、信息资源管理、数字化服务体系等内容。南开大学图书馆、资料室及天津市部分高校图书馆的工作人员参加了此次学术报告会。

5月20日　按照学校统一部署，图书馆经过了“三上三下”的程序选举出图书馆二级教代会。

5月25日～6月25日　第九届“优质服务月”活动，主题为“提高馆员素质，拓宽服务领域；深情关爱读者，共建和谐南开”。图书馆又推出提供“爱心伞”、开通“文献请求”功能、扩充教学参考专架、为毕业班同学提供温馨服务等六项服务举措。

5月30日　为了纪念抗日战争胜利六十周年，图书馆在教参阅览室举办了“纪念抗日战争胜利六十周年专题书展”，收集了数百种图书，包括历史事件、历史实录、人物日记等，吸引了很多同学参阅。书展成为了对学生进行爱国主义教育的好机会，使他们能够在增强历史使命感和社会责任感的同时更加刻苦学习，为祖国的现代化建设出一份力量。

5月30日　香港中文大学图书馆馆长Colin Storey先生和高级馆长助理黄潘明珠女士应邀来我校造访，张静副校长接待了客人，国际学术交流处乔明强处长和图书馆阎世平馆长、赵铁锁书记参加了座谈，双方就建设特色数据库建设和文献资源共建共享，以及互派人员学习交流等进行深入磋商。之后客人参观了图书馆。

6月3日　图书馆邀请了文学院陶慕宁教授为广大师生作题为“世情小说解读”的文学鉴赏讲座，引导读者领会名著精华，帮助读者提高文化素质。

6月22日　化学学院本科2001级全体毕业生，向图书馆惠赠书款和图书，以此回报母校培育之情，感谢图书馆提供的学习环境和优质服务。

7月23日　在中国图书馆学会举办“评选2001－2004年度优秀会员和先进学会工作者”活动中，南开大学图书馆李广生副馆长被评为“先进学会工作者”，穆祥望、翟春红被评为“优秀会员”。

8月21日　赵铁锁书记赴挪威、丹麦、瑞典、芬兰参加第71届国际图联大会。

8月22日　在校党委的统一布置下，图书馆党总支召开“保持共产党员先进性教育”活动动员大会，传达校党委关于认真搞好保持共产党员先进性教育活动的主要精神，对图书馆开展先进性教育活动进行了动员部署。校先进性教育活动巡视组刘新亭老师出席大会并作重要讲话。

8 月 26 日　党总支组织全体党员和入党申请人进行了义务劳动，用实际行动展示共产党员先进性，到蓟县革命老区开展以“奉献共产党员爱心，援助山区贫困学生”为主题的党性实践活动。

9 月 15 日　在“华北高校图协评选 2003－2005 年度先进个人”活动中，南开大学图书馆陈成桂、邓克武、宋世明被评为“先进个人”。

9 月　图书馆第九届“馆员节”，馆龄满 15 年的馆员有：孙媛霞、王玉、谷松、于筱纳、高丽娟、徐良、刘慧敏、宋世明、胡涛、李霞、王颖娴、贺杨柳、金彤、张志敏、赵瑞瑾、冯丽君、白静、刘建新、范志强、张炬。

10 月 23 日　图书馆接受了由华裔学者马大任发起的“赠书中国计划”中 6000 余册赠书，其中包括已故历史学专家袁澄教授 3500 余册和已故经济学专家王念祖教授 2500 余册，其中不乏西方学术著作中的珍本、善本。

10 月 24 日　南开大学图书馆与韩国江原大学图书馆签订交流协议，图书馆派于红同志赴韩国江原大学图书馆进行为期一个半月的交流访问，学习了其先进的管理方式和服务理念。12 月 16 日，接待江原大学图书馆金忠弼来我馆进行一个半月的访问交流。

12 月 2 日　图书馆开展“关爱特殊群体，创建和谐社会”的赠书活动，向天津监狱赠送书刊 5000 余册，天津监狱管理局领导亲自参加并组织服刑人员代表 100 人参加了赠书仪式，李广生副馆长代表图书馆作了深刻的教育讲话。此次活动《每日新报》、天津电台均有报导。

12 月 18 日　图书馆派王刚参加了由中国出版对外贸易总公司和厦门对外图书交流中心联合组建的“2005 年大陆图书展览参访团”，对台湾省图书馆进行参观访问。

12 月 31 日　陈瑞雪、陈学清、徐良、孙玉宁晋升为副研究馆员。

2006 年

1 月 12 日　召开全馆职工大会选举南开大学第五次教职工代表大会代表和第十四次工会代表大会代表。采取无记名投票、差额选举，票决出南开大学第五次教代会、第十四次工会代表大会图书馆代表 7 人。

1 月 13 日～18 日　完成新图书馆 5 楼线装书库的搬迁。图书馆员们放弃了周末休息，用了 5 天时间，顺利完成了近 138 700 册图书的搬迁工作。搬迁后，根除了顶楼夏季漏雨的痼疾，保护了古籍图书，同时减轻了师生为查阅古籍图书的奔波之苦。

3 月 1 日　举行香港中文大学图书馆馆长施达理(Colin Storey)先生、高级助理黄潘明珠女士受聘南开大学图书馆客座研究员的致聘仪式。副校长陈洪出席仪式并代表南开大学向他们颁发了聘书，校港澳台办负责人参加了致聘仪式。仪式后，施达理先生和黄潘明珠女士分别作了题为“The future of library profession”和“香港中文大学图书馆电脑和设施之管理与挑战”的学术报告，校图书馆、天津图书馆和市各高校图书馆部分馆长和业务骨干聆听了学术报告。

3 月初　图书馆中文期刊馆藏书目数据库试运行，从此告别了用目录卡片检索中文报刊的历史。

3 月 15 日　天津高校图书馆文献传递工作交流会在图书馆召开，天津市 20 余所高校图书馆与天津高校数图中心的有关领导和从事文献传递的专业人员 30 余人参加了会议。会议起到了推动文献传递工作的广泛深入开展，更好地发挥图书馆的文献保障职能的作用。会后，南开大学图书馆和天津医科大学、天津理工大学等高校图书馆签订了馆际互借协议。

3月15日～16日　在图书馆新书展厅举办了"2006年新书展示看样订货会"。现场展示了北京图书大厦2006年推出的包括文史哲、政治法律、经济、计算机等门类共5000余种新书样本。天津市多个高校图书馆来到现场选书。选中的图书信息可以在现场即时输入联网系统，凭借"网上书店"的优势使图书能够以最快的速度送上。

4月4日～14日　为化学学院元素所有机国家重点实验室举办与化学有关的数据库系列培训。11天内举办了5场培训，全面介绍了与化学相关的30多个数据库，详细讲述了近10个数据库的检索方法。这种上门培训服务的方式受到师生们的热烈欢迎，为教学科研提供了更强有力的推动与支持。

4月24日　坐落在迎水道校区分馆的美国"亚洲之桥"赠书转运站正式开幕，同时接待第一批来自本校各院系资料室及本市各高校图书馆选书。

4月29日　第一届全国文献编目工作研讨会在武汉召开，我馆陈成桂参加会议。会上，国内编目领域的专家与百余名同行代表针对伴随编目工作的变革而产生的一系列的热点问题进行了研讨。

4月29日　我校图书馆与香港中文大学图书馆签署了馆际互借协议。根据协议规定，双方每年为对方免费提供100篇文献。

4月30日　在庆祝"五一"国际劳动节表彰暨座谈会上，图书馆工会获"2005年天津市高校工会工作先进集体"荣誉称号，工会主席陈成桂荣获"天津市高校优秀工会积极分子"称号。

5月1日～7日　对电子阅览室所有计算机进行软件更新。此次软件更新，除了预装Office、CajViewer、Acrobat Reader、维普阅读器等常用软件外，还在图书馆主页上发布了调查表，向全校师生征集意见，根据大多数读者的需要进行软件的安装调试，为读者提供了一个方便的上网阅览环境。

5月9日　在南开大学哲学社会科学研究优秀成果奖励大会上，图书馆李广生研究馆员、张立彬副教授获得学校2005年度科研奖励。

5月11日～13日　第三届全国高等学校图书馆文献资料建设工作研讨会在武汉召开，王刚代表图书馆参加会议，并就承担的"普通高等学校图书馆文献招标采购指南"项目作了主题发言。

5月17日～6月2日　由陈成桂等10名队员组成的图书馆女队，参加2006年南开大学教职工排球赛，经过奋力拼搏，获得了女子组第三名。

5月26日　召开党总支换届选举全体党员大会。大会听取并审查上一届党总支委员会的工作报告，《报告》全面总结了几年来党总支取得的成绩，找出存在的问题和不足，指明今后的发展目标和主要任务。大会同时选举新一届党总支委员会，选举采取差额、无记名投票方式，结果为阎世平、穆祥望、刘建岱、赵铁锁、李广生、李培、于红等7人当选，组成新一届总支委员会。

5月26日　邀请中国图书馆学会副理事长、北京地区图书馆协会秘书长、首都师范大学图书馆胡越馆长作题为"高校图书馆评估与图书馆的可持续发展"的专题讲座。天津市各高校、高职高专图书馆馆长及相关人员计200多人聆听了报告。报告对天津市高校、高职图书馆如何面对评估具有指导性作用。会后，天津市各高校图书馆馆长展开热烈讨论。

5月27日～6月3日　由副馆长李广生研究员带队，图书馆一行7人开展了为期8天的西行考察，到西安交通大学、西安电子科技大学、陕西师范大学、兰州大学、青海大学、青海师范学院、青海民族学院等图书馆参观学习。

6月2日　经济学分馆装修改造工程竣工。校党委书记薛进文和副校长逄锦聚出席典礼并剪彩。经济学院、图书馆、有关职能部门领导、教职工和学生代表参加了典礼仪式，图书馆党总支书记赵铁锁主持竣工典礼并致词。装修后的经济学分馆初步具备了现代图书馆的功能，工作环境和读者的阅览环境得到大大改善。

6月13日～22日　按照学校统一安排，图书馆开展第五聘期岗位聘任工作。本次岗位聘任原则上不做大的调整，对3个部主任空缺岗位进行公开招聘，经个人自愿申报、述职，由馆聘任领导小组集体研究，最后决定：陈学清担任中文采编部副主任，邹佩丛担任流通阅览部副主任，特聘刘建岱为流通阅览部主任。

6月23日　图书馆党总支开展先进党组织、优秀共产党员的推选工作。评选第二党支部为南开大学先进党支部，王莉为天津市教卫系统优秀党务工作者，赵铁锁为校级优秀共产党员。同时，评选出11名馆级优秀党员，广泛树立典型，以进一步激发图书馆党员和职工的积极性和创造性。

6月30日　为迎接建党85周年，在图书馆新馆举办以"党的旗帜耀南开，图书馆人献力量"为主题的图片展览。展览开幕仪式由馆长阎世平主持，校党委副书记杨庆山出席仪式并讲话，组织部长张景荫、宣传部长李毅参加，并于仪式后与图书馆全体党员和入党申请人、部分职工、读者共同参观了展览。

6月　为了解全馆职工对图书馆聘岗和未来发展的期望与要求，在馆领导的支持与全馆职工的积极配合下，由馆教代会牵头、馆工会具体实施，在全馆职工范围内进行了聘岗前的问卷调查。调查内容涉及"对自身岗位工作的评价"、"对图书馆管理工作的评价"、"图书馆未来发展与制约因素"、"图书馆的职工培训与激励机制"等方面。为掌握职工心态、预测和分析职工队伍中可能出现的问题以及新一期岗位聘任提供信息。

暑假　在迎水道校区管委会的大力支持下，校区分馆工作人员的共同努力下，完成了对校区分馆的大规模改造，包括：拆改破旧卫生间、更换门窗、重做楼顶防水层、粉刷外墙和楼道等，分馆的基础设施得到了根本的改善，以崭新的面貌迎接入校新生。

7月23日～27日　中国图书馆学会2006年学术年会在云南昆明召开，图书馆李广生副馆长等3名代表参加了会议。年会的主题是"图书馆发展与和谐社会构建"，王淑贵、米瑞华提交的论文《从两次读者抽样问卷调查看学科馆员的人性化服务》荣获一等奖，在分会场作专题发言，收到较好反响，并在点评报告中，作为优秀论文的例证。

7月27日～28日　教育部高等学校图书情报工作指导委员会二届三次会议在贵阳召开，图工委委员、各省图工委秘书长、特邀代表共73人出席了会议。会议的主题是"高校图书馆的人力资源管理"，会议针对高校图书馆面临的新形势与新问题，提出了新的思路和举措。柯平副馆长作为图工委委员参加了此次会议，并作为组长主持了小组讨论并向大会作了汇报。

8月5日～9日　CALIS联合目录用户发展委员会第三次会议在杭州市召开，我馆副馆长柯平教授作为CALIS用户发展委员会委员参加了此次会议。会议主题是为保证CALIS联机合作编目中心的可持续发展，及时收集用户意见并解决工作中发现的问题。

8月13日～17日　第一届中美大学图书馆馆长论坛在北京举行，本次论坛由北京大学图书馆与美国哈佛大学哈佛燕京图书馆合作主办。论坛邀请了美方哈佛大学图书馆、普林斯顿大学图书馆、康奈尔大学图书馆、达特茅斯学院图书馆、约翰·霍普金斯大学图书馆、哈佛燕京图书馆的馆长，同时中国大陆二十余所著名大学图书馆的馆长/副馆长也应邀参加，李培副馆长代表南开大学图书馆参加了此次论坛。

8月20日～24日　第72届国际图联大会在韩国首尔隆重召开，年会的主题是“图书馆：知识与信息社会的发动机”。来自100多个国家的5000余名代表参加了本次盛会，图书馆副馆长李广生、副馆长柯平、馆长助理穆祥望、中文采编部主任张红云参加会议。大会期间，韩国有37个图书馆向代表开放，天津代表顺访考察了韩国国立中央图书馆、济州大学图书馆、釜山大学附属图书馆。

8月30日　组织我校45名教师参加了第13届北京国际图书博览会。

9月10日　南开大学图书馆第十届“馆员节”活动，为满15年馆龄的馆员陈学清、王迎九、陈旭举行庆祝仪式，并与部分职工代表座谈。

9月16日～17日　2006中国科协年会在北京召开，柯平副馆长、陈成桂副研究员代表图书馆参加会议。年会以“提高全民科学素质，建设创新型国家”为主题。我馆有4篇论文入选本届科协年会，其中，陈成桂、穆祥望两篇论文获一等奖。会上，柯平副馆长作题为“科学阅读观与青少年创新素养培育”的主题报告，陈成桂副研究员作题为《高校图书馆在信息素养教育中的定位思考》的发言。

9月20日～23日　华北地区高等学校图书馆协作委员会第二十届学术年会在天津市蓟县隆重召开，年会主题是“与时俱进，发展创新，建设学习型图书馆”。大会由本届值年主席单位天津市高校图工委主持，南开大学图书馆具体承办。来自华北地区97所高等学校图书馆209名代表参加会议，大会交流论文218篇。本届年会是华北图协学术年会的二十年庆典。

10月18日～21日　受教育部高教司教学条件处委托，承办美国“亚洲之桥”基金会中国赠书项目2006年工作年会。教育部高教司教学条件处李晓明处长、“亚洲之桥”基金会副总裁牛顿·刘先生出席会议并讲话，中国海洋大学、大连理工大学、同济大学与南开大学图书馆有关领导参加会议。

10月26日～29日　首届“中国高等教育自然科学图书基金(专款)”发布暨研讨会在四川大学召开，王刚参加会议。中国高等教育自然科学图书基金资助项目的实施，将成为除“文科专款”和“理科专款”以外，引进国外原版图书文献的又一“专款项目”。

10月28日　饶子和校长与陈洪副校长在校教务处和图书馆等部门领导的陪同下，到图书馆视察并指导工作。饶校长了解了图书馆建设发展历程和工作情况后，做出重要指示：图书馆工作应进一步更新观念，加强校内外文献资源共享，并为未来发展做好规划，将图书馆建成受师生欢迎的信息资源中心。陈洪副校长也对图书馆迎接2007年本科教学评估工作做了具体的指示。随后，饶校长一行人到图书馆书库和各阅览室进行了视察，并与读者亲切交流。

11月2日　中欧国际工商学院“中欧文苑”主任高大伟(David Gosset)教授和南开大学兼职教授、中国驻保加利亚大使于振起教授访问图书馆，与馆员进行了有关数字图书馆建设的学术交流座谈会。会上，高大伟教授作题为“第三次信息技术革命与数字图书馆建设”的主题发言，并与馆员们展开了互动式交流。会后，于大使和高教授一行饶有兴致地参观了图书馆的电子阅览室和古籍善本阅览室，并对我馆的馆藏结构和未来的数字化建设提出了良多建议。

11月8日　图书馆、法学院和Wells公司在新馆会议室举办了“Wells法律教育奖学金”颁发仪式，我校法学院杨茜同学再次获得该项奖学金。

11月22日～28日　赵铁锁书记赴保加利亚与索非亚大学图书馆商讨交流合作意向并草

签合作协议。

12 月 31 日　陈成桂晋升为研究馆员，吴春、谷松、冒国新、惠清楼晋升为副研究馆员。

2007 年

1 月 9 日　阎世平馆长作为专家应邀参加教育部科技发展中心开展的第三批“教育部部级科技查新工作站”的评审工作。

1 月 18 日　在校党委主办的“2006 年度‘创最佳党日活动’”评选中，本馆党总支的“党的旗帜耀南开，图书馆人献力量”主题党日活动获二等奖。

1 月 22 日　天津市图书馆学会召开第六次会员代表大会，进行理事换届，本馆馆长阎世平任副理事长，副馆长李广生任常务理事兼副秘书长，副馆长柯平任常务理事兼学术工作委员会主任，办公室主任穆祥望任学术工作委员会副主任。

3 月 12 日　图书馆被评选为“南开大学 2005－2006 年度保密工作先进集体”。

3 月 12 日～19 日　中国高校人文社会科学文献中心（简称 CASHL）举行了为期 8 天的全国性免费文献传递活动。这是南开大学图书馆于 2006 年成为中国高校人文社会科学的学科中心后参加的这种全国性的免费文献传递活动。

3 月 15 日　我校图书资料资产清查工作开始，由图书馆牵头负责全校图书资料的清查工作，成立清查领导小组和工作小组，并制定清查工作整体方案和日程安排。

3 月 16 日　与天津高校图工委共同邀请了南开大学情报科学研究所所长、博士生导师王知津教授在图书馆报告厅作了题为“科学研究与论文写作”的专题报告，受到来自天津市高校图书馆 200 多名图书馆工作者的热烈欢迎。

3 月 21 日　在新图书馆举行了“天津高等教育文献中心授牌仪式”。天津市教委高教处处长刘欣教授参加会议并讲话，各高校图书馆馆长参加了仪式。

3 月 22 日　召开图书馆处级党员领导干部专题民主生活会，领导班子成员在认真总结工作的基础上，开展批评与自我批评。

3 月 23 日　“图书资料岗位培训班”第五学期课程开始，本学期共开展《文献资源建设》和《网络信息检索》2 门课程。

3 月 27 日　李广生副馆长在中国图书馆学会举办的“馆藏资源建设与文献采购招标研讨班”上作题为“图书馆文献集中采购工作规范与指南”的学术报告，旨在加强图书馆文献资源建设，规范图书馆文献采访工作。

4 月 10 日　接待斯坦福大学图书馆总馆长迈克尔·凯勒（Michael A. Keller）与天津市科协一行人来访。

4 月 10 日～12 日　北京图书大厦网上书店与南开大学图书馆共同举办“2007 年新书展示看样订货会”，书展取得了良好的效果，不少图书馆选购到了所需图书。

4 月 17 日～21 日　保加利亚索非亚大学副校长亚历山大·费多托夫与图书馆馆长伊万卡·颜科娃来访，受到关乃佳副校长接待。随后到图书馆参观，伊万卡·颜科娃馆长作主题报告，并顺访泰达学院图书馆、泰达开发区图书馆和天津市博物馆。

4 月 20 日　邀请中国科学院科学图书馆初景利教授来馆，为天津市各高校馆作题为《第二代学科馆员与学科化服务》的学术报告。

4 月 20 日　由于突然断电导致系统主服务器出现系统板故障，与 SIRSI 公司的技术人员进行远程合作，及时利用系统备份和每日备份将系统成功地转移到后备服务器上，以保证自动化系统在全馆范围内正常运转。

4月20日　阎世平教授离任图书馆馆长。

4月23日　副馆长柯平和外文采编部副主任王刚参加在上海大学图书馆召开的馆长论坛暨文献资源发展战略研讨会。

4月25日～5月1日　副馆长李广生和中文采访工作人员4人参加在重庆召开的第17届全国书市，即全国图书交易博览会。

4月　完善教学评估档案材料，形成“全校图书资料系列档案材料”。

5月13日～19日　组织天津市各高校图书馆馆长20余人，副馆长李广生带队，到广东省中山大学、广州大学、深圳大学城等各高校图书馆以及深圳市图书馆参观考察。

5月15日　由陈成桂、李力文等10人组成女队，参加校工会举办的教职工篮球赛，并获第三名。

5月16日　学校任命张毅教授为图书馆馆长。

5月17日　副馆长柯平参加在重庆召开的第五届全国目录学学术研讨会。

6月4日　在我校优秀思想政治工作者和优秀党政管理工作者评选中，我馆刘建岱、穆祥望两位同志由于在我馆党政管理工作中表现突出，被评选为二等奖。

6月17日　副馆长李广生与3名馆员代表参加在内蒙古自治区海拉尔市召开的第21届华北地区高校图书馆协会学术年会。

7月6日～8日　党总支、团总支组织19名党、团员赴河南省林州市红旗渠开展主题为“学先辈，战天斗地开凿红旗渠；励吾侪，齐心协力构建和谐馆”的党日活动。

暑假　完成新、老图书馆的维修改造工程。

8月3日　馆长张毅参加在兰州召开的中国图书馆学会七届三次理事会。

8月6日　李广生、柯平2位副馆长参加在西宁召开的教育部高校图工委指导委员会二届四次会议。

9月10日　开始实行以本科生教学服务为工作重心的新学期服务新举措，延长开放时间，读者利用率较高的2个阅览室实行14小时不间断开放；文科借书处周五下午增加开放；校本部的3个借书处周六上午开放并扩大接待范围，面向全校读者开放。

9月12日　由本馆承建的“跨国公司研究”专题数据库在CALIS“十五”全国高校专题特色库结项评审中，获得二等奖。

9月19日　柯平教授离任图书馆副馆长。

9月28日　图书馆党、政、工、团联合举办“锤炼知行能力、提高服务水平——图书馆知识竞赛”，校工会副主席王巍出席。通过竞赛，达到了提高图书馆职工的专业知识水平、更好服务本科生教学工作的目的。

10月11日　接受前香港特首董建华之妹金董建平赠书——《董浩云日记》。

10月12日　《图书馆规章制度汇编》出版。

10月12日～13日　组织职工参加南开大学2007年秋季运动会，取得图书馆6年来的最好成绩——教工甲组团体总分第三名，并蝉联精神文明奖。

10月15日　迎接教育部本科生教学水平评估专家到新馆和经济学分馆视察、评估。

10月16日　“数学学科网络资源导航”在CALIS“十五”“重点学科网络资源导航库”项

目管理组结项评审中，被评为导航库资源建设一等奖。

10月24日　党总支书记赵铁锁和朱万忠参加在青岛中国海洋大学召开的美国“亚洲之桥”赠书年会。

11月11日～14日　馆长张毅和副馆长李广生参加“2007全国图书馆学会工作会议暨2008中国图书馆学会秘书长联席扩大会议”，与各省市代表交流图书馆工作。

11月12日　由于在本科教学评估工作中成绩突出，图书馆被授予“2007年度本科教学水平评估工作优秀奖”。

11月28日　图书馆党总支大力宣传党的十七大，在图书馆橱窗布置题为《新起点、新征程——十七大》的图片展，在图书馆门前悬挂“学习贯彻十七大 争做优秀南开人”横幅，并制作同主题的宣传板报，供职工和读者共同学习。

12月11日　北京师范大学图书馆馆长刘利、副馆长王琦带队一行15人来访，与图书馆各部门主任座谈、交流。

12月12日～14日　在新图书馆与中国版图公司联合举办“台版图书展览”，展出台湾地区出版社最新出版的人文与社会科学方面图书4000余种。

12月21日　图书馆职工78人参加“南开大学喜庆党的十七大合唱音乐会”，获得二等奖。

2008年

1月4日～11日　图书馆团总支组织团员举行羽毛球赛和参观“周邓纪念馆”活动。

1月21日　为方便位于校外的教职工、研究生等人员使用数据库资源，图书馆正式开通IP通系统。

3月10日～17日　配合CASHL（中国高校人文社会科学文献中心）开展“四周年庆典暨年度特惠周”免费提供文献活动，为我校读者提供免费的原文传递服务，共提交文献传递申请226件。

3月16日～17日　李广生副馆长参加在杭州萧山区召开的“地方文献国际学术研讨会”。

3月31日～4月2日　参加辽宁北方出版物配送有限公司在广州举行的春季馆藏图书看样订货会，选购新书334种1177册，充实馆藏。

4月2日　参加天津高等教育文献信息中心2007年度工作报告会，就设在我馆的“文理文献中心”对天津高校的服务情况作总结报告。

4月14日～23日　图书馆团总支与读者协会和图书馆学系合作，利用“世界读书日”开展读者问卷调查，由读者撰写读书感受，推荐图书，在新图书馆大厅举办专题书展。

4月19日　穆祥望副研究馆员任图书馆副馆长。

4月26日～5月2日　参加在郑州举行的第18届全国图书交易博览会。

5月1日　图书馆首次实行“五·一”假期“无闭馆日”，配合学校做好学生的稳定工作，受到读者欢迎。

5月12日　经图书馆办公会讨论，决定对部分工作岗位调整如下：翟春红任办公室主任，王娟萍任信息咨询部主任、教育部科技查新南开大学工作站站长（兼）。

5月12日～16日　参加南开大学职工排球赛，由李力文、陈成桂、路泽荣、董蓓、于红、崔松子、张农、胡涛组成女队并获得第2名，由赵铁锁、路泽田、王刚、孔德利、石得旭组成男队并获得第5名。

5月19日　图书馆职工在新馆前默哀，沉痛悼念四川大地震的遇难者。

5月27日　主办天津市高校信息咨询部业务研讨会，来自天津19所高校的信息部主任参会，共同探讨目前图书馆信息服务中的前沿技术、存在问题以及应对策略。

5月30日　馆工会组织图书馆职工卡拉OK比赛，活跃馆内气氛。

6月10日～11日　日本高知大学副校长远藤隆俊教授来馆参观善本书库和普通古籍库。

6月23日～25日　召开领导班子民主生活会和职工代表大会，完成2007—2008学年度领导班子考核工作。

6月26日　与Elsevier数据库商重新签订订购协议，恢复数据库使用权。

6月30日　设计制作“走近奥运，融入书海”专题板报，宣传奥运小知识，公布图书馆收藏与奥运相关图书的书目。

7月7日～9日　古籍部主任江晓敏参加在吉林大学召开的全国高校古籍保护研究会2008年年会预备会，准备申报“教育部直属高校古籍保护中心”工作。

暑假 完成新图书馆各房间的照明灯更换工作，保证读者阅览环境。

8月10日～14日　赵铁锁书记参加在加拿大魁北克召开的“2008年世界图书馆与信息大会：第74届国际图联大会暨理事会”，大会的主题为“图书馆无国界：迈向全球共识”。

8月31日～9月20日　古籍部惠清楼参加国家古籍保护中心在辽宁省图书馆举办的第一期全国古籍编目培训班，培养古籍整理与修复人员。

9月1日　组织我校180多名教师参加在天津举办的第15届国际图书博览会。

9月12日　图书馆第十一届“馆员节”，满15年馆龄的馆员有：苏东、陈治。

9月17日～19日　副馆长李广生带队，参加在山西运城召开的华北高校图协第22届学术年会。

9月10日～17日　配合CASHL（中国高校人文社会科学文献中心）推出“教师节服务周”，免费提供文献活动。

9月～10月　开展资源服务宣传月活动，制作“图书馆利用FAQ”宣传板报和图书馆使用知识宣传展牌；设立宣传栏，读者可以自行取阅《读者指南》等各种宣传品。

10月～12月　李昕、宋世明参加在天津图书馆举办的第四期古籍修复技术培训班，为我馆的古籍保护与修复工作培养新的力量。

10月12日～16日　党总支书记赵铁锁和“亚洲之桥”南开大学图书馆赠书转运站负责人到大连参加“2008年教育部国际赠书转运工作会议”。

10月20日　参加2008年秋季运动会，获得教工甲组团体第二名及精神文明奖的好成绩。

10月24日　邀请知名学者、历史学、图书馆学专家来新夏教授来馆作题为《论国学》的学术讲座。

10月27日～11月28日　开展纪念改革开放30周年系列活动，举办专题书展，设计制作“打开记忆：纪念改革开放30周年”宣传板报，开展纪念改革开放30周年知识竞赛，党总支书记、党史专家赵铁锁教授作题为“改革开放是强国富民的必由之路”的专题讲座。

10月28日　张毅馆长、赵铁锁书记带队，各部门主任20余人，到天津市已建成的最大的高校图书馆——天津商业大学新图书馆交流访问。

10 月 31 日　受天津高校图工委委托，面向天津市各高校图书馆馆员举办专题培训讲座，邀请天津理工大学图书馆许家梁教授作“关于高校图书馆馆员开展科研的认识和体会”专题报告。

10 月 31 日　图书馆第三党支部组织“观奥运场馆，爱强大祖国”的主题党日活动，到北京奥运场馆参观，切身感受改革开放的伟大成就和奥运精神。

11 月 6 日　图书馆理论中心组进行学习，在自学基础上，开展主题为“深入学习科学发展观”的学习讨论。

11 月 10 日　经图书馆办公会集体讨论，决定对部分部门及工作岗位进行调整，调整结果如下：中文采编部与西文采编部合并为采编部，张红云任主任；张伯山任古籍特藏部主任；王刚任流通阅览部主任，杨军花任流通阅览部副主任；梁淑玲任经济学分馆主任。

11 月 10 日～20 日　副馆长穆祥望带队，编目、流阅、期刊、数字等部门负责人组成考察小组，到湖北、湖南、广东等地高校图书馆考察交流。

11 月 21 日～28 日　承办由天津市高等教育文献信息中心组织的天津市各高校图书馆信息部主任到深圳高校图书馆考察参观活动。

11 月 24 日～12 月 5 日　图书馆党总支按照校党委划小党支部的要求，将原先的 6 个党支部重新划分为了 8 个党支部，同时，开展支部书记改选工作。换届改选后的支部情况如下：

办公室、古籍部、服务部支部　书记：孔德利	采编部支部　书记：张红云
流通阅览部支部　书记：王　刚	期刊部支部　书记：于　红
信息部、数字部支部　书记：邓克武	技术部支部　书记：赵　麟
经济学分馆支部　书记：梁淑玲	校区分馆支部　书记：宋　震

11 月 25 日～12 月 9 日　接待韩国江源大学图书馆信息情报经营科课长李渭昌来馆交流考察。

11 月 25 日～29 日　副馆长李广生到江苏南京参加“第二届海峡两岸大学图书馆建筑学术研讨会”。

11 月 26 日　香港浸会大学图书馆署理馆长陈启仙女士访问图书馆，张毅馆长、赵铁锁书记、穆祥望副馆长向客人介绍了我馆文献建设、读者服务等工作情况。

11 月 26 日　流通部主任王刚参加在天津大学科学图书馆召开的天津市高校图书馆第二届读者服务工作研讨会，作题为“配合学科建设，提供主动服务”的交流报告。

12 月 10 日　召开图书馆新馆建设设计方案招标大会，建筑界、图书馆界的专家、学者参会评审。

12 月 10 日　应读者急需，在老馆 302 室开设考研专用自习室，满足考研读者需求。

12 月 10 日～13 日　图书馆科技查新站站长王娟萍参加“教育部部级科技查新工作站专家评审会”。

12 月 11 日　召开新馆建设咨询委员会第一次会议，对新馆各设计方案进行研讨。

12 月 11 日～15 日　学校主页开通“南开大学图书馆建筑设计方案意见征集网站”，就入围方案向全校师生员工、海内外南开校友广泛征求意见。

12 月 12 日　图书馆团总支举办“主题辩论赛”，校团委副书记李康出席并讲话。

12 月 16 日　接受澳门中华青年进步协会赠书。

12 月 16 日　图书馆“发挥资源优势，见证辉煌成就：纪念改革开放 30 周年系列活动”在校党委举办的“最佳党日活动”评选中获一等奖。第三党支部“观奥运场馆，爱强大祖国”主题党日活动获优秀奖。

12 月 31 日　郝晋清、王海欣、李力文、王金翠、贾叡晋升为副研究馆员。

2009 年

1 月 8 日　图书馆主页全面改版。

1 月 19 日　赵铁锁教授离任图书馆党总支书记。

3 月 6 日　在校工会组织的以“健康身心，提升素质，以健康的体魄迎接建校 90 周年”为主题的全校女教工柔力球大赛中，由 50 名职工组成的图书馆代表队荣获一等奖。

3 月 13 日　原第一党支部党员到天津市规划展览馆参观学习。

3 月 20 日　在新馆报告厅召开“深入学习实践科学发展观活动”动员大会。

3 月 25 日　采编部组织我校理科院系教师参加天津市高雷图书发行有限公司举办的“2009 年春季图书现采会”。

3 月　成立“馆藏资源调研小组”，逐步清点图书馆馆藏，加强特色馆藏建设。

4 月 3 日～5 月初 在新馆大厅举办“落实科学发展观，领导名人赠书展”活动，展览展出的是国家领导人和社会知名人士赠送给南开大学图书馆的部分书籍，包括作者的著作和相关传记等，其中有的是作者亲自题赠，有的由亲属或出版单位代赠。

4 月 8 日　办公室副主任刘忠祥参加在杭州召开的“图书馆后勤管理理论与实务工作研讨会”，并作题为“如何做好高校图书馆后勤管理工作”的专题报告。

4 月 13 日　张毅馆长当选“第三届教育部高等学校图书情报工作指导委员会”委员。

4 月 15 日　台湾成功大学校长赖明诏一行 6 人来馆访问交流，与李广生、李培、穆祥望等馆领导亲切会谈，并到新馆古籍部和工具书室参观。

4 月 17 日　国家古籍保护中心苏品红、张美娟二位专家来馆，针对我馆提出的第二批全国古籍重点保护单位的申请进行考察。

4 月 24 日　邀请南开大学信息资源管理系主任、博士生导师柯平教授，作题为《图书馆服务境界——浅谈图书馆服务的三大艺术》的学术报告。

4 月 24 日　我国资深外交家、全国人大特邀专家吕聪敏回到母校南开大学，向南开大学周恩来政府管理学院、外国语学院、图书馆赠送自己刚刚出版的新作《外交人生》，李培副馆长代表图书馆接受了赠书。

4 月　协助校党委组织部开展扶贫工作，挑选捐赠图书 5000 册并提供清单，同时做好相关的图书注销等工作。

5 月 14 日～15 日　与北京大学图书馆共同主持在北京大学图书馆召开的“Unicorn 中国用户协会(UUGC)2009 年会”。会议加强了 SirsiDynix 公司与 Unicorn 中国用户之间的联系，交流了 Unicorn 系统使用过程中的问题和经验。SirsiDynix 公司的 5 位代表以及 Unicorn 系统国内全部 14 家用户的 50 余位工作人员参加了此次大会。

6 月 10 日　张毅馆长参加在北京国家图书馆召开的“中国图书馆学会七届十次常务理事会”。

6 月 11 日　我校图书馆入选第二批“全国古籍重点保护单位”，并有 9 部馆藏珍贵古籍入围第二批《国家珍贵古籍名录》。加上首批入围的 1 部，我校图书馆已有 10 种古籍善本具有了古籍“国宝”的身份。

6月17日　中共中央文献研究室一行4人，就有关党和国家主要领导人的图书收藏与利用情况来馆调研。

6月19日　召开全馆职工大会，选举教代会、工会委员。新一届当选委员为：教代会主席，穆祥望；工会主席，李力文；组织委员，于红；宣传委员，翟春红；文体委员，吴春；福利委员，胡涛；女工委员，贾睿。

6月26日　由路泽田、王刚、孔德利、刘桂宾组成的男队和由王莉、路泽荣、王静、张红云组成的女队代表图书馆参加了"南开大学迎校庆教工游泳比赛"，并取得优异成绩。

6月29日　台湾高雄应用科技大学图书馆馆长苏德仁教授一行16人来馆访问，双方结合图书馆空间规划、资源推广与用户教育，以及创新服务等专题进行深入交流。

6月　为抵抗甲型H1N1流感，我馆为流通阅览、期刊、经济学分馆、校区分馆等部门配发了消毒药品，在各阅览室、大厅、卫生间等地定期消毒，确保读者活动场所的公共卫生安全。

7月2日　孔令国副教授任图书馆党总支委员、书记。

7月3日　邀请天津高等教育文献信息中心主任李秋实教授来馆，作题为"资源联盟·服务联盟·知识联盟——TALIS建设实践与展望"的学术讲座。

7月6日～9日　张毅馆长、李广生副馆长参加中国图书馆学会第八次全国会员代表大会。张毅馆长当选为中国图书馆学会的常务理事。

暑假　为解决新馆屋顶雨水渗漏、墙体开裂、钢筋裸露等问题，经校领导批示，校办、985工程办公室、基建处协调，对新馆进行屋面墙体、屋面局部防水、玻璃幕墙等处维修工程，消除安全隐患，确保人身及财产安全。

7月29日～8月2日　张毅馆长参加在宁夏银川市召开的第三届教育部高等学校图书情报工作指导委员会成立大会暨第一次工作会议。

8月18日～27日　张毅馆长、李广生副馆长赴意大利米兰参加第75届国际图联大会。大会主题为"图书馆创造未来：建立在文化遗产之上"。

（撰稿人：李力文）

图书馆历任领导名录

（1999 年至今）

历任正、副馆长名录

姓名	性别	职务	任职时间
李治安	男	馆　长	1997～2000 年
李广生	男	副馆长	1990 年至今
夏家善	男	副馆长	1998～2003 年
李　培	男	副馆长	1999～2009 年
阎世平	男	馆　长	2000～2007 年
柯　平	男	副馆长	2002～2007 年
张　毅	男	馆　长	2007 年至今
穆祥望	女	副馆长	2008 年至今

历任党总支书记名录

姓名	性别	职务	任职时间
夏家善	男	党总支书记	1998～2003 年
赵铁锁	男	党总支书记	2003～2009 年
孔令国	男	党总支书记	2009 年至今